U0581435

ZHONGGUO BAINIAN
NÜXING RENWU CIDIAN

中国百年女性人物辞典

本书编委会／编

人民出版社

《中国百年女性人物辞典》编写委员会

组　编：北京大学中外妇女问题研究中心

主　编：魏国英　仝　华　商金林
副主编：梁　宏　丁　娟　康沛竹
编　委：（以姓氏拼音为序）
蔡磊砢　丁　娟　董进霞　冯雅新　何志毅　季仙华　康沛竹
李　斌　李　红　李明洋　李　松　李心峰　梁　宏　刘永昶
刘　燊　齐晓红　商金林　史春风　孙显斌　仝　华　汪存华
王　玥　魏国英　魏玉山　甄　橙

分卷主编：
科学技术卷： 李明洋　孙显斌
教　育　卷： 魏国英　蔡磊砢
人　文　卷： 李　斌　齐晓红
艺　术　卷： 李心峰　李　松
医　学　卷： 王　玥　甄　橙
新闻传播卷： 刘永昶
出　版　卷： 魏玉山
经济管理卷： 汪存华　何志毅　季仙华
体　育　卷： 史春风　刘　燊　董进霞

编　写：（以姓氏拼音为序）

曹景文　曹利芳　曹　阳　陈　晨　陈　丹　陈　朴　陈　欣
陈艺婕　陈　瑜　陈宇晗　程陶朱　程占京　达布希拉图
邓　佳　邓思平　丁小丽　丁　晔　杜兵兵　冯　笑　郭领领
韩国强　郝　朔　何　刚　何　惧　和建花　胡煦劼　黄凌子
黄益飞　焦郑珊　金　梦　景若琪　孔　娜　黎润红　李宝明
李　斌　李　洁　李　京　李　红　李　慧　李腊生　李晓莉
李文娟　李亚男　李彦昌　李由君　李赵冉　李紫怡　凉　弘
梁笑笑　梁议众　刘爱章　刘辰硕　刘　洁　刘　静　刘　红
刘　琦　刘思源　刘　洋　刘　燊　刘义然　卢广婧璇　卢　豫
马丽颖　梅　雄　倪　雯　齐　芳　齐晓红　裘一娴　任飞飞
任　霏　阮晋逸　沙　娅　时江涛　石　鑫　孙康泰　孙倩璐
孙　越　唐元超　陶诗涵　田　刚　童飞飞　仝　华　仝夏蕾
王丛星　汪存华　王颢澎　王　晖　王凌燕　王茜雅　王青青
王　森　王莎莎　王心彤　王煦之　王　玥　王志芳　卫宏阳
魏国英　吴燕武　向　鸿　闫星汝　颜景旺　阳　慧　杨迎迎
袁亚杰　岳从欣　乐　耀　张德琴　张　芳　张　浩　张　群
张笑寒　张新科　张益侨　张殷博　张泽坤　张　月　赵　红
赵雅杰　赵怡然　郑　建　朱亮亮

目　录

前　言

1915 年，随着《青年杂志》（后改称《新青年》）的创刊，一场高举“科学”与“民主”的旗帜，以“反传统、反孔教、反文言”为主题的新文化运动在中华大地勃然兴起。它猛烈冲击了封建专制制度与封建文化，激发了民众特别是知识青年的自我觉醒和爱国热情。1919 年爆发的五四运动，是中国人民为拯救民族危亡、捍卫民族尊严、凝聚民族力量而掀起的伟大爱国运动。它揭开了中国新民主主义革命的序幕，促进了马克思主义在中国的传播，为中国共产党的成立做了思想上和干部上的准备，为新的革命力量、革命文化、革命斗争以前所未有的姿态登上历史舞台创造了条件。

五四新文化运动也吹响了中国妇女解放迈入新征程的号角。1921 年中国共产党成立后，广大妇女在中国共产党领导下，日益挣脱“四条绳索”的束缚，投身争取民族独立和人民解放、争取国家富强和人民幸福的历史洪流，在社会舞台上拼搏耕耘，施展才能，不断推进民族复兴的伟大事业，不断推进妇女自身的解放与发展。可以说，从五四新文化运动肇始，到中国特色社会主义进入新时代，是中华民族浴火重生的百年，是中国“男女并驾，如日方东”局面逐步形成和不断升华的百年。它记录了中国革命、建设和改革开放事业艰难曲折而奋进辉煌的历程，记录了中国妇女解放运动砥砺前行的轨迹，也留下了无数女性人物筚路蓝缕、铿锵坚毅的脚步和令人难以忘怀的身影。

人物者，即有能力、有作为、有影响者也。在中国近现代百年历史中，涌现出许许多多为中国革命、建设和改革开放事业做出成就和贡献、产生作用和影响的女性人物，其中包括中国各族各界杰出女性或优秀女性，也包括获得中国国籍的外国杰出女性或优秀女性。这些女性人物在各自领域中，做出原创性成就，取得骄人业绩，产生了重要的社会影响。尽管她们成长与成功的时代背景及奋进与贡献的领域不尽相同，但有一点是共同的，那就是为民族、为国家、为人民，她们经历了更多的坎坷与磨难，付出了更多的心血与汗水，甚至更多的牺牲，却始终坚守初心，不懈追求，有所作为，有所建树，有所创造。她们以开风气之先的勇气，以为国为民英勇奋斗的风骨，以矢志进取不断创新的情操，以诲人不倦甘为人梯的志趣，以精益求精追求卓越的坚毅，显示了中国女性的社会价值和人格魅力，绘制出中国杰出女性人物群像的辉煌图谱。她们是中国优秀女性品质和精神境界的真实写照，是中国优秀女性精彩人生和伟大作为的历史展现，是中国女性学习的楷模。

先哲说得好："在任何社会中，妇女解放的程度是衡量普遍解放的天然尺度"，"没有妇女的酵素就不可能有伟大的社会变革"。然而，在传统性别制度和性别文化制约下，妇女在人类进步与发展中发挥的重要作用、涌现出的众多杰出人物，却往往被轻视、被淡化、被埋没。除少数公众女性人物外，大多数杰出女性名不见经传。即便是一些知名女性，被社会关注和议论的，也大多停留在"故事"和"逸闻"的层面，被学界探讨和张扬的，也往往局限于她们的工作成果。真正把她们作为典范，系统研究和阐发她们在民族进步与发展中的业绩、贡献与影响，以及她们的意义与价值，其实还做得很不够。从历史的尘埃中发掘和梳理她们，还原她们，研究她们，张扬她们，以此促进社会对"半边天"作用的认知与认同，是研究者义不容辞的责任。

得缘于人民出版社的推动，北京大学中外妇女问题研究中心与全国妇联妇女研究所、中国科学院、中国社会科学院、中国艺术研究院、中国新闻出版研究院、中央财经大学、华东师范大学、南京师范大学等机构的性别研究学者及相关学科的学者通力合作，借助已有的文献成果与信息，将逸散各处的资料，一点一滴地甄选汇集起来，在交流、研讨的基础上，梳理出一批近百年中国杰出女性或优秀女性的经历与业绩，并以"白描"的方式呈现出来，形成了这部《中国百年女性人物辞典》(简称《辞典》)。

为了充分展示各领域各行业女性人物的风采和业绩，本《辞典》分为科学技术、教育、人文、艺术、医学、新闻传播、出版、经济管理、体育等9个分卷。每个分卷在条目、词条后，编撰了附录。附录按照该领域女性人物从业或贡献类别分类，以出生年份的先后排序，既便于读者阅读和查询，又能较清晰地勾画出近百年来中国女性人物奋进的历程。

当然，这种按从业或贡献领域的划分只能是相对的。具体到每位人物，情况要丰富、复杂得多。许多女性人物，在不同历史时期、在多个行业领域有突出贡献或显著影响。例如,何香凝是成就斐然的辛亥画师,也是中国国民党早期杰出领导者、妇女运动先驱,反清起义部队所用的旗帜符号,很多出自她的描绘,其画作在美术界影响甚广。陈衡哲在中国高等教育史上占有重要位置,同时是著名的学者、诗人,是第一个用白话尝试写小说的新文学先驱,在文学史上也具有重要影响。林徽因是著名建筑学家、建筑史学家,也是成就卓著的人文学者,她创作的新诗、小说、散文,在文学界享有盛誉。进入新时期以来,一些科技界领军的女院士,兼任大学校长、院长,乃至部长,成为"双肩挑"的,也不乏其人。对于这些在诸多领域取得卓越成就、有着重要影响的杰出女性,本《辞典》将其归入影响最大、成果最为卓著的一个分卷中,当然也会关顾她们在其他方面的作为与贡献。

人物编撰,重在资料翔实。本《辞典》格外注重资料来源的可靠性、权威性,关注最新史料的发掘进展和新近研究信息的采集。如若干杰出女性人物的参考资料,主要来自中央文献出版社、中共党史出版社、人民出版社等权威出版社出版的杰出女性人物的著作、年谱、传记,《人民日报》《求是》杂志等权威媒体对各时期杰出女性人物或杰出女性群体业绩和贡献的原始报道,以及相关重大研究成果中所刊载的第一手资料等,同时参考国家党政部门官网,如人民网、新华网等相关网站刊载的资料和研究成果。这在一定程度上提升了女性人物研究的水准,不仅为社会和相关部门对女性人力资源的开发利用、男女平等生态环境的构建,提供了扎实、可靠、权威的资料和数据,也为学界下一步的拓展研究提供了一定的便利。

本《辞典》收录的女性人物,其主要的社会贡献与成就发生在五四新文化运动至中国特色社会主义进入新时代的百年间。但也有少数人物的某些业绩会追溯到新文化运动之前。《辞典》付梓前夕,又有女性人物或增补为两院院士,或荣获"世界杰出女科学家奖"和国家授予的"改革先锋"称号等,我们都尽量编入其中。

由于编撰工作采取分卷主编负责制,9 个分卷在入选人物标准把握的尺度、成就介绍的详略,以及表述样态上都有所不同,虽说我们在编撰和统稿时做了大量的协调和补充修正等工作,但仍存在某些不尽如人意之处,敬请读者提出意见,帮助我们修订和完善。

梳理女性人物的作为与贡献,真实感知到男女平等进程的艰难,真正了解到中国特色社会主义妇女解放道路的伟大。呈现女性人物的价值取向、意志品质、成长路径与成败得失,可以为年轻一代女性竖起一面镜子,助力更多的女性为实现出彩人生的梦想而奋斗。讲好中国女性的励志故事和成功案例,可以为消除性别歧视的世界潮流增添一簇光彩夺目而又有无穷魅力的浪花。

本《辞典》呈现的女性人物,只是近一个世纪中国杰出女性或优秀女性群体的部分代表。在中国近现代百年的发展历程中，称得上“人物”的女性，绝不仅仅是活跃在这 9 个领域、汇集在这部《辞典》中的这些人物。许许多多的杰出女性或优秀女性还有待于人们去发现和挖掘。尤其是本辞典还未收录的政治、军事、政法领域杰出女性的事迹和功勋，更需要我们去宣传、弘扬和铭记。这是需要以更高的热情、更大的气力去做的一项工作。这部《辞典》只是朝着这一长远目标迈出的第一步。我们愿意与更多的研究者一起，为实现这一目标而继续铺路架桥。

诚挚感谢参与《辞典》编撰工作的所有专家、学者、老师和同学，诚挚感谢全力支持《辞典》编辑出版的人民出版社的领导和编辑们。

谨以此书作为全体参编出版人员向中华人民共和国成立 70 周年的献礼。

魏国英　仝　华　商金林

2019 年 9 月 25 日

凡　例

一、本辞典收录1489位中国女性人物。

二、本辞典收录的人物,均为中国女性,既包括中国国籍的华人女性,也有获得中国国籍的外国女性。

三、本辞典收录的人物,指在近百年中国社会进程中,在科学技术、教育、人文、艺术、医学、新闻传播、出版、经济管理、体育等领域做出较大贡献,有较大社会影响力的杰出女性或优秀女性。

四、本辞典收录人物的社会活动,主要发生在五四新文化运动肇始,至中国特色社会主义进入新时代的百余年间,以1915年至2015年为粗略上下限标志。尽管其中少数人物的社会活动,提前到了新文化运动前,或延续到了2015年后,但绝大多数女性人物的社会活动,发生在此上下限之间。

五、本辞典分为9个分卷,每卷含条目、词条、附录三部分,并设有"总条目索引"。

六、本辞典以每位人物的通行姓名为条目,获得中国国籍的在华外国女性以其通行的中文名为条目。

七、词条的内容主要包含:个人简况(生卒年、曾用名、字号、民族、籍贯、学历),主要社会经历,主要业绩,主要贡献,其他重要经历,重要主张和言论,重要著述等。

八、词条使用规范简化汉字,词条中的每一句,主语均为条目所示人物。

九、词条中的年份采用公元纪年,年龄指周岁。

十、词条中确切数字,一般采用阿拉伯数字。

十一、条目后括号内的数字,表示生卒年,生卒年不详者,用"?"表示。

十二、条目和词条次序，按照人物姓氏拼音排序，同姓条目，按照名字拼音排序。

十三、本辞典在编撰过程中，参考了大量的年谱、传记、史记、年鉴、大事记、方志、回忆录、档案资料汇编等文献，以及多种相关人物大词典、人名大辞典、人物志、名人录、名人志等工具书，还有众多官方权威的网络资料。由于参考引证的文献资料面广量大，恕不一一列出，谨在此对相关著作者表示诚挚的谢忱。

总条目索引

（以姓氏拼音为序，条目后面括号内数字表示条目所在的卷数）

D

H

M

T

W

X

Y

第一卷　科学技术

条　目

（以姓氏拼音为序，共124人）

词　条

（以姓氏拼音为序，共124人）

1. 曹晓风（1965—　），北京人。植物表观遗传学家，中国科学院院士。1988年毕业于北京大学，1991年获中国农业大学硕士学位，1997年获北京大学博士学位。为中国科学院遗传与发育生物学研究所研究员。2015年当选中国科学院院士，2016年当选发展中国家科学院院士。长期从事植物表观遗传学研究。在组蛋白甲基化研究方面，发现植物中首个H3K27去甲基化酶REF6，并提出REF6与LHP1共进化的理论，揭示组蛋白甲基化酶和去甲基化酶调控基因表达和维持转座子活性的分子机制，首次在基因组水平上证实转座子具有调控功能，系统研究了拟南芥中蛋白质精氨酸甲基转移酶的活性和调控开花的遗传学途径，发现AtPRMT5和AtPRMT3基因突变分别导致全基因组mRNA前体剪切和rRNA加工异常，揭示了蛋白质精氨酸甲基化通过转录后水平调控基因表达的新机理。在水稻小RNA研究方面，鉴定了水稻小RNA产生的关键因子及遗传途径，揭示不同小RNA对水稻重要农艺性状的影响。2002年入选中科院"百人计划"，2003年获国家杰出青年基金，2008年获美国杜邦青年科学家奖，2010年获第七届"中国青年女科学家奖"。

2. 陈丙珍（1936—　），江苏无锡人。化工系统工程专家，中国工程院院士。1959年毕业于莫斯科门捷列夫化工学院，1962年在该校获得技术科学副博士学位。回国后任职于北京石油学院，1972年调入清华大学化学工程系，2005年当选中国工程院院士。20世纪60年代参与大庆油田炼油厂设备改造，成功仿制浮阀和舌形两种塔板，获1978年全国科学大会重大科技成果奖。自70年代起即致力于化工系统工程新学科的建设和工业应用。1979年在东方红炼油厂和胜利炼油厂完成"换热器网络优化"，这是化工系统工程在国内的第一个重要工业应用成果，获 1985 年国家科技进步奖三等奖。80 年代，将化工系统工程引入石油化工企业的管理，提出带有系统反馈通道的闭环生产管理模式，并开发了石油化工企业生产多层次优化协调模型及算法，在齐鲁石化公司和胜利炼油厂成功运用。90 年代，主持“九五”攻关项目“大型骨干石化生产系统控制及计算机应用技术”的三个专题，运用子波理论开发了异常数据识别和在线数据校正技术，在兰州炼油厂减压装置上首次实现在线优化与先进控制的集成，获 2000 年中国石油化工集团公司科技进步奖一等奖。

3. 陈化兰（1969— ），甘肃白银人。动物病毒学专家，中国科学院院士。1991 年毕业于甘肃农业大学兽医系，1997 年获中国农业科学院研究生院博士学位，1999—2002 年在美国疾病控制中心从事博士后研究。后到中国农业科学院哈尔滨兽医研究所工作至今，为国家禽流感参考实验室主任、世界动物卫生组织（OIE）禽流感参考实验室主任、联合国粮农组织（FAO）动物流感参考中心主任。2017 年当选中国科学院院士。1994 年以来一直致力于禽流感的流行病学、诊断技术、新型疫苗研制、分子演变及分子致病机制等方面的研究，研制成功了具有国际先进水平的 H5 亚型禽流感灭活疫苗和新型禽流感、新城疫重组二联活疫苗并推广应用。2013 年，发现了决定 H5N1 和 H7N9 禽流感病毒获得感染哺乳动物能力、致病力和在哺乳动物间呼吸道传播的关键分子及其相关机制，为 H5N1 和 H7N9 病毒的科学认知、风险评估、防控政策和疫苗研发提供了关键科学依据。2005 年获国家科技进步奖一等奖（第二完成人）、第二届中国青年女科学家奖，2006 年获“何梁何利基金科学与技术创新奖”，2007 年获国家技术发明奖二等奖，2013 年获国家自然科学奖二等奖、首届中华农业英才奖，当选《自然》杂志评选的年度十大科学人物，2016 年获欧莱雅—联合国教科文组织“世界杰出女科学家奖”。

4. 陈茹玉（1919—2012），生于天津，籍贯福建闽侯。化学家，中国科学院院士。1942 年毕业于西南联合大学化学系。先后在中央工业试验所、大溪口钢铁厂化学分析室工作，1944 年到云南大学矿冶系任教，1946 年在南开大学化学系任教。1948 年赴美国南加州大学留学，同年转入印第安纳大学化学系，1952 年获博士学位。1953 年在美国西北大学化学系任职。1955 年回国，任南开大学化学系教授，曾任南开大学元素有机化学研究所所长。1980 年当选中国科学院院士（学部委员）。致力于农药化学和有机磷化学的教学与科研工作。20 世纪 60 年代研制成功新型农药除草剂 1 号，获 1964 年国家科委新产品发明二等奖。70 年代后期，用计算机辅助构效定量关系的研究，研制出除草剂“胺草磷”“黄草灵”“矮健素”“灭锈一号”“燕麦敌二号”等多种新农药，获 1978 年全国科学大会成果奖及新产品发明奖。此外,在含磷杂环化合物、含磷氨基酸、膦肽、糖基及核苷的磷酸衍生物、有机锗磷化合物等方面进行了大量的系统研究,合成许多各类化合物,发现其中某些化合物具有很高的除草活性或抗癌活性。在胺基磷酸衍生物方面的研究达到国际领先水平。1986 年获国家教委科技进步奖一等奖,1987 年获国家自然科学奖二等奖,2000 年获"何梁何利基金科学与技术进步奖"。

5. 陈文新(1926—),湖南浏阳人。土壤微生物及细菌分类学家,中国科学院院士。1952 年毕业于武汉大学农学院土化系。1958 年在苏联季米里亚捷夫农学院获副博士学位。1959 年回国后在中国农业大学生物学院微生物及免疫学系任教至今。2001 年当选中国科学院院士。20 世纪 70 年代起,从事根瘤菌—豆科植物共生体系研究,历经 30 余年,完成了对全国 32 个省(市)700 个县的豆科植物结瘤情况调查,采集根瘤标本 10000 多份,新发现可以结瘤的豆科植物 300 多种,分离并保藏根瘤 12000 多株。通过对 7000 株菌的 100 多项表型性状分析,发现了一批耐酸、耐碱、耐盐、耐高温或低温下生长的抗逆性强的珍贵根瘤菌种资源,描述并发表瘤菌的 2 个新属、15 个新种,在此基础上建立了目前世界菌株数量最大、宿主种类最多的根瘤菌菌库,获 2001 年国家自然科学奖二等奖。率先在我国建立具有世界先进水平的细菌分子分类实验室,确立了一套科学的根瘤菌分类、鉴定技术方法及数据处理程序。1998 年,受邀撰写有"细菌学圣经"之称的《伯杰系统细菌学手册》的根瘤菌部分内容。2009 年,获新中国成立 60 周年"三农"模范人物称号。

6. 陈晓红(1963—),生于湖南长沙,籍贯江西永新。管理科学及工程管理专家,中国工程院院士。1986 年获中南工业大学管理工程硕士学位并留校任教,1994 年被破格晋升为教授。1999 年获东京工业大学经营工学博士学位。任湖南商学院校长、中南大学商学院名誉院长。2017 年当选中国工程院院士。长期致力于决策理论与决策支持系统、大数据分析、中小企业融资、两型社会与生态文明等领域研究工作。90 年代初,为多家企业量身定做管理系统,研制了我国第一个具有自主知识产权的决策应用软件开发平台 Smart Decision,获 2005 年度国家科技进步奖二等奖。推动绿色管理模式创新,提出了"四维精控"工程管理思想,创立了集成动态智能量化工程管理理论,构建了国际领先的工程智能管理系列方法群。带领团队率先在全国提出了 16 项两型标准和节能减排标准等系列绿色标准,构建全国第一个指导两型社会和绿色发展的标准体系,填补了"两型"工程管理标准体系空白,促使 446 个示范单位从 2011 年起每年减少综合能耗 4.6 万吨标煤,节约用电 2.4 亿千瓦时。2008 年当选"改革开放 30 年湖南杰出贡献人物"。

7. 陈欣(1941—),四川成都人。丙烯腈催化剂及反应工程专家。1963 年毕业于贵州工学院化工系,进入上海石油化工研究院工作,历任专题组长、研究室主任、院副总工程师。长期致力于丙烯腈催化剂及流态化技术的研究开发与工业实践。1978 年负责“CT-1 型(丙烯腈)催化剂”载体研制,填补了国内空白。1980 年在“CT-1 型(丙烯腈)催化剂”工业放大中任专题组长,获中石化总公司科技成果一等奖。1982 年主持研制的“MB-82 型丙烯腈催化剂”是我国第一次达到国外引进水平的催化剂,获 1987 年中石化总公司科技进步奖一等奖、1988 年国家科技进步奖二等奖。1986 年主持研制的 MB-86 型丙烯腈催化剂是超过国际水平、达到国际领先的工业化催化剂,应用覆盖面达 80%,并打入国际市场,获 1992 年中石化总公司科技进步奖一等奖、1993 年国家科技进步奖一等奖。20 世纪 80 年代以来多次参加丙烯腈装置基础设计及技术改造,负责反应器设计和装置建成后主持并参加试车及标定,包括 1982 年淄博石化厂、茂名化纺总厂,1986 年大庆石化总厂化纤厂,1995 年抚顺腈纶化工厂等。1992 年被评为国家级突出贡献专家,1997 年获“何梁何利基金科学与技术进步奖”,1999 年获首届聂荣臻发明创新奖,2002 年当选首届“新世纪巾帼发明家”。

8. 陈左宁(1957—),北京人。计算机工程技术专家,中国工程院院士,中国工程院副院长,中国科学技术协会第九届副主席。毕业于浙江大学计算机应用技术专业。为国家并行计算机工程技术研究中心总工程师、国家制造强国建设领导小组副组长。2001 年当选中国工程院院士。长期致力于计算机体系结构和系统软件的研究和开发,自 1979 年以来,先后参加或领导多台国产高性能计算机系统研制工作,主持研制了多套国产大型系统软件项目,提出并实现了“多虚空间多重映射”的层次式操作系统结构,成功解决了可伸缩性与效率这对分布式操作系统的主要矛盾,提出并实现了系统级容错思想,成功解决了巨型机的可用性问题。20 世纪 80 年代领导研制了我国第一个与 UNIX 系统完全兼容的并行操作系统,在并行处理技术方面达到国际先进水平。曾两次获得国家科技进步奖特等奖,两次获得国家科技进步奖一等奖,1992 年获第三届中国青年科技奖,1999 年获国家“有突出贡献的优秀中青年专家”称号并获中国科协“求是奖”,2001 年获中国青年科学家奖。

9. 池际尚(1917—1994),湖北安陆人。地质学家、岩石学家,中国科学院院士。1936 年考入清华大学物理系,后转入西南联合大学地质系。1946 年赴美,1949 年获宾夕法尼亚大学博士学位。1950 年回国,先后任教于清华大学、北京地质学院、武汉地质学院。曾任武汉地质学院地质系主任、副院长。1980 年当选中国科学院学部委员。20 世纪 40 年代,从事岩石学与构造学的交叉学科研究,在物理化学相平衡基础上分析变质作用的成因机理,把不同类型 S 面理的形成与褶曲发展的期次相联系,提出变形—组构的统一模型。50 年代,参加山东地质测量和普查找矿,首次认识沂沭大断裂带的存在。60 年代,开展对北京八达岭一带燕山花岗岩的研究,提出侵入岩多样性的原因是花岗岩浆的分异作用与同化混杂作用。"文革"期间,主要从事金伯利岩及金刚石找矿的研究,提出了我国金伯利岩的分类命名及岩石特征,提出金伯利岩含金刚石的经验公式。80 年代,领导团队研究中国东部新生代大陆裂谷岩浆作用和深部过程,对我国金伯利岩的特征及找矿方向进行了系统总结,获 1989 年地质矿产部科技成果奖一等奖。

10. 崔向群(1951—),重庆万州人。天文光学望远镜专家,中国科学院院士。1972 年进入华东工程学院(现南京理工大学)光学仪器专业。1978 年考入中国科学院南京天文仪器厂攻读研究生,1981 年和 1995 年分获中国科学院紫金山天文台天文仪器与方法专业硕士学位和博士学位。1981 年毕业后留在中科院南京天文仪器厂,参加我国 1.26 米红外望远镜设计。1986 年到德国慕尼黑欧洲南方天文台总部,参加 Very Large Telescope(VLT)的工作。1994 年回国参加国家大科学工程项目——大天区面积多目标光纤光谱望远镜(英文简称 LAMOST,建成后冠名为"郭守敬望远镜")的建议、立项和建造。带领 LAMOST 团队研制出最大等效通光孔径 4.9 米、最大视场 5 度的巡天望远镜,并在国际上首先发展实现了薄变形镜面和拼接镜面相结合的主动光学方法,将主动光学推到新的前沿。2005 年发起在南极内陆高原冰穹 A 开展天文观测,领导研制中国南极天文望远镜阵 CSTAR 和南极巡天望远镜 AST3,并推进建议大视场高分辨 2.5 米昆仑暗宇宙巡天望远镜 KDUST。2009 年当选为中国科学院院士。2010 年当选为发展中国家科学院院士。为中国科学院国家天文台/南京天文光学技术研究所研究员,郭守敬望远镜运行和发展中心总工程师,中国南极天文中心副主任。2013 年获"何梁何利基金科学与技术进步奖"。

11. 董玉琛(1926—2011),河北高阳人。作物种质资源专家,中国工程院院士。1950 年毕业于河北省立农学院(现河北农业大学),在华北农业科学研究所(中国农业科学院前身)作物系任技术员。1954 年赴苏联进修,1959 年获哈尔科夫农学院(现乌克兰哈尔科夫国立农业大学)副博士学位。曾历任中国农业科学院作物品种资源研究所研究员、副所长、所长。1999 年当选中国工程院院士。长期从事作物种质资源研究及其组织实施,是我国作物种质资源学科奠基人之一。1986 年,主持建成现代化国家作物种质库(基因库),提出种质入库的技术路线,组织20万份种质资源入库长期保存,使我国作物种质资源保存跃居世界前列。考察收集我国北方小麦野生近缘植物,基本查明其种类、分布、生境、染色体数和15个种的核型。发现2个能使属间杂种染色体自然加倍的小麦种质,并揭示了其自然加倍的细胞学机理,利用其育成22个小麦—山羊草双二倍体并提供利用。应用现代生物技术将6个属与小麦杂交成功,其中3个属为首例,为利用野生种扩大小麦遗传基础开辟了新途径。2003年获国家科技进步奖一等奖,2009年被授予新中国成立60周年"三农"模范人物称号。

12. 杜兰萍(1959—),天津人。消防科学与技术研究专家,高级工程师。中国人民武装警察少将警衔。1983年毕业于清华大学工程力学系热物理专业,2008年毕业于天津大学工程热物理专业,获博士学位。历任北京市公安消防总队副总队长,公安部消防局副总工程师、总工程师、副局长兼总工程师、新闻发言人。曾在公安部天津消防研究所从事消防科研和管理工作,任天津消防研究所副所长、国家质检中心主任、公安部消防局火因鉴定中心主任、《消防科学与技术》杂志主编。荣获第三届中国青年科技奖、国家科技进步奖二等奖2项、省部级一等奖3项,享受"部级特殊津贴"。长期从事火灾基础理论研究,主持完成国家"八五""九五"科技攻关项目,国家软科学项目,中德、中加合作项目及世界银行项目等15项重大课题的研究。

13. 范景莲(1967—),回族,湖南澧县人。金属材料专家,教育部"长江学者奖励计划"特聘教授。1990年毕业于中南工业大学(现中南大学)粉末冶金专业,1993年和1999年分别获中南工业大学硕士学位和博士学位。2000年在中南大学工作至今,任中南大学粉末冶金研究院难熔金属与硬质合金研究所所长。长期致力于难熔合金新材料、新技术和基础理论研究。针对新型空天飞行器、火箭发动机、原子能等领域对难熔金属材料的重大需求和现有难熔金属强韧性不足、高温抗氧化烧蚀差的问题,创新性提出"纳米原位复合/微纳复合"设计思想,发展了纳米/微纳复合粉末制备原理与技术,建立了高性能微细结构难熔复合材料烧结理论,开辟"纳米/微纳复合高性能难熔金属基复合材料"新领域。在此理论指导下,先后研制成功新型空天飞行器前缘热端部件的关键材料、导弹高能固体火箭发动机材料、细晶高性能钨基复合材料、核聚变堆面向等离子体细晶全钨偏滤器材料等。为推进科技成果转化,成立长沙微纳坤宸新材料有限公司,使新型难熔金属基复合材料在国家重大军事工程成功应用,同时推广应用于微电子、核能等民用技术领域。2017年获"何梁何利基金科学与技术进步奖"。

14. 范云六(1930—),湖南长沙人。农业生物工程专家,中国工程院院士。

1952年毕业于武汉大学。1960年获苏联列宁格勒大学副博士学位。1961—1980年在中国科学院微生物研究所工作。1984年至今在中国农业科学院工作,曾任生物技术研究中心主任。1997年当选中国工程院院士。作为国家农业基因工程学科的带头人,转基因棉花、水稻以及植酸酶玉米的引领者,20世纪80年代初在中国农业科学院创建了分子生物学实验室,在中国最早建成DNA体外重组质粒,最早获得抗虫基因的水稻及棉花。针对导入单一Bt基因的转基因植物较易失去抗虫性问题,提出用多种不同抗虫基因导入植物的策略,研制出多种不同杀虫机制的抗虫基因,并在国内率先获得双价杀虫基因的植物新品系,在国际上率先获得对二化螟、三化螟有显著抗性的转基因水稻。同时,研制出广谱、高效抗稻瘟病及油菜菌核病病原真菌的基因。从真菌里克隆出植酸酶基因,成功实现了将植酸梅基因转入玉米并获得稳定遗传的转基因玉米纯合体,为进一步产业化打下基础。先后获得国家科技进步奖二等奖、国家技术发明奖二等奖。

15. 方新(1955—),北京人。2010年当选发展中国家科学院院士,曾任第三世界妇女科学组织主席。1980年毕业于北京工业大学机械工程系,1982年获北京理工大学光学工程系硕士学位,1997年获清华大学经管学院技术经济专业博士学位。1985年起从事科研管理工作,历任中国科学院科技政策与管理科学研究所政策研究室副主任、主任、副所长、所长、党委书记,中国科学院党组副书记,中国科学院大学公共政策与管理学院院长。长期从事科技战略与科技政策研究。20世纪80年代,作为主要成员参与国家重点软科学课题"中国科技体制改革的目标模式"研究,参与制定中科院有关高技术企业的政策,参与1985年全国科技普查指标体系的设计,制定了抽样调查方案,受到国家科委表彰,参与中国科学院科技开发体系统计指标的设计和制定,被国家科委火炬办采用。1997年,根据研究指出当前科技体制改革需将科技、教育同经济体制改革通盘考虑,重建国家创新体系,该观点被中科院和有关部门采纳。曾获中国科学院科技进步奖三等奖(1991年、1992年、1995年、1999年),国家科委科技进步奖二等奖(1992年),教育部科技进步奖一等奖(2000年),中国科学院青年科学家奖(2001年)。

16. 高小霞(1919—1998),浙江萧山人。分析化学家,中国科学院院士。1944年毕业于上海交通大学化学系。1946年就职于中央研究院上海化学研究所。1949年赴美留学,1950年获美国纽约大学硕士学位。1951年回国后任教于北京大学化学系。1980年当选中国科学院学部委员。20世纪50年代,将基础理论研究与国家需要相结合,在取得双极化电极电流滴定理论创新成果的同时,开展对矿产资源、金属冶炼中的分析方法研究。60年代,针对高纯金属材料和半导体生产中微量杂质分析的需求,利用化学催化反应与极谱分析提高分析灵敏度,开创了简洁灵敏的极谱催化方法,对21个元素提出了极谱催化波。70年代,参与研制第一辆大气污染监测车上氮氧化物检测仪,还研制了一氧化碳检测仪,开创了国内研制气体扩散膜电极的电化分析法和监测仪器的制作。80年代,恢复极谱催化波研究,重点开展稀土元素的电分析化学研究,对多种稀土元素提出了催化波、络合物吸附波和示波、脉冲的络合物极谱波,应用于混合稀土和矿石中微量稀土的测定。1982年获国家自然科学奖三等奖。

17. 郝诒纯(1920—2001),湖北咸宁人。地质学与古生物学家,中国科学院院士。1943年毕业于西南联合大学。1946年清华大学地层古生物学研究生毕业。1957—1959年在苏联莫斯科大学和科学院进修。先后执教于云南大学、北京大学、北京地质学院和中国地质大学。1980年当选为中国科学院学部委员。主要从事地质学、地层古生物学、微体古生物学与古海洋学的教学与研究。1956年,与杨遵仪、陈国达合编了我国第一本高校《古生物学》教材。1959年,协助杨遵仪创办我国第一个地层古生物学专业,使微体古生物学在我国形成了系统的学科。主编我国第一部《微体古生物学教程》,开创钙质超微化石的研究,填补了我国微体古生物学的一项空白。最先倡导将电子计算机技术应用于我国微体古生物学的教学与研究中,完成微体化石自动鉴定系统,促进地学教学由传统模式向现代化方向的发展。1997年获国家科技进步奖三等奖,1999年获李四光地质科学荣誉奖、"何梁何利基金科学与技术进步奖"。

18. 何雅玲(1963—),陕西西安人。工程热物理专家,中国科学院院士。1985年毕业于西安交通大学,1988年获该校硕士学位并留校任教,2002年获该校博士学位,论文被评为全国百篇优秀博士学位论文。任动力工程多相流国家重点实验室副主任。2015年当选中国科学院院士。长期从事热能高效传递、转换、利用及数值模拟的研究。在传热的多尺度数值模拟方面,构建了微观—介观—宏观统一计算框架,发展了跨接微观与宏观的LBM方法,在强化传热方面,揭示了高效低阻的物理机制,发明了多项强化传热新技术,在太阳能利用方面,提出了将蒙特卡罗光线追迹法与有限容积法耦合设计太阳能吸热器的新方法,发明了改善热流密度均匀性的新技术,研究成果在航天、能源和化工领域得到应用。2009年获国家技术发明奖二等奖,2010年获"何梁何利基金科学与技术进步奖",2012年获国家自然科学奖二等奖。

19. 何泽慧(1914—2011),生于江苏苏州,籍贯山西灵石。核物理和高能物理学家,中国科学院院士。与丈夫钱三强被称为"中国的居里夫妇"。1932年考入清华大学物理系，1936 年赴德国柏林高等工业学院技术物理系攻读弹道学，1940 年获博士学位，进入柏林西门子工厂弱电流实验室参加磁性材料的研究。1943 年赴德国海德堡威廉皇帝医学研究院物理研究所工作，其间首先发现并研究了正负电子的弹性碰撞现象。1946 年赴法国，与钱三强结为伉俪，在法兰西学院原子核化学实验室和居里实验室工作，并与钱三强一起发现并研究了铀核的三分裂和四分裂现象。1948 年回国，与钱三强创建了北平研究院原子学研究所。1950 年后，在中国科学院近代物理研究所任研究员，领导研制成功原子核乳胶，获 1956 年国家自然科学奖三等奖，领导成立中子物理实验室，参与了中国第一座核反应堆与加速器的建设和实验，承担了原子弹与氢弹研制中的部分基础研究任务。1964 年起，担任原子能研究所副所长。1973 年，以原子能研究所一部为基础成立高能物理研究所，担任副所长，并积极开展宇宙线研究工作，开辟了宇宙线超高能物理和宇宙线高能天体物理研究领域。1980 年当选为中国科学院学部委员，1997 年获“何梁何利基金科学与技术进步奖”。

20. 胡和生（1928—　），生于上海，籍贯江苏南京。数学家，中国科学院院士。1945—1948 年在交通大学数学系学习，1950 年初毕业于大夏大学数理系。1952 年浙江大学数学系研究生毕业后，先在中国科学院数学研究所工作，1956 年起在复旦大学任教至今。1991 年当选中国科学院学部委员，2003 年当选第三世界科学院院士。早期研究超曲面的变形理论、常曲率空间特征等问题，发展和改进了几位著名数学家的工作。在黎曼空间运动群方面，给出确定黎曼空间运动群空隙性的一般方法，解决了持续研究 60 多年的重要问题。20 世纪 70 年代，参加了复旦大学和杨振宁教授合作的规范场研究，得到了很有意义的成果，被收录杨振宁论文选集。1979 年单独研究了有质量的规范场，把规范场的作用量和调和映照的作用量耦合起来，得出了有质量的规范场的一种生成方法。在深入地研究了静态解的存在性问题后，第一个得到经典场论中极限 $m \to 0$ 时不连续性的显式事例。80 年代，把现代的孤立子理论和微分几何联系起来，发展了孤立子理论中的达布变换方法并将其应用到调和映照、常曲率曲面构造和线集论等问题。2002 年应邀在世界数学家大会上作诺特尔报告。2003 年获“何梁何利基金科学与技术进步奖”。

21. 胡启恒（1934—　），生于北京，原籍陕西榆林。自动控制技术、模式识别专家，中国工程院院士。1963 年毕业于苏联莫斯科化工机械学院研究生部，获技术科学副博士学位。回国后就职于中国科学院自动化研究所，曾任自动化研究所所长、中国科学院副院长、中国科协副主席。1994 年当选中国工程院院士，1995 年当选乌克兰国家科学院外籍院士。我国模式识别与人工智能领域的最早探索者之一。从手写数字的识别开始，发展了识别算法和邮码识别样机，作为模式识别的应用项目，获1978年全国科学大会奖和中国科学院重大科技成果奖。研究了基于模式的信息分析和决策规则的归纳推断方法，领导建成我国模式识别领域第一个国家重点实验室。负责组织中国国家计算机与网络设施（NCFC）项目，使中国于1994年实现了全功能接入国际互联网，并于1997年组建了中国互联网络信息中心（CNNIC），2001年创建了中国互联网协会并任首任理事长。2013年成为首位入选国际互联网协会“互联网名人堂”的中国人。

22. 黄春辉（1933— ），生于河北邢台，籍贯江西吉安。无机化学家，中国科学院院士。1955年毕业于北京大学化学系并留校任教，后任北京大学化学学院教授及复旦大学先进材料实验室教授。2001年当选为中国科学院院士。主要研究领域是稀土配位化学和光电功能材料。20世纪70—80年代，主要从事稀土元素的分离化学和配位化学研究，系统地研究了中性、酸性、离子缔合、协同等四种典型萃取体系的萃合物结构，配合宏观热力学的研究，从分子水平上推动了萃取机理的研究。80年代末转向稀土功能材料的研究，尤其是稀土配合物的光学性质，在国内外率先开展了对稀土荧光膜的研究。在分子基功能材料的研究中，将二阶非线性光学材料分子设计的原理引入光电转化材料的设计中，系统地研究了半菁染料的结构与光电转化性质及二阶非线性的构效关系，开发了一类新的光电转化材料，并将它们应用于染料敏化纳米晶宽禁带半导体太阳能电池中。1998年获国家自然科学奖三等奖，2003年获国家自然科学奖二等奖，2005年获“何梁何利基金科学与技术进步奖”。

23. 黄如（1969— ），回族，生于江苏南京，籍贯福建南安。微电子器件专家，中国科学院院士。1991年毕业于南京工学院（现东南大学）电子工程系，1994年获该校硕士学位，1997年毕业于北京大学计算机科学与技术系，获博士学位，为北京大学信息科学技术学院院长。2015年当选中国科学院院士。主要从事微电子低功耗器件及工艺研究。提出并研制出面向低功耗高可靠电路应用的准绝缘体上硅（SOI）新结构器件和面向超低功耗电路应用的肖特基—隧穿混合控制新机理器件。发展了适于10纳米以下集成电路的围栅纳米线器件理论及技术，系统揭示了器件关键特性的新变化及其物理根源，提出了可大规模集成的新工艺方法，成功研制出低功耗围栅纳米线器件及模块电路。发现了纳米尺度器件中涨落性和可靠性耦合的新现象及其对电路性能的影响，提出了新的涨落性/可靠性分析表征方法及模型。其研究成果连续3次被列入国际半导体技术发展路线图（ITRS）。2015年获第十一届中国青年女科学家奖。

24. 黄小卫（1962— ），湖南临澧人。稀土研发专家，中国工程院院士。1983年毕业于中南大学，分配到北京有色金属研究总院（现有研科技集团有限公司）工作至今。为有研科技集团有限公司首席专家、稀土材料国家工程研究中心主任。2017年当选中国工程院院士。长期致力于稀土矿冶炼、稀土分离提纯和稀土化合物材料的研究、工程化开发及推广应用。20世纪80年代，参与"用P204从硫酸体系中萃取分离稀土新工艺"研究，技术先后转让给多家稀土企业。主持完成了包头混合型稀土精矿第三代硫酸法冶炼工艺的产业化推广，组织团队完成电解还原法制备高纯氧化铕工艺和设备的研究，并在甘肃稀土公司建成年产18吨高纯氧化铕的生产线。带领团队开发了非皂化萃取分离稀土新工艺，从源头消除了氨氮废水污染问题，该成果获国家技术发明二等奖和中国专利优秀奖。在此基础上开发了低碳低盐无氨氮分离提纯稀土新工艺，建成年产3000吨稀土氧化物的示范生产线，入选2014年工信部《稀土行业清洁生产技术推行方案》加快推广技术。研制成功我国第一个具有自主知识产权的面向金属矿产资源绿色开发利用的决策应用软件开发平台及环境大数据分析平台。2014年获中国首届"杰出工程师奖"，2017年获首届全国创新争先奖。

25. 霍玲（1947— ），山西忻州人。军事装备实验学研究专家，中国人民解放军海军少将军衔。1965年考入哈尔滨军事工程学院。1997年任海军装备技术部兵器部部长。2000年任海军驻葫芦岛试验基地总工程师、副司令员。认真履行总师职责，曾参与中国海军"鹰击"系列及多型导弹的研制和试验工作，并组织编撰理论专著《军事装备试验学》，填补了我国试验学科理论的空白，为推动本单位学科建设奠定了坚实的理论基础。

26. 姜杰（1961— ），生于黑龙江哈尔滨，籍贯山东莱阳。运载火箭导航制导与控制专家，中国科学院院士。1983年毕业于国防科技大学自动控制系。1988年在航天工业部第一研究院获硕士学位，为中国航天科技集团公司第一研究院研究员，长征三号甲系列火箭总设计师。2015年当选中国科学院院士。长期从事运载火箭导航制导控制技术研究与工程研制工作。在火箭发射各种地球轨道、地月转移轨道及高可靠导航制导与控制方面，系统性解决了具有应用价值的理论和实际问题，开拓了火箭直接入轨发射深空探测器、中高轨卫星的新领域，提高了我国运载火箭高适应性发展水平。在多项国家重大航天工程中，主持了长征三号甲系列火箭研制和发射的技术决策，成功发射多颗北斗导航卫星，在高密度发射状态下，达到98%的发射成功率，拓展了我国运载火箭发射能力。获国家科技进步奖特等奖1项、一等奖1项，2011年获中国航天科技集团公司首届航天功勋奖，2015年获第四届杨嘉墀科技奖一等奖。

27. 蒋丽金(1919—2008),生于北京,原籍浙江杭州。有机化学家,中国科学院院士。1944 年毕业于辅仁大学化学系,1946 年获该系硕士学位。毕业后任北京大学医学院药化系助教。1948 年赴美,1951 年在美国明尼苏达大学获博士学位。1951—1955 年先后在美国堪萨斯大学药化系和美国麻省理工学院化学系做博士后研究。1955 年回国后先后任职于中国科学院化学研究所和感光化学研究所。1980 年当选中国科学院学部委员。20 世纪 50 年代在美国曾从事可的松衍生物的合成以及维生素 D 合成的部分工作。60 年代,参加"高空高感胶片的剖析"项目,完成胶片助剂剖析任务,并参与了 160 胶片的研发,获 1978 年全国科学大会奖和 1986 年国防专项国家级科技进步奖特等奖。1978 年以后主要从事生物光化学研究,致力于探究藻类植物的进化、结构与性能关系,对蓝藻到大型海洋红藻的捕光天线系统藻胆体的色素蛋白组成、结构、功能进行了系统研究。研究中草药竹红菌素的光疗机制,确认其为一种新型光动力光敏色素,具备开发成为抗肿瘤药物的潜质。分别于 1990 年、1993 年和 1996 年获得中国科学院自然科学奖二等奖。

28. 金梅林(1954—),湖北武汉人。动物医学专家。1977 年考入北京大学生物学系兽医生物学专业。1980 年毕业后任职于华中农业大学畜牧兽医学院,为华中农业大学动物科学技术学院教授,原农业部兽用诊断制剂创制重点实验室主任,兼任中国畜牧兽医学会传染病学分会副理事长。主要从事动物流感和猪链球菌病等人兽共患病和新发动物疫病的病原流行病学,致病与免疫机制,新型疫苗、诊断制剂及综合防控技术等方面的研究。1999 年起,致力于禽流感防治研究,成功研究出系列快速抗原及抗体检测技术,开发出具有自主产权的商品化试剂盒,获 2004 年湖北省"防治高致病性禽流感先进个人"称号、2007 年湖北省科技进步奖一等奖、2011 年国家科技进步奖二等奖。2005 年,参与四川猪链球菌感染事件的调查,经过后续研究,成功研制出我国首个猪链球菌三价灭活疫苗及首个猪链球菌 2 型抗体检测试剂盒,获 2013 年湖北省科技进步奖一等奖。2009 年,开展猪流感防控技术攻关,成功研制出我国首个猪流感病毒 H1N1 亚型灭活疫苗和猪流感病毒 H1N1 亚型检测试剂盒,获 2015 年湖北省科技进步奖一等奖。2016 年获"何梁何利基金科学与技术进步奖"、国家科技进步奖二等奖,2017 年获首届全国创新争先奖状。

29. 匡廷云(1934—),四川资中人。植物生理学家,中国科学院院士。1956 年毕业于北京农业大学土壤农业化学系。1962 年获苏联莫斯科大学生物土壤系副博士学位,为中国科学院植物研究所研究员,中国植物学会名誉理事长。1995

年当选中国科学院院士。长期从事光合作用光合膜的研究。揭示捕光叶绿素蛋白在膜上横向迁移调节激发能分配的规律，首次证明21kD膜蛋白是光系统Ⅰ长波荧光发射的最初来源，提出光系统Ⅱ反应中心可能的动力学模型，首次发现光系统Ⅱ反应中心叶绿素蛋白的组氨酸残基及原初电子受体去镁叶绿素受到光照破坏，提出了反应中心第二条电子传递链具有光保护功能的假设。2000年，受聘为首批国家重点基础研究发展规划项目（973）“光合作用高效光能转化的机理及其在农业中的应用”的首席科学家。

30. 李爱珍（1936—　），福建石狮人。材料学家，美国国家科学院外籍院士。1980年被公派到美国卡尼基梅隆大学电子工程系做访问学者，开始研究半导体量子纳米结构与分子束外延单原子层生长技术。两年后回国，在中国科学院沈阳科学仪器厂参加改造我国自行研制的国产分子束外延设备。在1984年分子束外延国际会议上，报告了用国产分子束外延设备生长的材料和物性及器件应用的论文，中国科学家自力更生发展分子束外延的高新技术引起了与会各国科学家们的关注和震动。1995年，又带领课题组在中红外量子级联激光器前沿新领域进行探索。3年后，课题组的成果使中国进入了掌握此类高难度激光器研制技术的国家行列。2001年退休后继续在实验室工作。2007年当选美国国家科学院外籍院士。

31. 李方华（1932—　），生于香港，原籍广东德庆。物理学家，中国科学院院士。1956年毕业于苏联列宁格勒大学物理系，回国后在中国科学院物理研究所工作至今。1993年当选中国科学院院士，1998年当选第三世界科学院院士。主要从事晶体结构和缺陷的电子衍射和电子显微学研究。20世纪60年代，在国内最早开展了电子衍射单晶体结构分析，70年代，在国内最早开展了非晶体的电子衍射结构分析。70年代后期，针对高分辨电子显微学传统方法测定晶体结构的局限性，提出衍射晶体学与高分辨电子显微学相结合的新思想。80年代，建立了新像衬理论“赝弱相位物体近似”，并在此基础上建立了一套全新的测定微小晶体结构的电子晶体学图像处理方法。90年代后期以来，与学生共同建立一套电子晶体学图像处理技术，用于测定原子分辨率的晶体缺陷。2004年电子显微学领域的高端期刊Ultramicroscopy出版了一期专刊，祝贺其70岁生日。曾获得多项学术奖励，包括“何梁何利基金科学与技术进步奖”（2009）、国家自然科学奖二等奖（2005）、欧莱雅—联合国教科文组织“世界杰出女科学家奖”（2003）、中国电子显微学会钱临照奖（1994）和桥本初次郎奖（1992）、中国物理学会叶企孙物理奖（1991）、中国科学院自然科学奖一等奖（1992）和2次二等奖（1991、1989）等。

32. 李鸿（1967—　），广东顺德人。航空武器试验研究专家，曾获“全国三八红旗手”等荣誉称号。中国人民解放军某部高级工程师。1988 年于西北工业大学毕业后，主动申请到西北军营工作，先后参与完成 10 多项国家重点航空武器装备的科研试验、设计定型和检验验证等重大任务，作为主要完成人参与研制的“空空导弹靶场仿真试验工程”，填补了我国航空武器试验全系统动态检测的空白，为中国人民解放军在研的新型机载武器提供了新的试验手段。曾两次荣立三等功。曾获军队科技进步奖一等奖、首届“空军青年学习成才奖”，被评为空军争做“五个模范”优秀领导干部，被总政评为第五届“全军十大学习成才标兵”。当选第十届全国政协委员，第 15 届中国十大杰出青年。

33. 李林（1923—2002），生于北京，籍贯湖北黄冈。物理学家，中国科学院院士。1944 年毕业于广西大学机械系。1948 年获英国伯明翰大学物理冶金硕士学位。1951 年获英国剑桥大学博士学位。回国后先后任职于中国科学院上海冶金研究所、原第二机械工业部原子能研究所、中国科学院高能物理研究所、中国科学院物理学研究所。1980 年当选中国科学院学部委员。20 世纪 50 年代，在上海冶金研究所从事球墨铸铁、微量硼钢、包钢高炉炉衬等方面的研究，获 1956 年中国科学院自然科学奖集体三等奖、1981 年国家自然科学奖三等奖。50—70 年代在原子能研究所，承担核反应堆的核燃烧元件和材料的辐照损伤与腐蚀检验等研究任务，参与了第一个“反应堆”实验、第一颗原子弹引爆材料实验、第一艘核潜艇材料实验。70 年代，在中国科学院高能物理研究所从事超导薄膜的研制，用自己设计的吸气溅射仪，第一个在中国制备出临界转变温度 23K 的 A15 相铌三锗超导薄膜，并提出其亚稳相的成相规律。1988 年用溅射法制备出转变温度 90K 的钇钡铜氧薄膜，达到国际先进水平，获 1991 年中国科学院科技进步奖一等奖、1992 年国家科技进步奖二等奖。

34. 李敏华（1917—2013），江苏吴县（今并入江苏苏州）人。固体力学家，中国科学院院士。1940 年毕业于西南联合大学航空工程学系，留校任教。1944 年赴美，先后在美国麻省理工学院获硕士学位和博士学位。毕业后曾在美国国家航空咨询委员会的路易斯飞行推进实验室、布鲁克林理工学院机械系工作。1954 年回国后任职于中国科学院力学研究所。1980 年当选中国科学院学部委员。在塑性力学方面，得出了轴对称平面应力问题用塑性形变理论的简单的精确解，论证了对这类问题在加载过程中满足塑性形变理论的适用条件，以后又推广到平面应力问题，获 1956 年中国科学院自然科学奖三等奖。20 世纪 50 年代，研制试验航天烧蚀材料的瞬时加热加载装置，利用炽体引燃方法，在国内首次实现了驻点温度超过 1000℃的高温实验，还首次研制成功瞬时加热加载材料试验机。70 年代，对涡轮轴(变截面圆轴)在扭矩作用下提出了应用非正交曲线坐标的有限差分法的新解法,能很精确地算出轴在小凹槽处的高应变集中区的应变,获 1978 年中国科学院重大成果奖。进行超载对低周疲劳寿命影响的研究,通过对铝合金圆孔薄板试件在一种疲劳载荷作用下的实验研究,得出超载 60%,疲劳寿命增加 3—4 倍的载荷范围,并观察到超载滑移线障碍主载滑移带的发展。

35. 李蓬(1965—),江西宁都人。分子生理学家,中国科学院院士。1983 年考入北京师范大学生物系,1987 年获"中美生物化学联合招生项目"(CUSBEA)奖学金赴美,1995 年于美国加州大学圣地亚哥分校生物医学专业获得博士学位。1995—2006 年先后在新加坡、美国、中国香港等地的高校或研究所工作。2006 年至今任职于清华大学生命科学学院。2015 年当选中国科学院院士。2016 年当选发展中国家科学院院士。长期从事脂代谢和代谢性疾病研究,发现细胞内调节脂代谢的细胞器脂滴可通过特殊的融合方式生长,在脂代谢调控中起重要作用。发现和鉴定了多个与脂滴融合相关的重要蛋白和调控因子,系统阐明了脂滴融合的生物化学和细胞生物学机制。运用小鼠模型和临床样品从生理和病理机制上证明脂滴融合是肥胖和非酒精性脂肪肝发生的细胞生物学基础。分析鉴定了多种细胞中脂肪分泌的重要通路及其调控机制。从多学科角度阐明了脂代谢调控的机制和代谢性疾病发生和发展的基础。1999 年获得新加坡国家青年科学家奖,2005 年获得国家自然科学基金委海外杰出青年人才基金,2008 年获得第一届亚太国际分子生物学网络阿瑟·科恩伯格纪念讲演奖,2007—2011 年担任 973 蛋白质计划首席科学家,2012 年获"何梁何利基金科学与技术进步奖"。

36. 李贤玉(1966—),朝鲜族,黑龙江牡丹江人。信息化研究专家,中国人民解放军专业技术少将军衔。1982 年,考入北京大学无线电电子学系。1990 年,在北京大学获得电子学硕士学位后,进入中国人民解放军第二炮兵部队装备研究院。1991 年参与第二炮兵党委决定筹建的第一套作战指挥自动化系统研究,成为该科研团队年龄最小的成员。1993 年成功开发了第二炮兵首个指挥自动化系统。1995 年,该指挥自动化系统获得全军科技进步奖二等奖,个人荣立三等功。1997 年晋升为高级工程师。1998 年当选第九届全国人大代表。2000 年从普通科技干部提升为室主任。2002 年入选第二炮兵导弹专家。2003 年获中国科协"求是奖"。2005 年任研究所总工程师。2006 年任某导弹旅信息化建设技术组长,研究成果在全军某重大演习中通过检验,一举破解制约战斗力建设的瓶颈问题,获国家科技进步奖二等奖,个人荣立二等功。2007 年率先提出自主研发指挥信息系统软件,3 年后成功研发出拥有自主知识产权的系统。2010 年受命研制野战信息采播车,仅8天就通过方案审定,38天完成研制任务,创下第二炮兵科研史上用时最短、一次成功的纪录。之后,其11项成果参加第二炮兵装备建设成果展,再次荣立二等功。先后获国家科技进步奖二等奖1项,军队科技进步奖10余项。

37. 李晓梅(1938—),生于浙江杭州,原籍安徽黟县。计算机并行算法专家。1960年毕业于安徽皖南大学(现安徽师范大学)数学系并留校工作。1961—1964年就读复旦大学函数论专业,获研究生学位后回到安徽皖南大学工作。1974—1981年在西北核技术研究所工作,参加竖井核试验重大项目,进行大型流场一、二维准耦合计算,为核试验提供安全堵塞数据,在差分方程建立、网格畸变和计算精度上取得了新成果。1981—1996年在国防科技大学计算机系工作,参与"银河-Ⅰ"亿次向量巨型机和"银河 Ⅱ"10亿次并行巨型机的研制,开发出多套软件系统,包括我国第一个向量线性代数库"银河-Ⅰ"线性代数库、"银河-Ⅱ"通用库软件、银河地震数据处理系统、"银河-Ⅱ"中期数值天气预报业务系统等,获多项军队和部委级科技进步奖。1996年至今在中国人民解放军装备指挥技术学院从事教学和科研。1992年获"光华科技基金"一等奖,2002年获军队重大科技成就奖,2004年获"何梁何利基金科学与技术进步奖"。

38. 李依依(1933—),生于北京,原籍江苏苏州。冶金与金属材料学家,中国科学院院士。1957年毕业于北京钢铁学院(现北京科技大学)冶金系。曾任中国科学院金属研究所所长。1993年当选中国科学院院士,1999年当选第三世界科学院院士。主要从事新材料研究、相变工作、抗氢合金研制、工程材料的制备与显微组织之间的关系、大型铸锻件可视化制备技术等。在低温钢研究中,做出铁—锰—铝合金相图与相鉴定方法,完成了六种强度级别抗氢钢及合金系列,为我国低温高压、抗氢脆合金的研究做出了开创性贡献,研制发展了铁—镍—铬合金、铁—锰—铝合金、钛铝合金、钛镍合金等十余种合金。提出并致力于发展可视化铸锻技术,突破了我国装备制造业中铸钢支承辊、大型船用曲轴曲拐、大钢锭等大型关键铸锻件生产的瓶颈,为三峡水轮机转轮及CRH5动车、CRH3高铁转向架国产化、核电用大型容器、蒸发器用精密管材高质量生产做出了重大贡献。荣获1980年国防科工委重大成果奖三等奖,1982年国家自然科学奖三等奖,1987年和1991年两次国家科技进步奖二等奖,1996年中科院科技进步奖一等奖、首届中国工程科技光华奖,1997年"何梁何利基金科学与技术进步奖"。

39. 林徽因(1904—1955),生于浙江杭州,原籍福建闽县(今福州)。著名建筑学家、建筑史学家,作家,诗人。1924年赴美,入宾夕法尼亚大学美术学院,1927年获美术学学士学位,被建筑系聘为建筑设计课兼职事务助理及设计指导教师。

1928 年回国，与梁思成任职于东北大学，共同创办建筑系。其间参与设计了吉林大学、交通大学锦州分校校舍等。1931 年加入中国营造学社，从事古建筑研究。20 世纪 30 年代与梁思成在河北、山西等地进行古建筑考察，勘察了 2000 多处古建筑遗构。在此基础上，运用西方建筑审美的基本原则评价中国传统建筑体系，以艺术发展史的基本阶段理论探讨中国建筑发展分期，并首次在理论上定义了中国建筑的木框架结构体系的基本特征，奠定了中国建筑历史与理论研究的基础。抗战期间，著有《现代住宅设计参考》，协助梁思成完成《中国建筑史》和《图像中国建筑史》。1946 年协助梁思成创办清华大学营建系。1948 年与梁思成共同编制《全国重要建筑文物简目》。1949 年后任清华大学建筑系教授，曾兼任北京市政协委员、人大代表。1950 年参与设计中华人民共和国国徽、人民英雄纪念碑及北京市城市规划工作。与梁思成等合作完成的“中国古代建筑理论及文物建筑保护的研究”于 1987 年获国家自然科学奖一等奖。早年爱好绘画、雕刻和戏剧，并从事新诗、小说、散文创作，被赞誉为民国时期有名的“才女”。文学著述甚多，包括散文、诗歌、小说、剧本、译文和书信，代表作有《你是人间四月天》《九十九度中》《吉公》《梅真和他们》《林徽因诗集》等。

40. 林兰英（1918—2003），福建莆田人。半导体材料科学家，中国科学院院士。1940 年毕业于福建协和大学并留校工作。1948 年赴美，1955 年获美国宾夕法尼亚大学固体物理学博士学位。1957 年回国后先后任职于中国科学院应用物理研究所、半导体研究所，曾任半导体研究所副所长、中国科协副主席。1980 当选为中国科学院学部委员。长期从事半导体材料研究工作，是我国半导体材料科学的奠基人和开拓者。率先组织和领导了我国生长锗单晶、硅单晶、锑化铟、砷化镓等单晶的研究，并首先获得上述半导体单晶，为我国光电子器件和半导体集成电路的研发准备了条件。20 世纪 70 年代末，研制出无漩涡缺陷、低氧化层错密度的硅单晶，为 4 千位、16 千位大规模集成电路—硅栅 MOS 随机存储器的研制奠定了基础。1986 年开始，致力于在太空生长砷化镓单晶的研究。1987 年，在我国返回式卫星上成功进行生产我国第一根砷化镓晶体实验，在世界上居于领先地位。组织开展蓝宝石衬底硅外延材料的研制，为通信卫星提供抗辐照的集成电路，研制成功“双束合成低能离子束外延实验机”，应用于薄膜材料的沉积。1962 年、1963 年两次获得国家科委科技成果奖，1978 年获全国科学大会奖，1980 年、1981 年、1982 年、1989 年四次获得中科院科技进步奖一等奖，1985 年获国家科技进步奖二等奖，1990 年获国家科技进步奖三等奖，1996 年获“何梁何利基金科学与技术进步奖”，1998 年获首届霍英东成就奖。

41. 林学钰（1937—　），生于上海，原籍福建福州。水文地质和环境水文地质学家，中国科学院院士。1957年毕业于长春地质学院（现长春科技大学）水文地质及工程地质系，留校任教。为吉林大学教授。曾任长春地质学院副院长、吉林大学水资源与环境研究所所长、环境与资源学院院长。1997年当选中国科学院院士。早年从事地下水管理模型的理论与方法研究，使我国地下水管理工作进入系统化、模型化、定量化的新阶段。在区域和城市地下水资源评价、水流模拟、预报研究方面取得多项成果，建立了我国最早的一批地下水水质模型，在地下水污染机理和微生物治理地下水污染理论方面进行了系统研究。20世纪80年代，开展水资源预测模型与管理模型的研究，建立了不同类型地下水流模拟与水位预报模型。创立地下水资源管理学，使水文地质学从定性研究转向定量研究。90年代，将地理信息系统等先进技术应用于水文地质学中，使水资源环境管理的决策过程具有可视性、可听性。获国家科技进步奖二等奖1项、三等奖2项，多次获得地矿部科技成果奖。

42. 刘长秀（1943—　），四川遂宁人。中国唯一女喷流专家，原解放军原总装备部四川涪江空气动力研究中心研究员。中国人民解放军少将军衔。1966年毕业于西北工业大学飞机系空气动力学专业，后从事风洞喷流试验研究。先后参加风洞试验近3000次，在"神舟"飞船和14种重大武器型号研制建设中发挥了重要作用。在某型战机研制中，首次建成并使用了高压气源及自动控制喷流调节系统，解决了横向试验技术问题。参加过"歼七""歼八""飞豹"等新型歼击机和"神舟"号宇宙飞船等一系列重大国防科研项目研究工作，荣获全国科学技术大会奖1项、国防科工委科技进步奖一等奖2项，立三等功多次。1997年被评为国防科工委"巾帼建功"先进个人，1999年被授予全国"巾帼建功标兵"和"全国三八红旗手"称号。2005年被评为第五届中国"十大女杰"。

43. 刘弥群（1944—　），重庆（原四川开县）人。军事装备研究专家，空军指挥学院原副院长。中国人民解放军空军少将军衔，中国人民解放军空军第一位女将军。刘伯承元帅之女。1968年毕业于北京航空学院。1975年参加中国人民解放军，开始了30余年的军工技术生涯。曾带领课题组对国产某型号导弹的推进燃料进行改造，用7年时间经过17次试验和改进，使导弹飞行速度得以提高。先后任空军高炮部实验室参谋、高炮部处长、地面防空部副部长、地面防空部部长、空军指挥学院副院长。1985年被评为"全国三八红旗手"。

44. 刘明（1964—　），生于江西丰城，籍贯安徽宿州。微电子科学与技术专家，中国科学院院士。1985年毕业于合肥工业大学，1988年获该校硕士学位，1998

年获北京航空航天大学博士学位。后在中国科学院微电子研究所工作至今，为中国科学院微电子研究所纳米加工与新器件集成技术研究室主任、微电子器件与集成技术重点实验室主任，兼任中国科学技术大学国家示范性微电子学院院长。2015 年当选中国科学院院士。长期致力于微电子科学技术领域的研究，在存储器模型机理、材料结构、核心共性技术和集成电路的微纳加工等方面做出了系统、创造性贡献。建立了阻变式存储器的物理模型，提出并实现高性能阻变式存储器和集成的基础理论和关键技术方法。拓展了新型闪存材料和结构体系，提出新的可靠性表征技术、失效模型和物理机理，为存储器产业发展提供关键理论和技术基础。两项工作列入 2013 年国际半导体发展路线图（ITRS）。2008 年获国家杰出青年基金资助，2012 年获中国真空学会科技成就奖，2013 年获国家技术发明奖二等奖，2015 年获中国电子学会科学技术奖自然科学类一等奖，2017 年获“何梁何利基金科学与技术进步奖”。

45. 刘小飞（1948—　），湖北汉川人。军事地理学研究专家，总参测绘信息中心高级工程师。中国人民解放军少将军衔。1970 年在解放军测绘学院服兵役。1972 年在武汉大学外文系英语专业学习。1975 年至 1978 年在解放军测绘学院训练部基础课教研室从事英语教学工作。1978 年至 1988 年在解放军后勤学院外国军事学术研究部从事研究工作。1983 年在南京大学外语系英语教师进修班进修。1988 年在解放军装甲兵工程学院外语教研室继续英语教学工作。1991 年在总参测绘信息中心从事军事地理学研究。历任英语助教、助理研究员、高级工程师。

46. 陆婉珍（1924—2015），生于天津塘沽，籍贯上海川沙。分析化学家、石油化学家，中国科学院院士。1946 年毕业于重庆中央大学化工系。1949 年获美国伊利诺伊大学化学系硕士学位。1951 年获美国俄亥俄州立大学化学系博士学位，毕业后先后在美国西北大学、美国玉米产品精制公司工作。1955 年回国后任职于石油部石油炼制研究所（现中国石油化工集团石油化工科学研究院），历任主任工程师、院副总工程师、总工程师。1991 年当选为中国科学院学部委员。20 世纪 60 年代，利用气相色谱技术发现并解决了我国第一套催化重整工业装置开工期间遇到的重大产品质量问题，为装置的顺利投产起到了关键的作用。主持系统评价我国原油性质工作，组织汇编了《中国原油的评价》（八册），开发出电量法测定油中非碳氢元素的分析技术。研究烃类燃料燃烧过程中对镍铬合金的腐蚀机理，获 1982 年国家自然科学奖四等奖。1980 年，在国内首先开发成功弹性石英毛细管色谱柱，并研究成功新型填充毛细管色谱法快速分析炼厂气及新型多孔层毛细管色谱法分析汽油中不同碳数烃组成。90 年代，开展近红外光谱分析技术的研究，研制出了成套的实验室型和在线型近红外光谱仪，并在蒸汽裂解、催化重整和汽油调合等工业装置上得到了实际应用。

47. 马瑾(1934—2018)，生于上海，原籍江苏如皋。构造地质与构造物理学家，中国科学院院士。1956 年毕业于北京地质学院，1958 年前往苏联科学院大地物理研究所进修，1962 年获副博士学位，回国后先后工作于中国科学院地质研究所、国家地震局地质研究所。1997 年当选中国科学院院士。长期从野外调查、实验模拟及理论分析等方面研究构造变形的物理机制及与此相关的实际问题，是我国构造物理与构造地质学科的开拓者和奠基人。20 世纪 60 年代，先后筹建相似材料和光弹实验室，将构造物理研究引入传统构造地质学，利用模拟实验系统研究了褶曲和断层的形成条件、形成机制及应力场。在四川石油会战中，将构造地质学相关理论和实验技术应用于裂隙型含油气构造的研究，提出岩性组合决定构造变形组合特征的观点，总结出含油气层的有利储集部位。60 年代后期，将工作重点转至地震领域，深入地震现场开展调查观测，进行构造物理研究，在地震孕育发生及其构造变形的联系方面提出一些新观点。1978 年，领导建立了构造物理与高温高压岩石力学实验室，全面开展地震构造物理学研究。80 年代，围绕断层几何结构对断层运动的影响问题及多种断层组合的变形破坏过程进行实验研究和数值模拟，分析了不同断层组合的失稳条件和机制、成核过程以及前兆特征，为地震机理与前兆机理提供了实验基础。2003 年组建中国地震研究领域第一个国家级实验室——地震动力学国家重点实验室。

48. 马兰(1958—)，辽宁沈阳人。分子神经药理学家，教育部“长江学者奖励计划”特聘教授。1978 年考入沈阳药学院药学系，1982 年获学士学位，1984 年获中国医科大学免疫学硕士学位，毕业后回到沈阳药学院制药系任教。1990 年获美国北卡罗来纳大学博士学位，后在美国北卡罗来纳大学和拜耳公司制药部从事博士后研究，1995 年回国后任上海医科大学/复旦大学上海医学院教授至今。任复旦大学脑科学研究院院长、基础医学院药理研究中心主任。研究方向为分子神经药理学，采用分子生物学和生物化学、细胞生物学、行为药理学和遗传学等技术深入研究学习记忆和精神药物成瘾机制，揭示相关药物的新靶点。从阿片受体信号转导机制入手，探讨了阿片类物质耐受和依赖的分子机理，阐述了蛋白激酶在其中的重要作用和作用机制。还揭示肾上腺素、NMDA 等神经受体系统都参与了阿片类药物的成瘾。近年来研究发现了 β-抑制蛋白的核信使功能和成瘾性药物调控基因表达的表观遗传学机制，揭示了药物作用的新途径，发现 G 蛋白偶联受体激酶和 β-抑制蛋白在学习记忆和药物成瘾中的关键作用并阐述了其分子机制。

1998 年获教育部科技进步奖一等奖，2001 年获首届中华医学科技奖一等奖、上海市科技进步奖一等奖，2002 年获国家自然科学奖二等奖，2003 年获“何梁何利基金科学与技术进步奖”。

49. 聂力(1930—　)，祖籍重庆江津，生于上海。军事科技管理专家，中国人民解放军中将军衔。聂荣臻元帅之女。1946 年到达晋察冀边区，1947 年进入荣臻子弟小学(今北京市八一中学)学习，1948 年进入华北育才中学(后与北平师大女附中合并)学习。1953 年高中毕业，次年考取留学苏联预备班，1955 年赴苏联学习，1960 年毕业于苏联列宁格勒精密机械与光学仪器学院。回国后被分配到我国第一个导弹研究机构——中国人民解放军国防部第五研究院工作，历任技术员、工程组长。1965 年起，历任第七机械工业部一院十三所仪器室主任，中共中央军委办公室副主任，国防科委科学技术部海军局副局长，国防科工委科技委员会副主任兼秘书长。为国防科工委顾问。参加了“远望”号测量船的研制和潜艇运载火箭发射试验的组织领导工作。是国务院振兴领导小组副组长，全国科学技术进步奖评审委员会副主任。连续当选第六、第七、第八届全国人大代表，并在第八届全国人大第二次会议上被增选为常委会委员。当选第六、第七届全国妇联副主席。连任第一、第二届国家科技进步奖评审委员会副主任委员，连任第一、第二届中国发明协会副会长。

50. 钱易(1936—　)，江苏苏州人。环境科学家，中国工程院院士。全国“高等学校教学名师”。1956 年毕业于上海同济大学卫生工程系，1957—1959 年在清华大学土木工程系进行研究生学习，毕业后留校任教至今。清华大学环境学院教授，曾任清华大学学术委员会主任、全国人大环境与资源保护委员会副主任委员、中国科协副主席、世界工程组织联合会副主席。1994 年当选中国工程院院士。20 世纪 80 年代，率先在我国环境工程界提出工业废水可生化性，以及鉴定标准的理论和方法，并将其引入研究生课程，为工业废水处理方案的确定提供了科学依据。“六五”“七五”计划期间，主持和参加城市污水处理与回收、高浓度有机废水的厌氧生物处理、氧化塘技术等国家科技攻关项目。研制和开发适合我国国情的高效低耗水处理设备并系列化、产业化。近年来研究可持续发展战略及政策，以促进中国的清洁生产、循环经济和水资源的可持续管理。1993 年获国家科技进步奖三等奖，1997 年获中国环境与发展国际合作最高奖，1998 年获国家科技发明奖三等奖，2002 年获国家自然科学奖二等奖，2003 年获国家科技进步奖二等奖。荣获全国教育系统“巾帼建功标兵”“全国教书育人楷模”“全国最美教师”等称号。

51. 邱爱慈(1941—　)，浙江绍兴人。高功率脉冲技术和强流脉冲粒子束加速器专家,中国工程院院士。中国人民解放军专业技术少将军衔,中国人民解放军第一位院士女将军。1964 年毕业于西安交通大学电机系,后到西北核技术研究所工作至今,为研究所副总工程师,兼任西安交通大学电气工程学院院长。1999 年当选中国工程院院士。长期从事强流脉冲粒子束加速器和高功率脉冲技术的研究、研制和应用,是我国强流脉冲粒子束加速器和高功率脉冲技术领域的主要开拓者之一。20 世纪 70 年代,参加我国第一台高阻抗脉冲电子束加速器"晨光号"的研制、改进工作。80、90 年代,主持研制成功我国束流最强达 1 兆安的低阻抗脉冲电子束加速器"闪光二号",获 1995 年国家科技进步奖二等奖。后又研制加速器的新二极管系统,解决了在高能量密度下提高电子束二极管转换效率及稳定性等多项难题,获 2001 年军队科技进步奖一等奖。主持建成了多功能高功率脉冲辐射装置"强光一号",获 2008 年国家科技进步奖二等奖。2004 年,主持研制成功国内首台具有自主产权的紧凑型小焦斑强脉冲 X 射线装置"剑光一号",获 2011 年军队科技进步奖一等奖。主持开拓了极强脉冲电子束的产生、传输、诊断及应用的研究方向。主持了高功率脉冲开关和纳秒高电压测量等关键技术的系统研究。推动并主持开展了"快 Z-箍缩物理及其脉冲功率驱动源技术""高功率离子束产生和应用"等重要科研项目,取得显著进展。1994 年获"光华科技基金"一等奖,2011 年获"何梁何利基金科学与技术进步奖"。

52. 任咏华(1963—),生于香港。无机化学家,中国科学院院士。1985 年毕业于香港大学并获得一级荣誉学位,1988 年获该校博士学位。1988 年至 1990 年在香港城市理工学院(今香港城市大学)应用科学系任教,1990 年起在香港大学化学系任教,为香港大学黄乾亨黄乾利基金教授(化学与能源)及化学系讲座教授,曾任香港大学化学系主任。从事配位和有机金属化学、超分子化学和光化学的基础研究工作,开创性地把无机及有机金属化学的研究应用于功能分子材料研究中,开发出新型发光的分子设计和材料研究,并从发光性和机理方面做出了极为详尽的阐述,为此领域的研究奠定坚实的理论基础。系统地设计和合成了新的无机发光分子材料和化学传感器配合物利用各种桥连配体,设计及合成了多种多核金属簇体系的发光材料利用炔基在结构上呈刚性及线性排列的优点,设计了新型有机金属铼、铂、铜和银的发光刚性棒材料并以弱金—金成键相互作用作为开关的新概念,设计出可用作分子磷光信号传感器及光电开关的双核金冠硫配合物。2001 年当选中国科学院院士,是当时最年轻的女院士。2006 年当选发展中国家科学院院士,2012 年当选美国国家科学院外籍院士,2015 年当选欧洲科学院外籍院士。2005 年获国家自然科学奖二等奖,2006 年获英国皇家化学会百周年讲座奖章,

2011 年获欧莱雅—联合国教科文组织“世界杰出女科学家奖”，2011 年获“何梁何利基金科学与技术进步奖”，2015 年获英国皇家化学会路德维希·蒙德奖。

53. 沈天慧（1923—2011），生于浙江嘉善，原籍浙江杭州。半导体化学家，中国科学院院士。1949 年毕业于上海大同大学化工系，后在中央研究院上海化学研究所工作。1954 年到中国科学院沈阳金属研究所工作。1957 年至 1959 年赴苏联科学院莫斯科冶金研究所进修半导体材料，回国后先后任职于中国科学院长春应用化学研究所、中国科学院北京 156 工程处、航天工业部 771 研究所、上海交通大学信息存储研究中心。1980 年当选中国科学院学部委员。20 世纪 60 年代，在长春应用化学所建立我国第一个三氯氢硅法制备高纯硅小组，研制出我国第一批用该法制成的半导体高纯硅，使我国半导体材料制备技术接近世界先进水平。此后一直从事硅器件材料的制备工作，并开辟了玻璃半导体记忆材料研究领域。70 年代开始，进入大规模集成电路研发领域，成功用等平面 N 沟硅栅 MOS 工艺研制出数种大规模集成电路，先后获全国科学大会奖 1 项（1979）、国家科技进步奖三等奖 2 项（1985、1988）、国防科工委二等奖 1 项三等奖 2 项（1979）。20 世纪 80—90 年代，在上海交通大学从事磁盘基片表面化学镀镍—磷层、钕铁硼材料表面保护、硬磁盘表面润滑、微电机系统等研究。1996 年制成我国第一台直径 2 毫米的电磁型马达。

54. 沈韫芬（1933—2006），上海人。原生动物学家，中国科学院院士。1953 年毕业于南京大学生物学系，分配至中国科学院水生生物研究所。1956 年赴苏联科学院动物研究所进修，1961 年获副博士学位，回国后继续在中科院水生生物研究所工作。曾兼任华中科技大学环境科学与工程学院院长。1995 年当选中国科学院院士。主持我国 22 个省、自治区的原生动物分类和区系研究，鉴定近 2000 种原生动物，35 个新种。在《西藏水生无脊椎动物》中描述原生动物 458 种，80% 为新记录，含 12 个新种，并首次探讨地理分布，提出优势种随水平地带气候变迁而有更迭特点的结论。率先在我国不同气候带开展土壤原生动物研究，阐明了不同温度地区的区系组成特点和季节变动规律。经 30 余年观察，揭示武汉东湖富营养化过程中原生动物群落结构与功能的演变过程。1980 年到美国弗吉尼亚州立大学环境中心微型生物群落监测方法（PFU 法）实验室做研究，1983 年回国后对 PFU 法不断改进和推广，使之成为一种准确、经济、快速的水质评价方法，并能预测水利工程对水环境的影响，1991 年由国家技术监督局、国家环境保护局颁布实施《水质—微型生物群落监测—PFU 法》（GB/T12990—91），成为我国第一个自行制定的生物监测国家标准。1997 年在第十届国际原生动物学大会上获柯立斯奖，并被国际原生动物学家协会授予名誉会员。

55. 沈之荃(1931—),上海人。高分子化学家,中国科学院院士。1952 年毕业于上海沪江大学化学系。1952—1962 年任职于苏州大学化学系。1962—1979 年任职于中国科学院长春应用化学研究所。1980 年至今先后在浙江大学化学系、高分子科学与工程系任教,曾任浙江大学化学系系主任、化学研究所和高分子科学与材料研究所所长。1995 年当选中国科学院院士。我国过渡元素与稀土催化聚合合成顺丁橡胶和异戊橡胶领域从研究到工业化的创建人之一。20 世纪 60 年代早期,率先研制三元镍系顺丁橡胶,从小试到大厂扩试,奠定了我国 5 个万吨级顺丁橡胶生产厂聚合工艺基础,该项目获 1978 年全国科学大会重大科技成果奖、1985 年国家科技进步奖特等奖。60—70 年代首先在国内外开拓应用稀土化合物作丁二烯等双烯烃定向聚合催化剂及其合成橡胶研制,研制成稀土顺丁橡胶和异戊橡胶等新品种,获 1978 年全国科学大会重大科技成果奖、1982 年国家自然科学奖二等奖(第二获奖人)。80—90 年代,持续推广应用稀土络合催化剂的基础研究,成功用稀土络合催化剂聚合多类有机物,获 1986 年国家教委科技进步奖二等奖、1993 年国家自然科学奖三等奖、1998 年教育部科技进步奖三等奖。1998 年被评为第二届中国"十大女杰",2001 年获"何梁何利基金科学与技术进步奖"。

56. 施蕴渝(1942—),生于重庆,原籍上海崇明。分子生物物理学家,中国科学院院士。1965 年毕业于中国科学技术大学物理系生物物理专业。1965—1970 年在原卫生部中医研究院工作。1970 年到中国科学技术大学工作至今。曾任中国科学技术大学生命科学学院院长。1997 年当选中国科学院院士,2009 年当选发展中国家科学院院士。主要从事结构生物学研究,用生物大分子计算机的分子动力学模拟及多维核磁共振波谱方法研究蛋白质的空间结构和功能的关系。先后在意大利、荷兰、法国等地学习计算生物学和核磁共振,20 世纪 80 年代回国后,在中国科学技术大学率先建立计算生物学实验室,开展生物大分子结构与动力学的计算机模拟方法学研究和应用研究,以及蛋白质分子设计和药物分子设计基础理论与关键技术研究。承担 863"分子设计尖端技术的跟踪与研究"、攀登计划"生命过程中的重要化学问题的研究"、自然科学基金"脑钠肽溶液构象的多维核磁共振研究"等课题,两度被国家科委评为"863 先进个人"三等奖。2002 年起,领导中科院结构基因组计划,建立结构基因组研究平台。1996 年获中国科学院自然科学奖二等奖,1999 年国家自然科学奖三等奖。

57. 石青云(1936—2002),四川合川人。模式识别与图像数据库专家,中国科学院院士。1957 年毕业于北京大学数学系并留校任教,曾任北京大学信息科学中心主任。1993 年当选中国科学院学部委员。1978 年开始模式识别研究,建立了一类属性扩展图文法,给出了属性与随机树文法的高效误差校正句法分析算法等,从而以高维属性文法实现了统计与句法模式识别的有效结合。率先在我国开展图像数据库的研究,取得二维符号串 ICON 索引的重要结果,提出了新型图像数据结构线性四元树 CD 表示。1982 年开始主持指纹自动识别系统研究项目,创造了从指纹灰度图精确计算纹线局部方向、获取方向图的理论与算法。基于指纹方向图,进一步提出了快速纹型分类和准确提取指纹中心、三角、形态与细节特征的全套新算法,以及统一处理无中心和有中心情况的高效指纹匹配算法,研制成功技术先进的指纹自动识别实用系统,广泛用于公安和银行等领域,并打入国际市场。1986 年筹建北京大学第一个国家重点实验室——视觉与听觉信息处理国家重点实验室,并担任实验室主任。1993 年获国家科技进步奖二等奖、“光华科技基金”一等奖,1998 年获“何梁何利基金科学与技术进步奖”。

58. 苏晓华(1961—),黑龙江克山人。林木遗传育种专家。1983 年毕业于东北林学院,在黑龙江省防护林研究所工作。1986 年起在中国林业科学研究院林业研究所工作至今。为中国林业科学研究院林业研究所遗传育种研究室主任、林木育种首席专家。长期致力于杨树育种理论与技术、优良品种创制、种质资源创新和品种应用推广等研究。根据自然气候和杨树生物学特点划分出我国九大育种区,分区创制出地域专适品种群。收集了 18 个国家 25 个地区的黑杨种质资源,跨 7 个气候区建立 7 个种质库,保存资源 2003 份,极大丰富了我国极度缺乏的高生产潜力杨树种质资源,并通过育种值评价,首次建立了黑杨高育种值群体。开发出杨树重要性状功能分子标记 22 个,建立杨树多基因共转化与鉴定技术体系,定向获得了自主产权的转基因多抗杨系列品种,实现了不同性状的同步分子改良。提出品种与栽培模式同步评选,创建了良种与良法配套推广应用新模式,显著提高了良种转化效率。培育出的系列品种已在我国 26 个省区推广应用,面积达 60 多万公顷,年产木材 1400 多万立方米,提升了我国杨树产业能力和国际竞争力。2011 年获第四届梁希林业科学技术奖一等奖,2014 年获国家科技进步奖二等奖,2018 年获“何梁何利基金科学与技术进步奖”。

59. 孙凤艳(1953—),上海人。医学神经生物学家,教育部首批“长江学者奖励计划”特聘教授。1976 年毕业于上海第一医学院并留校任教。1987 年获上海医科大学神经药理学博士学位。1990—1994 年前往美国乔治城大学神经科学研究所工作。1994 年回国起任职于上海医科大学,为复旦大学基础医学院神经生物学系主任。1999 年被聘为教育部首批“长江学者奖励计划”特聘教授。1994 年以来主要从事脑损伤和脑保护机制的研究，选择以研究脑中风和神经退行性病的发病机制为主攻方向，从分子、蛋白、细胞和整体水平展开系统的研究。从代谢水平研究发现了缺血损伤边缘的神经元上表达了胶质型谷氨酸载体现象，提出损伤可以诱导脑内的谷氨酸转运体的细胞重分布的现象可能是脑的自身保护性机制的新观点。1995 年首先提出血管内皮生长因子也分布于脑内的神经元上，揭示了血管内皮生长因子的脑保护分子机制。在国际上首次提出褪黑素具有抑制脑内羟自由基生成的作用，并证明了其能减少 DNA 的损伤和促进线粒体功能，从而达到脑保护的效应。先后主持和完成国家“973”课题、国家自然科学重点基金、国家杰出青年基金、教育部重大基础研究项目和跨世纪人才基金、上海市重大研究基础项目等课题研究。2004 年获“何梁何利基金科学与技术进步奖”。

60. 孙伟（1935—　），山东胶州人。土木工程材料专家，中国工程院院士。1958 年毕业于南京工学院（现东南大学）土木工程系并留校任教，曾任东南大学土木工程系副系主任、材料科学与工程系主任，为东南大学纤维与纤维混凝土技术研究所所长。2005 年当选中国工程院院士，我国土木工程材料领域首位院士。主要从事高性能混凝土、高性能与超高性能纤维增强水泥基复合材料、高效能防护工程材料的基本理论、应用技术、结构形成与损伤劣化机理、工业废渣资源化、复合因素作用下结构混凝土耐久性评价和寿命预测新理论与新方法等方面的科学研究。先后承担和负责国家“八五”“九五”攻关项目、“十五”“863”“973”项目专题、国家自然科学基金项目润扬长江公路大桥、南京地下铁道、长江三峡、江苏高等级公路、南京长江二桥、苏通大桥、国防军工项目等 40 余项重大工程的研究。曾获国家科技进步奖二等奖、国家技术发明奖三等奖。

61. 唐崇惕（1929—　），福建福州人。寄生虫学家，中国科学院院士。1954 年毕业于厦门大学生物系寄生虫学专业，先后在华东师范大学、福建师范学院及厦门大学任教。为厦门大学生命科学学院教授，曾任中国寄生虫学会副理事长。1991 年当选中国科学院学部委员。主要研究与人类关系密切的寄生虫种类。20 世纪 60 年代，阐明了日本血吸虫在终末宿主体内异位寄生的原因和机理，并提出预防措施。发现婴幼儿西里伯瑞列绦虫病的传播媒介是人居处的一种食肉性蚂蚁，阐明了本病原的全程生活史及婴幼儿防病方法。阐明了中国南方沿海经济贝类吸虫病原的生活史及预防对策，解决了沿海滩涂养殖缢蛏的“黑根病”问题。70 年代，发现呼伦贝尔草原多房包虫病病原及当地中间宿主鼠类。阐明了家畜牛羊胰脏吸虫和肝脏双腔吸虫的生活史各发育期、传播媒介的种类及它们在我国各流行区的流行规律。1978 年获全国科学大会科技成果奖，1982 年和 1988 年获国家自然科学奖三等奖,1986 年获国家级“有突出贡献的中青年专家”称号,1990 年获国家自然科学奖四等奖。

62. 唐克丽(1932—　),上海人。土壤侵蚀与水土保持专家。1954 年毕业于山东农业大学,同年分配到中国科学院西北农业生物研究所(现中国科学院水利部水土保持研究所),工作至今。1962 年获苏联科学院道库恰耶夫土壤学研究所土壤侵蚀学副博士学位。长年扎根黄土高原,系统研究了黄土高原土壤侵蚀产沙时空演变规律,提出黄土高原强烈侵蚀发生在半干旱水蚀风蚀交错带的新见解。率先系统研究了黄土丘陵沟壑区坡耕地土壤侵蚀过程,创建了坡耕地面蚀—细沟—浅沟—谷坡切沟的链状侵蚀动力机制研究模式,以浅沟侵蚀为突破口,取得坡耕地侵蚀加剧沟蚀和增加入黄泥沙的新论据。以自然生态平衡为基准,做作人为加速侵蚀在现代侵蚀过程中占主导地位的论断。应用土壤微形态方法研究黄土剖面古土壤发生学特征,对重新认识第四纪以来生物—气候环境演变取得突破性进展。作为我国土壤侵蚀学科学术带头人,组建了我国第一个土壤侵蚀研究室,创建了黄土高原土壤侵蚀与旱地农业国家重点实验室及配套的模拟实验系统、侵蚀与生态环境演变试验站、水风两相侵蚀试验站和治理试区等研究平台。主持编写出版的《中国水土保持》一书,是我国第一部水土保持学科的大型专著。1986 年获中国科学院第二届竺可桢野外科学工作奖,1994 年获国家计委、国家科委和财政部颁发的“国家重点实验室建设先进个人金牛奖”,2005 年获“何梁何利基金科学与技术进步奖”,2006 年获“世界水土保持协会年度杰出研究者奖”。

63. 唐孝炎(1932—　),生于上海,原籍江苏太仓。环境科学家,中国工程院院士。1954 年北京大学化学系研究生毕业后留校任教至今,曾任北京大学环境科学中心主任。1995 年当选中国工程院院士。领导组织了兰州光化学烟雾大规模现场综合研究,证实了光化学烟雾在我国的存在,发现了我国光化学烟雾不同于外国的成因。设计建造了国内第一个大气光化学反应模拟装置,最早建立了化学反应与大气扩散相结合的计算模式。对酸性雨水、雾水和云水开展了酸化过程的化学研究。1993 年起担任联合国环境署臭氧层损耗环境影响评估组共同主席,在《维也纳臭氧层保护公约》和《蒙特利尔议定书》的履约过程中,主持编写的“中国消耗臭氧层物质逐步淘汰国家方案”,先后经国务院和《议定书》国际执委会批准,被作为其他国家的参考范本。1985 年、1987 年、1990 年获国家科技进步奖二等奖,1996 年获“何梁何利基金科学与技术进步奖”,1998 年获国家科技进步奖一等奖,2003 年获原国家环保总局臭氧层保护个人特别金奖,2005 年获联合国环境署和世界气象组织维也纳公约奖、美国国家环保局平流层臭氧保护奖,2006 年获北京市政府首都环保之星奖,2007 年获美国国家环保局庆祝蒙特利尔议定书签署 20 周年特别奖。

64. 田红旗(1959—),河南鲁山人。轨道交通工程技术专家,中国工程院院士,教育部“长江学者奖励计划”特聘教授。1981 年毕业于长沙铁道学院并留校工作,1988 年获得长沙铁道学院硕士学位,1999 年获中国空气动力研究与发展中心博士学位。曾任中国工程院副院长,中南大学校长。2015 年当选中国工程院院士。长期从事轨道交通工程领域科研与教学工作。在高铁空气动力学、列车撞击动力学、大风环境行车安全技术等方面取得系列原创性和工程应用成果。带领团队完成我国已投入运营的流线型系列列车外形设计,研建青藏铁路大风监测预警与行车指挥系统,建成国内首套列车气动特性动模实验系统、国内唯一的轨道车辆实车撞击实验系统。1993 年获第一届詹天佑铁道科学技术奖青年奖,2001 年获第五届詹天佑铁道科学技术奖成就奖,2001 年、2004 年获国家科技进步奖二等奖,2010 年获“何梁何利基金科学与技术进步奖”、中国工程院光华工程科技奖,2011 年获国家技术发明奖二等奖,2015 年获国家科技进步奖特等奖(京沪高速铁路工程)。

65. 王承书(1912—1994),生于上海,原籍湖北武昌。核物理学家,中国科学院院士。1934 年毕业于燕京大学物理系。1941 年赴美,1944 年获密歇根州立大学博士学位。1956 年回国,先后任职于中国科学院近代物理研究所、第二机械工业部原子能研究所和 605 所。1980 年当选中国科学院学部委员。在美留学期间,与乌伦贝克研究稀薄气体中的输运现象,提出王承书—乌伦贝克方程。1958 年,主持聚变研究室工作,开创了受控核聚变反应和等离子体研究,填补了该领域的空白。1961 年后,改做铀同位素分离工作,从事气体扩散技术攻关。解决了净化级联计算、级联的定态和动态计算等重大课题,为中国第一座铀浓缩气体扩散工厂分批启动做作重要贡献,获得了丰度 90%以上的高浓铀 238,为我国第一枚原子弹提供了重要的核燃料。1964 年担任国产大型气体扩散机“4 号机”总设计师,主持了参数选择和部件设计等工作。20 世纪 70 年代,担任国家“七五”重点攻关项目“离心法”和“激光法”分离铀同位素专家组组长,为中国铀同位素分离理论研究奠定基础。1978 年获全国科学大会奖。

66. 王恩多(1944—),生于重庆,原籍山东诸城。生物化学家与分子生物学家,中国科学院院士。1965 年毕业于曲阜师范学院化学系,同年考入中国科学院上海生物化学研究所,后留所工作。1978 年再次考入上海生物化学研究所,1981 年获硕士学位,后留所任职至今。为中国科学院上海生命科学研究院生物化学与细胞生物学研究所研究员。2005 年当选中国科学院院士,2006 年当选发展中国家科学院院士。主要以氨基酰—转运 RNA 合成酶和相关转运 RNA 为对象进行酶与核酸相互作用方面的研究。在亮氨酰—转运 RNA 合成酶精确识别其底物亮氨酸—转运 RNA 和亮氨酸,进而在质量控制从信使核糖核酸翻译为蛋白质的机理方面做出了系统的重要研究成果,在亮氨酰—转运 RNA 合成酶的编校功能和编校途径的研究中取得了重要的突破。1996 年获国务院有突出贡献的科学家称号,2000 年获上海市科技进步奖一等奖,2001 年获国家自然科学奖二等奖,2006 年获“何梁何利基金科学与技术进步奖”。

67. 王静康(1938—),河北秦皇岛人。工业结晶科学与技术专家,中国工程院院士。1965 年天津大学化工系研究生毕业。1965—1972 年任职于贵州工学院,1972—1980 年任职于天津纺织工学院,1980 年起在天津大学化工系(现化工学院)任教至今,任国家工业结晶工程技术研究中心名誉主任。1999 年当选中国工程院院士。长期致力于现代工业结晶机理与技术的研发及创新成果的产业转化。率先建立工业结晶系统工程集成理论与多目标优化方法,提出结晶过程计算机辅助过程多变参数优化控制新策略,建立了不同结晶过程模型模拟方法学及结晶过程放大系统。针对医药、化工等高端产品精制的需求,构筑了大量物质的结晶形态学、热力学与动力学实测的基础数据库。首次提出耦合结晶新技术,开拓了晶体工程中的“分子组装与晶形优化”与绿色集成产业化共性技术。实现了分子有序组装与智能化调控过程,达到由分子层次研究直至产业化多尺度研发目标。在天津大学创立了我国第一个工业结晶及医药结晶技术研发基地。1996 年获国家科技进步奖二等奖、国家技术发明奖三等奖,1999 年获国家科技进步奖二等奖,2002 年当选首届“新世纪巾帼发明家”,2008 年获国家技术发明奖二等奖、“何梁何利基金科学与技术进步奖”,2017 年获首届全国创新争先奖状。

68. 王琪(1949—),四川自贡人。塑料加工装备专家,中国工程院院士。1989 年毕业于四川大学高分子材料专业,获工学博士学位。为四川大学教授,曾任高分子材料工程国家重点实验室主任、四川大学高分子研究所副所长。2017 年当选中国工程院院士。长期致力于高分子材料制备和加工新原理新技术新装备、环境友好高分子材料等方面的研究。在用高分子力化学和高分子间分子复合超分子方法制备新型高性能高分子材料、聚合物加工成型新方法及聚合物纳米材料制备新技术等方面取得创新性成果,带领研究团队发明了固相力化学加工新装备,建立多项基于固相力化学的高分子加工新技术,率先开展聚合物基微纳米功能复合材料微型加工和 3D 打印加工研究等。发明了聚合物管旋转挤出新装备新技术,制备高性能聚合物管,聚乙烯醇热塑加工和熔融纺丝新技术,开拓聚乙烯醇应用新领域,环境友好无卤阻燃高分子材料和泡沫塑料制备新技术。2006年获国家技术发明奖二等奖(第二完成人),2016年获中国专利金奖。

69. 王涛(1936—2011),山东胶县人。森林培育工程专家,中国工程院院士。1959年毕业于北京林学院,分配到中国林业科学研究院工作,曾任中国林科院首席科学家。1994年当选中国工程院首批院士。20世纪80年代初开始从事植物无性繁殖与立体化、工厂化育苗的研究,先后研制成功复合型植物生长调节剂ABT、GGR,创建了以推广任务带动应用基础理论、开发、应用技术、推广机制与模式研究为一体的成果转化系统,应用植物2763种(品种),推广面积2.77亿亩,育苗115.34亿株,经济效益119.98亿元,培训1844.86万人,提出试验、研究推广报告5138篇,出版编著24部。先后获1987年林业部科技进步奖一等奖、1988年国家科技进步奖二等奖、1990年国家技术发明奖三等奖、1994年林业部科技进步奖特等奖、1996年国家科技进步奖特等奖、1997年"何梁何利基金科学与技术进步奖"、2002年国家科技进步奖二等奖。90年代,通过"中国社会林业工程创新体系的研究与实施",将林业系统蕴藏的技术、人才和组织资源进行全面系统总结、优化配置。进入21世纪,通过对"中国主要燃料油木本植物资源的普查、研究与开发",为我国生物质能源的发展奠定了良好的基础。2004年获中国林业科技重奖,2009年获首届中国林科院终身成就奖。

70. 王小云(1966—),山东诸城人。密码学家,中国科学院院士。1993年获山东大学数学博士学位,后留校任教。2005年起受聘于清华大学。为山东大学密码技术与信息安全教育部重点实验室主任、清华大学高等研究院杨振宁讲座教授、清华大学计算机科学与技术系密码理论与技术研究中心主任。2017年当选中国科学院院士。长期从事密码理论及相关数学问题研究。2004年提出了密码哈希函数的碰撞攻击理论,即模差分比特分析法,并于2004年、2005年先后破解了5个国际通用哈希函数算法,引起了国际密码学界的高度关注。将比特分析法进一步应用于带密钥的密码算法包括消息认证码、对称加密算法、认证加密算法的分析,给出系列重要算法等分析结果。在高维格理论与格密码研究领域,给出了格最短向量求解的启发式算法二重筛法以及反转定理等成果。2005年设计了我国哈希函数标准SM3,2010年由国家密码管理局正式发布,是我国公开的首个实用化哈希函数算法,在军工、金融、交通、国家电网等重要领域广泛使用。2006年获陈嘉庚科学奖、求是杰出科学家奖、第三届"中国青年女科学家奖",2008年获国家自然科学奖二等奖,2010年获第三届"苏步青应用数学奖",2014年获中国密码学会密码创新奖特等奖,2017 年获首届全国创新争先奖状。

71. 王亚男(1937—　),山东人。天文光学及大型望远镜专家。1960 年毕业于南京大学天文系,后任职于中国科学院南京天文仪器厂(现中国科学院国家天文台南京天文光学技术研究所)。长期从事天文光学研究和天文仪器研制。曾先后参加了中国第一台双折射滤光器、真空照相天顶筒、太阳色球光球望远镜、太阳磁场望远镜、太阳精细结构望远镜、太阳多通道望远镜、球载太阳望远镜的设计和研制,参与编制了在中国天文光学系统设计和研究中使用了三十多年的优化软件。1997 年起参加国家重大科学工程"大天区面积多目标光纤光谱望远镜"(英文简称 LAMOST,冠名为郭守敬望远镜)的研制,是最早的五位发起人之一,参与项目早期的细化及论证工作,曾担任光学子系统负责人。曾获国家自然科学奖二等奖、国家科技进步奖二等奖两次、中科院自然科学奖一等奖、中科院重大科技成果奖一等奖、中科院重大科技成果奖二等奖。2008 年获中国天文学会第八届张钰哲奖,2014 年获"何梁何利基金科学与技术进步奖"。

72. 王业宁(1926—　),生于安徽安庆,籍贯安徽六安。物理学家,中国科学院院士。1949 年毕业于中央大学物理系。1950 年起在南京大学物理系(现物理学院)工作。1991 年当选中国科学院学部委员。早年从事固体中相变与缺陷的内耗(声衰减)研究,在南大物理系创建了内耗实验室。1959 年观察到内耗峰值随温度的升降速度和应力的增加而增高,随震动频率和含碳量的增加而减低,瞬态内耗与一个震动周期内马氏体的转变量成正比,该结论被称为"王氏定律"。20 世纪 70 年代开始转向晶体物理研究,制成国内第一台声光调 Q—钇铝石榴石激光器,获 1978 年全国科学大会奖。将用于高分子及非晶系统的耦合弛豫理论应用到合金中缺陷的集体弛豫过程,合理地解释了位错溶质气团峰与沉淀峰为什么具有反常大的激活能现象,被称为"王氏理论"。80 年代转向高温氧化物超导体类相变研究,1987 年发现铁电畴的粗(细)化具有一级相变特征,在三种高温超导体的正常态均发现存在三个类变相的温区,并首次测定了铋锶钙铜氧的弹性软模,得到国外同行的实验确认和高度评价。90 年代开始研究铁电材料,用电镜方法找到了层状钙钛矿铁电体中"无疲劳"的根源,在 2000 年三个国际会议上就此作特邀报告。2000 年获"何梁何利基金科学与技术进步奖"。

73. 王迎军(1954—　),河北唐县人。生物材料科学与工程专家,中国工程院院士。1978 年毕业于华南理工大学无机非金属材料专业,1981 年获该专业硕士学位,1997 年获博士学位。曾任华南理工大学材料学院副院长、副校长、党委书记,任华南理工大学校长。2015 年当选中国工程院院士。长期从事生物材料基础研究与工程化工作。在骨、齿科材料、血液净化材料及眼科材料等研究方面取得多项原创性成果。发明骨再生修复材料仿生构建系列技术，实现工程化，提出骨组织修复生物应答新理念，为第三代可控介导细胞功能的生物应答类骨材料的发展奠定坚实基础，攻克了生物活性类骨材料的受限反应空间模板仿生关键技术，实现了该类材料晶型及纳米尺度分布的精确控制，解决了不同级孔空间分布控制和一体化制备的技术难题，该技术被专家鉴定为处于国际领先水平。2007 年获"国际生物材料科学与工程学会联合会会员"终身荣誉称号，2013 年获国家科技进步奖二等奖。授权国家发明专利 23 项，发表论文 180 余篇，专著《生物医用陶瓷》入选国家新闻出版总署"三个一百"原创出版工程。曾获国家级教学成果奖一等奖、教育部科学技术奖一等奖、全国"新世纪巾帼发明家"创新奖等奖项，教育部高等学校优秀骨干教师等称号。

74. 王颖(1935—)，生于河南潢川，籍贯辽宁康平。海岸海洋地貌与沉积学家，中国科学院院士。1956 年毕业于南京大学地理系地貌学专业。1961 年获北京大学地质地理系副博士学位，后分配到南京大学地理系工作。1979—1982 年赴加拿大研修。为南京大学教授，历任南京大学地理系主任、大地海洋科学系主任、海洋研究中心主任、地理与海洋科学学院院长、中国南海研究协同创新中心主任。2001 年当选中国科学院院士。20 世纪 60 年代起，对渤海、黄海淤泥质海岸进行广泛深入研究，从泥沙来源、特性、沉积动力与微地貌结构的对比研究中，获得淤泥质潮滩具有分带的特性。最早阐明了淤泥质平原海岸的伴生地貌贝壳堤的成因，并总结出海岸发育历史与现代海岸演变的冲、淤动态规律。提出潮汐汊道海岸的两种类型，并根据实地考察总结出潮汊道港湾海岸演化过程的规律，成功应用于海港选址与航道工程。多年从事中国大陆架沉积研究，对大陆架砂从粒度、矿物、石英表面结构及沉积构造等做过系统研究。将海岸研究应用于海洋工程、海岸带开发，包括海港与航道选址、航道与海岸稳定性论证、回淤量预估等。如秦皇岛油港、煤港工程，天津港扩建，三亚港、洋浦港建设，曹妃甸、南通洋口深水港选址论证等。2016 年获国家海洋局"终身奉献海洋"纪念奖章。

75. 王志珍(1942—)，生于上海，祖籍江苏苏州。生物化学与分子生物学家，中国科学院院士。1964 年毕业于中国科学技术大学生物物理系，后在中国科学院生物物理研究所工作至今。2001 年当选中国科学院院士，2005 年当选发展中国家科学院院士。提出"蛋白质二硫键异构酶既是酶又是分子伴侣"的假说，为该酶固有的分子伴侣活性提供了最早的实验证据，并证实和区分了该酶的二种活性在帮助含二硫键蛋白折叠中的作用，打破两大类帮助蛋白的界限，总结出折叠酶新的作用模式。最早成功地用蛋白质二硫键异构酶催化同一基因编码的两条肽链的正确重组，提出“胰岛素A、B链已经含有足够的结构信息而能相互识别和相互作用，并形成结构最稳定的天然胰岛素分子”。1996年获国家中青年“有突出贡献专家”称号，2002年获第三世界科学院基础科学奖（生物学奖）、国家自然科学奖二等奖，2005年获中国科学院第二届“十大杰出妇女”荣誉称号、“何梁何利基金科学与技术进步奖”。

76. 韦钰（1940— ），壮族，广西桂林人。电子学专家，中国工程院院士。1965年毕业于南京工学院（今东南大学）电子工程系，获硕士学位。1979年被派往德国做访问学者，1981年获西德亚琛工业大学工学博士学位，中国第一位电子学女博士。回国后任教于东南大学，从事生物医学电子学及多维成像技术的科研与教学。曾任南京工学院院长、东南大学校长、国家教委副主任、教育部副部长、中国科协副主席。任东南大学学习科学研究中心名誉主任。1994年当选中国工程院首批院士。曾获得国内第一批生物组织的微波CT、超声CT、衍射CT和B/A非线性参量断层图像。在国内建立了第一个分子与生物分子电子学实验室，创建第一个“生物电子学”博士点。在国际上首先系统地阐明了分子器件和分子计算系统的基本特征，并率先采用分子器件分子设计的方法，受到国内外专家的高度重视。在电子学领域发表了300多篇论文，在分子组装技术和应用方面获得了多项成果和奖励。2001年开始，致力于建立交叉学科—学习科学，通过实证研究搭建脑科学和学习科学的桥梁。推动科学教育实验项目，建立汉博网，曾获国际儿童科学普及奖。2005年编写出版《探究式科学教育教学指导》，2011年与温·哈伦合做作版《科学教育的原则和大概念》。曾担任中国义务教育阶段小学科学教育标准修订组组长。

77. 闻玉梅（1940— ），生于北京，祖籍湖北浠水。病毒学家，中国工程院院士。1956年毕业于上海第一医学院（现复旦大学医学院），同年考入上海第二医学院（现上海交通大学医学院），研究生毕业后任职于上海第一医学院微生物教研室。曾先后在中国医学科学院、英国伦敦大学和美国国立卫生研究院进修。曾任医学分子病毒学教育部卫生部重点实验室主任。1999年当选中国工程院院士。长期从事乙型肝炎病毒的分子生物学与免疫学研究，揭示乙肝病毒持续感染的机理，并探索有效治疗乙肝的新途径，是研制乙肝治疗性疫苗的先驱者。1987年，首先提出“消除对乙肝病毒抗原免疫耐受性”治疗的新观点。经过5年的动物实验研究，设计了5种消除免疫耐受性的治疗性疫苗，并在动物模型中考核疗效，从中发现抗原—抗体复合性疫苗有较显著疗效。1993年创建了用乙肝疫苗及抗乙肝免疫球蛋白组成的新型治疗性疫苗，1997 年被列为国家“863 计划”生物领域“九五”重大项目之一，通过合作开发，研制了可供慢性乙肝患者使用的治疗性乙肝疫苗“乙克”，并获准进入临床研究。1997 年获国家自然科学奖三等奖，1998 年获“何梁何利基金科学与技术进步奖”，2002 年当选首届“新世纪巾帼发明家”，2006 年获亚太医学微生物学会特殊贡献奖。

78. 吴德馨（1936— ），河北乐亭人。半导体器件和集成电路专家，中国科学院院士。1961 年毕业于清华大学无线电电子工程系，分配至中国科学院半导体研究所工作。1986 年调入新成立的中国科学院微电子中心（现中国科学院微电子研究所）工作至今。1991 当选中国科学院学部委员。20 世纪 60 年代初，在国内首先研制成功硅平面型高速开关晶体管，获 1964 年全国工业新产品一等奖。70 年代末研制成功 4 千位 MOS 动态随机存储器，随后相继研究成功 16 千位和 64 千位动态随机存储器。4 千位、16 千位动态随机存储器的研究分获 1980 年和 1981 年中国科学院科技成果奖一等奖。90 年代研制成功 0.8 微米 CMOS 大规模集成电路工艺技术，获 1996 年中国科学院科技进步奖一等奖和 1997 年国家科技进步奖二等奖。90 年代末研制成功 0.1 微米砷化镓/铝镓砷异质结场效应晶体管，获 2003 年北京市科技成果奖一等奖。系统地研制成功第一代半导体硅双极型、MOS 场效应型晶体管和大规模集成电路、第二代砷化镓异质结场效应和双极型晶体管与集成电路，以及第三代氮化镓异质结场效应晶体管等，产生了重要的经济和社会效益。2004 年获“何梁何利基金科学与技术进步奖”。

79. 吴明珠（1930— ），湖北武汉人。园艺学专家，中国工程院院士。1953 年毕业于西南农学院（现西南大学农学与生物科技学院）园艺系。1955 年起到新疆工作至今，任新疆农业科学院哈密瓜研究中心名誉主任。1999 年当选中国工程院院士。新疆甜瓜、西瓜育种事业的开创者，主持选育经过省级品种审定或认定的甜瓜、西瓜品种达 30 个。甜瓜早、中、晚熟系列品种以及同行用其亲本所育品种推广面积覆盖新疆北疆及吐哈盆地主要商品瓜区的 80%，为社会创造经济效益数十亿元。最早开始新疆甜瓜地方品种资源的收集和整理，挽救了一批濒临绝迹的资源。在国内率先采用远生态、远地域、多亲复合杂交、回交及辐射育种等技术相结合，选育出优质抗病的甜西瓜新品种，创造了一批新的种质资源。利用生态差异，长期在新疆和海南两地进行南北选育，创造了一年四季高速育种的成功实践。在世界上首先转育成功单性花率 100% 的脆肉型（哈密瓜型）优质自交系，已应用于生产。建立了甜瓜育种和无土栽培的技术创新体系。曾获国家科技进步奖三等奖 1 项，原农业部科技进步奖二等奖 1 项，自治区科技进步奖特等奖 1 项、二等奖 3 项、三等奖 1 项。1986 年获国家级"有突出贡献的中青年专家"称号,1997 年被评为全国优秀科技工作者,2007 年获"何梁何利基金科学与技术进步奖"。

80. 伍小平(1938—　),生于天津,原籍江苏武进。实验力学家,中国科学院院士。1960 年毕业于北京大学数学力学系力学专业,后到中国科学技术大学任教至今,曾任中国科技大学工程科学学院院长。1997 年当选中国科学院院士。长期从事实验力学研究。在实验理论方面,对空间散斑运动规律进行了系统的研究,给出了以微分形式描述空间光场的三个基本方程,揭示了激光散斑衍射谱与材料疲劳损伤的相关性,为利用激光散斑进行变形测量提供了理论基础。在测试技术方面,提出了散斑干涉作非接触式随机振动和冲击测量的技术、水洞中船用螺旋桨在水动力作用下变形测量技术、用于细观变形场的显微全息光弹性技术、显微全息散斑技术和显微白光彩色散斑计量技术等。1992 年起,在国内首先开展用同步辐射光研究材料的力学性质的工作,依托国家同步辐射实验室,建成了国际上唯一的"同步辐射材料力学实验站",研制了相关硬件、探测技术和软件,用于探索材料细观层次的力学行为及其规律。近年来组织进行了基于微机电系统和光力学测试技术的新概念红外成像研究。1979 年获中国科学院重大科技成果奖一等奖,2008 年获"何梁何利基金科学与技术进步奖"。

81. 夏培肃(1923—2014),生于重庆,原籍四川江津。计算机专家,中国科学院院士。1945 年毕业于中央大学电机系。1947 年赴英,1950 年获爱丁堡大学博士学位。1951 年回国,任职于清华大学电机系。1953—1956 年先后任职于中国科学院数学研究所和近代物理研究所。1956 年起在中国科学院计算技术研究所工作。1991 年当选中国科学院学部委员。我国计算机研究先驱和我国计算机事业的重要奠基人之一。1952 年参与组建中国第一个电子计算机科研小组,提出研制中国第一台电子计算机的设想。1956 年参与制定中国科学十二年远景规划,参与起草了"计算技术的建立"部分,参与筹建中科院计算技术研究所,编写了第一本正式讲义《电子计算机原理》,培养了 700 多名科技人员。1958 年,负责设计研制通用电子数字计算机 107 机,这是我国第一台自行研制的通用电子数字计算机。20 世纪 60 年代,致力于提高计算机运算速度研究,先后研究用微波技术、隧道二极管研制计算机,并将非线性理论用于隧道二极管电路分析,阐明了一系列用线性电路理论不能解释的现象。1968 年,提出最大时间差流水线原理,大大缩短流水线计算机的时钟周期。70—80 年代,主持研制高速阵列处理机 150-AP 和功能分布式阵列处理机系统 GF-10,1983 年获中科院重大科技成果奖二等奖。1985 年获英国赫瑞・瓦特大学名誉博士学位,2011 年获首届中国计算机学会终身成就奖。

82. 夏善红(1958—),北京市人。电子学专家,获得中国发明专利3项。1983年毕业于清华大学无线电电子学系,获学士学位,同年考取中国科学院电子学研究所研究生,1986年获硕士学位,留所工作。1990年获英国皇家学会Royal Fellowship,赴英国剑桥大学工程系电子工程专业进修,次年攻读博士,1994年获博士学位。1995年初回中国科学院电子学研究所工作,任研究员、博士生导师、副所长、学术委员会副主任、学位委员会副主席,并担任国家"863计划"微机电系统(MEMS)重大专项总体专家组成员、IEEE电子器件学会北京分部副主席、中国电子学会真空电子学分会副主任委员、中国真空学会电子材料与器件专业委员会副主任委员、中国自动化学会机器人专业委员会委员等职。作为项目负责人,承担并完成了国家自然科学基金、"863"等十余项研究课题。

83. 向巧(1963—),苗族,重庆彭水人。航空发动机维修技术及工程管理专家,中国工程院院士。1983年毕业于南昌航空工业学院(现南昌航空大学)航空金属材料及热处理专业。1986年起在中国人民解放军空军5719工厂工作至今,任5719工厂厂长、南昌航空大学名誉校长。2015年当选中国工程院院士。长期从事中国人民解放军航空发动机维修技术和工程管理研究,主持完成先进航空发动机叶片等关键部件再制造技术研发等17项科研项目,作为中国人民解放军三代战机发动机维修线建设工程负责人,解决了关键零部件再制造、控制系统修复和故障机理与预防等关键问题,提出军用航空发动机维修线建设工程管理成熟度模型,创建航空发动机维修工程管理体系,主持完成3型中国人民解放军在役最先进航空发动机维修线建设工程,显著提升了中国人民解放军航空发动机自主维修保障能力。在5719工厂提出"五个统筹"的发展战略,2004年主持工厂流程再造和机构重组。2011年,作为第一完成人完成的"军用航空发动机零部件再制造技术及其应用"获国家科技进步奖二等奖、全军科技进步奖一等奖,被空军装备部评为"有突出贡献的技术专家"。

84. 谢希德(1921—2000),福建泉州人。物理学家,中国科学院院士。1946年毕业于厦门大学。1947年赴美国读书,1949年获美国史密斯学院硕士学位,1951年获麻省理工学院博士学位。1952年回到复旦大学任教,曾任复旦大学现代物理研究所所长、复旦大学校长。1981年当选中国科学院学部委员,1988年当选第三世界科学院院士,1991年当选美国人文与科学院外籍院士。主要从事半导体物理和表面物理的理论研究,是我国这两方面科学研究的主要倡导者和组织者之一。20世纪50年代,与黄昆院士领导五校联合半导体专门化,培养了中国半导体事业的第一代骨干。60年代,研究群论在固体物理中的应用,简化了空间群不可约表示的简约方法,讨论了空间群的选择定则,对硒化锌、锑化铟的能带进行计算。70年代,在复旦大学筹建以表面物理为研究重点的现代物理研究所,组织了全国固体物理和表面物理讨论班。80年代,研究半导体表面电子态理论,探索了一系列元素在半导体表面上的吸附问题,对镍硅化合物和硅界面理论进行了系统研究,获国家教委科技进步奖二等奖。1992年争取到第21届国际半导体物理会议在我国北京召开,任会议主席,提高了我国半导体物理在国际上的声望和地位。1997年获"何梁何利基金科学与技术进步奖"。任复旦大学校长期间,率先在全国高校中成立复旦大学美国研究中心,增设管理学科、技术学科等综合性学科,着力培养交叉型、复合型人才。1979年和1980年两次被评为"全国三八红旗手",当选中共第十二届、第十三届中央委员,上海市第七届政协主席。

85. 谢毅(1967—),生于安徽阜阳,籍贯安徽安庆。无机化学家,中国科学院院士。1988年毕业于厦门大学化学系,1996年在中国科学技术大学应用化学系获博士学位,留校任教。为中国科学技术大学教授。2013年当选中国科学院院士、英国皇家化学会会士,2014年当选发展中国家科学院院士。致力于无机固体化学研究。曾将溶剂热合成技术发展成制备Ⅲ-Ⅴ族非氧化物的方法,相关工作发表在美国《科学》杂志。针对低维纳米结构难以精确控制及组装调控困难问题,建立了二元特征结构协同导向的普适性系列方法,实现了系列有重要应用背景的复杂结构的无机功能材料的构筑,系统总结了协同导向机制,获2012年国家自然科学奖二等奖。提出了利用无机固体中丰富的相变行为及半导体二维超薄结构等新思路来实现电、声输运的同步调制,获得高效热电材料,发展了无机类石墨烯化学,解决了其超薄结构无法给出精确原子位置的难题,揭示了系列半导体二维超薄结构的精细结构、电子结构与热电、光电基本性能之间的调控规律。2000年入选教育部第三批"长江学者奖励计划"特聘教授,2006年获第三届"中国青年女科学家奖",2013年获国际纯粹与应用化学联合会化学化工杰出女性奖,2015年获欧莱雅—联合国教科文组织"世界杰出女科学家奖",2017年获"何梁何利基金科学与技术进步奖"、首届全国创新争先奖。

86. 徐莉莉(1952—),山东济南人。军事科技管理专家,中国人民解放军军事科学院副院长。中国人民解放军海军中将军衔,是全军第一位海军女将军。1964年为山东省游泳队运动员。1970年参加中国人民解放军,历任海军东海舰队护理员、打字员、新闻干事。1975年任湛江南海舰队海军422医院政治处副主任。1978年入海军政治学校学习,1979年留校任教,历任教员、政工教研室主任、副教授、分院院长。1992年任海军政治学院院长。1996年调任海军后勤部,历任副政治委员、政治委员。2009 年任军事科学院副院长。1988 年获“全军优秀教员”称号,当选第七届全国人大代表,中共第十五次全国代表大会代表。立二等功一次,三等功两次。担任第一撰稿人和课题第一负责人的两项科研成果分别获全国科技进步奖一等奖和全军科技进步奖一等奖。撰写《军人修养概论》等专著 5 部,其中一部获全国二等奖、一部获全军二等奖,数十篇论文获各种奖项。荣获“全国三八红旗手”、全国“巾帼建功标兵”称号,2008 年当选全国妇联副主席。

87. 徐晓白(1927—2014),江苏苏州人。无机化学及环境化学专家,中国科学院院士。1948 年毕业于上海交通大学化学系。先后在中国科学院所属物理化学所、长春应用化学所、化学研究所以及生态环境中心工作。1995 年当选中国科学院院士。早期从事无机化学研究,在卤磷酸钙日光灯荧光材料、稀土高温化合物和某些铀化物制备等方面做作成果。1975 年中科院环境化学所成立后,作为学术带头人之一,主要从事多环芳烃及其衍生物(硝基多环芳烃、多氯联苯、二噁英等)的分析化学、污染化学和生态毒理学研究。1981 年在美国加州大学伯克利分校访学期间,首次报道从柴油机尾气颗粒物中检出 2-硝基芴致癌物,1982 年又报道检出 50 多种硝基多环芳烃和含氧硝基多环芳烃等直接致突变物,是柴油机颗粒物研究的重大突破,有关研究获 1989 年国家自然科学奖三等奖。1991 年,开展“典型化学污染物在环境中的变化及生态效应”研究,建立了一套综合研究污染物化学行为和生态效应的方法体系,获 1999 年中国科学院自然科学奖一等奖。1995 年开展了中国持久性有机污染物的初步调查,为中国代表团参加有关持久性有机污染物的国际公约谈判提供了重要科学资料。2001 年获“何梁何利基金科学与技术进步奖”。

88. 徐洵(1934—),福建建瓯人。海洋环境生物工程专家,中国工程院院士。1957 年毕业于中国医科大学。曾任中国医科大学讲师、中国科技大学生物系教授,任国家海洋局第三海洋研究所研究员。1999 年当选中国工程院院士。作为我国海洋基因工程的主要奠基人和学术带头人,20 世纪 80 年代利用 DNA 重组技术首次在海洋低等生物中发现人功能蛋白的原始基因。1991 年在厦门创建了我国第一个海洋生物基因工程实验室。首次将基因技术应用于海洋环境科学领域,解决了海洋病毒污染快速检测的难题。率先克隆了我国海水鱼类基因,成功地构建了我国第一个拥有知识产权的海洋基因工程菌。在世界上率先完成了困扰对虾养殖业多年的病原——对虾白斑杆状病毒基因组全部密码的破译和分析工作,使我国对虾病毒分子水平的研究取得重大突破,这项研究成果被评选为“中国 1999 年十大基础研究新闻”和“中国 2000 年十大科技进展新闻”。近年在无脊椎动物天然免疫分子基础的研究中，从抗病对虾中首先克隆到具有抗病毒作用的因子。曾获国家海洋局科技进步奖和中科院自然科学奖等多项奖励。

89. 许志琴（1941—　），上海人。构造地质学家，中国科学院院士。1964 年毕业于北京大学地质地理系，分配到中国地质科学院地质研究所工作至今。1987 年获法国蒙彼利埃大学构造地质博士学位。1995 年当选中国科学院院士。中国构造地质学领域中微观构造和宏观构造研究相结合的开拓人。率先将构造地质学的几何学、运动学、动力学及定量分析运用在青藏高原和中国造山带的研究中，厘定了我国 50 余条大型韧性剪切带，奠定了西部若干造山带变形构造体制的研究基础，在青藏高原碰撞动力学及造山机制等方面提出了一系列重要思想和理论。1987 年首次在大别山菖蒲榴辉岩中发现超高压变质矿物——柯石英的重要信息，提出柴北缘和苏鲁超高压变质带的折返模式。最早在中国实施"大陆动力学"计划，作为中国大陆科学钻探工程、"973"基础研究项目和国家自然科学基金重大项目的首席科学家，推动了中国大陆科学钻探工程的实施，促进了我国地球科学理论的发展和探测建设水平的提高。1991 年获第二届李四光地质科学奖，2004 年获"何梁何利基金科学与技术进步奖"。

90. 颜宁（1977—　），山东莱芜人。分子生物学家，教育部"长江学者奖励计划"特聘教授。2000 年毕业于清华大学生物系，获学士学位，2004 年于美国普林斯顿大学分子生物学系获博士学位。2007 年到清华大学任职，2017 年被普林斯顿大学聘为雪莉·蒂尔曼分子生物学讲席教授。主要致力于具有重要生理功能的膜转运蛋白的结构与功能机理研究及植物脱落酸受体信号传导机理的结构生物学与生物化学研究。2009 年至今以通讯作者身份在《自然》《科学》《细胞》上发表学术论文多篇。2011 年获得"中国优秀青年科技工作者"称号。2012 年获得首届霍华德·休斯医学研究所国际青年科学家奖、"谈家桢生命科学创新奖"、第 9 届"中国青年女科学家奖"。2014 年当选教育部"长江学者奖励计划"特聘教授，获"何梁何利基金科学与技术进步奖"；同年，率团队在世界上首次解析出人源葡萄糖转运蛋白 GLUT1 的三维晶体结构。2015 年，率研究组再次解析出 GLUT3 的三维结构，清晰完整地展现了葡萄糖转运蛋白工作的分子机理，为研制小分子肿瘤靶向药物提供了直接结构依据。2015 年获国际蛋白质学会青年科学家奖，并分享了"赛克勒国际生物物理奖"，2016 年入选《自然》杂志评选的"中国科学之星"，2018 年获亚洲及大洋洲生物化学家和分子生物学家联盟"卓越研究奖"。

91. 阎锡蕴（1957—　），河南开封人。纳米生物学家，中国科学院院士。1982 年毕业于河南医科大学（现郑州大学医学院），后在中国科学院生物物理研究所工作。1993 年获德国海德堡大学理论医学院博士学位。为中国科学院生物物理研究所研究员。2015 年当选中国科学院院士。在国际上首次提出纳米材料具有类似天然酶的催化功能,系统研究其催化效率及机理,并将其应用于疾病的诊断和治疗、环境监测、农药监控和污水处理等多个领域。系列研究成果于 2007 年和 2012 年两次入选中国十项重大科学进展,获 2012 年国家自然科学奖二等奖。发明"纳米酶试纸条",用于埃博拉病毒等传染病病毒的高灵敏检测,获 2015 年爱思唯尔阿特拉斯奖,这是中国科学家首次获得该奖项。提出肿瘤靶向治疗新观念,发现肿瘤血管新靶点 CD146,在阐明其机制的基础上,发展人源化抗体药物,其系统性工作被生物医学领域数据库 Faculty of 1000 评为新发现,被《科学》和《血液》等杂志引用并专题评述。由此发展的肿瘤治疗新策略,被全球最大的抗体研发机构英国国家医学研究院技术部评为国际先进水平,并签订合作协议共同开发肿瘤靶向药物。2015 年当选亚洲生物物理联盟主席,2017 年获首届全国创新争先奖状。

92. 杨芙清(1932—),江苏无锡人。计算机软件科学家,中国科学院院士。1958 年北京大学数学力学系研究生毕业后留校工作至今,为软件与微电子学院理事长、软件工程国家工程研究中心首席科学家,曾任计算机科学技术系主任。1991 年当选中国科学院学部委员,2003 年当选电气和电子工程师协会会士。20 世纪 70 年代,主持我国第一台百万次集成电路计算机操作系统的研究,首次在国产机上实现多道程序处理,获 1978 年全国科学大会奖。参与研制了系统程序设计语言 XCY,获 1989 年国家教委科技进步奖一等奖。主持研制了 DJS240 机的操作系统 DTS200/XT2,首次在国内实现全部使用高级语言编写大型操作系统,获 1985 年电子工业部科技成果奖一等奖。80 年代起,主持历经 4 个五年计划的国家重大科技攻关项目"青鸟工程",先后研制成功核心支撑环境 BETA-85,大型集成化软件工程支撑环境青鸟Ⅰ型系统,大型软件开发环境青鸟Ⅱ型系统,基于异构平台、可访问多信息源的应用系统集成(组装)环境青鸟Ⅲ型系统,为中国软件产业建设奠定了技术基础。其中青鸟Ⅱ型系统被评为 1995 年电子十大科技成果,获 1996 年电子工业部科技进步奖特等奖、1998 年国家科技进步奖二等奖。1994 年成立北大青鸟公司,实现科研成果转化,并提出产学研结合的 TRDC(教学培养—研究—开发—产品营销服务)模式。先后创办软件工程国家工程研究中心、第一个软件工程学科、示范性软件学院,在国内率先倡导软件工程研究、科研成果产业化及相关人才的培养。1996 年获"光华科技基金"一等奖,1997 年获"何梁何利基金科学与技术进步奖"。

93. 杨俊生(1941—),生于河北易县,原籍福建长汀。军事指挥自动化研究专家,中国人民武装警察少将警衔。是中国武警部队组建以来第一位女将军。1961 年参军,进入哈尔滨军事工程学院导弹自动控制专业学习,1968 年毕业后被分配到第二炮兵部队某导弹部队工作。1974 年任第二炮兵部队司令部科技部参谋,主要从事导弹科研方面的有关工作。1983 年调入武警部队工作,先后任武警部队总部政治部干部处副处长、党支部书记、政治部党委委员。1991 年任武警部队司令部技术装备处处长(后改为部)、党支部书记。1993 年后历任武警部队司令部技术装备部部长,科技开发部主任、党支部书记,交通指挥部副主任、党委常委等职。在武警总部,主持研制开发的科技项目多次获国家奖,有的还填补了国内研究空白。主持完成的《武警军事指挥自动化系统安全平台》的建设等项目,为武警的建设、反恐、维和,做出了贡献。1996 年开始享受国务院政府特殊津贴。兼任国家科技奖励公安专业评审委员会副主任委员,武警部队科学技术委员会副主任委员,武警部队科技进步奖评审委员会秘书长等职。

94. 杨秀荣(1946—　),北京人。分析化学家,中国科学院院士。1968 年毕业于中国科学技术大学近代化学系。1974—1985 年任职于中国科学技术大学。1986 年在瑞典隆德大学化学系学习,1991 年获博士学位。1992—1995 年在美国新奥尔良大学、夏威夷大学从事博士后研究。1995—1997 年在香港科技大学访问。1997 年到中国科学院长春应用化学研究所工作至今,曾任电分析化学国家重点实验室主任。2013 年当选中国科学院院士。主要从事电分析化学、生物分子识别及微流控分析方面的研究,发展了新型微纳结构材料的制备和分析方法及电分析仪器。利用活细菌的黏附性和成膜生长等特性,发展了制备具有分子和细胞识别功能的微纳结构材料的新方法,开展了双偏振干涉方法研究,并将其应用于对生物分子 DNA-小分子相互作用构型变化的实时在线检测,利用双水相体系进行蛋白质组的预分离研究,发展了不需要生物酶的新型电化学电容传感器,研制出实时、在线的分子识别电化学电容分析仪,合作研制了毛细管电泳电化学发光检测仪以及远程在线水质自动监测系统。曾获吉林省科技进步奖一等奖 2 项,2015 年获国家自然科学奖二等奖(第三完成人),2017 年获首届全国创新争先奖状。

95. 叶叔华(1927—　),生于广东广州,籍贯广东顺德。天文学家,中国科学院院士。1949 年毕业于中山大学。1951 年到上海徐家汇观象台(现中国科学院上海天文台)工作,曾任上海天文台台长、国际天文学联合会副主席、上海市科协主席、中国科协副主席。1980 年当选中国科学院学部委员,1985 年当选英国皇家天文学会外籍会员。20 世纪 50—60 年代,负责建立和发展我国综合世界时系统,精度长期保持国际先进水平。70—80 年代,从事地球自转研究,组织国际地球自转联合观测。先后获1978年全国科学大会奖、1978年中科院重大成果奖、1981中科院科技成果奖一等奖、1982年国家自然科学奖二等奖。1987年获中国科学院科技进步奖一等奖。90年代,作为首席科学家负责国家攀登项目“现代地壳运动和地球动力学研究”,获得了我国地壳运动的实测结果,初步得到全国不同块体的运动情况,获2002年上海市科技进步奖一等奖。倡导并主持“亚太空间地球动力学”国际合作计划,1996年担任首届执行委员会主席。在中国倡导发展甚长基线干涉测量(VLBI)、激光测卫(SLR)等空间技术研究,推动VLBI和SLR网的建立,在载人航天和登月计划中均发挥作用。1994年,紫金山天文台将新发现的小行星3241号命名为“叶叔华星”。1995年获首届中国“十大女杰”称号,1997年获“何梁何利基金科学与技术进步奖”,2012年获中国天文学会90周年最高荣誉奖。

96. 叶玉如(1955—),生于香港,原籍广东台山。神经生物学家,中国科学院院士。1977年毕业于美国西蒙斯学院,1983年在美国哈佛大学医学院获药物学博士学位。1993年起任职于香港科技大学,为副校长、晨兴生命科学教授、分子神经科学国家重点实验室主任,曾任理学院院长、生物化学系主任、生物技术研究所所长。2001年当选中国科学院院士,2004年当选发展中国家科学院院士,2015年当选美国国家科学院外籍院士。运用现代分子与细胞生物学方法,探讨神经营养因子与神经元发育之间的关系,以及它们用于治疗神经性病患的可能性。首先或参与发现了NT3、NT4和NT7三个新的神经营养素,研究了它们的作用特点和部分作用机制。发现睫状神经营养因子受体为三元聚合物,其受体机制与白血病抑制因子有相同之处,并研究其作用特点,发现各神经营养素的作用可以相互协同。阐明神经肌肉突触形成的调节机制,发现细胞周期蛋白依赖性蛋白激酶5存在于神经肌肉接头,直接影响突触的形成及其功能发展。研究结果有助于阐明神经突触形成的机理及突触的功能,对了解由此衍生的学习及记忆的机理有很大帮助。2003年、2011年先后获国家自然科学奖二等奖,2004年获欧莱雅—联合国教科文组织“世界杰出女科学家奖”,2008年获“何梁何利基金科学与技术进步奖”,2011年获法国“国家荣誉骑士勋章”。

97. 尹文英(1922—),河北平乡人。昆虫学家,中国科学院院士。1947年毕业于中央大学生物系。先后任职于中央研究院动物研究所、中国科学院水生生物研究所、中国科学院上海昆虫研究所、中国科学院上海生命科学研究院。1991年当选中国科学院学部委员。早期从事鱼病研究,是我国鱼病学研究的创始人之一。20世纪60年代初至今,对我国原尾纲的分类、区系、形态、生态、胚后发育和精子超微结构等进行了系统的研究,在中国先后发现、记述原尾虫208种,包括186新种、19 新属、4 新科和 3 新目,综合原尾虫各类群的形态特征和精子、内部器官的亚显微结构,及其胚胎发育等研究基础上,提出了原尾纲系统发生的新概念,并构建了原尾纲 3 目 10 科的新分类系统。80 年代,积极倡导并组织了全国 10 多家科研单位的上百位学者,在 10 多年间完成了我国三大气候带 6 个动物地理区的土壤动物本底调查,以及生态环境和重金属污染情况等。1986 年获中科院科技进步奖一等奖,1988 年获国家自然科学奖二等奖,1994 年获中科院自然科学奖二等奖,1998 年获"何梁何利基金科学与技术进步奖",2014 年获中国昆虫学会第一届终身成就奖。

98. 于吉红(1967—),生于辽宁鞍山,籍贯山东肥城。无机化学家,中国科学院院士。1985—1995 年就读于吉林大学化学系,1995 年获博士学位后留校工作。1996—1998 年先后在香港科技大学化学系和日本东北大学物理系做博士后研究。2015 年当选中国科学院院士,2016 年当选发展中国家科学院院士。长期从事分子筛多孔催化材料的定向设计与合成研究,创立了分子筛结构设计的理论方法:建立了基于限定禁区和基于电子密度图设计具有特定孔道结构分子筛的理论方法,开发了新型分子筛催化材料高通量预测与筛选的计算机方法。发现了羟基自由基可以加速分子筛水热晶化的机理,为化学工业上具有重要需求的分子筛催化分离材料的高效、节能和绿色合成开辟了新的路线。发展了分子筛定向合成的方法:提出了基于模板导向、杂原子取代以及数据挖掘为指导的定向合成途径,特别是建立了将计算化学和组合化学相结合指导定向合成的途径,成功制备出 50 余种新型多孔催化材料。开发了系列高效的分子筛催化、分离材料,如甲醇制烯烃高效转化催化剂及油水分离分子筛膜材料等。2001 年获国家杰出青年基金资助,2007 年入选教育部"长江学者奖励计划"特聘教授,2009 年获第六届"中国青年女科学家奖",2012 年获国家自然科学奖二等奖,2014 年入选新世纪百千万人才工程,2017 年获国际纯粹与应用化学联合会"化学化工杰出女性奖"。

99. 袁晴棠(1938—),河南南召人。石油化工专家,中国工程院院士。1961 年毕业于天津大学。曾任中国石油化工总公司、中国石油化工集团公司及股份公司总工程师,为中国石油化工集团公司科学技术委员会资深委员。1995 年当选中国工程院院士。长期致力于乙烯裂解技术的研发。20 世纪 60 年代,开发出用反应动力学数据通过反应器数学模型计算合成氨反应器的计算方法,并借助计算机进行反应器计算。70 年代开始参与乙烯生产装置的设计工作,先后参与完成年产 12 万吨轻油裂解装置(燕山)和国内第一套年产 30 万吨的乙烯生产装置(燕山)的设计和建造。1975 年,组织开发裂解炉、复杂塔的计算方法和流程模拟程序,完成年产30万吨乙烯生产装置的复用设计。80年代,主持开发SH型和CBL型新型裂解炉技术,并在全国推广,先后获得国家科技进步奖一等奖和二等奖。推进炼油石化催化剂、添加剂、熔助剂国产化,组织制订中国石油化工总公司中长期发展规划并组织实施。组织石化总公司"十条龙"科技攻关和科研开发工作,取得一系列成果。

100. 张锦秋(1936—),四川成都人。建筑设计专家,中国工程院院士。1966年清华大学建筑系建筑历史与理论专业研究生毕业,分配到中国建筑西北设计研究院从事建筑设计和理论研究,1987年起任中国建筑西北设计研究院总建筑师。1994年当选中国工程院首批院士。长期致力于探索传统建筑风格与现代科学技术的结合,基于中国传统文化特色进行建筑研究和设计实践,注重将规划、建筑、园林融为一体,其作品具有鲜明的地域特色,被誉为"新唐风"。代表作品有阿倍仲麻吕纪念碑、西安大雁塔景区的三唐工程、陕西历史博物馆、西安群贤庄小区、法门寺总体规划及其博物馆和寺庙建筑群、华清宫唐代御汤遗址博物馆、慈恩寺整修规划及玄奘纪念院、西安钟鼓楼广场、陕西省图书馆和美术馆群体建筑、黄帝陵轩辕庙区祭祀大殿、西安大唐芙蓉园等。作品曾获得中国建筑学会首届建筑创作优秀奖、全国优秀勘察设计金质奖、国家建工总局优秀工程奖、建设部优秀规划设计一等奖、陕西省优秀设计一等奖等多项荣誉。其在西安设计建造的系列作品与西安众多的遗存一起构成了西安的新地标。1991年获首批"中国工程设计大师"称号,2001年获首届"梁思成建筑奖",2010年获"何梁何利基金科学技术成就奖",2011年获陕西省科学技术最高成就奖,2015年经国际小行星中心命名委员会批准,国际编号为210232号小行星正式命名为"张锦秋星"。

101. 张俐娜(1940—),生于福建光泽,籍贯江西萍乡。高分子物理化学家,中国科学院院士。1963年毕业于武汉大学化学系。为武汉大学化学与分子科学学院教授。2011年当选中国科学院院士,2014年当选英国皇家化学会会士。致力于高分子物理与天然高分子材料的基础和应用研究。突破了高分子加热溶解的传统方法,利用氢氧化钠/尿素水溶液低温成功溶解了纤维素和甲壳素,开创了高分子低温溶解的技术及新机理。在此基础上,创建出一系列基于纤维素和甲壳素新材料,并阐明材料结构与性能之间的构效关系,开辟了构筑天然高分子材料新途径,创建了无污染、价廉、生产周期短的人造丝和玻璃纸生产新方法。在高分子物理研究方面,建立和健全复杂多糖在稀溶液中分子尺寸和链构象计算公式和模型,进一步完善了聚多糖类大分子稀溶液理论。1993年创建武汉大学天然高分子及高分子物理实验室。2011年获国际纤维素与可再生资源材料领域最高奖——美国化学会安塞姆·佩恩奖,2012 年获国家自然科学奖二等奖。

102. 张立同(1938—),生于重庆,祖籍辽宁海城。航空航天材料专家,中国工程院院士。1961 年毕业于西北工业大学并留校任教至今。1995 年当选中国工程院院士。长期从事航空航天材料及其制造技术研究,是我国高温陶瓷基复合材料和无余量熔模精密铸造领域的开拓者和学术带头人之一。20 世纪 70 年代在国内率先揭示了叶片在熔模铸造过程中的变形规律与粗糙度形成规律以及叶片夹杂来源,据此研制出无余量熔模铸造工艺及其相关熔模和高岭土陶瓷型壳材料,创新了无余量熔模铸造工艺理论,突破了"无余量"工艺关键,在生产线上实现了"无余量"熔模铸件生产,成功用于引进的斯贝航空发动机中,1985 年、1988 年先后获国家科技进步奖一、二、三等奖 4 项。80 年代后期开始从事航空航天结构陶瓷及其复合材料研究,研发成功高温隔热用高纯超细石英纤维。1991 年率团队开始"耐高温、抗氧化、长寿命陶瓷基复合材料"研究,首创了连续纤维增韧碳化硅陶瓷基复合材料的新型"化学气相渗透结合反应性熔体渗透"制备技术,获 2004 年国家技术发明奖一等奖。2001 年率先提出碳陶刹车材料制备新技术,首先将碳陶刹车盘应用于飞机机轮,并装备了多种飞机,获 2016 年国家技术发明奖二等奖。先后创建超高温结构复合材料国防重点实验室和陶瓷基复合材料工程中心,推动了我国陶瓷基复合材料的研发和成果转化。1986 年被授予首批"国家级有突出贡献的科技专家",1992 年获国防"光华科技基金"二等奖,2005 年获陕西省最高技术成就奖、"何梁何利基金科学与技术进步奖"。

103. 张弥曼(1936—),生于南京,原籍浙江嵊县(今嵊州)。地质学与古生物学家,中国科学院院士。1960 年毕业于苏联莫斯科大学地质系,回国后在中国科学院古脊椎动物与古人类研究所任职至今,曾任古脊椎动物与古人类研究所所长、国际古生物协会主席。20 世纪 60 年代和 80 年代先后两次在瑞典国家自然史博物馆进修,1982 年获瑞典斯德哥尔摩大学博士学位。1991 年当选中国科学院学部委员,1995 年当选伦敦林奈学会外籍会员,1997 年当选北美古脊椎动物学会名誉会员,2011 年当选瑞典皇家科学院外籍院士。长期从事比较形态学、古鱼类学、中生代晚期及新生代地层、古地理学及生物进化论的研究。70 年代中期调查、采集和研究含油地层的鱼类化石,对含油地层的时代和环境提出了新的意见,为石油勘探和开发提供了重要参考。在泥盆纪鱼类研究方面,利用瑞典斯德哥尔摩学派的连续磨片及蜡制模型方法深入研究云南曲靖早泥盆世的杨氏鱼的结构,发现其口腔没有内鼻孔,从而动摇了总鳍鱼类是陆地四足动物祖先的传统理论,在国际上引起了对四足动物起源和肉鳍鱼类演化方面的热烈讨论和反思,也使中国早期肉鳍鱼类化石成为国际学术界关注的重点之一。1995 年获国家自然科学奖二等奖，1999 年获“何梁何利基金科学与技术进步奖”，2016 年获国际古脊椎动物学界的最高荣誉奖项——罗美尔—辛普森终身成就奖，2018 年获欧莱雅—联合国教科文组织“世界杰出女科学家奖”、“何梁何利基金科学与技术成就奖”。

104. 张淑仪(1935—)，浙江温州人。声学家，中国科学院院士。1956 年毕业于南京大学物理系，1960 年南京大学声学专业研究生毕业。为南京大学教授，曾任南京大学声学研究所所长。1991 年当选中国科学院学部委员。长期从事超声物理和光声科学研究工作。20 世纪 50 年代，利用液体的声光效应，研究乙酸乙酯类液体中的超声吸收，澄清了当时苏联分子声学界对于乙酸乙酯类液体超声弛豫研究中存在的两种分歧。70 年代后从事表面声波及其器件研究，利用声学效应对叉指换能器激发的声场进行系统研究，率先根据固体的声光效应原理在国内建立了三套灵敏的激光探针，并观察到石英晶体上的漏波，探究了其传播规律。提出焦尖和焦散线的概念，解决了圆弧形叉指换能器在各向异性晶体表面激发声场的聚焦问题存在的矛盾。80 年代转向光声效应研究，研制成我国第一台光声显微镜。利用相位选择方法对集成电路进行光声成像，得到了迄今国际上最好的分层成像。结合表面声波和光声学研究成果，对半导体和金属超晶格的光学、热学及弹性性质进行了研究，首先观察到某些超晶格的声子软化效应以及异常的光声谱和热扩散现象。1991 年获机械电子工业部重大科技成果奖一等奖，1992 年获国家科技进步奖二等奖。

105. 张树政(1922—2016)，河北束鹿人。生物化学家，中国科学院院士。1945 年毕业于北京大学理学院化学系，留校任教。1950—1954 年，在重工业部综合工业试验所工作。1954 年调入中国科学院菌种保藏委员会(中国科学院微生物所的前身)。1991 年当选中国科学院学部委员。中国微生物生物化学的重要领军人、糖生物学的奠基人之一。20 世纪 50 年代，分析比较我国酒曲中不同种曲霉淀粉酶系的组成，选育出优良的黑曲霉菌种。60 年代，在国内首先用纸电泳、酶谱和生长谱法分析比较了当时在酒精工业界有争议的不同种曲霉淀粉酶系的组成，确定了黑曲霉的优越性。阐明了白地霉的木糖及阿拉伯糖代谢途径，发现白地霉细胞中含有甘露醇，查明了其形成机制。发现并纯化了烟酰胺腺嘌呤二核苷酸磷酸—甘露醇脱氢酶。70 年代，在国内首先建立等电聚焦和聚丙烯酰胺凝胶电泳等新技术，并应用于红曲霉糖化酶的研究中，在世界上首次得到该酶的结晶，并发现该酶的不同分子型存在构象差异，证明是糖基化程度不同引起的。80 年代，从事多种糖苷酶的应用和基础研究，选育出 β-淀粉酶高产细菌，其活力当时在国际上领先,研究了20多种糖苷酶,首次发现了有严格底物专一性的β-D—岩藻糖苷酶,从嗜热菌纯化了8种酶。90年代,在国内大力倡导糖生物学和糖工程前沿计划,并建立了糖工程实验室。1978年获中国科学院重大科技成果奖,1984年获中国科学院科技成果奖一等奖。

106. 张懿(1939—　),生于黑龙江牡丹江,原籍辽宁辽阳。绿色过程工程与环境工程专家,中国工程院院士。1963年毕业于东北大学冶金物理化学专业,进入中国科学院化工冶金研究所(现中国科学院过程工程研究所)工作至今。1999年当选中国工程院院士。我国清洁生产技术研究领域开拓者之一。20世纪70—80年代,开拓了资源材料化学化工与环境工程交叉综合研究的新方向。在国内率先将资源材料化学化工的最新成果和研究方法融合渗透到环境工程研究领域,提出资源再生循环与无害化技术相结合的积极治理路线。90年代初,针对我国重化工业高速发展阶段的资源环境瓶颈问题,在中科院开拓了清洁生产工艺与技术研究新领域,率先由工业污染末端治理转向源头污染控制技术研究。在清洁生产集成技术研究基础上,从企业和系统尺度,在国内最早从技术层面研究工业废弃物与过程物流质量交换集成网络构建的循环经济方法。先后获国家技术发明奖二等奖、三等奖各1项,国家科技进步奖二等奖、三等奖各1项。1988年获国家"有突出贡献中青年专家"称号,2001年获中科院首届"十大女杰"称号,2006年获全国第三届"新世纪巾帼发明家"创新奖、"何梁何利基金科学与技术进步奖"。

107. 张永莲(1935—　),上海人。分子生物学家,中国科学院院士。1957年毕业于复旦大学化学系有机化学专业,后在中国科学院上海生物化学研究所工作至今。2001年当选中国科学院院士。主要从事雄激素对真核基因转录调控机制研究。1958年开始,在新成立的放射生物学实验室参加国防科研。1978年底,转入性激素作用原理的研究。在雄激素诱导大鼠前列腺甾体结合蛋白基因表达的机制研究中,证明了其作用发生在转录水平,并鉴定到4个调控元件和与之作用的反式因子,提出启动因子上的通用元件也与组织特异因子结合,为多元件多因子参与协同作用的论点提供了证据。揭示了视黄酸受体相关睾丸相关核受体表达的时空秩序,完成其82Kb基因组DNA克隆和结构分析,为通过调控睾丸中精子形态变化的转录因子总枢纽来设计避孕药提供了可能。附睾精子成熟相关的新基因研究取得了突破,在猴与大鼠中取得了13个新基因的全长互补DNA,特别是发现其中的一个大鼠新基因Bin1b既与生育相关又是一个天然抗菌肽,是首次发现的与附睾特异内在防御系统相关的基因。1993年获中国科学院自然科学奖一等奖,1997年获国家自然科学奖三等奖,2002年获"何梁何利基金科学与技术进步奖"。曾荣获“全国计划生育先进个人”、“全国三八红旗手”、第二届科技“十大女杰”、上海市“劳动模范”等荣誉称号。

108. **张宗烨**(1935—),生于北京,籍贯浙江杭州。核理论物理学家,中国科学院院士。1956 年毕业于北京大学物理系,分配到中国科学院近代物理研究所(现中国科学院高能物理研究所)工作至今。1999 年当选中国科学院院士。20 世纪 60 年代,在于敏指导下提出原子核相干结构模型及相干对涨落模型理论,成功解释了轻原子核低激发态的主要特性。1976 年从理论上预言在超核中存在超对称结构,并在 80 年代得到美国布鲁克海文国家实验室实验验证,获 1986 年中科院科技进步奖二等奖。80 年代以来,在重子及两个重子体系的夸克模型理论方面开展了系统的研究。导出了产生正反夸克对的传递势,为从夸克层次认识核力的介子交换理论提供了一个途径,获 1990 年中科院自然科学奖二等奖。提出了手征 SU(3)夸克模型来统一描述 u、d、s 系统,成功解释了氘核结合能、核子—核子各个分波的散射相移以及超子—核子的截面,研究双重子和重子—介子系统,指出$(\Omega\Omega)_{0+}$是具有夸克聚集效应的双重子态并预言了其能量。2006 年,与 5 位院士联名倡议成立“中国科学院大科学装置理论物理中心”,该中心于 2007 年正式成立,极大促进了我国大科学装置的建立和研究。

109. **赵玉芬**(1948—),生于湖北汉口,籍贯河南淇县。有机化学家,中国科学院院士。1971 年毕业于台湾新竹“清华大学”化学系。1975 年获美国纽约州立大学石溪分校有机化学博士学位。1979—1988 年任职于中国科学院化学研究所,1988 年到清华大学化学系工作,2000 年受聘于厦门大学,2017 年受聘于宁波大学。曾任清华大学生命科学与工程研究院副院长、厦门大学药学系主任,任宁波大学新药技术研究院院长。1991 年当选中国科学院学部委员。主要从事生命有机化学、有机磷化学、生命起源、药物化学和化学生物学领域的研究。1989 年在清华大学筹建生命有机磷化学教育部重点实验室(2002 年更名为生命有机磷化学及化学生物学教育部重点实验室)并担任主任,发现了 N-磷酰氨基酸能同时生成核酸及蛋白,又能生成 LB 膜及脂质体。提出 N-磷酰氨基酸是“微型活化酶”,是生命进化的最小系统,针对这种以膦酰基为中心的有机协同效应在核酸、蛋白质和多糖的生化过程中所起的作用,指出磷是生命化学过程的调控中心,磷酰化氨基酸是蛋白与核酸的共同起源。2002 年提出以厦门为中心建设海峡化学生物科技带,以整合福建及周边地区的科研力量,推动化学生物科技产业的发展。1993 年获首届中国青年科学家奖,1996 年入选年度十大杰出跨世纪人才,2004 年获第二届“新世纪巾帼发明家”称号。

110. 郑儒永(1931—),生于香港,原籍广东潮阳。真菌学家,中国科学院院士。1953 年毕业于华南农学院(现华南农业大学)植保系植病专业,分配至中国科学院,先后在真菌植病研究室、应用真菌学研究所、微生物研究所工作。为中国科学院微生物研究所真菌学国家重点实验室研究员。1999 年当选中国科学院院士。致力于真菌系统的合理化与完善研究,主要研究小煤炱、白粉菌和毛霉等目真菌。在白粉菌各个属的分类研究中,从种的界限的确定、命名法规的处理到有关订正研究,均起到重要作用。对过去国内有关本属白粉菌的标本资料进行全面的整理鉴定订正,最后确定白粉菌属真菌,在我国 33 科 103 属 226 种和变种的寄主植物上共有 52 种和 5 变种,其中新种 22 个,新变种 4 个,新组合 5 个。1985 年,提出白粉菌科属级分类系统,澄清和订正了许多国际上有争议的问题,得到国际公认,1987 年与同事合作并主编完成了中国第一本经过直接研究写成的真菌志——《中国白粉菌志(第一卷)白粉菌目》,受到广泛赞誉。在分类难度很大的毛霉目研究中,注意将形态特征结合生理生化及分子生物学特性和将无性型特征结合有性型特征的研究,并取得了一些有意义的突破,在国际上首次发现了高等植物的内生毛霉和首次报道了我国特有的人体病原毛霉新种和新变种。1984 年和 1985 年两次获得中科院科技成果奖二等奖,1987 年获中科院自然科学奖二等奖。

111. 郑守仪(1931—),生于菲律宾马尼拉,原籍广东中山。海洋原生动物学家,中国科学院院士。1954 年毕业于菲律宾东方大学。1956 年肄业于国立菲律宾大学研究生院生物系,同年回国,在中国科学院海洋研究所工作至今。2001 年当选中国科学院院士。开创和发展了中国现代有孔虫研究。20 世纪 60 年代,与郑执中合作完成中国海浮游有孔虫分类与生态研究,填补了国内现代有孔虫研究的空白。70 年代,重点进行底栖有孔虫研究,描记 1500 余种,约占世界已知现代种类 1/4,确立了 1 新科、1 新亚科、24 新属和 290 新种,绘制了 8000 余幅有孔虫形态图,许多新属种被国际有孔虫权威勒布利希和塔潘教授收录其著作。1978 年建立的有孔虫新属皱隔编织虫属,纠正了前人近百年来的误识。在定量分析的基础上,系统总结了中国海区现代有孔虫主要种类的生态特征及区系群组分布规律,为海洋生物学、生物地层学等研究提供了重要资料,也为我国石油勘探开发提供了基本参考。开创了国内外罕见的有孔虫放大模型和大型雕塑的研发工作,亲手雕琢了 230 多个形态逼真的有孔虫属种放大原模,使有孔虫成为科研教具和科普展品。1988 年获国家自然科学奖三等奖,1989 年获山东省自然科学优秀学术成果奖一等奖,1990 年获中科院自然科学奖一等奖,2003 年获国际有孔虫研究领域最高奖——库什曼有孔虫研究杰出人才奖。

112. 郑晓静(1958—),生于湖北武汉,籍贯浙江乐清。力学家,中国科学院院士。1982 年毕业于华中科技大学力学系,1984 年获该校硕士学位。1987 年获兰州大学博士学位并留校任教,曾任兰州大学副校长。2012 年任西安电子科技大学校长,任西安电子科技大学校党委书记、中国科学技术协会副主席。2009 年当选中国科学院院士,2010 年当选发展中国家科学院院士。长期从事弹性力学、电磁材料结构力学和风沙环境力学研究。解决了大挠度薄板精确求解和近似解析求解的收敛性证明等难题,完善了板壳几何非线性问题的求解理论,系统建立了铁磁、超磁致伸缩和超导材料及结构在电磁场中的多场耦合非线性力学行为定量分析的基本理论模型和有效方法,解决了原有理论的预测与各类典型实验长期不符的问题,在风沙环境力学领域进行了系统的实验及现场实测,研究了沙粒带电现象及其对风沙运动的影响,提出了风沙流和风成地貌(沙纹及沙丘)形成及发展过程的理论预测方法,对一种工程固沙(草方格)方法给出了设计的理论公式。1988 年获中国科协首届青年科技奖,1997 年获国家杰出青年科学基金资助,2007 年获国家科技进步奖二等奖、电气和电子工程师协会应用超导委员会最佳贡献论文范·迪泽奖,2008 年获国家自然科学奖二等奖,2014 年获"何梁何利基金科学与技术进步奖",2017 年获第十届周培源力学奖。

113. 钟本和(1937—),四川达县(今达州市达川区)人。磷复肥和磷化工专家。1959 年毕业于成都工学院(成都科技大学的前身,现四川大学)化工系,1978 年起在成都科技大学(现四川大学)工作,为四川大学教授。长期从事磷复肥、磷化工的教学科研工作。首创"料浆浓缩法制磷铵新工艺",从中低品位磷矿中高效生产磷铵。经过 20 余年的探索,完成了该工艺的基础研究、模试、中试,并实现了该技术的国产化、装置大型化和成套化,建设工业装置 100 余套,产能近 2000 万吨,解决了我国自给自足生产磷肥的关键问题,扭转了长期依赖进口磷铵生产磷肥的局面,促使我国从世界最大的磷铵进口国成为大量出口国。该成果被原国家计委列为"六五"以来我国科技战线 8 大成果之一。近年主持完成生活垃圾制有机复合磷肥 10 万吨/年工业性试验及低能耗、低成本制高纯度湿法磷酸新工艺,完成了 1 万吨/年、5 万吨/年工业性试验并在全国推广。1988 年获国家科技进步奖一等奖,1996 年获首届"亿利达科技奖",2010 年获中国无机盐工业协会终身成就奖,2015 年获石油和化工行业科技贡献最高奖"赵永镐创新成就奖",2018 年获"何梁何利基金科学与技术进步奖"、第十届侯德榜化工科学技术成就奖。

114. 钟掘(1936—),生于江西南昌,原籍河北献县。机械制造专家,中国工程院院士。1960 年毕业于北京钢铁学院(现北京科技大学)冶金机械专业,分配到中南矿冶学院(现中南大学)任教至今。1995年当选中国工程院院士。长期从事高性能材料强场制造、复杂机电装备设计与控制等领域研究。提出了轧机驱动封闭力流和变相单辊驱动理论以及相关对策技术,解决了以轧机为代表的多种同类型机械传动系统的异常失效问题,获1985年国家科技进步奖一等奖。提出复杂机电系统基于耦合的设计思想和方法,承担特宽铝板带轧线现代化改造的技术研究、高性能特薄铝板轧制技术研究、三万吨水压机功能升级改造研究,获1995年、1996年国家科技进步奖二等奖。提出铝板带生产电磁铸轧新原理和关键设备,创造了超薄快速铸轧核心技术、装备与工艺,获2002年国家技术发明奖二等奖。揭示金属塑性加工润滑机理,开发系列润滑技术,被列入国家重点新产品计划和国家火炬计划。担任国家重大基础研究项目"提高铝材质量的基础研究"首席科学家,对高效利用铝土矿和生产高性能铝材等重大问题进行全面研究,获2007年国家科技进步奖一等奖。参加国家中长期科技发展规划战略研究,提出"极端制造"的概念,列入国家"十一五"中长期科技发展规划。1988年获国家"有突出贡献的中青年专家"称号,2002年当选首届"新世纪巾帼发明家",2003年获"何梁何利基金科学与技术进步奖"。

115. 钟玉征(1930—),广东佛山人,出生于香港。军事科学家,化学分析专家。中国人民解放军专业技术少将军衔。1948年考入南京金陵女子文理学院,1950年抗美援朝时中央决定组建多兵种军队,当时正上大二的她报名参军,成为中国人民解放军第一代女防化兵,被分配到中国人民解放军防化学校(防化指挥工程学院前身)任教员,后到北京大学化学系学习,1953年毕业并留校任教,1954年回到防化学校任教。1960年加入中国共产党。1960年至1962年抽调到哈尔滨军事工程学院任助理教师。1962年后任防化工程技术学院助理教师、讲师、实验室主任。1978年起先后任原总参谋部防化指挥工程学院讲师、分析化学教授,防化指挥工程学院副教授、教授。1990年、1991年两次带领中国化学专家组代表中国参加联合国裁军委员会化学武器特设委员会组织的第二、三轮"国际化学裁军核查对比实验"。领导的实验小组于1991年、1993年在国际联试中两获第一。1992年,时任中央军委主席江泽民亲自签署命令,授予她一等功荣誉。曾被评为总参系统的"优秀共产党员"、"全国三八红旗手"、全国"优秀教师"、全国"巾帼建功标兵"。是第八届全国人大代表。与人合编有中国人民解放军第一本防化学有关专业分析的教材《毒剂分析教材》和《科学文献检索》《毒剂侦检分析化学》等。还发表有《军控裁军与伊拉克核查》《国际化学裁军核查比较试验》等论文多篇。

116. 周卫健(1953—),生于贵州贵阳,原籍河南南乐。地质学家,中国科学院院士。1976 年毕业于贵州大学,1995 年获西北大学地质系博士学位。为中国科学院地球环境研究所研究员,曾任研究所所长。2009 年当选中国科学院院士,2010 年当选发展中国家科学院院士,2016 年当选美国地球物理学联合会会士。主要从事全球变化、第四纪地质及宇宙成因核素在地球环境科学中的应用研究。首先报道了东亚季风新仙女木突变事件的可靠地质证据,指出其具有半球寒冷性质和季风降水增加的特点,并较早提出高低纬气候相互作用对过去季风突变事件的影响机制,为我国乃至东亚的气候环境预测提供了历史的相似型,开拓了黄土^{10}Be 示踪地磁场变化和重建古降水的新方向,首次提出了把黄土^{10}Be 记录中的地磁场影响与气候影响分离开的思路和方法。系统建立了小样品—微量样品^{14}C 测年方法序列,解决了当时考古和地质小样品测年难题。主持建成西安加速器质谱中心并担任中心主任,为地球环境研究提供了平台,也推动了我国加速器质谱应用研究学科的发展。2001 年入选中国科学院首届"十大女杰",2013 年获中国科学院首届"优秀女科学家奖"。

117. 周翔(1934—),生于上海,原籍浙江湖州。纺织化学与染整工程专家,中国工程院院士。1955 年毕业于华东纺织工学院(现东华大学)染化工程系,后在东华大学任教至今,曾任纺织化学工程系主任。1995 年当选中国工程院院士。主要研究方向包括纺织品功能整理、新型纺织化学品、染整加工与环境(生态纺织)。20 世纪 80 年代,主持研究开发超级甲醛 DP 整理剂和整理工艺,使织物整理后甲醛释放量达到国际先进水平,同时提高织物弹性,保持织物强度,获 1992 年国家科技进步奖二等奖。在此基础上成立上海新力纺织化学品有限公司,实现了科研成果的顺利转化。主持研发涤纶阻燃整理剂,使工厂在不增加设备、工序、能耗和废水治理负担的条件下得到良好阻燃效果。从事"苎麻阳离子改性研究",提高苎麻纤维的得色量和色泽鲜艳度。90 年代中期,在国内率先提出纺织生态学概念,并着手将近代技术如紫外激光等物理方法用于纤维材料表面改性研究,取得节能减排效果。2000 年开始,重点关注纺织业可持续发展,研究方向逐渐深入为对化学品的风险评估与风险控制,纺织工业发展与气候的关系、温室气体的排放等。

118. 朱蓓薇(1957—),生于陕西杨凌,原籍江苏宜兴。食品工程专家,中国工程院院士。1982 年毕业于大连轻工业学院(现大连工业大学)制糖工程专业,留校任教。2004 年获日本冈山大学农学博士学位。任大连工业大学食品学院院长,国家海洋食品工程技术研究中心主任。2013 年当选中国工程院院士。长期致力于水产品及农产品精深加工的基础理论和应用研究,在海洋食品的深加工技术方面取得了一系列创新性成果。原创性地建立了海参自溶酶理论,并形成了一整套海参自溶酶控制技术，开创我国海参深加工产业领域，获 2005 年国家技术发明奖二等奖。研究建立了贝类精深加工的技术开发体系，解决了海洋贝类热加工食品的技术瓶颈问题，实现了贝类的高值化利用，推动了贝类加工产业向精深加工方向的转变，获 2010 年国家科技进步奖二等奖。在海珍品精深加工技术领域，综合利用食品高新技术开发具有自主知识产权产品 20 余种，并成功实现了产业化。2006 年获第十六届全国发明奖金奖，2008 年获“何梁何利基金科学与技术创新奖”。

119. 朱凤蓉（1942—　），上海人。核科学技术研究专家，原总装备部核试验基地研究员，中国人民解放军少将军衔。1966 年毕业于清华大学工物系，1968 年到原总装备部核试验基地工作，多次荣获国家科技进步奖和国家“发明奖”。在工作条件简陋、环境气候恶劣、物资设备缺乏等重重困难面前，与战友们数十年如一日，默默无闻地献身于科研事业，为我国的核技术发展做出了重要贡献。作为优秀校友在 2001 年清华大学建校 90 周年纪念大会上，她发言说：“我们是从清华毕业的极其普通的学生，仅仅是因为我们投身到了一个伟大的事业中，仅仅是因为我们把自己的理想追求同国家民族的命运结合起来，才体现了我们自己的人生价值。”这段话被清华学子频频引用。

120. 朱静（1938—　），生于上海，原籍浙江杭州。材料科学家，中国科学院院士。1962 年毕业于复旦大学物理系，后到钢铁研究总院工作。1996 年到清华大学材料科学与工程系工作至今。1995 年当选中国科学院院士，2007 年当选发展中国家科学院院士。20 世纪 60—80 年代，系统进行了超高强度马氏体时效钢的合金化原理、强韧化本质等一系列应用基础研究，据此提出的合金化路线和热处理制度在我国铀分离机用材料中获得实施，先后获 1989 年冶金部科技进步奖一等奖、1991 年冶金部科技进步奖一等奖、1992 年国家科技进步奖一等奖。作为我国分析电子显微学领域的学术带头人之一，曾合作主编我国在分析电子显微学方面的第一部专著《高空间分辨分析电子显微学》。在国际上首次用相干电子波微衍射实验及衍射的运动学原理发现和确定了有序结构单个畴界及单个原子面缺陷的性质，后续研究获 1989 年国家自然科学奖四等奖。近年来从事球差校正电子显微学研究和发展纳米结构制备与特性检测表征的综合技术，并从事工程材料及其部件的研制。2004 年获“何梁何利基金科学与技术进步奖”。

121. 朱丽兰（1935—　），生于上海，原籍浙江吴兴。中国发明协会会长，致力于推动民间科技发明创新，1993 年获美洲中国工程师协会杰出服务奖。1956 年入苏联奥德萨大学高分子物理化学专业学习，1961 年毕业。回国后任职于中国科学院化学研究所，曾任研究所所长。1986 年起任国家科学技术委员会常务副主任，直接参与和领导国家高技术研究发展计划（“863计划”）、国家重点基础研究发展计划（“973计划”）、“火炬”计划的制订，主要负责“863计划”的组织实施工作。建议和推动国家科技领导小组于1996年成立。1998年国家科委更名为科学技术部，出任部长，主要致力于科技体制改革及科研成果转化的工作。在此期间，科技部出台了《国家重点基础研究发展纲要》以及对国家重大科学工程的部署。

122. 祝学军（1962— ），辽宁沈阳人。导弹武器设计专家，首届全国创新争先奖章获得者。1984年毕业于国防科技大学自动控制系，1987年获中国运载火箭技术研究院（现中国航天科技集团有限公司第一研究院）火箭总体设计专业硕士学位，后留院工作至今。为中国航天科技集团公司第一研究院战术武器系列总设计师。先后担任我国三代、七型地地战术导弹武器系统总设计师，引领和主导了我国某重点型号产品的更新换代，推动了我国装备能力的提升。1997年参与第一代地地战术弹道导弹的研制。1999年开展第二代近程战术弹道导弹的研究，成功完成多次飞行试验任务。2002年主持我国第三代地地战术导弹的研制工作，攻克了基于再入机动弹道导弹的红外末制导、超音速整体钻地弹、弹载侦查等多项关键技术。2010年主持研制了我国第四代短程地地战术弹道导弹，首创了助推—滑翔高超音速作战技术。1998年获第六届中国青年科技奖，2007年获高技术武器装备发展建设工程奖银奖，2016年获国防科技进步奖一等奖、中国航天科技集团公司“航天功勋奖”，2017年获首届全国创新争先奖章。

123. 庄文颖（1948— ），北京人。真菌学家，中国科学院院士。1975年毕业于山西农学院（现山西农业大学）农学系，1981年获中国科学院研究生院真菌学专业硕士学位，1988年获美国康乃尔大学真菌学博士学位。为中国科学院微生物研究所真菌学国家重点实验室研究员。2009年当选中国科学院院士，2010年当选发展中国家科学院院士，2013年当选美国真菌学会荣誉会士。主要从事子囊菌部分类群的资源、分类、DNA条形码、分子系统学等方面的研究。是首位受邀参与国际权威工具书《安、比氏菌物辞典》（第九版）编写的中国籍学者。发现真菌新属10个、新种176个、种下分类单元18个，还以其名字命名了一个盘菌新属 Wenyingia。汇总我国西北地区及热带地区的已知菌种，显著提高了对我国真菌物种的多样性认识，为探讨真菌系统演化规律创造了条件。进行综合性状分析，完成子囊菌3个属的世界专著性研究，建立正确的物种概念，揭示柔膜菌目等类群的系统发育关系，完善了现行的分类系统。首次提出并建立 rRNA 二级结构亚单位二次编码的新方法，用二级结构序列作为进化信号进行定量分析。提出并组织实施了我国区域性真菌多样性综合研究计划，推动了我国真菌学的发展。1995年获中国科学院自然科学奖三等奖。

124. 邹竞(1936—),生于上海,原籍浙江平湖。感光材料专家,中国工程院院士。1960 年毕业于苏联列宁格勒电影工程学院,回国后就职于保定电影胶片厂(现中国乐凯胶片集团公司)。为中国乐凯胶片集团公司研究院首席专家、天津大学化工学院教授。1994 年当选中国工程院首批院士。长期从事感光材料研究和新品开发工作。20 世纪 60 年代,先后研制成功供公安侦查用的 BH-1 型 850 红外胶片、供航空摄影用的 BBH-I 型 750 红外航空摄影胶片和 BQHH-1 型全色红外航摄胶片,填补了国内空白,打破了外国封锁,满足了当时国防军工的急需。70 年代起,陆续主持开发了三代乐凯彩色胶卷,先后获 1988 年国家科技进步奖一等奖、1992 年国家科技进步奖二等奖。国产彩卷从无到有,质量逐步提高,逼近 90 年代初国际先进水平,我国成为继美、德、日之后第四个自行研制并生产出彩色胶卷的国家。21 世纪以来,先后研制开发出通用型医用感绿 X 射线胶片、医用氦氖激光影像胶片、医用红外激光影像胶片。近年来转向薄膜材料研究,研制出银盐法透明导电膜和太阳能电池背膜等功能性薄膜材料。1988 年获中青年“有突出贡献专家”称号,1996 年获“何梁何利基金科学与技术进步奖”。

附　录

（124 人）

本卷收录中国百余年科技发展中，在数理天文、化学化工、生物农业、资源环境、信息电子、工业工程等 6 个领域做出贡献的杰出女性或优秀女性 124 人。这些人物，大致可以分为四种类型：

一是科技界重要奖项获得者，包括国家最高科学技术奖、世界杰出女科学家奖、何梁何利基金科学与技术成就奖和进步奖、全国创新争先奖章等科技界重要奖项获得者。

二是中国科学院院士、中国工程院院士、发展中国家科学院的科技领域院士。

三是发达国家重要科研机构的外籍院士，包括美国国家科学院、美国国家工程院、法兰西科学院、欧洲科学院、英国皇家学会、德国科学院、美国人文与科学院、日本学士院等发达国家科学院、工程院的科技领域外籍院士。

本附录以女性科技人物从业领域分类，类别内按出生年份排序，一是便于按从业类别查询，二是清晰展示不同历史时期活跃在科技界的女性杰出人物成长轨迹。

一、数理天文（15 人）

1. 王承书（1912—1994）
2. 何泽慧（1914—2011）
3. 谢希德（1921—2000）
4. 李　林（1923—2002）
5. 王业宁（1926—　）
6. 胡和生（1928—　）
7. 李方华（1932—　）
8. 张淑仪（1935—　）
9. 张宗烨（1935—　）
10. 王亚男（1937—　）
11. 伍小平（1938—　）
12. 邱爱慈（1941—　）

13. 崔向群（1951—　）
14. 郑晓静（1958—　）
15. 王小云（1966—　）

二、化学化工（21人）

1. 陈茹玉（1919—2012）
2. 高小霞（1919—1998）
3. 蒋丽金（1919—2008）
4. 张树政（1922—2016）
5. 沈天慧（1923—2011）
6. 陆婉珍（1924—2015）
7. 徐晓白（1927—2014）
8. 钟玉征（1930—　）
9. 沈之荃（1931—　）
10. 黄春辉（1933—　）
11. 李依依（1933—　）
12. 陈丙珍（1936—　）
13. 钟本和（1937—　）
14. 袁晴棠（1938—　）
15. 张俐娜（1940—　）
16. 陈　欣（1941—　）
17. 杨秀荣（1946—　）
18. 赵玉芬（1948—　）
19. 任咏华（1963—　）
20. 于吉红（1967—　）
21. 谢　毅（1967—　）

三、生物农业（28人）

1. 尹文英（1922—　）
2. 陈文新（1926—　）
3. 董玉琛（1926—2011）
4. 唐崇惕（1929—　）
5. 范云六（1930—　）
6. 吴明珠（1930—　）
7. 郑儒永（1931—　）
8. 郑守仪（1931—　）
9. 沈韫芬（1933—2006）
10. 匡廷云（1934—　）
11. 徐　洵（1934—　）
12. 张永莲（1935—　）
13. 王　涛（1936—2011）
14. 闻玉梅（1940—　）
15. 施蕴渝（1942—　）
16. 王志珍（1942—　）
17. 王恩多（1944—　）
18. 庄文颖（1948—　）
19. 孙凤艳（1953—　）
20. 金梅林（1954—　）
21. 叶玉如（1955—　）
22. 阎锡蕴（1957—　）
23. 马　兰（1958—　）
24. 苏晓华（1961—　）
25. 曹晓风（1965—　）
26. 李　蓬（1965—　）

27. 陈化兰(1969—　)
28. 颜　宁(1977—　)

四、资源环境(13 人)

1. 池际尚(1917—1994)
2. 郝诒纯(1920—2001)
3. 叶叔华(1927—　)
4. 唐克丽(1932—　)
5. 唐孝炎(1932—　)
6. 马　瑾(1934—　)
7. 王　颖(1935—　)
8. 钱　易(1936—　)
9. 张弥曼(1936—　)
10. 林学钰(1937—　)
11. 张　懿(1939—　)
12. 许志琴(1941—　)
13. 周卫健(1953—　)

五、信息电子(16 人)

1. 林兰英(1918—2003)
2. 夏培肃(1923—2014)
3. 杨芙清(1932—　)
4. 胡启恒(1934—　)
5. 李爱珍(1936—　)
6. 石青云(1936—2002)
7. 吴德馨(1936—　)
8. 李晓梅(1938—　)
9. 韦　钰(1940—　)
10. 杨俊生(1941—　)
11. 刘小飞(1948—　)
12. 陈左宁(1957—　)
13. 夏善红(1958—　)
14. 刘　明(1964—　)
15. 李贤玉(1966—　)
16. 黄　如(1969—　)

六、工业工程(31 人)

1. 林徽因(1904—1955)
2. 李敏华(1917—2013)
3. 聂　力(1930—　)
4. 周　翔(1934—　)
5. 孙　伟(1935—　)
6. 朱丽兰(1935—　)
7. 张锦秋(1936—　)
8. 钟　掘(1936—　)
9. 邹　竞(1936—　)
10. 王静康(1938—　)
11. 张立同(1938—　)
12. 朱　静(1938—　)
13. 朱凤蓉(1942—　)
14. 刘长秀(1943—　)

15. 刘弥群(1944—　)
16. 霍　玲(1947—　)
17. 王　琪(1949—　)
18. 徐莉莉(1952—　)
19. 王迎军(1954—　)
20. 方　新(1955—　)
21. 朱蓓薇(1957—　)
22. 田红旗(1959—　)
23. 杜兰萍(1959—　)
24. 姜　杰(1961—　)
25. 黄小卫(1962—　)
26. 祝学军(1962—　)
27. 何雅玲(1963—　)
28. 向　巧(1963—　)
29. 范景莲(1967—　)
30. 李　鸿(1967—　)
31. 陈晓红(1963—　)

第二卷　教　育

条　　目

（以姓氏拼音为序，共 166 人）

1. 包志立
2. 毕小平
3. 蔡文琴
4. 曹安和
5. 曹萱龄
6. 曹宗巽
7. 陈衡哲
8. 陈乃芳
9. 陈　琴
10. 陈小娅
11. 陈小筑
12. 陈　旭
13. 陈映璜
14. 程俊英
15. 崔书香
16. 邓春兰
17. 丁盛宝
18. 窦桂梅
19. 杜君慧
20. 杜　岚
21. 樊志瑾
22. 范崇嬿
23. 范锦荣
24. 方观容
25. 方君瑛
26. 冯钟芸
27. 高景芝
28. 高舍梓
29. 高兆兰
30. 龚霞玲
31. 顾静徽
32. 关敏卿
33. 关瑞梧
34. 韩海建
35. 韩玉玲
36. 郝克明
37. 何晓文
38. 贺美英
39. 侯毓芬
40. 呼秀珍
41. 胡彬夏
42. 胡大白
43. 胡惇五
44. 胡斐佩
45. 胡梦玉
46. 黄会林
47. 黄人颂
48. 黄蓉生
49. 黄绍兰
50. 黄振华
51. 霍懋征
52. 吉春亚
53. 江学珠
54. 金雅妹
55. 靳　诺
56. 康岫岩
57. 拉希达·夏合丁
58. 劳君展
59. 雷洁琼
60. 李庚南
61. 李吉林
62. 李晶宜
63. 李景兰

64. 李　烈
65. 李曼瑰
66. 李　佩
67. 李　莎
68. 李卫红
69. 梁　芳
70. 林宝权
71. 林蕙青
72. 刘川生
73. 刘恩兰
74. 刘惠芳
75. 刘可钦
76. 刘彭芝
77. 刘青霞
78. 柳　文
79. 卢乐山
80. 鲁　洁
81. 鲁　昕
82. 陆士嘉
83. 陆渝蓉
84. 马芯兰
85. 毛蓓蕾
86. 茅于燕
87. 缪水娟
88. 倪以信
89. 裴娣娜
90. 齐　香
91. 钱用和
92. 瞿延东
93. 任培道
94. 任奕奕
95. 莎仁格日勒
96. 邵瑞珍
97. 史慧中
98. 史瑞芬
99. 斯　霞
100. 苏灵扬
101. 孙家琇
102. 孙文淑
103. 孙　岩
104. 唐国桢
105. 唐群英
106. 陶淑范
107. 汪家镠
108. 王季愚
109. 王季玉
110. 王　兰
111. 王佩真
112. 王世静
113. 王一知
114. 王宗光
115. 巫昌祯
116. 吴　健
117. 吴启迪
118. 吴若安
119. 吴式颖
120. 吴素萱
121. 吴晓恒
122. 吴贻芳
123. 吴正宪
124. 喜　勋
125. 谢长达
126. 徐功巧
127. 徐瑞云
128. 徐亚芬
129. 严凤霞
130. 杨　滨
131. 杨步伟
132. 杨荫榆
133. 杨蕴玉
134. 杨芝芳
135. 姚淑平
136. 姚云竹
137. 叶　澜
138. 游　寿
139. 于式玉
140. 于　漪
141. 余佩皋
142. 俞大絪
143. 俞庆棠
144. 俞锡玑
145. 袁　瑢
146. 袁希澔
147. 曾宝荪
148. 张桂梅
149. 张厚粲
150. 张汇兰
151. 张慧慧
152. 张蕙生
153. 张济顺
154. 张丽莉
155. 张默君
156. 张若名
157. 张素我
158. 赵寄石
159. 赵织雯

160. 郑毓秀
161. 钟期荣
162. 周淑安
163. 周之廉
164. 朱其慧
165. 朱小蔓
166. 左淑东

词　条

（以姓氏拼音为序，共166人）

1. 包志立（1902—1978），浙江嘉兴人。知名大学教授。1920年毕业于镇江崇实女中，后考入金陵女子文理学院，1924年毕业，获学士学位。1928年留学美国密歇根大学，获教育学硕士、心理学博士学位。回国后，任东吴大学、金陵女子文理学院、国立西北联合大学、国立西北大学、金陵大学等校教授。曾兼任金陵女子文理学院教务主任、金陵大学副教务长。1949年后，任南京师范学院教育系教授，兼任南京市政协委员、政协常委。著有《习惯服有咖啡因的咖啡与去咖啡因的咖啡对于正常青年人身上血压、脉搏及某种肌肉学习反应的影响》（合）、《肌肉学习中的高原与学习曲线》、《对行为主义的初步批判等》。

2. 毕小平（1951—　），河北献县人。坦克发动机研究专家，装甲兵工程学院教授、博士生导师。中国人民解放军专业技术少将军衔。1975年毕业于西安交通大学内燃机专业，1982年、1990年分别获得工学硕士、工学博士学位。1991年特招入伍。在装甲兵工程学院任教员、动力工程教研室教授，从事坦克发动机专业教学，享受国务院政府特殊津贴，曾荣获军队院校育才奖，两次荣立三等功。兼任国家核心期刊《兵工学报》编委。第十一届全国政协委员。

3. 蔡文琴（1935—　），原籍广东文昌（现海南文昌），生于南京。神经生物学专家，中国人民解放军第一位女博士，少将军衔。1951年参军，次年入第七军医大学（现改称第三军医大学）学习，1958年毕业后留校工作。1979年赴英国伦敦大学医学院学习，1983年获细胞学博士学位后，回到第三军医大学工作，成为中国人民解放军第一位获得博士学位的女性。1984年被破格晋升为教授，成为中国人民解放军卫生系统自己培养的第一个教授。在组织学与胚胎学教研室先后建立了原位分子杂交等7个专业实验室，其教研室于1987年获得组胚学博士授权。1997

年受学校委托组建神经生物教研室,该室 2001 年获神经生物学博士授权。在国内率先开始内脏神经研究新领域及发育神经生物学的研究,在国际上首次提出“无神经支配血管的内皮细胞调控机制”的理论。研究成果获国家科技进步奖三等奖 2 项,军队科技进步奖一等奖 1 项、二等奖 9 项,重庆市科技进步奖一等奖 1 项、二等奖 2 项,重庆市首批自然科学奖二等奖 1 项。先后发表论文 300 余篇,主编专著 9 部,代表性著作有《组织学》《发育神经生物学》《实用免疫细胞化学》等。曾获军队院校育才奖金奖、银奖,四川省优秀女科技工作者、原解放军总后勤部“巾帼建功”先进个人等荣誉称号。1992 年被批准享受国务院政府特殊津贴。

4. 曹安和(1905—2004),江苏无锡人。民族音乐家,知名大学教授,与杨荫浏同为瞎子阿炳及《二泉映月》等的发现和记录者。早年就读于无锡女子师范学校、竞志中学。1924 年考入国立北京女子师范大学音乐系,师从刘天华。1929 年毕业,留校任教,授钢琴、琵琶等课程,兼授笛、箫、笙等民族乐器。1930 年起参与故宫古乐器测音,兼任国立北平师范大学艺术系讲师。1940 年任国立音乐学院副教授,后任教授,授琵琶、昆曲、笛等课程。曾兼任教育部音乐教育委员会编辑,并授课于南京金陵女子学院。1949 年后,任中央音乐学院教授、中国音乐研究所研究员。编有《瞎子阿炳曲集》《关汉卿戏曲乐谱》《苏南十番鼓曲》等,著有《时熏室琵琶指径》《文板十二曲琵琶谱》等。

5. 曹萱龄(1918—1984),浙江鄞县(今宁波市鄞州区)人。知名大学教授,物理学专家。1940 年毕业于浙江大学物理系,即留系任教,历任物理教研室主任、系副主任,副教授、教授、校学术委员会委员。曾主编全国工科院校通用教材之一《物理学》。编写《原子能的和平应用》《原子武器及其防御》《超声波》等科普读物,参加翻译基泰戈罗斯基著《物理学概论》等苏联教材。曾任浙江省政协第四届常委和第五届副主席,省科协委员、省物理学会副理事长,全国高等工科院校物理教材编审委员会委员。1983 年获“全国三八红旗手”称号。

6. 曹宗巽(1920—2011),山东济南人。知名大学教授,植物生理学专家。1940 年毕业于西南联合大学生物学系,后留校读研,兼任助教。1945 年赴美国威斯康星大学研究生院学习,3 年后获植物学及生物化学博士学位。先后任教于得克萨斯大学、亚特兰大大学、清华大学、北京大学。曾兼任中国植物生理学会常务理事,北京植物学会副理事长,国家教委教材委员会委员、学位委员会委员,《植物杂志》《植物学通报》主编等。善于创新教学方法,提高教学效率,培养了一批植物生理学领域的知名学者。主持与参与“花粉与生理学和生物化学研究”“花粉与受精的生物化学”等科研项目,获得北京大学、国家教委等多项奖励。著有《植物生理学》等,发表《花粉管向化性的研究》《兰科植物传粉后的生理生化变化》等论文200余篇。

7. 陈衡哲(1890—1976),原名陈燕,字乙睇,笔名莎菲(Sophia),祖籍湖南衡山,生于江苏武进。首位中国籍女教授,著名文学家。1905年赴上海就读女子中西医学堂。1914年考入清华学校留学生班,成为清华选送公费留美的第一批女大学生之一。先入纽约瓦沙女子大学(Vassar College)攻读西洋史,兼修西洋文学,获文学学士学位,后入芝加哥大学继续深造,获文学硕士学位。1920年应北京大学校长蔡元培之邀,在北大历史系开设西洋史和英文课,成为中国教育史上第一位女教授。其间,写下关于中国妇女问题的文章,如《复古与独裁势力下妇女的立场》《妇女问题的根本谈》等。1922年辞职,随时任商务印书馆编辑的丈夫任鸿隽去上海,曾任教于东南大学、四川大学。中华人民共和国成立后,曾任上海市政协委员。中国新文学发展史上最早的作家之一,最早创作白话小说的女作家。其小说、诗歌、散文大都抒发了对女性生命意义、生存价值的思考与探索。在历史研究方面也有较大成就。著有短篇小说集《小雨点》《西风》《衡哲散文集》,历史著作《西洋史》《文艺复兴史》《欧洲文艺复兴史》,英文著作《陈衡哲早年自传》(*Autobiography of A Chinese Young Girl*,1935),主编《中国文化论文集》(1931)等。

8. 陈乃芳(1940—),江苏南通人。1996年5月至2002年7月,任北京外国语大学党委书记,1997年2月至2005年6月,任北京外国语大学校长,教授。1964年毕业于北京外国语学院英语系,留校教学兼做党政管理工作。曾赴美国马萨诸塞大学做高级访问学者,曾任驻比利时使馆兼驻欧盟使团教育处参赞。1995年卸任返回北京外国语大学任校党委副书记。1996年5月在学校党代会上当选党委书记。1997年被国家教委任命为校长。曾任第九届、第十届全国政协委员,政协外事委员会委员,中国高等教育学会高教管理研究会副理事长,中国教育国际交流协会常务理事。教学与研究方向为英语语言学。主编《人类文明与文化(英语读本)》,合编《大学生英语听力教程》系列教材,发表《评斯诺及其〈西行漫记〉》《架起国际交流的桥梁》《WTO与外语人才的培养》等文章。

9. 陈琴(1968—),广东广州人。知名小学语文特级教师,“素读”经典课程创始人。大学本科毕业,1991年起任华南师范大学附属小学语文教师和班主任工作,率先把经典“素读”的理念引入小学语文课堂,创设了可移植的经典“素读”课程。在中国香港、新加坡及全国各地讲课、报告百余场,被多地教育局、学校聘为小学语文课程指导教师。被中华吟诵协会聘为吟诵教学指导老师,其创立的吟诵教学法被众多学校语文教师学习效仿。发表教育教学类文章近百篇,主编《中华经典美文诵读系列》丛书、中国第一套吟诵教材《我爱吟诵》(三卷本)和《中华经典素读本》十二册。著有《经典即人生:文字是修正灵魂的良药》。

10. 陈小娅(1953—),湖北沙市人。2004年4月至2010年12月,任教育部副部长。1975年毕业于华中工学院电子材料与元器件专业。曾任国家教委高等教育司副司长,教育部政策研究与法制建设司司长、部长助理、党组成员,基础教育司司长,教育部副部长、党组成员。2005年至2010年兼任教育部总督学。2010年12月至2014年3月任科技部副部长。任教育部副部长期间,大力推进基础教育信息化科学发展,促进义务教育均衡发展,努力提高高中教育质量,倡导发挥学校在未成年人思想道德建设中的主渠道作用。

11. 陈小筑(1953—),江苏仪征人。2010年5月至2016年5月,任西北工业大学党委书记,高级工程师。1978年毕业于华中工学院(现华中科技大学)。曾任电子工业部科技与质量监督司副司长,信息产业部科学技术司副司长,国务院信息化工作办公室推广应用组组长,国务院信息化工作办公室综合组组长,国务院信息化工作办公室综合组组长兼电子政务组组长,国务院信息化工作办公室党组成员、电子政务组组长,工业和信息化部党组成员兼人事教育司司长等。

12. 陈旭(1963—),河北保定人。2013年12月任清华大学校党委书记,教授,博士生导师。1986年毕业于清华大学无线电电子学系,即留校任教。1989年获清华大学硕士学位,2005年获清华大学博士学位。历任清华大学学生工作指导委员会副主任,校党委副书记、副校长,校党委常务副书记、书记,兼任中国真空学会秘书长、中国大学生体育协会副主席、全国党建研究会高校党建研究专业委员会副主任委员,北京市第十一次党代会代表。主要从事超高真空技术、质谱分析和检漏技术等领域的教学科研工作。曾获省部级科技进步奖一等奖1项、二等奖2项。

13. 陈映璜(1887—?),字仲骧,湖北黄陂人。知名大学教授,曾代理国立北京高等师范学校校长。早年留学日本东京高等师范学校博物部。1917年至1919年,任国立北京高等师范学校博物部教务主任,讲授人类学、动物学、生理学、日文等课程,从事体质人类学研究。1919年冬代理校长。1925年任教于国立北京大学历史系,讲授人类学、民族学等课程。1928年任中国大学哲学教育系教授,兼任系主任。曾兼任国立北平女子师范大学生物系讲师。1949年去台湾。著有《人类学》《生理卫生学》,合编《博物词典》等。

14. 程俊英(1901—1993),福建福州人。知名大学教授,古典文学、古文献专家。父亲为清朝翰林程树德。1917年以同等学力考入北京女子师范学校国文专修科(该校后改为北京女子高等师范学校,国文专修科改为国文部),在校期间,参加李大钊执导的话剧《孔雀东南飞》演出，参与五四运动。1922 年毕业后留校任国文教师。曾担任北京女子师范大学、上海暨南大学、培成女校等校国文教师。抗战结束后，任上海大夏大学中文系主任。1952 年院系调整后，任华东师范大学教授，并曾兼任中文系副主任、古籍研究所副所长。代表作有《中国大教育家》《诗经漫话》《诗经译注》《论语集释（校点）》《诗经赏析编订》等专著 11 部，《徐光启诗经研究》等论文 50 余篇。1984 年获上海市"三八红旗手"称号。曾兼任上海市民主妇女联合会筹备委员会委员，上海市妇女联合会执委、常委，上海市人大代表、政协委员。

15. 崔书香（1914—2006），河北故城人。知名大学教授，统计学专家。1935 年毕业于南开大学商学院，获经济学学士学位，后考入国立清华大学经济系读研究生。1936 年留学美国威斯康星大学农经系，次年获硕士学位，后入哈佛大学瑞德克利夫学院经济系研修，获硕士学位。1940 年回国，任南开经济研究所（重庆）教授，讲授统计学、货币银行学等课程。1947 年任燕京大学教授，1948 年任辅仁大学教授，讲授统计学、经济学、经济思想史等课程。1952 年起，任中央财经学院、中央财政干部学校、中央财政金融学院、中央财经大学教授，兼任中国国民经济核算研究会常务理事、外国经济学说研究会理事等。译有《投入产出经济学》《国民经济核算体系》《应用经济统计学》《货币、银行与经济活动》（合），著有《国民经济核算》《外国经济学说讲座》《财政统计》等。

16. 邓春兰（1898—1982），甘肃循化（现属青海省）人。我国国立大学第一批男女同校的女大学生。13 岁入兰州淑贞女子高小，后入省立女子师范学校读书。1916 年与青年革命者蔡晓舟结婚。1918 年 5 月上书北大校长蔡元培，提出应解除大学女禁，实施男女同校。同时投书报界，呼吁妇女同胞为全国大学解除女禁而奋起抗争，得到广大女青年的响应。同年 8 月，入北京女子师范学校求学，积极参加学生运动。1920 年 2 月，与王兰等 9 名女生一起，被北京大学录取，成为北大第一批女学生，开启了我国国立大学男女同校的历史。之后，发起成立春晓学社，创办《春晓学社季报》，参与《新陇》杂志创刊，撰写《妇女解放声中之阻碍及补救的方法》《思乡》《勉学》《北方学界风潮》等文章。1922 年回兰州省立女子师范任教。1926 年加入共产党在甘肃的进步团体"青年社"。1933 年丈夫蔡晓舟逝世，继承丈夫遗志，继续从事革命活动，曾在中共甘宁青特别支部负责人宣侠父等的支持下，主办《妇女之声》杂志。1957 年被聘为甘肃省文史馆馆员。1980 年当选甘肃省政协委员。

17. 丁盛宝（1927—2012），上海人。知名中学数学特级教师。1948 年毕业于上海元江大学外文系，任教于上海育群中学。1960 年被评为上海市“三八红旗手”、市“先进工作者”、“全国劳动模范”。曾出席全国文教群英会，并受到周恩来总理等党和国家领导人的接见。1976 年后多次被评为市区“先进工作者”，1979 年被评为“全国三八红旗手”，1980 年被授予上海市特级教师称号，1989 年被评为全国优秀教师并被授予优秀教师奖章。实施“动手探究法”的数学教学改革，倡导“数形结合”的教学理念，注重培养学生逻辑推理能力、综合解题能力，成效显著。发表《从 1985 年度上海市高中数学入学考试谈起》《用几何变换的观点组织教材》《变——一节平面几何课的特色》《我是怎样教数学的》等文章。

18. 窦桂梅(1967—)，吉林蛟河人。知名小学特级教师，清华大学附属小学党总支书记、校长。教育部“中小学教师国家级培训计划”特聘专家、专题课程主持专家，教育部基础教育课程教材专家工作委员会委员、全国教师教育课程资源专家委员会小学教育工作委员会委员、高等学校小学教师培养教学指导委员会委员。毕业于东北师范大学，荣获“全国模范教师”、“全国师德先进个人”、全国教育系统“劳动模范”、“建国六十年来从课堂里走出来的教育专家”等荣誉称号。被提名全国中小学中青年“十杰教师”，获首届基础教育国家级教学成果奖一等奖、第四届全国教育改革创新杰出校长奖。

19. 杜君慧(1904—1981)，笔名卢兰，广东省广州市人。妇女运动先驱，社会活动家，知名中学校长。曾任广东省政协常委等。1924 年考入广东大学，是广东第一批女大学生之一，曾与革命烈士陈铁军一起研究救国救民与妇女解放运动等问题。1927 年发动中山大学进步学生，与陈铁军一起参加广州起义。1928 年赴日本留学，在东京参加留学生社会科学研究社，寻求救国救民真理。同年夏受留日学生组织派遣返国抵沪，为抗议济南“五三”惨案，组织反日大同盟。同年 6 月加入中国共产党。1929 年与革命志士金奎光结婚。1930 年加入左翼作家联盟。1931 年起潜心研究中国妇女问题，曾与金奎光同译《社会科学辞典》，编著《妇女问题讲座》。1934 年任上海《申报》副刊《妇女园地》编辑，与沈兹九共同撰写文章，揭露黑暗，针砭时弊，为妇女权益呼喊。1935 年 5 月与沈兹九创办《妇女生活》，同年 12 月组织上海妇女界救国会，任组织部长、中共党团书记，并任全国各界妇女联合会理事，号召妇女反对日军占领我国东北。1936 年任全国各界救国联合会理事。1938 年在武汉发起组织战时儿童保育会，任常务理事。同年底在四川泸州创办第七保育院，任院长。1944 年到重庆创办并主编《职业妇女》。1945 年任中国妇女联谊会常务理事。1947 年任育才学校教导主任，转向教育战线。1949 年由香港转赴北平，出席全国第一届妇女代表大会及全国政协第一次会议，参与起草《共同纲领》。中华人民共和国成立后，主动提出到基层工作，任北京市女子第二中学、第六中学校长。曾当选第一届全国妇联候补执委，中共八大代表，第一、二、三届全国政协委员，第四届广东省政协常委。著有《妇女问题讲话》《中国妇女问题》等，译有《教育史》《教育病理学》等。

20. 杜岚（1912—2013），原名杜芳铭，又名杜晓霞。陕西米脂人。澳门知名中学校长，率先在澳门升起第一面五星红旗。先后就读于北京平民大学附属中学、中国大学教育哲学系。1937 年在澳门濠江中学执教，1947 年出任濠江中学校长，2000 年转任该校名誉校长。1949 年 10 月 1 日中华人民共和国成立之日，在濠江中学升起了澳门第一面五星红旗。努力倡导使用普通话，从内地招聘教师，到北京、上海、深圳、西安、兰州等地参观，并远涉重洋，到欧美和日本考察教育，组织教职工研讨教学新路。同时扩大濠江中学校舍，更新教学设备，使濠江中学越办越出色。1985 年，获时任澳门总督颁授劳绩勋章，澳门回归后，获澳门特区政府颁授劳绩勋章。曾任澳门中华教育会理事、理事长、名誉顾问，澳门特区政府教育委员会委员、北京市教育学会名誉理事。澳门妇联总会首创人之一。澳门回归前曾当选广东省政协委员、省人大代表。

21. 樊志瑾（1951—　），江苏如东人。知名中学政治特级教师。1976 年毕业于扬州师范学院中文系，后到如东中学任教。1984 年任如东中学党支部书记，1997 年任党委书记兼副校长。致力于中学德育科研与德育创新，努力构建“课程渗透—环境熏陶—活动强化—实践养成—管理保证—科研深化”的德育工作运行机制，形成“激活主体，诱发创造，深入浅出，生动活泼”的教学风格，深受学生青睐。主持和参与多项国家、省、市级科研课题，其中《中学德育活动课程研究》获得省级教育科研成果一等奖。发表教育教学文章 50 多篇，主编《中学德育活动课程导引》《同窗格言—中学德育工作新路径》，参与编写《专业化视野中的中学班主任》。兼任南通市教育学会政治教学专业委员会理事、南通市班主任工作委员会副主任。

22. 范崇嬿（1944—　），辽宁沈阳人，生于北京。儿童教育专家，全国少年儿童文化艺术委员会常务副主任、秘书长，中华儿童文化艺术促进会会长，“和平的旗帜”活动发起人，组委会主席。1961 年毕业于沈阳市和平区师范学校，硕士研究生学历。1961 年至 1981 年在沈阳市从事学前教育、普通教育、师范教育工作。1981 年至 1983 年任沈阳市妇联副主席、沈阳市人民政府副市长。1983 年后先后担任全国妇联书记处书记、常委，全国少年儿童工作协调委员会秘书长，全国少年儿童科技工作领导小组副组长，中国儿童少年基金会秘书长，原文化部少年儿童文化司司长、社会文化司司长等。曾获辽宁省“劳动模范”、“全国三八红旗手标兵”等称号。著有《儿童发展探索》《淘气的潜能》《成才者的家庭教育》《儿童发展辩证法》《范崇嬿的妈妈经》等。

23. 范锦荣(1956—),北京人。知名中学语文特级教师,北京市语文学科带头人。毕业于首都师范大学,任教于北京市第二中学。获全国模范教师、全国教育系统“巾帼建功标兵”、北京市特级教师、北京市金牌教师、北京市优秀教师等称号。不断探索中学“文学教育”之路,开创“课本剧编演”“创意学诗”等教学形式,创设学校选修课程,开发网络虚拟课程,尊重学生个体差异与主体性,引导学生自主学习。参与北京市新课程课题研究、教参编写工作,论文曾获全国优秀教育教学艺术一等奖及市区级奖励。

24. 方观容(1914—2014),浙江定海人。儿童教育专家,学前数学教育奠基人。1942 年毕业于上海东吴大学社会教育系,1946 年就读于美国华盛顿天主教大学社会服务研究所儿童福利系,系统学习儿童早期发展和儿童教育理论,并赴美国拨拉夫儿童教养院进行儿童福利的个案研究。1948 年学成归国,先后在上海和江苏等地高校任教。1952 年从上海震旦大学调入南京师范学院幼教系,从事学前教育学的教学,并兼任南京师范学院附属五台山幼儿园园长。20 世纪 60 年代初,将学前数学教育从学前教育学学科中独立出来,创立幼儿园计算数学法,填补我国高校学前数学教育的空白。70 年代末我国高校恢复招生后,组织高校教师编写幼儿数学教学讲义,完善学前儿童数学教育课程,培养大批学前数学教育人才。著有《幼儿数字概念的形成》,发表《漫谈游戏治疗》等论文,译有《游戏治疗》《怎样教幼儿学数》等。

25. 方君瑛(1884—1923),字润如,福建侯官人。女子教育家,1910 年代曾任福建女子师范学校校长。1901 年与弟妹同赴日本,在日加入同盟会,从事反清活动。1907 年就读于东京高等女子师范学校,1911 年毕业。其间多次回国,参与刺杀清摄政王,并与兄方声洞、弟方声涛参加广州起义。1912 年被委任为福建省教育厅厅长,坚辞未就,改任福建女子师范学校校长。同年秋辞职,入法国波尔图大学数学系学习,1921 年获硕士学位。翌年回国,任广东执信学校校长。1923 年 6 月 14 日,因学校经费无着落,服毒自尽以示抗争。

26. 冯钟芸(1919—2005),河南唐河人。知名大学教授,文学史与语文教学专家。1941 年毕业于西南联合大学中文系。1943 年在西南联大中文系任助教。1946 年受聘于清华大学。1952 年院系调整后,被分配到北京大学中文系,任副教授、教授。曾参加 1955 年“汉语文学分科教学”的《文学》课本编辑工作以及其他语文教材的编写。1986 年任全国中小学教材审定委员会中学语文教材审查委员。长期从事中国古代文学史和语文教育研究,对中学语文教育提出了很多重要意见。强调语文课程人文性和工具性的统一,语文教师应当具备多元文化知识结构、人生阅历、思想情感以及高雅的文化品位,语文教学应当包含语言与文学两个部分,不可混淆和替代。著有《庄周》《杜甫评传》《关汉卿评传》,发表论文《秋兴八首的艺术特色》等。

27. 高景芝(1913—1966),吉林德惠人。1951 年 11 月至 1952 年 8 月任东北工学院(现东北大学)党委书记。先后就读于北平燕京大学、清华大学。1936 年加入中国共产党,1937 年大学毕业后在上海、江西、广西等地以教员身份从事党的地下工作。1941 年进入苏中解放区二分区,从事妇女运动和文化教育工作。1945 年后历任吉林市委宣传部长,吉北专员公署永北办事处副主任,中共吉林市委常委、书记,吉林省委常委、书记。参加中国人民政治协商会议第一次全国会议、第一次全国妇女代表大会、第一次新民主主义青年团全国代表大会,当选团中央候补委员。曾任中国科学院金属研究所副所长兼党委书记,全力推进高水平科研队伍的建设。

28. 高舍梓(1908—1992),原名高之金,陕西榆林人。1957 年至 1966 年任湖南大学副校长、中南土建学院党委书记等。1926 年考入榆林女师,后赴天津、北平读书,其间从事学运和党的地下工作。1932 年返回故里,在榆林师范学校任教,抗日战争全面爆发后介绍一批爱国青年到延安学习。1936 年至 1946 年先后在陕西省教育厅、陕北公学教育处、延安师范、米脂中学、延安马列学校任编审、秘书和教师等。1947 年至 1956 年先后任松江省教育厅中教科长、松江省贸易局秘书、湖南省工业局科长、副局长、局长。1972 年任广东省工学院"革委会"副主任。1973 年任广东省科技局"革委会"副主任。1978 年任广东省科协副主席。

29. 高兆兰(1914—1999),云南昆明人。知名大学教授,中国最早从事光谱学研究的专家之一。早年就读于岭南大学物理系,1934 年获理学学士学位,1936 年获硕士学位,后留校任物理系助教。1940 年获巴伯奖学金,赴美国密歇根大学物理系读书,1944 年获博士学位。同年任职锐提安公司研究部。1946 年回国,任岭南大学物理系副教授、教授,讲授光学、光谱学等课程。1952 年任中山大学物理系教授,创建红外光谱学实验室、激光光学与光谱学研究室。曾任中国光学学会副理事长、广东省科协副主席,曾当选全国人大代表、全国政协委员。著有《原子光谱与原子结构》《分子光谱与分子结构》等。

30. 龚霞玲(1956—),湖北武穴人。知名中学物理特级教师,黄冈中学物理教研组组长。善于运用启发式教学方式，引导学生自主学习，深得学生喜爱与同行赞誉。主张教师要真心实意爱学生，真才实学教学生，真知灼见感动学生，教师也要向学生学习，感受年轻一代的创新精神，学生不仅应该学习物理知识，更应该掌握物理知识背后的知识与视角。曾任国际中学生物理奥林匹克竞赛中国队主教练，指导学生在国际物理竞赛中多次取得优异成绩。著有《高中物理思想方法》，该书成为中学生物理学习的必备参考书之一。当选第十届全国人大代表，荣获湖北省“三八红旗手标兵”、湖北省“劳动模范”、湖北省“十大女杰”称号。

31. 顾静徽（1900—1983），生于江苏嘉定（今上海）。知名大学教授，物理学专家，中国第一位物理学女博士。1920 年就读于上海大同大学，1923 年考取留美公费生，赴美国康奈尔大学文理学院就读，1926 年获学士学位。1928 年获耶鲁大学硕士学位，同年赴密歇根大学研修光谱学，1931 年获博士学位。毕业后回国任教于南开大学，任物理系主任。1932 年，中国物理学会成立暨第一次年会筹备会议召开，担任筹备委员会委员兼论文组审查人。后任教于上海大同大学，兼任中央研究院物理研究所研究员，此间执教和指导过著名物理学家吴健雄。抗战期间先后在唐山交通大学、广西大学等校任教。1946 年回到大同大学教书。1952 年后任教于北京钢铁学院（现北京科技大学），任中国物理学会北京市分会第一届副理事长。

32. 关敏卿（1921—2013），满族，北京人。知名小学数学特级教师。1933 年就读于香山慈幼院二校（小学部），1938 年毕业于香山慈幼院三校（幼稚师范）初中部，1941 年毕业于北平师范学校。曾在北平师范学校附属小学、北平师范大学附属第二小学、北京市立师范附属小学任教。中华人民共和国成立后，任北京市第二实验小学教师、少先队大队辅导员和班主任。1979 年被评为北京市首批特级教师。1983 年被评为全国“五讲四美，为人师表”优秀教师。编写并录制了由中央电视台播放的“小学生学习方法”系列电视讲座教材之数学篇，应邀到全国多地讲学，指导当地教改实验。1950 年提出创意并与人合作编导了大型儿童歌舞剧《保卫和平》。著有《谈解应用题的几个重要思维方式》《让学生创造性地学习数学》《一节好的数学课应具备的特点》等。

33. 关瑞梧（1907—1986），广西梧州人。知名大学教授，儿童教育专家。1931 年毕业于燕京大学社会学系，1933 年获美国芝加哥大学社会学硕士学位。回国后任职于协和医院社会服务部，后被香山慈幼院聘为主任。1942 年随燕京大学赴成都，在教授儿童福利课程的同时，带领学生开展儿童个案社会工作实践。抗战胜利后，在燕京大学、清华大学和辅仁大学讲授儿童福利课程。中华人民共和国成立后，进入北京师范大学教育系，任教授、副系主任，并受命组建北京师范大学幼教专业，成为该学科奠基人。1947 年出版专著《儿童教养机关之管理》，推进了儿童乃至全国社会福利事业的有序发展。1948 年，被任命为联合国秘书处儿童福利咨议，负责撰写《中国福利工作》。曾当选全国妇联第三、第四届执委，第四届全国人大代表，第二届至第四届全国政协委员，第五、第六届全国政协常委。

34. 韩海建（1952— ），江苏淮安人。江苏省首批重点中学中唯一女校长。毕业于南京师范大学外语系，1997 年起任江苏省清江中学校长，1999 年兼任党委书记。2000 年带领清江中学在淮安市率先跨入国家级示范高中行列，2004 年该校被转评为江苏省首批四星级学校，2009 年再次通过江苏省四星级中学审核。多年从事英语教学，担任高三班主任，其所带班级两次被评为江苏省先进班集体。发表 20 多篇教育教学论文，曾获中央教科所"全国基础教育优秀论文奖"。主编《决胜高考，全程复习新视窗高三英语》《高考英语全程解读》。主持完成国家级教育科研课题《淮安市中小学教师心理健康的现状调查与对策研究》。荣获"全国优秀教育工作者"、江苏省"劳动模范"称号。

35. 韩玉玲（1940— ），海南文昌人。知名小学特级教师，解放初从越南回国的优秀归侨。1963 年毕业于海南师专，即在海口第九小学任教。1978 年担任海口九小校长兼党支部书记。率先在全国走集资办学之路，引进先进的教学设备，实现教学和管理现代化，带领师生把海口九小建设成被誉为"中国名校"的小学。1993 年被评为全国教育系统"劳动模范"并被授予人民教师奖章。1994 年被评为"全国侨界十杰"。1995 年被国务院授予"全国先进工作者"，被全国妇联授予中国"十大女杰"称号。1997 年当选为中共十五大代表。

36. 郝克明（1933— ），陕西西安人。教育科学领域资深学者，中国教育发展战略研究专家。毕业于北京大学，曾任国家教育咨询委员会委员，中国教育发展战略学会荣誉会长，国家教育发展中心咨询委员会主任，北京大学兼职教授。发表或参与发表相关论文 100 余篇，主持编写《中国高等教育结构研究》《应用学科高层次专门人才培养途径多样化研究》《走向 21 世纪的中国教育——中国教育发展战略研究》《当代中国教育结构体系研究》，并先后荣获四项国家教育科学研究成果一等奖和国家哲学社会科学研究基金项目优秀研究成果一等奖。参与研究和起草《中共中央关于教育体制改革的决定》《中国教育改革和发展纲要》《国务院关于〈中国教育改革和发展纲要〉的实施意见》《中国教育发展"九五"计划和 2010 年远景目标》。1993 年被美国胡德（HOOD）文理学院授予人文科学名誉博士学位。1996 年美国宾夕法尼亚大学以其名设立奖学金。2004 年荣获美国哥伦比亚大学教育学院“教育与人类发展杰出贡献奖”。

37. 何晓文(1952—　),回族,上海人。知名中学语文特级教师。1978 年毕业于上海师范大学中文系,即留校任教。1999 年起任华东师范大学第二附属中学校长,2012 年起任华东师范大学第二初级中学校长。任职期间,开展完善学生个性品德的育德活动,建立起有 125 门课程的“资源库”,推出包括 100%学生在校期间做 100 小时志愿者等内容的“六个百分百”计划,致力于将华师大二附中打造成“国内外中等教育有重要影响的学校”。

38. 贺美英(1937—　),四川金堂人。1995 年 9 月至 2002 年 2 月任清华大学党委书记。1956 年入清华大学电机系学习,1963 年毕业后留校工作。曾任校团委副书记,自动化系党委副书记、书记、教授,校党委常委、校党委副书记兼副校长等。1995 年任校党委书记、校务委员会主任。任校党委书记期间,主持编写《清华大学本科生德育实施纲要》等文件,与行政配合制定“建设世界一流大学规划”,推进人事制度、后勤社会化等一系列改革,清华大学党委被中共中央组织部授予“全国先进基层党组织”称号。1991 年被中组部、中宣部、国家教委、团中央、全国教育工会联合授予“全国普通高等学校优秀思想政治工作者”称号。1997 年当选中共十五大代表、中共中央纪律检查委员会委员。

39. 侯毓芬(1913—1999),江苏无锡人。知名大学教授,我国活性染料专家。早年就读于无锡女子学校,1935 年毕业于上海大同大学化学系。同年赴美国密歇根大学留学,1938 年获硕士学位。1942 年任昆明电工器材技术室工程师。1943 年任国立浙江大学化工系教授,1945 年任唐山交通大学矿冶系教授,1948 年任上海吴淞水产专科学校制造科教授。1950 年任东北工学院(现东北大学)化工系教授,兼染料教研室主任。1952 年任大连工学院(现大连理工大学)化工系教授,主持创建染料化学专业。1992 年捐资设立大连理工大学“侯毓芬奖学金”。曾当选辽宁省政协常委、“全国劳动模范”。著有《染料化学》《染料化学及工艺学》《活性染料化学》《分散染料的试制》等。

40. 呼秀珍(1944—　),陕西延川人。知名中学语文特级教师。1965 年参加教育工作,1978 年起任教于咸阳市道北铁中,1988 年被评为中学一级教师,1992 年被破格评为特级教师。连续 27 年担任班主任,所带班级连续 27 次被评为优秀班集体、文明班集体。创立“以教师为主导、以学生为主体、以合作互动为主线”的新型教学模式,将 45 分钟的课堂教学效益最大化。1999 年,中共咸阳市委市政府、中铁一局党委、陕西省教育工委及陕西省教委分别做作“向呼秀珍同志学习”的决定。2002 年,被中铁一局命名为“名师楷模”。2012 年,中共咸阳市委再次做作《关于开展向呼秀珍和她的“雷锋家庭”学习的决定》。

41. 胡彬夏(1888—1931),江苏无锡人。著名女报人,妇女解放运动先驱,第一批官费留美女学生。1902 年赴日留学,就读于东京实践女子学校。次年,与林宗素、曹汝锦等发起成立留日女学生爱国组织“共爱会”,组织以复女权、兴女学为宗旨的活动,并参与留学生所办刊物《江苏》的编辑工作。1908 年,作为首批官派留美女学生之一,进入预备学堂美国胡桃山女塾,后就读于美国威尔斯利女子学院,修习文学和史学,1913 年获学士学位。归国后,先后任教于吴江同里丽泽女学和浦东中学。1916 年被商务印书馆聘为《妇女杂志》主编,其间发表十余篇社论,倡导女子应接受大学教育,呼吁政府设立女子大学,提高女性家庭地位和社会价值。1917 年,作为 50 位发起人中唯一女性,与黄炎培和丈夫朱庭祺等一道成立“中华职业教育社”。1920 年创办致力于研究家庭问题的上海妇女会,1921 年任中华基督教女青年会首任会长,1922 年组织发起上海女权运动同盟会,曾任国立女子大学副校长。1928 年与杨铨、司徒雷登等 9 人组成清华大学董事会,是董事会中唯一女性。

42. 胡大白(1943—),江苏铜山人。民办教育专家,全国第一所民办高校黄河科技学院创办者。1964 年毕业于郑州大学中文系。1984 年创办自学考试辅导班,1989 年自考班被国家教委批准为实施高等专科学历教育的第一所民办高校,更名为黄河科技学院,任院长。1999 年创办民办教育理论研究专业刊物《黄河科技大学学报》。2000 年黄河科技学院被教育部批准为实施本科学历教育的民办普通高校。任职黄河科技学院院长期间,坚持学校是教学型普通本科高校的定位,重点发展工学、管理学等应用学科,培养具有创新精神和实践能力的“应用型”高级专门人才。获第三届中国“十大女杰”、“全国三八红旗手”等称号。主编《大学生修养》等书刊。

43. 胡惇五(1898—1974),江苏无锡人。护理学专家、多所护理学校副校长。1930 年毕业于北京协和医学院护士科。次年,赴美国西奈大学公共卫生护士科攻读硕士。回国后任北京协和医学院护士科讲师、国民政府教育部医学教育委员会护士教育组主任、重庆战时儿童保育总会总干事。1950 年到山东工作。历任齐鲁大学医学院护士专修科主任、山东医学院护士学校副校长、山东省济南护士学校副校长、济南卫生学校副校长。曾当选济南市妇联执行委员、山东省政协常委、中华全国护理学会山东分会理事长等。

44. 胡斐佩(1930—),出生于美国哥伦布市,4 岁时回到上海。大学英语教育专家,中国人民解放军培养的第一批外语教师。中国人民解放军外国语学院原副院长,少将军衔。1947 年考入复旦大学,1948 年加入中国共产党,1949 年 5 月参军,在中央军委外文训练班完成学业后,先后在军委外文训练班、军委三部、总参三部干校、洛阳外国语学校任教,在解放军外国语学院历任助教、干事、教研室主任,学院训练部副部长、副院长。任教期间,灵活运用当时尚不普及的启发式教学方法,注意培养学生独立思考问题的能力。走上领导岗位后,狠抓教师队伍建设、教材建设、图书馆现代化、电化教学、青年教师出国深造等工作,使教学质量有了质的飞跃。参与主编的《英语泛读教程》于 1990 年出版,被列入全国高等英语基础教材。在外国语学院工作期间,因完成"英语基础训练新突破",获解放军三总部颁发的 1993 年军队院校优秀教学成果一等奖。

45. 胡梦玉(1912—1987),江苏无锡人。小学数学自然教学法专家,北京师范大学教育学院教授。1928 年考入北京燕京大学预科班,1929 年考入燕京大学本科,1933 年毕业于燕京大学生物系,因学业优异,被选为生物学学会荣誉会员。同年进入苏州东吴大学生物系研究院,1935 年获硕士学位。后在燕京大学教育系任教。1952 年院系调整后调入北京师范大学教育系,任小学教材教法教研室主任。20 世纪 80 年代引进"探究—研讨"教学法并大力推进教学改革,推动小学数学学科快速发展。曾任中国民主促进会中央参议委员会常务委员、北京市政协委员、国家教委教材审查委员会委员。病逝前将全部奖金捐献给教育事业,在北师大设立"胡梦玉基金"。著有《小学数学教学法》等。

46. 黄会林(1934—),江西吉安人。中国民族化影视理论专家,北京师范大学资深教授。1955 年考入北京师范大学中文系,1958 年提前毕业留校工作,1992 年担任北师大艺术系主任,2002 年建立艺术与传媒学院并任首任院长。创办中国高校第一个电影学博士点,培养中国第一位电影学博士。主编并参与撰写《中国影视美学丛书》《新世纪高等学校教材影视艺术学科基础教程系列》《影视受众研究丛书》,提出并践行依托综合类高校多学科背景的大艺术教育理念,推动当代中国影视研究与教育领域的创新与发展。1986 年主持创办"北国剧社",该剧社成为改革开放后全国高校校园戏剧发展的一个标志性成果。1993 年主持创办"北京大学生电影节",并已成功举办 19 届,受到电影界、教育界、文化界普遍关注和高度评价。努力寻求以新媒体时代的有效传播方式将中国传统文化的精粹弘扬至全球。

47. 黄人颂(1920—),广西来宾人。学前教育专家,南京师范大学教授。1942 年毕业于成都华西坝金陵大学社会福利行政研究部,即赴重庆北碚儿童福利实验区托儿所从事教学和儿童个案研究工作。1948 年任四川国立女师高中部英语教师。1949年任南京市妇女联合会筹委会建立的第一托儿所(现南京市第一幼儿园)保教组组长,后调至西北师范学院幼教系、南京师范学院幼教系任教。20世纪50年代初,结合苏联幼儿教育理论与我国幼儿教育现状,编写《幼儿教育的理论和实践》,传播幼儿教育新理念。70年代组织幼儿教育专业教师编写了一套涵盖学前教育理论和各科教学法的幼儿园教材,并进行了幼儿识字教学实验、家长教育价值观调查、幼儿园角色游戏等课题研究。主编《学前教育学》《学前教育学参考资料》《幼儿教师实用手册》等。曾任中国教育学会理事、江苏省幼儿教育研究会秘书长。

48. 黄蓉生(1955—),四川成都人。2005年7月至2017年5月任西南大学党委书记,教授、博士生导师。1982年毕业于西南师范大学(现西南大学)政治系政教专业,获法学学士学位,1987年获西南师范大学教育学第二学士学位,1999年毕业于吉林大学政治学理论专业,获法学博士学位。曾任西南师范大学政治系党总支副书记、党委宣传部部长、党委副书记兼副校长,党委书记、副校长,西南大学党委书记。兼任国务院学位委员会第七届学科评议组召集人,国家社会科学基金评委。当选党的十七大、十八大代表。主要从事马克思主义理论、思想政治教育、政治学理论研究与教学。曾获教育部高等学校科学研究优秀成果奖、高校德育创新发展研究成果奖、国家级教学成果奖等奖项。荣获"全国留学回国人员先进个人""民族团结进步模范个人""师德先进个人""五一巾帼标兵"等荣誉称号。

49. 黄绍兰(1892—1947),又名学梅,字梅生,湖北蕲春人。女子教育专家,创办上海博文女子学校,国学大师章太炎唯一的女弟子。1907年考入京师女子师范学堂,毕业后任河南开封女子师范学堂国文教员。1916年春,得黄炎培等教育界知名人士支持,在上海法租界创办博文女子学校,任校长。后因经费支绌,于1920年秋停办,经黄炎培介绍去江苏南通女子师范学校任国文教员。1921年春,由实业家张謇之兄张詧资助,回沪重办博文女校,并扩大规模。同年7月,中国共产党第一次全国代表大会在上海举行,时值学校暑假,毛泽东、董必武等10名代表曾住博文女校,党的一大预备会、开幕式亦在博文女校举行。1932年"一·二八"淞沪抗战事件发生后,与徐宗双、蔡周俊等组建"上海妇女反日救国大同盟",发表抗日宣言,动员各界妇女成立救护队,支援十九路军。1933年博文女校再次停办,其更名为"朴",更字为"君素",潜心学术。先后任章太炎国学讲习会讲师、广州中山大学国文系教授、上海震旦女子文理学院教授兼国文系主任。著有《易经注疏》及诗文等。书法骨力遒劲,风格超逸,1984年上海《书法》曾影印发表"黄朴遗作"一幅。

50. 黄振华(1896—?),湖南长沙人。知名大学教授,曾任湖南省教育厅督学。

早年就学于中西女学、南京体育专科学校，后留学美国哥伦比亚大学，获理学学士、文学硕士学位。回国后先后任江苏女子师范学校、安徽女子师范学校教员、教授，后任湖南省教育厅督学。1928 年后历任大学院编审、教育部编审、行政院参议、中央新生活妇女运动委员会委员、立法委员等。1949 年去台湾，任台湾地区民意代表、国民党中央评议委员等。著有《社会教育》《黄兴传》《民国史略》等。

51. 霍懋征（1921—2010），山东济南人。知名小学特级语文教师。1943 年毕业于北京师范大学数学系，留任北京师范大学第二附属小学（现北京市第二实验小学）语文教师，后担任副校长。1956 年被评为全国首批特级教师。20 世纪 50 年代，在小学高年级语文教学中，探索把语言形式与思想内容、读与写、知识与技能的教学有机结合，培养学生逻辑思维能力和想象力，创立独具特色的“讲读法”。1985 年在第一次全国教育工作会议上被评为中国现代百名教育家之一。著有《班主任工作札记》《语文教学资料》《霍懋征语文教学经验选编》《霍懋征小学语文教学经验谈》等。曾多次荣获北京市模范教师、北京市“三八红旗手”和“全国三八红旗手”称号。曾兼任北京市妇联副主席、全国妇联执行委员、中国教育学会和中国小学教育研究会常务理事等。当选第五届全国政协委员，第六、第七、第八届全国政协常委，民进中央委员。

52. 吉春亚（1964— ），浙江湖州人。知名小学特级语文教师，任教于北京市北京小学。开创“言语学习型”教学，即通过对典型“言语作品”的剖析，引导学生积累一定数量的言语材料，形成听、说、读、写的“言语能力”，获得学生喜爱和同行好评，应邀赴全国各地做示范课及举办讲座 200 余场次。主持或参与“语文思维训练”等 6 项省部级课题研究，荣获全国小学语文教学研究会科研成果评比一等奖等多项奖励。发表文章百余篇，诗歌 40 余篇，出版《吉春亚本真语文课堂实录》等十多部专著。

53. 江学珠（1901—1988），字龙渊，浙江嘉善人。知名中学校长。1923 年毕业于国立北京女子高等师范学校。1924 年赴爪哇任巴达维亚中华学校女子中学部主任。1926 年回国后任浙江省立杭州女子中学训育主任，省立嘉兴中学附小主任。1927 年创办江苏省立松江女子中学，任校长。抗日战争期间，任四川中学女子部主任、省立重庆女子师范学校校长，创办国立女子师范学校。抗战胜利后，复任江苏省立松江女子中学校长。1949 年去台湾，任台北第一女子中学校长，兼道南中学校长，带领师生将台北第一女中建设成为台湾最著名的中学之一。1969 年春兼任华兴中学校长。1971 年任华兴中学校长。

54. 金雅妹（1864—1934），又名金韵梅，浙江宁波人。中国第一位女西医师，捐资创建助产学校实习基地，开办西医学堂。早年父母双亡，被父亲生前好友、美国传教医师麦加缔收为养女。1872 年随养父到日本，在日本接受了初等、中等教育。1881 年赴美国，就读纽约医院附属女子医科大学，成为中国第一位女医学留学生，1885 年以全班第一名成绩毕业。1888 年回国后在厦门、成都等地行医。甲午战争后，参与发起天津红十字会，捐资创建北平国立第一助产学校实习基地。1908 年受聘主持创办中国第一所公立女子护士学校——北洋女医学堂，任总教习，成为中国护理事业的开拓者。1916 年移居北京，从事传播医疗卫生知识工作，并开展慈善活动，带领医护人员去孤儿院做义工。1933 年应邀在“北平扶轮社”作题为“中国现代妇女”的演讲，号召女同胞为自身解放而斗争。临终捐赠全部家产给燕京大学，捐外文图书 150 余册给天津木斋学校。

55. 靳诺（1956— ），北京人。2013 年 10 月起任中国人民大学党委书记，教授、博士生导师。曾在新疆维吾尔自治区沙湾县知青农场插队、鄯善铁中任教，1978 年考入北京师范学院化学系，毕业后留校任教。1989 年调入国家教委，先后任国家教委思想政治工作司干部、处长、司长助理、副司长，教育部社会科学研究与思想政治工作司副司长、司长。2005 年任新疆维吾尔自治区人民政府党组成员、主席助理（挂职），2008 年任新疆维吾尔自治区副主席，2013 年任中国人民大学党委书记，兼任全国妇联副主席。主要从事马克思主义理论与思想政治教育工作研究。主持完成国家社科基金重大课题、国家社科基金教育学“十五”规划重大课题研究，参与完成多项国家和省部级社科基金课题项目。发表论文 30 余篇，主编《大学德育工作通论》《新时期高校思想政治工作的理论与实践》等著述。

56. 康岫岩（1945— ），天津人。知名中学数学特级教师。1967 年毕业于南开大学数学系。曾任天津市南开中学第六任校长、天津市南开翔宇学校理事长、天津市政协常委兼市政协科教委员会常务副主任，天津师范大学兼职教授。倡导“以德立教，严谨治学，学生为本”的办学理念，制定“新教师—合格教师—良师—名师”的《名师工程实施方案》，推动学校良好育人环境的营造与提升。曾主持或参与多项国家级、市级课题研究，荣获天津市“劳动模范”、全国优秀教育工作者、“全国五一劳动奖章”等多项荣誉。参与主编和写作数学等学科类丛书，著有《生命因教育而精彩》《优质中学的教与学》等。

57. 拉希达·夏合丁（1912—1990），塔塔尔族，新疆伊宁人。塔塔尔族第一代女学生，新疆第一个少数民族幼儿园创办者。幼时冲破封建意识和伊斯兰教束缚，入学读书，1931 年赴苏联塔什干师范学院深造。1933 年回国，在伊宁从事教育工作。1936 年被聘为乌鲁木齐洋行清真寺小学教师。1938 年在哈巴河县从事儿童和妇女教育工作。1946 年筹建新疆第二女子中学和第二女子师范，开设少量宗教课程，按宗教习惯举行活动。学校附设速成小学班，招收因贫困而误学的女孩入学，两年速成，转入中学，附设夜校，招收已婚妇女学习文化。始终坚持维护祖国统一，坚持民主进步，反对民族分裂，反对独裁倒退，并用这一思想引导教育师生。1949 年继续扩大第二女中规模，并创办了新疆历史上第一个少数民族幼儿园。

58. 劳君展（1900—1976），原名启荣，湖南长沙人。知名大学教授，九三学社创始人之一。1918 年考入湖南周南女校，常为《湘江评论》《女界钟》写稿，宣传反帝反封建和妇女解放。1919 年五四运动中，加入进步青年组织“新民学会”，成为学生运动骨干。同年底赴法国勤工俭学，先后在里昂大学、巴黎大学学习，是著名科学家居里夫人的学生和助手，与蔡畅、向警予、魏璧芳等四人被赞誉为“四杰”，在法国留学生中很有影响。1925 年，在巴黎与许德珩结婚。1927 年回国，先后在武汉大学、广州中山大学、上海暨南大学、北京大学、北平女子文理学院等校任数学系教授，翻译出版了《积分学纲要》等。1936 年任北平妇女救国委员会委员，开展抗日救亡运动。1938 年 5 月作为教育界代表参加庐山妇女谈话会。抗战胜利后，和丈夫许德珩一起联络文化教育界知名人士，争取他们对中国共产党的支持，并于 1945 年参与创建九三学社。中华人民共和国成立后，任中国人民大学教授、北京市人大代表、北京市政协委员、全国政协委员、全国妇联执委、九三学社常务委员等。

59. 雷洁琼（1905—2011），广东台山人。著名社会学家、法学家、教育家，社会活动家，中国民主促进会的创始人之一和卓越领导人之一。1924 年赴美留学，1931 年获南加州大学社会学硕士学位。回国后，历任燕京大学、中正大学、东吴大学、沪江大学、圣约翰大学、华东大学和震旦女子文理学院等校教授。1946 年 9 月，任燕京大学社会学系教授。1949 年 9 月，出席中国人民政治协商会议第一届全体会议。中华人民共和国成立后，任政务院文教委员会委员，北京政法学院教授兼副教务长，国务院专家局副局长，中国新政治学会副秘书长。1973 年任北京大学国际政治系教授、社会学系教授。1977 年后，历任政协北京市委员会副主席，北京市副市长，民进北京市委员会主任委员，国务院学位委员会第一届学科评议组成员，中华全国妇女联合会第四、第五届副主席，中国国际交流学会副会长，中国社会学学会副会长，北京社会学学会会长，中华人民共和国香港特别行政区基本法起草委员会委员，中国婚姻家庭研究会会长。当选中国人民政治协商会议第六届全国委员会副主席，第七、第八届全国人民代表大会常务委员会副委员长，中国民主促进会第七、第八、第九届中央委员会主席，中国民主促进会第十、第十一届名誉主席。

60. 李庚南(1940—),江苏南通人。知名中学数学特级教师。1957 年任教于江苏省南通市十二中学(现启秀中学),曾任江苏省数学教学研究会理事、南通市数学教学研究会副理事长、南通市教科所兼职研究员。1978 年创设“自学、议论、引导”教学法,大幅度提高初中数学教学质量和学生素质。主持“培养初中学生数学自学能力”课题研究,发表论文和总结报告 70 多篇,曾获江苏省优秀教育论文一等奖、江苏省教育科学研究优秀成果一等奖等奖项。1988 年获“全国中小学教育改革金钥匙奖”,被授予全国教育系统“劳动模范”等称号。曾兼任江苏省第七届妇联执委、南通市第六届政协委员。著有《初中数学自学、议论、引导教学法》《初中代数教学结构》《初中几何教学结构》等。

61. 李吉林(1938—),江苏南通人。知名小学语文特级教师。1956 年毕业于江苏省南通女子师范学校,即赴南通师范第二附属小学任教。汲取我国古代文艺理论营养,借鉴外国语言文学的情景教学方式,1978 年开始探索富有中国特色的语文“情境教学法”实践。该项研究被教育部列为向全国推广的八个教育科研项目之一,相关研究课题被列入全国教育科学规划“八五”“九五”“十五”重点课题。其研究成果分获全国首届、第十届教育部优秀研究成果奖一等奖,全国教育图书奖一等奖,首届中国教育学会奖一等奖等奖项。荣获首批“全国五一劳动奖章”、全国“五讲四美,为人师表”优秀教师、“全国先进工作者”等称号。三次被评为“全国三八红旗手”。当选第七届全国人大代表和主席团成员、第八届全国人大代表。论著辑成《李吉林文集》(八卷)。

62. 李晶宜(1944—),北京人。1998 年 9 月至 2002 年 4 月,任中国农业大学党委书记。1968 年毕业于北京农业大学农学系。曾任中华人民共和国原农业部教育司副司长、农业资源区划管理司司长等职。在任中国农业大学党委书记期间,实施党政机构与人事制度改革、全员聘任和分配制度改革,开展党总支和党支部工作考核评估,促进了党的基层组织制度化规范化建设。2002 年 4 月,被组织安排改任中国农业大学党委常务副书记,真心诚意支持和配合新任书记、校长开展工作,为维护学校领导集体的团结发挥了重要作用。曾圆满完成联合国开发计划署援助的“加强中国西北农业教育”科研项目。主编、主译或参与编写《中国农业资源报告》《中国农业教育发展战略研究》等,发表论文 20 余篇。

63. 李景兰(1927—1992),甘肃永靖人。知名小学语文特级教师。肄业于兰州女子师范学校,即赴兰州职工子弟小学任教。曾任兰州城关区武都路中学党支部副书记,兰州实验小学名誉校长。努力探索并总结小学语文教学中识字、阅读、写字、写作等方面的教学经验,先后作过近百次公开教学,其教学经验在省内外推广。曾七次出席全国、全省先进生产者代表大会和社会主义建设积极分子代表大会,荣获"全国三八红旗手"、兰州市模范教师、全国优秀教师、全国教育系统"劳动模范"等称号。当选第三届全国人大代表,甘肃省第三、第四届政协委员。

64. 李烈(1954—),辽宁黑山人。知名小学数学特级教师,北京市第二实验小学书记兼校长。1973 年毕业于北京师范学校,1977 年起在北京市第二实验小学任教。1986 年被评为全国教育系统"劳动模范"并获"人民教师奖章",1993 年被评为"首届北京十大杰出青年",小学特级教师。1996 年任校长以来,确立"团队创新、和谐发展—引领二小人成为最好的自我"的工作目标,提出"学生是学习活动的主体,教师是教育工作的主体,两个主体自育互育,协调互动,共同发展"的办学思路。兼任中国教育学会副会长,教育部全国教师教育专家委员会委员。荣获首届首都楷模、教育部"巾帼建功"标兵、"全心全意依靠教职工办好学校的好书记好校长"等称号,当选北京市人大代表。2011 年被聘任为国务院参事。著有《给生命涂上爱的底色》《我教小学数学》等。发表"双主体育人思路探索与实践"等论文并获奖。

65. 李曼瑰(1907—1975),笔名雨初,广东台山人。知名大学教授,现代剧作家。1931 年毕业于燕京大学国文系,1933 年再入燕京大学研修中国古代戏剧。1934 年赴美国密歇根大学、哥伦比亚大学进修戏剧理论。1940 年回国,在成都金陵女子文理学院等校英文系任教。1949 年赴台,任教于台湾师范大学、政治大学、辅仁大学。其创作以戏剧为主,多数作品属历史题材。创作的系列历史剧《楚汉风云》《汉宫春秋》《汉武帝(三部曲)》等,比较真实形象地再现了汉代的历史风云。代表作品还有《瑶池仙梦》《皇天后土》《国父传》等近 30 种剧本。

66. 李佩(1917—2017),江苏镇江人。知名大学教授,应用语言学家。1941 年毕业于北京大学经济学系。1948 年就读于美国康奈尔大学工业与劳工关系学院研究生院,1951 年在康奈尔大学现代语言学系教授中文。1956 年与丈夫郭永怀携幼女举家回国。1957 年在中国科学院管理局任职。1961 年调到中国科学技术大学外语教研室任教。1978 年任新成立的中国科学技术大学研究生院(现中国科学院大学)外语教研室主任、教授,兼任中国翻译工作者协会理事、大学英语教材编审委员会委员。改革开放后,致力于推动中国的英语教学与国际接轨。1987 年退休后仍坚持给博士生上课,在中关村创办社区版"百家讲坛",邀请各学科著名学者给百姓讲座,被称作"中国应用语言学之母"。

67. 李莎(1914—2015),原名伊丽莎白·帕夫洛芙娜·基什金娜(Elizabetha

Pavlovna Kishkina)，苏联萨拉托夫州人。知名大学教授，著名俄语教育家。1936年与时任共产国际中共代表团成员兼中华全国总工会驻赤色职工国际代表李立三结婚。1941年毕业于莫斯科外语师范学院法语系。1946年来到中国，先后在哈尔滨外国语专科学校和北京外国语学院俄语系任教，被称为“俄语教母”。1964年加入中国籍。曾任中国俄语教学研究会、中国翻译工作者协会、中俄友好协会理事，中国老教授协会名誉理事，当选第六届全国政协委员。1998年被国际俄语教师联合会授予普希金奖章。2013年被法国政府授予荣誉军团勋章(军官勋位)。著有《现代俄语中的新现象》《苏联现代名著选读》(主编)等。

68. 李卫红(1955—)，河北新乐人。2005年至2015年5月任教育部副部长，国家语言文字工作委员会主任。曾在山西大学政治系、中共中央党校中共党史专业研究生班学习，研究生学历。自1989年起，先后任国家教委人事司处长、副司长，教育部人事司司长、党组成员、副部长。任教育部副部长期间，提出把社会主义核心价值体系融入国民教育全过程，既要充分发挥课堂教学的主渠道作用，也要拓展宣传教育途径，加强教师队伍建设、加强理论研究与宣传，提出要加快语言文字事业科学发展，要把“中国梦”主题教育活动作为语言文字战线的长期重要任务。

69. 梁芳(1980—)，满族，山东青岛人。海洋权益与国家安全专家，国防大学战略教研部教授，博士研究生导师，海军大校军衔。先后毕业于海军电子工程学院、国防大学，曾在海军技术侦察局、海军情报部、海军军事学术研究所工作。出版《海上战略通道论》《海战史与未来海战研究》等多部专著与教材，承担国家级等重大科研课题30余项，在全国、全军核心期刊以及全国、全军重大战略问题研讨会上发表学术论文80余篇。讲授的多门大课获国防大学优质大课奖。曾被评为“全国三八红旗手”。为全军首批外宣专家、国家国防教育师资库专家、国防大学学科学术带头人、“优秀中青年骨干”、国内多家电视媒体的军事特约评论员。

70. 林宝权(1903—1985)，又名藻予，广东新会人。教育学专家，曾任多所知名女子学校校长。1917年考入省立广东女子师范学校预科，1919年转入国立北京女子高等师范学校国文系就读。1921年留学法国，在巴黎大学攻读教育学、心理学，1926年以论文《中国的女子教育》获博士学位。次年回国，任国立暨南大学教育系教授。1932年被任命为广东省第一女子中学校长。1943年任国立中山大学师范学院教育系教授，同年任广东省立执信女子中学校长。在其主持下，执信女中校风淳朴，学生学习成绩在广州市名列前茅。1949年任香港珠海大学教授。1953年主持马来西亚吉隆坡华人坤成女子学校。1960年后移居美国，曾任旧金山中华学校校长，任内成绩卓著。

71. 林蕙青(1957—),浙江龙泉人。2015 年起任教育部副部长、党组成员。曾在河北栾城县插队,1978 年考入北京医学院公共卫生系,毕业后留校任教,2006 年获厦门大学高等教育学博士学位。1983 年后历任国家教委高教司医药教育处干部、副处长、处长、副司长,学生司司长兼全国高等学校学生信息咨询与就业指导中心主任,教育部部长助理、党组成员,副部长、党组成员。任职期间,提出要把握教育立德树人的根本任务,推动高等教育内涵式发展,建设一流本科教育,更好地服务国家经济社会发展的迫切需要。

72. 刘川生(1950—),山西灵丘人。2005 年 6 月至 2016 年 2 月,任北京师范大学党委书记,研究员。1975 年毕业于清华大学自动化系,即留校任教,曾任校团委副书记,后在清华大学经济管理学院获工学硕士学位。1985 年调入国家教委,任思想政治工作司副处长、处长。1990 年任驻英国使馆教育处一秘。1994 年起历任中国教育报刊社党委副书记、副社长、代理党委书记、社长。2003 年任驻美国使馆教育处公使衔参赞。2005 年任北京师范大学党委书记,兼任中国教育发展战略学会副会长、全国出国留学工作研究会理事长、全国高等学校思想政治教育研究会会长、国家汉办孔子学院总部人力资源促进专项工作委员会主任委员。当选中共十五大、十六大、十七大代表,十八大列席代表,第十二届全国政协委员。发表论文 30 余篇,主持国家社科基金重大招标项目等课题。

73. 刘恩兰(1905—1986),山东安丘人。知名大学教授,地理学专家。1925 年毕业于南京金陵女子大学,后任教于南京金陵女子大学附中。1929 年留学美国克拉克大学,获自然地理学硕士学位。1931 年回国,任金陵女子大学教授,讲授地理、地质、农业气象等课程,后任地理系主任。1939 年留学英国牛津大学,获博士学位。回国后,任成都金陵女子大学教授、地理系主任。参与创建中国地理学会、中国气象学会。1946 年赴美国讲学。1948 年回国任教于金陵女子大学,1951 年任东北师范大学地理系教授。1954 年任哈尔滨军事工程学院海军系测量教研室主任,1961 年调任天津海军舰保部,1964 年调任国家海洋局第一海洋研究所,1972 年后任国家海洋局顾问,1978 年被任命为国家海洋局顾问。著有《我国海洋工作专业人员训练大纲》《现代海洋科学中的一些新问题》《大气与海洋的关系》等。

74. 刘惠芳(1910—1972),湖北孝感人。盲童教育专家。1932 年就读于私立武昌华中大学,1938 年任教于武昌盲童学校(前身是武昌瞽目女校),后任校长。抗战期间学校校址八次搬迁,始终坚持办校,并引进美国盲童教材和教学器材,不断提高教学质量。1948 年赴美国麻省波士顿盲人学院学习。1953 年继续担任武昌盲童学校校长。始终坚持尊重盲生人格,注重思想品德和文化知识教育,传授专业技术，培养学生成为社会有用人才。1958 年该校被评为全国卫生红旗单位，《人民日报》刊发《一尘不染的武昌盲童学校》，介绍她和她所在学校的事迹。

75. 刘可钦（1961— ），河南安阳人。知名小学数学特级教师。北京中关村第三小学校长，兼任中关村第四小学校长。曾荣获全国模范教师、全国教育系统"劳动模范"、全国第三届中小学十杰中青年教师称号。任国家义务教育数学课程标准研制组核心成员，北京师范大学教育管理学院兼职教授，新世纪小学数学教材编写组核心成员，中国教育学会小学教育专业委员会秘书长。始终坚持"每一个学生都是独特的，每一个学生都是重要的，每一个学生都渴望成功，每一个学生都需要尊重"的教育理念。发表论文、文章 60 余篇。著有《新世纪版小学数学教材》《我要成为最佳的我——小学生主体性发展实验研究》等。

76. 刘彭芝（1945— ），北京人。知名中学数学特级教师。1997 年起担任中国人民大学附属中学第九任校长，同时担任国务院参事，中国人民大学研究员、博士生导师。任职期间，倡导"一切为了学生发展，一切为了祖国腾飞，一切为了人类进步"的办学理念，尊重学生个性，挖掘教师潜力，努力创造适合每个学生、每个教职员工发展的生态环境。荣获"全国先进工作者"、全国教育系统"先进工作者"、"全国五一劳动奖章"、"全国三八红旗手"、全国先进女职工等称号。发表课题研究报告和学术论文 30 多篇，主编教材数十部，著有《人生为一大事来》，曾获教育部第四届全国教育科学研究优秀成果奖等奖项。

77. 刘青霞（1877—1922），原姓马，后随夫姓。河南安阳人。捐资兴教慈善家。1902 年丈夫病亡，承家产。1906 年游学日本，加入中国同盟会，次年捐资创办《河南》和《中国新女界》杂志，宣传妇女解放。1907 年回国，次年捐资创办华英女子学堂。其后多次捐巨资，创办蚕桑学堂、实习桑园、孤儿院、平民工厂、大河书社，资助尉氏高等学堂、开封女学堂、中州公学、北京豫学堂、京师女子师范学校、北京女子政法学校等。辛亥革命前后，任北京女子政法学校校长，兼任北京女子学务维持会会长。毕生热心妇女教育事业，资助兴办女学。

78. 柳文（1914—2013），原名刘士范，满族，辽宁沈阳人。1955 年 4 月至 1959 年 1 月任东北工学院（现东北大学）党委书记。先后就读于北平和西安东北大学，参加学生爱国运动。1936 年加入中国共产党，负责组建东北妇女救国会，任执委会主席和党团书记。1938 年赴延安抗日军政大学学习并留校工作。后历任东北救亡总会西安分会训练部部长、中国工业合作协会西北办事处党组书记、中央研究院政治研究室研究员、中央党校校长办公室秘书、平绥铁路局政务秘书、东北人民政府民政部人事部干部管理处处长兼机关党总支副书记。1959 年后，先后任中科院辽宁分院副院长兼党委书记、省科技委员会主任兼中科院东北分院副院长、沈阳药学院党委书记兼副院长、省人大副主任兼秘书长等职。

79. 卢乐山(1917—2017),湖北沔阳人,学前教育专家,学前教育学科重要奠基人。早年就读于南开女中。1934年考入燕京大学学前教育专业,毕业后任教于天津木斋学校,参与创办北平协和医院幼稚园。1940年考入燕京大学研究院,1948年赴加拿大多伦多大学儿童研究所进修。1950年回国后任北京师范大学教师、学前教研组主任。1982年成为北师大学前教育专业最早的硕士生导师。著有《蒙台梭利的幼儿教育》《幼儿教育必读》《城乡婴幼儿教育指南》等。主编《优生、优育、优教知识》《中国学前教育百科全书》《学前教育原理》《中国女性百科全书》等。辑有《卢乐山文集》《卢乐山口述历史:我与幼儿教育》。曾任中国家庭教育学会第一任会长、《中华家教》杂志主编、北京市幼儿教育研究会副理事长等。

80. 鲁洁(1930—),原籍四川阆中,出生于上海。知名大学教授,教育理论家。1947年就读于金陵女子大学。1953年毕业于南京师范学院幼儿教育系。1981年任南京师范学院教育系主任,1982年任教育科学学院院长。荣获"曾宪梓全国高等师范院校教师奖",获国家级"有突出贡献中青年专家"、"全国先进工作者"、"中国杰出社会科学家"等荣誉称号。著有《教育学》、《教育社会学》(主编)、《德育新论》等,分获吴玉章基金一等奖、国家教委第一届全国普通高校优秀教材一等奖、全国第三届普通高校优秀教材一等奖、教育部人文社会科学优秀成果一等奖等奖项。

81. 鲁昕(1955—),辽宁抚顺人。2009年4月至2015年12月任教育部副部长、党组成员。1982年毕业于辽宁财经学院(现东北财经大学)财政金融系财政专业,1994年获财政部财政科学研究所经济学博士学位。曾任职于抚顺市财政局、抚顺市人民政府、辽宁省财政厅、辽宁省人民政府。2009年任教育部副部长、党组成员。后调任中央新疆工作协调小组办公室副主任。任教育部副部长期间,倡导职业教育与成人教育要以转变发展方式为主线,推动现代职业教育体系建设,提出职业教育是公共产品,需要政府强力主导,通过多样化的形式实现其公益性质。

82. 陆士嘉(1911—1986),原名陆秀珍,原籍浙江萧山,生于江苏苏州。知名大学教授,流体力学专家,世界流体力学权威普朗特教授唯一亚裔女博士。1929年考入国立北平师范大学物理系,1933年毕业并以物理系第一名的成绩拿到学士学位,后任教于河北第三女子师范学校、北京志成中学。1937年考入德国哥廷根大学,攻读物理学、航空工程学,因成绩优异获洪堡奖学金,1942年获博士学位。

1946年回国，任国立北洋大学航空系教授。1947年就职于国立清华大学，1949年任该校航空系教授。1952年任北京航空学院建校筹备委员会委员，创办我国第一个空气动力学专业，任空气动力学教研室首任主任，北京大学兼职教授。曾任民盟第五届中央常委、全国政协常委，被聘为德国应用数学和力学学会委员。译有《流体力学概论》，著有《流体力学》《空气动力学》《高速粘性流体力学》等。

83. 陆渝蓉（1932— ），江苏无锡人。1986年至1989年任南京大学党委书记。1953年毕业于南京大学气象系，即留校任教。1955年获江苏省和全国“社会主义建设积极分子”称号。1956年被评为优秀教师，受江苏省政府通报表扬。1960年被评为“全国三八红旗手”、贯彻党的教育方针“先进工作者”。1986年晋升为气候学教授。曾任中国气象学会副理事长、中国气候研究会副主任、南京大学校务委员会副主任、南京大学校友总会会长、江苏省政协委员、南京大学自然灾害研究中心主任。

84. 马芯兰（1946— ），北京人。知名小学数学特级教师。1966年毕业于北京第二师范学校，后任北京市朝阳区幸福村第一小学教师。1977年任北京市朝阳区星河实验小学校长。曾获1984年北京市特等“劳动模范”、1986年北京市特级教师、1988年中学高级教师、全国“巾帼建功标兵”等称号。坚持开展小学数学教学改革实验，开创以“开发学生智力、减轻学生负担，提高教学质量”为目标的“马芯兰教学法”，该方法被20多个省、市、区的2700余所学校采用。主持《校园网络环境下学生合作学习方式研究》等教育部规划课题和北京市重点课题研究，组织编写北京市教育学会创新教育丛书《小学数学教学与创新能力培养》《观察阅读与小学生作文》《北京市小学数学试验教材》等，并撰写多部论著。

85. 毛蓓蕾（1926—2004），祖籍江苏吴县（今并入江苏苏州），生于重庆。知名小学特级教师，全国模范班主任。先后在上海六合路小学、衡山路小学、柳营路小学、虹口区第三中心小学任教。1959年在《上海教育》上发表《我的班主任工作》一文，介绍其在柳营路小学做班主任工作的经验。1977年被评为上海市先进教育工作者、模范班主任及虹口区优秀教师。1978年被评为“全国三八红旗手”。1980年再次被评为上海市模范班主任，同年在全国率先开设了“思想品德课”，对低年级小学生进行道德教育，1981年全国各地小学普遍开设了此课。1984年被评为全国模范班主任，获全国教育系统“劳动模范”等称号。曾当选上海市第七、第八届人大代表。著有《毛蓓蕾的班主任工作》《毛蓓蕾思想品德教育艺术》《小学生心理辅导札记》等。一生倡导并践行“以心育人”，晚年患病期间，坚持完成了《心之育》写作，为后人留下宝贵的精神遗产。

86. 茅于燕(1926—),籍贯江苏镇江,生于北京。儿童心理学、教育心理学专家。1950 年毕业于南京金陵大学哲学心理系。1951 年后任中国科学院心理研究所实习研究员、助理研究员,并由教育心理学和发展心理学研究转为智力落后儿童早期训练和智力发展规律研究。1979 年后任中国科学院心理研究所副研究员、研究员。1981 年赴美国康奈尔大学人类发展和家庭研究系做访问学者。1986 年创办“北京新运弱智儿童养育院”,开创智力落后儿童早期教育训练工作并研制出中国 0—6 岁儿童身心发展量表,撰写《智力落后儿童早期训练手册》,著有《智力落后与早教干预》等。是我国为数不多的从事婴幼儿智能追踪研究的心理学家之一,是弱智儿童扶助领域的“拓荒人”。

87. 缪水娟(1955—),浙江杭州人。知名中学语文特级教师。1982 年毕业于浙江师范学院中文系。先后担任杭州学军中学教导处副主任、副校长,杭州第二中学党总支书记、副校长,杭州高级中学党总支书记、副校长,校长、党总支书记。2011 年 5 月任浙江省教育厅教研室主任。倡导语文教学要为学生提供一个与文本对话的广阔空间,带领学生真正走进作者,享受初级的审美体验。发表《小说教学漫谈》《高中语文活动课模式的构建和研究》《高中学生语文课外阅读的调查与研究》等论文,主编《3+X 名师导引 · 语文分册》。被浙江大学教育学院聘为教育硕士学位兼职导师,被杭州师范学院聘为人文学院语文教学专业硕士学位兼职导师。

88. 倪以信(1946—),上海人。中国大学培养的第一位工学女博士。1963 年考入清华大学电机系,1968 年毕业,赴东北电力局第一工程公司工作。1978 年再入清华大学电机系,1981 年获硕士学位,1983 年在高景德院士指导下完成博士论文,获工学博士学位。1985 年至 1987 年在美国衣阿华州立大学访学,被该校校方授予“名誉学者和顾问”称号。回国后任职于清华大学电机系,曾任电机系副系主任、电工研究所副所长。1996 年起任职于香港大学电机电子工程系、清华—港大深圳电力系统研究所。主要从事交直流联合输电系统的数字仿真、稳定性分析和控制的教学与研究工作。曾参与“电机及电力系统过渡过程分析和控制”项目研究,获 1987 年国家自然科学奖二等奖、国家教委科技进步奖一等奖。1988 年获国家教委霍英东青年教师奖,1991 年获“做出突出贡献的中国博士学位获得者”称号。曾任北京市青年联合会第五届副主席,第七届全国政协委员。

89. 裴娣娜(1942—),重庆人。知名大学教授,主体教育理论专家。北京师范大学教育学院教授,博士生导师。北京师范大学教育科学研究所名誉所长、天津师范大学教育科学学院院长(兼)、浙江师范大学杰出教授、浙江省基础教育中心主任。1959 年至 1964 年就读于北京师范大学教育系。长期致力于主体教育理论范畴与基本问题研究。主编的《现代教学论》(三卷本)获新闻出版总署最高奖、国家人文社会科学著作类一等奖等奖项,主持编写的《教学论》获中国教育学会一等奖。另著有《小学教育科学研究》《教育研究方法导论》《教育认识论》等。

90. 齐香(1911—2006),河北高阳人。知名大学教授,翻译家,著名国学大师齐如山先生之女。1933 年毕业于北平中法大学文学院法文系,同年被保送至法国里昂大学攻读法国语言文学,是班上唯一的女生。后又赴巴黎大学,攻读实验语音学、法语发音学专业,1937 年获文学语言学硕士学位。1947 年回国执教于天津南开大学外语系。1951 年调入清华大学外文系,1952 年院系调整后,任北京大学西语系法语教授。多年致力于法国语言文学教学,编写各个年级教材,同时承担法国文学作品翻译工作,并辅助丈夫罗大纲完成了大量译著。译有《萝丝·法郎士》《水仙花》《木工小史》《小学教师》《保卫与发扬法兰西语言》《第一个回合花了二百法郎》等。20 世纪 80 年代后,参与小型工具书和中型词典编撰工作。

91. 钱用和(1898—1990),又名禄园,字韵荷,江苏常熟人。知名大学教授。1923 年毕业于北京女子高等师范学校,后被聘为江苏省立第三女子师范学校校长。1925 年赴美留学,入读芝加哥大学、哥伦比亚大学。1929 年回国,受聘于上海暨南大学。1931 年担任国民革命军遗族女校校务主任,同年末任宋美龄私人秘书。1938 年 3 月任"中国战时儿童保育会"常务理事,12 月当选国民参政会参政员。后曾任国立交通大学教授、监察院监察委员等。1949 年去台湾,历任私立东吴大学教授,国民党监察机构委员,国民革命军遗族学校和女校校董会秘书、主任秘书、校董,国民党中央评议委员,台湾妇女工作指导会议干事委员等。著有《欧风美雨》《三年之影》《难童教育谈》《平民教育的孟子》《韵荷文存》《钱用和诗文集》《钱用和回忆录——半世纪的追随》等。

92. 瞿延东(1946—),陕西人,成人教育专家。成人教育协会常务副会长,民办教育协会副会长。长期从事成人教育及民办教育的宏观管理与研究,参与组织相关国家级重点课题的研究工作。曾任国家教育委员会成人教育司副司长,教育部发展规划司助理巡视员。参与完成的"中国岗位培训制度研究"成果获全国第二届教育科学研究成果一等奖。组织编写多部成人教育岗位培训教材,倡导从完善学校自身、考试组织、评估组织与专家、社会吸纳等多个方面的评估评价标准来提升教育质量。著有《我国民办教育的发展与管理》《让爱滋润孩子的心田》等。

93. 任培道(1894—1988),字振余,湖南湘阴人。女子教育专家,知名师范学校校长。早年就读于湖南第一女子师范学校、周南女子师范学校。1918 年后曾任溆浦女校教员。1927年毕业于国立北平女子高等师范学校,曾任国民党中央党部政训部设计委员、妇运科科长。1929年留学美国堪萨斯大学,后入伊利诺伊大学,获教育学硕士、心理学硕士学位。回国后,曾当选国民大会代表。1945年任台北女子师范专科学校校长。著有《礼乐的宗教性与艺术性》《修养的两大境界》《对台北女子师范学校之创见与经营》等。

94. 任奕奕(1961—),天津人。知名中学数学特级教师。1983年毕业于天津师范大学数学系。曾任天津市耀华中学教师、班主任、年级组长、副校长,2008年起任校长。制定多样化的教学方案,开创综合型课程“技术与创新”,鼓励全体教师参与教学演讲,注重通过校园文化对学生进行潜移默化的影响,坚持在“变与不变”中推进教育改革。获1996年天津市十佳青年教师、教育部和国家科委授予的科学园丁、“五一劳动奖章”等荣誉称号。当选中国数学学会理事、中国教育学会高中教育专业委员会常务理事、中国人才研究会超常人才专业委员会副理事长等。

95. 莎仁格日勒(1936—),蒙古族,内蒙古呼和浩特人。第一位蒙古族小学特级教师。1959年毕业于内蒙古师范学院蒙语文函授专业。任教于呼和浩特市蒙古族学校。1978年、1984年两次获“全国三八红旗手”称号。1983年当选中共十二大代表,曾任中国教育国际交流协会理事。探索适用于蒙古族青少年的蒙文和汉文教学方法,编写《蒙语会话一千句》,重视学生的德育教育,为促进民族团结、发展民族教育做出了积极贡献。由于精通蒙汉语与医学,2001年与温季清合作整理出版了《温启宗医论集》。

96. 邵瑞珍(1916—1998),江苏昆山人。知名大学教授,教育心理学专家。1938年毕业于浙江大学教育系。1946年至1947年在美国普渡大学教育心理研究部学习。曾任华东师范大学心理学系副主任兼教育心理学教研室主任、教授、博士生导师,中国心理学会理事、中国社会心理学会常务理事兼副秘书长、上海社会心理学第一届副理事长等。荣获上海市“三八红旗手”称号。编著的《教育心理学——学与教的原理》获上海市(1979—1985)哲学社会科学优秀著作奖、1989年全国首届教育理论著作优秀奖,《教育心理学》获国家教委第二届普通高等学校优秀教材一等奖,《教育大辞典·教育心理学分册》获第七届“中国图书奖”。译有《教育过程》《学习论》《教育社会心理学》《教与育的心理学》等。

97. 史慧中(1930—2005),江西潘阳人。学前教育专家。1951年毕业于南京金陵女子文理学院社会学系,后就职于中央教育部幼儿教育处。1979年后任中央教育科学研究所幼教研究室副主任、主任,副研究员、研究员。参与制定我国首个幼儿教育法规性文件《幼儿园暂行规程》和《幼儿园暂行教学纲要》，参与组织召开第一次全国幼儿教育经验交流会，组建教育部幼儿教育处幼儿教育研究室，筹办第一个幼儿教育刊物《学前教育》，主持《我国3—6岁儿童口语发展特点与教育》等科研项目，带领10省区市幼教工作者进行幼儿言语发展特点调研。历任全国教育科学研究规划委员会“六五”“七五”“八五”“九五”期间普通教育评审组成员，国务院学位委员会第三届学科评议组成员，中国教育学会全国幼儿教育研究会、中国学前教育研究会副理事长、理事长、名誉理事长，《学前教育研究》副主编、主编，当选第六、第七届北京市政协委员。主编《学前教育学》《学前教育学参考资料》《幼儿教师实用手册》等。

98. 史瑞芬(1923—1977)，江苏溧阳人。20世纪50年代“全国模范教师”。出身于贫民家庭，1950年参加溧阳冬学教师训练班，后任教于余桥乡清水塘小学。为了应对春荒，把粮食留给学生，一个月未吃一粒米，以红花草、树皮度日，以致晕倒在黑板前。作为学校唯一的老师，白天给学生上课，晚上办夜校、冬天办冬学班给农民扫盲，还帮助村民解决生产生活中的困难，成为乡亲们心中最美的人。1951年被教育部授予“全国模范教师”称号，受到毛泽东主席接见，《苏南日报》记者发表长篇通讯《我在清水塘》，对其加以宣传。1952年中央新闻纪录电影制片厂拍摄了反映其事迹的新闻纪录片，同年被任命为江苏省人民政府委员。1954年到华东师范大学教育研究班学习。1956年调任江苏省教育工会执行委员，后任副主席。1962年至1968年任南京市栖霞区十月人民公社甘家巷小学校长。

99. 斯霞(1910—2004)，曾名碧霄，浙江诸暨人。知名小学语文特级教师，小学教育专家。1927年毕业于杭州女子师范学校，先后任教于绍兴第五中学附属小学、浙江省嘉兴县集贤小学、浙江省肖山湘湖师范学校、南京中央大学实验学校小学部。1938年后曾赴长沙、四川、贵州等地教书。1947年重回南京中央大学实验小学任教。1956年被评为南京市“先进工作者”、小学一级教师。1960年出席全国文教群英会。1977年任南京师范学院附小教师。1978年被评为小学特级教师。1979年被评为“全国劳动模范”。曾当选第三、第五届全国人大代表，全国小学语文教学研究会副会长。开创“以语文教学为中心，把识字、阅读、写话三者结合起来”的小学语文教学法，在全国产生了广泛影响。著有《斯霞文集》《字词教学的方法要多样化》《迅速培养小学一年级学生读书能力的经验》《我的教学生涯》等。1978年教育部委托南京电影制片厂拍摄反映其课堂教学的电影《我们爱老师》。人民教育出版社出版了《斯霞教育经验选编》。

100. 苏灵扬(1914—1989)，江苏常熟人。知名教育管理者。1932年考入上海光华大学教育系。1933 年加入中国左翼作家联盟，同年底转入上海复旦大学就读。1934 年与周扬结婚。1937 年离沪赴延安入抗日军政大学、中央党校、中央马列主义研究院学习，后任鲁迅艺术文学院女生指导员、音乐系指导员兼支部书记、政治处宣传科科长等。1949 年随部队进北京，先后任北京师大女附中校长、中央教育行政学院副院长、北京艺术师范学院党委书记兼副院长、中宣部文艺处副处长、中国教育学会常务委员、全国中学语文教学研究会副会长、全国科技辅导员协会副理事长等。提出美育是培养人全面发展不可或缺的组成部分，语文课要担负起思想教育、文学知识教育、美学教育的三重任务，老师应该帮助和指导学生判断优劣、分辨是非。离休后，中国教育学会特授予其荣誉会员。

101. 孙家琇（1914—2002），浙江余姚人。知名大学教授，戏剧理论专家。1929 年就读天津中西女子中学。1933 年考入燕京大学英国文学系。1935 年留学美国，就读于加州米尔斯大学英文系，1937 年获学士学位。同年进入美国蒙特霍留克大学研究院，攻读英国戏剧文学，1939 年获硕士学位。同年回国，任国立西南联合大学外文系讲师。1941 年任国立同济大学教授，1942 年任国立武汉大学外文系教授，1946 年任金陵女子大学外文系教授，兼国立戏剧专科学校教授。1949 年 8 月，进入中央戏剧学院，先后任院编译室主任、戏剧文学系主任、戏剧理论教研室主任，教授，院学术委员会副主任，兼任中国戏剧家协会理事、中国文联全国委员会委员，国务院学位委员会学科评议组成员，中国莎士比亚研究会副会长。在欧美戏剧、莎士比亚戏剧研究方面颇有建树，创作有剧本《富士山之云》《复国》，著有《论莎士比亚的四大悲剧》《马克思、恩格斯和莎士比亚戏剧》《莎士比亚与现代西方戏剧》《莎士比亚辞典》等。

102. 孙文淑（1910—1994），直隶宛平（今北京）人。曾任教育部部长助理。1933 年毕业于北平师范大学，后任北平高级商科职业学校教师。1934 年 5 月与杨秀峰结婚。1935 年参加了“一二·九”运动，1936 年参与北平文化界救国会、华北教授联合会等抗日爱国团体的工作。1937 年加入中国共产党。曾任北平《全民报》妇女周刊主编、冀西民训处秘书、冀西民训处妇女儿童教育部主任，河北抗战学院副教育长兼政治教官，冀南行署行政委员兼秘书主任、秘书长，晋冀鲁豫边区政府委员兼秘书主任、秘书长。1948 年 9 月，任华北人民政府教育部副部长。中华人民共和国成立后，任河北省教育厅厅长、河北省文教委员会主任。1952 年底调教育部工作，历任中等师范教育司司长、机关党委书记、部党组成员，1955 年 1 月起，任教育部部长助理。当选第一届全国人大代表、第三届全国政协委员。

103. 孙岩（1919— ），河南开封人。学前教育专家。20 世纪 30 年代赴延安，

1940年毕业于延安马克思列宁学院。1949年任教于中央托儿所(后改为军委保育院)。1955年进入北京师范大学学前教育专业进修,毕业后历任北京幼儿师范学校校长、书记,师大女附中校长、书记,北京市教育局中教处处长等职。1978年调任教育部普教司幼教特教处处长,提议拟定的《城市幼儿园工作条例》《幼儿园教育纲要》于次年颁布。1981年主持编辑7套幼儿教育教材出版发行。1985年任中国学前教育研究会理事长,次年该会成为世界学前教育组织成员。筹划的幼教理论期刊《学前教育研究》1987年出版发行。历任世界学前教育组织中国委员会主席、名誉主席,中国教育学会幼儿教育研究会、中国学前教育研究会副理事长、理事长、名誉理事长等职。主编《学前教育研究》《我们的足迹》《中华人民共和国幼儿教育重要文献汇编》等。

104. 唐国桢(1899—?),湖南衡山人。女子教育家,社会活动家,知名女子学校校长。毕业于北京女子师范大学,后留学日本,于明治大学完成研究生学业。历任宁夏省立女子中学校长、衡山县立女子学校校长、复陶女子中学校长。抗战期间积极参与全国妇女抗战工作,推动妇女组织建立。1937年8月,中国妇女慰问自卫抗战将士总会成立,出任总干事,多次率领妇女界代表慰问参战将士。1938年3月10日,在周恩来和冯玉祥倡导下,“战时儿童保育会”在武汉成立,与邓颖超等17人成为常务理事。1938年5月,作为国民党代表出席了宋美龄在江西庐山举行的妇女领袖会议,商讨抗战时期的妇女工作。1945年获国民政府颁发的抗日胜利勋章,并担任妇女联合会主任、国民党中央立法委员。

105. 唐群英(1871—1937),字希陶,号恭懿,湖南衡山人。著名妇女运动先驱,社会活动家,女子教育家。1904年赴日本,入青山实践女子学校。两年后考入成女高等学校师范科。1905年加入华兴会,8月成为中国同盟会第一个女会员。1906年组织留日女学生会,任书记,后继任会长。1907年底毕业于成女高等学校。翌年春回国,在湖南、湖北等地联络筹建女子军队。1911年10月,武昌起义爆发,被推举为女子北伐队队长,12月初,与张汉英在上海发起成立女子后援会。1912年4月,成立女子参政同盟会,分管政事部事务,10月在北京成立本部,任总理,并创办《亚东丛报》《女子白话旬报》,设立中央女子学校和女子工艺厂等。1913年初回长沙,2月成立女子参政同盟会湖南支部兼任支部长。二次革命失败后,女子参政同盟会被迫解散。1918年后从事平民教育。1924年赴长沙,与王昌国等发起恢复湖南女界联合会,并筹办女子法政大学、复陶女子中学。1924年9月,于复陶女子中学举行女界联合会成立大会,任主席。1926年在衡山创办岳北女子职业学校。1935年5月赴南京,先后被聘为国民政府顾问和党史编纂委员会委员。

106. 陶淑范（1898—1989），黑龙江齐齐哈尔人。知名小学教育专家。1921 年毕业于国立北京女子高等师范学校，留该校附属小学（今北京市第二实验小学）任教。抗日战争期间带领学生反对日本侵略，掩护共产党员。1950 年当选全国教育工会常务委员，曾半年脱产任全国教育工会业务部副部长，一年后辞去此职。1951 年当选中国保卫儿童委员会委员，北京市西城区人民代表。1952 年作为中国代表团成员，赴维也纳出席“国际保卫儿童会议”。1960 年任北京市第二实验小学校长。先后当选北京市妇女联合会常委、全国妇女第二次代表大会代表、第一届至第三届全国人大代表、第五届全国政协委员。1987 年被国务院授予“儿童教育家”称号。终生奉行创新教育，以“不爱学生的老师，不算好老师”“不爱教师的校长，不算好校长”为职业信仰，深受师生喜爱。著有《回忆我在北京第二实验小学六十年》等。

107. 汪家镠（1929—　），浙江平湖人。1991 年 1 月至 1994 年 7 月任中共北京市委副书记兼北京大学党委书记。1946 年加入中国共产党，同年考入国立北京大学农学院农业化学系，1947 年转入文学院教育学系学习，担任中共北京大学地下党文学院支部书记、总支委员。1950 年任共青团北京市委员会大学部部长，1956 年被任命为团市委副书记。1977 年被任命为清华大学党委副书记。1981 年调任中共北京市委大学工作部部长。后历任中共北京市委常委、市委大学工作部部长，中共北京市委副书记兼市委高校工作委员会书记、教育工作委员会书记，中共北京市委副书记兼北京大学党委书记等职。1994 年 7 月出任中共中央党校常务副校长。

108. 王季愚（1908—1981），原名尚清，笔名西冷、季子。四川安岳人。外语教学与学科建设领导者。1925 年就读于成都第一女子师范学校。1930 年考入国立北平大学法学院俄文班预科，1932 年升入法学院经济系。1933 年辍学，任教于重庆省立女子职业学校。同年赴上海任中学教员。1941 年赴延安，任鲁迅艺术学院编译。1946 年，任佳木斯东北大学文学系副主任、文学院和教育学院副院长，兼任东北民主联军总司令部附设外国语学校校长。1948 年起任哈尔滨外国语专门学校政治处主任、副校长、党委书记、校长，主持开办少年外语预科班。1955 年任哈尔滨外国语学院院长、党委书记。1958 年任黑龙江大学党委书记、副校长。1964 年任上海外国语学院院长。译有《在人间》等。

109. 王季玉（1885—1967），江苏苏州人。教育家，振华女中创始人谢长达之女。毕业于苏州景海女塾，后留学日本学习英语及数理，1912 年赴美国麻省蒙特豪里尤克学院，后考入伊利诺伊大学攻读生物学，1917 年获硕士学位。回国后继承母志，全力承办苏州振华女校：增设中学部，引进先进的课程设置方式，加强基础文理学科教学，同时不降低国学及传统文化课的要求，倡导“适应学生个性与需要”，贯彻“诚朴仁勇”“实事求是”校训，帮助学生理解并参加社会实践，培养爱国心。1937 年，苏州沦陷后，为拒绝敌伪接收而停办振华女中，避居东山。抗战胜利后，修缮校舍，扩建科学馆，积极复校。中华人民共和国成立后，创办高级技术工读班，以解决贫寒学生生活困难。1958 年，担任江苏师范学院附中（原振华女中）名誉校长。历任苏州市教育工会委员、苏州市妇联副主任，当选苏州市人大第三、第六届代表，市人民委员会委员。

110. 王兰（1899—1977），江苏无锡人。中国国立大学男女同校的第一批女大学生。1915 年考入国立北京女子师范学校。1919 年参加五四运动，曾被捕。1920 年初，向国立北京大学提出求学申请，经校长蔡元培同意，于同年 2 月进入北京大学哲学系旁听。同年秋，经考试被正式录取为北京大学学生，成为国立大学首批女大学生之一。1921 年下半年因病辍学。后在北京创办女子职业学校，任校长。1949 年后，定居无锡，参与家乡教育工作。

111. 王佩真（1927—　），内蒙古清水河人。知名大学教授，财政金融学专家。1952 年毕业于中国人民大学，后留校任教。1954 年至 1963 年，在中国人民解放军后勤学院任教。1963 年 3 月调入中央财政金融学院任金融系副主任。1971 年至 1978 年，在辽宁财经学院任金融系副主任。1978 年回到中央财政金融学院，先后担任金融系副主任、名誉主任。曾兼任中国金融学会分会副会长、北京市投资学会理事等。获北京市优秀教师、财政部全国财政系统优秀教师等称号。教学科研成果获 4 项省部级奖励，2015 年获中国金融学科终身成就奖。

112. 王世静（1897—1983），福建闽县人。女子教育家，福州华南女子学院第一位华人校长。曾就读于教会学校，笃信基督教。1913 年入华南女子学院学习。1916 年就读于美国晨边学院，后入密歇根大学，1923 年获硕士学位，同年回国任教于厦门大学。1924 年应母校邀请回到华南女子学院任教。1928 年被校董事会任命为校长。上任前，再次到美国密歇根大学进修，并各处演讲，呼吁各界热心人士给以赞助。1929 年 7 月，正式接任华南女院校长，成为该校的第一位华人校长，开始了长达 22 年的治校生涯。1933 年，该校获教育部准许改名为私立华南女子文理学院，1934 年获准在教育部永久立案。抗日战争全面爆发后，带领师生迁往南平山区，克服困难坚持办学。1947 年被美国波士顿大学授予荣誉博士学位。1949 年后，积极改革课程设置、教学内容和教学方法，以适应新形势需要。曾当选福建省政协第二届至第四届常委。

113. 王一知(1901—1991),湖南省芷江县人。知名中学校长,中共最早的女党员之一,革命先烈张太雷夫人。17 岁即投身于五四爱国运动。之后,进入中共创办的上海平民女校学习,经常接触陈独秀、李达、张太雷、沈雁冰等同志,还参加了刘少奇组织的马列主义研究会,并于 1922 年 8 月经俞秀松、刘少奇介绍加入中国共产党。1923 年至 1927 年,在李大钊领导下,先后在北京女师大做学生工作、在向警予领导的上海妇女协会工作。1925 年参加"五卅"运动,在国民会议促进会做统战工作。1925 年底至广州,主编面向妇女群众的《光明》周刊。1928 年起至全国解放前夕,主要做党的地下工作。1938 年初,曾在上海领导和组建三个秘密电台与延安党中央联络。中华人民共和国成立后,先后任上海吴淞中学、北京华北中学、北京师大二附中、北京 101 中学校长兼党支部书记。当选第四、第五届全国政协委员,北京市海淀区政协副主席,1979 年获北京市"三八红旗手"称号。

114. 王宗光(1938—),江苏无锡人。1992 年至 2003 年任上海交通大学党委书记,教授。1961 年毕业于上海交通大学电机系,留校工作。历任上海交通大学电机系助教、学生政治指导员、讲师,1979 年转入应用化学系,任党总支书记,校党委副书记、副教授,党委书记、教授。任校党委书记期间,创新改革思路,重视精神文明和校园文化建设,开展行之有效的校园综合治理工作,推动学校在"211 工程"建设、校园评估等方面取得较大进展。先后承担电介质物理、绝缘材料工艺和电缆制造等课程的教学科研工作,开拓聚酰亚胺在微电子领域中的应用研究,开展高性能复合材料研究,取得了良好的实验结果和实用效果。发表论文 30 多篇。获国家科技进步奖三等奖、国家教委科技进步奖三等奖、上海市科技进步奖二等奖、上海市科技振兴奖二等奖和首届上海科技博览会银奖等多项奖励。荣获上海市"三八红旗手"、上海市优秀政工干部等称号,曾当选全国政协委员。

115. 巫昌祯(1929—),江苏句容人。中国政法大学资深教授,法学家,社会活动家。1948 年 9 月考入北京朝阳大学,1949 年至 1950 年在前中国政法大学学习,1954 年毕业于中国人民大学法律系,成为新中国培养出来的第一批法律专业本科毕业生。同年进入北京政法学院工作。脱产参与了新中国第一部民法典的起草工作。参与《婚姻法》的第一次修改工作,并领衔北京政法学院成立的当时国内唯一一家"婚姻法教研室"。参与《妇女权益保障法》的起草工作,并任起草小组副组长兼办公室主任。参与了《婚姻法》的第二次和第三次修改工作。参与《妇女权益保障法》修改并任修正案草案专家组组长。参与民法典编撰。还参加了未成年人保护法、老年人权益保障法、婚姻管理条例、婚姻登记条例的论证工作。著有《我与婚姻法》《婚姻家庭法新论》《妇女权益的法律保障》《婚姻与继承法学》等 34

部著作,发表论文近百篇。曾任第七、第八、第九届全国政协委员,并兼任政协的社会与法制委员会副主任,中国法学会副会长,中国法学会婚姻法研究会名誉会长,全国妇联执行委员、北京市妇联副主席,第七、第八届全国人大内务司法委员会妇女儿童专门小组成员,北京市人大常委会法制建设顾问,最高人民法院特约咨询员。曾被评为全国优秀教师、"全国先进工作者"、全国优秀儿童工作者、全国杰出资深法学家、全国与北京市"三八红旗手"。1991 年享受国务院政府特殊津贴。

116. 吴健(1914—),本名郏贻楣,曾用名吴健纯,湖南长沙人。1953 年 3 月至 1955 年 4 月任东北工学院(今东北大学)党委书记。1936 年后,先后在中共山西省工委、陕甘宁边区、松江省延春县委、松江省委任职。1950 年 4 月至 1952 年 8 月任大连工学院(今大连理工大学)党组副书记兼党委书记。1952 年 9 月至 1956 年 12 月任东北工学院监委书记兼人事处长、党组成员兼党委书记、党委第二书记。1957 年初调离东工,先后任沈阳师范学院党委书记,辽宁省教育厅副厅长、厅长,鲁迅美术学院党委书记等职。

117. 吴启迪(1947—),浙江温州人,1995 年至 2003 年任同济大学校长,2003 年至 2008 年任教育部副部长。智能控制专家,教授,博士生导师。1970 年毕业于清华大学通信技术专业,1981 年获清华大学自动控制专业硕士学位,1986 年获瑞士联邦苏黎世理工学院电子工程博士学位。历任同济大学电气工程系副主任、校长助理、副校长、校长。曾兼任国务院学位委员会副主任兼秘书长、全国妇联副主席。主持完成国家、省部级科研项目 30 余项。出版专著 10 余部,发表学术论文 200 余篇。获国家科技进步奖二等奖、教育部科技进步奖一等奖、中国高校科技进步奖二等奖、上海市科技进步奖一等奖、上海市教育成果奖二等奖等奖项。荣获中国"十大女杰"、"全国三八红旗手""新中国成立以来上海百位优秀女教师"、德意志联邦共和国大十字勋章等多项荣誉称号。

118. 吴若安(1890—1990),原名杏宝,江苏金山(今上海)人。知名中学校长,社会活动家。1911 年毕业于上海务本女塾中学,后留校任教。1912 年与教育界人士创办上海南洋女子师范学校,先任教员,后任校长。1937 年 8 月,南洋女中校长病逝后继任南洋女中校长。抗日战争全面爆发后,组织教师学生募捐,慰问前线将士、救济难民。日军侵占上海后,加强语文教学,大讲文天祥的《正气歌》,激励学生与敌伪作斗争。抗战胜利后,参加示威游行和反饥饿、反内战、反迫害的斗争,多次掩护中共地下党员和学生免遭国民党政府迫害。1946 年参加由中共地下党领导的上海中等教育研究会和小学教师联合会,担任理事。1949 年春任"校长互助会"主席,发动师生做好护校工作,迎接上海解放。中华人民共和国成立后,任上海市教育局副局长、中国民主促进会上海市委员会主任委员。当选第一届至第六届全国人大代表、第三届至第五届上海市人大委员会委员、第七届至第八届上海市人大常委会副主任、第四届至第五届上海市政协副主席，曾任中国民主促进会中央副主席。

119. 吴式颖（1929—　），祖籍安徽泾县，生于河南信阳。知名大学教授，俄国与苏联教育史、西方教育思想史专家。早年就读于华中师范学院，1957年毕业于苏联列宁格勒赫尔岑师范学院学校教育专业。回国后到中央教育科学研究所工作，1973年调入北京师范大学，历任北京师范大学教育科学研究所研究员、外国教育史教研室主任、博士生导师，全国教育史研究会理事，国际马卡连柯研究会理事。发表《从苏联当代教育的发展谈到瓦·阿苏霍姆林斯基》《赞科夫的教育实验和他的教育思想》《克鲁普斯卡雅及其教育思想简论》《拉夏洛泰及其〈论国民教育〉》《19世纪末至20世纪初期的俄国教育》等多篇论文。著有《俄国教育史》。合著有《外国古代教育史》《外国教育史简编》《外国近代教育史》《教育大辞典》（第11卷）。合译苏联《教育学》《美育原理》，合编《马卡连柯教育文集》（两卷）。主持"外国现代教育史""外国教育现代化的历史研究"等课题研究等。主编的《外国教育史教程》获教育部全国普通高等学校优秀教材一等奖。

120. 吴素萱（1908—1979），又名淑萱，山东益都人。知名大学教授，植物细胞学专家。1929年毕业于国立中央大学生物系，后任教于国立中央大学生物系、国立北京大学生物系。1937年赴美留学，入密歇根大学研究院学习，1941年获博士学位。同年回国，任国立西南联合大学生物系副教授，1943年晋升教授。1946年至1955年任北京大学生物系教授，其间曾赴英国牛津大学和爱丁堡大学任客座教授。1955年任中国科学院植物研究所研究员、植物细胞研究室主任，兼任中国植物学会副理事长。曾当选全国人大代表、全国政协委员。著有《细胞核的更新现象》《细胞核在体细胞间的穿壁运动》等。

121. 吴晓恒（1932—　），湖北红安人。广州第一军医大学原副校长。少将军衔。1950年参军，1953年加入中国共产党。1956年毕业于哈尔滨医科大学，分配到东北军区第十一军医学校（后改为齐齐哈尔医学院、军医学院、第一军医大学）附属医院工作，任助教、军医。1970年，随学校迁到广州南方医院。1976年参加青藏高原医疗队。在简陋的医疗条件下，诊治和挽救了许多患有高原肺水肿等疾病的官兵和藏族同胞的生命。1983年任广州第一军医大学副校长后，负责全校医疗工作，协助校长主持了第一座面向海外华侨的医院"惠侨楼"的医疗、后勤等方面的全面改革，连续两年被广州市评为优质服务先进单位，被总后树为精神文明先进单位标兵并荣立二等功，惠侨楼被中央军委授予“模范医疗惠侨科”荣誉称号。1985 年底分管全校科研工作，截至 1992 年底，全校获国家级科技进步成果二等奖 3 项、三等奖 4 项，军队科技进步奖一等奖 3 项、二等奖 44 项。撰写的《正确运用技术是生产力的理论，促进院校发展》等 10 余篇探讨和反映科技兴校的重要文章，先后在《中国高等教育》等杂志发表。

122. 吴贻芳(1893—1985)，号冬生，江苏泰兴人。知名教育家。金陵女子大学第一位华人校长。1904 年后就读于杭州女子学校、上海启明女子学校。1916 年考入金陵女子大学，任学生会会长，参加五四运动。毕业后任教于北京女子高等师范学校。1928 年获美国密歇根大学生物学和哲学双博士学位。同年 8 月任金陵女子大学校长，成为该校第一位华人校长。1945 年以无党派身份参加在美国旧金山召开的联合国制宪大会并代表中国政府在联合国宪章上签字。中华人民共和国成立后，曾任金陵大学、南京师范学院、南京师范大学等校领导职务。历任江苏省教育厅厅长、江苏省副省长、江苏省政协副主席、中国民主促进会中央副主席兼江苏省暨南京市委员会主任委员、全国妇联副主席、中国基督教“三自”爱国运动委员会名誉主席，当选第一届至第五届全国人大代表、第五届至第六届全国政协常委。1979 年获美国密歇根大学为世界杰出女性专设的“智慧女神奖”。著有《教育体制的改革一定要注意青少年就业问题》《加强青少年政治思想教育刍议》等。

123. 吴正宪(1954—)，北京人。知名小学数学特级教师，北京市优秀教师，全国模范教师。北京教科院基础教育教学研究中心小学数学教研室主任，国家义务教育数学课程标准研制组核心成员。坚持“一切为了孩子”的教育理念，将“创造孩子们喜欢的课堂”作为努力的目标，致力于小学数学教学改革，创立“小学数学归纳组合法”“在小学数学中培养创新精神的四步曲”等教学方法，其数学教学被誉为“爱与美的旋律”。课堂教学案例与论文多次获得全国、市、区优秀奖。曾为联合国教科文组织录制教学片。2001 年作为专家组成员参加了对《国家数学课程标准》《21 世纪实验教学教材》的审定。著有《吴正宪与小学数学》《吴正宪数学教例与教法》《翻开数学的画卷：感受数学世界的人、文、情》等。曾当选全国人大代表。

124. 喜勋(1921—2018)，江苏南通人。知名大学教授，体育教育专家，中国第一位国际竞技体操女裁判。1943 年毕业于南京金陵女子大学体育系，先后任教于南京师范学院、天津体育专科学院、河北女子师范学院、金陵女子大学、燕京大学、北京大学。曾任全国体操协会委员、北京市体操协会副主席、竞赛裁判委员会主席，上海体育学院客座教授、郑州大学兼职教授等。从小意识到身体强健对于个人与国家的重要意义,致力于通过体育教学推动群众体育运动。主张年轻一代应当德智体美全面发展,并在教学实践中践行这一理念。根据学生的体质、性别、年龄等差异采用差异化教学方法,每年更新教学内容,将音乐、舞蹈、影像等元素融入体育,大大丰富了课堂内容,增强了学生对体育的兴趣。著有《艺术体操》《集体舞蹈》《艺术体操与美育》《轻器械体操》等。

125. 谢长达(1849—1934),江苏吴县(今并入江苏苏州)人。女子教育家,振华女校创办人。幼承家学,熟读经史,兼善女红。后嫁侍读学士王芾卿,随夫久居北京。1895 年丈夫病逝后,举家南迁,定居苏州。有感于国弱不振、女子地位低下,发起成立"苏州放足会",从破除妇女缠足陋习入手,致力于提高女子的社会地位。1906 年捐资在苏州东小桥畔创办振华女子两等小学堂,自任校长,开设英文、国文、历史、地理、裁缝等课。1908 年增设简易师范科,招收京师、直隶、江浙等地女学教习前来培训。辛亥革命时期,曾任女子北伐队苏属队长,组织女子公益团,亲率女子百余人募捐军需,支援革命。后将振华女学改办为苏州初等小学,将简易师范科并入设于苏州的江苏省立女子师范学校。1915 年主持创设幼稚师范科,专门培训幼教师资。1917 年将校务委托于留美归国的女儿王季昭、王季玉,但仍参与谋划,使振华女学由初小、高小,办至中学。

126. 徐功巧(1942—),生于上海。中华人民共和国培养的第一位理学女博士。分子生物学专家。1965 年毕业于复旦大学生物系遗传专业,被分配到中国科学院微生物研究所遗传室工作。1978 年考入中国科学院生物物理所攻读研究生,师从著名分子生物学家邹承鲁,研究酶的结构和功能,1982 年获硕士学位。后通过博士论文《D—甘油醛—3—磷酸脱氢酶与辅酶 NAD 的关系——新荧光团的研究》答辩,1983 年被中国科学院生物学部授予理学博士学位,成为我国自己培养的第一位女博士,也是第一位生物学博士,是我国第一批 18 位博士中唯一的女性。1984 年至 1986 年在美国西北大学生物化学、分子生物学及细胞学系做博士后研究。1986 年至 1988 到美国新泽西州立大学附属医院神经科学及细胞学系工作。后技术移民到加拿大,在多伦多大学教学医院之一病童医院的生物化学系工作。

127. 徐瑞云(1915—1969),生于上海,中国第一位数学女博士,数学家。1927 年考入上海公立务本女子中学。因自幼喜欢数学,1932 年考入浙江大学数学系,毕业后留校任教。1937 年赴德国慕尼黑大学留学,1940 年获博士学位,成为中国第一位数学女博士,论文《关于勒贝格分解中奇异函数的傅里叶展开》发表在德国《数学时报》上。同年回国,继续从事相关研究,成果于 1944 年在英国伦敦数学会杂志上发表。1941 年回到浙江大学任教,曾任浙江大学数学教研室主任、浙江师范学院数学系主任、杭州大学数学系主任、浙江省数学会副理事长、浙江省科学技术普及协会委员，当选浙江省人民代表大会代表。翻译出版的苏联那汤松《实变函数论》成为当时国内高校数学分析方向的基础教科书。

128. 徐亚芬(1957—)，浙江宁波人。新型教育模式探索者，浙江万里教育集团董事长，宁波诺丁汉大学理事长。英国邓迪大学名誉法学博士、清华大学客座教授、中国科学院人文研究所管理学研究员。曾当选浙江省第十一次党代会代表、浙江省政协委员，多次被授予"三八红旗手"、"全国劳动模范"、浙江省优秀党员等荣誉称号，被提名为第三、第四届全国十大杰出女性。探索教育集团式办学模式，提出"教育经济一体化"的办学理念，组建从幼儿园到大学的全民事业性质的教育集团，筹建被教育部批准的第一例中外合作大学——宁波诺丁汉大学，倡导运用市场法则谋求学校良性发展的教育理念，提出校长应顺应经济转轨契机，从职务型校长向职业型校长转化。

129. 严凤霞(1931—)，浙江定海人。1986 年 7 月至 1989 年 9 月任华东师范大学党委书记。1949 年就读于圣约翰大学。1951 年至 1952 年兼任圣约翰大学党支部书记、党委副书记。1952 年至 1953 年就读于华东师范大学化学系，毕业后留校任教，曾任华东师大化学系党总支书记。1972 年至 1981 年初，任复旦大学化学系教师。1981 年 4 月回华东师大任教、任职。1995 年起担任华东师范大学关心下一代工作委员会副主任、顾问，被全国关工委、教育部和上海市评选为"关心下一代工作先进个人"。

130. 杨滨(1917—1981)，原名杨亭云，又名杨廷云。山东阳信人。知名中学校长，"终生从事教育事业的优秀教育家"。毕业于燕京大学化学系，读书期间多次参加抗日救亡学生运动。"七七事变"后被迫辍学。1938 年 1 月入延安中共中央组织部训练班学习，5 月加入中国共产党。曾执教于陕北公学、三五九旅、陕甘宁边区绥德师范学校、陇东分区宣传部等。中华人民共和国成立后，历任北京市女一中校长、丰盛中学校长、四中校长。1978 年 1 月调任教育部巡视员，深入考察十几个省、市、自治区的教育工作，获得第一手的信息资料。1980 年参加赴美欧教育考察团，回国后与他人合写《他山之石》，发表于《人民教育》1981 年第二期，引起社会广泛关注和热烈反响。主持教育部师范教育司工作期间，癌症已发展到晚期，仍坚持到四川、湖北调研。曾当选全国妇联第三届执委，北京市第一届至第三届人大代表。

131. 杨步伟(1889—1981)，原名兰仙，又名韵卿，祖籍安徽石台，生于江苏南京。知名女子中学校长，社会活动家。1905 年考入南京旅宁女子学堂。1907 年转学入上海中西女塾。1912 年任崇实女子中学校长。1913 年留学日本,次年入读东京帝国大学医科,1919 年获医学博士学位。同年回国,参与创办森仁医院,任院长兼妇科主任。1925 年后,随丈夫赵元任到清华大学,在校内从事节制生育、改善伙食、兴办公共汽车等公益活动。1929 年至 1934 年,任国立北京女子师范大学体育系教授。1938 年定居美国。著有《一个女人的自传》《杂记赵家》《中华食谱》《中国妇女历代变化史》等。

132. 杨荫榆(1884—1938),江苏无锡人。女子教育专家,曾任北京女子师范大学校长。早年与其兄创办锡金公学,倡导男女同校。1907 年公费留学日本,先入读青山女子学院,后入读东京女子高等师范学校理化博物科。1913 年毕业回国,任江苏省立第二女子师范学校教务主任,讲授生物学、解剖学等课程。1914 年任国立北京女子师范学校学监、讲习科主任。1918 年留学美国哥伦比亚大学,攻读教育学,当选留美中国学生会会长、留美中国节育会会长。1922 年毕业,获硕士学位。同年回国,到上海任教。1924 年 2 月任国立北京女子师范大学校长。任内,主持制定校规校纪,反对学生参与政治活动。1925 年 5 月因开除刘和珍、许广平等学生自治会成员,引发“女师大风潮”。同年 8 月辞去校长职务。年底任教于苏州女子师范学校。1927 年任中央大学讲师,后任东吴大学教授,讲授日文、教育学等课程。1935 年创办二乐女子学术研究社,为妇女补习文化。抗战全面爆发后,拒绝担任伪职。因抗议日军残暴妇女,1938 年 1 月 1 日在苏州被日军枪杀。

133. 杨蕴玉(1919—),河南邓县(今邓州)人。1975 年至 1986 年任教育部副部长。早年就读于开封第一女子师范学校,参加抗日革命组织,1937 年加入中国共产党,曾任晋东牺盟会锄奸部部长,中共昔阳、左权县委书记,中共太行五地委妇女部部长,中共中央华北局妇委第一副书记。中华人民共和国成立后,历任北京市民主妇女联合会副主任、全国妇联书记处书记、驻国际民主妇女联合会书记处书记、副主席。任教育部副部长期间,当选联合国教科文组织执行局委员。曾多次以中国妇女代表团团长、副团长的身份出席国际会议,出访 30 多个国家,努力增进我国与各国人民特别是妇女之间的相互了解与友谊,促进教育科学文化的对外交流。早年接触并学习世界语,1981 年加入中国世界语之友会,支持在教育领域推广世界语。曾当选中共八大代表,第一届至第三届全国人大代表、第三届常委,中共十二大中央纪律检查委员会委员。

134. 杨芝芳(1905—2001),陕西米脂人。儿童保育专家,曾任陕甘宁边区妇联副主任、中国民主妇女联合会执行委员等职。1930 年参加革命。1935 年参加刘志丹领导的中国工农红军,同年加入中国共产党。1937 年 1 月,调任定边县妇联主任。1938年4月起，先后担任全国抗战时期儿童保育委员会委员、西北保育委员会委员、陕甘宁边区保育分会主任，边区政府民政科长、保育科长等职，主抓保育工作。1946年11月，任陕甘宁边区第一保育院院长。1949年后，先后担任西北保育院院长、西北保育委员会主任，西北军政委员会文教委员会委员，中国民主妇女联合会执行委员。1954年春，任黑龙江省和哈尔滨市机关幼儿园主任。1978年离休，但离职不离责，仍任西安市保育院荣誉院长、西安市培养儿童协会顾问。曾当选第一届全国人大代表，陕西省政协委员。多次被评为西安市先进教育工作者、保育"先进工作者"。

135. 姚淑平(1917—1997)，江苏南京人，儿童教育家。"七七事变"前在南京济民无线电传习所学习无线电技术。1938年进入延安抗日军政大学学习，1939年后任教于延安县南三十里铺小学、延安县完全小学、延安市完全小学、延安保育小学。1945年调到延安第二保育院，先后任文化教员、班主任，保教科副科长、科长等职。1946年11月随延安第二保育院经历四次转移，在两年多的时间里行军3000多里，于1949年9月抵达北京。中华人民共和国成立后，任北京市六一幼儿院院长，全国幼儿教育研究会第一届常务理事，当选第三届全国人大代表、第五届至第六届全国政协委员、第四届全国妇联常委、第六届北京市妇联执委等。在毕生教育实践中，坚持"一切为了孩子，一切为了革命"的幼儿教育宗旨，创制与我国国情相结合、德育和智育兼备的幼儿教育方法。主编《战火中的延安第二保育院》《幼儿一日生活常规》等。1960年荣获"全国三八红旗手"称号，1983年被评为全国先进儿童少年工作者。

136. 姚云竹(1954—)，山西新绛人。中国第一位军事学女博士，国际军事问题研究专家。中国人民解放军专业技术少将军衔。1970年入伍，自修大学课程，1985年考取解放军外语学院硕士研究生，毕业后被调至军事科学院。1994年报考了中国人民解放军军事科学院招收的第一批军事学博士研究生，成为获军事学博士学位的第一位女性。历任班长、参谋、区队长、翻译、教员、研究员、中国军事科学院世界军事研究部第二研究室主任、中美防务关系中心主任、博士研究生导师。被总政治部表彰为"全军自学成才先进个人"，被全国妇联授予"全国三八红旗手"荣誉称号，先后10余次立功受奖，2007年1月被评为第六届中国"十大女杰"之一。当选第十、第十一届全国人大代表。是全军国际军事问题研究学科带头人，出版学术著作与译著30多部，发表学术论文和译文200余篇，有20项重大科研成果获全军和军事科学院科研成果一、二等奖。

137. 叶澜(1941—)，福建南安人。华东师范大学终身教授，基础教育专家。

1962年毕业于华东师范大学教育系，即留校工作，最初任华东师大附小语文教师和班主任，两年后进入华东师大开展基础教育研究和教学。曾任华东师范大学教育系系主任，教育科学与技术学院院长，华东师范大学副校长。为华东师范大学终身教授、博士生导师，基础教育改革与发展研究所名誉所长，上海市人民政府参事。20世纪八九十年代在上海十所学校开展提高教育质量的综合调查，提出将教育作为一个系统来研究，分析教育的需要和条件，创建了"生命·实践"教育学派，主张构建符合时代精神、具有中国气派和原创性的教育学。著有《新基础教育实验研究报告集》《教育概论》《走出低谷》《新编教育学教程》《教育研究及其方法》等。

138. 游寿(1906—1994)，字介眉、戒微，福建霞蒲人。知名大学教授，考古学家，书法家。1925年毕业于福州女子师范学校，1931年毕业于南京中央大学中文系，获学士学位。1934年考入金陵大学文科研究所，1936年获硕士学位。曾任重庆女子师范学院讲师，中央大学文学系教授。中华人民共和国成立后，先后在南京大学、山东师范大学中文系任教。1957年到黑龙江哈尔滨师范大学任教授，兼中国人类学学会理事，黑龙江省书法研究会副主席。自幼攻习书法，对中国古典文学、史学、金石学均有研究。擅隶书，精篆书，书法朴拙苍健，自成一家。发表《古人类与古尺工具》《古度量、工具与人体关系》《黑龙江省和内蒙古呼盟的旧石器晚期骨制工具》等论文。率先提出拓跋鲜卑人起源于嫩江大兴安岭嘎仙洞流域一带的重要观点，在家乡发现唐朝时的东际洋石槽、宋代绍兴碑刻及宋代瓷器等器物，证明福建霞浦赤岸村为日本遣唐使空海法师登陆以及宋朝以来防御海寇修筑碉堡之地。

139. 于式玉(1904—1969)，山东临淄人。知名大学教授，西藏民族教育专家。1924年随父赴日本留学，进入早稻田东洋音乐学校学习音乐，1926年入奈良女子高等师范学校学习文史。1930年回国，任教于北平女子文理学院、燕京大学，讲授日本史等课程，并在燕京大学图书馆日文部从事编目。1937年与丈夫李安宅一同前往拉卜楞寺从事边疆教育5年，编写教材，讲授藏语言文字，学生既有成年人也有儿童，推进了西藏民族教育事业的发展。1942年赴成都，任华西大学边疆研究所教授。1946年赴美国哈佛大学图书馆从事日文编目。1948年赴英国，1949年回国，同年12月参与组建解放军第十八军政策研究室，参与筹办昌都小学、拉萨小学。1956年任职于西南民族学院(现西南民族大学)。1959年任四川师范学院(现四川师范大学)教授。著有《于式玉藏区考察文集》《拉卜楞红教喇嘛的现状起源与各种象征》《李安宅、于式玉藏学文选》。

140. 于漪(1929—)，江苏镇江人。知名中学语文特级教师。上海市杨浦高级中学名誉校长，曾任全国语言学会理事、全国中学语文教学研究会副会长。首都师范大学、华东师范大学、上海师范大学兼职教授，上海市教师研究会会长。1951年毕业于复旦大学教育系，1978 年被评为语文特级教师。长期从事中学语文教学事业，坚持教文育人，推动“人文性”写入全国《语文课程标准》。主张教育思想和教学实践同步创新，创作众多语文教案，汇编于《于漪教案选》。撰写《于漪语文教育论集》《语文教苑耕耘录》《于漪文集》《于漪教育文丛》等数百万字教育著述，领衔主编教育部名师出版工程《名师讲语文》丛书（30 卷本）。许多重要观点被教育部门采纳，为推动全国基础教育改革发展做出突出贡献。荣获“全国三八红旗手”“全国先进工作者”等称号。2018 年被党中央、国务院授予“改革先锋”称号，被颁授“改革先锋”奖章。

141. 余佩皋（1888—1934），江苏苏州人。教育家，师范教育先行者，侨界爱国领袖。1911 年毕业于北京女子高等师范。1913 年任桂林广西省立女子师范学校校长。1914 年出国，在印尼、新加坡等地任教。1916 年与庄希泉（后为其丈夫）共同创办新加坡南洋女子师范学校，任首任校长，开南洋女子师范教育之先河。1920年当地英国殖民当局将其丈夫庄希泉驱逐出境，其以不畏难、不怕险、不屈不挠的斗争精神据理抗争，在南洋侨界享有很高声望。回国后，于 1922 年与丈夫一起在厦门创办厦南女学，后改为厦南女子中学并附设小学，任校长，继续倡导自由、民主、科学，反帝反封建。1923 年任改组后的国民党福建省党部执行委员。1927 年大革命失败后与丈夫毅然离开国民党，在中国共产党领导下坚持秘密革命活动，兴办教育。

142. 俞大絪（1905—1966），浙江绍兴人。知名大学教授，英语教育专家。早年就读于上海麦伦女校、圣玛利亚书院。1931 年毕业于上海沪江大学。1934 年留学英国牛津大学，研修英国文学，1936 年获硕士学位，后又到法国巴黎大学进修。1939 年回国，任重庆国立中央大学外文系教授。1946 年赴美国哈佛大学进修。1948 年回国，任国立中央大学外语系教授。1950 年任燕京大学教授，1952 年任北京大学西语系教授，讲授英语选读、英国小说等课程。曾当选全国政协委员。著有《英语》（第五、六册）等教科书和著作。

143. 俞庆棠（1897—1949），江苏太仓人。平民教育家。就读于上海务本女塾、中西女塾与圣书院，五四运动中任上海学联代表，出席全国学联会议。1919 年赴美，先后在哈佛大学和哥伦比亚大学攻读教育学，1922 年获博士学位后回国，任江苏第二师范学校和上海大夏大学教授。1928 年在苏州创立了中央学区民众教育学校，兼任校长。后该校迁址无锡，改为江苏省立民众教育学院，又创办了劳农学院,两院合并后更名为江苏省立教育学院。1930 年辞去行政职务,专任该院教授兼研究实验部主任,创办黄巷农民教育、丽新路工人教育等八个实验单位,主编《教育与民众》月刊。1932 年倡议成立中国社会教育社,任常务理事和总干事,被誉为“民众教育的保姆”。抗战期间,在四川创办了松溉纺织实验区与乐山蚕丝实验区,先后任东英大学、沪江大学教授。1945 年后任中华职教社理事、联合国教科文组织中国委员会委员及上海市实验民校校长。1949 年出席中国人民政治协商会议,任中央人民政府教育部社会教育司司长。著有《民众教育》《俞庆棠教育论著选》。合译有《思维与教育》《教育方法原论》。发表众多文章于《申报周刊》《申报月刊》《教育杂志》《教育与民众》等报刊。

144. 俞锡玑(1914—2006),祖籍浙江德清,生于北京。幼儿教育专家。1933 年入读上海沪江大学社会学系,1937 年获学士学位。同年就职于北京协和医院社会服务部。1939 年赴重庆,就职于中华基督教协进会乡村服务部,参与创办妇女读书班、卫生室、幼儿班等。1941 年就职于华西齐鲁联合医院四圣祠医院社会服务部。1944 年进入树基儿童学园福幼园,从事幼儿教学。1946 年赴加拿大多伦多大学儿童研究中心学习,1948 年获学前教育专业毕业证书和心理学硕士学位,后赴美国哥伦比亚大学社会工作学院进修儿童福利课程。1949 年回国后任教于树基儿童学园和华西大学教育系联合开办的两年制专科师范,讲授儿童心理、儿童保育课程,培养了一批幼儿教育人才。后任教于华西大学营养保育系,讲授儿童保育课程。1954 年调入西南师范学院教育系任教,讲授学前教育学等课程。1979 年,与八位幼儿教育专家一同发起成立了全国幼儿教育研究会。

145. 袁瑢(1923—),江苏南通人。知名小学特级语文教师。1942 年毕业于南通县(今属南通市)海门中学,1947 年上海交通大学肄业。1950 年任教于上海市实验小学,从事语文教学,先后担任该校副校长、校长、名誉校长。1954 年参加第一届全国人民代表大会,1958 年出席在维也纳举行的国际民族妇女联合会第四届代表大会,1960 年参加全国文教群英会。曾任国家教委中小学教材审定委员会小学语文学科审查委员、中国教育学会小学语文教学专业委员会常务理事、上海教育学会小学语文教学专业委员会主任、上海市小学语文教学研究会会长、全国小学语文教学研究会副理事长等职。多次获“全国三八红旗手”“全国先进工作者”等称号。著有《崇高的岗位》《袁瑢语文教学三十年》等。

146. 袁希涐(1880—1943),上海人。女子教育家。出身于书香门第,曾在务本女塾接受西式教育。1909 年毕业后任教于湖郡女塾。受辛亥革命思潮影响,1912 年 4 月创办了上海爱群女校。建校初期负责学校的教学、行政、财务等全部事务,以"勤,慎,庄,俭"作为校训,谱写《爱群校歌》,阐述其办学理念,并向社会各方寻求资助,扩建校舍,购买教学设备,使学校发展至初中和高中两个学部,学生由最初的七人发展到千余人。始终坚持有教无类的办学宗旨,为贫困学生减免学费,主持创办《爱群校闻》《爱群丛书》,推动出版《爱群歌集》《音乐家故事》《救护》等,为实现中国妇女解放、争取男女平等做出积极贡献。1935 年春,因病主动辞去爱群女子中学及爱群小学校长职务。

147. 曾宝荪(1893—1978),字平芳,号浩如,湖南湘乡人。第一位获得理科学位的中国女子,知名中学校长,曾国藩之曾孙女。1904 年起,先后就读于上海晏摩女校和务本女校,后考入杭州省立女子师范。1909 年转学入英国圣公会冯氏高等女校。1912 年赴英国留学,翌年毕业于伦敦黑山高级中学,后入伦敦大学西田书院,获伦敦大学理科学士学位,是中国女子获得的第一个理科学位。毕业后进入剑桥大学、牛津大学进修。1917 年回国。翌年秋于长沙创办艺芳女校。曾任湖南省立第一师范与长沙第二女子中学校长,曾多次代表政府及教育界出席国际性会议。1947 年当选第一届国民大会湖南省代表。1949 年赴香港后去台湾。著有《艺芳馆诗集》《曾宝荪回忆录》等。

148. 张桂梅(1957—),黑龙江牡丹江人。少数民族地区优秀教师代表。1975 年,赴云南中甸林业局支边。1988 年就读于丽江教育学院中文系。1995 年丈夫去世后,主动申请到教育资源匮乏的少数民族聚集地华坪县中心中学任教,后任教于民族中学。主动承担多个班级的政治课和语文课教学,以及女生工作与文艺工作,节衣缩食资助家境贫困的孩子。被医院诊断患有癌症后继续工作,直到把学生送进中考考场后才去医院。2001 年起,义务担任华坪县儿童之家院长,成为 54 名孤儿的母亲。荣获全国"十大女杰"、全国十佳精神文明人物、全国十大师德标兵等称号,2007 年被评为中国教育年度十大人物。

149. 张厚粲(1927—),河北南皮人。知名大学教授,心理学家。1948 年毕业于辅仁大学心理系,留校任教。1952 年院系调整后进入北京师范大学,任心理学系教授、博士生导师,国务院参事。曾兼任中国心理学会第六届副理事、第九届全国政协委员兼文史资料委员会委员、中国民主同盟第八届中央妇女委员会主任、国际心理科学联合会(IUPS)副主席。1982 年率先将认知心理学引入中国,在"汉字识别""认知方式""PDP 模型"等研究领域取得卓越成就。主编中国最早的《心理与教育统计学》教材,率先开设"心理测量"课程,主持《韦氏儿童智力量表》《瑞文标准推理测验》的修订和《中国儿童发展量表》的编制等工作。1980 年代中期主持"六五"重点项目"高考的教育测量学研究",课题成果获北京市社会科学优秀奖,其提出的对高考试题进行统计分析、对试题和试卷质量进行定量化评价,以及按照“考试蓝图”设计试卷、命制试题等建议逐步获得实现。

150. 张汇兰(1898—1996),江苏南京人。体育教育专家。1919 年毕业于上海基督教女青年会体育师范学校,后留校任教。1920 年、1925 年和 1938 年三度赴美留学,先后在美国威斯康星州立大学、麻省理工学院、依阿华州立大学攻读体育、生物学和公共卫生学,获学士、硕士、博士学位。历任南京金陵女子大学、国立中央大学、河北女子师范学院教授、体育系主任。1946 年在四川乡村建设学院任卫生学教授。1952 年任上海体育学院教授、教务长兼人体解剖学教研室主任。曾任中华全国体育总会副主席、中国奥林匹克运动委员会副主席,当选全国人大代表、全国政协委员,荣获国家“体育运动荣誉奖章”。1986 年被联合国教科文组织授予体育教育和运动荣誉奖。著有《和缓运动》《运动解剖学》等。

151. 张慧慧(1963—),浙江杭州人。知名中学英语特级教师。1985 年毕业于杭州师范大学外语系英语专业,后就职于杭州第二中学,先后任分校教导主任、法人代表、主持工作副校长,杭州第二中学副校长。后任杭州第十一中学校长。2006 年获澳大利亚堪培拉大学教育领导学硕士学位。2010 年任浙江大学附属中学校长。兼任杭州市中小学外语学会副会长、杭州市知识分子联谊会副会长、杭州市妇联执委、浙江省政协委员。创建中学英语教学效能模式,用培养兴趣法、正面激励法、有意识记忆法提高学生学习英语的动力、兴趣和意志。多次讲授省、市级示范观摩课和名师百题讲座。主编《英语智力能力培养》(上下册),合编《基础教育论坛》,主持浙江省规划课题《国有民办学校多元化分层教学的模式研究与实践》等。

152. 张蕙生(1894—1982),浙江平湖人。知名大学教授,会计学与审计学专家。早年入读平湖县(今平湖市)淑英女子学校、上海爱国女子中学。1917 年任教于寰球中国学生会附设小学。1920 年留学美国,1927 年获加利福尼亚大学商学学士学位。回国后,在卫生署海港检疫管理处任会计主任。曾任上海暨南大学、复旦大学、东吴大学、上海交通大学教授,立信会计专科学校副校长、沪江商学院院长等职。1930 年取得会计师资格,成为我国第一位女会计师。1946 年主持设立南京立信会计师事务所分所。1949 年后,继续担任立信会计专科学校教授。著有《政府会计》《决算表之编制》《基本会计学习题》《通用簿记教程》,合译《审计学原理》。

153. 张济顺(1949 年—),上海人。2000 年 10 月至 2011 年 7 月任华东师范大学党委书记,历史学教授、博士生导师。1982 年毕业于北京师范大学历史学专业,1985 年获北京师范大学中共党史专业硕士学位,1998 年毕业于复旦大学国际关系史专业,获博士学位。历任复旦大学历史系党总支副书记、学生工作部部长、党委副书记、书记。当选第十一届全国政协委员,中国妇女第八次全国代表大会代表,获上海市"三八红旗手"称号。著有《中国知识分子的美国观(1943—1953)》,发表论文《近代上海社会研究界说》《皖南事变与中苏关系》《沦陷时期的上海保甲制度》《上海里弄:论街道基层的生态演变》《战后美国的强势文化和上海知识阶层的反应》等。

154. 张丽莉(1984—),黑龙江佳木斯人。2014 年被中宣部评为"见义勇为最美人物"。2007 年毕业于哈尔滨师范大学,后任佳木斯市第十九中学语文老师。2012 年 5 月 8 日下午,为保护学生,被大客车碾进车底,经过数日的抢救,保住了生命,却造成了双腿高位截肢。同年,获"全国五一劳动奖章"、"全国三八红旗手"、全国优秀教师、2012 年度全国教书育人楷模和"感动中国"年度人物等荣誉称号,被增补为黑龙江省残联第五届主席团委员、副主席。2013 年被评为第四届全国道德模范——全国见义勇为模范。

155. 张默君(1883—1965),湖南湘乡人。平民教育家,妇女运动先驱。先后就读于南京养正女校、汇文女校、上海务本女校师范科。1906 年加入同盟会,与秋瑾、赵声等人在江浙一带进行革命活动。1907 年,被任命为江苏粹敏女校教务长。1911 年武昌起义爆发,与父张伯纯赴苏州劝说江苏巡抚程德全起义。起义胜利后,受程德全委托主办《江苏大汉报》。1912 年,与唐群英等人成立女子参政同盟会,随后建立神州妇女协会,任会长,创办《神州女报》、神州女校,任校长。1918 年,赴欧美考察教育,入美国哥伦比亚大学攻读教育学,其间任纽约中国学生联合会主席。1920 年回国继续主办《神州女报》,并任江苏省第一女子师范学校校长。1921 年任中国教育改进社女子教育组组长,发起"中国平民教育运动",倡导各地设立平民学校,扫除文盲。国民政府定都南京后,曾任中央政治会议上海分会教育委员兼杭州市教育局长,考试院考选委员会专门委员,第一届高等考试典试委员,国民政府立法委员,国民党党史编纂委员会名誉编辑,国民党南京市党部监察委员,国民党中央监察委员、常务委员、政治会议委员,考试院法典委员会委员等职。

156. 张若名(1902—1958),字砚庄。河北清苑人。知名大学教授,法国文学专家。早年就读于天津直隶第一女子师范学校。五四运动中,与郭隆真、邓颖超等发起组织天津女界爱国同志会,又与周恩来等创办觉悟社。1920 年赴法国勤工俭学,1922 年加入旅欧中国少年共产党,参与中国共产党在法早期活动,后退党。1927 年考入里昂中法大学,研修文学。1930 年以论文《纪德的态度》获文学博士学位。次年回国,任北平中法大学服尔德学院教授,讲授法国文学、法语等课程。

1937 年北平沦陷后拒绝为日军做事，担任《法文研究》月刊编辑。1948 年任国立云南大学中文系教授，讲授世界文学史、文艺理论、法语等课程，并加入“中国民主同盟”。著有《帝国主义浅说》《欧洲旧现实主义的成就与缺点》《试论文学中典型性的创作过程》等。

157. 张素我（1915—2011），安徽巢县人。大学英语教学专家，中国国民党革命委员会中央顾问，爱国将领张治中将军长女。早年先后在安徽、广州、上海等地上学。1935 年，从南京金陵女子学院肄业后到英国西南大学留学。1937 年抗日战争全面爆发后，受父急召，回国参加抗战，辗转长沙、重庆、西安、兰州等地，先后任湖南省地方行政干部学校妇女训练班副主任、国民党中央军校第七分校外语班教员、国立兰州兽医学院（后并入甘肃农业大学）副教授等职。其间，与沈钧儒、郭沫若、李德全、邓颖超等人联名倡议成立战时儿童保育会。1938 年参加由宋美龄组织召开的庐山妇女谈话会，从事救助妇女、儿童等相关工作。1939 年，参加了宋庆龄在重庆成立的隶属于“新生活运动促进委员会”的“妇女指导委员会”，任大队长，负责训练学生，下乡办识字班，开展抗日宣传等工作。新中国成立后，再次遵父召唤，由香港回到祖国内地。1951 年至 1953 年，在北京外国语学校（现北京外国语大学）任教，1953 年起历任北京外贸专科学校、北京外贸学院、对外经济贸易大学教员、副教授、教授，1992 年开始享受国务院政府特殊津贴。

158. 赵寄石（1921— ），江苏南京人。幼儿教育专家，幼教理论体系创始人之一。早期在南京教会学校接受教育，后入读苏州景海女子师范学校，毕业后到附属小学和幼稚园工作。1948 年赴美国留学，攻读幼儿教育研究生课程。1952 年回国后在南京师范学院任讲师、副教授、教授，从事幼儿自然教学法和语言教学法的研究与教学。20 世纪 70 年代末，参与学前教育的恢复和学科建设工作。1979 年编写并出版“幼儿园小班、中班、大班教材教法”等三部书。80 年代起，深入农村进行幼儿教育实地考察，出版《农村学前一年综合教育课程》，发表近 20 篇相关论文。1996 年，出版我国第一套涉及健康、语言、社会、科学与艺术五大领域的幼儿园课程方案，提出用结构主义心理学理论、生态学观点和持续发展理念来研究幼儿教育。著有《为建立具有我国特色的幼教科学努力奋斗》《我国幼教科研的发展与展望》等文章和《育儿之道》《家庭教育小议》等手册。

159. 赵织雯（1935— ），浙江慈溪人，出生于上海。英语教学与教育管理专家，中国人民解放军国际关系学院原副院长。少将军衔。1951 年至 1956 年在军委外国语专科学校（国际关系学院前身）学习。1953 年加入中国共产党，1964 年参军。1969 年复员回上海市红峰仪器文具厂当工人。1974 年调入上海华东师范大学任教,1980 年作为华东师大第一批交换访问学者,前往美国旧金山大学访学,1 年后获硕士学位。同年被任命为华东师大外语系副主任,兼现代英语教研室主任。后赴解放军国际关系学院工作,1986 年任副教授、硕士研究生导师,3 年后晋升为教授,1989 年被任命为副院长。著有《当代英语交际指南》《学英语从 ABC 开始》等书,与丈夫熊建衡合著的 43 万字的《实用英语交际语法》,由上海译文出版社出版并先后重印了 6 次。

160. 郑毓秀(1891—1959),又名苏梅。广东宝安人。教育管理专家。1905 年就读于天津崇实女塾。1907 年留学日本,加入同盟会。1911 年回国。1914 年入读法国巴黎大学,1917 年获法学硕士学位。1919 年被妇女界推举为出席巴黎和会中国妇女代表。1920 年回国,赴四川宣传女权,推动女子留学。同年底率六名女学生赴法国勤工俭学,1925 年获巴黎大学博士学位。同年回国,任国立北京女子师范大学校长,次年到上海当律师。后任江苏地方检察厅厅长、上海临时法院院长、国民政府建设委员会委员。1930 年任上海政法学院院长。抗战时期,任教育部次长,后任职外交部。1948 年移居美国。著有《国际联盟概况》《中国的立宪运动》《中国比较宪法论》等。

161. 钟期荣(1920—2014),祖籍湖南平江,生于长沙。教育管理专家。1944 年毕业于武汉大学法律系,1946 年留学欧洲,1951 年获法国巴黎大学法学博士学位。1955 年定居香港,先后在香港浸会学院、珠海书院、崇基书院等院校任教,并被崇基书院聘为名誉校董兼文史系主任。1966 年出版《香港青少年问题》一书,引起香港社会巨大震动,被认为是解决青少年问题的权威之作。1967 年至 1971 年,专任浸会学院高级讲师,并执掌社会学及社会工作系。1971 年与丈夫胡鸿烈一道自筹资金创办了香港树仁书院,任校长。1985 年任香港特别行政区基本法咨询委员会委员。1994 年被聘为第三批港事顾问。1996 年当选香港特别行政区第一届政府推选委员会委员。著有《香港的婚姻与继承法》《人权与国籍》《社会立法概论》《香港的青少年问题》《香港教育与青年问题》等。

162. 周淑安(1894—1974),福建厦门人。声乐教育家,中国最早学习与研究欧洲传统声乐艺术的音乐家,中国现代音乐教育事业先驱。1911 年毕业于厦门女子高等师范学校。1914 年赴美国哈佛大学攻读音乐艺术理论,并在新英格兰音乐学院学习钢琴,获哈佛大学艺术学士学位。1921 年回国,任教于上海中西女塾、厦门大学。1927 年赴美国纽约音乐学院学习声乐。1928 年回国,从事中学音乐教育,后任上海国立音乐专科学校教授兼声乐系主任。1959 年任沈阳音乐学院声乐教授。除擅长声乐教学,还兼指挥和作曲。20 世纪 20 年代末,在上海组织女子歌咏团,任指挥,成为中国第一位女合唱指挥。20 年代至 30 年代,创作反映民主思想和表达爱国热情的歌曲《假朋友,假师生》《纺纱歌》《同胞们》《不买日货》等。重视歌词的声韵,注意吸收民族音调,尝试在和声配器方面传承民族风格,是中国现代第一位女作曲家。在《乐艺》和《音乐杂志》上发表《我的声乐教学经验》等论文多篇,出版《抒情歌曲集》《恋歌集》《儿童歌集》。

163. 周之廉(1902—1956),河北南宫人。妇女与儿童教育专家。五四运动时,作为天津北洋直隶第一女子师范学校学生总代表,与郭隆贞、周恩来、邓颖超等一起参加反帝爱国运动,共同发起组织觉悟社。从天津第一女子师范学校毕业后曾任教于香山慈幼院女校,后考入北京师范大学半工半读,毕业后任河北女子中学校长。曾竭尽全力营救郭隆贞。1933 年留学美国,在哥伦比亚大学攻读教育学。1938 年回国,任重庆北温泉慈幼院院长。1946 年赴美国考察教育,遂留美国定居,并在美国教育界任职。

164. 朱其慧(1876—1931),字淑雅,江苏宝山(今上海市)人,平民教育家。1917 年,协助丈夫熊希龄筹办经营香山慈幼院。1921 年成立旨在推动中国平民教育运动的中华教育改进社,任女子教育委员会主任。1923 年,与陶行知、晏阳初等组织中华平民教育促进会筹备会,被推举为筹备会主任,赴南京各处讲演,在南京成立三十余所平民学校。北京成立总会后,被推举为董事长。1924 年任湖南女界联合会会长。1925 年发起组织中国妇女协会,任委员长。后曾创办女子平民工厂。

165. 朱小蔓(1947—),安徽歙县人。教育哲学与教师教育专家。1973 年毕业于安徽师范大学中文系,1988 年在东南大学获哲学硕士学位,1992 年获南京师范大学教育学博士学位。1992 年至 1993 年在莫斯科大学哲学系做访问学者。曾任南京师范大学副校长、联合国教科文组织国际农村教育研究与培训中心主任、北京师范大学农村教育与发展研究院常务副院长,兼任《中国德育》杂志社社长、主编。2002 年至 2007 年任中央教育科学研究所所长兼党委书记,教授、博士生导师。专著《情感教育论纲》获江苏省哲学社会科学优秀成果二等奖。主编的《反思与构建——小学素质教育模式理论研究》获教育部师范司基础教育改革优秀成果一等奖。

166. 左淑东(1915—2005),江苏镇江人。知名幼儿教育专家。早年就读于上海勤德小学,后入读苏州振华女子学校。1942 年参加《申报馆》举办的小学教师暑假进修班。1943 年进入之江大学教育系学习。1948 年被地下党组织派至上海华模中学任校务委员会主任,后任宁波旅沪同乡会第六小学校长。1949 年,调至上海务本女子中学(今上海第二中学)。1952 年受命创建上海幼儿师范学校,任校长。20 世纪 50 年代组织编写新中国第一套幼儿园教材,80 年代组织编写第二套教材。与上海教育科研机构合作,进行幼儿园教师的跟踪调查和个案研究,总结优秀幼儿教师形成因素。历任上海市教育局师范教育处处长兼幼儿师范学校校长、中国教育学会常务理事、全国幼儿教育研究会理事长。1983 年荣获"全国三八红旗手"称号。当选第二、第三和第五届全国人大代表。曾出席联合国第三次世界教师代表会。

附　录

（166 人）

本卷收录的女性人物是在百余年中国社会进程中，对教育事业做出贡献或产生一定影响的教育工作者与社会人士。这些杰出女性人物和优秀女性人物，大致可以分为四种类型：

一是大学从教者，包括知名大学资深教授、全国教学名师，新教育理念、教学方法与教改举措的提出者、开创者和实践者，不同时期首获各类学位、高等教育职称与职位者。

二是中学从教者，包括对中等教育发展有突出贡献者，知名中学全国特级教师，知名中学校长与知名教师。

三是小学教育与幼儿教育从教者，包括知名学前教育理念提出者，幼教事业开拓者，知名小学的全国特级教师，知名小学校长，知名幼儿园园长与知名幼儿教师。

四是教育管理者与领导者，包括民国时期国民政府及省级有作为的教育官员和知名大学校长，中华人民共和国成立后全国著名高校的党政一把手。

本附录以女性教育人物从业领域分类，类别内按出生年份排序，以便清晰地展现不同历史时期教育界女性人物奋进的历程。

一、高等教育（74 人）

1. 金雅妹（1864—1934）
2. 朱其慧（1876—1931）
3. 刘青霞（1877—1922）
4. 袁希澔（1880—1943）
5. 张默君（1883—1965）
6. 方君瑛（1884—1923）
7. 杨荫榆（1884—1938）
8. 陈映璜（1887—?）

9. 胡彬夏(1888—1931)
10. 杨步伟(1889—1981)
11. 陈衡哲(1890—1976)
12. 郑毓秀(1891—1959)
13. 黄绍兰(1892—1947)
14. 吴贻芳(1893—1985)
15. 张蕙生(1894—1982)
16. 周淑安(1894—1974)
17. 任培道(1895—1988)
18. 黄振华(1896—?)
19. 王世静(1897—1983)
20. 俞庆棠(1897—1949)
21. 钱用和(1897—1990)
22. 张汇兰(1898—1996)
23. 邓春兰(1898—1982)
24. 胡惇五(1898—1974)
25. 王　兰(1899—1977)
26. 顾静徽(1900—1983)
27. 劳君展(1900—1976)
28. 程俊英(1901—1993)
29. 包志立(1902—1978)
30. 若　名(1902—1958)
31. 周之廉(1902—1956)
32. 林宝权(1903—1985)
33. 杜君慧(1904—1981)
34. 于式玉(1904—1969)
35. 曹安和(1905—2004)
36. 雷洁琼(1905—2011)
37. 刘恩兰(1905—1986)
38. 俞大絪(1905—1966)
39. 游　寿(1906—1994)
40. 李曼瑰(1907—1975)
41. 吴素萱(1908—1979)
42. 王季愚(1908—1981)
43. 陆士嘉(1911—1986)
44. 齐　香(1911—2006)
45. 侯毓芬(1913—1999)
46. 崔书香(1914—2006)
47. 高兆兰(1914—1999)
48. 李　莎(1914—2015)
49. 孙家琇(1915—2002)
50. 徐瑞云(1915—1969)
51. 张素我(1915—2011)
52. 邵瑞珍(1916—1998)
53. 曹萱龄(1918—?)
54. 李　佩(1917—2017)
55. 冯钟芸(1919—2005)
56. 钟期荣(1920—2014)
57. 曹宗巽(1920—2011)
58. 喜　勋(1921—2018)
59. 茅于燕(1926—　)
60. 王佩真(1927—　)
61. 张厚粲(1927—　)
62. 巫昌祯(1929—　)
63. 吴式颖(1929—　)
64. 鲁　洁(1930—　)
65. 黄会林(1934—　)
66. 蔡文琴(1935—　)
67. 叶　澜(1941—　)
68. 裴娣娜(1942—　)
69. 徐功巧(1942—　)
70. 胡大白(1943—　)
71. 倪以信(1946—　)
72. 毕小平(1951—　)

73. 姚云竹(1954—)
74. 梁 芳(1980—)

二、中等教育(27人)

1. 谢长达(1849—1934)
2. 王季玉(1885—1967)
3. 余佩皋(1888—1934)
4. 吴若安(1890—1990)
5. 曾宝荪(1893—1978)
6. 唐国桢(1899—?)
7. 江学珠(1901—1988)
8. 王一知(1901—1991)
9. 杜 岚(1912—2013)
10. 苏灵扬(1914—1989)
11. 杨 滨(1917—1981)
12. 丁盛宝(1927—2012)
13. 于 漪(1929—)
14. 李庚南(1940—)
15. 呼秀珍(1944—)
16. 刘彭芝(1945—)
17. 康岫岩(1950—)
18. 樊志瑾(1951—)
19. 何晓文(1952—)
20. 韩海建(1952—)
21. 缪水娟(1955—)
22. 龚霞玲(1956—)
23. 范锦荣(1956—)
24. 张桂梅(1957—)
25. 任奕奕(1961—)
26. 张慧慧(1963—)
27. 张丽莉(1984—)

三、初等教育与幼儿教育(33人)

1. 陶淑范(1898—1989)
2. 杨芝芳(1905—2001)
3. 关瑞梧(1907—1986)
4. 斯 霞(1910—2004)
5. 刘惠芳(1910—1972)
6. 胡梦玉(1912—1987)
7. 拉希达·夏合丁(1912—1990)
8. 方观容(1914—2014)
9. 俞锡玑(1914—2006)
10. 左淑东(1915—2005)
11. 卢乐山(1917—2017)
12. 姚淑平(1917—1997)
13. 孙 岩(1919—)
14. 黄人颂(1920—)
15. 关敏卿(1921—2013)
16. 赵寄石(1921—)
17. 霍懋征(1923—2010)
18. 袁 瑢(1923—)
19. 史瑞芬(1923—1977)
20. 毛蓓蕾(1926—2004)
21. 李景兰(1927—1992)
22. 史慧中(1930—2005)

23. 莎仁格日勒(1936—　)
24. 李吉林(1938—　)
25. 韩玉玲(1940—　)
26. 范崇嬿(1944—　)
27. 马芯兰(1946—　)
28. 吴正宪(1954—　)
29. 李　烈(1954—　)
30. 刘可钦(1961—　)
31. 吉春亚(1964—　)
32. 窦桂梅(1967—　)
33. 陈　琴(1968—　)

四、教育管理领域(32人)

1. 唐群英(1871—1937)
2. 高舍梓(1908—1992)
3. 孙文淑(1910—1994)
4. 高景芝(1913—1966)
5. 柳　文(1914—2013)
6. 吴　健(1914—　)
7. 杨蕴玉(1919—　)
8. 汪家镠(1929—　)
9. 胡斐佩(1930—　)
10. 严凤霞(1931—　)
11. 陆渝蓉(1932—　)
12. 吴晓恒(1932—　)
13. 郝克明(1933—　)
14. 赵织雯(1935—　)
15. 贺美英(1937—　)
16. 王宗光(1938—　)
17. 陈乃芳(1940—　)
18. 李晶宜(1944—　)
19. 瞿延东(1946—　)
20. 朱小蔓(1947—　)
21. 吴启迪(1947—　)
22. 张济顺(1949—　)
23. 刘川生(1950—　)
24. 陈小娅(1953—　)
25. 陈小筑(1953—　)
26. 李卫红(1955—　)
27. 鲁　昕(1955—　)
28. 黄蓉生(1955—　)
29. 靳　诺(1956—　)
30. 林蕙青(1957—　)
31. 徐亚芬(1957—　)
32. 陈　旭(1963—　)

第三卷　人　文

条　　目

（以姓氏拼音为序，共220人）

1. 安　娥
2. 安家瑶
3. 白　朗
4. 白　薇
5. 毕淑敏
6. 冰　心
7. 残　雪
8. 曹婉如
9. 草　明
10. 沉　樱
11. 陈丹燕
12. 陈敬容
13. 陈美兰
14. 陈　染
15. 陈瑞云
16. 陈若曦
17. 陈　涴
18. 陈学昭
19. 陈祖芬
20. 谌　容
21. 程美宝
22. 池　莉
23. 迟子建
24. 戴厚英
25. 戴锦华
26. 邓小南
27. 邸　文
28. 丁　玲
29. 定宜庄
30. 董志凯
31. 杜丽燕
32. 杜小真
33. 端木美
34. 樊锦诗
35. 樊　亢
36. 范小青
37. 方　方
38. 方　慧
39. 方令孺
40. 冯　铿
41. 冯沅君
42. 凤　子
43. 傅天琳
44. 高师宁
45. 杲向真
46. 葛翠琳
47. 葛　信
48. 葛　琴
49. 葛晓音
50. 谷　应
51. 关　露
52. 关晓红
53. 郭平英
54. 海　男
55. 韩茂莉
56. 菡　子
57. 贺桂梅
58. 贺捷生
59. 胡兰畦
60. 胡　辛
61. 黄爱平
62. 黄蓓佳
63. 黄庆云

64. 黄绍湘
65. 黄宗英
66. 霍　达
67. 季红真
68. 季　康
69. 冀淑英
70. 贾玉英
71. 江蓝生
72. 姜良芹
73. 蒋　韵
74. 柯　岩
75. 郎　樱
76. 雷　妍
77. 李伯钊
78. 李德英
79. 李锦绣
80. 李　纳
81. 李小雨
82. 李　颖
83. 李玉洁
84. 李毓芳
85. 李长莉
86. 李　卓
87. 梁凤仪
88. 林　白
89. 林海音
90. 凌　力
91. 凌叔华
92. 刘奋荣
93. 刘　禾
94. 刘曼容
95. 刘　纳
96. 刘乃和
97. 刘索拉
98. 刘晓力
99. 刘一曼
100. 刘意青
101. 刘　真
102. 柳　溪
103. 庐　隐
104. 陆晶清
105. 陆星儿
106. 逯　斐
107. 罗　洪
108. 罗　淑
109. 罗玉君
110. 吕碧城
111. 马昌仪
112. 马丽华
113. 马曼丽
114. 马瑞芳
115. 马忆湘
116. 梅　洁
117. 梅　娘
118. 梅雪芹
119. 孟　华
120. 缪　敏
121. 宁　欣
122. 彭承福
123. 齐邦媛
124. 钱曾怡
125. 乔以钢
126. 乔幼梅
127. 秦文君
128. 琼　瑶
129. 邱永辉
130. 裘山山
131. 饶芃子
132. 茹志鹃
133. 三　毛
134. 单士厘
135. 邵　华
136. 邵望平
137. 申　丹
138. 沈　真
139. 沈祖棻
140. 施济美
141. 施叔青
142. 石评梅
143. 石庆环
144. 舒　婷
145. 斯　妤
146. 宋家珩
147. 苏　青
148. 苏雪林
149. 孙惠芬
150. 孙丽萍
151. 孙香兰
152. 陶　洁
153. 铁　凝
154. 汪玢玲
155. 王安忆
156. 王　还
157. 王海鸰
158. 王洪君
159. 王　宁

160. 王　齐
161. 王　青
162. 王小鹰
163. 王旭烽
164. 王云路
165. 魏小萍
166. 温小钰
167. 吴小美
168. 武　寅
169. 武玉环
170. 席慕蓉
171. 夏晓虹
172. 冼玉清
173. 萧　红
174. 谢冰莹
175. 徐碧辉
176. 徐　坤
177. 徐　蓝
178. 徐小斌
179. 许广平
180. 严歌苓
181. 杨　绛
182. 杨令侠
183. 杨　沫
184. 杨振红
185. 叶广岑
186. 叶文玲
187. 亦　舒
188. 应锦襄
189. 余小惠
190. 郁　茹
191. 袁昌英
192. 袁　静
193. 乐黛云
194. 曾晓渝
195. 曾昭燏
196. 翟永明
197. 张爱玲
198. 张　洁
199. 张抗抗
200. 张曼菱
201. 张　琦
202. 张倩红
203. 张小娴
204. 张　欣
205. 张辛欣
206. 赵萝蕤
207. 赵　玫
208. 赵清阁
209. 赵瑞芳
210. 赵淑侠
211. 赵　园
212. 郑春华
213. 郑　敏
214. 郑筱筠
215. 郑笑梅
216. 郑振香
217. 朱　虹
218. 朱玲玲
219. 资中筠
220. 宗　璞

词　条

（以姓氏拼音为序，共220人）

1. 安娥（1905—1976），原名张式沅，曾用名何平，张菊生等。河北获鹿人。剧作家，词作家，诗人，散文家，社会活动家。1925年北京美术专门学校肄业，同年加入中国共产党。1927—1929年赴苏联，在莫斯科中山大学学习。回国后在上海中共中央特工部工作。1933—1937年在上海参加左翼文艺运动，曾任百代唱片公司歌曲部主任，和著名作曲家聂耳为同事，其丈夫为《义勇军进行曲》词作者田汉。全面抗战爆发后，任战地记者，战时儿童保育会常委。1949年进北平，先后在北京市人民艺术剧院、中央实验歌剧院、中国戏剧家协会等担任创作工作。是中国作家协会、中国剧协会员。1930年代创作的歌词《渔光曲》《卖报歌》《新凤阳花鼓》等唱出了劳动人民的苦难生活和反抗精神，深受大众喜爱，流传至今。诗集《燕赵儿女》、诗剧《高粱红了》《洪波曲》等歌颂了人民的爱国情怀和英勇斗争精神。另有反映抗美援朝及工厂生活的报告文学集《从朝鲜归来》《一个劳动英雄的成长》等。作品经过编辑整理汇编成《安娥文集》出版。

2. 安家瑶（1947—　），祖籍山东烟台，生于北京。考古学家。中国社会科学院考古所汉唐研究室主任，西安研究室主任，教授、博士生导师，德意志考古研究院通讯院士，享受国务院颁发的政府特殊津贴，第九、第十、第十一届全国政协委员，中央文史研究馆馆员。1982年毕业于中国社会科学院研究生院考古系，师从著名考古学家宿白攻读汉唐考古学，获历史学硕士学位，同年至中国社会科学院考古研究所工作，长期从事唐长安城的考古发掘与研究。先后参加过唐大明宫东朝堂、翰林院、唐长安城西明寺遗址的考古发掘，主持过隋仁寿宫37号宫殿遗址、唐大明宫含元殿遗址、唐长安城圜丘等遗址的考古发掘，在隋唐城址考古以及东西方文化交流和贸易史的研究方面有较深入的研究，首次成功地将中国出土玻璃分为进口玻璃和国产玻璃，填补了我国古代玻璃研究方面的空白，成果已被国内外学术界广泛引用。代表作有《中国的早期玻璃器皿》《试探中国近年出土的伊斯兰玻璃器》《北周李贤墓出土的玻璃碗——萨珊玻璃器的发现与研究》《玻璃器史话》《唐长安城西明寺遗址发掘报告》《唐大明宫含元殿遗址 1995—1996 年发掘报告》等。

3. 白朗（1912—1990），原名刘东兰，笔名刘莉、弋白，辽宁沈阳人。作家。1929 年与表兄罗烽结婚，并来到哈尔滨。1933 年在哈尔滨进步报纸《国际协报》任记者、文艺副刊主编。同年在中共地下党的领导下，创办《文艺》周刊，进行反满抗日宣传。1939 年参加由中华全国文艺界抗敌协会组织的作家战地访问团。1941 年赴延安任《解放日报》文学编辑。1945 年赴东北，翌年任《东北日报》副刊部部长、东北文艺协会出版部副部长和《东北文艺》副主编。中华人民共和国成立后在东北作家协会从事专业创作，历任东北文艺家协会副主席，中国文联第二届委员，中国作协第一、第二届理事。当选第一届全国人大代表。曾多次出国访问、出席国际会议，先后六次赴朝鲜战场慰问采访。主要作品有散文集《西行散记》《斯大林——世界的光明》《月夜到黎明》，短篇小说集《牺牲》《伊瓦鲁河畔》《牛四的故事》《北斗》，特写集《锻炼》，中篇小说《老夫妻》《为了幸福的明天》，长篇小说《在轨道传记文学》《一面光荣的旗帜》等。这些作品大都取材于东北人民的抗日斗争生活，描写革命志士的英雄形象及革命家庭的风采。

4. 白薇（1893—1987），原名黄彰，自号黄鹂，别号黄素如，曾用笔名楚洪。湖南资兴人。作家。早年为反抗封建包办婚姻从家庭出走，1918 年到日本求学，1926 年回国，到武汉任国民政府总政治部国际编译局日语翻译，兼武昌中山大学讲师。1929 年在上海吴淞中国公学大学部任教。1930 年加入中国左翼作家联盟和中国左翼戏剧家联盟，是“左联”的筹办人之一。抗战爆发后，到桂林任《新华日报》特派记者，后到重庆任中国电影制片厂特约编导等。1949 年后在北京青年艺术剧院工作，后到北大荒、盘锦农场深入生活，去新疆调研采访。1962 年后定居北京，加入中国作家协会。她的作品大多讴歌爱情，反对封建压迫，同情被侮辱被迫害者。主要作品有长篇小说《爱网》《炸弹与征鸟》，长诗《春笋的歌》《琴声泪影》《太阳照不到的地方》，剧本《苏斐》《琳丽》《打出幽灵塔》《革命神受难》《北宁路某站》《敌同志》及自传《跳关记》《悲剧生涯》等。剧本《打出幽灵塔》反映 20 年代农村的复杂斗争，揭露地主家庭的黑暗和罪恶，曾在鲁迅主编的《奔流》第一卷一、二、四期上连载。这是作家的戏剧代表作，曾产生了广泛影响。

5. 毕淑敏（1952— ），祖籍山东文登，生于新疆伊宁。作家，注册心理咨询师。1969 年中学毕业后参军，在西藏某部任卫生员、军医。1980 年回北京，任内科主治医师，卫生所所长。1988 年入北京师范大学和鲁迅文学院合办的研究生班，获文学硕士学位，后又修满北京师范大学心理学博士课程。曾任北京市作家协会副主席。1987 年发表处女作小说《昆仑殇》，获《昆仑》文学奖。成名作《预约死亡》被誉为“新体验小说”的代表作。代表作还有小说《红处方》《血玲珑》《拯救乳房》，短篇小说集《白杨木鼻子》，散文集《素面朝天》《心灵处方》《没有墙壁的工作间》等。作品始终关注关怀人的生存状态，大都以生命和死亡为主题，这主要来源于她曾长期在西藏高原工作的生活体验和思考。曾获《小说月报》多届“百花奖”、解放军文艺奖、北京文学奖、陈伯吹文学大奖、第二届中国女性文学奖、庄重文学奖等多项大奖。著有《毕淑敏文集》10 卷。

6. 冰心（1900—1999），原名谢婉莹，笔名有男士等，祖籍福建长乐，生于福州。作家，诗人，社会活动家，儿童文学作家。1912 年考入福州女子师范，1918 年考入协和女子大学（后并入燕京大学），1921 年加入文学研究会，以创作“问题小说”和宣扬“爱的哲学”享誉文坛，成为我国现代文学史上一颗璀璨的新星，代表作有短篇小说《超人》《两个家庭》《斯人独憔悴》《去国》等。于此前后，受印度诗人泰戈尔的影响，创作了“无标题小诗”（又称作“智慧诗”“哲理诗”），结集为《繁星》和《春水》，被称为“春水体”或“冰心体”，催生了我国新诗上一个“小诗”的流行时代。1923 从燕京大学毕业后赴美国留学。在旅途和异域写了怀恋祖国、颂扬母爱、追求童心、礼赞自然的《寄小读者》，是当时影响很大的儿童读物之一。1926 年获硕士学位，回国后到燕京大学等校任教。这期间出版了小说散文集《往事》，代表作《分》和《冬儿姑娘》，表现了与“爱的哲学”告别的趋向，是前后期创作的分水岭。抗日战争爆发后，从北京迁居昆明，后转重庆，主编《妇女文化》半月刊。1940 年当选国民参政会参政员。抗战胜利后，随丈夫吴文藻去日本，曾任东京大学首位外籍女教授，讲授中国新文学课程。1951 年回国，先后担任全国文联委员、副主席，中国作协理事、书记处书记，全国少年儿童福利基金会副会长，全国妇联常委，《人民文学》编委等职，并致力于散文创作。作品有散文集《二寄小读者》《归来以后》《我们把春天吵醒了》《小桔灯》《樱花赞》《拾穗小札》《三寄小读者》等。“文革”结束后创作的短篇《空巢》获 1980 年度优秀短篇小说奖。翻译的泰戈尔的《园丁集》《吉檀迦利》等也颇受好评，著有《冰心全集》八卷本。曾当选全国人大代表、全国政协常委。

7. 残雪（1953— ），本名邓小华，湖南长沙人。作家，中国作家协会会员，中国当代先锋文学派代表人物。1966 年小学毕业后失学在家自学。1970 年进入街道工厂做工，当过赤脚医生和代课教师等。1980 年与丈夫一起靠缝纫为生。1985

年在《人民文学》第 8 期发表小说处女作《山上的小屋》。1988 年在中国作家协会湖南分会从事专业文学创作,1989 年到广西北海市文联当专业作家。主要作品有中篇小说《黄泥街》《苍老的浮云》《种在走廊上的苹果树》,小说集《天堂里的对话》,长篇小说《五香街》《突围表演》。作品 2015 年获得美国纽斯达克文学奖提名、美国最佳翻译图书奖提名、英国伦敦独立外国小说奖提名,被译介为英、日、法、意、德等文字。

8. 曹婉如(1922—1996),别名遂园,福建福州人,地理学史、科技史研究专家。1948 年毕业于南京金陵女子大学文理学院地理系,获学士学位。1950 年南京大学(原中央大学)地理系研究生毕业,获硕士学位。历任中国科学院地理研究所助理研究员,中国科学院自然科学史研究所副研究员、研究员,古代史室地学史组组长、学术委员会委员,国际制图学协会制图学史常务委员会委员等职。早年从事经济地理的研究工作,1950 年代后期开始从事中国地图学史和地理学史的研究,开拓了地图史研究的新领域,创立了地图学史研究的理论和方法。主持编纂的《中国古代地图》(共三卷)全面系统地搜集我国现存的从战国至清末的地图近三百种,详细地予以考证、研究。《中国古代地图(战国至元)》获第一届郭沫若中国历史学奖三等奖。主要著作还有《中国古代地理学史》(合著)、《中国科学技术史稿》(合著)等,翻译出版了英国李约瑟《中国科学技术史·地理卷》。

9. 草明(1913—1991),原名吴绚文,笔名褚雅明、草明女士等,广东顺德人。作家。1928 年考入广东省立女子师范学校。1932 年参加欧阳山主办的《广州文艺》,1933 年加入"左联",发表成名作《倾跌》,后又陆续发表《没有了牙齿的》《小玲妹》等一批短篇小说,作品多半以缫丝女工生活为题材。1935 年至 1936 年初,一度被国民党政府逮捕入狱,不久获释。抗战时期,先后在广州和重庆从事抗日文学活动。1940 年加入中国共产党。这一时期写了《秦垄的老妇人》《新嫁娘》等一批短篇小说和散文,主要反映下层劳动者的抗日热情和痛苦生活。1941 年去延安。后在山西、张家口一带深入生活,这一时期的作品大都结集为《今天》。抗战胜利后,随部队去东北,其间创作了短篇小说《婚事》《无名英雄》等。1948 年写了长篇小说《原动力》,这是解放区最早描写工人生活的长篇小说,曾被译成多国文字出版,奠定了她在文坛上的地位。1949 年后,出版长篇小说《火车头》《乘风破浪》,短篇小说集《新夫妇》《爱情》等。1978 年以来,再版了《草明小说集》等,出版了歌颂工人阶级的长篇小说《神州女儿》。1987 年被全国总工会授予"五一劳动奖章"。历任全国文联委员、中国作家协会理事、全国政协委员等职。

10. 沉樱(1907—1988),原名陈锳,字尘英,笔名小铃、陈因、陈沉樱等,山东潍县人。小说家,翻译家。1924 年考取上海大学,后转入复旦大学中文系。1927 年开始文学创作,其中《回家》因获得茅盾赞许而成名。1929 年至 1935 年先后出版短篇小说集《喜筵之后》《某少女》《夜阑》《女性》《一个女作家》等,作品对青年男女的恋爱心理分析生动细腻。1934 年去日本研究日本文学,次年与梁宗岱结婚。抗战期间蛰居重庆。1946 年重回上海,任教于上海实验戏剧学校。1947 年转入复旦大学任教。1949 年去台湾,曾任大成中学教师。1967 年后侨居美国,专门从事翻译和写作。主要译著有《毛姆小说选》《一个陌生女子的来信》《爱丝雅》《怕》《断梦》《蓓蒂》《阿婷》《同情的罪》等十多种。

11. 陈丹燕(1958—),广西平乐人。作家。1982 年毕业于华东师范大学中文系。曾任中国福利会儿童时代社编辑,上海东方广播电台青少年节目主持人。1983 年开始发表作品。1987 年加入中国作家协会。著有长篇小说《心动如水》《独自狂舞》《纽约假日》《我的妈妈是精灵》《一个女孩》,中篇小说集《女中学生之死》,短篇小说集《少女们》《玻璃做的夏天》,译著《小老鼠斯图亚特》,非虚构类文学作品《独生子女宣言》《上海的风花雪月》《上海的金枝玉叶》《上海的红颜遗事》等。作品多以青春期的男女生活和思想情绪为题材,曾荣获全国妇女儿童题材作品优秀奖、中国新闻金奖,以及联合国教科文组织文学金奖、奥地利国家青少年图书金奖、德国"国家图书奖"银奖等,在德、法、美、日、奥地利、瑞士、越南、印度等国家出版发行。

12. 陈敬容(1917—1989),原名陈懿范,曾用名陈彬范、陈在琼,笔名有辉、蓝冰、默弓、文谷等,四川乐山人。诗人。中国作家协会会员。1935 年至 1936 年间在北京大学、清华大学旁听,在北京《晨报》副刊发表处女作《残叶》。1938 年在成都加入中华全国文艺界抗敌协会。此后当过小学教员、合作社职员等。1946 年夏在重庆任《文史》杂志和文通书局编辑。1947 年到上海,与诗友辛笛、杭约赫、唐祈、唐堤共同编辑"森林诗丛",1948 年共同创办《中国新诗》月刊。1949 年后在华北大学学习,1956 年任《世界文学》编辑,1965 年调《人民文学》编辑部,致力于创作与翻译,写下大量诗歌与散文。出版诗集《交响集》《盈盈集》《老去的是时间》等,散文集《星雨集》,译著《安徒生童话选》(共六册)、《巴黎圣母院》、《太阳的宝库》、《绞刑架下的报告》、《一把泥土》、《伊克巴尔诗选》等。

13. 陈美兰(1937—),曾用笔名晨兰、钟平、凯文,生于香港,祖籍广东顺德。当代小说研究专家,武汉大学教授、博士生导师。1956 年毕业于广东省立执信女子中学,后考入武汉大学中文系,1962 年留校任教。主要从事当代长篇小说研究与评论。论文有《创作主体的精神转换——考察中国新时期文学的一种思路》《寻找诠释的“阿基米德点”》《行走的斜线——论90年代长篇小说精神探索与艺术探索的不平衡现象》《悲剧力量从何而来——评周克芹塑造的许四姐形象漫论》《这是一颗多么耀眼的流星——评〈冬天里的春天〉中芦花的形象》《关于1949年后长篇小说两次创作浪潮的探讨》《期待着更强的突破力》等。著有《中国当代长篇小说创作论》、《我的思考——在当代文学研究的道路上》、《文学思潮与当代小说》、《中国当代文学史初稿》(合著)、《中国近十年文学导论》(主编)等。历任中国作家协会会员、中国作家协会湖北分会理事、中国当代文学研究会理事、中国当代文学研究会湖北分会副会长、湖北评论家协会主席等职务。

14. 陈染(1962—),笔名染儿,北京人。作家。1982年考入北京师范大学分校中文系本科,1986年获文学学士学位。曾任北京师范大学分校中文系教师,后任作家出版社编辑。中国作家协会会员。从20世纪80年代初开始发表诗、散文,以小说《世纪病》在文坛脱颖而出。主要作品集中在1990年代以后,代表作有《与往事干杯》《无处告别》《私人生活》等,散文随笔集《声声断断》《断片残简》《时光倒流》等,另有《陈染文集》(六卷)、《陈染作品自选集》(上、下)等。以强烈的探索精神,成为中国当代文学史上一位独特而重要的女性作家代表。特别是长篇小说《私人生活》,引发中国文学界关于“私人写作”或“个人化写作”的争议,很多作品被翻译到国外。曾获首届中国当代女性文学创作奖等。

15. 陈瑞云(1933—),河北献县人,民国政治史研究专家。1960年毕业于东北人民大学(现吉林大学)历史系并留校任教,历任中国现代史教研室主任、吉林大学图书馆馆长。主要研究领域为中国现代政治制度史和东北现代史。1988年出版的《现代中国政府(1919—1949)》“反映了中国现代政治制度史方面的最新成果,是一部颇具特色的开拓性力作”,获吉林省优秀科研成果一等奖。此外,还主编有《杨靖宇将军传》《大学历史词典》《中国现代史词典》等。其中《中国现代史词典》获北方十五省市优秀图书一等奖,《大学历史词典》获黑龙江省优秀图书奖、吉林省优秀科研成果一等奖。1992年起享受国务院政府特殊津贴。曾兼任全国中共党史学会编辑的大型丛书《中共党史人物传》编委、中国现代史学会常务理事等职。

16. 陈若曦(1938—),原名陈秀美,台湾台北人。作家。台湾大学外文系毕业后赴美留学,1966年获约翰霍甫金斯大学硕士学位后,怀着对社会主义祖国的向往,偕同丈夫回国,被分配去华东水利学院(现河海大学)任教。7年后去香港。1974年移居加拿大温哥华。1979年后移居美国,任职于加州大学中国研究中心,并担任《远东时报》顾问及总编辑等职。1989年,创建海外华文女作家协会,当选首任会长。1995年后回台湾定居。在大学时代开始文学活动,先在《文学杂志》发表小说,后又与同班同学白先勇、王文兴和欧阳子等人创办《现代文学》杂志,在台湾产生很大影响。1974年短篇小说《尹县长》在《明报月刊》发表,震撼文坛。其后,又创作了《耿尔在北京》《晶晶的生日》《值夜》《查户口》等小说。作品曾被译为英文、德文、日文、法文、挪威文等。

17. 陈泱(1941—),湖南安化人。清史、改革史研究专家,辽宁社会科学院历史所二级研究员。1965年毕业于辽宁大学历史系。1994年获突出贡献专家称号,享受国务院政府特殊津贴,曾兼任沈阳市政府参事。先期主攻清史,特别是清前史研究,著有《皇太极》《正说顺治》《资治通鉴选读》等专著。1980年代中后期有合著《中国古代改革家》《中国古代改革史论》《亚洲史上十大改革》《湘岩文存》《中国古代改革成败论》等。首次提出"改革史"的概念,代表作《中国古代改革史论》是国内第一部对中国古代社会改革做全面、系统研究的史学专著,不仅勾勒出了中国古代改革发展史的全貌,而且通过对整个历史进程的考察,"初步建立起对中国古代改革史的理论认识",被学界誉为"拓荒之作"。

18. 陈学昭(1906—1991),原名陈淑章,笔名野渠、式微、惠、玖等,浙江海宁人。作家、记者。1920年在张謇创办的南通女师受预科教育,1922年进入上海爱国女学文科,加入浅草社,1923年发表处女作《我所希望的新妇女》。1925年出版第一部散文集《倦旅》,协助创办杂志《语丝》和《新女性》杂志。1927年赴法留学,任天津《大公报》驻欧特派记者,1931年任《生活周报》特约撰稿人。1934年获得法国克莱蒙文科大学文学博士学位,1935年回国。1938年去延安,曾任延安《解放日报》第四版编辑、中央党校四部文化教员。1945年秋任《东北日报》四版主编。1949年后曾多次到工厂、农村体验生活,历任浙江大学党支部书记、全国政协委员、中国作家协会理事、浙江省文联副主席等职。1953年,为中国出访苏联代表团成员之一。代表著作还有长篇小说《工作着是美丽的》《春茶》,诗集《纪念的日子》,文学回忆录《天涯归客》《如水年华》,短篇小说集《新柜中缘》,译著《阿细雅》等。

19. 陈祖芬(1943—),上海人。作家。1964年毕业于上海戏剧学院戏剧戏文系。历任北京市文工团编剧,朝阳区文化馆干部,中国作家协会主席团成员,北京作家协会副主席,北京文联副主席,中国报告文学学会副会长,全国政协委员等职。1977年开始在《人民文学》等报刊发表诗作。第一篇报告文学是1979年发表的《她创造时间》。报告文学《祖国高于一切》《共产党人》《催人复苏的事业》先后获全国优秀报告文学奖。她的报告文学大多表现富于献身精神的知识分子以及反映经济体制改革带来的变化和问题,题材新颖而丰富。出版的报告文学集有《陈祖芬报告文学集》《青春的证明》《挑战与机会》《中国牌知识分子》《飘走的蒲公英》《挂满问号的世界》《1987:生存空间》《阿里是个快乐的青年》《看到你知道什么是美丽》《哈佛的证明》《我爱篮球》等几十部。

20. 谌容(1936—),原名谌德容,湖北汉口人。作家。1951 年先后考取了部队文工团和西南工人出版社,后任西南工人出版社营业员、西南工人日报社读者来信组干事。1954 年考入北京俄语学院,1957 年大学毕业后任中央人民广播电台俄文编译和中学教员,1962 年后下放山西汾阳、北京通县等地劳动。1964 年回到北京,1979 年任北京作家协会专业作家,曾任《人民文学》编委、中国作家协会会员、中国作家协会理事。1980 年发表的《人到中年》获首届全国优秀中篇小说奖,蜚声文坛。由此小说改编的同名电影曾先后获"金鸡奖"、原文化部优秀影片奖和"百花奖"。出版有长篇小说《万年青》《光明与黑暗》,小说集《永远是春天》《赞歌》《真真假假》《太子村的秘密》《谌容小说选》《谌容中篇小说集》,以及《谌容集》等。作品曾多次获奖,并被译为英、法等文字。

21. 程美宝(1968—),祖籍广东中山,出生于香港。中国近现代史及历史人类学研究专家。中山大学历史系教授、博士生导师。1990 年毕业于香港中文大学,获社会科学学士学位,1996 年获英国牛津大学中国近代史博士学位。1997 年起任职中山大学历史系。2004 年获"宝钢教育基金"优秀教师奖,2005 年入选教育部"新世纪优秀人才支持计划",2010 年 11 月起出任中山大学博雅学院副院长,2011 年获聘为广东省高等学校珠江学者特聘教授。研究领域为中国近代社会文化史、历史人类学等,主要涉及清末以来的国家与地域文化认同,从 18 世纪以来广东与外国社会的接触、经学正统的建立、地方文化性格的塑造、地方历史的撰写、族群观念的兴起、民国以来民俗学人类学等学科的崛起等多个角度,探索研究中国地域文化认同的路径,以及数字时代的历史学等问题。代表著作有《地域文化与国家认同:晚清以来"广东文化"观的形成》《平民老倌罗家宝》等。

22. 池莉(1957—),湖北仙桃人。作家。武汉市文联文学创作所专业作家,历任武汉市作家协会副主席,武汉市文联主席,湖北省作家协会理事。16 岁上山下乡,插队落户。1983 年考入武汉大学中文系成人班就读。1978 年开始写诗歌、散文,1987 年和 1989 年相继写出"颇具青橄榄滋味"的《烦恼的人生》和《不谈爱情》,引起热烈反响,被认为是"新写实"派的代表人物。主要作品有长篇小说《来来往往》《小姐你早》《水与火的缠绵》,中篇集《池莉小说精选》《有了快感你就喊》《生活秀》《云破处》《请柳师娘》,散文集《怎么爱你也不够》《给你一轮亲太阳》,以及《池莉文集》七卷等。作品大多以武汉为背景，体现了鲜明的武汉性格和特色，作品被译成多种外文。曾获全国优秀中篇小说奖、首届鲁迅文学奖等多种文学奖项。

23. 迟子建（1964— ），原籍山东海阳，生于黑龙江大兴安岭。作家。1981 年考入大兴安岭师范学校，毕业后留校任教。曾在中国作家协会鲁迅文学院学习，1990 年加入中国作家协会，任黑龙江省作家协会主席。著有长篇小说《树下》《晨钟响彻黄昏》《伪满洲国》《额尔古纳河右岸》《群山之巅》，小说集《北极村童话》《向着白夜旅行》《逝川》《白银那》《朋友们来看雪吧》《雾月牛栏》《踏着月光的行板》，以及散文随笔集《伤怀之美》《听时光飞舞》《我的世界下雪了》等共 40 余部。其中《雾月牛栏》《清水洗尘》《世界上所有的夜晚》获鲁迅文学奖，小说《额尔古纳河右岸》获第七届茅盾文学奖。2016 年，《群山之巅》获得第六届红楼梦奖专家推荐奖。

24. 戴厚英（1938—1996），安徽颍上人，作家。1956 年考入华东师范大学中文系。1960 年分配到上海文学研究所，从事文艺理论研究工作。1979 年后调入复旦大学分校（今上海大学文学院）任教师，同时开始小说创作。处女作为长篇小说《诗人之死》。代表作《人啊，人！》曾在文坛引起热烈反响。该书着重反映了各种不同类型的知识分子对过去、现在以至未来的社会与人生思考及其思想情绪的变化。作品出版后，多家报纸相继对作品展开争鸣，轰动一时，再版多次，并被译为英、法、德等多种文字。另有中短篇小说集《锁链，是柔软的》，长篇小说《空中的足音》《流泪的淮河》，散文集《戴厚英随笔》等。

25. 戴锦华（1959— ），曾用笔名小戴等。原籍山东苍山，生于北京。文化研究专家。1978 年考入北京大学中文系，1982 年毕业后到北京电影学院任教，为电影文学专业讲师。1985 开始电影理论及创作研究，并译介国外马克思主义意识形态、结构主义、后结构主义、符号学等电影理论流派著作。1987 年参与建立了中国第一个电影史论专业。1993 年调入北京大学比较文学与比较文化研究所。1994 年 10 月至 1995 年 7 月，应美国康奈尔大学东亚系、加州大学洛杉矶分校东亚系、加州大学圣巴巴拉分校人类学系的邀请赴美访学，并先后在美国康奈尔大学、哈佛大学、加州大学伯克利分校等十余所大学开设关于中国电影和大众文化的课程和专题讲座。1995 年 10 月，在北京大学比较文学与比较文化研究所建立中国第一个比较文化研究室。1997 年被北京大学聘为教授，2001 年起任博士生导师，2008 年起担任北京大学电影与文化研究中心主任。主要研究领域为电影史论、女性文学及大众文化。著作有《浮出历史地表——现代中国妇女文学研究》《电影理论与批评手册》《隐形书写——90年代中国文化研究》《镜城地形图——当代文化书写与研究》《涉渡之舟——新时期中国女性写作与女性文化》《沙漏之痕》等著作。

26. 邓小南(1950—),北京人。宋史研究专家,北京大学历史系教授,博士生导师,北京大学中国古代史研究中心学术委员会主任,北京大学国学院副院长,北京大学人文社会科学研究院院长。研究方向为唐宋史、宋代政治制度史、宋代的家族与社会、中央与地方关系史、唐宋妇女史等。著有《祖宗之法——北宋前期政治述略》《课绩·资格·考察——唐宋文官考核制度侧谈》《宋代文官选任制度诸层面》《朗润学史丛稿》等,主编有《政绩考察与信息渠道:以宋代为重心》《台湾学者中国史研究论丛》《唐宋女性与社会》《中国妇女史读本》等。近年来大力推动结合制度、人事形成互动关系的"活的制度史"研究,"文书传递与政令运作"等议题研究,获得高度评价。兼任国务院参事、中国史学会副会长、中国宋史研究会会长等职。

27. 邸文(1943—),河北行唐人。德国近现代史研究专家,中国社会科学院世界历史研究所研究员。1965年毕业于北京外国语大学,后调入外交部,赴德国莱比锡大学进修德语,在中国驻德国使馆任翻译,后任职于中国社会科学院世界历史研究所,曾任中国德国史研究会副会长。主要从事德国近、现代史研究。曾多次作为访问学者赴德国、奥地利和瑞士进行学术考察。主要著作有《一九一八年德国十一月革命》、《德国的分裂与统一(1945—1990年德国史)》、《工业社会的勃兴》(合著)、《法西斯新论》(合著)、《第二次世界大战史》(合著)。主要译作有《俾斯麦传》(上、下册,合译)、《法西斯主义剖析》(合译)、《21世纪议事纲要——走向一个新时代的政治和经济》。

28. 丁玲(1904—1986),原名蒋伟,字冰之,笔名有彬芷、晓菡、丛晅等,湖南临澧人。作家,社会活动家。1921年赴上海,1923年进入中国共产党创办的上海大学中国文学系学习。1924年赴北平求学。1927年在《小说月报》发表处女作短篇小说《梦珂》,引起文坛关注。翌年春,又发表了短篇小说《莎菲女士的日记》,作品以大胆的描写和细腻的心理刻画蜚声文坛。1929年初,与胡也频、沈从文三人合办红黑书店,出版《红黑》半月刊。1930年出版长篇小说《韦护》。1931年在上海加入中国左翼作家联盟,并任"左联"机关刊物《北斗》月刊主编。其间出版了短篇小说集《一个女人》《一个人的诞生》《法网》《水》等。其中短篇小说《水》以当时十六省大水灾为背景,描写了中国农民的苦难和他们的觉醒、团结与反抗,显示了创作上的飞跃。1933年加入中国共产党,并任"左联"党团书记。同年5月被国民党政府逮捕,关押于南京。1936年逃离南京,返回上海。不久去延安,历任边区中国文艺协会主任、中央警卫团政治部副主任、西北战地服务团团长、《解放日报》副刊主编、陕甘宁边区文协副主任等。这时期的作品有小说散文集《一颗未出膛的枪弹》,散文特写集《一年》,短篇小说集《我在霞村的时候》等。1946 年至 1948 年深入农村参加土改,创作了优秀长篇小说《太阳照在桑干河上》,获斯大林文艺奖金二等奖。1949 年后历任全国政协委员、中国作家协会副主席、中央文学研究所所长、中共中央宣传部文艺处长、《文艺报》和《人民文学》主编等职。1979 年后复任中国作家协会副主席。1984 年筹办并主编大型文学刊物《中国》。作品还有《欧行散记》《跨到新的时代来》《延安集》《到前线去》《到群众中去落户》《魍魉世界——囚居南京回忆》《在严寒的日子里》(未完成)等。

29. 定宜庄(1948—),满族,北京人。清史、满族史、口述史研究专家。1991 年 6 月获中央民族学院历史学博士学位,我国第一位满族史女博士,曾任中央民族学院历史系讲师、副教授,1993 年调入中国社会科学院,任历史所研究员、中央民族大学满学研究所兼职研究员,博士生导师。重视史料文献,注重在分析批判的基础上借鉴运用西方史学理论,成为卓有成就的古代史学者和口述史专家。主要著作有《老北京人的口述历史》《辽东移民中的旗人社会:历史文献、人口统计与田野调查》《满族的妇女生活与婚姻制度研究》《最后的记忆:十六名旗人妇女的口述历史》《清代八旗驻防制度研究》《满汉文化交流史话》《中国知青史——初澜》《口述史读本》等。其中《清代民间婚书研究》(与郭松义合著)获第三届郭沫若历史学奖提名奖。

30. 董志凯(1944—),河北静海人。中国现代经济史研究专家,中国社会科学院经济研究所研究员、博士生导师,享受国务院政府特殊津贴。长期从事中国现代经济史研究,主持国家重大课题"中华人民共和国经济档案资料选编"的编撰工作。著有《共和国经济风云回眸》《跻身国际市场的艰辛起步》《解放战争时期的土地改革》《应对封锁禁运——新中国历史一幕》等,合著《延安时期毛泽东的经济思想》《土地改革史话》,主编有《中国哲学社会科学发展历程回忆·经济学卷》、《中华人民共和国经济史(1949—1952)》(获中国社会科学院优秀成果一等奖)、《中华人民共和国经济史(1953—1957)》、《无锡、保定农村调查统计分析》、《1949—1952 年中国经济分析》、《新中国工业经济史(1958—1965)》,参与主编的有《中华人民共和国经济档案资料选编》《奠基——新中国经济五十年》《中国十个五年计划研究报告》(获中国社会科学院优秀成果二等奖)等。兼任中国经济史学会会长、中国社会科学院中国现代经济史研究中心主任、中国商业史学会副会长、中华人民共和国国史学会常务理事。

31. 杜丽燕(1954—),出生于上海。哲学研究专家。1978—1982 年在北京大学哲学系学习,毕业后到北京市社会科学院哲学研究所从事西方哲学研究。曾任北京市社会科学院哲学研究所所长、研究员,北京市哲学会副会长。前期主要研究皮亚杰的发生认识论,后期转向人道主义问题和西方近现代哲学与宗教文化思想。出版有专著《皮亚杰的挑战:知觉与理性的新维度》(合著)、《尼采传》、《人性的曙光:希腊人道主义探源》、《爱的福音:中世纪基督教人道主义》、《回归自我:20 世纪西方人道主义与反人道主义》等。

32. 杜小真(1946—),生于河北承德。法国哲学研究专家、翻译家。1965 年至 1967 年受高教部委派赴法国留学学习法语。1978 年起任教于北京大学外国哲学研究所,教授,博士生导师,曾任中国现代外国哲学会理事。译有萨特的《自我的超越性》《想象》,加缪的《西西弗的神话:论荒谬》,德里达的《声音与现象》。出版的专著有《一个绝望者的希望:萨特引论》《勒维纳斯》等。曾多次到法国、瑞士、加拿大、意大利等国访问和讲学,接待过法国著名哲学家德里达、利科等人的学术访问,在国际学界有一定的影响。

33. 端木美(1945—),安徽安庆人,祖籍河南浚县。法国史研究专家。1967 年中山大学法国语言文学专业毕业。20 世纪 80 年代赴瑞士联邦弗里堡大学留学,专攻瑞士史、欧洲近现代史。任中国社会科学院世界历史研究所研究员,中国法国史研究会法人代表兼会长,中国欧美同学会副会长、妇女委员会主任、瑞士分会会长。2011 年 5 月荣获法兰西共和国国家功勋军官勋章。同年当选国际史学会国际关系史专业委员会委员。主要著作有《瑞士文化与现代化》《巴黎公社史》《法国现代化进程中的社会问题》,主要译著有《巴贝夫的平等派密谋》。

34. 樊锦诗(1938—),浙江杭州人。考古学家。我国文物有效保护的科学探索者和实践者。敦煌研究院名誉院长、研究馆员。第八届至第十二届全国政协委员,第十三届全国人大代表。1963 年毕业于北京大学历史系考古学专业,同年 9 月到敦煌文物研究所工作。曾任敦煌文物研究所研究员、副所长,敦煌研究院副院长、院长,兼任兰州大学、东华大学、浙江大学等校兼职教授和博士生导师,中央文史馆馆员,中国敦煌吐鲁番学会副会长。长期扎根大漠,潜心石窟考古研究,完成了敦煌莫高窟北朝、隋、唐代前期和中期洞窟的分期断代。带领团队致力世界文化遗产保护传承,开展文物国际交流合作,引进先进保护理念和保护技术,构建“数字敦煌”,在全国率先开展文物保护专项法规和保护规划建设,探索形成石窟科学保护的理论和方法,为世界文化遗产莫高窟永久保存与永续利用做作重大贡献,被誉为“敦煌的女儿”。出版《敦煌石窟》《敦煌石窟全集 · 佛传故事画卷》《中国壁画全集·敦煌·3·北周卷》《安西榆林窟》等10多部专著,主编26卷大型丛书《敦煌石窟全集》。荣获"全国优秀共产党员""全国先进工作者""全国三八红旗手""100位新中国成立以来感动中国人物""新中国成立以来最具影响的劳动模范"等荣誉称号。2018年被党中央国务院授予"改革先锋"称号,荣获"改革先锋"奖章。

35. 樊亢(1924—),河南汲县(今卫辉市)人。经济史学家、中国世界经济史学科奠基人之一。1946年毕业于西北大学外国语言文学系,1949年后先后担任中国人民大学研究部政治审读、科学研究科长、国民经济史教研室主任、苏联东欧研究所副所长兼经济研究室主任,北京出版社总编辑,中国社会科学院世界经济与政治研究所世界经济史研究室主任。2006年当选中国社会科学院荣誉学部委员,兼任中国社会科学院院务委员(1982—1987),中国经济史学会外国经济史研究会副会长,全国美国经济学会副会长和中国世界经济学会理事,北京市第七届人大代表。著有《苏联经济史》,主编有《外国经济史》(近、现代)、《主要资本主义国家经济简史》、《资本主义兴衰史》、《世界经济史》、《美国农业社会化服务体系》、《经济大辞典·外国经济史卷》等。这些著作为世界经济史学科的建立发展做出了重要贡献。《外国经济史》被许多高等院校作为教材,《世界经济史》被认为"是一部资料翔实、内容丰富、别开生面、具有开拓性的著作"。

36. 范小青(1955—),生于上海松江。作家。江苏省作家协会党组书记、主席,《苏州》杂志主编,全国政协委员。1970年随父母下放到苏州吴江县(今并入苏州市)桃源公社边上学边劳动(半耕半读),1974年高中毕业后到该县湖滨公社插队,1977年考入江苏师范学院(今苏州大学)中文系。1982年大学毕业留校任教。1980年开始小说创作,发表处女作《夜归》。1985年加入中国作家协会。著有长篇小说《裤裆巷风流记》《老岸》《百日阳光》《城市表情》《女同志》《赤脚医生万泉河》,中短篇小说集《飞进芦花》《还俗》,散文随笔集《花开花落》《贪看无边月》,电视剧剧本《费家有女》《干部》等。辑有《范小青文集》(3卷)。《裤裆巷风流记》《干部》获飞天奖,长篇小说《城市表情》获第十届全国"五个一工程奖",《城乡简史》获第四届鲁迅文学奖、全国优秀短篇小说奖。《谁在我的镜子里》荣获2017年第十七届百花文学奖短篇小说奖。《碎片》获得2018年第五届汪曾祺文学奖。

37. 方方(1955—),原名汪芳,祖籍江西彭泽,生于南京。作家。1957年随父母迁至武汉。1978年考入武汉大学中文系,1982年毕业后分配到湖北电视台任编辑,后调入湖北作家协会任专业作家。曾任《今日名流》杂志社社长兼总编辑、湖北省作家协会主席等职。1976年首次发表诗歌,1982年发表处女作《大篷车上》,1985 年加入中国作家协会。1987 年发表《风景》,获全国优秀中篇小说奖,成为中国“新写实”派代表作家之一,现已出版小说、散文集 60 多部。主要有中篇小说《大篷车上》《十八岁进行曲》《江那一岸》《一唱三叹》《行云流水》《水在时间之下》,五卷本中短篇小说《方方文集》,长篇小说《乌泥湖年谱》《武昌城》及文化随笔《汉口的沧桑往事》等。其中,《十八岁进行曲》《桃花灿烂》《纸婚年》《埋伏》《过程》《在我的开始是我的结束》《奔跑的火光》分获《小说月报》等不同界别的“百花奖”。《琴断口》获 2010 年鲁迅文学奖。多部作品被译为英、法、日、意、葡、韩等文字在国外出版。

38. 方慧(1947—),蒙古族,云南昆明人。中国少数民族法制史研究专家。1995 年开始在云南大学法学院从事教学和科研工作。曾任云南大学西南边疆少数民族研究中心兼职研究员、中国民族史学会理事、中国法制史学会理事、中国儒学与法律文化研究会理事。2001 年被教育部表彰为全国优秀教师,2006 年 7 月始任云南大学滇池学院法学院院长、教授,博士生导师。主要从事民族法学、法律文化和少数民族法制史的研究。代表著作有《云南少数民族传统文化的法律保护》《二十五史中的少数民族法律史料辑要》《云南法制史》《彝族法律文化研究》《少数民族地区习俗与法律的调适》《大理总管段氏世次年历及其与蒙元政权关系研究》等。其中,《二十五史中的少数民族法律史料辑要》获国家民委优秀科研成果三等奖,《云南法制史》获第三届中国郭沫若历史学奖三等奖。

39. 方令孺(1896—1976),安徽桐城人。诗人,散文家。方苞的后代。1923 年留学美国,就读于华盛顿大学、威斯康辛大学。1929 年回国,先后任教于青岛大学、重庆国立戏剧专科学校、复旦大学。抗日战争期间曾在重庆国立编译馆任职。1949 年后曾任上海市妇联副主席,浙江省文联主席、作家协会浙江分会主席等职。当选第一届至第三届全国人大代表。20 世纪 20 年代末开始发表新诗和散文,曾为“新月派”女诗人之一。1980 年台湾洪范书店出版了《方令孺散文集》。1982 年上海文艺出版社出版的《方令孺散文选集》,汇集了她 1949 年前后的散文和诗歌。另有译著短篇小说集《钟》等。

40. 冯铿(1907—1931),原名岭梅,笔名冯占春、绿萼等。广东潮州人。作家。1922 年开始发表作品。1927 年春从友联中学毕业后,在潮安县小学任教。1929 年春到上海,同年 5 月加入中国共产党。1930 年参加左翼作家联盟,并作为“左联”代表出席全国苏维埃区域代表大会。1931 年 2 月 7 日,与柔石、殷夫等被国民党当局秘密枪杀,为“左联”五烈士之一,鲁迅曾作《为了忘却的记念》等文悼念。著有中篇小说《最后的出路》(原名《女学生的苦闷》)、《红的日记》、(又名《女同志马英的日记》)、《重新起来》,短篇小说《遇合》《突变》《小阿强》《与友人 C 君》等,其中《贩卖婴儿的妇人》显示了作者在艺术上的日益成熟。此外还有独幕剧《胎儿》,以及诗歌、散文等。

41. 冯沅君(1900—1974),原名淑兰,字德馥,笔名淦女士、易安、大琦等,河南唐河人。作家、学者。哲学家冯友兰和地质学家冯景兰的同胞妹妹。1917 年考入北京女子高等师范学校。1922 年毕业后考入北京大学国学研究所,1925 年毕业,是北京大学第一个女研究生。1932 年与丈夫陆侃如赴法国留学,1935 年在巴黎大学文学院获文学博士学位。同年回国。曾先后在金陵女子大学、复旦大学、中山大学、武汉大学、东北大学、山东大学任教,专注于中国古典文学研究。1947 年,转至山东大学任教,后任该校副校长,兼任山东省文联副主席等职务,当选第一届至第三届全国人大代表。主要作品有短篇小说《隔绝》《隔绝之后》《慈母》《旅行》等,后结集为《卷葹》《春痕》《劫灰》出版。学术著作有《说赚词》《孤本元明杂剧题记》《古优解》《古剧说汇》等,合著的有《南戏拾遗》《中国诗史》《中国文学史简编》《中国古典文学简史》等。与蜚声文坛的女作家冰心、庐隐齐名,是"五四"以后出现的新文学史上第一批颇有影响的女作家之一。

42. 凤子(1912—1996),原名封季壬,笔名禾子,广西容县人。作家。1934 年参加复旦剧社,主演过《委曲求全》《雷雨》等名剧。1936 年秋复旦大学毕业后,任上海《女子月刊》主编,并与复旦毕业同学组织戏剧工作社。1937 年应留日学生会邀请,赴日本东京演出《日出》。全面抗战爆发后,在桂林、昆明、重庆、香港等地从事戏剧活动,创作散文、小说。1942 年冬在桂林主编《人世间》月刊。1945 年任重庆《新民报》特约记者,1946 年在上海主编《人世间》月刊。中华人民共和国成立后,历任《北京文艺》《说说唱唱》编委,《剧本》月刊主编等职。1952 年加入中国作家协会。1956 年后任中国戏剧家协会历届理事、《剧本》月刊编委、副主编、主编。作品有长篇小说《无声的歌女》,小说集《沉渣》《画像》,散文集《舞台漫步》《废墟上的花朵》《旅途的宿站》等,此外还撰写了大量的戏剧、电影评论文章。

43. 傅天琳(1946—),四川资中人。作家。1961 年毕业于重庆市电力技校。同年分配至重庆市缙云山园艺场。1979 年开始发表作品。1980 年调入重庆市北碚区文化馆,1982 年调入重庆出版社。1983 年加入中国作家协会,任中国诗歌学会副会长,重庆新诗学会会长。著有诗集《绿色的音符》《在孩子和世界之间》《音乐岛》《红草莓》《傅天琳诗选》,散文集《往事不落叶》《柠檬与远方之歌》等共十余部。1983 年诗集《绿色的音符》获全国首届优秀诗集奖,2010 年获第五届鲁迅文学奖,全国优秀诗歌奖,2017 年获"中国新诗百年"全球华语诗人"杰出贡献奖"等多项大奖。

44. 高师宁(1950—),生于贵州贵阳。宗教研究专家。1985年进入中国社会科学院世界宗教研究所工作,二级研究员,曾任学术期刊《世界宗教文化》主编。主要从事宗教学理论研究和宗教社会学研究,是最早从事宗教社会学在中国大陆的译介和研究的学者之一,宗教社会学研究在中国大陆的积极推动者。代表作有《马克思主义宗教观及其相关动向》《当代新兴宗教》(合著)、《宗教社会学》(合著)、《宗教与当代中国社会》(合著)、《新兴宗教初探》等。专著《当代北京的基督教与基督徒——宗教社会学个案研究》(香港道风书社2005年版)引起宗教社会学界的广泛关注。此外,还翻译了多部西方宗教社会学研究的重要著作,发表论文数十篇。

45. 杲向真(1920—),原名杲淑清,曾用笔名向真、胖实、万尼亚等,江苏邳县人。儿童文学作家。1937年毕业于南京中央高级助产职业学校。1938年开始在长沙《观察日报》上发表诗歌和散文,处女作为《小小募捐队》。历任成都《西方日报》《川西日报》编辑,1950年夏,调北京《学习》杂志社任编辑。1951年加入中国共产党。1953年后先后在中国文联、中国作家协会及北京市文联等文艺单位工作。1979年加入中国作家协会,1980年被北京市作家协会吸收为专业作家。主要作品有长篇小说《灾星》《啊!不是幻影》《耗子精歪传》,中篇小说《路》《喜梅和她的老师》《翠玉河传奇》,短篇小说集《采撷集》《秘密行动》,儿童故事集《带臂章的人》《小胖和小松》《杲向真和她的作品》《杲向真童话选》等,另有散文、诗歌多部。其中《小胖和小松》获第二次全国少年儿童文艺创作奖一等奖。

46. 葛翠琳(1930—),又名葛翠林,曾用笔名婴林,河北乐亭人。儿童文学作家,冰心奖评委会副主席兼秘书长。中学毕业后考入燕京大学。1949年开始儿童文学创作,曾在北京市委文艺工作委员会、北京市文化局编审科、北京市文联创作委员会工作和创作,一度担任著名作家老舍的秘书。1950年,在《北京儿童报》发表儿童诗《万百千老师》。此后,在《新民报》《北京日报》《儿童时代》《小朋友》等报刊发表了《小海军》《在我们中队里》《种辣椒》等诗作。1953年发表了第一篇童话《少女和蛇郎》,后到中国木偶艺术剧团任编剧。1978年后重回北京市文联,任中国作家协会儿童文学委员会委员、北京市作家协会理事、专业作家。主要作品有《葛翠琳童话选》《进过天堂的孩子》《翻跟头的小木偶》《比孙子还年轻的爷爷》《星星落在北京城》《蓝翅鸟》《小淘气的决心》等,力求在童话创作中追求真善美的境界,形成自己独具的风格。童话《野葡萄》1980年获全国第二次少年儿童文艺创作一等奖。

47. 葛佶(1929—),浙江平湖人。非洲史研究专家。1952年7月毕业于南京金陵女子文理学院外文系,同年9月参加工作,先后在外交部礼宾司外交人员服务处和国际关系研究所供职。1961年调入中国社会科学院西亚非洲研究所工作。1978年加入中国共产党,1987年晋升研究员。历任中国社会科学院西亚非洲研究所所长、《西亚非洲》杂志主编、中国社会科学院研究生院西亚非洲研究系主任、中国非洲史研究会顾问、中国亚非学会副会长、中国非洲人民友好协会副会长等职。1992年享受国务院政府特殊津贴。2006年当选中国社会科学院首批荣誉学部委员,同年荣获中非友协"首届中非友好贡献奖——感动非洲的十位中国人"称号。1986年与他人合著的《非洲概况》首次向国内读者全面勾画出从远古到被殖民主义者瓜分时期的非洲历史,1994年出版专著《南非——富饶而多难的土地》,2000年主编出版《简明非洲百科书》。

48. 葛琴(1907—1995),笔名有柯琴、允斐、韵焦等,江苏宜兴人。小说家、剧作家。初中毕业后考取上海景贤女子中学。后由中学老师张闻天介绍,进入上海大学,并兼任工人夜校教员。1926年参加中国共产党,从事中共地下工作,任上海中央局宣传部内部交通员,并加入"左联"。1934年至1936年在杭州城西小学、裕成小学任校长。抗战时期,主编《现代儿童》杂志,历任《青年文艺》《东南战线》《力报》《大刚报》副刊编辑,《小说》月刊编委。1947年随丈夫邵荃麟去香港,从事妇女统战工作并任南方局文委委员。1949年后曾任中央电影局编剧、北京电影制片厂副厂长。1932年发表第一篇小说《总退却》,鲁迅为之写序。1937年完成了中篇小说《窑场》,以宜兴的窑业工人为题材,获茅盾好评。出版的短篇小说集有《生命》《伴侣》《一个被迫害的女人》《狂》《结亲》等,电影剧本有《女司机》《三年》《海燕》等。

49. 葛晓音(1946—),上海人。古代文学研究专家,北京大学中文系教授、博士生导师。1982年于北京大学中文系古代文学专业研究生毕业,留校任教。曾任日本东京大学人文社会学系教授、香港浸会大学中文系教授、香港浸会大学学报《人文中国》主编,北京市第一、第二届学位委员会委员,第十届全国人大代表、第十一届和第十二届全国政协委员、中国唐代文学学会副会长。主要研究领域为八代诗、初盛唐诗、山水田园诗、先秦汉魏六朝诗歌体式、唐宋散文、隋唐乐舞与日本雅乐等。出版各种著作20余种,学术论文约110篇。代表著作有《汉唐文学的嬗变》《诗国高潮与盛唐文化》《先秦汉魏六朝诗歌体式研究》《八代诗史》《唐宋散文》《山水田园诗派研究》《古诗艺术探微》《唐诗宋词十五讲》等。著作和论文多次荣获国家教委和北京市哲学社会科学优秀奖,以及《北京大学学报》《文学遗产》

《文学评论》等学术刊物的优秀论文奖。

50. 谷应(1937—),贵州安顺人。作家。1958年毕业于西南美术专科学校,后到天津艺术博物馆任美术陈列设计员,1963年调天津工艺美术学校任教。1970年调天津市文化局创评室任美术编辑。1976年调《新港》月刊社任美术编辑。1985年成为天津作家协会文学院专业作家,中国作家协会会员,中国作家协会天津分会理事,中国儿童文学研究会会员。1970年代开始儿童文学创作。1972年发表处女作《海燕与黑丫》。创作的中篇小说有《一个小孩子的大灾难》《恬静的白色》《浮岛》《锅巴菜大院写真》《空心孩子》《海豚号在起锚》《太空总督和他的小兵》等,长篇小说有《从滇池飞出的旋律》《危险的年龄》《流行色与十八岁》,电视剧本《人之初》。《从滇池飞出的旋律》《危险的年龄》分获天津市第二、第三届鲁迅文学奖,《阿灼的小刀》《两道杠》获《儿童文学》优秀小说奖,《他们都是小英雄》《过客》分别获1983年、1988年陈伯吹儿童文学园丁奖。

51. 关露(1907—1982),原名胡寿楣,又名胡楣,笔名有关露、芳君、梦茵等。原籍河北延庆,生于山西太原。作家。1928年考入南京中央大学中文系,后转哲学系,开始写作新诗和散文。1930年发表第一篇作品《她的故乡》。1932年在上海参加工人运动和抗日群众运动。同年加入中国共产党和中国左翼作家联盟,编辑诗刊《新诗歌》,后在"左联"创作委员会工作。1936年"左联"解散后,加入中国文艺家协会,编辑《生活知识》,同时参加上海文化界及妇女界抗日救亡会。1937年为电影《十字街头》作歌词《春天里》,至今广为流传。全面抗战爆发后与王亚平编辑诗刊《高射炮》。1939年后在上海为中共地下党做情报工作。1945年在苏北建设大学文学系任教,1947年随校迁往大连,任《关东日报》文艺副刊编辑。1949年3月到北京,在华北大学三部任文学创作组长。1951年秋调原文化部电影局剧本创作所任编辑。出版诗歌集《太平洋上的歌声》,带有自传色彩的中篇小说《新旧时代》,另有中篇小说《苹果园》《黎明》,长篇小说《党的女儿刘丽珊》,翻译出版过长篇传记《邓肯在苏联》等。

52. 关晓红(1957—),广东开平人。中国近代史研究专家。1999年获历史学博士学位,2001年晋升为教授。曾在广州广播电视大学任职任教,2003年调至中山大学历史学系任教,2004年7月遴选为博士生导师。主要研究领域为晚清至民国时期的社会与文化,尤关注近代政治制度、近代教育行政、近代教育政策、晚清新政史的研究。代表著作有《从幕府到职官:清季外官制的转型与困扰》《科举停废与近代中国社会》《张之洞与晚清学部》《清末中央教育会述论》《晚清学部与近代文化事业》《陶模与清末新政》等,主编有《先因后创与不破不立:近代中国学术流派研究》。《晚清学部研究》曾获全国优秀博士学位论文奖、国家新闻出版总署颁发的第二届全国教育图书奖二等奖。《科举停废与近代中国社会》获教育部第七届高校科学研究优秀成果二等奖。2016 年开始享受国务院政府特殊津贴。

53. 郭平英(1946—)，祖籍四川乐山，生于上海。郭沫若研究和博物馆学专家。郭沫若与于立群的小女儿。中国人民大学国际政治系毕业，1982 年开始在北京郭沫若故居工作，曾任郭沫若著作编委会办公室副主任、中国社会科学院历史研究所副所长、郭沫若纪念馆馆长。参与过《郭沫若全集》的编务及"文学编"编辑注释工作，主持和参与编辑整理了《英译诗稿》《郭沫若致文求堂书简》《郭沫若题画诗存》《郭沫若作品经典》《读〈随园诗话〉(手稿本)》《郭沫若书法集》《豕蹄内外》《敝帚集与游学家书》等郭沫若著作，编撰有《转变中的近代中国·郭沫若》(图片集)，承担过郭沫若纪念馆固定展、赴日巡展、郭沫若著译版本展、书法展等展览的总体设计，以及《郭沫若纪念馆》《郭沫若书法艺术》等音像片的策划或撰稿，发表的论文有《郭沫若纪念馆陈列设计三人谈》《交相辉映诗画魂》等，目前正在进行"《郭沫若全集》补编"的相关工作。

54. 海男(1962—)，原名苏丽华，云南石屏人。作家，任职于云南人民出版社《大家》杂志社。1978 年参加工作，曾任永胜县文化馆干事。1982 年开始发表作品。1991 年毕业于鲁迅文学院研究生班，1995 年加入中国作家协会。著有散文集《空中花园》《我的秘密之花》《我的魔法之旅》，诗歌集《是什么在背后》《虚构的玫瑰》，小说《疯狂的石榴树》《虚构的玫瑰》《蝴蝶是怎样变成标本的》《请男人干杯》《只爱陌生人》《婚床》《情奴》《我们都是泥做的》等。诗歌集《忧伤的黑麋鹿》获得第六届鲁迅文学奖。出版《海男文集》四卷。

55. 韩茂莉(1955—)，北京市人。中国历史地理学研究专家，北京大学城市与环境学院教授、博士生导师。1985 年在陕西师范大学攻读硕士、博士研究生，1991 年进入北京大学人文地理博士后流动站，导师为著名学者侯仁之，1993 年留校任教，2000 年晋升教授。曾赴瑞典斯德哥尔摩大学作访问学者，被日本中央大学、中国台湾成功大学聘为客座教授。主要研究领域为历史农业地理、环境变迁、乡村社会地理等。曾主持国家自然科学基金、国家社会科学基金及教育部基金项目 10 余项，出版有《宋代农业地理》《辽金农业地理》《草原与田园——辽金时期西辽河流域农牧业与环境》《中国历史农业地理》《中国历史十五讲》等专著。研究成果曾获国家教学成果二等奖、全国高校优秀教材一等奖等。兼任中国地理学会历史地理专业委员会副主任、中国农史学会理事等。

56. 菡子(1921—2003)，原名罗涵之，又名方晓，江苏溧阳人。作家。1934 年入苏州女子师范。1938年参加新四军,历任新四军服务团民运组组长、战地服务队长,《前锋报》《抗敌报》《淮南日报》编辑、记者,《淮南大众》社长兼总编辑。1939年发表处女作《群像》,1949年加入华中"文协",随军转战苏北、山东战场。1950年,任华东妇联宣传部部长。1952年随中国作家协会创作组去朝鲜战场体验生活。1955年至1956年,曾深入安徽农村。1956年夏调中国作家协会任创作委员会副主任。1957年任安徽省委宣传部处长。1962年任宜兴、吴县县委常委。曾任《收获》和《上海文艺》编委、上海市作家协会副主席、上海文艺出版总社编审。著有散文集《和平博物馆》《幼雏集》《前线的颂歌》《初晴集》《素花集》《乡村集》《菡子散文选》,小说集《纠纷》《前方》《万妞》等。是我国唯一一位赴朝鲜战场和越南战场采访的女作家,写了不少战地通讯和散文作品,其中最著名的是《从上甘岭来》,特级战斗英雄黄继光的英雄事迹就是她在上甘岭最先报道出来的。

57. 贺桂梅(1970—),湖北嘉鱼人。当代文学研究专家,北京大学中文系教授。1989年起就读于北京大学中文系,获北京大学文学学士、硕士、博士学位,2000年毕业留校任教。2015年被聘为教育部青年长江学者。主要研究领域为中国当代文学史、当代中国大众文化批评、当代中国思想研究及女性文学研究。主要论文有《知识分子、女性与革命——从丁玲个案看延安另类实践中的身份政治》《当代女性文学批评的三种资源》《性/政治的转换与张力——早期普罗小说中的"革命+恋爱"模式解析》等。主要著作有《批评的增长与危机——90年代文学批评研究》《转折的时代——40—50年代作家研究》《人文学的想象力——当代中国思想文化与文学问题》《历史与现实之间》《女性文学与性别政治的变迁》《"新启蒙"知识档案——80年代中国文化研究》《思想中国——批判的当代视野》《赵树理文学与乡土中国现代性》等,另有学术随笔集《西日本时间》。兼任中国丁玲研究会副会长、中国赵树理研究会副会长等。曾获"唐弢青年文学研究奖"等奖项。

58. 贺捷生(1935—),湖南桑植人。军旅作家。贺龙元帅的长女。2014年8月,回忆父母的文集《父亲的雪山母亲的草地》获第六届鲁迅文学奖。中国人民解放军少将军衔。出生在红军长征途中。1958年毕业于北京大学历史系。先后在青海民族学院、中国历史博物馆、全国政协文史办公室、中国军事科学院工作,当过记者、编辑。历任军事科学院军事研究部室主任、副部长、部长、党委书记、军事科学学会副秘书长等职。是中国作协会员、中国电影艺术家协会会员。在报告文学、散文、电影剧本等方面多有建树,发表过《共青畅想曲》《击毙二王》《祝您一路平安》等数百万字文学作品。执笔编写并拍摄完成的电影剧本有《残月》《情归风雨桥》等。从1986年起,主持编撰了《中国百科全书(军事卷)》。

59. 胡兰畦(1901—1994),原名胡明仙,学名胡瑞英,号兰卿,后改为兰畦,四川成都人。作家、著名社会活动家、杰出的反法西斯战士。曾先后就读于成都首个私立女学堂、五保联立女子小学、成都淑行女子中学、成都毓秀女子师范学校,毕业后因不满封建婚姻,只身从成都逃到川南泸州,成为一名小学教员,并与恽代英、李求实等人一起开展文化运动。1927 年考入黄埔军校武汉分校女生队,开赴前线西征。1929 年赴德国留学。1930 年加入共产党,在德国组织华侨留学生反帝同盟,任主席。曾先后两次与世界妇女领袖克拉拉·蔡特金会见。1933 年因为进行反法西斯宣传活动,被希特勒投入监狱。后经鲁迅、宋庆龄等以"人权保障大同盟"的名义,在上海向德国领事馆提出严正抗议方获释。获释后被驱逐出境,先后流落到法国、英国,后到了苏联。1934 年,根据狱中三个月的生活经历,写成了《在德国女牢中》,最初在法国巴比塞主编的《世界报》上发表,后被译成英、俄、德、西班牙等国文字。1934 年在莫斯科时,以中国作家身份参加了苏联第一次作家代表大会,被高尔基赞誉为"是一个真正的人!"。高尔基逝世时,应苏共之邀,曾到红场为高尔基守灵送葬。抗日战争时期,受何香凝之托,任上海劳动妇女战地服务团团长,辗转于 7 个省的抗日前线,写下不少战地通讯,结集有《在抗战前线》、合集《在淞沪火线上》《血战台儿庄》《大战东林寺》,编辑的作品有《战地一年》《战地二年》《战地三年》等。抗战胜利后,任《贵州日报》社长。1949 年后在北京工学院工作。曾任四川政协常委、文史馆研究员,主要作品还有《回首十年》《忆何香凝先生》《胡兰畦回忆录》等。

60. 胡辛(1945—),原名胡清。原籍江西南昌,生于江西瑞金。作家。1963 年考入江西师范学院中文系学习。1968 年起先后在景德镇市四中、一中,江西省为民机械厂子弟中学,江西省商业学校任教。1987 年后历任南昌大学影视艺术研究中心主任、中文系教授、硕士生导师。1983 年开始发表作品。1988 年加入中国作家协会。著有中短篇小说集《四个四十岁的女人》《这里有泉水》《地上有个黑太阳》,长篇小说《蔷薇雨》《陶瓷物语》,长篇传记文学《蒋经国与章亚若之恋》《最后的贵族·张爱玲》《陈香梅传》《网络妈妈》等,散文集《女人的眼睛》《我爱她们——另一种方式探索女性》《胡辛自选集》等,电视剧剧本《花谢花会再开》(30 集),电视专题片《千里踏访颂诗魂》(编导),校园青春剧《散沙》(24 集,编导),电视系列片《瓷都景德镇》(9 集,撰稿),主编有《电视艺术十二讲》《百年回眸——名导名片管窥》等。曾获全国优秀短篇小说奖,第一、第二届中国女性文学奖,中国电视专题片二等奖等,2005 年获中国十大当代优秀传记文学作家奖。作品被译为英、日文在国外出版。

61. 黄爱平(1955—　),瑶族,广西桂林人。清史及文献学史研究专家,中国人民大学清史研究所教授、博士生导师、副所长,享受国务院政府特殊津贴。1987年毕业于中国人民大学清史研究所,获历史学博士后留所。长期从事清史、思想文化史、文献学史的教学与研究,出版《四库全书纂修研究》《18世纪的中国与世界·思想文化卷》《朴学与清代社会》《中国历史文献学》《清代学术文化史论》(合著)等著作多部,主编《中国历史文献学》教材,发表论文160余篇。《四库全书纂修研究》运用丰富的史料,特别是大量的原始档案资料,对《四库全书》纂修的全过程及其所涉及的诸多问题,做了深入的考订和翔实的论证,提出了新的见解。《朴学与清代社会》被誉为"考镜源流与辨章学术的用心之作",《清代学术文化史论》为"清学领域辛勤耕耘的厚重之作"。兼任国家清史编纂委员会典志组专家、中央档案馆档案价值评定专家委员会委员、中国历史文献研究会常务理事暨学术委员会委员等职。

62. 黄蓓佳(1955—　),生于江苏如皋。作家。1977年考入北京大学中文系,大学毕业后历任江苏省外事办公室干部,省作家协会理事,中国作家协会第六、第七届全委会委员,江苏省作家协会副主席。1973年发表处女作《补考》,1984年加入中国作家协会。著有长篇小说《夜夜狂欢》《午夜鸡尾酒》《何处归程》《世纪恋情》《派克式左轮》《新乱世佳人》《我要做好孩子》《今天我是升旗手》《婚姻流程》《没有名字的身体》,小说集《小船,小船》《唱给妈妈的歌》《遥远的地方有一片海》《芦花飘飞的时候》《这一瞬间如此辉煌》《玫瑰房间》《我喜欢百合的香味》等,散文集《生命激荡的印痕》《窗口风景》《玻璃后面的花朵》《中国童话》等。作品获上海儿童文学园丁奖、江苏省儿童文学奖、全国"五个一工程奖"、全国儿童文学奖、江苏紫金山文学奖等。

63. 黄庆云(1920—2018),笔名有云姊姊、是德等,广东广州人。作家。1939年毕业于中山大学中文系,发表处女作《跟着我们的月亮》。1940年考入香港岭南大学社会科学研究所,以儿童文学为专题研究。1941年在香港创办《新儿童》半月刊,任总编辑,同年开始儿童文学创作,在香港、广州等地刊物上发表《七个哥哥和一个妹妹》等儿童小说、童话。1947年到美国哥伦比亚大学攻读研究生,1948年获教育硕士学位。在香港出版《诗与画》《云姊姊的信箱》等儿童文学作品集20余种。1949年后曾任广东《少先队员》杂志总编辑、广西大学和广东文理学院副教授、中国作家协会广东分会副主席等。1981年开始主编《少年文艺报》。2015年,获第二届广东文艺终身成就奖。作品有长篇小说《香港归来的孩子》、中篇小说《一枝枪》、故事集《不朽的向秀丽》、童话集《奇异的红星》、诗歌集《快乐的童年》

等儿童文学作品十余种。其中儿童诗歌集《花儿朵朵开》曾被译成英、法文出版。

64. 黄绍湘(1915—2015),湖南临澧人。中国美国史研究主要奠基人之一,中国社会科学院荣誉学部委员,中国社会科学院世界历史所研究员。1935年清华大学"一二·九"运动骨干。1936年6月加入中国共产党。1937年清华大学历史系毕业,1943年经南方局领导同意并给予部分资助,通过自费留学考试,赴美留学。1946年获美国哥伦比亚大学研究生院历史学硕士学位,1947年返回祖国,1950年任山东大学文史系教授,1951年任人民出版社编审。1956年调中央政治研究室从事美国史研究工作。1960年任北京大学历史系教授。1977年任中国社会科学院世界历史研究所研究员。在中国美国史研究领域做出了开拓性的贡献。1953年推出了中国人撰写的第一本美国史专著《美国简明史》,1979年出版的《美国通史简编》被誉为"极具标志性、代表性的美国史专著""开创中国美国史研究新局面的力作"。《美国早期发展史》(1957)和《美国史纲(1492—1823)》(1987)"是我国有关早期美国史研究的主要成果之一"。结集出版《中国社会科学院学者文选黄绍湘集》,主编《中国大百科全书·外国史卷·北美大洋洲》,翻译《大英帝国》。1991年享受国务院政府特殊津贴。

65. 黄宗英(1925—),祖籍浙江瑞安,生于北京。作家、演员。1941年随兄黄宗江到上海,进黄佐临组织的业余剧团,参加演出的戏剧有《蜕变》《鸳鸯剑》《霸王别姬》《甜姐儿》《君子好逑》等,从此崭露头角。曾任昆仑影片公司电影演员,参加演出的电影有《幸福狂想曲》《街头巷尾》《丽人行》《乌鸦与麻雀》等。1950年随中国代表团赴波兰参加世界和平大会。1956年参加中国共产党。1959年任上海电影制片厂编剧,中国作家协会、上海作家协会及中国电影工作者协会会员。1979年参加了第四次全国文代会,当选中国作家协会理事。文学创作始于1946年,处女作是同年在《文汇报》上发表的反映艺人生活的散文《寒窗走笔》。1951年出版散文集《和平列车向前行》。1954年开始电影文学创作,著有电影文学剧本《在祖国需要的岗位上》(《平凡的事业》)、《你追我赶》、《六十年代第一春》和大型纪录片《上海英雄交响曲》的解说词。1963年至1964年创作了优秀报告文学《特别的姑娘》《小丫扛大旗》《新泮伯》。1978年后在报告文学创作上取得了突出的成就,发表了《星》《桔》《美丽的眼睛》《大雁情》《愿你的遗风长存》《小木屋》等,作品多次获全国报告文学奖。

66. 霍达(1945—),回族,北京人。作家。1961年考入中国人民解放军艺术学院话剧表演专业,后因病改学外语,就读于北京建筑工程学院。1966年毕业后历任北京市园林局、市文物局翻译,北京电视艺术中心编剧,中央文史研究馆馆员。

1976年发表第一部小说《不要忘记她》。1982年加入中国电影家协会，翌年加入中国作家协会。在戏剧、电影文学、小说及报告文学等领域成绩斐然。电影剧本主要有《公子扶苏》《江州司马》《飘然太白》《笔墨官司》《保姆》《失落的明珠》《鞘中之剑》《战斗在北平》《年轮》《红尘》及其戏剧代表作五幕十场大型话剧《秦皇父子》。小说创作主要有中篇儿童文学《动物园里的新鲜事》，中短篇小说集《魂归何处》《红尘集》，中篇小说《沉浮》及长篇小说《穆斯林的葬礼》《补天裂》等。《红尘》获中国作家协会第四届（1985—1986）全国优秀中篇小说奖。《穆斯林的葬礼》获茅盾文学奖，报告文学《小巷匹夫》获火凤凰报告文学奖，《万家忧乐》获1988年全国优秀报告文学奖，《我不是猎人》获全国优秀儿童读物奖，《鹊桥仙》获当年全国电视剧奖。出版有《霍达文集》（六卷）、《霍达文选》（九卷）。

67. 季红真（1955— ），浙江丽水人。文学评论研究专家、散文家、作家。沈阳师范大学中国文化与文学研究所教授、黑龙江大学萧红研究中心客座研究员、哈尔滨工程大学客座教授。1982年毕业于吉林大学中文系，获文学学士学位。1984年毕业于北京大学中文系，获文学硕士学位。1984年至2005年在中国作家协会创作研究部工作，历任副研究员、研究员。著有文学评论集《文明与愚昧的冲突》《忧郁的灵魂》《众神的肖像》《世纪性别》《女性启示录》《萧红传》等。翻译有《简明文化人类学》等。编著《中国人的动物故事》等十余种。写有长篇小说《童话》。曾获中国当代文学研究会颁发的“1988年当代文学研究奖”、首届全球华语文写作“萧红文学奖”等多项奖励。

68. 季康（1931— ），原名赵继康，浙江嘉善人。作家。1948年肄业于南京金陵女子大学中文系。1949年在香港《星岛日报》开始发表散文。同年参加中国人民解放军，在二野四兵团文工团工作，后任昆明军区《国防战士报》记者。20世纪50年代出版短篇小说集《猛铃河的春天》（与他人合作）、《世界上》、《歌手》等。1956年加入中国作家协会。1958年到1960年，创作电影文学剧本《两个巡逻兵》《摩雅傣》《五朵金花》。1960年加入中国电影工作者协会。后转业到昆明作家协会任专业作家。1976年后任杭州话剧团编剧和杭州市文联专业作家。著有短篇小说集《蒙帕在幻想》《猎神》等。1982年出版描写西双版纳边远地区傣族人民生活的长篇小说《忧愁河》，后又创作了长篇小说《水仙湖》和《郎西河之歌》等。《五朵金花》曾获亚非电影节金质奖章。

69. 冀淑英（1920—2001），河北河间人。中国古籍版本目录学家。1942年毕业于辅仁大学中文系。1945年12月至1948年8月间任北京大学图书馆古籍编目员，编辑有《北京大学图书馆藏李氏书目》。1949年后在北京图书馆工作，历任古籍善本部助理研究员、研究馆员、善本组副组长。1978 年任《中国古籍善本书目》副主编,《中国大百科全书·文物博物馆卷》文物编辑委员会委员。曾任第七、第八届全国政协委员,国务院古籍整理规划小组第二、第三届成员,国家文物局文物鉴定委员会常务委员,《中华大典》编委会委员,《四库全书存目丛书》学术顾问,中国对外友好协会理事。长期从事中国古籍善本的分类编目工作和古籍版本学、中国书史、古典目录学的研究,建树卓著。先后主持整理了瞿氏"铁琴铜剑楼"藏书、潘氏"宝礼堂"藏书、常熟翁氏藏书、周叔弢藏书、商务印书馆涵芬楼藏书、郑振铎藏书等大批善本古籍。2004 年将各类文章以及善本书的个案介绍等编为《冀淑英文集》出版。

70. 贾玉英(1950—),河南郑州人。宋史及中国古代政治史研究专家。河南大学历史文化学院教授、博士生导师,河南大学特聘教授,享受国务院政府特殊津贴,全国模范教师,河南省第九、第十届政协委员。曾任日本皇学馆大学访问学者,到韩国、新加坡等国家进行学术交流。主要从事宋史、中国古代政治制度史、旅游文化史研究。主持国家社科基金项目《中国古代监察制度文化的发展研究》《唐宋时期国家政治体制变迁与基层社会互动关系研究》,教育部人文社科重点研究基地重大项目《黄河流域旅游文化及其历史变迁研究》等 10 个项目的研究工作。出版专著《宋代监察制度》《中国古代监察制度发展史》《唐宋时期中央政治制度变迁史》等。其中,《宋代监察制度》获河南省社会科学优秀成果二等奖,《中国古代监察制度发展史》获河南省社会科学优秀成果一等奖。

71. 江蓝生(1948—),出生于安徽含山。语言学研究专家。1962 年至 1967 年在北京大学中文系语言专业学习,1968 年至 1971 年任山西省孝义县(今孝义市)兑镇中学教员。1972 年调入北京大学附属中学。1978 年考入中国社会科学院研究生院语言系,师从吕叔湘、刘坚,1981 年获文学硕士学位,同年进入中国社会科学院语言研究所。曾任语言所研究员,近代汉语研究室主任,语言所副所长、所长、博士生导师,中国社会科学院副院长。主要研究晚唐五代至明代语言的语法和词汇,在虚词源流与语法化问题、语言接触问题的研究方面卓有成绩。出版有《魏晋南北朝小说词语汇释》、《近代汉语虚词研究》(合著)、《唐五代语言词典》(合著)、《近代汉语探源》、《近代汉语研究新论》、《汉语词汇语法论考》等专著,主持修订《新华字典》(第 11 版)、《现代汉语词典》(第 6 版)。曾任全国政协常委、社会和法制委员会副主任委员、国务院学位委员会学科评审组成员、国家社会科学基金语言学科评审组组长、中国辞书学会会长等职务。

72. 姜良芹(1972—),山东费县人。中国近现代史学研究专家。2001 年 7

月毕业于南京大学历史系中国近现代史专业，获博士学位，为南京大学历史系教授、南京大学中华民国史研究中心副主任。主要从事中华民国史、中国近现代经济史、中日关系史的教学与研究工作。著有《南京国民政府内债问题研究》、《中华民国史》（合著）、《中国近代史研究导引》（合著）、《宋美龄、严倬云与中华妇女》（合著）等，参与撰写《星汉灿烂——北上抗日先遣队和南方红军游击区战史》、《红军长征全史》（第五卷）、《百年巨变与振兴之梦——20 世纪江西经济研究》、《中华民国史》（四卷本）、《民国学案》等，合编《南京大屠杀史料集》多卷，在《历史研究》《近代史研究》等刊物发表《南京大屠杀期间市民财产损失的调查与统计》《从淞沪到南京：蒋介石政战略选择之失误及其转向》等学术论文 30 余篇。主持或参与国家级、省部级课题 7 项，曾获教育部高校科学研究优秀成果奖一等奖，江苏省哲学社会科学优秀成果奖一等奖。

73. 蒋韵（1954— ），河南开封人。作家。山西省作家协会主席团委员、太原市文联主席。1981 年毕业于太原师专中文系。历任太原建筑材料厂、太原水电安装队工人，太原师专中文系、艺术系教师，太原市文联专业作家。1979 年开始发表作品。1985 年加入中国作家协会。主要作品有长篇小说《隐秘盛开》《栎树的囚徒》《红殇》《闪烁在你的枝头》《我的内陆》，小说集《现场逃逸》《失传的游戏》《完美的旅行》，散文随笔集《春天看罗丹》《悠长的邂逅》等。中篇小说《心爱的树》获鲁迅文学奖，作品还曾获《上海文学》优秀作品奖、赵树理文学奖、《中国作家》大红鹰优秀作品奖等奖项，并被翻译为英、法等文字在海外出版。

74. 柯岩（1929—2011），满族，本名冯恺，广东南海人，生于河南郑州。作家。1948 年考入苏州社会教育学院戏剧系。1949 年就职于北京中国青年艺术剧院，任编剧。1956 年到中国儿童艺术剧院从事专业创作。1960 年参加中国作家协会，1962 年参加中国戏剧家协会，担任《儿童文学》编委。历任全国文联委员、中国作家协会理事、中国报告文学学会副会长、《诗刊》副主编、中国人民保卫儿童全国委员会委员、中国作家协会书记处书记。主要作品有剧本《娃娃店》《双双和姥姥》《相亲记》《飞出地球去》《水晶洞》（合作），儿童诗集《小兵的故事》《大红花》《最美的画册》《我对雷锋叔叔说》《讲给少先队员听》，诗、剧合集《小迷糊阿姨》《月亮不会搞错》，题画诗集《春天的消息》《柯岩儿童诗选》等。其中《小兵的故事》获 1980 年第二次全国少儿文艺创作一等奖。1978 年以来，出版有诗集《周总理，你在哪里?》，报告文学和散文集《奇异的书简》，长篇小说《寻找回来的世界》等。《船长》获 1977—1980 年全国优秀报告文学奖，《癌症≠死亡》获 1981—1982 年全国优秀报告文学奖。《寻找回来的世界》及根据小说改编的同名电视连续剧曾荣获中国作家协会文学奖、金质奖、飞天奖、金鹰奖、国家教委特别奖、宋庆龄儿童文学奖。作品多次被选入大中小学教材，翻译成英、法、德、日等多国文字出版。

75. 郎樱（1941— ），北京人。少数民族文学研究专家，中国社会科学院荣誉学部委员、民族文学研究所研究员、博士生导师。1965 年毕业于中央民族学院少数民族语言文学系维吾尔语言文学专业，1965 年至 1969 年在中国文联民间文艺研究会工作，1976 年至 1983 年在原文化部文学艺术研究院工作，1983 年至今在中国社会科学院民族文学研究所工作。曾任北方民族文学研究室主任、副所长，中国社会科学院学术咨询委员会委员等职。2011 年 10 月获得吉尔吉斯共和国授予的"达纳克尔"勋章。主要从事突厥语民族文学与史诗研究。1990 年出版的《中国少数民族英雄史诗〈玛纳斯〉》是我国出版的第一本有关《玛纳斯》的汉文专著，被称为中国"《玛纳斯》学"的奠基作。著作还有《〈玛纳斯〉论》《〈福乐智慧〉与东西方文化》《西北突厥民族的萨满教遗俗》《波斯神话及其在新疆的流传》等，兼任中国《玛纳斯》史诗研究会副会长、中国维吾尔历史文化研究会副会长、中国维吾尔古典文学和维吾尔木卡姆研究会副会长、国家社会科学基金项目评委、国家出版署专家委员会委员、国家政府图书奖评委、中国原文化部非物质文化遗产保护专家委员会委员等职务。

76. 雷妍（1910—1952），本名刘植莲，笔名刘咏莲、刘植兰、芳田、端木直、田田、田虹、东方卉等，出生于河北昌黎。作家。国立北平大学女子文理学院英国文学系毕业，随丈夫去衡阳粤汉铁路工作 3 年，后回到北平。1937 年开始写小说。她写都市人物，文笔秀丽疏朗；写乡村故事，多用白描手法，文风质朴，与乡野环境和谐，文字简约、准确，耐人咀嚼。主要著作有小说《良田》《白马的骑者》和文集《奔流》《少女湖》《鹿鸣》《凤凰》等。其中《良田》被当时的评论界赞誉为"可以与赛珍珠的《大地》比拼的小说，因为赛珍珠只写了中国农民的愚昧与悲惨，而《良田》却写了农民悲惨中的希望"。1949 年后发表了短篇小说《人勤地不懒》《新生的一代》和中篇小说《小力笨》等。

77. 李伯钊（1911—1985），原名李承萱，曾用名戈丽等，生于重庆。戏剧家，作家。1924 年在重庆四川省立女子师范第二中学求学期间，开始接受共产主义思想。1925 年加入中国共青团，参加了进步的学生运动和工人运动。1925 年冬赴莫斯科中山大学学习，1929 年与杨尚昆结婚。1930 年冬回到上海，从事工人运动。1931 年去闽西军区政治部宣传部任宣传科长，后任瑞金红军学校政治教员。同年冬调任《红色中华》编辑。曾与胡底、钱壮飞合作编写《为谁牺牲》《无论如何要胜利》等话剧，并参加演出。改编《黑奴吁天录》为《农奴》，编写话剧《战斗的夏天》。

1934 年任高尔基戏剧学校校长，同年参加长征，参与建立红四、红二方面军随军剧社，途中创作《一、四方面军会合歌》《打骑兵歌》等。1938 年与吕骥、向隅等合作创作歌剧《农村曲》。1939 年任中共北方局宣传科长、晋东南鲁迅艺术学校校长，创作话剧《老三》《母亲》《金花》等。1940 年回延安，历任中共中央文委地方文化科长、中央党校文艺工作研究室主任、中共华北局文委委员、华北文联副主任、华北人民文工团团长。1949 年后，历任北京市委文委书记，北京市教育局副局长，中央戏剧学院副院长、党委书记，文联执行委员，北京人民艺术剧院院长，中国戏剧家协会副主席等，当选第五、第六届全国政协常委，主编过《说说唱唱》。创作歌剧《长征》（与于村、贺绿汀、梁寒光等合作）、《赤卫队之歌》、《红军不怕远征难》，话剧《华树沟》《北上》，中篇小说《女共产党员》等。辑有《李伯钊文集》等。在病重住院时，还继续写作革命回忆录《三过草地》。

78. 李德英（1964— ），重庆万州人。中国近代区域社会经济史研究专家，四川大学历史文化学院教授、博士生导师、副院长。2005 年获得四川大学历史学博士学位后留校任教。曾赴美国哈佛大学哈佛燕京学社做访问学者。曾主持国家社科基金项目《20 世纪岷江流域经济发展与生态环境问题探讨》《成都平原土地占有情况研究（1900—1956）》，教育部规划项目《近代长江上游农民生活状况研究：以成都平原为中心的考察》等。主要著作有《国家法令与民间习惯：民国时期成都平原租佃制度新探》，主编《近代长江上游农民生活状况研究》，合作译著《街头文化：成都公共空间、下层民众与地方政治（1870—1930）》等。研究成果曾获得第三届中国高校人文社会科学研究优秀成果奖历史学二等奖等奖励。

79. 李锦绣（1965— ），河北秦皇岛人。隋唐史、西域史研究专家。中国社会科学院历史研究所研究员、博士生导师，2009 年入选“新世纪百千万人才工程”。1993 年起在社科历史研究所工作，历任助理研究员、副研究员，中外关系史研究室副主任、研究员，中外关系史研究室主任。研究方向为隋唐史、敦煌吐鲁番学、汉唐西域史。专著有《唐代制度史略论稿》《敦煌吐鲁番文书与唐史研究》《唐代财政史稿》《隋唐审计史略》等，合著《敦煌吐鲁番经济文书导论》《隋唐五代史研究概述》《隋唐代社会生活史》《二十世纪唐研究》等。其中，专著《唐代财政史稿（上卷）》1999 年获中国社会科学院第三届青年优秀科研成果一等奖，2002 获第二届郭沫若历史学三等奖，《唐代财政史稿（下卷）》2003 年获第五届中国社会科学院历史研究所优秀科研成果一等奖，2004 年获第五届中国社会科学院优秀科研成果一等奖。

80. 李纳（1920—2019），原名李淑源，曾用笔名那里、菽源，彝族，云南路南人。

作家。1938 年到云南大学附中图书馆工作,1940 年初奔赴延安。先在中国女子大学学习,后转到鲁艺学习。1943 年任延安中学语文教师。抗战结束后奔赴东北。1945 年至 1950 年先后任《东北日报》与《东北画报》编辑,开始发表散文和报告文学。1948 年以矿工为题材的第一篇小说《煤》发表,引起文坛重视,被美、苏、东欧等国家予以译载。随后发表了《出路》《姜师傅》等小说,1951 年辑集为《煤》出版。1954 年调作家协会从事专业创作,到纺纱厂深入生活,先后担任青岛国棉六厂细纱车间支部副书记、天津国棉四厂党委委员兼细纱车间党支部副书记。1958 年到安徽宣城深入生活,并任该县双桥公社双桥大队党支部副书记。这期间的作品辑集为《明净的水》出版。1977 年调到北京,在人民文学出版社工作,历任人民文学出版社编审,作家出版社编审,中国作家协会第四届理事、第五届名誉委员,少数民族作家协会常务理事等,作品有《涓涓的流水》《战友之间》《温暖的心》等。1981 年出版长篇小说《刺绣者的花》,1986 年获首届人民文学长篇小说奖。

81. 李小雨(1951—2015),河北丰润人。诗人。1969 年到河北丰润农村插队落户。1971 年参加中国人民解放军,在铁道兵部队当化验员。1972 年在部队写出第一组诗《采药行》,其后陆续发表作品。1976 年调《诗刊》编辑部工作。1983 年加入中国作家协会。曾在中国作家协会文学讲习所学习。出版诗集《雁翎歌》《红纱巾》《东方之光》《玫瑰谷》《声音的雕像》等。其中《女孩子、油工衣和毛线团》获 1982 年《青春》文学奖,诗集《红纱巾》获全国第三届优秀新诗集奖。曾获首届庄重文文学奖、第二届铁人文学奖等,作品被译为英、法、意、日、韩等多种文字。

82. 李颖(1968—),黑龙江齐齐哈尔人。中共党史研究专家,中央党史和文献研究院第二研究部主任,研究员,入选新世纪百千万人才工程,享受国务院政府特殊津贴。主要研究方向为民主革命时期党史、大革命史、共产国际与中国革命关系史、党的代表大会史等。参加《中国共产党历史》(第一卷)的修订工作,担任电视文献纪录片《杨尚昆》的主要撰稿人之一。主要专著有《党代会现场——99 个历史深处的细节》《陈独秀与共产国际》《从一大到十七大》等。发表学术论文 80 余篇。兼任中共党史学会常务理事、副秘书长,中共党史学会党的建设史研究专业委员会秘书长等职。

83. 李玉洁(1948—),河南开封人。先秦史研究专家,河南大学黄河文明与可持续发展研究中心教授、河南大学特聘教授、河南大学中国古代史学科带头人、中国古代史博士生牵头导师、"河南省优秀专家"、河南省华夏文化研究会副会长兼秘书长。1988 年获四川大学历史系博士学位后到河南大学任教,1992 年晋升为教授。主持国家社科基金重大项目"大遗址与河洛都城文明研究",已完成国家社科基金重点项目“中国古代王权与专制主义研究”、教育部人文社科重点研究基地重大项目“黄河文明的历史变迁”。出版《楚史稿》《先秦丧葬制度研究》《齐史稿》《先秦诸子思想研究》《楚国史》《先秦史稿》《中国古史传说的英雄时代》《儒学与中国政治》等20余部学术著作，发表120余篇学术论文。

84. 李毓芳（1943— ），北京人。考古学家。中国社会科学院考古研究所研究员、中国社会科学院研究生院教授，享受国务院政府特殊津贴，被国务院授予“全国先进工作者”称号。1962年考入北京大学历史系，1967年毕业于北京大学考古系，1972年进咸阳博物馆工作，1979年调入中国社会科学院考古研究所。曾任中国社会科学院考古研究所汉长安城考古队队长、阿房宫考古队领队。研究领域为秦汉都城考古、汉唐帝陵考古。先后参加或主持过汉高祖长陵陪葬墓——杨家湾大汉墓、秦都咸阳遗址、唐代青龙寺、秦都栎阳城遗址、汉宣帝杜陵遗址、汉长安城未央宫少府遗址、中央官署遗址等重大项目的考古发掘。率队发掘的汉长安城陶俑官窑被评为全国十大考古发现之一，对秦阿房宫前殿遗址进行考古勘探、试掘和发掘工作，纠正了两千年来关于阿房宫的认识，受到国内外学术界的关注。代表作有《汉长安城未央宫》《汉杜陵陵园遗址》《前汉皇帝陵的研究》《汉代未央宫出土骨签的档案学考察》《西安相家巷遗址秦封泥考略》等。

85. 李长莉（1958— ），河北人。中国近现代社会文化史研究专家，中国社会科学院近代史研究所研究员、文化史研究室主任、社会史研究中心主任，中国社会科学院研究生院教授，享受国务院政府特殊津贴。1989年毕业于中国社会科学院研究生院近代史系，获历史学博士学位，即在中国社会科学院近代史研究所从事研究工作。主要研究领域为中国近代社会史、文化史、中日近代文化比较与交流。承担中国社会科学院重大课题“中国近代文化转型”子课题“近代中国人生活方式与文化转型”、中国社会科学院重大课题“近代社会生活与观念变迁”、国家社科基金项目“传统农村社会文化的近代转型”等。专著《晚清上海社会的变迁——生活与伦理的近代化》获第14届“中国图书奖”，《中国人的生活方式：从传统到近代》与“近代中国文化转型研究丛书”荣获2011年国家新闻出版总署第三届“三个一百”原创出版工程奖、2014年中国社会科学院优秀科研成果一等奖。兼任中国社会史学会常务理事。

86. 李卓（1954— ），辽宁阜新人。日本史研究专家，南开大学世界近现代史研究中心及南开大学日本研究院教授、博士生导师，曾任日本研究院院长，中国日本史学会副会长等。研究领域为日本社会史、日本古代史。对日本的婚姻、家庭、家族制度、妇女问题等进行深入研究，曾承担国家教委研究课题“家庭道德与日本近代化的道路”,日本国际交流基金课题“中日文化比较研究”,国家社科基金重点课题“中日家族制度比较研究”等。出版《家族制度与日本的近代化》《中日家族制度比较研究》《日本家训研究》《“儒教国家”日本的实像——社会史视野的文化考察》等专著,并发表大量学术论文。

87. 梁凤仪(1949—),生于香港,原籍广东新会。作家。先后获香港中文大学学士、硕士及哲学博士学位。其间曾赴英国伦敦研修图书馆学并接受训练。1974年就业于美国威斯康星大学图书馆,并修读戏剧。1979年创办碧利公司及雷尼投资公司,1980年至1982年任职于新鸿基证券及银行集团。1983年创办双边市场推广及公关公司。1990年创办勤+缘出版社。2003年出任第十届北京市政协委员。2010年增补为第十一届全国政协委员。2014年被香港中文大学授予荣誉院士衔。创作小说多以香港商界为背景,以自立奋斗的女强人为主人公,以缠绵悱恻的爱情故事为中心情节。主要作品有长篇小说《尽在不言中》《豪门惊梦》《醉红尘》《花魁劫》《今晨无泪》《笑春风》《昨夜长风》《誓不言悔》《谁怜落日》,散文集《勤+缘》《重出江湖》《老土亲情》《是是非非》《小女人小文章》《胜者为王》《一言惊醒梦中人》《乱世佳人》等,共60多部。

88. 林白(1958—),原名林白薇,广西北流人。作家。1982年毕业于武汉大学图书馆学系,先后在广西图书馆、广西电影制片厂、中国文化报社、武汉市文联工作。1992年加入中国作家协会。为武汉文学院专业作家。著有长篇小说《一个人的战争》《说吧,房间》《万物花开》《妇女闲聊录》,中篇小说集《子弹穿过苹果》《回廊之椅》,散文集《前世的黄金》等,其中《一个人的战争》被认为是“个人化写作”和“女性写作”的代表性作品。长篇小说《妇女闲聊录》获华语文学传媒大奖2004年小说家奖,其他作品曾获首届及第三届中国女性文学奖创作奖,第三、第四届大家文学奖、红河文学奖荣誉奖。出版《林白文集》(四卷),作品被译成六种文字在国外发表出版,在国际上有一定的影响。

89. 林海音(1918—2001),原名林含英。原籍台湾苗栗,生于日本,长于北京。作家。北京女子高等师范学校和世界新闻专科学校毕业后任北平(今北京)《世界日报》记者、编辑。1948年到台湾,先后担任《国语日报》编辑、《联合报》副刊主编。1957年创刊《文星杂志》,后创办并主编《纯文学》月刊,负责纯文学出版社,出版《纯文学丛书》。主要作品有散文集《冬青树》《两地》《作客美国》《窗》,小说《绿藻与咸蛋》《城南旧事》《婚姻的故事》《孟珠的旅程》《春风》《春雨丽日》《薇薇的周记》《林海音自选集》等。其自传体长篇小说《城南旧事》,1999年获第二届五四奖“文学贡献奖”,德文版获瑞士颁赠的“蓝眼镜蛇奖”。《城南旧事》改编的电影在 1982 年马尼拉国际电影节上荣获大奖,1994 年获“世界华文作家协会”及“亚华作家文艺基金会”颁赠的“向资深华文作家致敬奖”,1998 年获“世界华文作家大会”颁发的终身成就奖。

90. 凌力(1942—2018),原名曾黎力,原籍江西于都,生于延安。作家,历史学家。自幼随军辗转南北,1949 年后在西安、重庆、南京、北京等地读中小学,1960 年至 1966 年春在西安军事电信工程学院学习,毕业后到第七机械工业部第三研究院任技术员,从事导弹工程技术工作十二年。1978 年调至中国人民大学清史研究所任讲师。曾任北京作家协会副主席,中国作家协会第六届全委。1981 年出版了描写太平天国后期捻军革命斗争的长篇历史小说《星星草》。1982 年加入中国作家协会。主要作品还有中篇儿童散文故事《幼年》,中篇小说《火炬在燃烧》,另有《凌力文集》12 卷本。长篇历史传说小说《少年天子》获第三届茅盾文学奖。《暮鼓晨钟——少年康熙》获 1995 年“国家图书奖”提名奖、北京市庆祝国庆 45 周年征文佳作奖,《梦断关河》获第二届北京市文学艺术奖、首届老舍文学奖和姚雪垠长篇历史小说奖。2008 年出版长篇历史小说《北方佳人》。

91. 凌叔华(1904—1990),原名凌瑞棠,笔名有叔华、素心等。祖籍广东番禺,生于北京。作家。1922 年考入燕京大学西方文学系就读,1929 年到武汉大学任教,课余主编《武汉文艺》。1924 年发表短篇小说《酒后》《绣枕》,引起文坛关注,此后继续在多种报刊上发表短篇小说,1928 年结集为《花之寺》出版。作品大都描写旧式家庭中婉顺女性的凄苦命运,反映高门巨族的精魂。1930 年出版短篇小说集《女人》和《小孩》,1935 年出版儿童短篇小说集《小哥儿俩》。1940 年起在燕京大学任教。1947 年随丈夫陈源到法国,从事西方文学和艺术的研究。后又移居英国伦敦。在英、法、加拿大、新加坡等国侨居三十多年。讲授中国近代文学和中国书画艺术专题。1972 年至 1981 年,先后五次回国,遍访祖国的大好河山,作画写文,散文《敦煌礼赞》(刊于《大公报在港复刊三十周年纪念集》)就是参观敦煌石窟后写下的佳作。用英文写作的《汉画石拓》《明代木版画》《中国庭园》《乡村生活》《敦煌千佛洞》等,在英国各报刊发表后,得到知识界的普遍好评。绘画也有很高的造诣,曾先后在巴黎、伦敦、波士顿等地博物馆和新加坡商会内多次举办个人画展。作品还有散文集《爱山庐梦影》、短篇小说自选集《凌叔华选集》《凌叔华小说集》《凌叔华散文选集》,以及英文著作《古歌集》等。

92. 刘奋荣(1975—),山西五台人。逻辑学研究专家。2001 年获中国社会科学院研究生院哲学博士学位,进入中国社会科学院哲学研究所工作。2007 年起任教于清华大学哲学系,2008 年获荷兰阿姆斯特丹大学理学博士学位,2012 年入选“教育部新世纪人才计划”,2015 年成为教育部“长江学者”特聘教授,曾任清华大学哲学系副系主任。其逻辑学研究涵盖了动态偏好逻辑、社会主体性研究、人工智能逻辑、中外逻辑史研究,主要学术贡献是利用逻辑的形式工具建立偏好动态变化和不同类型主体之间互动的模型。代表作有《动态偏好逻辑》《基于命题的信念偏好逻辑》等,兼任国际逻辑学刊物的编委。

93. 刘禾(1957—),四川泸州人。文学理论与跨文化交流研究专家。1976 年考入甘肃师范大学英语系,1979 年毕业分配到武威师范学校任中专英文教师。1980 年考入山东大学英美文学专业研究生,获硕士学位。1983 年毕业后留校教英文。1984 年得到美国哈佛燕京访问学者基金赴美从事研究一年。1985 年考入哈佛大学比较文学系攻读博士学位。1990 年获博士学位后任美国加州大学伯克利分校东亚系和比较文学系跨系教授,1995 年获终身教授职位。曾获美国古根汉大奖、美国全国人文研究中心颁发的“学术研究奖”,美国社会科学研究委员会颁发的“国际博士后基金奖”等。2009 年起担任清华大学中文系教授(双聘)。主要研究方向为文学理论、跨文化交流史和新翻译理论。代表著作有《跨语实践——文学、民族文化及释译的现代性》(英文)、《交换的符码—全球流通中的释译问题》(英文)、《语际书写——现代思想史写作批判纲要》、《帝国的碰撞》(英文)等,编有《持灯的使者》(英文)、《书写与物性在中国》(英文)等。

94. 刘曼容(1954—),湖南临澧人。中华民国史、中国香港史研究专家。1995 年毕业于中山大学,获历史学博士学位,1988 年至 2001 年间,历任广东省社会科学院副研究员、研究员、历史研究所副所长,2001 年 6 月起任华南师范大学教授,2007 年起兼任武汉大学历史学院博士生导师。出版著作《港英政治制度与香港社会变迁》《港英政府政治制度论》《中国国民革命探微》《孙中山与中国国民革命》《国民军史》等,主持国家社会科学基金项目“港英政治制度与香港社会变迁”等课题。曾荣获广东省第二届“五个一工程奖”、广东省哲学社会科学“九五”规划优秀成果二等奖等。

95. 刘纳(1944—),北京人。文学史研究专家。1967 年毕业于北京师范学院中文系,分配到京郊中学教书。1978 年考入中国社会科学院研究生院文学系中国现代文学专业,1981 年获文学硕士学位。毕业后留在中国社会科学院文学研究所工作,任文学所研究员,中国社会科学院研究生院教授,博士生导师。2000 年起任吉林大学文学院教授。2002 年起任华南师范大学教授。代表论文有《“五四”小说创作方法的发展》《写得怎样:关于作品的文学评价——重读〈创业史〉并以其为例》《辛亥革命时期至五四时期我国文学的变革》《全球化背景与文学》等。主要著作有《颠踬窄路行》《诗:激情与策略》《嬗变——辛亥革命时期至五四时期的中国文学》《创造社与泰东图书局》《从五四走来》等。曾获《文学评论》优秀论文奖、中国社会科学院优秀论文奖、王瑶学术奖等。曾兼任中国现代文学研究会理事、《中国现代文学研究丛刊》编委等职。

96. 刘乃和(1918—1998),天津人。历史学家、文献学家,北京师范大学古籍研究所教授。1939 年考入北京辅仁大学历史系,1943 年入该校史学研究所师从史学家陈垣,1947 年毕业后任辅仁大学历史系助教、讲师,1952 年院校合并后转入北京师范大学历史系,1955 年任陈垣校长专职秘书,曾兼任文书科科长、校长办公室副主任,1978 年回历史系担任教学工作,先后任副教授、教授,1984 年调任古籍所教授,1985 年陈垣研究室成立,任该室主任。1979 年参与发起中国历史文献研究会,并先后担任副会长、会长。1989 年任《历史文献研究》主编,兼任全国妇联妇女运动历史资料编委会委员、辅仁大学校友会副会长,享受国务院"有突出贡献专家"津贴。秉承陈垣的学术思想,在中国古代史、历史文献学、妇女史研究等领域取得多项成果,在国内外产生重要影响,撰有《励耘承学录》《历史文献研究论丛》《陈垣评传》等著作,主编《〈册府元龟〉新探》《〈资治通鉴〉论丛》《司马光与〈资治通鉴〉》《司马迁和〈史记〉》《历史文献与民族文化》《中原文化与传统文化》《太湖文化研究》等论集。

97. 刘索拉(1955—),祖籍山西志丹,生于北京。作家。1969 年赴江西峡江中国地质部"五七干校"务农,并在江西共产主义大学金坪分校学习农业。1979 年底考入中央音乐学院作曲系。1982 年在《丑小鸭》杂志上发表处女作。1983 年大学毕业,到中央民族学院任音乐理论作曲教师。1986 年加入中国作家协会。1988 年到英国学习。在《人民文学》《上海文学》《钟山》等杂志上发表表现音乐与人的小说,受到社会和文坛的瞩目。1985 年发表的中篇小说《你别无选择》,被认为是我国新时期"先锋派小说"的首批代表作品之一,荣获中国作家协会第四届(1985—1986)全国优秀中篇小说奖。另有同名中篇小说集及《蓝天绿海》《寻找歌王》等。近年出版有长篇小说《女贞汤》《迷恋·咒》等。

98. 刘晓力(1954—),生于内蒙古海拉尔。哲学研究专家。中国人民大学杰出人文学者特聘教授、博士生导师、现代逻辑与科学哲学研究所所长。1977 年毕业于内蒙古大学数学系,1997 年毕业于北京大学哲学系,获哲学博士学位。曾任教于内蒙古大学、北京师范大学,在逻辑学、科学技术哲学和认知科学领域有较大影响。著有《理性的生命:哥德尔思想研究》《认知科学中的前沿问题》(合著),译著有《逻辑人生:哥德尔传》(合译),《超穷数理论基础》(合译),论文有《认知科学研究纲领的困境与走向》《计算主义质疑》《交互隐喻与涉身哲学——认知科学新进路的哲学基础》等。兼任全国逻辑学会现代逻辑专业委员会秘书长、北京市逻辑学会学术部部长、全国自然辩证法研究会理事等职。

99. 刘一曼(1940—),广东佛冈人。考古学家,中国社会科学院考古研究所研究员、博士生导师。1962年毕业于北京大学历史系考古专业,同年考进中国科学院考古研究所,师从徐旭生学习夏商考古,1966年毕业后留所工作。从1972年起,在河南安阳殷墟从事田野发掘,先后参加了小屯西地、小屯南地甲骨坑、花园庄东地甲骨坑、郭家庄160号墓及郭家庄、刘家庄、梅园庄等处车马坑的发掘工作。主要研究领域为殷墟考古和甲骨文,重要的学术贡献是对1949年后几批重要甲骨文材料的发掘与整理。1973年在小屯南地发现出土刻辞甲骨约5000片,整理出版了《小屯南地甲骨》。1991年在安阳花园庄东地主持发掘了H3甲骨坑,该坑出土1583片刻辞甲骨,后整理为《殷墟花园庄东地甲骨》,引起学术界的关注和好评,被认为是甲骨学著录的典范。其后,将2002年小屯南地及附近区域历年散出甲骨资料整理为《小屯村中村南甲骨》。

100. 刘意青(1941—),重庆人。英美文学研究专家。北京大学外国语学院英语系教授、博士生导师。1959年进入北京大学西语系英语专业学习,1964年毕业并留校任教,1973年到英国留学,1982年获纽约州立大学奥本尼分校美国文学硕士学位,1991年获美国芝加哥大学英国文学博士学位。2008年受北京大学委派到新疆石河子大学外国语学院挂职任院长,并曾多次赴英、美、加等国从事学术交流。主要研究领域为英国18世纪文学、英美19世纪小说、《圣经》文学和加拿大文学。代表性论文有《存活斗争的胜利者》《〈圣经〉的阐释与西方对待希伯来传统的态度》《简约、含蓄的〈圣经〉叙事艺术》《文化批评视角下的〈旧约〉神话》《现代小说的先声——塞缪尔·理查逊和书信体小说》等。翻译、撰写和主编了《圣经故事100篇》、《女性心理小说家塞缪尔·理查逊》、《英国十八世纪文学史》《欧洲文学史》(第一卷)、《〈圣经〉的文学阐释——理论与实践》等多部著作。曾担任北京大学英语系副主任、外国语学院学术委员会副主任、全国高校外国文学研究会副会长、外国文学学会理事、燕京研究院研究员等职。

101. 刘真(1930—),原名刘清莲,山东夏津人。作家。在部队曾任演员、宣传员、交通员、创作室主任、文工队队长等,写过小剧本和战地通讯。曾在东北鲁迅艺术学院和北京中央文学讲习所学习。历任中国作家协会理事、河北省作家协会副主席、河北省文联副主席。1990年起旅居澳大利亚悉尼。1951年在《东北文艺》上发表第一部短篇小说《好大娘》,获得儿童文学奖三等奖。自1953年起,先后出版短篇小说集《我和小荣》《春大姐》《林中路》《核桃的秘密》《长长的流水》《三座峰的骆驼》《红围巾的旅行》《英雄的乐章》等,散文集《山刺玫》《童年纪事》等。1977 年后发表了《知耕鸟》《黑旗》《婚礼》《神农架的日本少女》等中短篇小说,回忆录《回首再望》《我在文坛三十七年》及随笔、散文多篇。《我和小荣》1980 年获全国儿童文学奖一等奖,《彭总和孩子》1982 年获中国少年儿童文学奖,《一片叶子》1984 年获全国优秀报告文学奖。

102. 柳溪(1924—2014),原名纪清侁,笔名耿简,河北献县人。作家。1940 年考入北平师范大学历史系。1942 年因参加学潮被迫退学。1945 年抗战胜利后,在冀中解放区《冀中导报》当编辑,还当过中学教员、军区司令部秘书、文工团员等。1947 年参加土改工作。1949 年加入中国共产党,调《河北文艺》任编辑、小说组长、编辑部副部长。1952 年调中央电影局剧本创作所任编辑。1953 年加入中国作家协会,1957 年调天津作家协会做专业作家,并任天津市作家协会副主席。早在 1939 年就发表处女作《失意者》,先后出版短篇小说集《挑对象》《刘寡妇结婚》《爬在旗杆上的人》,散文集《海河夜话》,电影剧本《陈秀华》,中篇小说集《生涯》《逝去的童年》,长篇小说《功与罪》《燕子李三传奇》,论文集《试谈写小说》等。1978 年后,又陆续发表短篇小说《双喜临门》《男人的弱点》《我的爱情故事》等。另有报告文学、散文等多部。长篇小说《战争启示录》获中宣部"五个一工程奖"等。

103. 庐隐(1899—1934),原名黄淑仪,曾用名黄英,笔名有黄女士、露沙等,福建闽侯(今福州)人。五四时期著名的作家,与冰心、林徽因齐名并被称为"福州三大才女"。幼时丧父后随母到北京投奔舅父。卒业于教会学校慕贞女子中学,后考入国立女子师范大学,1917 年毕业后在北京公立女子中学、安徽安庆小学、河南开封女子师范学校当教员。1919 年考入国立北京高等女子师范学校国文系。1921 年加入文学研究会,同年在《小说月报》上发表了第一篇小说《一个著作家》。1922 年 8 月,在女高师毕业后曾在安徽、北平、上海等地任教。1923 年 10 月,中篇小说《海滨故人》在《小说月报》上开始连载,是其成名之作。早期作品结集为《海滨故人》,颇为文坛重视,另有短篇小说集《曼丽》《玫瑰的刺》,中篇小说集《归雁》《灵海潮汐》《象牙戒指》《女人的心》等,散文《庐隐自传》《东京小品》《云鸥情书》等。1934 年死于难产。

104. 陆晶清(1907—1993),原名陆秀珍,常用笔名有小鹿、娜君、梅影等,白族,云南昆明人。作家。1922 年考入北京女子高等师范学校国文科。在校期间,担任过《妇女周刊》(《京报》副刊之一)主编。还与石评梅合编《蔷薇》周刊(《世界日报》周刊之一)。1926 年毕业后在武汉国民党中央党部妇女部任三等干事。大革命失败后，到北京女子师范大学中国语文系补读两年，其间主编河北《国民日报》副刊。1931 年秋后到上海惠平中学任教，并协助丈夫王锡礼等做神州国光社编辑部工作。从 1923 年至 1932 年，先后选编出版了诗集《低诉》，散文集《素笺》《流浪集》《唐代女诗人》。1933 年以后随丈夫流亡到欧洲，1939 年回到重庆，当选中华全国文艺界抗敌协会理事，参加"作家战地访问团"。1940 年后，曾主编《扫荡报》（后改为《和平日报》）副刊。1945 年夏，以《和平日报》特派记者身份赴欧洲采访，写了大量报道，还写了一些反映英国人的生活、习惯、风俗的短篇小说，如《河边公寓》《未完成的故事》《白蒂之死》《爱丽思的皮大衣》等。1948 年秋，任上海暨南大学中国文学系教授，主讲古典文学。新中国成立后任中国国民党革命委员会（民革）上海市委员会常务委员，参与上海市文化教育改造工作。1949 年初参加了中国妇女第一次全国代表大会。1958 年任上海财经学院（今上海财经大学）教授。1976 年后，先后在《文汇报》《团结报》《人民日报》等报刊上发表了很多回忆文章，将历经艰辛保存下来的丈夫王礼锡的战地日记在《新文学史料》发表。1982 年初，她应廖承志的邀请，赴北京撰写《何香凝传》，又接受邓颖超的委托，编写《中国妇女运动史》，拟好提纲后因双目失明且又患直肠癌而搁笔。

105. 陆星儿（1949—2004），江苏海门人，生于上海。作家。1968 年高中毕业后赴北大荒，在军垦农场生活了 10 年，当过拖拉机手、连队文书、师团新闻干事。1978 年考入中央戏剧学院文学系，1982 年毕业后分配到中国儿童艺术剧院任编剧。1983 年加入中国作家协会，1988 年 8 月到上海作家协会任专业作家。1975 年在《黑龙江文艺》上发表了处女作《牛角》，后又在《人民文学》等刊物发表了《枫叶殷红》《北大荒人物速写》等作品。报告文学《超级妇女》获首届"中国潮"报告文学征文二等奖。1981 年至 1986 年，先后出版了中篇小说集《美的结构》（与陈可雄合作）、《达紫香悄悄地开了》、《夜晚，请别敲我的门》，中短篇小说集《啊，青鸟》（与陈可雄合作）、《纯洁、活泼、美丽的》，系列中篇小说集《遗留在荒原的碑》。1987 年后出版了长篇小说《留给世纪的吻》《灰楼里的童话》，中篇小说《歌词大意》《一个女人的一台戏》《同一扇石库门》《夏天太冷》等。

106. 逯斐（1917—1994），原名王松黛，江苏无锡人。作家。1938 年参加上海抗日救亡演剧第 8 队，创作剧本《抓汉奸》（与王逸合作）。后考入四川省立戏剧实验学校本科。1939 年在《文艺新潮》月刊发表独幕剧《歧途》。1941 年赴延安，在抗日军政大学俄文队学习。所写独幕剧《迫害》获延安五四青年剧本创作乙等奖。另有三幕话剧《蛀虫》、三幕剧《窑工》（与丁玲、陈明合作）、三幕剧《生死仇》（与陈明合作）、三幕剧《胜利列车》（与乔羽合作）。1949 年后，任中央戏剧学院创作组创作员，中央文学研究所创作员，中国作家协会会员、理事、驻会作家。1952 年赴抗美援朝前线，1957 年到黑龙江省文联从事专业创作，1978 年调往北京，在中国戏剧家协会创作委员会工作。著有小说集《兄弟俩》，短篇集《森林在歌唱》《解冻以后》《第一场风雪》，电影剧本《列车飞奔》，歌剧《延水长流》，报告文学集《光荣的岗位》《时代新人》（与严辰合作）等。

107. 罗洪（1910—2017），原名姚时珍，笔名罗洪，上海松江人。作家。1929 年毕业于苏州女子师范学校。“七七事变”后，流亡桂林、上海等地。抗战胜利后，任《正言报·草原》副刊编辑。1953 年后曾任《文艺月报》《上海文学》《收获》编辑。1930 年发表第一篇小说《不等边》，1935 年出版第一个短篇小说集《腐鼠集》。另有长篇小说《春雪正月》《急流》《春王正月》《孤岛时代》，短篇小说集《鬼影》《活路》《这时代》，中篇小说《夜深沉》《没有写完的生活答卷》，散文集《灯塔照耀着我们》，自选集《践踏的喜悦》等。

108. 罗淑（1903—1938），原名罗世弥，四川简阳人。作家。1929 年赴法国学文学。1933 年回国在上海从事翻译和文艺创作，曾在上海南翔立达学院高中部任教。1936 年到桂林，在巴金、靳以主编的《文学季刊》上发表小说《生人妻》，一举成名。1938 年 3 月因患产褥热逝世。其作品由巴金编为《生人妻》《地上的一角》《鱼儿坳》在文化生活出版社出版。1980 年四川人民出版社出版了《罗淑选集》。另有译作《何为》（车尔尼雪夫斯基《怎么办？》的节译本）等。

109. 罗玉君（1907—1988），原名罗正淑，四川岳池人。作家、翻译家。1927 年入读法国巴黎大学文学系，六年后毕业，获博士学位。1933 年回国，任山东大学中文系教授。1938 年赴成都，任华西大学、四川省立艺术专科学校教授。1951 年至 1965 年任上海师范大学中文系外国文学教授。曾任四川省文联委员、南京市文联委员、中国作家协会上海分会会员。1954 年曾参加全国文学翻译工作者会议，同年参加中国民主同盟。1965 年因病退休。主要译著有：司汤达《红与黑》，乔治·桑《安吉堡的磨工》及《魔沼》《弃儿弗朗沙》《小法岱特》《老祖母的故事》《说话的橡树》，莫泊桑《我们的心》，比·加玛拉《自由的玫瑰》，柏乐尔《青鸟》，都德《婀丽女郎》，聂芳《母爱与妻爱》，雨果《海上劳工》，大仲马《红屋骑士》，乔治·桑《印典娜》以及《凡尔纳传》等。撰写《乔治·桑传》《论海涅》《歌德与浮士德》《母亲分析》等传记和论文。

110. 吕碧城（1883—1943），字圣因，一字兰因，号遁天，安徽旌德人。词人，早期女子教育、女权运动倡导者，社会活动家。早年丧父，至天津任《大公报》编辑，后游学日本，回国任北洋女子学堂总教习、监督。通英、法、德文，1904 年曾在《大公报》上发表《论中国当以遍兴蒙学女学为先务》。1911年至上海经商，为南社社员。1918年赴美国哥伦比亚大学学习美术。1922年回国，居上海，倡导交际舞，开上海摩登风气之先。1926年赴欧、美游历。1928年创中国动物保护会，次年赴维也纳参加国际动物保护大会。1930年皈依佛教，其后居瑞士。第二次世界大战爆发后移居香港。擅长填词。著作有中英文各十种，合名《梦雨天花室丛书》。著有《信芳集》五卷，后增补为《吕碧城集》五卷（含文一卷，诗一卷，词及《海外新词》共二卷，《欧美漫游录》又名《鸿雪因缘》一卷）。晚年集词为《晓珠词》。

111. 马昌仪（1936— ），广东广州人。民间文艺研究专家，中国社会科学院文学所研究员。1957年毕业于北京大学俄罗斯语言文学系。1958年调中国科学院哲学社会科学部文学研究所。1984年加入中国作家协会。主要从事神话学和中国近代神话研究史的研究和资料工作，梳理鲁迅、茅盾、钟敬文等人的神话观，译介国外（主要是苏联）民间文学研究论著，译文达百余万字。代表性论文有《山海经图：寻找〈山海经〉的另一半》《论茅盾的神话观》《人类学派与中国近代神话学》《鲁迅论神话》等，著有《古本山海经图说》《全像山海经图比较》，译著有《民间文学工作者必读》《安徒生传》，与他人合译《苏联民间文艺学40年》《马克思、恩格斯搜集的民歌》。编选《中国神话学文论选粹》（上、下卷）《李福清中国神话故事论集》等。

112. 马丽华（1953— ），祖籍江苏邳县（今邳州市），生于山东济南。诗人，作家。1974年秋入山东临沂师范专科学校中文系学习。1976年参加中国共产党，毕业后赴西藏任《西藏文学》编辑，1988年至1990年就读于北京大学中文系作家班，获北大文学学士学位。曾任西藏作家协会副主席，西藏文联副主席，享受国务院政府特殊津贴。2003年调至北京，任中国藏学出版社总编辑、编审，中国作家协会全委会委员。主要文学作品有诗集《我的太阳》，散文集《追你到高原》《终极风景》《西藏之旅》，长篇纪实散文《藏北游历》《西行阿里》《灵魂象风》（合集为《走过西藏》），报告文学《青藏苍茫》，长篇小说《如意高地》等，涉藏题材文学作品共十余部。专著《雪域文化与西藏文学》获第四届全国少数民族文学研究优秀成果一等奖，《走过西藏》获全国优秀畅销书奖，《老拉萨——圣城暮色》获第二届中国女性文学奖等。1994年获庄重文文学奖。

113. 马曼丽（1934— ），浙江宁波人。民族学研究专家，兰州大学教授、博士生导师。1957年毕业于北京外国语学院，先后从事俄语、德语、民族史、边疆史、跨国民族等方面的教学和研究。先后任兰州大学英德法语教研室主任、西北史地教研室主任、中亚研究所副所长、《西北史地》杂志副主编等职，享受国务院政府特殊津贴。出版有《准噶尔汗国史》《外国考察家在中国西北》《古代开拓家西行足迹》《中国西北边疆发展史》《成吉思汗评传》等多部著作。早期研究涉及蒙古、西域、丝绸之路等边疆历史、民族与文化等方面,其中以对卫拉特蒙古和成吉思汗的研究较有影响,20 世纪 90 年代考察俄罗斯和中亚后,重点研究西北周边跨国民族的历史与现状,主编有《中国西北跨国民族研究丛书》,专著有《中亚研究——中亚与中国同源跨国民族卷》《中国西北跨国民族文化变异研究》《跨国民族理论问题综论》等,对跨国民族研究有较大影响。

114. 马瑞芳(1942—),回族,山东青州人。作家。1965 年山东大学中文系毕业后,在中国医学科学院工作。1972 年调任山东《淄博日报》编辑。1978 年调任山东大学中文系教授,博士生导师。1985 年加入中国作家协会。曾任中国作家协会全国委员会委员、中国《红楼梦》学会常务理事、复旦大学古代文学研究中心学术委员、山东省作家协会副主席等。著有《蒲松龄评传》《聊斋志异创作论》《幽冥人生》《神鬼狐妖的艺术世界——聊斋人物论》《从聊斋志异到红楼梦》《马瑞芳讲聊斋》等,长篇小说《蓝眼睛黑眼睛》《天眼》《感受四季》,散文随笔集《学海见闻录》《假如我很有钱》《野狐禅》《女人和嫉妒》《漏泄春光有柳条》等。其中散文《煎饼花儿》获全国少数民族文学创作散文一等奖,《祖父》获山东省最高文学创作奖,《蓝眼睛黑眼睛》获全国优秀长篇小说奖,《学海见闻录》获全国纪实文学奖,获得的奖项还有全国首届女性文学创作奖、山东省优秀社科成果奖、刘勰文艺奖、全国及山东省散文奖等。

115. 马忆湘(1923—2016),土家族,湖南永顺人。军旅作家。参加长征的红军女战士之一。因家贫从小当童养媳,受尽生活磨难。12 岁时,成为红军医院的一名看护员。1935 年 11 月参加长征,历经千辛万苦,终于随部队在 1936 年 10 月到达陕北。1937 年 4 月加入中国共产党。后被留在后方医院工作,历任关中分区妇联副主任、中央党校学员、解放军某旅卫生部政治指导员。大生产运动中被评为"劳动模范"。1941 年,与战友晏福生结婚。1949 年随军南下,并随丈夫调入湖南工作,任湖南省面粉厂厂长。1955 年被授予大校军衔,获三级八一勋章、三级独立自由勋章、三级解放勋章、二级红星功勋荣誉章各一枚。1958 年在湖南军区从事文艺创作工作。1950 年代中期,党中央号召老干部撰写革命回忆录,她花了几个月时间,完成了一万多字的回忆录《在长征的道路上》。经过 3 年努力,又完成了半自传体长篇小说《朝阳花》。曾任原广州军区司令部管理局副政委,当选中国作家协会广东分会理事、广东省政协委员。

116. 梅洁(1945—),湖北郧阳人。作家。1970 年毕业于北京农业大学经济系，后在蔚县吉家庄公社石垛大队插队。1971 年 10 月在蔚县农业局、外贸局工作。历任《长城文艺》编辑、编辑部主任、主编，中国散文学会常务理事，中国报告文学学会理事，河北省作家协会主席团委员等职，获河北省“有突出贡献的中青年专家”称号，享受国务院政府特殊津贴。1980 年开始文学创作。1990 年加入中国作家协会。著有散文集《爱的履历》，报告文学集《大血脉之忧思》，诗集《苍茫时节》以及散文选集《女儿的情结》等，共十余部。作品分获第二届鲁迅文学奖、首届全国徐迟报告文学奖、首届全国冰心散文优秀作品奖、《十月》文学奖、中宣部“五个一工程奖”等 30 余种奖项。其中《跋涉者》《橄榄色的世界》等作品入选大、中学教材。

117. 梅娘（1920—2013），原名孙嘉瑞，笔名有梅娘、柳青娘、落霞、柳荫、孙敏子等。早年丧母，梅娘乃谐“没娘”之音。吉林长春人，作家。1938 年赴日留学，就读于神户女子大学。1942 年回国，任北平《妇女杂志》编辑。同年在“读者最喜爱的女作家”评选活动中，梅娘与张爱玲双双夺魁，从此享有“南玲北梅”之誉。1937 年出版第一本作品集《小姐集》。1938 年出版小说集《第二代》。1940 年代在北平《中国文艺》等刊物继续发表小说，后结集为《鱼》和《蟹》。翻译有日本石川达三著《母系家族》。1949 年后，发表小说《这才是爱情》及一批散文作品。1956 年出版历史故事集《吴用智取华州》。1979 年后在《旅游》《大自然》及香港《文汇报》《大公报》上发表散文，并从事科普电影剧本写作。

118. 梅雪芹（1964— ），安徽太湖人。环境史研究专家。清华大学历史系教授，博士生导师，中国世界近代史研究会副会长，中国英国史研究会理事，中国史学理论研究会理事。1994 年获南京大学历史学博士学位，1994 年至 2012 年在北京师范大学工作。2001 年入选“北京市培养新世纪社科理论人才百人工程”，2008 年入选教育部新世纪优秀人才支持计划。从事世界近现代史、英国近现代史和环境史的教学与研究。率先在国内高校历史系开设《环境史研究导论》课程。承担国家社会科学基金项目“科技、经济发展与环境问题的历史考察”、教育部人文社会科学研究“十五”规划项目“工业革命以来英国环境污染与治理的历史考察”研究工作。主要著作和译作有《环境史学与环境问题》《环境史研究叙论》《直面危机——社会发展与环境保护》《和平之景：人类社会环境问题与环境保护》《什么是环境史》《火之简史》《语境中的洛克》等。曾在美国加州大学伯克利分校和英国剑桥大学做访问学者和高级访问学者，在日本横滨国立大学做客座教授，兼任德国慕尼黑大学雷切尔·卡森环境与社会研究中心研究员。

119. 孟华（1944— ），江苏阜宁人。比较文学研究专家，北京大学比较文学与比较文化研究所教授,博士生导师。1967 年毕业于北京国际关系学院,1984 年到法国留学,1988 年获得法国巴黎第一索邦大学法国文学与比较文学博士学位。1989 年进入北京大学比较文学所任教,曾任副所长。主要研究领域为中法文学、文化关系研究,形象学研究。主要论文有《试论中国对法国大革命的间接影响》《伏尔泰又一出取材自中国的悲剧——〈伊兰娜〉》《布吕奈尔——一个继往开来的比较文学家》《中国文化在十八世纪的法国》《形象学研究要注重总体性与综合性》《试论汉学建构形象之功能——以 19 世纪法国文学中的“文化中国”形象为例》《皮之不存,毛将焉附——试论国际文学关系研究的地位与作用》。专著有《伏尔泰与孔子》《法国文化史》(合著)、《欧洲文学史》(合著)等,翻译有《中国孤儿》(伏尔泰著)、《神话与史诗——乔治·杜梅齐尔传》(迪迪耶·埃里邦著)等,并有外文著作和论文多篇。1993 年获法国政府颁发的“棕榈叶学术骑士勋章”,2006 年获法国政府颁发的“棕榈叶学术军官勋章”。兼任中国比较文学学会对外联络委员会主席、中国 18 世纪研究会理事、国际法国文化研究会理事、中国比较文学学会副会长,北京大学法国研究中心主任等职。

120. 缪敏(1909—1977),化名李祥贞,江西弋阳人。作家,方志敏的夫人。曾任江西省卫生厅副厅长等职。1927 年加入中国共产主义青年团,在南昌、鄱阳秘密机关工作,1929 年加入中国共产党,同年与方志敏结婚。1928 年起历任中共征兴县委会、团特委秘书,妇委委员、秘书,中共闽北省委秘书长。后被国民党政府军队俘虏。1937 年获释。抗日战争全面爆发后赴延安学习,历任延安女大指导员、华北野战军七纵队供给部副政委、华北野战三院副政委兼政治处主任等职务。中华人民共和国成立后,历任中共上饶地委组织部长、妇委书记、纪检办主任,江西省总工会组织部长、省卫生厅副厅长等职。1940 年开始发表作品,1960 年加入中国作家协会。是江西省文联委员、省作家协会常务理事。著有回忆录《方志敏战斗的一生》《回忆方志敏同志》《红十一军第一次进军闽北散记》,小说《红色风暴》,儿童文学《方志敏小时故事》等。

121. 宁欣(1953—),湖南省浏阳市人。隋唐五代史、中国古代经济史和中国古代城市史研究专家,北京师范大学历史学院中国古代史教研室主任、国家重点学科中国古代史研究中心副主任,教授、博士生导师,兼任中国唐史学会副会长、《唐研究》编委。主持国家社科基金课题“唐宋城市比较研究”和“唐五代宋初城市社会中下层研究”、教育部人文社科课题“唐宋都城社会结构”等项目研究。出版专著《唐代选官研究》《中华文化通志·选举志》《唐代奇相李泌》《唐史识见录》《唐宋都城社会结构研究》等,主编《新材料·新方法·新视野——中国古代国家和社会变迁》《中国古代史资料汇编》《唐史十二讲》。

122. 彭承福(1928—),重庆巴县人。中共党史研究专家。1957 年中国人民大学马列主义研究生班毕业,曾任西南师范学院邓小平理论研究中心主任、地理系党总支书记、党史教研室主任,教授,享受国务院政府特殊津贴,兼任全国中共党史学会理事,党史人物研究会理事,中国毛泽东思想理论与实践研究会常务理事,四川省党史学会副会长、毛泽东思想学会副会长等职。出版专著《赵世炎传》《中共党史教学论纲》《毛泽东思想方法论》,主编《毛泽东思想新论》《中国革命史教程》《中国革命史建设辞典》等 15 部,发表学术论文 160 余篇,其中《中共党史教学改革与创新》获四川省政府学术研究成果一等奖。

123. 齐邦媛(1924—),辽宁铁岭人。作家、文学评论专家。1938 年就读于重庆南开中学,1943 年考入已迁乐山的武汉大学哲学系,1944 年转入外文系,师从朱光潜教授,毕业后曾在美国印第安那大学短期学习研究。1947 年到台湾,任台湾大学外文系助教。后迁居台中,任台中一中暨中兴大学外文系主任。1977 年任台湾大学外文系专任教授。1988 年退休。其间曾任美国圣玛丽学院、旧金山加州大学访问教授,德国柏林自由大学客座教授,以文学评论著称。出版有评论集《千年之泪水》《雾渐渐散的时候:台湾文学五十年》等,曾与余光中等人选辑 1948 年至 1964 年台湾的诗歌、散文、小说作品,编成《中国现代文学选集》并译成英文,由台北尔雅出版社和美国华盛顿大学出版社分别出版。曾主编《中华现代文学大系》小说卷五册,并与王德威合编《二十世纪后半叶的中文文学》《最后的黄埔——老兵与离散的故事》等,著有传记文学《巨流河》、散文集《一生中的一天》等。

124. 钱曾怡(1932—),浙江嵊州人。语言学家。山东大学新闻与传播学院教授,博士生导师,全国方言学会理事。1952 年至 1956 年就读于山东大学中国语言文学系,毕业后留校任教。主要研究专长为方言学。坚持长期不懈的田野调查,注重描述方言事实,并在此基础上总结汉语方言研究的理论。出版的专著有《烟台方言报告》《博山方言研究》《山东人学习普通话指南》《胶东人怎样学习普通话》,发表的学术论文有《胶东方言语音概况》《汉语方言学方法论初探》《论儿化》等。主编《山东方言志丛书》,包括《利津方言志》《即墨方言志》《德州方言志》《平度方言志》《牟平方言志》《潍坊方言志》《淄川方言志》《寿光方言志》《荣成方言志》《聊城方言志》等,在学界有重要影响。

125. 乔以钢(1953—),生于北京。当代文学与女性文学研究专家,南开大学文学院教授、博士生导师,曾任南开大学文学院党委书记、中文系主任。1978 年考入武汉大学中文系,1982 年本科毕业,在天津轻工业学院任教。1989 年南开大学中文系古代文学专业研究生毕业,留校任教。主要从事中国现当代文学、性别与现代中国文学文化研究。主要论文有《试论孙犁小说的意境》《近百年中国古代文学的性别研究》《中国现代女性文学史观的初建及其反思》《中国古代妇女文学的感伤传统》等。主要著作有《中国女性的文学世界》《中国的风流才女》《低吟高歌——20 世纪中国女性文学论》《多彩的旋律——中国女性文学主题研究》《中国女性与文学——乔以钢自选集》《当代女性文学创作的文化探析》。主持过“性别视角下的中国文学与文化”“中国当代女性文学的文化研究”“女性观与现代女作家创作”“中国女性文学主题演变研究”等课题和项目。兼任教育部高等学校中国语言文学学科教学指导委员会委员、秘书长,中国妇女研究会理事、中国当代文学研究会常务理事兼女性文学委员会主任、中国写作学会副会长、世界华文文学研究会理事、天津市文学学会理事、南开大学妇女/性别研究与培训基地主要负责人等。

126. 乔幼梅(1935—　),江苏盐城人。宋辽夏金史研究专家。山东大学历史系教授,博士生导师。曾任山东大学党委副书记、副校长,兼任教育部历史学科教学指导委员会副主任、中国宋史学会副会长等职,享受国务院政府特殊津贴。1957 年毕业于山东大学历史系。参加过两项国家社科“七五”规划课题研究。发表过近 20 篇论文。专著有《辽夏金经济史》(与漆侠教授合著)、《中国封建社会经济史・宋元卷》、《宋辽夏金经济史研究》等。合著的《辽夏金经济史》获 1995 年国家教委优秀图书奖、河北省社科成果一等奖、台湾省中兴文艺奖等。

127. 秦文君(1954—　),山东蒙阴人。儿童文学作家。1971 年初中毕业后到黑龙江大兴安岭塔林林场插队。1979 年回上海,1984 年毕业于华东师范大学,后任上海少年儿童出版社编辑。1982 年发表处女作《闪亮的萤火虫》,1988 年加入中国作家协会。曾任《儿童文学选刊》《中国儿童文学》主编,中国福利会出版社总编辑,中国作家协会全国委员会委员,上海作家协会副主席。主要作品有中篇小说《独立牌》《变！变！变!》《十岁的公子》《角色》《姐姐・弟弟・男友・女友》《天地》《三个王斌的寒假》《黑头发的妹妹》等,以及《男生贾里全传》《女生贾梅全传》《花彩少女的事儿》《一个女孩的心灵史》《天棠街 3 号》《孤女俱乐部》《十六岁少女》等。作品曾获中宣部第六、第七届“五个一工程奖”,全国优秀少儿读物奖,第二、第三、第四届中国作家协会全国儿童文学奖及宋庆龄儿童文学优秀小说奖,冰心儿童图书奖,“中国图书奖”,台湾九歌文学奖,台湾杨唤儿童文学奖等。2002 年获安徒生文学奖提名奖,作品多次被选入中学课本。

128. 琼瑶(1938—　),本名陈喆。原籍湖南衡阳。作家。9 岁在上海《大公报》儿童版上发表第一篇小说《可怜的小青》。1949 年随父母去台湾。第一部长篇小说《窗外》在《皇冠》上连载，1963 年印为单行本，反响热烈。此后，琼瑶共出版了 40 多部作品，在台湾及海外拥有大量的读者。作品大多为言情小说，并被改编成电影、电视剧，闻名的包括《庭院深深》《梅花三弄》系列，《还珠格格》系列等。还著有长篇小说《船》《几度夕阳红》《菟丝花》《紫贝壳》《彩云飞》《烟雨濛濛》《浪花》《寒烟翠》《心有千千结》《碧云天》《一帘幽梦》《彩霞满天》《燃烧吧，火鸟》《星河》《海鸥飞处》等，中短篇集《潮声》《白狐》等。

129. 邱永辉（1961— ），四川资阳人。宗教学研究专家，中国社会科学院当代宗教研究室主任、博士生导师，兼任中国南亚学会副会长。1981 年毕业于四川大学历史系，1984 年获中国社会科学院研究生院史学硕士学位。曾在四川大学任教，2001 年进入社科院世界宗教研究所工作。主要研究领域为南亚宗教、当代中国宗教和世界新兴宗教，尤其关注印度宗教研究。专著《印度教概论》是我国第一部印度教研究著作。主编了 2008—2015 年的宗教蓝皮书《中国宗教报告》。代表作有《现代印度的种姓制度》、《南亚国家的经济改革与民主化浪潮》、《印度世俗化研究》（合著）、《印度宗教多元文化》，发表多篇关于中国当代宗教、印度宗教文化的论文和研究报告。

130. 裘山山（1958— ），浙江杭州人。作家。原成都军区一级创作员，四川省作家协会副主席，原成都军区《西南军事文学》副主编。1976 年入伍，1979 年考入四川师范大学中文系。曾任部队文化教员，文学刊物主编等。1978 年开始发表作品。1995 年加入中国作家协会，中国作家协会第九届全国委员会委员。著有长篇小说《我在天堂等你》《到处都是寂寞的心》《春草开花》，小说集《裘山山小说精选》《白罂粟》《落花时节》《一路有树》，散文集《女人心情》《五月的树》《一个人的远行》《百分之百纯棉》《遥远的天堂》，长篇传记文学《隆莲法师传》《从白衣天使到女将军》，电影剧本《遥望查里拉》《我的格桑梅朵》等。作品曾获中国人民解放军文艺奖，第四届鲁迅文学奖，四川省第二、第三、第四届文学奖，《小说月报》第八、第九、第十、第十一届“百花奖”，夏衍电影文学剧本奖等奖项。

131. 饶芃子（1935— ），广东潮州人。文艺学研究专家，暨南大学中文系教授、博士生导师。1957 年毕业于中山大学并留校任教。1958 年调入暨南大学中文系。曾任暨南大学中文系主任，比较诗学与比较文化研究中心主任，副校长、校学术委员会主席。1992 年享受国务院政府特殊津贴。主要研究领域为文艺学、比较文学、海外华文文学等。代表论文有《海外华文文学的新视野》《海外华文文学与比较文学》《文学的澳门和澳门的文学》等。专著有《文学批评与比较文学》、《艺术的心镜》、《心影》、《中西小说比较》、《中西文学戏剧比较论集》（英文版）、《本土以外》、《中西比较文艺学》、《比较诗学》、《戴平万研究》、《世界华文文学的新视野》、《比较文学与海外华文文学》和《华文流散文学论集》(英文版)等 14 部,主编《中西戏剧比较教程》《海外华文文学教程》《台港澳暨海外华文文学大辞典》《比较文学与比较美学》《文心雕龙研究荟萃》《中国文学在东南亚》《比较文艺学论集》《流散与回望》等。兼任广东省社会科学联合会副主席、广东省作家协会副主席、中国文艺理论学会副会长、中国比较文学学会副会长、中国世界华文文学学会会长等职务,并担任国家社会科学基金中国文学学科评议组成员,中国人民大学、复旦大学、首都师范大学等校兼职教授和客座教授。

132. 茹志鹃(1925—1998),祖籍浙江杭州,生于上海。作家。童年生活困苦,1943 年冬随兄参加新四军,曾任苏中军区前线话剧团演员、组长。1945 年后任华东军区文工团分队长、创作组副组长等职。1955 年由原南京军区转业到中国作家协会上海分会,任《文艺月报》编辑。1943 年在《申报》副刊上发表处女作《生活》。1959 年加入中国作家协会。作品《百合花》《静静的产院》《如愿》《阿舒》《三走严庄》等,都受到过茅盾、冰心、魏金枝、侯金镜等老一辈作家的好评,一些作品被译成日、法、俄、英、越等多国文字在国外出版。1976 年后,写有《剪辑错了的故事》《草原上的小路》等小说。其中《剪辑错了的故事》获 1979 年全国优秀短篇小说奖。出版的作品还有自传体长篇小说《她从那条路上来》《茹志鹃小说选》,文艺短论集《漫谈我的创作经历》等。曾担任中国作家协会上海分会副主席,《上海文学》主编。女儿王安忆是当代著名作家。

133. 三毛(1943—1991),原名陈平,祖籍浙江,生于重庆。作家。1948 年随父母去台湾。初中二年级休学后进入中国文化大学哲学系,成为该系的旁听生。毕业后离开台湾,先后到西班牙马德里大学进修文学、西德歌德学院攻读法文、美国芝加哥伊利诺伊大学主修陶瓷,后只身到撒哈拉大沙漠。1976 年出版第一部作品《撒哈拉的故事》,1982 年秋回台任教于台湾文化大学中文系。1991 年自杀身亡。主要作品集有《雨季不再来》《稻草人手记》《哭泣的骆驼》《温柔的夜》《背影》《梦里花落知多少》《万水千山走遍》《清泉故事》《随想》《闹学记》《倾城》《滚滚红尘》等。作品有对异域风光的描写,也有对生命、对大自然的感悟,文笔酣畅细腻。

134. 单士厘(1858—1945),字受兹,浙江萧山人。作家,第一部中国女子出国游记《癸卯旅行记》的作者。自幼接受诗文教育。1884 年与清末著名外交家钱恂结婚。1899 年,以外交使节夫人身份首次旅居日本,居日期间,迅速掌握日语,充当其夫翻译,并积极参加社交活动,广泛接触日本文化及教育,写下许多记录日本风土人情、名胜风景的诗文。返乡期间,倡导移风易俗,坚决反对缠足,号召女性学习新知。1903年，随夫出国考察，由日本出发，旅经朝鲜、中国东北、西伯利亚直至欧、俄等地，历时80日，行程2万余里，根据见闻著有《癸卯旅行记》3卷，这是中国第一部女子出国游记，对日本、中国哈尔滨、俄国的风土人情都有详细记载，并首次将列夫·托尔斯泰介绍到中国。1905年至1909年，随夫旅居德、法、英、意、比等地。在此期间，学习欧洲现代文、拉丁文和希腊古文，积极了解、研究与介绍西方文化。1910年成书《归潜记》，记述意大利和古希腊、罗马的宗教和文学艺术。辛亥革命爆发后，积极投身妇女运动，与伍廷芳夫人何妙龄等在上海发起"女界协赞会"，号召女子负国民之责，为辛亥革命募捐筹饷。晚年潜心文史，从事著述，1939年以81岁高龄编成《清闺秀艺文略》5卷，因无力刊行，手抄数部，分赠国内外图书馆。一生著述11种，另有《受兹室诗稿》《正始再续集》等著作。

135. 邵华（1938—2008），出生于延安。军旅作家、摄影家。中国人民解放军少将军衔。1939年随父母被新疆军阀盛世才软禁，1945年获释，后到延安。曾在育英小学读书。1959年秋考入北京大学中文系，毕业后分配在军事科学院工作。1960年与毛岸青结婚。历任中国人民解放军军事科学院百科部副部长、军事科学学会副秘书长、中国女摄影家协会主席、军事百科学会副秘书长、中国扶贫基金会理事，当选第七、第八、第九届全国政协委员。2002年担任中国摄影家协会主席。2004年被评为"全国十大巾帼英才"。研究整理了毛泽东和革命先辈珍贵史料，出版文学作品和研究专著60余部、近1800余万字，出版摄影专辑、影视作品20余部。散文代表作《我们爱韶山的红杜鹃》曾被列入中学生教科书，研究专著《毛泽东之路》荣获"中国图书奖"。1993年，与毛岸青主编出版的《中国出了个毛泽东》丛书，计27册600多万字。同年还与薛启亮出版了《我们的同辈》丛书，获第八届"中国图书奖"和首届"青年优秀图书奖"。

136. 邵望平（1937— ），山东济南人。考古学研究专家，中国社会科学院考古研究所研究员。1954年考入北京大学历史系，1959年毕业后进入中国科学院考古研究所工作。主要研究领域为新石器时代考古和文明起源研究。在中国文明起源、海岱地区文明化进程、淮河流域文明化进程、中国史前宗教和艺术等领域都有重要建树。先后参与和主持过长江西岭峡的考古调查与试掘，安阳殷墟、山东胶县三里河、渤海砣矶岛、临沂凤凰岭、滕县（今滕州市）前掌大贵族墓地的发掘。代表作有《史前陶鬶初论》《岳石文化——山东史前考古的新课题》《史前遗存反映的天象知识》《对龙山文化的再认识》《中国文明主源之一——淮系文化》《海岱文化与齐鲁文明》等。

137. 申丹（1958— ），湖南长沙人。外国文学理论研究专家。北京大学人文学部主任,教授,博士生导师,教育部长江学者特聘教授,第九、第十、第十一届全国人大代表,第十二届全国政协委员,中国外国文学学会副会长、中国中外文艺理论学会叙事学分会会长,被美国、英国、欧洲多本叙事研究和文体研究期刊(如 Narrative 和 Style 等)聘为顾问和编委。1987 年毕业于英国爱丁堡大学,获文学博士学位,回国后任教于北京大学英语系。主要从事文学理论学和文体学研究。著有《叙事、文体与潜文本——重读英美经典短篇小说》《英美小说叙事理论研究》《叙述学与小说文体学研究》《文学文体学与小说翻译》《西方叙事学:经典与后经典》,翻译有《解读叙事》《当代叙事理论指南》(合译),编有《西方文体学的新发展》《欧美文学论丛:欧美文论研究》等。曾获北京市第八、第九、第十四届哲学社会科学优秀成果奖一等奖,教育部第四、第五、第六届高等学校科学研究优秀成果奖(人文社会科学)二等奖,第四届中国出版政府奖图书奖,第四届全国优秀外国文学图书奖一等奖,第二届全国青年优秀社科成果专著优秀奖(最高奖),2010 全国百篇优秀博士论文指导教师奖,国家新闻出版署首届"三个一百"原创著作奖,2012 北京大学"国华杰出学者奖",霍英东教育基金会第三届高校青年教师教学类奖等重大奖项。

138. 沈真(1933—2015),浙江绍兴人。外国哲学研究专家。1949 年至 1952 年在上海外国语学院俄语专业学习,毕业后进入华北军区后勤部任翻译。1959 年调入中国科学院哲学社会科学学部情报所,1986 年进入中国社会科学院哲学研究所。1976 年开始从事费希特著作的翻译工作,并编译了国外对费希特哲学的最新研究论著,参加了《黑格尔全集》中文版的翻译工作。译著有费希特的《论学者的使命、人的使命》《现时代的根本特点》(合译),编译了《费希特在当代各国》。代表性论文编入《费希特与马克思》。

139. 沈祖棻(1909—1977),字子芯,笔名紫曼、绛燕,浙江海盐人,生于苏州。作家,诗人。曾在上海坤范中学、南洋女子中学就学。1930 年考入上海中央大学商学院,一年后转入南京中央大学文学院学习,开始诗歌、小说创作与古典文学的学习与研究。1934 年从中央大学毕业后考入金陵大学国学研究班。1937 年与程千帆结婚。1942 年至 1946 年,先后在成都金陵大学、华西大学任教。1949 年后,先后在江苏师范学院、南京师范学院、武汉大学任教,讲授中国文学史、诗词和戏曲。1977 年 6 月在武昌不幸遭车祸去世。著有历史短篇小说《茂陵》《崖山的风浪》《马嵬驿》等,词作《微波辞》《涉江诗》《涉江词》,并有《古诗今选》(合著)、《唐人七绝诗浅释》、《宋词赏析》、《沈祖棻创作自选集》等著述。

140. 施济美(1920—1968),笔名梅子、方洋、梅寄诗、薛采蘩,祖籍浙江绍兴,生长于北京。作家。1935 年在上海培明女中读书时开始创作。1937 年夏天,考入东吴大学经济系,加入“愚社”等团体,因喜爱新文艺而投身小说创作,是“东吴系女作家”中最先写作且产量最多的一人。1937 年在上海出版了小说集《凤仪园》和《鬼月》,《凤仪园》在一年之内印了三版。接着写长篇小说《莫愁巷》,在香港出版,并被改编为电影。创作的小说还有《爱的胜利》《嘉陵江上的秋天》《寻梦人》等,在 1940 年代的上海颇为流行。1949 年后曾任中学教员。

141. 施叔青(1945—),台湾鹿港人。作家。高中时代发表第一篇作品《壁虎》,受到陈映真的赏识,刊登于《现代文学》。高中毕业,考入淡江文理学院法文系。1970 年赴美,进入纽约市立大学杭特学院攻读戏剧,1972 年获硕士学位后回到台湾,先后在政治大学西语系、淡江文理学院外文系英语组、世界新闻专科学校执教,授西洋戏剧、剧本写作等课程,并从事戏曲的研究工作。1978 年到香港定居。任香港艺术中心亚洲表演节目策划主任、亚洲节目策划顾问等。著有短篇小说集《约伯的末裔》《拾掇那些日子》《常满姨的一日》《倒放的天梯》《愫细怨》《完美的丈夫》《一夜游——香港的故事》,长篇小说《牛铃声响》《琉璃瓦》,戏剧论文集《西方人看中国的戏剧》等。死亡、性和疯癫是其小说的主题,其中的人物多是在肉体上、心灵上或精神上受了创伤的“畸人”。

142. 石评梅(1902—1928),原名石汝璧,乳名心珠,笔名有评梅女士、波微、林娜等,山西平定人。作家。1919 年秋考入北京女子高等师范学校体育系。1921 年发表处女诗作《夜行》。1923 年毕业后任北京师大附中女子部学级主任兼体育教师与代理国文教师。1924 年起与好友陆晶清等编辑《妇女周刊》《蔷薇周刊》等,并在多种刊物上发表诗歌、小说,在当时有“北京著名女诗人”之称。作品中反映了她要“燃烧着内心的希望,向着暗的、崎岖的、荆棘丛生的道路中摸索着去更深更深的人生内寻求光明”的艺术观。1928 年因病逝世,安葬在北京陶然亭其爱人高君宇的墓旁。好友庐隐把她在女高师的一段真实生活经历写成著名的长篇小说《象牙戒指》。1929 年庐隐和陆晶清编辑出版她的小说散文集《偶然草》和散文集《涛语》,还编了一本《石评梅日记》。1984 年至 1985 年,书目文献出版社出版了《石评梅作品集散文集》《石评梅作品集诗歌、小说集》《石评梅作品集戏剧、游记、书信集》。

143. 石庆环(1958—),吉林双辽人。美国史研究专家,辽宁大学历史学院教授、博士生导师、院长,兼任辽宁大学美国史研究中心和辽宁大学法律史研究中心主任,辽宁大学校学术委员会、校学位委员会委员,中国美国史学会常务理事,中国世界近代史研究会理事等职。2004 年毕业于东北师范大学世界史中心,获历史学博士学位,曾执教于黑龙江大学和东北师范大学历史系。主要从事世界近现代史、美国政治制度史和外国法制史(英美宪政史)的教学与研究工作。著有《美国文官群体研究》《20世纪美国文官制度与官僚政治》《科举制度与公务员制度:中西官僚政治比较研究》等专著。曾主持国家社会科学基金“二战以来美国中产阶级构成的变化——以文官群体为研究中心”、中共中央组织部“英美两国执政党官员选拔制度比较研究”等国家及省部级科研项目4项。

144. 舒婷(1952—),原名龚佩瑜,福建泉州人。诗人,厦门文联主席。初中未毕业即去农村插队,1972年返城到厦门,先后做过泥水工、浆纱工等。1979年开始发表诗作。1980年调福建省文联创作室工作,1983年加入中国作家协会。2016年当选中国作家协会第九届全国委员会委员。出版诗集《双桅船》《舒婷、顾城抒情诗选》《会唱歌的鸢尾花》《始祖鸟》等,散文集《心烟》《硬骨凌霄》《真水无香》《露珠里的“诗想”》《Hi 十七岁》《今夜你有好心情》等。《祖国啊,我亲爱的祖国》获1979—1980年全国中、青年诗人优秀诗歌奖,《双桅船》获全国首届新诗优秀诗集奖、新时期首届女性文学创作奖等,1993年获庄重文文学奖。

145. 斯妤(1953—),原名詹少娟,福建厦门人。作家。江苏省作家协会专业作家,中国散文学会常务理事。1973年高中毕业后赴厦门郊区插队,后靠进修获得大学本科学历。历任厦门郊区教育科干事,全国青联办公室干事,《青年文学》编辑、编委。1980年开始写作。1990年加入中国作家协会。著有散文集、小说集30余部。代表作有散文集《女儿梦》《斯妤散文精选》《两种生活》,小说集《出售哈欠的女人》,长篇小说《竖琴的影子》等,并出版《斯妤文集》(四卷)。1993年获庄重文文学奖,1998年获首届鲁迅文学奖,两度获当代女性文学创作奖等。

146. 宋家珩(1936—),安徽舒城人。世界近现代史及加拿大研究专家。1961年毕业于山东大学历史系,曾任山东大学历史系教授、副系主任,山东大学加拿大研究中心主任,中国加拿大研究会副会长,中国世界近代史学会理事,山东省历史学会常务理事等,享受国务院政府特殊津贴。主要著作有《海洋争霸史话》《枫叶国度——加拿大的过去和现在》《中国与加拿大:中加关系的历史回顾》《加拿大人在中国》《加拿大传教士在中国》《加拿大与亚太地区关系》等。

147. 苏青(1917—1982),原名冯和仪,字允庄,曾用名苏怀青,常用笔名苏青。浙江鄞县(今宁波市鄞州区)人。作家。1933年考入国立中央大学外文系,毕业后移居上海,20世纪30年代中期活跃于上海文坛。抗日战争时期曾是与张爱玲齐名的女作家。1943年在日伪上海市长陈公博资助下创办《天地》月刊。主要作品均写于并发表在上海沦陷区。长篇小说《结婚十年》《续结婚十年》,曾轰动文坛。

另有代表作《涛》《饮食男女》《鱼水欢》《歧途佳人》,短篇小说集《逝水集》等。

148. 苏雪林(1899—1999),原名苏小梅,曾用名苏梅,字雪林,笔名有绿漪、老梅、灵芬、天婴等,祖籍安徽太平(今黄山市),生于浙江瑞安。作家,文学家。1917年毕业于安徽省立第一女子师范学校,留母校附小任教。1918年考入北京高等女子师范学校,1922年赴法国留学,就读于中法学院、里昂国立艺术学院。先攻读美术,后改学文学。1925年辍学归国。1928年后在苏州东吴大学、上海沪江大学、安徽省立大学等校任教。1931年至抗战胜利后一直在武汉大学任教。1950年重赴法国。1952年到台湾定居,历任台湾师范大学、台南成功大学、新加坡南洋大学教授。出版作品有短篇小说集《绿天》,自传体长篇小说《棘心》,小说散文集《蠹鱼的生活》《青鸟集》《屠龙集》《蝉蜕集》等。20世纪50年代后主要致力于中国古典文学研究、文艺评论著述,发表与出版了《九歌中人神恋爱问题》《试看〈红楼梦〉的真面目》《中国文学史》《文坛话旧》《我与鲁迅》《二三十年代的作家与作品》等。辑有《苏雪林文集》。

149. 孙惠芬(1961—),生于大连庄河。作家。辽宁文学院专业作家,辽宁省作家协会副主席。曾当过农民、工人、杂志社编辑。1986年毕业于辽宁大学中文系。历任庄河县(今庄河市)文化馆创作员、文化局副局长,《海燕》杂志编辑。1991年加入中国作家协会,当选中国作家协会第九届全国委员会委员。出版小说集《孙惠芬的世界》《伤痛城市》《歇马山庄的两个女人》《城乡之间》《岸边的蜻蜓》《民工》,长篇散文《街与道的宗教》,长篇小说《歇马山庄》《上塘书》等。短篇小说《台阶》、中篇小说《歇马山庄的两个女人》分别获《小说选刊》1997年、2002年优秀小说奖,长篇小说《歇马山庄》获辽宁省第四届"曹雪芹长篇小说奖"、中国第二届女性文学奖,中篇小说《歇马山庄的两个女人》还获中国作家协会第三届鲁迅文学奖。荣获辽宁省第三届"优秀青年"作家奖、中华文学基金会第三届冯牧文学奖"文学新人奖"。

150. 孙丽萍(1960—),山西离石人。中共党史及口述史研究专家。中共中央党史研究室第一研究部副主任、研究员,中国史学会理事。曾任山西省社会科学院党组成员、历史研究所所长、副院长,山西省政协第八、第九届委员,山西省建设文化强省规划研究中心副秘书长,山西省历史学会副会长,山西省党史学会副会长等职。主要从事口述史与中国革命史、党史人物研究。《山西抗战口述史》(三卷)获第五届山西省社会科学优秀成果一等奖。主要著述有《屋宇春秋——山西老宅院》、《山西通史》(近代卷)、《晚清民国的河东盐业》、《天下晋商——明清山西商人五百年》、《口述大寨史》(上、下册)、《穿越时空的目光——徐继畬及其开放思想与实践》、《山西省志·社会科学志》、《人物·晋商·口述史研究》、《晋商研究新论》等。在多种报刊发表时政学术论文、散文、随笔、杂文、书评，代表作品有系列文化游记《走近非洲》等。

151. 孙香兰（1932— ），山东广饶人。中国古代史研究专家。1950年天津市立第二女子中学高中肄业，进入天津铁路管理局财务处工作。1953年入天津南开大学历史系学习，毕业后留该系任教。1982年至1985年任南开大学历史系历史文献研究室副主任、主任。1983年协助杨翼骧教授筹建南开大学古籍整理研究所，1981年至1989年任南开大学古籍整理研究所副所长。主要从事中国古代史和历史文献学的教学与科研工作，讲授“中国古代史”“先秦秦汉史”“先秦秦汉魏晋南北朝史专题”“家庭私有财产和国家的起源”“中国历史要籍介绍”“古籍整理概论”“史学名著选读”“旅游古文选”等课程。主要学术成果有《旅游概论》《史记选》《廿六史精粹今译》《廿六史精粹今译续编》《盐铁论选译》《二十六史作者评传》《清代史部序跋选》等。

152. 陶洁（1936— ），浙江绍兴人。英美文学研究专家，第二届鲁迅文学奖获得者，北京大学英语系教授、博士生导师。曾任北京大学校务委员会委员，北京大学中外妇女问题研究中心副主任，中国外国文学学会理事、副秘书长，全国美国文学学会理事、副会长，教育部外语教学指导委员会英语组委员。1958年毕业于北京大学西语系英语专业留校任教。历任北京大学西语系助教、讲师、副教授，英语系副系主任，教授。1980年开始发表作品。1990年加入中国作家协会。著有《1982年的美国小说》《谈谈美国小说·希腊神话和圣经》《海明威的使命感》《两部美国小说在中国》，散文《米切尔并未“随风飘去”》，译著《紫颜色》（[美]艾丽斯·沃克著）、《雷格泰姆音乐》（[美]E.L.道克托罗著）、《国王的人马》（[美]罗伯特·佩·华伦著）、《圣殿》（[美]福克纳著）等。《圣殿》获第二届鲁迅文学奖（1997—2000）优秀文学翻译奖。合作编撰的《英语学习指南》获1987年北京大学科研成果奖二等奖。

153. 铁凝（1957— ），生于北京，祖籍河北赵县。作家。中国作家协会主席，2016年起兼任中国文联主席，中国共产党第十九届中央委员会委员。1975年高中毕业后赴河北博野县农村插队落户。1975年开始发表文学作品，1982年加入中国作家协会。历任河北省作家协会主席，中国作家协会副主席、主席。主要著作有长篇小说《玫瑰门》《大浴女》《笨花》等4部，中短篇小说《哦，香雪》《第十二夜》《没有纽扣的红衬衫》《对面》《永远有多远》等100余篇，散文、随笔等共400余万字，结集出版小说、散文集50余种。出版5卷本《铁凝文集》，9卷本《铁凝作品系列》。

作品曾6次获得鲁迅文学奖及全国各种文学大奖30余项。《哦,香雪》获全国优秀短篇小说奖,编剧的同名电影获第41届"柏林国际电影节"大奖,以及中国电影"金鸡奖""百花奖"。部分作品已译成英、俄、德、法、日、韩、西班牙、丹麦、挪威、越南等多国文字。2015年获法国法兰西"文学与艺术骑士勋章"。

154. 汪玢玲(1924—),辽宁北镇人。民间文艺学研究专家,东北师范大学教授。1946年在东北大学学习,师从文学史家陆侃如、冯沅君和哲学史家赵纪彬。1951年至1954年在河南师范学院学习。1954年至1956年攻读北京师范大学研究生,师从民俗学家钟敬文。1956年后在东北师范大学中文系任教,主要从事民间文学教学与研究工作。发表论文有《民间文学与作家文学的关系》《鲁迅与民间文学》《沈从文所受苗族文化影响》《天鹅处女型故事研究概观》《东西方"早期维那斯"比较研究》《东西方盗火英雄神话比较研究》《长白山人参故事源流及其历史价值》《鹿的民俗考论》《乌拉草之为宝》《长白山自然保护神崇拜文化内涵》《萨满教与(赫哲族)伊玛堪》等。出版著作有《蒲松龄与民间文学》《中国虎文化研究》《中国民俗文化大观》《汪玢玲民俗文化论集》《中国婚姻史》等。编撰《吉林省志·民俗志》《长春市志·民俗志》《中国民俗文化大观》《中华民俗大典·吉林卷》等。兼任吉林省民俗学会名誉理事长、中国民俗学会理事、中国故事学会理事、中国乡土诗人协会理事等。

155. 王安忆(1954—),生于江苏南京。作家。1955年随母亲茹志鹃移居上海,初中毕业后赴安徽淮北农村插队,1978年回上海,任《儿童时代》编辑。为复旦大学中文系教授、中国作家协会副主席、上海市作家协会主席。主要著作有《雨,沙沙沙》《王安忆中短篇小说集》《流逝》《小鲍庄》《小城之恋》《锦绣谷之恋》《米妮》等小说集,《69届初中生》《纪实与虚构》《长恨歌》《天香》等长篇小说。其中《长恨歌》获第五届茅盾文学奖,《发廊情话》获第三届鲁迅文学奖优秀短篇小说奖,《谁是未来的中队长》《本次列车终点》《流逝》《小鲍庄》等均获全国文学大奖。1998年获得首届当代中国女性创作奖,2001年荣获马来西亚《星洲日报》"最杰出的华文作家"称号,2013年获法兰西"文学与艺术骑士勋章"。2011年获布克国际文学奖提名。

156. 王还(1915—2012),曾用名王世还。福建福州人。语言学研究专家。1938年毕业于清华大学外语系英语专业。1939年至1947年在西南联合大学及北京大学担任英语教员。1947年至1950年在英国剑桥大学担任现代汉语教员。1951年回国后,先后在清华大学东欧交换生中国语文专修班、北京大学外国留学生中国语文专修班、北京外语学院(今北京外国语大学)外国留学生来华部任教。

1965 年起在北京语言学院工作，曾担任教授、外语系主任、语言教学研究所所长等职务。主要研究领域为现代汉语语法及汉英对比，是我国对外汉语教学学科的创建者之一。专著有《"把"字句和"被"字句》《门外偶得集》等，主编《现代汉语频率词典》《汉英虚词词典》《汉英双解词典》《对外汉语语法教学大纲》等，主要论文有《汉语词类问题》《汉语动词述语的状语与补语和英语的状语》《汉语和英语的被动句》等。曾担任中国语言学会常务理事、中国教育学会对外汉语教学研究会常务理事等职务。

157. 王海鸰（1952— ），山东人。作家。16 岁当兵，做过通讯兵、卫生兵、业余宣传队队员。1983 年调至总政话剧团任编剧，不久进入解放军艺术学院就读文学系。1980 年开始发表作品。1997 年加入中国作家协会。著有长篇小说《爱你没商量》（与王朔合作）、《牵手》、《大校的女儿》、《不嫁则已》、《中国式离婚》、《新恋爱时代》，中篇小说集《她们的路》《星期天的寻觅》，话剧《洗礼》《我想跟你说句话》《送你一支玫瑰花》，电视剧剧本《爱你没商量》（合作）、《妈妈今晚去远航》、《牵手》，电影剧本《小岛》《走过严冬》。作品曾获飞天奖，金鹰奖一、二等奖，曹禺戏剧文学奖，文华奖，全军文艺会演一等奖，"五个一工程奖"，华表奖等。

158. 王洪君（1951— ），祖籍江苏淮安，生于上海。语言学研究专家。北京大学中文系教授、博士生导师，曾任北京大学语言学教研室主任、汉语语言学研究中心主任、北京大学教育部计算语言学重点实验室研究员。在北京接受中小学教育。1968 年至 1979 年在山西插队。1979 年至 1986 年在北京大学中文系语言学专业学习，1986 年获硕士学位，毕业后留校任教。主要研究领域为普通语言学和应用语言学。出版著作《汉语非线性音系学》《基于单字的现代汉语词法研究》《历史语言学方法论与汉语方言音韵史个案研究》《著名中年语言学家自选集 · 王洪君卷》等。曾获得全国高校人文社科科研优秀成果专著二等奖等奖励。兼任中国语言学会副会长、国家语委审音委员会主任等。

159. 王宁（1936— ），浙江海宁人，语言学研究专家。北京师范大学文学院资深教授、博士生导师，汉字与中文信息处理研究所所长。1958 年毕业于北京师范大学中文系。1958 年至 1961 年任教于青海师范学院，1961 年考入北京师范大学，师从陆宗达攻读文字训诂学，1964 年研究生毕业回到青海师范学院。1972 年至 1980 年在青海省文学艺术创作研究室工作。1983 年调入北京师范大学。研究专长为训诂学、文字学及汉字的标准化与规范化。出版《说文解字与汉字学》、《训诂学原理》、《汉字构形学讲座》、《训诂方法论》（合著）、《古汉语词义答问》（合著）、《训诂与训诂学》（合著）等著述，主编《汉字汉语基础》《古代汉语》《中国文化概论》等教材，担任《民俗典籍文字研究》集刊、《辞源》修订第三版的主编，参与了《语文基础教育课程标准(2011)》的修订。曾获国家教学成果二等奖、全国高校社会科学研究成果二等奖等奖励。兼任国家哲学社会科学研究专家咨询委员会委员、教育部哲学社会科学委员会委员、全国哲学社会科学"八五"至"十二五"规划语言学科专家评审组成员、中国语言学会副会长、《通用规范汉字表》专家工作组组长、教育部高等师范面向21世纪教改指导委员会中文专业召集人等。

160. 王齐(1968—)，生于陕西西安。外国哲学研究学者。中国社会科学院哲学研究所研究员，博士生导师，西方哲学史研究室主任，兼任中华全国外国哲学史学会秘书长。1996年毕业于中国社会科学院研究生院，获哲学博士学位。1999年至2001年在丹麦哥本哈根大学克尔凯郭尔研究中心从事博士后研究。主要研究方向为存在哲学、基督教哲学。代表作有《生命与信仰——克尔凯郭尔假名写作时期基督教哲学研究》，论文有《看、听和信——克尔凯郭尔和尼采视域下的信仰》等。

161. 王青(1964—)，生于北京。东方哲学研究学者。中国社会科学院哲学研究所研究员，兼任中华日本哲学会会长。1985年毕业于北京大学中文系，1998年获得日本国立一桥大学社会学博士学位，2000年进入社科院哲学所东方哲学研究室工作。主要研究领域为日本哲学史和思想史，主要著作为《日本近世儒学家荻生徂徕研究》、《日本近世思想概论》、《东方哲学史》(合著)、《明治哲学与文化》(合编)、《儒教与东亚的近代》(主编)。代表论文有《神道教与日本型伦理道德观念的演变》《井上圆了与蔡元培宗教思想的比较研究》《关于日本哲学的"合法性"问题》等。

162. 王小鹰(1947—)，浙江鄞县(今宁波市鄞州区)人。作家。1982年毕业于华东师范大学中文系，后任《萌芽》杂志编辑。1983年加入中国作家协会。曾任中国作协全委会委员，上海市人大代表。著有长篇小说《你为谁辩护》《我为你辩护》《丹青引》《我们曾经相爱》《吕后·宫廷玩偶》《问女何所思》等，中短篇小说集《金泉女与水溪妹》《一路风尘》《相思鸟》《意外死亡》《前巷深·后巷深》等及散文集多部。《一路风尘》获第四届全国中篇小说奖、上海40年优秀作品奖，《丹青引》获上海第四届文学艺术奖、第四届长中篇小说优秀作品奖、第三届人民文学奖，1998年获首届中国当代女性文学创作奖。

163. 王旭烽(1955—)，江苏桐山人。作家。1978年考入杭州大学历史系，1982年大学毕业后曾任杭州第十四中学教师、《浙江工人报》编辑、浙江省总工会干部、中国茶叶博物馆工作人员等。1998年调入浙江省作家协会，后任浙江文学院副院长、浙江省作家协会副主席。1980 年开始发表作品。著有长篇小说《姑娘山速写》《不夜之侯》,《王旭烽中短篇小说集》,随笔集《饮茶说茶》《南山陵园》《绝色杭州》等。长篇小说《南方有嘉木》获 1995 年全国"五个一工程奖"、1996 年浙江省鲁迅文学奖、1998 年全国优秀长篇小说奖,《我本不愿意离开你》获 1993—1995 年中篇小说奖,随笔集《看北极》获 1997 年冰心文学奖,长篇小说《茶人三部曲》获第五届茅盾文学奖。

164. 王云路(1959—),辽宁大连人。语言学研究专家,浙江大学教授、博士生导师、享受国务院政府特殊津贴。1982 年毕业于辽宁师范大学中文系,同年进入杭州大学攻读汉语史专业,1985 年获硕士学位,1992 年获古典文献学博士学位。主要从事古汉语词汇和训诂研究、中古语言文献研究。出版《中古汉语语词例释》(合著)、《汉魏六朝诗歌语言论稿》、《六朝诗歌语词研究》、《中古汉语词汇史》、《汉语词汇核心义研究》、《词汇训诂论稿》、《中古汉语论稿》、《中古诗歌语言研究》等著作 10 余部,代表论文《试谈韵律与某些双音词的形成》《释"踊跃"及其他——兼谈词义演变的相关问题》《论"老小"的"妻子"义》《试论语言研究与先秦礼仪的关系》《从词汇史的角度看〈燕丹子〉的成书年代——与〈史记 · 刺客列传〉比较》等。兼任浙江大学古籍研究所所长、教育部人文社科重点研究基地汉语史研究中心副主任、礼学研究中心主任、人文学部学位委员会主任,《汉语史学报》主编,中国训诂学会常务副会长,中国语言学会常务理事等。

165. 魏小萍(1955—),生于江苏南京。马克思主义哲学史研究专家。1995 年毕业于中国人民大学马列主义发展史研究所,获博士学位。2002 年调入中国社科院哲学研究所工作,曾任马克思主义哲学史研究室主任,中国马克思主义哲学史学会副会长。长期从事马克思主义哲学的研究,多次赴德国、英国、美国访学,曾兼任英国学术期刊《当代政治理论》编委,多篇论文在国外发表。代表作有专著《历史主客体导论》《追寻马克思——时代境遇下马克思人类解放理论逻辑的分析和探讨》《探求马克思——〈德意志意识形态〉原文文本的解读与分析》《中国经济转型的反思》。

166. 温小钰(1938—1993),浙江杭州人。作家。1960 年毕业于北京大学中文系,后被分配到内蒙古大学任教。1982 年加入中国作家协会。曾任浙江文艺出版社副总编辑、中国作家协会理事。1955 年发表处女作独幕剧《异路人》。著有中篇小说集《心的奏鸣曲》《土壤》(合作),散文集《草原客》,长篇译作《钟为谁鸣》《一路雷霆》(合作)等,共十余部。作品具有强烈的责任感和使命感,艺术上具有丰富生活哲理和伦理内涵。中篇小说《土壤》和《苦夏》分获第一、第二届全国优秀中篇小说奖。多部作品获内蒙古、浙江、上海等省市自治区优秀作品奖。

167. 吴小美(1933—)，江西金溪人。中国现代文学研究专家，兰州大学教授。1954 年毕业于北京大学中文系，后到兰州大学中文系任教，曾任兰州大学学术委员会副主任、文科学术委员会主任、《兰州大学学报》(社会科学版)主编。主要研究领域为鲁迅研究、老舍研究、比较文学研究。论文有《论〈野草〉》《"北京的苦闷"与"巴黎的忧郁"——鲁迅与波特莱尔散文诗的比较研究》《〈野草〉与〈爱之路〉——鲁迅与屠格涅夫散文诗的比较研究》《一部优秀的现实主义杰作——评〈四世同堂〉》《老舍与中国革命论纲》《老舍的生死观》《悲剧美：老舍精神与艺术之魂》《论老舍"幽默"的主客体统一性》，主要著作有《虚室集》《鲁迅与东西方文化》《老舍与中国新文化建设》《中国现代作家与东西方文化》《老舍小说世界与东西方文化》等。兼任中国现代文学研究会名誉理事、鲁迅研究会名誉理事、中国比较文学研究会名誉理事、中国老舍研究会名誉会长兼学术委员会主任、甘肃省作家协会顾问等职。

168. 武寅(1950—)，吉林双阳人。日本政治制度史和中日关系史研究专家，中国社会科学院研究员。1989 年获首都师范大学历史系博士学位。1983 年起在中国社会科学院世界历史研究所工作，历任副所长、党委书记、所长，中国社会科学院研究生院院长，中国社会科学院副院长、党组成员。长期从事世界近现代史、近现代国际关系史以及中日关系史方面的研究。代表作有《近代日本政治体制研究》《从协调外交到自主外交》等。主持编撰的 8 卷 39 册 1500 多万字的《世界历史》，在广泛借鉴历代中外学者世界史研究成果的基础上，对世界历史进行了系统、科学的探讨，并回答了当代社会发展中的一系列重大问题，为中国特色的世界史学科发展做出了重要贡献。

169. 武玉环(1950—)，吉林长春人。中国北方民族史研究专家，吉林大学文学院历史系教授，博士生导师。2001 年至 2011 年间担任吉林大学历史系主任，曾兼任日本关西学院大学文学部东洋史学科客座研究员、日本西南学院大学客座教授等职。长期从事中国古代史、北方民族史、辽金契丹女真史的教学与研究，担任中国民族史学会辽金契丹女真史分会副会长，吉林省历史学会副会长。主要著作有《辽制研究》《辽金社会与文化研究》，主编《中国大通史 · 辽史卷》，还参与编写了《中华文明史》第 6"金代经济"部分和《中国北方历史人物传》等。

170. 席慕蓉(1943—)，蒙古族名穆伦 · 席连勃，意即大江河，"慕蓉"是"穆伦"的谐译，笔名夏采、萧瑞、穆伦、千华，蒙古族人，祖籍察哈尔盟明安旗，生于重庆。诗人，画家。1949 年到香港。1954 年举家迁居台湾。台湾师范大学艺术系毕业，后去比利时留学，毕业于比利时布鲁塞尔皇家艺术学院。1970 年回台湾新竹师范专科学校、东海大学美术系任教，同时从事绘画和文学创作。1981 年出版第一本诗集《七里香》，引起轰动，至 1986 年该书再版达 35 次之多。其后的诗集、散文集也畅销不衰。1983 年出版诗集《无怨的青春》，其后印行近 30 版。这两部诗集成为畅销书，也风行大陆。另有诗集《心灵的探索》《时光九篇》，散文集《成长的痕迹》《有一首歌》《画出心中的彩虹》《写给幸福》，画论《画诗》等。

171. 夏晓虹（1953— ），生于北京。明清文学史研究专家。北京大学中文系教授，博士生导师。1977 年考入北京大学中文系，1984 年毕业，获文学硕士学位。曾在德国海德堡大学、日本东京大学、香港浸会大学客座讲学。主要从事近代中国的文学思潮研究、近代作家研究、梁启超研究、晚清女性生活及社会文化研究、晚清报刊研究。主要论文有《从男女平等到女权意识——晚清的妇女思潮》《以觉世始传世终的梁启超》《晚清女报的性别观照》《秋瑾之死与晚清的“秋瑾文学”》等。著有《觉世与传世——梁启超的文学道》《晚清文人妇女观》《诗骚传统与文学改良》《晚清社会与文化》《晚清女性与近代中国》，主编《学者追忆丛书》，编校《梁启超文选》《中国现代学术经典 · 梁启超卷》《追忆康有为》《追忆梁启超》等。

172. 冼玉清（1894—1965），别署琅玕馆主人，广东南海人。词人、学者。幼居澳门，随陈子褒习文史。后去香港，入圣士提反女校学习英文，又师从李凤廷学画。1918 年，转学至广州岭南大学附中。1920 年考入岭南大学中文系，1924 年毕业，因成绩优异留任历史系助教。1927 年，转任岭南大学国文系讲师，兼任岭南大学文物馆馆长。1929 年晋升为岭南大学教授。先后兼任广州市博物馆顾问、广州市政府文献委员会委员、勷勤大学教授等职。抗日战争期间，随岭南大学迁校香港、粤北曲江等地。1952 年全国院系调整，岭南大学并入中山大学，转任中山大学教授兼中山纪念馆主任，1955 年退休。1956 年，任广东省政协委员、广东省文史馆副馆长。擅长诗文和地方掌故，出版专著《赵松雪书画考》《广东印谱考》《招子庸研究》《更生记》《广东鉴藏家考》《广东女子艺文考》《广东丛帖叙录》《广东艺文志题解》《岭南掌故录》《广东文献丛谈》等。

173. 萧红（1911—1942），原名张迺莹，笔名悄吟、田娣等。黑龙江呼兰人，“东北作家群”的代表作家之一。1930 年秋为反抗父亲包办婚姻，开始流浪生活。1933 年发表处女作短篇小说《王阿嫂的死》，同年和萧军出版短篇小说合集《跋涉》，收录小说六篇。第一部长篇小说《生死场》于 1935 年出版，轰动上海文坛。鲁迅在序中称赞说：“北方人民对于生活的坚强，对于死的挣扎，却往往已经力透纸背，女性作者细致的观察和越轨的笔致，又增加了不少明丽和新鲜。”1936 年去日本养病,1937 年回国。后辗转到武汉、临汾、西安、重庆等地。1940 年春与端木蕻良赴香港。1942 年因肺结核和恶性气管扩张病逝于香港,年仅 31 岁。出版有短篇小说集《牛车上》《旷野的呼喊》,长篇小说《马伯乐》《呼兰河传》,在病中还写了短篇小说《小城三月》等,被鲁迅称为“最有前途的女作家”。

174. 谢冰莹(1906—2000),本名谢鸣同,字凤宝,又名谢彬,笔名林三、南芷、英子、秋萍、兰如、无畏、紫英、忆萍等,湖南新化人。中国历史上第一个“女兵作家”。参加过北伐战争,以《从军日记》轰动文坛。1931 年和 1935 年两度赴日本,入东京早稻田大学研究班。1940 年,应聘赴西安主编《黄河》文艺月刊三年,后赴成都任教。抗战胜利后,先后任汉口《和平日报》《华中日报》副刊主编、国立北平师范大学华北文化学校教授。1948 年去台湾,任台湾师范学院教授,后侨居美国旧金山。著有长篇小说《红平》《碧瑶之恋》,中短篇小说集《空谷幽兰》,短篇小说集《血流》《伟大的女性》《圣洁的云魂》《雾》,小说散文集《冰莹创作选》,散文集《从军日记》《麓山集》《爱晚亭》《绿窗寄语》《牧乡》,传记《一个女兵的自传》《女兵十年》,儿童文学《爱的故事》《仁慈的鹿王》《给小读者》《小冬流浪记》《林琳》等。

175. 徐碧辉(1963—),生于重庆忠县。美学研究学者。中国社会科学院哲学研究所研究员,兼任中华美学学会秘书长,《中华美学学会通讯》主编。1983 年毕业于四川大学哲学系。1993 年毕业于北京大学哲学系,获哲学博士学位,同年进入社科院哲学所美学研究室工作。研究领域涉及马克思主义美学、文艺美学、中国传统美学和审美教育学。代表作有《实践中的美学——中国现代性启蒙和新世纪美学建构》《美学何为:现代中国马克思主义美学研究》,重要论文有《对五六十年代美学大讨论的哲学反思》《美学与中国现代性启蒙》《情本体——实践美学的个体生存论维度》等。

176. 徐坤(1965—),辽宁沈阳人。作家。1989 年毕业于辽宁大学中文系,2003 年毕业于中国社会科学院研究生院,获文学博士学位。毕业后留院工作,任中国社科院文学所副研究员。2003 年调入北京市作家协会,任专业作家。1995 年加入中国作家协会。为北京作家协会党组成员,北京市青联委员,中国作家协会全国委员会委员。著有长篇小说《春天的二十二个夜晚》《爱你两周半》《八月狂想曲》,中短篇小说集《白话》《先锋》《热狗》《遭遇爱情》《狗日的足球》《厨房》,话剧剧本《青狐》(根据王蒙同名小说改编)、《性情男女》等,出版文学作品 20 余部。短篇小说《厨房》获第二届鲁迅文学奖,并获首届冯牧文学奖、首届女性文学成就奖、第九届庄重文文学奖。

177. 徐蓝(1947—),北京人。世界史研究专家,首都师范大学历史学院教授,博士生导师。1990 年获得历史学博士学位。曾任首都师范大学世界史学系主任、校务委员会委员、国际关系研究中心主任。主要从事世界近现代史、国际关系史、冷战史、20 世纪战争与和平问题研究。主持《走向同盟:1937—1942 年的美英关系》《战争与和平:两次世界大战的比较研究》《20 世纪国际格局的演变与大国关系互动研究》等国家社科基金项目研究。出版《英国与中日战争(1931—1941年)》《从萨拉热窝到东京:两次世界大战》《中国国际关系史研究书评》等专著 7 部,《两次世界大战之间的国际关系(1919—1939)》《南京暴行》《巨龙》等译著 3 部,多次获得省部级科研奖励和教学奖励,2009 年被评为全国优秀教师,2011 年被评为国家级教学名师。兼任中国史学会副会长、中国第二次世界大战史研究会副会长、国际第二次世界大战史研究会执行局成员、北京市历史学会常务理事、南开大学世界近现代史研究中心学术委员,武汉大学世界史研究中心、华东师范大学冷战史研究中心、河南师范大学历史系兼职教授等。

178. 徐小斌(1953—),祖籍湖北荆门,生于北京。作家,中央电视台中国电视剧制作中心一级编剧,北京作家协会理事,孔子学院总部特聘专家,民盟中央文化委员会委员。1969 年赴黑龙江生产建设兵团,回京后在西郊粮库当工人,1982 年毕业于中央财政金融学院,后任中央电大教师。1981 年开始发表作品。1990 年加入中国作家协会。著有长篇小说《羽蛇》《海火》《敦煌遗梦》,中短篇小说集《对一个精神病患者的调查》《双鱼星座》《迷幻花园》等,出版《徐小斌文集》(五卷)。中篇小说《双鱼星座》获首届鲁迅文学奖,长篇小说《敦煌遗梦》获第八届全国图书金钥匙奖,电影文学剧本《弧光》获第十六届莫斯科电影节特别奖,电视剧剧本《风铃小语》获第十四届飞天奖、首届 CCTV 杯一等奖。

179. 许广平(1898—1968),号景宋,笔名有平林、归真、正言等。祖籍福建,生于广东番禺。作家,鲁迅夫人。1917 年入读天津直隶第一女子师范学校预科,五四运动中曾主编《醒世周刊》,1922 年进入北京女子高等师范学校国文系学习。1926 年与鲁迅同车南下,赴广州省立女子师范学校执教。1927 年 10 月到上海。鲁迅逝世后,筹划鲁迅著作的出版。1942 年底,被日本侵略军逮捕,次年出狱。1948 年进入解放区。1949 年后,先后担任中央人民政府政务院副秘书长、全国妇联副主席、全国政协常委等职。主要著作有与鲁迅的通信集《两地书》,回忆鲁迅的散文集《欣慰的纪念》《关于鲁迅的生活》《鲁迅回忆录》等,其中《鲁迅先生的日常生活》《鲁迅先生与海婴》《最后的一天》等文,记述了鲜为人知的鲁迅日常生活以及临终情景,是研究鲁迅的第一手资料。

180. 严歌苓(1956—),生于上海市。作家。1971 年入伍,原成都军区舞蹈演员。翌年在《安徽文学》上发表处女作,调原成都军区后勤部创作组从事创作。1983 年调铁道兵政治部创作组任创作员,1984 年随兵部集体转业到铁道工程指挥部创作组从事写作。1985 年加入中国电影家文学学会,1986 年加入中国作家协会。主要作品有长篇小说《绿血》《一个女兵的悄悄话》《雌性的草地》《陆犯焉识》《小姨多鹤》《一个女人的史诗》,中短篇小说《水之祭》《金陵十三钗》《少女小渔》《天浴》,电影文学剧本《七个战士和一个零》《无词的歌》《父与女》《无冕之女王》《残缺的月亮》《大漠沙如雪》等。其中《少女小渔》《陆犯焉识》《金陵十三钗》《芳华》等多部小说被改编成影视剧。

181. 杨绛(1911—2016),字季康,祖籍江苏无锡,生于北京。作家、翻译家。1932 年毕业于苏州东吴大学政治学系,获文学学士学位。后考入清华大学研究生院,攻读外语系研究生。1935 年与钱锺书结婚,共赴英国牛津大学学习,后入法国巴黎大学进修。1938 年回国后,历任上海震旦女子文理学院、清华大学等院校外语系教授。1953 年后,任中国社会科学院外国文学研究所研究员。1970 年下放河南省息县干校,1972 年回北京。1982 年起任中国翻译工作者协会理事、名誉理事,中国作家协会会员。具有多方面的文学成就,1940 年代,创作戏剧剧本《称心如意》《风絮》等,翻译多种文字的外国文学名著,如《堂吉诃德》《小癞子》《吉尔·布拉斯》等,1986 年荣获西班牙国王卡洛斯授予的"智慧国王阿方索十世勋章"。《干校六记》荣获新时期全国优秀散文奖第一名,被译成多国文字在海外出版。另有长篇小说《洗澡》、传记文学《记钱锺书与〈围城〉》《回忆两篇》等,散文随笔《我们仨》,哲理散文集《走到人生边上》。作品结集为《杨绛文集》8 卷。

182. 杨令侠(1955—),生于北京。世界史研究专家,南开大学美国历史与文化研究中心教授。主要研究方向是加拿大史、加拿大对外关系史和美加比较研究,开设的课程有"加拿大史"和"美加关系史"等。主要著作有《加拿大与美国关系史纲》《战后加拿大与美国关系研究》等。荣获加拿大官方最高级别的荣誉"加拿大总督奖章"。

183. 杨沫(1914—1995),原名杨成业,又名杨君默、杨默,湖南湘阴人,出生于北京。作家。1928 年考入北京温泉女中。早年曾在河北香河县、定县等地做过教员。1934 年开始文学创作。1936 年加入中国共产党。次年赴晋察冀边区从事抗战妇女工作。1942 年始任《黎明报》《晋察抗日报》《人民日报》编辑。1949 年后历任北京电影制片厂编辑、中国作家协会理事、北京市作家协会副主席等职。1958 年出版代表作长篇小说《青春之歌》,成功地塑造了知识青年林道静等一系列典型形象。另有中篇小说《苇塘纪事》，短篇小说集《红红的山丹花》，以及长篇小说《东方欲晓》和《青春之歌》的续篇《芳菲之歌》《英华之歌》等，结集出版有《杨沫小说集》《杨沫散文选》等。

184. 杨振红（1963—　），黑龙江虎林人。秦汉史、简帛学研究专家，南开大学教授、博士生导师。2005 年获中国社会科学院研究生院历史系博士学位。曾任中国社会科学院历史研究所研究员、博士生导师、战国秦汉史研究室主任、中国社科院简帛研究中心主任、《简帛研究》主编，青海师范大学特聘教授和"昆仑学者"。专著《出土简牍与秦汉社会》，对秦汉史研究中长期争论不决的三个重大问题——秦汉法律体系、战国秦汉土地制度、月令与秦汉政治关系——进行了深入探讨，受到海内外学者的广泛关注和好评，获得第四届郭沫若中国历史学奖三等奖、第一届李学勤中国古代史研究奖、中国社会科学院研究生院优秀博士论文二等奖等。2015 年出版专著《出土简牍与秦汉社会（续编）》。合著《中国妇女通史・秦汉卷》《中国风俗通史・秦汉卷》《中国经济通史・秦汉经济卷》，主编《中日学者论中国古代城市社会》等。

185. 叶广岑（1948—　），祖姓叶赫那拉，满族人，生于北京。作家。中国作家协会全委会委员。1990 年在日本千叶大学学习，回国后于 1995 年调入西安市文联创作研究室，从事专业创作。曾任西安市文联副主席、陕西省作家协会副主席，被陕西省委省政府授予"德艺双馨"文艺工作者称号，国务院授予的"有突出贡献专家"称号。主要作品有家庭题材的小说《本是同根生》《谁翻乐府凄凉曲》《黄连厚朴》，长篇小说《采桑子》《青木川》，日本题材的小说《黑鱼千岁》，纪实题材的小说《没有日记的罗敷河》《琢玉记》等。《红灯停绿灯行》《黄连厚朴》《谁说我不在乎》等多部作品被改编为电影。中篇小说《梦也何曾到谢桥》获第二届鲁迅文学奖，长篇纪实文学《没有日记的罗敷河》获全国少数民族文学骏马奖。作品《苦雨斋》2017 年获第十七届百花文学奖中篇小说奖。出版作品集《叶广芩文集》。

186. 叶文玲（1942—　），浙江玉环人。作家。1958 年参加工作。1980 年毕业于中国作家协会文学讲习所。历任小学教师、农场职工、干部、工人、计划统计员，河南省文联、浙江省文联专业作家、副主席，浙江省作家协会主席、名誉主席。1958 年开始发表短篇小说。1978 年以来创作有短篇小说《藤椅》《毋忘草》，中篇小说《小溪九道弯》《浪漫的黄昏》等，长篇小说《父母官》《太阳的骄子》《无梦谷》《秋瑾》《敦煌守护神——常书鸿》《无尽人生》（三部曲《无梦谷》《无桅船》《无忧树》），小说集《无花果》《心香》《独特的歌》《长塘镇风情》，散文集《梦里寻你千百度》等。《心香》获全国优秀短篇小说奖。

187. 亦舒(1949—),原名倪亦舒,笔名玫瑰、梅阡、梅峰、骆绛、陆国、依莎贝、叽哩呱啦等。原籍浙江宁波,生于上海。作家。1955 年到香港,曾在《南国电影》写娱乐稿,又在《明报》当记者。后赴英国留学三年,做过酒店管理人员。曾任职港府新闻处。16 岁开始发表小说,主要有《家明与玫瑰》《玫瑰的故事》《珍珠》《曼陀罗》《蔷薇泡沫》《独身女人》《我的前半生》《宝贝》《星之碎片》《香雪海》《两个女人》《蓝鸟记》《风信子》《喜宝》《野孩子》《回南天》《五月与十二月》《今夜星光灿烂》等 40 多部。散文集有《豆芽集》《留英学生日记》《自白书》《舒服集》《歇脚处》等 10 多部。小说以香港中上层社会爱情生活为题,拥有广泛的读者群。

188. 应锦襄(1927—2011),上海人。现代文学研究专家。1948 年毕业于复旦大学中文系,后留校任复旦大学文学院助教。1949 年在清华大学研究生院读研究生,1952 年在军委后勤学院文教会任教。1958 年调入厦门大学中文系,历任副教授、教授。主要从事现代文学、比较文学的研究与教学。主要论文有《鲁迅与比较文学》《中国古典小说与欧洲传统小说创作之异同》《论个人主义的毁灭》《五四时期西方文学对中国文学的影响》。曾参与注释《鲁迅全集·汉文学史纲》,参加撰写《中国现代文学史》《中西比较文学教程》等。

189. 余小惠(1949—),生于上海,原籍江苏邗江。作家。1968 年赴黑龙江生产建设兵团插队。1974 年天津师范大学毕业后历任天津工艺美院教师、副书记,天津中医学院教师、干部,天津百花文艺出版社《小说月报》编辑部及《小说》编辑室编辑、编辑室主任,副编审、编审,东方文化影视中心主任。1981 年发表小说处女作《树叶青青》。1991 年加入中国作家协会。主要作品有中篇小说《真诚》(与丈夫孙力合作)、《选择》,电影文学剧本《走向冰川》《真诚》,长篇小说《但愿人长久》《都市风流》(与丈夫孙力合著)。广播连续剧《选择》获全国广播剧一等奖,长篇小说《都市风流》获第三届茅盾文学奖,并被翻译成英、法两种文字介绍到海外。

190. 郁茹(1921—),原名钱玉如,笔名茹茹。原籍浙江诸暨。作家。全面抗战爆发后流浪到重庆。1938 年进入重庆艺术专科学校当试读生。1939 年做图书管理员,同时在茅盾主编的《文艺阵地》社协助编辑工作。两年后创作了中篇小说《遥远的爱》,从此开始了文学活动,并参加中华全国文艺界抗敌协会。抗战胜利后先后担任上海《新民晚报》、香港《华商报》记者。1949 年后历任《南方日报》记者、文艺部副主任、作家协会广东分会青年工作委员会主任、广东作家协会副主席和《少年文艺报》副主编等职。主要作品有短篇小说集《龙头山下》《棕榈》,中短篇小说集《我们小时候》,儿童文学作品集《曾大惠和周小荔》《一只眼睛的风波》《好朋友》，报告文学集《锦绣岭南》等。作品曾多次获奖。

191. 袁昌英(1894—1973)，字兰子、兰紫，湖南醴陵人。作家。1916 年中学肄业后赴英留学，在爱丁堡大学学习英国文学，获文学硕士学位。1921 年回国，在北平女子高等师范学校任教。1926 年赴法入巴黎大学研究法国文学。1928 年回国，到上海中国公学任教。1929 年起在武汉大学任教。1930 年开始发表作品。抗日战争爆发，将私蓄捐献给抗战事业。1949 年后，加入中国民主同盟。被推选为武汉市政协委员、武汉市文联执行委员。1956 年加入中国作家协会。主要作品有戏剧集《孔雀东南飞及其他》，剧本《饮马长城窟》，散文集《山居散墨》《行年四十》，小说《牛》，另有编著《法兰西文学》《法国文学》，译著《玛婷:痛苦的灵魂》和英文著作《中国爱国文学》等。

192. 袁静(1914—1999)，原名袁行规，又名袁行庄，笔名筱缘、行庄等，祖籍江苏武进，生于北京。作家。曾肄业于北平中法大学、冯庸大学及国立北平艺术专科学校。1935 年加入中国共产党。全面抗战爆发后，参加抗日救亡文艺活动，在武汉等地从事青年和文艺宣传工作。1940 年去延安，入陕北公学学习。在延安时期创作第一个秧歌剧《减租》，秦腔剧本《刘巧儿告状》，与人合作写了歌剧《兰花花》等。1947 年与孔厥合作中篇小说《血尸案》，反映解放区农村的阶级斗争。1949 年又与孔厥合作发表长篇小说《新儿女英雄传》，该作曾被译成多种外文出版。1950 年调中央电影局任编剧。翌年赴朝访问，创作了中篇小说《中朝儿女》。1954 年任中国作家协会作家，先后创作了电影剧本和长篇小说《淮上人家》。1957 年调作协天津分会，创作了中篇小说《红色少年夺粮记》《朱小星的童年》，长篇小说《红色交通线》《大地回春》，儿童文学作品《小黑马的故事》等。1978 年后历任中国文联委员，天津文联副主席，中国作家协会天津分会主席。陆续发表、出版了长篇小说《伏虎记》、中篇小说《李大虎和小刺猬》及《芳芳和汤姆》《众英雄和小捣蛋》等。科普童话《众英雄和小捣蛋》获 1984 年天津市鲁迅文艺奖优秀作品奖，儿童小说《小黑马的故事》获全国第二届少儿文艺创作一等奖，《芳芳和汤姆》获天津市鲁迅文艺奖优秀作品奖。

193. 乐黛云(1931—)，贵州贵阳人。文学史、比较文学研究专家，北京大学中文系教授、博士生导师。1948 年考入北京大学中文系，1949 年加入中国共产党。1952 年大学毕业留校任教。1978 年被选为中国现代文学研究会秘书长。1981 年至 1984 年在美国哈佛大学访问，并任该校伯克利分校客座研究员，加入国际比较文学学会，被选为中国文艺理论研究会常务理事。1985 年夏任美国俄勒冈大学客座教授，同年担任中国比较文学学会副会长兼秘书长。1986 年任加拿大麦克马斯特大学客座教授。曾担任北京大学比较文学研究所所长、深圳大学中文系主任。1989年加拿大麦克马斯特大学授予人文学科荣誉博士学位。1990年当选国际比较文学学会副主席。主要著作有《国外鲁迅论集》《比较文学与中国现代文学》《比较文学原理》,英文著作《面向暴风雨》《从中国小说看中国知识分子》等,主编《中国比较文学年鉴》《中西比较文学教程》《跨学科比较文学研究》《西方文艺思潮与二十世纪中国文学》等,编有《茅盾论中国现代作家作品》等。学术论文《〈蚀〉与〈子夜〉比较分析》获1985年《文学评论》二等奖,《尼采与中国现代文学》获北京大学"五四"科学论文奖,英文著作《面向暴风雨》获1986年美国加州湾区文学奖。

194. 曾晓渝(1955—),重庆人。语言学研究专家,南开大学文学院教授,博士生导师。1982年毕业于西南师范大学(今西南大学)中文系,留校任教。1989年在西南师大获硕士学位,1990年考入南开大学主攻汉藏语言学理论,1993年获文学博士学位。曾应邀赴法国国家社会科学院东亚语言研究所、日本早稻田大学、日本青山学院大学、美国堪萨斯大学等机构进行学术访问、讲学及合作研究。主要从事汉语语音史、侗台语言研究、汉藏语言历史比较研究。著有《汉语水语关系词研究》、《汉水词典》(合著)、《语音历史探索——曾晓渝自选集》、《汉语水语关系论》、《侗台苗瑶语言的汉借词研究》(主编)等,论文有《"〈中原雅音〉就是〈中州音韵〉"质疑》《汉语水语复音形容词的历史比较研究》《见母的上古音值》《论次清声母在汉语上古音系里的音类地位》《后汉三国梵汉对音所反映的送气声母问题》等。兼任教育部社会科学委员会委员、国家社会科学基金学科规划评审组专家、天津市语言学会会长、南开大学学术委员会委员等。

195. 曾昭燏(1909—1964),湖南湘乡人(今属湘潭市岳塘区)。中国首位女性考古学家和博物馆学家。曾国藩四弟曾国潢的长曾孙女。1929年考入南京中央大学外文系,次年转入国文系,师从胡小石、吴梅、黄侃等。1933年考入金陵大学国学研究班深造。1935年赴英留学,入伦敦大学研究院,师从叶慈,1937年获考古学系文学硕士学位。后赴德国国家博物馆研习博物馆学,并参与柏林地区和什列斯威格的田野考古发掘。1938年回国,1939年受聘于中央博物院筹备处,担任专门设计委员。1938年10月至1942年12月,先后在大理、四川彭山县进行考古调查与发掘工作。1941年2月起,任中央博物院代理总干事、总干事。1950年任南京博物院常务副院长,1956年1月任院长。主要进行江苏和东南地区的考古调查、发掘工作,是该地区考古事业的开拓者之一,和尹焕章共同撰写的《试论湖熟文化》《古代江苏历史上的两个问题》等论文,提出了"湖熟文化"这一考古学文化的命名,并全面阐释了"青莲岗文化"这一考古学文化的分布范围、年代和文化特征,在此基础上厘清了江苏地区史前文化的时空关系,推动了长江中下游地区新石器时代和商周时期考古学文化的研究。

196. 翟永明(1955—),生于四川成都。诗人。1974 年高中毕业下乡插队,后毕业于成都电讯工程学院,曾在某物理研究所工作。1980 年代初开始发表作品,1990 年赴美,1992 年回国。潜心写作的同时,与友人经营“白夜”酒吧,策划一系列文学、艺术及民间影像活动,使得“白夜”成为成都著名的艺术场所。主要诗集有《女人》《人生在世》《在一切玫瑰之上》《翟永明诗集》《黑夜里的素歌》《称之为一切》《终于使我周转不灵》等。2007 年 10 月获首届中坤“国际诗歌奖”,2011 年获意大利斯托亚国际文学奖。作品曾被翻译为英、德、日、荷兰等国文字。

197. 张爱玲(1921—1995),原名张瑛,笔名有梁京、王鼐等,河北丰润人,生于上海。作家。1939 年就读香港大学,1942 年香港沦陷后回到上海从事文学创作活动,是 20 世纪 40 年代沦陷后的上海文坛最负盛名的女作家。1952 年赴香港,1966 年定居美国,在加州伯克利大学中国文学研究中心工作。除成名之作《倾城之恋》外,尚有《金锁记》等 10 篇小说,后结集为《传奇》出版。其作品大都以十里洋场上层社会的生活为背景,描绘出种种被扭曲了的人性和人们错综复杂的内心世界,笔致秀逸。另有《张爱玲短篇小说集》,长篇小说《十八春》(又名《半生缘》)、《怨女》、《秧歌》、《赤地之恋》,散文集《流言》《张看》,评论专著《红楼梦魇》等。

198. 张洁(1937—),北京人。作家。1960 年毕业于中国人民大学,后在第一机械工业部工作。1979 年加入中国作家协会。1980 年调北京电影制片厂任编剧,现居美国,美国文学艺术院荣誉院士。1978 年发表作品,处女作《从森林里来的孩子》和《谁生活得更美好》均获全国优秀短篇小说奖。成名作《爱,是不能忘记的》曾引起文坛的广泛讨论与争议。长篇小说《沉重的翅膀》获茅盾文学奖和“玛拉帕米蒂”国际文学奖。《无字》获第二届老舍文学奖、第六届茅盾文学奖等奖项,是唯一两获茅盾文学奖的作家。另有长篇小说《只有一个太阳:一个关于浪漫的梦想》,中篇小说《方舟》,短篇集《祖母绿》,散文集《在那绿草地上》《你是我灵魂上的朋友》《世界上最疼我的那个人去了》等,游记文学集《域外游记》《一个中国女人在欧洲》等。

199. 张抗抗(1950—),浙江杭州人。作家。中国作协副主席,黑龙江作协名誉主席,第十届全国政协委员。1977 年结束 8 年农场生活,进入黑龙江省艺术学校编剧班学习,1979 年毕业,加入中国作家协会黑龙江分会,从事专业创作。后任中国作家协会黑龙江分会副主席。1961 年在上海《少年文艺》上发表处女作《我们学做小医生》。代表作有长篇小说《隐形伴侣》《赤彤丹朱》《情爱画廊》《作女》《张抗抗自选集》(5卷)等。曾获全国优秀短篇小说奖、优秀中篇小说奖、第二届鲁迅文学奖、全国首届女性文学创作奖、第二届女性文学优秀小说奖、庄重文文学奖等。多部作品被翻译成英、法、德、日、俄文在海外出版。

200. 张曼菱(1948—),云南昆明人。作家。1969年赴盈江县插队务农,后历任昆明医学院工人,天津作家协会理事,海南曼菱艺术发展有限公司独立制片人和导演,云南省委宣传部影视艺术中心副主任。1982年毕业于北京大学中文系。1985年加入中国作家协会。著有长篇小说《涛声入梦》《天涯丽人》,小说集《有一个美丽的地方》,散文集《曼菱闲话》《中国布衣》《北大才女》,评论集《张曼菱评"红楼梦"》《西南联大行思录》,电视剧剧本《知青行——重归德宏州》等。《有一个美丽的地方》获《当代》文学奖,中篇小说《唱着来唱着去》获《当代》炎黄文学奖,任总撰稿总编写的历史文献片《西南联大启示录》获中宣部"五个一工程奖",庄重文文学奖。

201. 张琦(1949—),山西太原人。中共党史研究专家。1982年毕业于中国人民大学中共党史系,后进入中共中央党史研究室工作。曾任中央党史研究室研究员、中共党史出版社社长,中共中央党史研究室科研管理部和第三研究部副主任,兼任中央重大革命和历史题材影视创作领导小组成员,中共党史学会常务理事、副秘书长,享受国务院政府特殊津贴。主要学术成果有《中华民族抗日战争史》(合著),主编《军史辉煌》《共和国万岁》丛书,合译《剑桥中国史》,主持撰写和摄制的大型理论文献电视片《光辉历程——从一大到十五大》《光荣行》《走进新时代》,均荣获"五个一工程奖",《与时俱进新党章》获首届"中华优秀出版物(音像)奖",发表党史类学术文章数十篇。

202. 张倩红(1964—),河南灵宝人。犹太学研究专家。郑州大学副校长,享受国务院政府特殊津贴,全国模范教师,第九、第十、第十一届全国政协委员。毕业于河南大学历史系。曾任河南大学历史文化学院院长、犹太研究所所长。长期致力于犹太学及中东问题研究,撰写出版了《以色列史》《犹太人·犹太精神》《以色列经济振兴之路》《犹太文化的现代化》《犹太人》《埃及史》等学术专著。曾先后被评为河南省"优秀中青年骨干教师"、河南省"跨世纪学术技术带头人"、河南省"创新人才"、河南省"优秀青年"社科专家、河南省"留学回归人员先进个人"、全国教育系统"巾帼建功标兵"等。曾受佩雷斯总统邀请参加以色列总统年会。兼任教育部历史学科教学指导委员会委员、河南史学会会长,中国世界现代史学会常务理事、世界民族学会常务理事、西北大学和山东大学兼职教授等。

203. 张小娴(1967—),祖籍广东,出生于香港。作家。毕业于香港浸会大学。1994 年于《明报》连载《面包树上的女人》而成名。1998 年创办香港第一本本土女性杂志《AMY》,任总编辑,被人们誉为"爱情专家"。其作品融入了女性创作经验,透露出强烈的女性关注意识。代表作有小说《面包树上的女人》《荷包里的单人床》《再见野鼬鼠》《不如,你送我一场春雨》《三月里的幸福饼》《我的爱如此麻辣》《我在云上爱你》,散文集《悬浮在空中的吻》《思念里的流浪狗》《末世的思念》等。

204. 张欣(1954—),江苏海门人。作家。1969 年应征入伍,历任卫生员、护士、文工团创作员,《羊城晚报》资料室工作人员、广东《五月》杂志编辑,广州市文艺创作研究所专业作家,中国作家协会第五、第六、第七届全委会委员,广州市作家协会主席。1978 年开始发表作品。1990 年毕业于北京大学中文系作家班,同年加入中国作家协会。著有长篇小说《一意孤行》《浮华背后》《泪珠儿》《深喉》《依然是你》等,中篇小说集《岁月无敌》《此情不再》《爱又如何》《你没有理由不疯》,中篇小说《伴你到黎明》等。《伴你到黎明》《岁月无敌》《浮华背后》《谁可相倚》等多部作品被改编成电视剧。中篇小说集《不要问我从哪里来》获第三届鲁迅文学奖、1995 年庄重文文学奖。出版《张欣文集》(四卷本)。

205. 张辛欣(1953—),生于北京。作家。1969 年初中毕业后到黑龙江生产建设兵团劳动锻炼。1971 年赴湖南入伍当兵。1974 年到北京医学院第三附属医院当护士。1978 年考入中央戏剧学院导演系,毕业后到北京人民艺术剧院任导演,电视台节目主持人。1978 年在《北京文艺》发表小说处女作《在静静的病房里》,后因发表《在同一地平线上》和《我们这个年纪的梦》等小说受到文坛关注。1984 年加入中国作家协会。主要作品还有《张辛欣小说集》《在路上》《偷渡美国》《我知道的美国之音》《独步东西》《流浪世界的方式》《闲说外国人》《我的好莱坞大学》《北京人——一百个普通中国人的自述》等,编导电视剧《运河人》《珍邮迷案》等。译著《美国商务法律引导》。

206. 赵萝蕤(1912—1998),浙江杭县人。诗人,翻译家,英美文学研究专家。诗人陈梦家夫人。1928 年入燕京大学学习,1932 年考入清华大学外国文学研究所。抗战期间,经常在桂林《大公报·文艺》和上海《时事新报·学灯》发表新诗,受到闻一多的赏识。1944 年到美国芝加哥大学攻读文学硕士和哲学博士学位。1948 年回国,次年在燕京大学任教授。1952 年任北京大学西语系教授,讲授英语和英国文学。1962 年加入中国作家协会。长期从事英国文学家狄更斯、勃朗特姊妹和美国文学家惠特曼、詹姆斯的研究。译有艾略特《荒原》、惠特曼《草叶集》、朗弗罗《哈依瓦撒之歌》、詹姆斯《黛茜·密勒》《耶稣传》《圣保罗传》,并与杨周翰、吴达元主编《欧洲文学史》。另有散文集《我的读书生涯》和诗文合集《读书生活散札》。

207. 赵玫(1954—),满族,生于天津。作家。毕业于南开大学中文系,曾任天津市文联创作室主任。全国人大代表,天津市人大代表,中国作家协会全国委员会委员,享受国务院政府特殊津贴。1986 年开始发表作品,已出版长篇小说集《我们家族的女人》《朗园》《武则天》《高阳公主》《上官婉儿》《秋天死于冬季》,中短篇小说集《太阳峡谷》《岁月如歌》《我的灵魂不起舞》,散文随笔集《一本打开的书》《从这里到永恒》《欲望旅程》《左岸左岸》《戴着镣铐的舞蹈》等,另有《赵玫文集》《赵玫作品集》、电视剧本《阮玲玉》等出版。小说曾获第四、第五届全国少数民族文学创作奖。1993 年获中国作家协会庄重文文学奖,1998 年获全国首届鲁迅文学奖,2002 年获天津市首届青年作家创作奖。

208. 赵清阁(1914—1999),笔名清谷、骚人、人一、铁公等。河南信阳人。剧作家、小说家。上海美术专科学校毕业。1932 年主编《新河南报》的《文艺》周刊和《民国日报》的《妇女》周刊,并在河南大学中文系旁听。1933 年赴上海,任天一电影公司《明星日报》编辑。1936 年任上海女子书店总编辑,主编《妇女文化》。抗日战争全面爆发后主编《弹花》文艺月刊和《弹花文艺丛书》并开始戏剧创作。1943 年任中西书局《中西文艺丛书》主编。抗战胜利后任上海《神州日报》副刊主编。1948 年到上海戏剧专科学校任教,并任大同电影公司编剧。1949 年后曾在上海天马电影制片厂、上海社会科学院文学研究所任职。主要作品有剧本《女杰》、《生死恋》、《反攻胜利》、《此恨绵绵》、《桃李春风》(又名《金声玉振》,与老舍合著)、《雨打梨花》(又名《活》)、《潇湘淑女》(又名《忠义千秋》)、《清风明月》、《女儿春》、《向阳花开》、《凤还巢》、《贾宝玉和林黛玉》等,小说《旱》《落叶》《梁山伯与祝英台》《白蛇传》《杜丽娘》等,散文《骚人日记》等。

209. 赵瑞芳(1930—),云南昆明人。世界近现代史研究专家。早年毕业于云南大学历史系,留校任教,曾担任云南大学历史系主任等职。任系主任期间,在继续办好原有历史专业的同时,增设了档案学、图书馆学、人类学三个新专业,并新争取到“唐宋经济史”博士学位的授权,对世界近现代史学科的发展和云南大学历史学及相关学科的建设做出重要贡献。主要著述有《近代的回声——赵瑞芳史学文集》《历史的启迪——赵瑞芳文集》《回顾与展望——赵瑞芳文集》《世界近代史》《欧洲北美近代史》《世界近代史学习辅导》等,合著有《世界史·近代史》《第一次世界大战》《世界史纲》等。

210. 赵淑侠(1931—),原籍黑龙江肇东,生于北京。作家。1949 年末父母去台湾,后供职于台湾广播电台,20 世纪 50 年代末去法国巴黎留学。毕业于瑞士应用美术学院,曾任欧洲华人学会第三届大会副会长。1979 年至 1980 年发表第一部长篇小说《我们的歌》,获台湾作家协会小说创作金牌奖。散文《当我万水千山走遍》在北京获"首届台港澳暨海外华文文学游记征文徐霞客奖"。还著有长篇小说《落第》《塞纳河畔》《赛金花》等,短篇小说集及散文集《当我们年轻时》《西窗一夜雨》《异乡情怀》《春江》《海内存知己》《故土与家园》《雪峰云影》等。2008 年获世界华文作家协会终身成就奖。

211. 赵园(1945—),河南尉氏人。现代文学史研究专家,中国社会科学院文学所研究员。1964 年考入北京大学中文系,毕业后到河南省禹县插队劳动,后在郑州市第三十三中学任教。1978 年考入北大中文系攻读研究生,1981 年获北京大学文学硕士学位,毕业后到中国社会科学院文学研究所工作。主要从事中国现当代文学及明清之际的文化研究。主要论文有《沈从文构筑的"湘西世界"》《老舍——北京市民社会的表现者与批判者》《五四时期小说中的知识分子形象》《知识者"对人民的态度的历史"》《大革命后小说关于知识者"个人与革命"关系的思考及"新人"形象的降生》《鲁迅与俄国现实主义文学》等。出版《艰难的选择》《论十小说家》《北京:城与人》《地之子》《明清之际士大夫研究》等学术著作,以及随笔集《独语》《窗下》《红之羽》《世事苍茫》等。

212. 郑春华(1959—),回族。浙江淳安人。儿童文学作家,诗人。1976 年任上海崇明农场农业工人,1979 年入上海国棉二十五厂托儿所任保育员,1981 年调入上海少年儿童出版社工作。1987 年就读于南京大学中文系作家班,毕业后回上海少年儿童出版社任编辑。1988 年加入中国作家协会。著有诗集《甜甜的托儿所》《圆圆和圈圈》《小豆芽芽》《郑春华诗歌》《郑春华儿歌》,故事集《大头儿子和小头爸爸》《贝加的樱桃班》,童话集《郑春华童话》《宝宝开心果》等。其代表作《大头儿子和小头爸爸》多年畅销,是中国优秀原创儿童文学最典型的代表作品之一,由它改编的同名动画片风靡全国,深受孩子们喜爱。《圆圆和圈圈》获上海市第一届儿童文学园丁奖大奖,《贝加的樱桃班》获亚洲地区首届小松鼠奖,《紫罗兰幼儿园》获首届全国优秀儿童文学奖,《大头儿子和小头爸爸》获第三届全国优秀儿童文学奖,《大头儿子和隔壁大叔叔》获第四届全国优秀儿童文学奖。

213. 郑敏(1920—),福建闽侯人。诗人。1939 年考入西南联大外国文学系,后转入哲学系。1943 年毕业后即赴美留学,先后在布朗大学和伊利诺伊州立大学研究院学习,1951 年获英国文学硕士。1956 年回国,入中国社会科学院外文所从事英国文学研究工作，1960 年调北京师范大学任教。创作始于 1942 年。早期诗集有《诗集:1942—1947》。1976 年后，在《诗刊》《星星》、香港《八方》等杂志上发表诗作。由于艺术风格相近，与王辛笛、曹辛之、唐祈、唐湜、陈敬容等人被称为“九叶诗派”。主要作品有诗集《九叶集》(合著)、《八叶集》、《寻觅集》、《心象》、《早晨，我在雨里摘花》，论文集《英美诗歌戏曲研究》。诗集《寻觅集》获全国第三届(1985—1986)优秀新诗(诗集)奖。2017 年 8 月获得“百年新诗贡献奖——创作成就奖”。

214. 郑筱筠(1969—)，生于云南昆明。东南亚宗教研究专家。1997 年毕业于复旦大学，获博士学位，毕业后在云南大学中文系任教，2004 年调入中国社会科学院世界宗教研究所，任中国社会科学院世界宗教研究所副所长、研究员、博士生导师，兼任中国宗教学会副会长，《世界宗教文化》副主编、编辑部主任。2013 年被全国妇联授予“全国三八红旗手”称号。专注于宗教理论和宗教政策研究，代表作有《中国南传佛教研究》《东南亚宗教与社会发展研究》《东南亚宗教研究报告——东南亚宗教的复兴与变革》《宗教慈善与社会发展》等，并有相关论文、研究报告出版。

215. 郑笑梅(1931—2014)，浙江温州人。考古学家。1952 年考入北京大学历史系考古专业，1956 年毕业，同年进入中国科学院考古研究所工作，1961 年调入山东省博物馆考古组，1980 年转入山东省文物考古研究所。曾任山东省考古学会副理事长、中国考古学会理事、山东大学兼职教授。主要研究领域为新石器时代考古。先后参加过黄河水库考古调查，西安半坡遗址、陕县庙底沟遗址和湖北丹江口水库考古调查，参与和主持了山东邹县野店、泰安大汶口、日照东海峪、兖州西吴寺等遗址的发掘，积累了丰富的田野考古经验，田野技术突出。通过对日照东海峪遗址的发掘，基本解决了大汶口文化和山东龙山文化之间的过渡与传承关系。代表作有《一九七五年东海峪遗址的发掘》《谈谈大汶口文化》《邹县野店》《释论北新文化及其与大汶口文化的关系》等。

216. 郑振香(1929—)，河北东光人。考古学家。1946 年考入河北省立师范学校，1950 年考入北京大学博物馆专修科，1952 年院系调整后并入北京大学历史系考古专业，1954 年毕业留校任教，1955 年攻读北京大学历史系考古专业研究生，师从尹达攻读商周考古。1959 年毕业后到中国科学院(1977 年后属中国社会科学院)考古研究所工作。为中国社会科学院考古研究所研究员，中国社会科学院研究生院教授，享受国务院政府特殊津贴。主要研究殷墟文化，侧重殷墟文化分期及断代研究。先后担任考古研究所洛阳考古队队长、安阳考古队队长。1962 年至

2002年在河南安阳殷墟从事田野考古发掘工作，主持安阳殷墟苗圃北地铸铜遗址和大司空村殷代遗址的发掘工作，1976年发现了举世震惊的妇好墓，1989年至1991年发掘了小屯北地大型宫殿基址群。代表作有《殷墟妇好墓》《殷墟玉器》《殷墟铜器》《论妇好墓对殷墟文化和卜辞的断代意义》《妇好墓部分成套铜器铭文之探讨》等。

217. 朱虹（1933—　），天津人。英美文学研究专家。1953年毕业于北京大学西方语言文学系，同年到中国科学院文学研究所从事研究工作，1964年转入中国科学院外国文学研究所（现为中国社会科学院外国文学研究所），历任副研究员、研究员、研究室主任，中国社会科学院研究生院外国文学系主任，国务院学位委员会文学评议组成员等。兼任全国外国文学学会理事，中国作家协会会员。主要研究领域为英国古典小说，兼及美国妇女小说，对英国文学研究著述较多，涉及面广。主要著作有《狄更斯小说欣赏》《英美文学散论》《美国文学简史》等。主要论文有《萨克雷的创作道路》《狄更斯〈荒凉山庄〉序》《奥斯丁和她的〈傲慢与偏见〉》《特罗洛普和他的小说成就》等。

218. 朱玲玲（1940—　），上海人。历史地理学研究专家，中国社会科学院历史所研究员。毕业于复旦大学历史系，长期从事历史地理研究。曾参加历史所重点课题《中国历史地名大辞典》的撰写和组织工作（担任副主编），以及谭其骧主编的大型历史地图《中国历史地图集》（共八册）的编绘和《国家大地图集》《中国史稿图集》的编绘工作（独立承担完成24幅图）。出版著作《文物与地理》《地图史话》。合著有《远古中华》《黄河文化百科全书》《三峡历史地理》《中国历史地理论著目录》《中国古代史常识·历史地理分册》《中国历史大辞典》《中国经济通史·先秦卷》《广州城市发展模式》《城防港国民经济与社会发展规划》《中国实用百科全书》《经史百家杂钞全译》等。《中国经济通史·先秦卷》获中国社会科学院学术著作奖。

219. 资中筠（1930—　），湖南耒阳人，生于上海。美国外交问题研究专家，中国社会科学院美国研究所研究员。1947年考入燕京大学，1948年转入清华大学二年级英语专业。1951年毕业于清华大学西方语言文学系，后在政务院文教委员会工作。1952年至1959年先后在中国人民保卫世界和平委员会、中国人民对外友协、外交部国际问题研究所工作。曾参与1971年至1972年美国总统尼克松访华前及访华期间对美国外宾的接待工作。1980年开始从事美国问题的研究，对美国外交问题的研究有较高的造诣，1985年调入中国社会科学院美国研究所。精通英语、法语，撰写过许多有价值的专著与文章。代表作有《追根溯源：美国对华政策的缘起与发展(1945—1950)》《战后美国外交史:从杜鲁门到里根》、《冷眼向洋:百年风云启示录》、《斗室中的天下》、《财富的归宿》、《学海岸边》(合著)、《历史的考验——论新中国成立前后美国对台政策》、《利益的汇合:国家关系的基础》、《今后十年的台湾》、《美国对华政策的考虑与中美关系展望》、《中国的美国研究》等,译著有《公务员》《农民》《啊,拓荒者》《廊桥遗梦》等。

220. 宗璞(1928—),原名冯钟璞,曾用笔名任小哲、丰非等。祖籍河南,生于北京。作家。父亲是著名哲学家冯友兰。1946年考入南开大学外文系,后转入清华大学外国语文学系,1948年发表第一篇小说《A.K.C》。1957年发表短篇小说《红豆》,一举成名。1962年加入中国作家协会。曾任职于中国文学艺术界联合会、《文艺报》《世界文学》编辑部,1981年到中国社科院外国文学研究所工作。主要作品有小说《桃园女儿嫁窝谷》《不沉的湖》《知音》《弦上的梦》,以及《心祭》《鲁鲁》《米家山水》《熊掌》《核桃树的悲剧》《我是谁?》《蜗居》《泥沿中的头颅》《南渡记》《北归记》等,散文《西湖漫笔》《废墟的召唤》《哭小弟》《霞落燕园》等。其中《弦上的梦》获《人民文学》杂志社举办的1978年全国优秀短篇小说奖,中篇小说《三生石》获1977—1980年《文艺报》中篇小说奖,2018年10月,凭借《北归记》荣获第三届施耐庵文学奖。部分作品结集为《宗璞小说散文选》《风庐童话》《丁香结》《宗璞代表作》等。

附　　录

（220 人）

本卷收录的女性人物是在近百年中国社会进程中，在人文科学领域做出贡献的杰出女性或优秀女性。这些人物大致可以分为四种类型：

一是文学创作领域的优秀女性，二是语言文学研究领域的优秀女性，三是哲学研究领域的优秀女性，四是历史与考古学研究领域的优秀女性。包括创作和出版高质量文学作品，获得鲁迅文学奖、茅盾文学奖等国内及国际重要文学奖项的女作家，在文学与语言学、哲学、历史学、考古学及文博研究领域取得重要成果，被遴选为中国社会科学院学部委员、荣誉学部委员，国务院学科评议组专家，教育部长江学者、特聘教授，知名高校资深教授，或获得郭沫若中国历史学奖等重要学术奖项的女学者等。

本附录以人文科学领域杰出女性的从业领域分类，类别内按出生年份排序，一是便于按从业类别查询，二是清晰展示不同历史时期活跃在人文科学领域的女性人物成长轨迹。

一、文学创作（121 人）

1. 单士厘（1858—1945）
2. 白　薇（1893—1987）
3. 袁昌英（1894—1973）
4. 方令孺（1896—1976）
5. 许广平（1898—1968）
6. 庐　隐（1899—1934）
7. 苏雪林（1899—1999）
8. 冯沅君（1900—1974）
9. 冰　心（1900—1999）
10. 胡兰畦（1901—1994）
11. 石评梅（1902—1928）
12. 罗　淑（1903—1938）

13. 丁　玲(1904—1986)
14. 凌叔华(1904—1990)
15. 安　娥(1905—1976)
16. 陈学昭(1906—1991)
17. 谢冰莹(1906—2000)
18. 陆晶清(1907—1993)
19. 冯　铿(1907—1931)
20. 关　露(1907—1982)
21. 罗玉君(1907—1988)
22. 沉　樱(1907—1990)
23. 葛　琴(1907—1995)
24. 缪　敏(1909—1977)
25. 沈祖棻(1909—1977)
26. 罗　洪(1910—2017)
27. 雷　妍(1910—1952)
28. 李伯钊(1911—1985)
29. 萧　红(1911—1942)
30. 杨　绛(1911—2016)
31. 白　朗(1912—1990)
32. 凤　子(1912—1996)
33. 赵萝蕤(1912—1998)
34. 草　明(1913—1991)
35. 苏　青(1914—1982)
36. 逯　斐(1914—1994)
37. 杨　沫(1914—1995)
38. 袁　静(1914—1999)
39. 赵清阁(1914—1999)
40. 陈敬容(1917—1989)
41. 林海音(1918—2001)
42. 杲向真(1920—　)
43. 黄庆云(1920—2018)
44. 施济美(1920—1968)
45. 李　纳(1920—2019)
46. 郑　敏(1920—　)
47. 梅　娘(1920—2013)
48. 郁　茹(1921—　)
49. 张爱玲(1921—1995)
50. 菡　子(1921—2003)
51. 马忆湘(1923—2016)
52. 柳　溪(1924—2014)
53. 黄宗英(1925—　)
54. 茹志鹃(1925—1998)
55. 宗　璞(1928—　)
56. 柯　岩(1929—2011)
57. 葛翠琳(1930—　)
58. 刘　真(1930—　)
59. 季　康(1931—　)
60. 赵淑侠(1932—　)
61. 贺捷生(1935—　)
62. 谌　容(1936—　)
63. 谷　应(1937—　)
64. 张　洁(1937—　)
65. 陈若曦(1938—　)
66. 琼　瑶(1938—　)
67. 温小钰(1938—1993)
68. 戴厚英(1938—1996)
69. 邵　华(1938—2008)
70. 凌　力(1942—　)
71. 马瑞芳(1942—　)
72. 叶文玲(1942—　)
73. 陈祖芬(1943—　)
74. 席慕蓉(1943—　)
75. 三　毛(1943—1991)
76. 胡　辛(1945—　)

77. 霍　达(1945—　)
78. 梅　洁(1945—　)
79. 施叔青(1945—　)
80. 傅天琳(1946—　)
81. 王小鹰(1947—　)
82. 叶广岑(1948—　)
83. 张曼菱(1948—　)
84. 梁凤仪(1949—　)
85. 亦　舒(1949—　)
86. 余小惠(1949—　)
87. 陆星儿(1949—2004)
88. 张抗抗(1950—　)
89. 李小雨(1951—2015)
90. 毕淑敏(1952—　)
91. 舒　婷(1952—　)
92. 王海鸰(1952—　)
93. 残　雪(1953—　)
94. 马丽华(1953—　)
95. 斯　妤(1953—　)
96. 徐小斌(1953—　)
97. 张辛欣(1953—　)
98. 蒋　韵(1954—　)
99. 秦文君(1954—　)
100. 王安忆(1954—　)
101. 张　欣(1954—　)
102. 赵　玫(1954—　)
103. 范小青(1955—　)
104. 方　方(1955—　)
105. 黄蓓佳(1955—　)
106. 刘索拉(1955—　)
107. 王旭烽(1955—　)
108. 翟永明(1955—　)
109. 严歌苓(1956—　)
110. 池　莉(1957—　)
111. 铁　凝(1957—　)
112. 陈丹燕(1958—　)
113. 林　白(1958—　)
114. 裘山山(1958—　)
115. 郑春华(1959—　)
116. 孙惠芬(1961—　)
117. 陈　染(1962—　)
118. 海　男(1962—　)
119. 迟子建(1964—　)
120. 徐　坤(1965—　)
121. 张小娴(1967—　)

二、语言文学研究(32 人)

1. 吕碧城(1883—1943)
2. 冼玉清(1894—1965)
3. 王　还(1915—2012)
4. 齐邦媛(1924—　)
5. 汪玢玲(1924—　)
6. 应锦襄(1927—2011)
7. 乐黛云(1931—　)
8. 钱曾怡(1932—　)
9. 吴小美(1933—　)
10. 朱　虹(1933—　)
11. 饶芃子(1935—　)
12. 陶　洁(1936—　)

13. 马昌仪(1936—)
14. 王　宁(1936—)
15. 陈美兰(1937—)
16. 郎　樱(1941—)
17. 刘意青(1941—)
18. 刘　纳(1944—)
19. 孟　华(1944—)
20. 赵　园(1945—)
21. 葛晓音(1946—)
22. 江蓝生(1948—)
23. 王洪君(1951—)
24. 乔以钢(1953—)
25. 夏晓虹(1953—)
26. 季红真(1955—)
27. 曾晓渝(1955—)
28. 刘　禾(1957—)
29. 申　丹(1958—)
30. 戴锦华(1959—)
31. 王云路(1959—)
32. 贺桂梅(1970—)

三、哲学研究(13人)

1. 沈　真(1933—2015)
2. 杜小真(1946—)
3. 安家瑶(1947—)
4. 高师宁(1950—)
5. 杜丽燕(1954—)
6. 刘晓力(1954—)
7. 魏小萍(1955—)
8. 邱永辉(1961—)
9. 徐碧辉(1963—)
10. 王　青(1964—)
11. 王　齐(1968—)
12. 郑筱筠(1969—)
13. 刘奋荣(1975—)

四、历史学考古学研究(54人)

1. 曾昭燏(1909—1964)
2. 黄绍湘(1915—2015)
3. 刘乃和(1918—1998)
4. 冀淑英(1920—2001)
5. 曹婉如(1922—1996)
6. 樊　亢(1924—)
7. 彭承福(1928—)
8. 葛　佶(1929—)
9. 郑振香(1929—)
10. 资中筠(1930—)
11. 赵瑞芳(1930—)
12. 郑笑梅(1931—2014)
13. 孙香兰(1932—)
14. 陈瑞云(1933—)
15. 马曼丽(1934—)
16. 乔幼梅(1935—)
17. 樊锦诗(1936—)
18. 宋家珩(1936—)

19. 邵望平(1937—)
20. 朱玲玲(1940—)
21. 刘一曼(1940—)
22. 陈 洍(1941—)
23. 邸 文(1943—)
24. 李毓芳(1943—)
25. 董志凯(1944—)
26. 端木美(1945—)
27. 郭平英(1946—)
28. 方 慧(1947—)
29. 徐 蓝(1947—)
30. 定宜庄(1948—)
31. 李玉洁(1948—)
32. 张 琦(1949—)
33. 邓小南(1950—)
34. 贾玉英(1950—)
35. 武 寅(1950—)
36. 武玉环(1950—)
37. 宁 欣(1953—)
38. 李 卓(1954—)
39. 刘曼容(1954—)
40. 杨令侠(1955—)
41. 韩茂莉(1955—)
42. 黄爱平(1955—)
43. 关晓红(1957—)
44. 李长莉(1958—)
45. 石庆环(1958—)
46. 孙丽萍(1960—)
47. 杨振红(1963—)
48. 张倩红(1964—)
49. 李德英(1964—)
50. 梅雪芹(1964—)
51. 李锦绣(1965—)
52. 程美宝(1968—)
53. 李 颖(1968—)
54. 姜良芹(1972—)

第四卷　艺　术

条　　目

（以姓氏拼音为序，共253人）

1. 阿依吐拉
2. 白静宜
3. 白淑贤
4. 白淑湘
5. 白　杨
6. 鲍亚辉
7. 才旦卓玛
8. 蔡威廉
9. 曹其敬
10. 常沙娜
11. 常香玉
12. 陈爱莲
13. 陈锦清
14. 陈　进
15. 陈娟美
16. 陈佩秋
17. 陈　翘
18. 陈水琴
19. 陈小波
20. 陈小翠
21. 陈薪伊
22. 陈　颙
23. 陈云裳
24. 崔美善
25. 崔善玉
26. 崔岫闻
27. 戴爱莲
28. 刀美兰
29. 德德玛
30. 迪丽娜尔·阿布都拉
31. 董锡玖
32. 杜近芳
33. 范瑞娟
34. 方掬芬
35. 方君璧
36. 方李莉
37. 冯文凤
38. 冯宪珍
39. 冯　英
40. 冯玉萍
41. 冯　真
42. 冯忠莲
43. 高婉玉
44. 高玉倩
45. 谷建芬
46. 顾　飞
47. 顾青瑶
48. 顾圣婴
49. 顾文霞
50. 关牧村
51. 关紫兰
52. 郭兰英
53. 郭淑珍
54. 韩再芬
55. 郝淑萍
56. 何冀平
57. 何香凝
58. 红线女
59. 洪雪飞
60. 侯　波
61. 胡　蝶
62. 胡絜青
63. 胡　玫

64. 胡明哲
65. 胡蓉蓉
66. 胡宗温
67. 黄丽娟
68. 黄婉秋
69. 黄友葵
70. 籍　薇
71. 寄　明
72. 江　采
73. 蒋　蓉
74. 蒋雪英
75. 蒋　英
76. 蒋祖慧
77. 金静芬
78. 康巴尔汗・艾买提
79. 郎毓秀
80. 黎莉莉
81. 李炳淑
82. 李承仙
83. 李娥英
84. 李谷一
85. 李慧芳
86. 李兰英
87. 李丽芳
88. 李丽娜
89. 李青萍
90. 李秋君
91. 李少红
92. 李圣和
93. 李胜素
94. 李世济
95. 李维康
96. 李玉茹
97. 李正一
98. 李竹玲
99. 连丽如
100. 梁白波
101. 梁树英
102. 梁雪清
103. 廖向红
104. 林　岫
105. 林荫宇
106. 刘长瑜
107. 刘兰芳
108. 刘　敏
109. 刘　苇
110. 刘晓庆
111. 刘兴珍
112. 柳　萍
113. 陆莲莲
114. 陆小曼
115. 骆玉笙
116. 马玉涛
117. 麦丽丝
118. 茅威涛
119. 孟小冬
120. 孟玉松
121. 闵惠芬
122. 莫德格玛
123. 潘　虹
124. 潘　素
125. 庞左玉
126. 裴艳玲
127. 钱美华
128. 乔佩娟
129. 秦　怡
130. 丘　堤
131. 裘兆明
132. 瞿希贤
133. 任慧娴
134. 阮玲玉
135. 山　翀
136. 单秀梅
137. 邵九琳
138. 沈　寿
139. 沈铁梅
140. 盛　婕
141. 盛小云
142. 石小梅
143. 舒　巧
144. 斯琴塔日哈
145. 宋春丽
146. 宋　飞
147. 宋　菁
148. 孙多慈
149. 孙丽英
150. 孙晓云
151. 孙玉敏
152. 唐蕴玉
153. 陶咏白
154. 田　华
155. 汪寅仙
156. 王　芳
157. 王馥荔
158. 王合内
159. 王静远

160. 王克芬
161. 王 昆
162. 王 苹
163. 王叔晖
164. 王素花
165. 王 霞
166. 王晓棠
167. 王小燕
168. 王 瑶
169. 王迎春
170. 王玉珏
171. 王玉珍
172. 危拱之
173. 乌密风
174. 吴青霞
175. 吴淑娟
176. 吴素秋
177. 吴通英
178. 奚静之
179. 奚美娟
180. 夏菊花
181. 夏 朋
182. 萧淑芳
183. 萧淑娴
184. 谢 芳
185. 谢月眉
186. 新凤霞
187. 新艳秋
188. 许淑媖
189. 薛春梅
190. 雪艳琴
191. 严凤英
192. 严珊珊
193. 言慧珠
194. 杨春华
195. 杨春霞
196. 杨凤一
197. 杨丽坤
198. 杨丽萍
199. 杨令茀
200. 杨美琦
201. 叶水云
202. 叶玉翠
203. 殷秀梅
204. 殷秀云
205. 于 蓝
206. 俞致贞
207. 郁 风
208. 喻宜萱
209. 裕容龄
210. 袁雪芬
211. 曾杏绯
212. 张得蒂
213. 张德华
214. 张改琴
215. 张 光
216. 张继青
217. 张 均
218. 张明娟
219. 张奇虹
220. 张瑞芳
221. 张悟真
222. 张晓非
223. 张洵澎
224. 张玉英
225. 张玉珍
226. 章遏云
227. 章诒和
228. 章子怡
229. 赵林平
230. 赵 青
231. 赵汝蘅
232. 赵瑞英
233. 赵 实
234. 赵燕侠
235. 赵迎新
236. 赵友萍
237. 周爱珍
238. 周广仁
239. 周桂珍
240. 周慧珺
241. 周金秀
242. 周丽华
243. 周炼霞
244. 周思聪
245. 周小燕
246. 周 璇
247. 朱逢博
248. 朱 琳
249. 朱羽君
250. 祝希娟
251. 卓然木·雅森
252. 资华筠
253. 左哈拉·莎赫玛依娃

词　条

（以姓氏拼音为序，共253人）

1. 阿依吐拉（1940—　），维吾尔族，新疆库车人。舞蹈表演艺术家。自幼擅长舞蹈。12岁进入新疆阿克苏专区文工团任舞蹈演员。18岁调入新疆维吾尔自治区歌舞团任独舞演员。1961年调入东方歌舞团任独舞演员。舞蹈风格热情豪放而又细腻柔美，兼具传统与个人特色，代表作品包括维吾尔族舞蹈《摘葡萄》《天山之春》《赛乃姆舞》《迎亲人》，塔吉克族舞蹈《牧羊女》等。1959年参与改编和主演的《摘葡萄》荣获第七届世界青年与学生和平友谊联欢节金奖，1994年荣获"中华民族20世纪舞蹈经典"作品金奖。1980年主演的《迎亲人》荣获原文化部直属艺术单位观摩演出表演一等奖。曾先后到印度、日本、巴基斯坦、苏联、奥地利、美国等20多个国家访问演出，是用舞蹈艺术传播中国文化的外交使者。

2. 白静宜（1942—　），满族，生于北京。工艺美术家、珠宝设计师。国家级非物质文化遗产代表性项目（花丝镶嵌技艺）代表性传承人。中国珠宝玉石首饰行业协会理事、高级工艺美术师、中国工艺美术大师。1961年毕业于原北京工艺美术学校（现北京工业大学）艺术设计学院金属工艺专业，师从翟德寿、吴可男等多位中国工艺美术大师学习设计，长期从事"花丝镶嵌"和珠宝首饰的设计、制作工作。1983年设计的金摆件"凤鸣钟"获东南亚地区钻石首饰设计比赛"最佳设计奖"，是迄今为止我国花丝镶嵌作品在国际上荣获的最高权威奖项。2007年设计的银摆件"冰竹梅捧盒"获第三届北京工艺美术展"工美杯"金奖。2008年设计的银摆件"百事和合"获原文化部举办的中国传统工艺美术精品大赛金奖。2009年设计的银摆件"祖国颂"获第四届北京工艺美术展"工艺杯"金奖。2010年设计的金垒丝镶嵌珠宝三套件"皇家经典"参加由原文化部举办的"首届中国非物质文化遗产博览会"并获铜奖。同年完成了仿明朝的金花丝编织垒丝龙冠和金花丝镶嵌点翠凤冠,荣获北京工美“珍品奖”。

3. 白淑贤(1947—),山东掖县(今莱州市)人。龙江剧表演艺术家,国家一级演员。毕业于黑龙江省戏曲学校评剧表演专业,中专学历。历任黑龙江省龙江剧院副院长、院长,黑龙江省文化厅助理巡视员、副厅长。任中国戏剧家协会副主席、黑龙江省文联副主席、黑龙江省戏剧家协会主席等职。2013 年被聘为黑龙江省龙江剧艺术中心名誉主任。从事龙江剧艺术事业四十余年,塑造过众多栩栩如生的舞台艺术形象,创造了龙江剧独特的表演程式,形成了独具神韵的白派艺术风格。双手书法和作画,堪称梨园一绝,被誉为“艺海奇花”“一代绝才”。担纲主演的龙江剧精品艺术三部曲《荒唐宝玉》《双锁山》《木兰传奇》,获两届“文华表演奖”、两届中国戏剧“梅花奖”、上海戏剧“白玉兰奖”。殚精竭虑建设龙江剧艺术梯队,所在剧院荣获两届全国“文华大奖”,三届全国戏剧“五个一工程奖”,两台精品大戏入围“国家舞台艺术精品工程”,使龙江剧在全国乃至世界范围内得到认可。

4. 白淑湘(1939—),辽宁新宾人。舞蹈表演艺术家。曾任中央芭蕾舞团团长,中国文学艺术家联合会第六、第七、第八届主席、副主席,中国舞蹈家协会第六、第七、第八届主席。1952 年参加东北人民艺术剧院儿童剧团,1954 年进入北京舞蹈学校学习芭蕾。1958 年首演《天鹅湖》“奥杰塔”,成为中国芭蕾史上第一只“白天鹅”。1968 年首演《红色娘子军》“吴琼花”,将中国民间戏曲舞蹈与西方芭蕾融为一体,为芭蕾民族化开辟途径。从 20 世纪 50 年代到 80 年代,先后在《海侠》《吉赛尔》《巴黎圣母院》《巴赫奇萨拉依泪泉》和《希尔维娅》等十余部芭蕾舞剧中担任主要角色。1980 年第一届全国舞蹈比赛荣获表演一等奖,同年在菲律宾国际芭蕾舞节获集体表演一等奖。1981 年在原文化部直属艺术单位观摩比赛中获表演一等奖。

5. 白杨(1920—1996),原名杨成芳,祖籍湖南湘阴,生于北京。影视表演艺术家。曾任上海电影制片厂演员剧团团长、中国电影家协会副主席。半个多世纪的艺术生涯中,在主演的 20 余部电影和 40 多出戏剧里,塑造了众多不同类型、不同性格的中国女性形象,表演风格自然、朴实、优美、含蓄,在中国艺坛上取得了令人瞩目的成就。1931 年拍摄个人第一部电影,在无声片《故宫新怨》中饰小丫头。1936 年在成名作《十字街头》中饰女知识青年杨芝瑛。抗日战争期间,随上海影人剧团到重庆、武汉等地进行话剧表演,演出《日出》《法西斯细菌》《屈原》《罗密欧与朱丽叶》等中外名剧,并拍摄了《中华儿女》《长空万里》《青年中国》等影片。抗日战争胜利后,在上海、香港参加拍摄《八千里云和月》《新闺怨》《还乡日记》《乘龙快婿》等进步影片。1947 年在影片《一江春水向东流》中成功饰演了一个饱受离乱之苦、忍辱负重、企盼胜利的普通妇女李素芬。20 世纪 50 年代至 60 年代初，先后主演《为了和平》《春满人间》《冬梅》等影片。1957 年在影片《祝福》中出色饰演祥林嫂这一角色，其纯熟、高超的演技受到海内外影界人士一致好评。该片获第十届卡罗维·发利国际电影节特别奖及墨西哥国际电影周银帽奖。1961 年被评为当代影坛 22 大明星之一。著有《电影表演探索》《白杨演艺谈》《我的影剧生涯》等。

6. 鲍亚辉(1895—1977)，宜兴丁蜀人。美术家。其母擅长花鸟画，自幼受到艺术熏陶。与会计学家潘序伦结婚后，移居上海，师从被称为“闺阁奇才”的王一亭。在精研历代名家技法的同时，遍览名山大川。中年以后，又师从樊少云，精研墨法骨法。亦擅书法。曾任上海城东女校、务本女校图画教师。1934 年与冯文凤、李秋君、陈小翠等人发起组织了中国女子书画会。40 岁时，辑印了《鲍亚辉女士画集》。新中国成立后，曾在上海参加农工民主党的社会活动。

7. 才旦卓玛(1937—)，藏族，西藏日喀则人。女高音歌唱家。中国音乐家协会第三、第四、第五届主席团副主席。1956 年至 1957 年，在西藏日喀则文工团学习。1957 年在西藏公学预科学习。1958 年底到上海音乐学院声乐系学习。1959 年因一曲《翻身农奴把歌唱》而成名。1964 年在人民大会堂参演大型音乐舞蹈史诗《东方红》。1974 年任西藏自治区文化局副局长。1985 年举办了“才旦卓玛演唱音乐会”。1989 年荣获全国首届“金唱片奖”“五洲杯金曲奖”，西藏首届“珠穆朗玛文学艺术基金奖”等。2003 年在上海艺海剧院举行“才旦卓玛音乐会”。2013 年获得第二届中华艺文奖。演唱的代表作品有《翻身农奴把歌唱》《唱支山歌给党听》《北京的金山上》《阿玛列洪》《酒歌》《我们再相聚》等。

8. 蔡威廉(1904—1939)，生于浙江绍兴。美术家、教育家。蔡元培与黄仲玉之女。自 1914 年始长期随父在欧洲生活学习。1923 年赴比利时布鲁塞尔皇家美术学院求学。1924 年前往法国里昂美术专科学校学习油画。长期的游欧生活，使其遍览了西方艺术精华，通晓法、德等文字，深受西班牙画家委斯贵支和法国德拉克洛瓦影响。1928 年回国后，受林风眠邀请任国立艺术院西画教授，执教十年专攻肖像和风景画，尤致力于人物画创作和研究，是艺术运动社的骨干成员。培养的学生有王肇民、孙福文、黄显之、吴冠中等。作品曾在 1929 年首届全国美术展览和法国、比利时两国的联欢堂美展及 1930 年的日本东京府美术馆“中国西湖艺展”等处展出，并刊登于《美展》《妇女杂志》《时代》《良友》等刊物上。擅长油画肖像，曾为蔡元培、丁玲等人画像。

9. 曹其敬(1941—)，北京人。戏剧导演艺术家。中央戏剧学院导演系教授、博士生导师。1964 年毕业于中央戏剧学院导演系。曾赴美国耶鲁大学、哥伦比亚大学做访问学者。从事戏剧导演及导演教学工作 40 年,曾导演过话剧、歌剧、戏曲等作品约 80 部,主要作品有话剧《母亲》《叫我一声哥》《父亲》《红尘》,歌剧《苍原》《屈原》《沧海》,京剧《千古一人》《图兰朵公主》《建安轶事》,昆剧《偶人记》《贵妃东渡》《红楼梦》,壮剧《歌王》《瓦氏夫人》,舞剧《星海 · 黄海》,黄梅戏《徽州女人》《和氏璧》,越剧《李清照》,甬剧《典妻》等。曾任长篇电视连续剧《战国》《秦始皇》等文学顾问。多次荣获原文化部文华大奖,文华新剧目奖、文华导演奖,中宣部“五个一工程奖”,中国艺术节优秀剧目奖、优秀导演奖,中国戏剧节优秀剧目奖、优秀导演奖等多种全国性奖项。导演艺术个人风格突出,在审美上有较大的突破,被称为“豪放派”。

10. 常沙娜(1931—),满族,祖籍浙江杭州,生于法国里昂。工艺美术家、教育家、艺术设计家。国家有突出贡献的专家,长期从事中国古代壁画及传统装饰图案的研究和临摹。1937 年随父母回国。1945 年至 1948 年在甘肃敦煌随其父常书鸿学习敦煌壁画艺术。1948 年赴美国波士顿美术博物馆美术学院学习。1951 年初调清华大学营建系工艺美术教研组任助教。1953 年调中央美术学院实用美术系任助教。1956 年后历任中央工艺美术学院染织美术系教授、副院长、院长、院学术委员会主任。曾任第九届全国人大常委、中国美术家协会副主席等。2011 年担任国家文化工程《中国工艺美术全集》学术委员会主任。先后参加中国共产主义青年团团徽、人民大会堂外立面的建筑装饰和宴会厅的建筑装饰图案设计,以及民族文化宫、首都剧场、首都机场、燕京饭店等国家重点建筑工程的建筑装饰设计和壁画创作。合著《敦煌藻井图案》《敦煌壁画集》,编著《敦煌历代服饰图案》《常书鸿、吕白斯画集》《常沙娜花卉集》《中国敦煌历代装饰图案》等。

11. 常香玉(1923—2004),原名张妙玲,河南巩义人。豫剧表演艺术家。豫剧常派创始人,豫剧“六大名旦”之一。第一、第二、第三、第五、第六、第七届全国人大代表,中国文联荣誉委员。曾担任中国戏剧家协会副主席、河南省戏剧家协会主席、河南豫剧院院长、河南省戏曲学校校长、沈阳音乐学院教授等职。1932 年开始随父学艺。音色丰富、音域宽广、音质纯净,以正确的运气方法、宏大的发声共鸣、精巧的吐字技术和娴熟的润腔手段著称,在表演中富有阳刚之气。发展了豫剧清唱这种表演形式,丰富了豫剧艺术。为支持抗美援朝,于 1951 年率剧社为捐献“香玉剧社号”战斗机在全国巡回演出,1952 年完成捐机任务。2004 年国务院决定追授已故豫剧大师常香玉“人民艺术家”荣誉称号。

12. 陈爱莲(1939—),广东番禺人。舞蹈表演艺术家。曾任中国舞蹈家协会第七届副主席。1954 年入北京舞蹈学校学习，毕业后留校任教。1963 年调入中国歌剧舞剧院担任主要演员。擅长中国古典舞蹈，动作轻盈流畅，主演过《张羽与琼莲》《鱼美人》《红旗》《白毛女》《小刀会》《文成公主》《红楼梦》《牡丹亭》《繁漪》《霸王别姬》等多部舞剧，多次举办个人舞蹈专场演出。1962 年《春江花月夜》《灯舞》《弓舞》《蛇舞》在芬兰举行的“第八届世界青年学生和平与友谊联欢节”上获得四枚金质奖章。1979 年《文成公主》在庆祝中华人民共和国成立三十周年献礼表演中获一等奖。1980 年《霓裳羽衣舞》获全国第一届舞蹈比赛特邀舞蹈家优秀表演奖。1989 年创办新中国成立后第一家民营艺术团“陈爱莲艺术团”。1995 年创办北京第一所民办舞蹈学校“陈爱莲舞蹈学校”。

13. 陈锦清（1921—1991），浙江平阳人。舞蹈教育家。中国舞蹈家协会第三、第四届副主席。北京舞蹈学院首任院长。1937 年在上海参加蚁社救亡流动宣传队。1938 年进入延安鲁迅艺术文学院戏剧系学习，毕业后任鲁艺实验剧团演员、导演，东北鲁艺舞蹈训练班副主任等职。1948 年入平壤“崔承喜舞蹈研究所”学习。1950 年参与组建中央戏剧学院舞蹈团，任副团长。1952 年参与组建中央歌舞团，任团委会委员、艺术委员会副主任。1954 年任北京舞蹈学校副校长。1964 年任北京舞蹈学校校长。1978 年至 1984 年任北京舞蹈学院院长。其间率领广大师生继承中国舞蹈艺术的优良传统，借鉴苏联与欧美舞蹈教育的成功经验，从无到有建立起中国特色的专业舞蹈教育体系，是新中国舞蹈教育事业的奠基人。曾兼任原文化部艺术委员会委员、原文化部全国艺术学科规划领导小组成员等。

14. 陈进（1906—1998），台湾新竹人。美术家。曾随日本人乡原古统学画，1925 年考入日本东京女子美术学校日本画范科，成为第一名考进该校的中国台湾女性。1927 年获第一届台湾美术展览会特选。1929 年毕业后入镝木清方门下，专攻日本美人画，得伊东深水、山川秀峰指导。其作品在中国台湾展览和日本的帝国美术院展览会、新文部省美术展览会中得到了极高评价。1930 年起连续 3 次获台湾美术展览会特选，被列为推荐级免审家，受聘为审查委员。同时期留日女画家在婚后多放弃了绘画，她却坚持不懈，且在创作之外亦坚守台展、府展、光复后的省展评审的岗位。早期作品基本为日本特色，20 世纪 30 年代后开始发展出个人风格，表现台湾本地女性及其生活情景，具有现实感，背离殖民主义审美，冲击殖民文化霸权。

15. 陈娟美（1929— ），祖籍浙江定海。摄影艺术家。1952 年毕业于上海圣约翰大学新闻系。1953 年到新华社摄影部工作，曾任摄影记者、编辑、技术研究室副主任，《摄影世界》主编、高级记者。1959 年获“全国三八红旗手”称号。曾任中国摄影家协会常务理事，首都女新闻工作者协会第一、第二、第三、第四届理事。为中国老摄影家协会名誉副主席。作品《欢喜》入选荷兰世界新闻摄影展，《闹天宫》《红灯记》《当毛主席进入会场时》入选全国影展和全国新闻影展，《欢送》等入选全国妇女影展，《毛主席校阅毛选四卷》入选毛泽东照片选集，《彩虹·飞瀑》入选2000年中国当代女摄影家作品展。

16. 陈佩秋（1923— ），字健碧，室名秋兰室、高华阁、截玉轩，祖籍河南南阳，生于云南昆明。美术家。历任中国美术家协会会员及上海分会理事、上海大学美术学院兼职教授、上海中国画院画师与艺术顾问、上海书法家协会理事、上海书画院院长、上海文史研究馆馆员等。1944年考入国立艺术专科学校中国画系本科，受到郑午昌、潘天寿、黄宾虹的指导。1950年进入上海市文物管理委员会工作，开始大量接触古代字画，临摹宋人团扇。1955年上海中国画院成立，被聘为画师。1956年工笔画《天目山杜鹃》在上海青年美术作品展览中获得一等奖、"全国青年美展"二等奖，《水佩风裳》入选第三届"全国美展优秀作品展"，《红满枝头》入选第六届"全国美展优秀作品展"并获铜奖。另外在山东、上海、澳门、香港、台湾等地举办画展。擅长花鸟，尤善写兰，亦作山水，由宋元绘画入手，结合工笔与写意，吸收西洋印象派色彩，博采众长，自成一格。

17. 陈翘（1938— ），又名陈霭翘，广东潮安人。舞蹈编导艺术家。曾任中国舞蹈家协会第七届副主席，2009年"中国舞蹈艺术卓越贡献奖"、中国舞蹈"荷花奖"中国舞蹈艺术终身成就奖得主。1950年参加潮汕文工团，1953年调海南歌舞团任主要演员。1962年开始从事舞蹈编导工作。1980年起担任广东民族歌舞团（现名南方歌舞团）副团长、艺术指导。其创作扎根海南黎族的日常生活，汲取原生形态的素材，系统构建出黎族舞蹈语汇，被誉为"黎族舞蹈之母"。代表作品包括《三月三》《草笠舞》《喜送粮》《踩波曲》《摸螺》《碗舞》《胶园晨曲》《村边的故事》等。《草笠舞》获得在芬兰赫尔辛基举行的第七届"世界青年联欢节"舞蹈比赛金质奖章，入选"中华民族二十世纪舞蹈经典"。

18. 陈水琴（1946— ），浙江杭州人。工艺美术家、杭绣艺术家。中国工艺美术学会会员。1960年入杭州工艺美术学校学习，师从张金发。1964年入杭州工艺美术研究所工作。1972年创研第一幅双面绣作品。1981年创研出双面异色绣、双面三异绣作品。1982年赴日本静冈县表演"劈丝"技艺，《县鸟、县树、县花》被静冈县博物馆收藏，《日本高山祭——山车绣花幕》被日本高山民族美术馆收藏。1985年应邀赴德为前总统魏茨泽克刺绣肖像，被誉为"真正的东方艺术""传播文化的天使"。1990年任天工艺苑绣品研究所所长。1991年被评为浙江省优秀工艺美术专业技术人员，作品《伙伴》获省工艺美术精品展优秀奖。1993年作品《81+1》（邓小平祖孙像），珍藏于邓小平生前书房。1994年被轻工业部评为全国工艺美术行业优秀技艺人员。1998年被授予“浙江省工艺美术大师”称号。1999年成立杭州陈水琴大师工作室，作品《三只小猫咪》获首届中国工艺美术大师精品展金奖。作品《叭儿狗》《南宋西湖龙舟图》《白北京犬》《凝视》分获2000年第二届、2002年第三届、2003年第四届、2005年第六届中国工艺美术大师精品展金奖。2007年获“中国工艺美术大师”称号。2013年被省文化厅授予“非遗薪传特别贡献奖”。2016年作品《荷韵》参加G20杭州峰会，被中国丝绸博物馆收藏。

19. 陈小波（1957— ），四川成都人。摄影理论家、评论家。为中国摄影家协会副主席。1979年考入兰州大学中文系。20世纪90年代开始在摄影领域广泛参与策展、写作、编辑书籍，致力于研究当代视觉艺术现状，研究方向为中国纪实、新闻摄影中的个案。从事摄影报道编辑工作多年，编辑数十万张图片，用图文并茂的报道形式为海外图片社和媒体提供了大量关于中国的故事。2004年至2006年在《人民摄影报》开设个人专栏“小波与影人访谈”，与30多位中国当代重要摄影家进行超越摄影本身的对话。2006年参与重要图书《中国摄影50年》的编辑工作，主要负责新华社以及中国新闻摄影、报道摄影、体育摄影等部分。2007年主编完成了《中国摄影家》丛书（10本）编辑、出版工作。2008年主持《摄影世界》“口述新华”专栏，为《人民日报》海外版“名流—摄影家”撰稿人，中央电视台《摄影家与变革的年代》总策划。2009年荣获摄影家协会“德艺双馨”称号并获中国摄影界个人成就最高奖“金像奖”。主要策展有《观看中国》《年轻的眼睛》《中国：从五十年代到现在》《世界文化遗产》《寻找华夏面孔》《花椒欲望——管窥四川摄影三十年》《图像证史——中国典藏图片》《中法关系五十年》等。出版著作有《他们为什么要摄影》（新闻卷、纪实卷）、《摄影，感受中国》（英文版）等。

20. 陈小翠（1907—1968），又名玉翠、翠娜，号翠俊、翠吟楼主，别署翠候，斋名翠楼，浙江杭县人。美术家、书法家。文人陈蝶仙之女，诗人陈小蝶之妹。自幼随父兄习诗作画，十三岁能诗，有神童之称。后从杨士猷、冯超然学画。擅长工笔仕女和花卉画，风格隽雅清丽。亦擅书法，笔致清峭。1934年与冯文凤等人组织发起中国女子书画会，主事《中国女子书画会特刊》的编辑工作。1939年、1942年及1943年与冯文凤、谢月眉、顾飞在上海举办了三次“四家书画展览”，社会反响热烈。门下有女弟子谢美暇、张同箴、叶世芳等人，女儿汤翠雏也是画家。曾任无锡国专教授。中华人民共和国成立后，为上海中国画院首批女画师之一。书画之外，亦长于诗词，著有《翠楼吟草》十三卷等。曾出版译著50余种，得到国民政府教育部颁发的褒奖。

21. 陈薪伊（1938— ），原名陈毓萍，安徽桐城人。戏剧导演艺术家，国家一级导演。曾任陕西人民艺术剧院导演、中国铁路文工团总导演、话剧团副团长。1957年考入陕西省话剧团。1981年毕业于中央戏剧学院导演系。为上海文化广播影视管理局签约导演、国家一级导演、北京人民艺术剧院荣誉导演，享受国务院政府特殊津贴。2007年被中华人民共和国国务院授予“国家有特殊贡献话剧艺术家”称号。作品曾14次获文华奖。导演的作品京剧《贞观盛事》《梅兰芳》获得第三、第四届中国京剧节金奖，《图兰朵》2012年获首届北京丹尼国际舞台艺术奖最佳导演奖、首届上海白玉兰导演奖、首届弘扬中华文化奖。

22. 陈颙（1929—2004），黑龙江哈尔滨人。戏剧导演、表演艺术家。1945年参加革命，曾出演过《白毛女》《刘胡兰》等剧目。1954年到苏联卢那卡尔斯基戏剧学校留学，是中华人民共和国培养的第一代话剧导演。不囿于中国传统的话剧导演方法，把俄罗斯风格的古典话剧、戏剧特点运用到现代中国话剧中，导演的舞台作品呈现出崇高的史诗化的英雄气概以及浪漫主义的革命情怀，蕴含着高尚的审美旨趣和艺术风格。坚持社会主义、现实主义的美学观念，在当时的戏剧观大讨论中发挥了重要作用，是五六十年代中国导演的杰出代表。

23. 陈云裳（1921—2016），原名陈民强，祖籍广东台山，生于香港。影视表演艺术家。自幼聪明伶俐，极具艺术天赋。1930年师从音乐家易剑泉，次年加入易剑泉创办的“素社”。其间，其国语、昆曲、京戏、粤剧、唱歌、跳舞及人生观都得到全面的锤炼和提高，逐渐成为一名令人瞩目的小明星。14岁赴香港拍摄处女作《新青年》，一举成名。后又拍摄了《花开富贵》《血溅宝山城》《女罗宾汉》等34部粤语片。1938年在国语片《木兰从军》中任主演，红遍上海滩，被誉为“无冕影后”。后又在大型歌舞时装片《云裳仙子》中担任主演，获“天之骄子”美誉。1939年在上海及香港还先后主演了《一夜皇后》《月儿弯弯照九州》等23部国语片，荣膺三届“中国电影皇后”称号。在拍摄电影同时，还主唱了23首广为流传的歌曲，如《三人一条道》《月亮在哪里》《云裳仙子》《教我如何不想他》《月儿弯弯照九州》等。1943年正式告别影坛，与医学家、科学家汤于瀚博士在上海结婚，并多次从事公共慈善事业。

24. 崔美善（1934— ），朝鲜族，生于朝鲜庆尚南道咸阳郡。舞蹈编导、表演艺术家。1944年随家人迁至黑龙江宁安县。受家人影响，自幼热爱舞蹈。1951年考入中央戏剧学院崔承喜舞蹈研究班。1952年毕业入中央歌舞团任演员。1962年入东方歌舞团任独舞演员。舞姿优雅舒展，具有雕塑的美。代表作包括《扇子舞》《长鼓舞》《丰收舞》《孔雀舞》《喜悦》等，塑造了一系列端庄、含蓄的朝鲜女性形象。1955 年《扇子舞》在华沙获第五届“世界青年联欢节”舞蹈比赛金奖。1957 年《孔雀舞》在莫斯科获第六届“世界青年联欢节”舞蹈比赛金奖。1979 年《丰收曲》获原文化部舞蹈比赛创作二等奖、优秀表演奖。1980 年《喜悦》获第一届全国舞蹈比赛创作一等奖、表演一等奖。1981 年在北京举办个人独舞晚会。

25. 崔善玉（1937— ），朝鲜族，吉林延边人。舞蹈表演、编导艺术家。中国舞蹈家协会第七届副主席。1953 年考入延边歌舞团任舞蹈演员，曾接受苏联专家亲授的古典芭蕾训练。1961 年调吉林省歌舞剧院任主要演员，演出朝鲜族舞蹈《长鼓舞》《欢喜》《扇子舞》《顶水舞》等，表演风格充满激情、气韵生动、张弛有度。20 世纪 70 年代起从事编导工作，编创作品包括《勇士的欢乐》《响板欢歌》等。从芭蕾舞、中外民间舞、中国古典舞等多种艺术中吸取养分，实现了朝鲜族舞蹈的改革与创新。1999 年《长鼓舞》在泰国曼谷获第二届世界华人艺术大奖赛“国际特别荣誉金奖”，被授予“世界杰出华人艺术家”称号。2009 年被中国舞蹈家协会授予“中国舞蹈艺术卓越贡献舞蹈家”称号。

26. 崔岫闻（1967—2018），黑龙江哈尔滨人。美术家。1990 年毕业于东北师范大学美术系。1996 年从中央美术学院研修班毕业。早期曾从事油画创作，其后主要从事影像和图片创作。是第一个在英国泰特美术馆展出作品的华人艺术家，代表作《洗手间》被法国蓬皮杜艺术中心收藏。曾荣获 2010 年度中国美术批评家年会“年度青年艺术家奖”、全球华人女性艺术家大奖——吴作人国际美术基金会“2008 萧淑芳艺术基金优秀女艺术家奖”、第五届 ACC 艺术中国年度艺术家摄影大奖等。作品在艺术市场亦有良好表现，深受藏家青睐。同时是具有社会影响力的时尚女性，曾获“2010 年时装杂志优雅女性评选大奖”“女性超越梦想——2008 时尚 COSMO 年度女性人物盛典年度时尚女性大奖”、2003 年度“ELLE”杂志全球华人明星大选年度最美丽的人。秉持慈善理念，参与粉红丝带对女性的健康关注、海地地震的人文关怀、阿拉善环保行动等。

27. 戴爱莲（1916—2006），祖籍广东，生于西印度群岛特立尼达。舞蹈表演艺术家、教育家、舞蹈史学家。中国当代舞蹈艺术先驱者和奠基人之一，中华全国舞蹈工作者协会（中国舞蹈家协会前身）第一届主席。历任中央戏剧学院舞蹈团团长、北京舞蹈学校校长、中央芭蕾舞团团长、联合国教科文组织国际舞蹈理事会副主席等职。14 岁前往英国学习芭蕾及西方现代舞，先后师从舞蹈家安东·道林、鲁道夫·拉班以及现代舞大师玛丽·魏格曼。1940 年回国投身抗日救亡创作演出，主要作品有《警醒》《前进》《东江》《游击队的故事》《思乡曲》《卖》《空袭》以及芭蕾舞《森林女神》和现代舞《拾穗女》等。同时期开始深入边疆少数民族地区采风,改编创作了一系列"边疆舞",为中国民间舞走上现代舞台开辟了道路。中华人民共和国成立后,创作并主演了中国第一部芭蕾舞剧《和平鸽》。1953 年《荷花舞》在罗马尼亚获第四届世界青年与学生和平友谊联欢节银奖。1955 年《飞天》在波兰获第五届世界青年与学生和平友谊联欢节铜奖。《荷花舞》《飞天》均入选"中华民族二十世纪舞蹈经典"。1981 年英国皇家芭蕾舞蹈学校为她雕像,表彰她开展国际舞蹈活动的成就。1996 年被香港演艺学院授予荣誉院士。2002 年被原文化部授予"造型表演艺术创作研究成就奖"。

28. 刀美兰(1942—),傣族,云南西双版纳人。舞蹈表演艺术家。中国舞蹈家协会第七、第八届副主席。自幼受到傣族民间舞蹈的熏陶。1954 年入西双版纳傣族自治州文工队任舞蹈演员。1959 年调入云南省歌舞团。1962 年调入东方歌舞团。舞姿轻柔,朴实自然,充分体现出傣族少女温文尔雅的美。代表作品有《召树屯与楠木婼娜》《赶摆》《共饮一江水》《水》《金色的孔雀》《泼水节怀念周总理》等。在傣族舞剧《召树屯与楠木婼娜》中塑造的孔雀公主形象享誉全国。1980 年独舞《水》《金色的孔雀》获第一届全国舞蹈比赛优秀表演奖,《水》入选"中华民族二十世纪舞蹈经典"。1982 年在京、津、沪、杭等地举办刀美兰独舞晚会。1994 年在西双版纳和德宏开办"刀美兰民族艺术希望学校",致力于培养傣族艺术人才。

29. 德德玛(1947—),蒙古族,内蒙古阿拉善盟额济纳旗人。女中音歌唱家。中央民族歌舞团一级演员、中国音乐家协会会员,被誉为"草原上的夜莺"。自幼受父亲额尔登毕力格的熏陶,喜爱歌唱。1961 年参加额济纳旗乌兰牧骑,开始艺术生涯。1962 年进入内蒙古艺术学校声乐研究班学习声乐,师从中央乐团章珍芳、罗兰茹。1964 年进入中国音乐学院声乐民族班深造。1968 年毕业后,分配到内蒙古巴彦淖尔蒙歌舞团任独唱与歌剧演员。1969 年考入宁夏歌舞团。1970 年调回内蒙古民族歌剧团并出演了第一部蒙语歌剧《杜鹃山》。1977 年在史诗大歌舞《草原上升起不落的太阳》中任独唱。其后随内蒙古歌舞团为广州交易会演出,访问了坦桑尼亚、布隆迪、塞舌尔等国,并多次在内蒙古各地举办独唱演唱会。1982 年调入中央民族歌舞团。曾求教于蒙古族著名长调演唱家哈扎布,将美声唱法与民族唱法融为一体,形成了独特的演唱风格。1986 年在中央人民广播电台举办的"全国听众喜爱的歌唱演员"评选中荣获"濠江杯奖"。1988 年在北京民族文化宫举办个人独唱音乐会。1989 年在全国民族唱法十大女歌唱家大赛中荣获第一名。1991 年在蒙古人民共和国演出时荣获蒙古文化艺术国家最高奖。1998 年在日本大阪荣获国际艺术节最高艺术奖。代表曲目有《美丽的草原我的家》《小黄马》《草原夜色美》《哈巴涅拉舞曲》《重归苏莲托》等，录制《望草原》《我的根在草原》等专辑并为影视作品录制插曲。

30. 迪丽娜尔·阿布都拉（1966— ），维吾尔族，新疆乌鲁木齐人。舞蹈表演艺术家。中国舞蹈家协会第七、第八、第九、第十届副主席。自幼习舞。1978 入中央民族大学舞蹈系。1982 年毕业入新疆歌舞团任舞蹈演员。表演技巧高超，善于塑造欢快活泼的维吾尔族少女形象，独具韵味。代表作品有独舞《盘子舞》《阿图什》《摘葡萄》《新疆姑娘》《冰山之火》《心愿》《达坂城的姑娘》等。1986 年《心愿》获全国舞蹈比赛一等奖。1991 年《冰山之火》获全国少数民族舞蹈比赛表演一等奖。2007 年《达坂城的姑娘》获"文华表演奖"。《摘葡萄》《盘子舞》入选"中华民族二十世纪舞蹈经典"。1985 年、1988 年、1995 年先后在新疆、北京举办独舞专场晚会。1997 年在日本大阪国际艺术节获"最高表演奖"。2001 年在朝鲜"四月之春"国际艺术节获金奖。

31. 董锡玖（1925—2011），山东济南人。舞蹈史学家。中国艺术研究院舞蹈研究所研究员、中国敦煌研究院兼职研究员、中国敦煌吐鲁番学会舞蹈委员会会长。1948 年开始跟随戴爱莲习舞。1949 年于北京大学中文系毕业后入华北大学三部舞蹈队、中央戏剧学院舞蹈团任舞蹈演员。1952—1962 年任欧阳予倩秘书。1956 年加入中国舞蹈史研究小组，开始研究中国古代舞蹈史。1974—1979 年任原文化部文学艺术研究所舞蹈研究组组长。1980—1987 年任中国艺术研究院舞蹈研究所副所长。1982 年创办中国艺术研究院研究生部舞蹈系，任系主任。出版著作包括《中国舞蹈史》（宋、辽、金、西夏、元部分）、《唐代舞蹈》（合著）、《中华通志·乐舞志》（合著）等。《中华通志·乐舞志》获第四届国家图书荣誉奖，主编的《中国舞蹈艺术史图鉴》获第十一届"国家图书奖"。

32. 杜近芳（1932— ），北京人。京剧表演艺术家。10 岁起登台演唱。1945 年拜"通天教主"王瑶卿为师。1949 年底经王瑶卿推荐在上海拜梅兰芳为师，受到梅兰芳悉心指教。1951 年加入中国戏曲研究院京剧实验工作团（中国京剧院前身），长期与李少春、袁世海、叶盛兰等艺术家同台合作演出。首创京剧旦角的科学女性发声方法，并将人物心境与京剧传统的象征性动作有机结合，为京剧的程式动作赋予了新的生命。1957 年获第六届"世界青年联欢节"金奖二枚、银奖一枚。1992 年获第二届中国"金唱片奖"。2004 年获第三届（造型）表演艺术终身成就奖。

33. 范瑞娟（1924—2017），别名范竹山，浙江嵊县（今嵊州市）人。越剧表演艺术家，国家一级演员。越剧"范派"创始人。1935 年进"龙凤戏社"学艺，工小生。

1945 年演出《梁祝哀史 · 山伯临终》时，与琴师周宝财合作，在传统“六字调”的基础上，吸收京剧“反二簧”，首创越剧“弦下调”，为越剧音乐发展做出巨大贡献。1951 年任华东越剧实验剧团副团长兼任上海越剧工会主席。1988 年赴美国贝尔实验室讲学。1989 年随出访团去美国演出《梁山伯与祝英台》《李娃传》。同年获中国唱片总公司颁发的“金唱片奖”。1990 年与吕瑞英、张桂凤等参加中国民族艺术代表团，携《打金枝》等剧目赴德国、法国、比利时、卢森堡、荷兰等国演出。1991 年上海电视台将其杰作的片段拍成 3 集电视片《范瑞娟表演艺术》。1993 年在上海电视台摄制的电视片《沈园绝唱》中扮演陆游一角。在 60 多年的舞台生涯中，其扮演了上百种角色。唱腔在继承男班“正调”的基础上，吸收了京剧马连良、高庆奎等名家的唱腔音调和润腔，被称为“范派”。代表作有《梁山伯与祝英台》、《孔雀东南飞》、《李娃传》、《打金枝》（以上 4 剧均被上海电视台及无锡电视台摄制成电视剧播映）、《祥林嫂》、《西厢记》、《白蛇传》等。

34. 方掬芬（1929— ），湖北广济人。戏剧表演艺术家。第六、第七、第八、第九届全国政协委员，中国戏剧家协会第三届理事，第四届常务理事、副主席，中国儿童戏剧研究会副会长。善于运用形体动作和性格化语言刻画儿童少年个性特征，在中国戏剧舞台上开成年演员表演儿童形象之先河。1948 年在苏州国立社会教育学院艺术教育系学习戏剧专业。1949 年加入中国青年艺术剧院。1953 年在中国儿童剧团任儿童剧演员。1954 年底考入由苏联戏剧专家鲍 · 库里涅夫任教的中央戏剧学院表演干部训练班，学习斯坦尼斯拉夫斯基演剧体系。1980 年任中国儿童艺术剧院副院长。1987 年任中国儿童艺术剧院院长。2000 年任中国儿童艺术剧院名誉院长。1979 年获“全国三八红旗手”荣誉称号。

35. 方君璧（1898—1986），福建闽侯人。美术家。1920 年毕业于法国波尔多省立美术学校，后考入巴黎高等美术学校，成为第一位考入国立巴黎高等美术学校的中国女学生，在法国画家殷伯（Ferdinand Humbert）画室学习。1924 年成为参加法国巴黎春季沙龙的第一位中国女艺术家，其作品《吹笛女》入选巴黎春季沙龙展，被《巴黎美术》杂志选为封面，被誉为“东方杰出的女画家”。1925 年再度入选沙龙展。同年回国入广东大学执教。1930 年投身于岭南画派创办的春睡画院。1932 年中华留法艺术协会成立，当选为召集人。1933 年与徐悲鸿、陈树人、汪亚尘、陈抱一等人成为当时艺坛颇具影响力的“艺风社”中的主要成员。1934 年与张大千、徐悲鸿、林风眠、黄宾虹、贺天健、陈抱一等同为《美术生活》杂志的“特约编辑”。从 1925 年起先后在法国、广州、上海、中国香港、南京、北京、新加坡、马来西亚、泰国、巴西、阿根廷和日本举办画展。1949 年后旅居法国、美国等地。1978 年作为第一个海外中国画家受中国美术馆邀请举办展览，其中40幅捐赠中国美术馆收藏。同年与香港大学、香港艺术中心联合举办了“方君璧作品回顾展”。1984年巴黎博物馆举办“方君璧从画六十年回顾展”，并出版同名展览画册。最初画油画，不受西方主流画派的影响，具有自己独特的自然主义风格。1940年开始探索中国画的改革，对西画写实技法与中国古典意境融合的探索，成为民国初期的中国油画发展的重要突破。

36. 方李莉(1956—)，江西都昌人。艺术人类学家。英国杜伦大学高研院特聘客座高级研究员。曾任中国艺术研究院艺术人类学研究所所长、研究员、博士生导师。任中国艺术人类学学会会长。1996年获清华大学美术学院史论系博士学位。1996年至1998年在北京大学社会学人类学研究所读博士后。2008年至2009年在美国肯塔基大学艺术学院与人类学系做访问学者。曾主持多项国家级重大及重点项目，出版专著十余部，发表论文150余篇。曾获第四届中国出版政府奖，第四、第五届中华优秀出版物提名奖，华东地区古籍出版特等奖等图书奖项，有两项成果列为国家社科基金外译项目，被翻译成英语、西班牙语等在国外出版。曾获原文化部优秀学者、全国非物质文化遗产“先进工作者”、全国“巾帼建功标兵”、2014亚太经济合作组织(APEC)女性领袖峰会“最杰出女性奖”等荣誉称号。著有《艺术人类学》(合著)、《新工艺文化论——人类造物观念大趋势》、《传统与变迁——景德镇新旧民窑业考察》、《中国陶瓷史》、《遗产·实践与经验》、《艺术人类学的本土视野》、《“文化自觉”与“非遗”保护》等。

37. 冯文凤(1906—1961)，广东鹤山人。美术家、书法家。民国时期上海闺秀最具代表性、最有影响力的人物之一。自幼受其父冯师韩熏陶，工篆、隶、真、行书，尤擅隶书。黄宾虹门生，曾留学意大利学习西画，不但擅长中国书法、绘画，而且在油画、雕塑、摄影、音乐、骑术、游泳等方面也颇有造诣。1918年在香港创办“香港女子书画学校”，并于1925年在上海设立分校，立志开启中国女子美术教育，培养女子书画人才。首倡并长期主持的“中国女子书画会”，是中国历史上第一个由女性自行发起组织的女性美术团体，系民国时期中国女子美术事业的一大盛事。1920年在上海主持举办了“华人女子美术展览会”，盛况空前，备受社会关注和青睐。倡议组织1939年、1941年、1943年与陈小翠、谢月眉和顾飞在上海举办“四家书画展览会”，反响热烈。1947年参加筹设“上海美术馆”，并担任征集委员会委员。

38. 冯宪珍(1954—)，湖北武汉人。戏剧表演艺术家。国家话剧院一级演员。毕业于中央戏剧学院表演系。主演了《枫叶红了的时候》《大风歌》《灵与肉》

《青春禁忌游戏》《Sorry》等几十部作品。曾获首届中国戏剧奖·梅花表演奖(第二十三届中国“戏剧梅花奖”)、第十五届上海白玉兰戏剧表演艺术奖主角奖。表演含蓄,层次丰富,富有舞台魅力,深受观众喜爱。

39. 冯英(1963—),黑龙江哈尔滨人。舞蹈表演艺术家、教育家。中国舞蹈家协会第九、第十届副主席。1973 年入北京舞蹈学院学习。1980 年入中央芭蕾舞团任主要演员。1982 年在法国巴黎歌剧院进修一年,接受莫里斯·贝嘉、侯塞拉·海德华等芭蕾大师的指导。曾在《天鹅湖》《吉赛尔》《希尔维娅》《堂·吉诃德》《鱼美人》《林黛玉》《杨贵妃》《红色娘子军》等剧目中任主角。1985 年获第一届全国舞蹈比赛女子独舞一等奖。1987 年获第二届全国舞蹈比赛双人舞一等奖、日本大阪国际芭蕾舞比赛三等奖。1986 年作为客座艺术家受邀与巴黎歌剧院明星同台献艺。1996 年退出舞台,任剧团教员和总排练者,培养出一批在国际芭蕾舞比赛中获得金奖的女演员,并与国外芭蕾大师合作,排演《海盗》《仙女》《梁祝》《春之祭》等经典作品。2009 年至今任中央芭蕾舞团团长。

40. 冯玉萍(1959—),辽宁沈阳人。评剧表演艺术家,国家一级演员。中国戏剧家协会副主席。毕业于中央戏剧学院表演系。1973 年考入沈阳评剧院,向评剧表演艺术家花淑兰、武功教师李少泉等学习。1981 年正式拜评剧表演艺术家花淑兰为师。1988 年首批被评聘为国家一级演员,享受国务院政府特殊津贴。曾三次荣获中国戏剧表演最高奖——“梅花奖”。2010 年获文华奖。其嗓音宽宏、甜亮,扮相端庄秀丽,善于刻画人物细腻多变的内心情感,从艺三十余年来塑造了大量广受欢迎的舞台形象。

41. 冯真(1931—),祖籍广东南海,生于上海。美术家、教育家。新中国美术的开拓者之一。曾任中国美术家协会年画艺术委员会主任、中国民间剪纸研究会会长、中国出版工作者协会年画艺术委员会副会长、中国民间美术学会常务理事、原文化部高级职称评审委员会委员等职。1947 年在华北大学文学艺术院学习。1950 年在中央美术学院干部训练班、研究班进修。1952 年与画家李琦结婚。1956 年受国家委派到苏联列宾美术学院学习。1962 年回国,任教于中央美术学院,后参与年画连环画系(后改为民间美术系)的创建工作。早年致力于年画连环画,后转攻油画,并涉足民间美术教学与研究。1949 年作品年画《娃娃戏》在北京的解放区美术作品展览会上得到高度评价,《伟大的会见》《和平年代欢迎你》分别获“第二届全国年画创作二等奖”“第一届全国少年儿童文艺创作三等奖”。长期进行民间采风和实地调查研究,收集了大量珍贵的民间艺术品和文献资料,对民间美术的抢救、研究、宣传、推广做出贡献。

42. 冯忠莲(1918—2001),祖籍广东顺德。美术家。新中国古画临摹复制和木版水印事业的开拓者。1936 年入天津女子师范学校文学系,后师从国画名家陈少梅、书法家吴如玉。1938 年考入北平辅仁大学美术系,受业于溥雪斋、汪慎生、启功等。1941 年毕业时成绩名列第一,有辅仁"女状元"之称。毕业后继续师从陈少梅学习国画,后来两人结为伉俪。主攻山水、人物、佛像、仕女,作品《江南春》《涛声》等参加第一、第二届"全国美展优秀作品展"获好评。1953 年开始与荣宝斋结缘,随荣宝斋古画临摹组赴东北博物馆(今辽宁省博物馆)临摹古代名画,临摹作品《虢国夫人游春图》获得一致好评。1956 年被任命为荣宝斋编辑室主任。自 1960 年到 1980 年间复制北宋张择端的《清明上河图》,完成品被故宫博物院列为一级文物。她临摹的《虢国夫人游春图》《长沙马王堆一号墓西汉帛画》等作品亦成为国家重要文物,分别被北京故宫博物院和辽宁省博物馆收藏。1980 年后开始总结古书画临摹方面的经验,并与金仲鱼、陈林斋等一起指导青年人传承这一濒临失传的技艺。先后创作了工笔重彩《无量寿佛》《红楼梦十二金钗》《仿唐六如仕女图》《秋山望云图》等。学术专著《古书画副本摹制技法》1988 年由紫禁城出版社出版。同年被聘为中央文史研究馆馆员。

43. 高婉玉(1913—2004),浙江杭州人。工艺美术家、绒绣艺术家。自幼受过良好教育,受母亲影响,钟爱美术。高中毕业后入上海美术专科学校深造。1937 年至抗日战争胜利期间,先后在绍兴、淳安、遂安等地中小学任教。1952 年随丈夫迁居申城,开始从事绒绣艺术。1953 年创作的第一幅绒绣作品《斯大林》,被作为国礼赠予苏联领导人。1955 年《波兰华沙风景》被"世界青年联欢节"选用。1956 年任上海工艺美术研究所研究员。1957 年《杭州西湖风景》参加全国首届艺人代表大会作品展。1959 年《华山图》展列于人民大会堂。1958 年受聘于上海红星绒绣厂兼辅导员。1960 年被特聘为上海工艺美术学校首任绒绣专业教师,培养了一批人才,开创了绒绣与生活实用的新形式。1978 年《敬爱的周总理》参加全国工艺美术展览会。1979 年获第一届"中国工艺美术大师"荣誉称号。1980 年《红白梅》挂屏,在日本横滨展出。1982 年《孙中山与宋庆龄》由北京宋庆龄故居收藏。1984 年《丝绸之路》《昆明圆通大佛》获第四届中国工艺美术品"百花奖"优秀创作奖、希望奖。1986 年被全国工艺美术联协组织授予"特级工艺美术大师"荣誉称号。1993 年《孙中山》被评为上海市工艺美术精品,现由上海工艺美术博物馆收藏。

44. 高玉倩(1927—2018),原名高晨,北京人。京剧表演艺术家。8 岁入山东省戏剧学院学戏,后转入北平国立中华戏曲专科学校永字班。先后师从王瑶卿、于连泉、韩世昌、欧阳予倩、雪艳琴等,工青衣、花旦。1941 年起搭班演戏,曾在周信芳、李少春等剧团任演员，在京、津、沪等地演出。1947 年在上海拜梅兰芳为师。同年加入焦菊隐主持的北平艺术馆，演出改良京剧《桃花扇》《新蝴蝶梦》等，还曾出演根据莎士比亚《罗密欧与朱丽叶》改编的《铸情记》。1949 年进入北京华北人民革命大学学习。1950 年进入中国京剧院任主演，与李和曾、张云溪、张春华等长期同台合作，演出了大量传统和新编剧目。1964 年开始出演老旦，在《红灯记》中扮演李奶奶，此剧后被拍摄成戏曲艺术片，深得各界好评。1974 年在《平原作战》中扮演张大娘。1979 年在《蝶恋花》中扮演杨老夫人。1980 年赴港参加第五届亚洲戏剧节，主演《评雪辨踪》。后致力于培养青年演员。擅演剧目有《红娘》《拾玉镯》《棋盘山》《奇双会》《乌龙院》《打渔杀家》及现代戏《红灯记》等，塑造的许多艺术形象，妇孺皆晓，堪称经典。

45. 谷建芬（1935— ），祖籍山东威海，生于日本大阪。音乐作曲家。中国音乐家协会第五届副主席。1941 年回国。1950 年考入旅大文工团担任钢琴伴奏。1952 年入东北音专（现沈阳音乐学院）主修作曲，师从霍存慧、寄明等。1955 年毕业后到中央歌舞团从事舞蹈音乐创作。曾获中国"金唱片奖"、"当代青年最喜爱的歌奖"、原文化部"音乐舞蹈作品奖"、"中国音乐电视 96MTV 大赛作曲奖"、"南斯拉夫贝尔格莱德国际流行音乐作曲奖"、"联合国教科文亚太地区优秀音乐教材奖"、校园歌手大赛奖、全国通俗歌曲创作大赛奖等。主要代表作品有《妈妈的吻》《年轻的朋友来相会》《那就是我》《绿叶对根的情意》《思念》《孟姜女》《今天是你的生日》《歌声与微笑》《二十年后再相会》等。

46. 顾飞（1907—2008），别名慕飞，字默然，别号杜撰楼主，江苏南汇（今属上海南汇）人。美术家。出身于露香园顾氏旧家。自幼随兄长顾佛影学习诗词书法，自学绘画。后师从诗人钱名山学习古文诗词，师从黄宾虹学画，是黄宾虹的得意门生，擅山水。曾任上海第一女中、中西女中教师。1934 年与冯文凤等人共同发起组织中国女子书画会。后于 1939 年、1942 年、1943 年与冯文凤、陈小翠、谢月眉举办三届"四家书画展览会"，在沪上反响热烈。1943 年在上海为黄宾虹举办"黄宾虹八秩书画展"，并发表了辑录的《宾虹论画鳞爪若干则》文献。中华人民共和国成立后参加国画合作小组。1960 年调入上海工艺美术学校教书。1960 年到 1965 年任黄浦区政协委员，并加入民主同盟。1984 年受聘为上海市文史研究馆馆员，多次在上海市文史研究馆等地举办了个人画展，作品参加上海、南京以及柏林的艺展，出版有《顾飞画集》等。

47. 顾青瑶（1896—1978），名申，字青瑶，别署灵姝，江苏苏州人。美术家、诗人。出身吴中望族，祖父顾若波善书画，为清末名家。其山水初学董其昌和"四王”,私淑华喦和石涛,中年后学宋元。绘画之外,擅书法、精篆刻、工诗。著有《宋拓大观贴考证》《青瑶印话》《归砚室词稿》《青瑶诗稿》等。1926 年担任综合美术刊物《联益之友》撰稿人。同年为编辑出版《金石画报》与邓散木等人发起组织金石画报社。1934 年与冯文凤、李秋君等人发起组织中国女子书画会,参与主编特刊、负责会务等。1945 年抗日战争胜利后,参加“胜利书画展”。1946 年被推举为上海美术会理事。1949 年后移居香港。1958 年至 1962 年间执教于新亚书院艺术系。1972 年移居加拿大,曾在美国、德国、澳大利亚等地举办画展。

48. 顾圣婴(1937—1967),生于上海。钢琴演奏家。1954 年中西女中毕业后考入上海交响乐团,任独奏演员。1956 年入天津中央音乐学院进修,后赴莫斯科学习。1957 年在莫斯科获第六届“世界青年联欢节”钢琴比赛金质奖章,这是中国钢琴家在世界钢琴大赛中获得的第一枚金质奖。1958 年赴日内瓦参加第十四届国际音乐比赛,获女子钢琴比赛最高奖。1960 年参加华沙第六届肖邦钢琴比赛获高度评价。同年被中央音乐学院授予荣誉毕业证书。1964 年赴比利时参加伊丽莎白皇太后国际钢琴比赛,名列第十,之后又代表中国赴荷兰和芬兰两国演出。1967 年与母亲、弟弟自杀身亡。1979 年平反昭雪,恢复名誉。出版有《著名演奏家录音珍版典藏:顾圣婴》(2CD)。

49. 顾文霞(1931—),江苏吴县(今并入江苏苏州)人。工艺美术家、苏绣艺术家。首批国家级非遗项目(苏绣)代表性传承人。曾任中国共产党第十、第十一次全国代表大会代表,第六、第七、第八届全国政协委员,中国工艺美术学会副理事长,中国苏绣艺术博物馆馆长。1945 年随母学绣,后跟金静芬、曹克家学艺。1954 年参加苏州文联刺绣小组。1955 年编写了《苏州针法的种类及绣制方法》,被译成俄文。1956 年赴英国伦敦“国际手工艺品及家庭爱好品展览会”表演技艺。1957 年参加共青团第八次全国代表大会。1958 年赴莫斯科、瑞士等地交流技艺。1959 年作为特邀代表出席全国群英会。1962 年绣成《猫蝶图》赠予叶圣陶。1963 年写成《复制韩希孟绣品的工作体会》。1964 年编写“金鱼”“小猫”技艺总结,编入《苏绣技法》。1969 年编写《苏绣基本技法》及双面绣教材,赴阿尔巴尼亚教学一年。1978 年任苏州刺绣研究所所长兼总工艺师。1979 年《白猫戏蚱蜢》作为国礼赠予美国总统卡特。1984 年复制文物“明代缂丝龙袍”获全国工艺美术“百花奖”金奖。1986 年筹建中国苏绣艺术博物馆。1988 年获第二届“中国工艺美术大师”荣誉称号。1994 年被国务院授予国家级突出贡献专家称号。2011 年建立“顾文霞大师工作室”。2005 年被中国工艺美术学会授予中国工艺美术大师终身成就奖。2008 年被世界手工艺理事会评为亚太地区手工艺大师。

50. 关牧村(1953—),满族,祖籍辽宁沈阳,生于河南新乡。女中音歌唱家,国家一级演员。中国音乐家协会第八届主席团副主席。1977 年任天津歌舞团独唱演员。1984 年入中央音乐学院声乐系学习。1988 年被授予一级演员职称。1989 年获首届中国“金唱片奖”。其演唱的《金风吹来的时候》获全国农村歌曲演唱一等奖,电视剧《磋砣岁月》主题歌《一支难忘的歌》获全国优秀影视歌曲奖。1990 年参演大型古典电视艺术片《唐宋风韵》。1998 年被授予“民族团结进步模范”称号。2005 年获中华慈善总会颁发的首届“中华慈善奖”。2008 年受聘为天津师范大学音乐与影视学院兼职教授。

51. 关紫兰(1903—1986),祖籍广东南海,生于上海。美术家。中国早期野兽派领军人物。1927 年毕业于上海中华艺术大学,师从陈抱一。同年赴日本东京文化学院美术部留学,是中国第一批留日女画家之一,其间作品《水仙花》参加第 14 回日本“二科会美术展览”且被印刷为明信片发行,此后亦多次入选该展。1929 年在日本神户举办个人画展,被称为“闺秀画家”,得到日本画界高度评价。1930 年学成归来后在上海晞阳美术院任教。在回国后的 4 年里举办了 3 次个人画展,创作了十余幅佳作,引起画坛广泛关注。1934 年加入中国女子书画会。1935 年至 1937 年间再度赴日本深造。1963 年被聘为上海文史研究馆馆员。1929 年所作的油画《少女》参加了 1997 年美国的“中华五千年文明艺术展览”并被中国美术馆收藏。

52. 郭兰英(1929—),山西平遥人。女高音歌唱家、歌剧表演艺术家,中国歌剧舞剧院一级演员。为中国民族歌剧表演体系的建立和民族演唱艺术的发展做出开拓性贡献。1937 年开始学习山西中路梆子,先后演出了《秦香莲》等一百多部传统剧目。1946 年入华北联大文工团,1947 年进入华北联合大学戏剧系,边学习边参加秧歌剧《王大娘赶集》《兄妹开荒》等剧目演出。1948 年在石家庄演出《白毛女》,将传统戏曲中的大量唱法、舞蹈、表演运用其中,使其更为民族化、大众化,把演出水平提高到一个新阶段。1949 年以歌曲《妇女自由歌》在匈牙利第二届世界青年学生和平与友谊联欢节上获奖。1954 年中央实验歌剧院建立后,主演了《白毛女》《小二黑结婚》等剧目,塑造了喜儿、小芹等众多光彩夺目的舞台艺术形象。1956 年为电影《上甘岭》配唱插曲《我的祖国》,以及她演唱的《南泥湾》《人说山西好风光》《八月十五月儿明》等脍炙人口的歌曲,历经半个多世纪传唱至今。1963 年举办独唱音乐会,开民族声乐个人演唱会的先例。还作为中国艺术的使者,访问了苏联、罗马尼亚、捷克斯洛伐克、南斯拉夫、日本、波兰、意大利等国。1981 年举办郭兰英歌剧片段晚会获得巨大成功后告别舞台,到中国音乐学院任教。1986 年在广东创办郭兰英艺术学校并任校长。1989 年获首届“金唱片奖”。1994 年原文化部、山西省政府联合在北京举办了“郭兰英从艺 60 年大型音乐会”,联合拍摄了 12 集音乐电视剧《郭兰英》,并出版发行了大型画册《郭兰英》。2005 年荣获首届中国电影音乐特别贡献奖。

53. 郭淑珍(1927—),天津人。女高音歌唱家、声乐教育家。任中央音乐学院声乐歌剧系教授、声乐教研室主任。1947 年入北平国立艺专音乐系学习声乐。1949 年艺专并入中央音乐学院,1953 年公派留学苏联。1958 年毕业于莫斯科柴可夫斯基音乐学院,获优等生毕业证书及优秀歌剧和音乐会歌唱家称号。1957 年获国际声乐比赛一等奖和金质奖章,主演歌剧《叶甫根尼·奥涅金》《艺术家的生涯》,演唱歌曲有《黄河怨》等。1988 年荣获全国艺术院校艺术歌曲演唱比赛优秀指导教师奖。1997 年获国家高等教育教学成果一等奖。1989 年获中国唱片总公司首届“金唱片奖”。莫斯科唱片厂收录了许多她演唱的古典名曲、歌剧选曲,并出版发行了唱片。

54. 韩再芬(1968—),安徽潜山人。黄梅戏表演艺术家,国家一级演员。国家级非物质文化遗产项目代表性传承人。曾任中国戏剧家协会副主席,安徽省戏剧家协会副主席,安徽文联副主席,第十、第十一、第十二届全国人大代表,享受国务院政府特殊津贴。任安徽省安庆再芬黄梅艺术剧院院长,安徽省政协常委。曾获白玉兰表演艺术奖、中国“戏剧梅花奖”、华表奖最佳戏曲片奖,并入选“中国最有影响力女性 100 人”。2004 年出任中央文明办“诚信中国·诚信形象大使”。倡导将多种舞台剧艺术形式与黄梅戏融合,推动黄梅戏成为“黄梅剧”,进行了一系列探索与创新。中国艺术研究院戏曲研究所启动“中国当代戏曲表演艺术家系列研究工程”,将其列为首位研究对象。

55. 郝淑萍(1945—),四川成都人。工艺美术家、蜀绣艺术家。国家级非遗传承人、高级工艺美术师。曾任成都蜀绣厂厂长、蜀绣研究所所长、国务院“有突出贡献专家”。任成都郝淑萍蜀绣工艺美术大师工作室董事长、总经理。熟练掌握十二大类一百多种蜀绣针法。1959 年进入成都工艺美术技校蜀绣班学习。1961 年入成都市蜀绣厂工作,后任厂长、蜀绣研究所所长。1980 年合作绣成大型刺绣屏风《芙蓉鲤鱼》,陈列于北京人民大会堂四川厅。1981 年与师兄彭世荦创作的《异色猫》获中国工艺美术品“百花奖”银奖。同年参与绣制的大型地屏双面绣珍藏于人民大会堂四川厅。1984 年与其师彭永兴创作的《芙蓉鱼》座屏获中国工艺美术品“百花奖”金奖。1988 年双面绣《竹林马鸡》获“百花奖”金奖。2005 年开设郝淑萍“蜀绣工艺美术大师工作室”。1993 年获第三届“中国工艺美术大师”荣誉称号。2011 年作品《红楼群芳图》获第六届中国(长春)民间艺术博览会金奖。曾多次赴日本、美国、新加坡等国表演刺绣技艺。代表作品有《双面芙蓉鲤鱼图》《双面竹林马鸡图》《蜀宫夜宴图》等。

56. 何冀平(1951—),祖籍广西上林,生于北京。戏剧编导艺术家。1972 年开始戏剧创作。1982 年毕业于中央戏剧学院,曾任北京人民艺术剧院专职编剧。1989 年移居香港。1997 年应邀加入香港话剧团。主要话剧作品有《好运大厦》《天下第一楼》《德龄与慈禧》《开市大吉》《明月何曾是两乡》《甲子园》等,多次在华人圈中引起轰动。曾先后获得中国首届“文华奖”、中央戏剧学院首届学院奖“文学奖”、北京市优秀剧作奖、中国戏剧“曹禺奖”、“十月”文学奖、中国政府“五个一工程奖”及两度中国电视剧“飞天奖”,荣获北京市“劳动模范”称号。

57. 何香凝(1878—1972),原名谏,又名瑞谏,别署双清楼主,广东南海人。出生于香港。杰出的美术家。民主革命的先驱廖仲恺先生的夫人,中国同盟会第一位女会员。曾任中国国民党革命委员会主席、全国人大常务委员会副委员长、全国妇联名誉主席等职。1897 年与廖仲恺结婚。1902 年冬到日本,次年初入东京目白女子大学,随后转入女子师范学校预科,结识孙中山。1905 年参加中国同盟会,是该会第一位女会员,同年 9 月介绍廖仲恺加入该会。1906 年再次考入目白女子大学,攻读博物科。1908 年改入本乡女子美术学校,在高等科学习绘画。1910 年毕业,黄花岗之役前夕回到香港,辛亥革命后去往广州。“二次革命”失败后,逃亡日本。1914 年在东京加入“中华革命党”,参加讨袁斗争和护法运动。1924 年 1 月国民党改组后,被选为国民党中央妇女部长。1925 年发起组织“援助海丰农民自卫军筹备会”,创办“军人家属妇女救护员传习所”。1926 年 1 月,在国民党二大上被选为中央执行委员,继续任妇女部长,同年参加国民革命军北伐。“四一二”反革命政变发生后,回广州办仲恺农工学校。1946 年在广州成立中国国民党民主促进会。1948 年与其他反蒋国民党员及组织联合一致,组成中国国民党革命委员会。中华人民共和国成立后,历任中央人民政府委员会委员、全国人民代表大会常务委员会副委员长、全国政协副主席、全国妇联名誉主席、华侨事务委员会主任委员、中国国民党革命委员会主席、中国美术家协会主席等职务。著有《回忆孙中山和廖仲恺》《双清文集》,出版有《何香凝画集》《何香凝中国画选集》《何香凝诗画集》。

58. 红线女(1924—2013),原名邝健廉,广东开平人。粤剧表演艺术家。“红派”艺术创始人。1938 年开始从艺。1943 年开始使用艺名“红线女”,曾在香港组建真善美剧团,受到观众热爱和欢迎。20 世纪 80 年代,面对粤剧舞台演出的不景气，为振兴粤剧，她重排旧剧，编演新戏。以粤剧传统花旦唱腔为基础，融入京腔、昆腔演唱艺术和西洋美声技法，结合个人的声线条件，融汇创造出“甜、脆、圆、润、娇、水”的红腔风格，把粤剧花旦唱腔发展到了崭新阶段。在舞台人物形象的塑造上，也突破了传统粤剧中单纯表现女性媚美的框架，塑造了一系列新的女性形象。1988 年国庆前夕，率广州粤剧团到北京举行“红线女专场”演出，引起轰动。2009 年荣获首届中国戏剧终身成就奖。

59. 洪雪飞（1942—1994），安徽歙县人。昆剧、京剧表演艺术家。1958 年进入北方昆曲剧院，学正旦，师承韩世昌、白云生、马祥麟、俞振飞、周传瑛等老一辈昆曲艺术家。1966 年进入北京京剧团改唱京剧。1979 年任北方昆曲剧院演员，以演京剧《沙家浜》中阿庆嫂闻名。1985 年获第二届全国“戏剧梅花奖”。1994 年因车祸罹难。代表剧目有昆剧《牡丹亭》《千里送京娘》《长生殿》，现代戏《江姐》《红霞》，其他剧目有《活捉》《游园惊梦》《痴梦》《白蛇传》《共和之剑》《春江琴魂》《南唐遗事》《桃花扇》《夕鹤》等。表演细腻，刻画人物深刻、准确，嗓音宽厚洪亮，演唱感情充沛，行腔平稳，有韵味，吐字清晰。曾先后赴朝鲜、伊朗、美国、芬兰、俄罗斯等国家和地区访问演出和讲学。

60. 侯波（1927—　），生于山西夏县。摄影艺术家。曾任新华通讯社新闻摄影编辑部记者、中国文联委员、中国摄影家协会理事、中国女摄影家协会主席（荣誉主席）、宋庆龄基金会荣誉理事等。14 岁到延安参加革命。抗日战争胜利后到东北电影制片厂工作。1949 年任北平电影制片厂摄影科长。同年调入中南海，任中共中央办公厅警卫局摄影科科长，为毛泽东和党中央的领导同志专职摄影达 12 年之久，被誉为“红墙摄影师”。她曾经拍摄了《开国大典》《新政治协商会议》《毛主席与维族老人》《毛主席与亚非拉朋友在一起》等重要历史镜头和中央领导同志的生活照片，作品以形象的画面记录了中国革命的历史瞬间。著有画册《永乐宫》、摄影作品集《路》。摄影作品集《路》，获中国图书奖一等奖、首届全国优秀美术图书奖金奖、首届“国家图书奖”。荣获原文化部颁发的首届造型艺术创作研究终身成就奖。

61. 胡蝶（1908—1989），原名胡瑞华，祖籍广东鹤山，生于上海。影视表演艺术家，是横跨中国默片时代和有声片时代的电影皇后。1931 年主演中国第一部有声电影《歌女红牡丹》，上映后轰动全国，甚至吸引众多海外侨胞的目光。1933 年上海《明星日报》发起“电影皇后”评选，以 21334 票的最高票数当选。1949 年主演了中国第一部七彩国语片《锦绣天堂》。1960 年在日本举行的第七届亚洲电影节上，主演的《后门》获得最佳影片金禾奖，个人获最佳女主角奖，成为中国第一位

"亚洲影后"。1986 年获台湾电影"金马奖"。在半个世纪的电影生涯中，先后主演了百余部电影，饰演了旧中国的各类妇女形象，艺术成就构成了中国电影的独特篇章。1995 年纪念电影百年华诞暨中国电影 90 华诞时，荣膺"中国电影世纪奖"和女演员奖。2005 年入选"中国电影百年百位优秀演员"。

62. 胡絜青（1905—2001），原名玉贞，笔名燕崖、胡春，号洁青，满族，北京人。美术家、书法家、作家。历任中国画研究会常务理事、中国美术家协会会员、中国书法家协会会员、满族书画研究会会长、北京文联顾问、中国画研究会顾问、北京中国花鸟画研究会顾问、北京市政协常务委员、全国政协委员、全国文代会代表等。自幼酷爱文艺，尤喜书画。1931 年从北京师范大学国文系毕业后与作家老舍结婚。1938 年起受教于齐白石，1950 年正式拜师。曾向于非闇等老画家求教，逐渐形成个人风格，尤擅长画松、菊、梅。历届全国画展、书展均有作品展出，并多次获奖。工笔画《姹紫嫣红》作为国礼赠送给越南国家主席胡志明。亦善散文，整理、编辑了《老舍生活与创作自述》《老舍剧作全集》等，出版了《散记老舍》《热血东流》等散文集，写作了大量散文、回忆录等。1958 年受聘于北京中国画院，为一级美术师。

63. 胡玫（1958—　），祖籍江苏徐州，生于北京。影视导演艺术家，国家一级导演。曾任全国人大代表、北京市政协委员、全国文联委员。1982 年在北京电影学院导演系毕业后，进入八一电影制片厂工作。导演的电影主要有《远离战争年代》《芬妮的微笑》《孔子》等。1999 年执导的电视剧《雍正王朝》获第十九届飞天奖长篇电视剧一等奖、第十七届中国电视金鹰奖优秀长篇连续剧奖、"五个一工程奖"。2001 年执导的影片《忠诚》获第二十二届飞天奖长篇电视剧二等奖、"五个一工程奖"。2005 年执导的电视剧《香樟树》获第二十五届飞天奖优秀电视剧奖，电视剧《汉武大帝》获长篇电视剧二等奖、"五个一工程奖"，个人获得"飞天奖"最佳导演奖。2006 年执导的电视剧《乔家大院》获第二十三届中国电视金鹰奖优秀长篇电视剧奖、首尔国际电视节最佳长片电视剧奖，2007 年获第二十六届中国电视剧飞天奖优秀长篇电视剧一等奖、"五个一工程奖"，个人再次荣获"飞天奖"最佳导演奖。

64. 胡明哲（1953—　），北京人。美术家。中央美术学院教授、中国美协综合材料艺委会副主任、中国美术家协会会员。1975 年毕业于北京师范学院美术系，并留校任教。1984 年作品《秋》获中国美术馆举办的第六届"全国美展优秀作品展"优秀奖。1988 年于中央美术学院研究生毕业后留校任教。同年岩彩作品《绿叶》获中国美术馆中国工笔画学会第四届大展金奖。1989 年作品《高原的门》获在中国美术馆展出的“首届大陆水墨画新人展”佳作奖。1991 年作品《金玛瑙》获中国历史博物馆中国工笔画学会第二届大展铜奖。1992 年至 1994 年在日本东京艺术大学访学。1997 年作品《绿叶》获第一届全国中国画大展中国画艺术委员会大奖。1999 年于中央美术学院美术馆举办个人岩彩作品展。2000 年至 2001 年在日本多摩美术大学访学。2001 年在四川美术学院美术馆、湖北美术学院美术馆、福建省画院美术馆举办个人岩彩作品展。同年作品参加在中国美术馆举办的“百年中国画展”。2011 年在中国美术馆举行“微尘——胡明哲作品展”。2014 年作品参加在河北博物院举办的第十二届“全国美展优秀作品展”·综合材料绘画展。出版有《岩彩画艺》《良师画室》《胡明哲画集》等。部分作品被中国美术馆、中央美术学院陈列馆和外国友人收藏。

65. 胡蓉蓉(1929—2012),江苏宜兴人。舞蹈表演艺术家、教育家。5 岁开始跟随俄侨艺术家索科尔斯基学习芭蕾。1936 年至 1938 年参演《压岁钱》《四美图》等影片,成为童星。1939 年退出影坛,专心跟随索氏学习,并在索氏等创办的“俄国芭蕾舞团”中参演过《天鹅湖》《睡美人》《堂·吉诃德》《胡桃夹子》等多部古典芭蕾舞剧。1947 年出演《葛佩莉亚》女主角。除芭蕾舞训练和电影表演实践外,还学习过踢踏舞、现代舞、西班牙民间舞、中国民间舞、古典舞、昆曲等,为舞蹈创作提供了丰富的实践积累。1950 年始,先后在上海戏剧专科学校、上海中国福利会儿童艺术剧院、行知学校教授舞蹈。1960 年上海市舞蹈学校成立,任副校长。1979 年任上海芭蕾舞团首位团长,是芭蕾民族化的奠基人之一,曾荣获“中国舞蹈艺术杰出贡献舞蹈家”称号。编创的作品主要有《白毛女》《雷雨》等,前者入选“中华民族二十世纪舞蹈经典作品”金奖。1980 年、1982 年、1995 年分别在日本大阪国际芭蕾舞比赛、美国国际芭蕾舞比赛、上海国际芭蕾舞比赛中担任评委。

66. 胡宗温(1922—2005),安徽休宁人。话剧表演艺术家。北京人民艺术剧院演员,北京市第五、第六届政协常委。1937 年抗日战争全面爆发后参加抗敌演剧三队,随队在太行山区坚持抗日宣传活动。演出的主要剧目有《打鬼子去》《老三》《一心堂》等,并在电影《刘胡兰》《雷雨》中饰主要角色。表演风格自然含蓄,富于激情,善于刻画人物的内心世界,话剧语言富有音乐感。饰演的《雷雨》中的四凤、《茶馆》中的康顺子、《丹心谱》中的吴愫心等在观众心目中印象深、评价高。2007 年被授予“国家有突出贡献话剧艺术家”荣誉称号。

67. 黄丽娟(1958—),福建罗源人。工艺美术家、石雕艺术家。中国工艺美术学会会员、福建省寿山石文化艺术研究会常务理事、福建省工艺美术大师、国家高级工艺美术师。1972 年从事石雕工作,师从林飞。1981 年毕业于福建省工艺美术学院雕塑专业。擅长人物圆雕,将各种民族特色妆饰融入寿山石雕造型艺术。其作品题材涉及孩童、少男少女、劳动者、装饰人体和少数民族。曾多次在国家及省级展览中荣获大奖。寿山石雕作品《新装》获2000年首届中国工艺美术大师作品暨工艺美术精品博览会金奖。代表作品《淡淡装》获第二届中国工艺美术大师作品暨工艺美术精品博览会金奖。2012年获得第六届"中国工艺美术大师"荣誉称号。

68. 黄婉秋(1943—),广西桂林人。影视表演艺术家。14岁登台演出。1961年在经典文艺作品电影《刘三姐》中扮演女主角。俊美的扮相、纯朴自然的表演使"刘三姐"成为影响久远的银幕形象之一。1983年担任广西壮族自治区歌舞团副团长。1991年就任桂林市文化局副局长。1992年与香港中地投资有限公司合资创立刘三姐艺术团,并逐步发展成刘三姐集团公司,任刘三姐集团董事长。1995年自治区文联换届选举全票通过连任副主席。此间陆续拍摄电影《春兰秋菊》(1984)、《长城大决战》,电视剧《爸爸,妈妈和孩子》(1982)、黄梅戏《黄山情》(1990)、《戏迷盛老乐》(1998)等。其中《黄山情》荣获"金鹰奖""飞天奖""飞鹰奖"及华东六省市最佳戏曲片奖。1987年主演的歌舞剧《百鸟衣》获广西首届戏剧节优秀演员奖,盒带《歌仙刘三姐》获广电部"通美杯奖"。1995年导演的曲艺《漓江行》获中国第二届曲艺节"牡丹奖"导演奖及自治区优秀奖。1997年导演的《春兰吟》获全国"文华新节目奖"、自治区"铜鼓奖"。1998年被评为自治区德艺双馨演员。2017年在中央电视台春节联欢晚会上与张信哲演唱歌曲《歌从漓江来》。

69. 黄友葵(1908—1990),湖南湘潭人。女高音歌唱家、声乐教育家。中国音乐家协会第三、第四届常务理事,音协江苏分会主席,被声乐界誉为"四大女高音歌唱家"之一。自幼学习月琴、扬琴、箫、笛和钢琴等乐器。1915年进入光道女子小学,后考入长沙福湘女子中学,接触一批西洋古典作品,参加业余唱诗班和小型音乐会。1924年中学毕业,留校任钢琴教师。1926年考入南京金陵女子文理学院,攻读生物专业。1927年转入苏州东吴大学学习生物同时进修钢琴。1930年留学美国阿拉巴马州亨廷顿大学,主修音乐,兼修美术,1933年获学士学位后回国,任教于东吴大学,讲授声乐、美声唱法等课程,并多次与该校乐队合作,在星期音乐会上独唱、主演歌剧片段《茶花女》等,以抒情花腔女高音歌唱家享誉全国。曾获特立西格荣誉学会会员奖。1939年任昆明国立艺术专科学校声乐教授。1940年任重庆国立音乐学院声乐教授兼声乐系主任。1949年后任南京大学艺术系、南京师范学院音乐系、南京艺术学院教授,南京艺术学院音乐系主任,后任副院长。20世纪30年代中期以后一直从事声乐演唱,在歌剧《柳娘》《图兰朵》《茶花女》《蝴蝶夫人》中任女主角。著有《论歌唱艺术》《论音乐教育中的洋为中用问题》《音乐发展史简介》等。曾任中国文联委员、中国音乐家协会常务理事、江苏省音协主席,当选江苏省人大常委。

70. 籍薇(1956—),天津人。梅花大鼓艺术家,国家一级演员。曾任中国曲艺家协会副主席、天津市政协委员、全国曲协理事、天津曲协理事、中国艺术研究院说唱中心理事。1984 年随中国说唱艺术团首次访问美国及中国香港等地。1987 年拜梅花大鼓名家花五宝为师。1981 年在"全国曲艺大赛(北方片)"观摩演出、1986 年"全国新曲目大赛"、1990 年长治杯"全国鼓曲唱曲大赛"中演唱的《二泉映月》《吉他魂》《睡美人》均获一等奖,成为曲艺界唯一包揽"三连冠"的鼓曲演员。1995 年参加第二届中国曲艺节演唱梅花大鼓《别母进藏》获中国曲艺演唱、编曲双"牡丹奖"。同年获 4 省市南北曲艺交流演唱梅花大鼓《黛玉葬花》演出一等奖。1998 年获中国曲艺荟萃新人奖。2000 年演唱梅花大鼓《二泉映月》获中华人民共和国原文化部颁发的文华新节目奖。2002 年演唱梅花大鼓《悠悠报国情》获第二届中国曲艺"牡丹奖"表演奖。1996 年至 2006 年,6 次赴台湾地区进行访问演出,参加学术交流活动,被媒体誉为"德艺双馨""技美双绝"的金牌演员。2007 年当选曲协副主席。2009 年参加天津市曲艺团晋京献礼演出,表演曲目《悲壮的婚礼》。先后荣获天津市"三八红旗手"称号,"七五""八五"立功奖章,中国文联"德艺双馨"称号,中国曲艺家协会全国优秀会员奖牌等数十种奖项。曾多次参加"中国首届曲艺节""中国首届国际艺术节"等国内外重大演出活动。2018 年被评定为第五批国家级非物质文化遗产代表性项目代表性传承人。

71. 寄明(1917—1997),原名吴子平,江苏淮安人。音乐作曲家、钢琴演奏家。曾任延安鲁迅艺术学院、东北鲁迅艺术学院教员、牡丹江鲁艺文工团副团长、东北音乐工作团研究员和儿童音乐班主任。毕业于上海国立音乐专科学校钢琴系,后进入延安中国女子大学学习,在延安鲁艺任职。1942 年加入中国共产党。先后创作了《歌唱刘胡兰》《庄稼人小唱》《干活好》等一批歌曲和小歌剧。中华人民共和国成立后,历任东北鲁迅艺术学院音乐系主任、教授,东北音乐专科学校副校长等职。为《凤凰之歌》《李时珍》《平凡的事业》等近 30 部电影作曲,其中《凤凰之歌》《给解放军叔叔洗衣裳》等影片插曲广为流传。为电影《英雄小八路》创作的主题歌《我们是共产主义接班人》获 1954 年至 1979 年第二届全国少年儿童文艺创作一等奖,1980 年获少年儿童音乐作品一等奖,现为中国少年先锋队队歌。作品《少年,少年,祖国的春天》曾获"1976—1981 年全国少儿歌曲优秀奖",1986 年又被评选为"全国红领巾喜爱的歌",1991 年再度被评选为"第一届当代少年儿童喜爱的歌”。

72. 江采(1901—1986),字南苹,原籍浙江杭州,生于河南祥符。美术家。为中国女子书画会的早期成员。幼年随父母迁居苏州。18 岁搬至北京,师从陈半丁学画花卉。次年拜陈师曾为师,得“槐堂女弟子”印。1923 年由陈师曾推荐,其花卉画赴日本参展,其中一帧被皇宫购藏并印成明信片。此后成为琉璃厂挂“笔单”售画的唯一女画家。1930 年书画作品参加比利时莱奇万国博览会并获奖。1934 年花卉作品被鲁迅辑入《北平笺谱》。1935 年其中国画在莱比锡国际博览会的文明文化展览会上展出并获得荣誉奖。中华人民共和国成立后在上海文化系统工作。1954 年调入上海博物馆,负责古画临摹与修复工作。1981 年聘为上海市文史馆馆员。作品在上海博物馆、辽宁博物馆、上海文史馆均有收藏。

73. 蒋蓉(1919—2008),别号林凤,江苏宜兴人。工艺美术家、紫砂艺术家。江苏省文化厅指定的首批非物质文化遗产代表性项目(紫砂陶技艺)代表性传承人。11 岁随父亲蒋鸿泉学艺。1940 年至 1947 年由伯父蒋鸿高带至上海制作仿古紫砂器。1955 年参加宜兴蜀山陶业生产合作社。1956 年被江苏省人民政府任命为紫砂工艺“技术辅导”。创作荷花壶、牡丹壶等,并为周恩来总理出国访问赶制象真果品 20 套。1957 年制作佛手壶,尝试注浆工艺制作茶壶。1973 年开始,进入创作高峰期,创作了“白藕酒具”“枇杷笔架”等,受到海内外收藏家喜爱。1983 年入中央工艺美术学院陶瓷造型进修班学习,创作了“百寿树桩壶”等。先后参加香港第六届亚洲艺术节的宜兴陶艺展、北京宜兴紫砂陶汇报展、日本横滨宜兴陶瓷展览。作品“芒果壶”“西瓜壶”被香港茶具文物馆收藏,“荸荠壶”被英国维多利亚艾伯特博物馆收藏。多次赴马来西亚、香港举办展览,发表论文《师法造化,博采众长》。1989 年被授予国家级“高级工艺美术师”职称。1993 年获第三届“中国工艺美术大师”荣誉称号。2006 年被中国工艺美术学会授予“中国工艺美术终身成就奖”。

74. 蒋雪英(1933—),江苏吴县(今并入江苏苏州)人。工艺美术家、刺绣艺术家。全国工艺美术学会会员、江苏省刺绣专业委员会委员,荣获全国工艺美术终身成就奖。曾任江苏省刺绣专业委员会主任,国家级、省级、市级技术职称评审组评委。1971 年从苏州刺绣工艺美术生产合作社调到吴县刺绣总厂,后任副厂长近 20 年。1980 年指导并参与绣制影星山口百惠的结婚礼服“七鹤礼服”。刺绣的和服腰带在日本获“蒋氏刺绣”之美称,用真金线绣的和服《狮子留袖》被日本天皇、皇后收藏。从 1977 年起,她 43 次受邀访问日本,足迹遍布 169 个城市。多次受到邓小平、叶剑英、华国锋、李先念、李鹏等国家领导人的接见。1993 年获第三届“中国工艺美术大师”荣誉称号。1996 年起承包吴县刺绣总厂和服分厂。2003 年吴县刺绣总厂改制,组建苏州蒋雪英刺绣有限责任公司。双面绣精品曾获中国工艺美术百花“金杯奖”。作品《东方曙光》《水墨葡萄》在中国工艺美术精品博览会上分别获金奖、银奖。代表作品有《仙鹤留袖》《荷香鸭肥》《梅花欢喜漫天雪》《云龙》等。

75. 蒋英(1919—2012),浙江海宁人。女高音歌唱家、声乐教育家。钱学森的夫人。1926 年至 1934 年就读于上海中西女塾,开始学钢琴。1936 年随父亲游历欧洲。1937 年入德国柏林音乐大学主修声乐,后在慕尼黑音乐学院学习歌剧,毕业后留校任教。1943 年参加瑞士鲁辰万国音乐年会各国女高音组比赛,获第一名,开创了亚洲音乐史上的新纪录。1955 年回国,长年任教于中央音乐学院,历任声乐系教研室主任、歌剧系副主任、教授。著有《西欧声乐艺术发展史》,合译《肖邦传》《舒曼传》等。

76. 蒋祖慧(1934—),湖南常德人。舞蹈编导艺术家。中国舞蹈“荷花奖”、中国舞蹈艺术终身成就奖得主。自幼受母亲丁玲影响,热爱艺术。1949 年到平壤崔承喜舞蹈研究所学习,次年回国加入中央戏剧学院舞蹈团任舞蹈演员。1953 年参演舞蹈《荷花舞》《采茶扑蝶舞》,在罗马尼亚获第八届“世界青年联欢节”二等奖,之后被选送到北京舞蹈学校插班学习。1955 年被原文化部选派赴苏联莫斯科国立戏剧学院学习编导,毕业后入北京舞蹈学校实验芭蕾舞团(中央芭蕾舞团前身)任编导,创作《西班牙女儿》、《巴黎圣母院》、《红色娘子军》、《祝福》(第二幕)、《流浪者之歌》等舞剧作品,为芭蕾舞艺术的民族化做出了重要贡献。1980 年《祝福》(第二幕)获原文化部直属院团新创作、新改编、新整理节目观摩评比演出创作一等奖。1994 年《红色娘子军》被列入“中华民族二十世纪舞蹈经典”。

77. 金静芬(1885—1970),原名彩仙,小名杏宝,回族,江苏苏州人。工艺美术家、刺绣艺术家。历任苏州市工艺美术研究室主任、苏州市刺绣研究所副所长、第三届全国人大代表等。师从刺绣艺术家沈寿。1907 年以为慈禧太后 70 寿辰绣制的贡品《无量寿佛像》而成名。1910 年刺绣作品“水墨苍松”“猫嬉图”在清政府举办的“南洋劝业会”上获优等奖(一等奖)。1915 年肖像绣《拿破仑像》及《双狗图》《仕女画图》和《家禽图》在“太平洋万国巴拿马博览会”展出获铜奖和奖章、奖状。1906 年任清政府农工商部工艺局绣工科教习,后在苏州武陵女校、上海创圣女子中学、苏州女子职业学校担任绣工教师、美术科主任等职,致力于苏绣技术研究与刺绣教学。作品具有强烈的装饰性,仿“露香园顾绣”风格。

78. 康巴尔汗·艾买提(1922—1994),维吾尔族,新疆维吾尔自治区喀什葛尔人。舞蹈表演艺术家。中国舞蹈家协会第四、第五、第六届副主席。1935 年考入乌兹别克斯坦塔什干塔玛哈侬舞蹈学校。1937 年后入选塔什干红旗歌舞团,在大型歌舞剧《安娜尔汗》中崭露头角。1939 年考入莫斯科音乐舞蹈艺术学院,主修乌克兰、俄罗斯、阿塞拜疆民间舞和古典舞,其间曾与苏联舞蹈家乌兰诺娃等在克里姆林宫同台演出,表演维吾尔族独舞《林帕黛》,广受好评。1942 年回国,参加在迪化(今乌鲁木齐)举行的 14 个民族歌舞比赛荣获第一名。1947 年随新疆青年歌舞团赴南京、上海、杭州、台湾等地演出,被誉为"新疆第一舞人",在上海期间与梅兰芳、戴爱莲多次进行艺术交流。1949 年在欢迎中国人民解放军进驻新疆的文艺晚会上表演《打鼓舞》《盘子舞》,受到国家领导人的称赞。20 世纪 50 年代初编创《抗美援朝》《解放的姑娘》等作品。吸收中外艺术形式,形成古朴、典雅、庄重、稳健的维吾尔族舞蹈创新风格。1950 年开始从事舞蹈教育,历任西北艺术学院民族系主任,新疆艺术学院艺术系主任、副校长,主持编纂维吾尔族舞蹈基本训练教材,培养出一大批少数民族文艺人才。

79. 郎毓秀(1918—2012),祖籍杭州,生于上海。女高音歌唱家、声乐教育家。首届中国音乐"金钟奖"终身荣誉勋章获得者。擅长演唱西洋歌剧和艺术歌曲,对中国民族传统唱法有深入的研究,是"中国四大女高音歌唱家"之一。1933 年至 1937 年入上海国立音乐专科学校暑期培训班学习,曾在蔡元培七十大寿音乐会上担任独唱,并受作曲家阿甫夏洛穆夫邀请演唱其作品《柳堤边》,之后在百代唱片公司录下《杯酒高歌》《乡愁》《满园春色》等数十张唱片。1937 年赴比利时布鲁塞尔皇家音乐学院主修声乐,归国后任四川省国立艺术专科学校声乐教授。1946 年赴美国俄亥俄州辛辛那提市师范学院、音乐学院深造,归国后先后在成都华西大学音乐系、西南音乐专科学校任教,之后随院系调整至四川音乐学院任教,两次受邀担任罗莎·庞赛尔国际声乐比赛评委。撰写、翻译了《卡鲁索的发声方法——嗓音的科学培育》《伊丽莎白·舒曼的教学》《西洋艺术歌曲二十首》《歌唱学习手册》《美声学派的原理和实践》等。

80. 黎莉莉(1915—2005),原名钱蓁蓁,安徽桐城人。影视表演艺术家。11 岁随父亲钱壮飞在光华影片公司摄制的影片《燕山侠隐》中饰演角色。1927 年入黎锦辉创办的中华歌舞团接受歌舞专业训练,并随团赴南洋等地演出,成为知名歌舞演员。后歌舞团解散,随黎锦辉前往新加坡,改名黎明莉,后改名为黎莉莉。1931 年随歌舞团转入联华影业公司,并参加影片《银汉双星》的拍摄。1932 年在天一影片公司主演中国第一部歌舞片《芭蕉叶上诗》。同年正式任联华影片公司演员,陆续主演了《火山情血》《天明》《小玩意》《体育皇后》《大路》《狼山喋血记》《联华交响曲》等十余部影片,成为20世纪30年代最受观众喜爱的女影星之一。刚进联华公司时,曾改名黎珂玲,在上海南洋高商女中"半工半读"。1932年到1933年间,《电声日报》举行了一次颇为轰动的电影明星评选活动,黎莉莉与胡蝶、阮玲玉、金焰、陈燕燕等共同当选为中国十大明星。抗日战争全面爆发后入中国电影制片厂,先后主演《塞上风云》《血溅樱花》《孤岛天堂》等影片。中华人民共和国成立后曾在北京电影制片厂任演员,参加拍摄了《智取华山》。1955年进入北京电影学院专修班学习,毕业后留校任教,从此淡出银幕。1991年获中国电影表演学会特别荣誉奖。

81. 李炳淑(1942—),安徽宿州人。京剧表演艺术家。14岁入安徽宿县京剧团学戏,后调入安徽蚌埠京剧团。1959年入上海市戏曲学校深造两年,曾得"梅派"传人言慧珠、杨畹农指导,后向魏莲芳、张君秋学艺。1961年毕业后担任上海戏曲学校京昆实验团主演。同年赴香港演出《杨门女将》,崭露头角。1970年后成为上海京剧团二团主要演员。1988年应联合国教科文组织邀请,举办"京剧艺术演讲会",受到与会者赞誉。艺术上宗法"梅派",又兼取"张派"(张君秋)之长,嗓音清亮甜润,唱腔委婉流畅,表演细致入微。擅演剧目有《白蛇传》《凤还巢》《杨门女将》《龙江颂》《审椅子》等。《审椅子》《白蛇传》《龙江颂》均摄成影片。1995年获第三届中国"金唱片奖"。

82. 李承仙(1924—2003),祖籍江西临江,生于上海。敦煌学研究与保护专家。1942年毕业于广西省立艺术师资高级班。1943年入重庆国立艺专西画系,毕业后在成都省立艺专担任助教。1947年与常书鸿结婚,任国立敦煌艺术研究所助理研究员,在敦煌临摹北魏至元代的壁画共340余平方米,协助常书鸿进行洞窟编号、等级分类,编辑大型画册120本。撰写了《敦煌菩萨》《西域佛教艺术》等书。1982年调入国家文物局任研究员。曾任中国敦煌、吐鲁番学会顾问,常书鸿艺术研究筹备会主任委员。1988年退休后,继续致力于敦煌艺术的研究和创作。1996年常书鸿逝世后,与儿子常嘉煌在敦煌西千佛洞旁的党河古河床岩壁上开凿出一座现代石窟,复制被掠走的敦煌文物。其作品曾赴捷克、印度、波兰、缅甸、日本、法国等国家参展。与常书鸿合作的《飞天》《玄中寺》系列组画在日本获得极高评价。

83. 李娥英(1926—),江苏吴县(今并入江苏苏州)人。工艺美术家、苏绣艺术家。高级工艺美术师,中国工艺美术大师。曾任苏州刺绣研究所针法室副主任、苏州刺绣研究所副总工艺师、中国苏绣艺术博物馆副馆长。1936年随母学习刺绣。1954年参加苏州市文联刺绣小组。1955年开始从事双面绣技法研究。参加以散套针绣制的第一幅双面绣《五彩牡丹》插屏获江苏省手工业联社颁发的一等奖。开发出《蘑菇云》《金鱼》《小猫》等一大批双面绣作品。作品多次参加国际博览会,并成为人民大会堂的主要陈列品。双面三异绣《松鼠葡萄》获第二届中国工艺美术“百花奖”金杯奖。双面绣《金鱼》获第 56 届国际波兹南博览会金牌奖。《普贤佛像》为中国工艺美术珍宝馆收藏。编著有《苏绣技法》《苏绣针法汇编》等。

84. **李谷一**(1944—),生于云南昆明。女高音歌唱家、戏曲表演艺术家。中国音乐家协会第五、第六届副主席,被称为“中国新民歌之母”。1959 年考入湖南艺术专科学校舞蹈专修科,毕业后赴湖南省花鼓戏剧院任演员。1964 年演唱花鼓戏《补锅》,获湖南省和中南五省戏剧汇演优秀奖,受到毛泽东、周恩来的亲切接见。1976 年为电影《南海长城》配唱主题曲《永远不能忘》。1980 年演唱中国内地第一首流行歌曲《乡恋》。1981 年至 1982 年,两次与美国纽约交响乐指挥家吉尔伯合作,演唱交响乐组曲,其中《三江组曲》获原文化部二等奖。1984 年至 1985 年参加大型音乐舞蹈史诗《中国革命之歌》的演出和电影拍摄,获原文化部表演一等奖。1989 年获首届“金唱片奖”。1991 年获原文化部“优秀演员奖”“新曲目优秀奖”。1996 年获美国 ABI 协会颁发的“世界艺术家成就奖”金奖。1999 年获 CCTV-MTV(中国中央电视台与美国 MTV 电视台)颁发的终身成就奖。代表作品有《乡恋》《妹妹找哥泪花流》《知音》《难忘今宵》等。2018 年被党中央国务院授予改革先锋称号,荣获改革先锋奖章。

85. **李慧芳**(1923—2011),原名李淑棠,北京人。京剧表演艺术家。1930 年开始从艺生涯。1931 年随李玉龙、宋继亭学老生。1935 年登台,久演于上海、南京等地舞台,以宽广的戏路与精湛的演技声名鹊起、誉满江南。1941 年在上海大舞台与林树森、张翼鹏同台演出《三门街》《西游记》等连台本戏。1943 年曾与刘琼合演话剧《长恨歌》。1946 年经周信芳建议,改演旦角,并拜程玉菁、赵桐珊为师,兼工青衣与花旦。1950 年参加苏州开明京剧团任主演。1953 年参加华东区戏曲会演,主演《玉堂春》获演员二等奖。1955 年调入中国京剧院。1960 年调任梅兰芳京剧团,后改为北京京剧二团。1964 年在全国现代戏观摩会演中主演《洪湖赤卫队》,得到中央领导及观众的一致称赞。1979 年转入北京京剧院三团任主演,与李宗义、梅葆玖等长期合作。1985 年领衔在武汉、上海等地作专场演出,兼演老生、旦角两行。戏路广,不但精于旦角且能兼演老生、小生、老旦等行当,是难得的全才演员。擅演剧目有《吕布与貂蝉》《穆桂英》《蝴蝶杯》《白蛇传》《秦香莲》《宇宙锋》《战太平》《辕门斩子》《红鬃烈马》《李陵碑》《上天台》《洪湖赤卫队》《雪映古城》等。

86. 李兰英(1927—2016),北京人。摄影艺术家、记者。《中国画报》资深摄影记者。曾任国际新闻局干部,中国女摄影家协会常务副主席、中国华侨摄影学会执行委员、中国老摄影家协会理事等。《画家入画》《影艺结友情》先后获联合国教科文组织举办的国际影赛大奖及亚洲中心奖。《颐园烟雨》《青春》《旋律》《天鹅湖畔》《林黛玉》等数十幅作品,分别在国际、国内影赛中获一、二、三等奖。撰写的摄影理论专著《舞台摄影》,成为摄影专业广为通用的教材。

87. 李丽芳(1932—2002),生于北京。京剧表演艺术家、戏曲教育家。幼年曾师从新丽琴学花旦,16 岁登台演出,20 世纪 40 年代末已在京剧舞台颇具影响。1952 年加入中国人民解放军总政京剧团并担任主演,成为革命队伍中的文艺战士。后随团赴朝鲜,在炮火纷飞的战场上翻山越岭为志愿军演出。回国后,进入中国京剧院四团。1958 年为响应党的"支边"号召,赴西部组建宁夏京剧团。1967 年调入上海京剧院工作,在现代京剧《海港》中成功塑造了方海珍的艺术形象,以气韵生动的演唱和质朴精湛的表演,获得了社会各界的高度评价。主演剧目有《佘赛花》《穆桂英挂帅》《吕布与貂蝉》《花木兰》等。

88. 李丽娜(1963—),瑶族,广东连南人。舞蹈表演艺术家。中国民主促进会会员、广东省民间文艺家协会主席、中国民间文艺家协会副主席。创作了多部舞蹈作品,曾获省级和全国少数民族舞蹈大赛奖励,并参与组织策划了广东欢乐节、全国旅游酒店文艺调演、百越流金——庆祝澳门回归祖国 10 周年晚会、第九届全运会闭幕式、"百花迎春"演出、"春满花城"演出、广东省民间工艺精品晋京展览等大型文艺活动。担任过民族音乐剧《曲水流殇兰亭会》制作总监、广州国际潮剧文化节节目总监。

89. 李青萍(1911—2004),又名李瑗,原名赵毓贞、赵俊初,生于湖北江陵。美术家。曾任江陵县社会福利院名誉院长、中国美术家协会会员、江陵县第六届政协常委、副主席,湖北省第六届政协委员。先祖系马来半岛华侨,自幼随父学画。1926 年加入中国共产党组织的"妇女协会",此后继续参加中共地下工作。1931 年考入武昌艺术专科学校美术教育系。1932 年考入上海新华艺术专科学校。1936 年参加了由国民党宣传部长邵力子主办的"全国画坛名流作品展"。1937 年至 1942 年间任吉隆坡坤成女中艺术部主任,创作的多首儿歌被马来西亚英国教育部选作教材使用。其间拜当时沦为橡胶工的印度泼彩画家沙都那萨为师,学习泼彩画技艺。1943 年应邀赴日本东京、大阪、横滨等地举办画展。回国后在多地举办画展,以收入赈济贫民。1950 年到中央原文化部艺术改进局工作。1951 年调入北京人民美术出版社。后受不公正处分,仍坚持作画。1986 年在武汉琴台文化宫主办“李青萍西画展”，轰动了海内外。

90. 李秋君（1899—1973），名祖云，字秋君，别署欧湘馆主，祖籍浙江镇海，生于上海。美术家。先后担任中华民国教育部聘任的全国美术展览会审查委员，法国巴黎中华书画展览会、芝加哥博览会、西湖博览会等委员，任教于上海美术专科学校、新华艺术大学、中国文艺学院等院校。曾任中国美术家协会上海分会理事、上海中国画院画师、上海文史馆馆员。初随长兄习书作画，后师从女画家吴淑娟。1920 年因其兄与张大千为至交，与之相识并受指点。1948 年正式拜张大千为师，亦师亦友的情谊持续了半个多世纪。1928 年与王济远、潘玉良等人在沪创办艺苑绘画研究所。1929 年参加第一届全国美术展览。1934 年与冯文凤、陈小翠等人发起组织中国女子书画会，参与编纂《中国女子书画会展览会特刊》，并在冯文凤离开后负责主持会务，是书画会核心人物。1937 年担任上海支援十八集团军抗日后援会征募主任，曾得到朱德总司令颁发的奖状。著有《中国文学史》《欧湘馆诗草》《秋君画稿》等。

91. 李少红（1955— ），生于江苏苏州。影视导演艺术家。1978 年考入北京电影学院导演系。1982 年毕业后进入北京电影制片厂任导演。1988 年执导处女作《银蛇谋杀案》。1990 年导演的影片《血色清晨》获 1991 年上海影评协会十佳影评奖、台湾《中时晚报》优秀影片奖、第十四届法国南特三大洲电影节金球奖、第四十五届“柏林国际电影节”青年论坛奖。1992 年导演的《四十不惑》获第四十五届瑞士洛迦诺国际电影节最佳影评奖。1994 年执导的影片《红粉》获“柏林国际电影节”银熊奖、1995 年中国大学生电影节最佳导演奖、第二十七届印度国际电影节最佳影片奖金孔雀奖。1997 年导演电影《红西服》荣获 1998 年中国政府华表奖最佳影片奖、上海影评协会文汇电影最佳影评奖及最佳女演员奖等。2004 年导演《恋爱中的宝贝》获中国大学生电影节艺术创新奖。2005 年导演《生死劫》，2005 年印度喀拉拉邦国际电影节最高奖项金雀奖、2005 年美国翠贝卡国际电影节最佳故事片奖、获 2006 年美国迪伯伦电影节最佳故事片奖金胶片奖、2006 年意大利米兰亚非拉美电影节最佳影片奖等。还执导了多部颇具影响力的电视剧，如《大明宫词》（1998）荣获第十八届中国电视金鹰奖最佳电视剧奖、最佳摄影奖、最佳照明奖、最佳女演员奖及第二十一届飞天奖最佳电视剧奖、最佳美术奖。

92. 李圣和（1908—2001），名惠，字圣和，别号印沧老人，江苏扬州人。美术家、书法家、诗人。曾任江苏省第五届政协委员、中国书法家协会会员、中国美术家协会江苏分会会员、江苏省诗词协会会员、扬州诗词协会会员、扬州文联委员、扬州国画院美术师。书法家李鼎之女。从小受家学熏陶，自幼在父亲的教导下学习书法、绘画，并钻研古典文学，尤工诗词，有诗书画“三绝”和“扬州女才子”之称。书法上对“二王”及唐楷研习颇深，擅楷、隶、行草，小楷尤佳。1960 年扬州国画院建立，被调入，开始专业书画创作。师古人，师造化，又借鉴西洋，创作了大批工笔花鸟画，尤其擅长月季和琼花，人称“圣和月季”。曾为北京人民大会堂江苏厅创作大型国画。书画流传到十几个国家和地区，多次在国内外展出，多幅作品被全国各地美术馆、博物馆、纪念馆收藏，并为古城扬州名胜古迹撰写了大量诗词、楹联。著有《李圣和诗书画集》。

93. 李胜素（1966— ），河北柏乡人。国家京剧院梅派演员，工青衣、花衫。国家一级演员、全国政协委员、中国文联委员、中国戏剧家协会会员、原文化部青联委员。中国国家京剧院一团团长。曾任山西省政协委员、山西省青联委员，山西省京剧院京剧团团长。1987 年获全国青年京剧演员电视大赛优秀表演奖，1991 年获全国中青年京剧演员电视大赛最佳表演奖，1992 年参加全国京剧青年团队新剧目汇演，获优秀演员表演奖，1996 年获第十三届“戏剧梅花奖”，2001 年获全国京剧优秀青年演员评比展演荣誉奖。多次到国外出访，1997 年参加古巴第十四届“世界青年联欢节”，获得“杰出青年艺术家”称号。2004 年，作为中国京剧第一人，首次将美妙的京剧旋律唱响世界音乐之都——奥地利维也纳金色大厅。

94. 李世济（1933—2016），广东梅县人。京剧表演艺术家，中国国家京剧院一级演员。国家级非物质文化遗产代表性项目（京剧）代表性传承人。曾任第五、第六、第七、第八、第九届全国政协委员，第十届全国政协常委，中国文联副主席。工青衣，宗程派。自幼酷爱京剧，5 岁即登台表演。京剧程派艺术私淑传人中的杰出代表，对程派的唱腔、唱法进行了发展和改革，也被称为“新程派”。“世界青年联欢节”银质奖章获得者。

95. 李维康（1947— ），北京人。京剧表演艺术家。中国戏剧家协会会员，国家级非物质文化遗产代表性项目代表性传承人。曾任中国戏曲学院教授，第七届全国人大代表，第八、第九、第十、第十一届全国政协委员。首届中国“戏剧梅花奖”得主。梅兰芳金奖大赛金奖得主。1958 年入中国戏曲学校。1966 年毕业后分配到中国京剧院。师承华慧麟、李香匀，曾受京剧名家张君秋等指点。嗓音甜美透亮，在继承优秀传统成果的基础上，将梅、程、张等京剧流派的声腔艺术熔于一炉，借鉴曲艺和歌曲的演唱技巧，创造并形成了独特的艺术风格。

96. 李玉茹（1924—2008），原名李淑贞、雪莹，满族，北京人。京剧表演艺术家。剧作家曹禺的夫人。自幼随票友李墨香学老生。1932 年考入中华戏曲专科学校学青衣、后习花旦兼刀马旦，师从王瑶卿、程砚秋、于连泉（筱翠花）、郭际湘、律佩芳、吴富琴等名家，与侯玉兰、白玉薇、李玉芝并称中华戏曲专科学校“四块玉”。1950年在上海组建李玉茹剧团。功底深厚，师承严格，戏路宽广，表演细腻，塑造了一系列动人的舞台艺术形象。在京剧表演理论研究、京剧艺术教育、剧本文学创作等方面也颇有建树，被誉为京剧界少有的才女、奇才、全才。

97. 李正一(1929—)，辽宁安东人。舞蹈教育家。中国舞蹈家协会第五、第六届副主席。历任北京舞蹈学校教员、教研组长、科室主任，北京舞蹈学院副院长、院长，北京舞蹈学院学术委员会主任等职，为香港演艺学院荣誉院士。1951年入中央戏剧学院崔承喜舞蹈研究班，随崔承喜学习古典舞。是中国古典舞学科的创建者、中国舞蹈艺术专业教育的开拓者，培养了陈爱莲等一批知名古典舞表演艺术家。主编有《中国古典舞基训教学法》《中国古典舞身韵》《中国古典舞教学体系创建发展史》等著述，其中《中国古典舞身韵》获国家教委“国家优秀教学成果国家级二等奖”，原文化部第三届部属高等艺术院校“优秀教材一等奖”。2012年荣获中国舞蹈艺术终身成就奖。

98. 李竹玲(1968—)，陕西铜川人。工艺美术家、耀州瓷艺术家。中国陶瓷设计艺术大师、高级工艺美术师。任铜川耀州窑李家瓷坊有限公司总经理。生于陶瓷世家。1986年入陈炉陶瓷厂研究所工作。先后到陕西科技大学、苏州工艺美术学院装饰图案高级研修班、清华大学工艺美术大师高级研修班学习。步入瓷界近30年刀耕不辍。作品刀锋犀利圆活，线条活泼流畅，布局合理精当，画面层次分明，追求造型、装饰和釉色之间和谐的自然美。作品《耀州瓷刻花盘口纹瓶》《耀州瓷和和美美》分获2008年、2010年“天工艺苑·百花杯”中国工艺美术精品金奖，陶瓷《大吉大利》荣获联合国教科文组织国际陶艺学会2008年第四十三届国际陶艺展览“和谐奖”特别奖。2012年获得第六届“中国工艺美术大师”荣誉称号。作品《耀州瓷刻花贵妃瓶》《耀州瓷刻花菩提戏婴尊》被中国工艺美术馆收藏，《黑釉剔花画筒》《青釉天蚕瓶》等几十件作品获外观设计专利权，在对传统艺术的继承与创新方面也达到了一个新的高度。

99. 连丽如(1942—)，生于北京。满族。著名评书表演艺术家，中国煤矿文工团评书演员，国家一级演员，享受国务院政府特殊津贴。国家级非物质文化遗产北京评书代表性传承人，被评为2018“中国非遗年度人物”。1960年随父连阔如学艺，是连派评书的唯一继承人。1961年9月在天桥书馆登台演出了长篇评书《三国演义》并一炮打响，成为北京的第一位女评书演员，也是我国第一个说《三国演义》的女演员。从1993年至今，多次赴新加坡、马来西亚等国。新加坡国际广播电台播出其播讲的《红楼梦》同样受到听众的热烈欢迎。是第一个把评书艺术带到国外的艺术家,也是第一个尝试用评书来演播《红楼梦》的人。为了丰富和提高语言功力,她成为全国评书演员第一个朗诵小说的人。为广播电台、电视台录制的十几部长篇评书,播出后受到听众的热烈欢迎,被评为“优秀演播艺术家”。

100. 梁白波(1911—1970),祖籍广东中山,生于上海。美术家。20 世纪 30 年代优秀女漫画家,也是中国第一个油画艺术团体“决斓社”成员。曾在新华艺术专科学校和西湖艺术专科学校学过油画,后到菲律宾一所华侨中学教美术。1935 年回到上海,开始从事漫画、插图等创作。抗日战争全面爆发后,加入救亡漫画宣传队。插图具有鲜明的现代特质和东方女性细致轻盈的个人风貌,擅长通过心理描写把意识形态转化为图像。以现代构成手法为林徽因小说《风弱小姐别传》《虹彩膜炎》、殷夫诗集《孩儿塔》创作插图,寓理于情,别具一格。速写《叶浅予像》用笔简洁潇洒,极为传神生动。漫画《蜜蜂小姐》造型明洁简练,意趣妙生,创造出的“时髦女郎”形象,充分表现了当时现代女性的精神世界。创作的一些抗日漫画,以女性的视角和立场,摄取与妇女有关的题材,以唤起女同胞的抗日觉悟,如《到军队的厨房里去!》《妻子送夫上战场》等。漫画作品虽不多,但新颖别致,在 20 世纪 30 年代的漫画界中独树一帜,深受读者欢迎。

101. 梁树英(1919—1999),广西宾阳人。工艺美术家、壮锦艺术家。1926 年开始学绣,1935 年到忻城学习壮锦技术。1955 年参加壮锦生产小组,在吸收壮族民族工艺技术基础上,结合宾阳地域特点,形成了独具特色的宾阳壮锦。先后恢复了苗锦、侗锦、瑶锦等传统民族织锦产品 20 余种,并改革工艺,创造了沙发布、背包、围巾、床毯等新产品。1957 年织造的壮锦《各族人民团结起来》,获得各方人士好评。1958 年设计的《壮锦台布》被选送到北京人民大会堂广西厅陈列,同年为广西壮族自治区成立庆典而作的《四龙朝凤》,被收录《广西壮锦》(日文)一书。1964 年自行研制出半自动脚踏起经机,提高工效 5 倍,幅宽扩至 5.5 尺。1980 年又将机器改造为铁木结构,解决了宽幅织物的拼接问题,扩大了织锦适用范围。1983 年创作的《壮锦摆芯》获全国少数民族用品生产优秀产品奖。1984 年创作的《四燕团圆被面》《盘龙被面》获全国工艺美术“百花奖”,被收藏于中国工艺美术馆珍品厅,同年应邀赴日本交流技艺,被誉为壮锦织造的“国宝”。1988 年获第二届“中国工艺美术大师”荣誉称号。

102. 梁雪清(1890—?),广东顺德人。美术家。曾主编 20 世纪 30 年代颇有影响的艺术月刊《文华》画报,推介了很多女画家,如顾青瑶、周炼霞、张曼筠、翁元春、潘玉良、王静远、张倩英、曾奕、曾华锯等,对女性画家的重要观照在 20 世纪 30 年代的书刊中是空前的。擅长油画兼漫画与服装设计,20 世纪 20 年代就已蜚声画坛。油画作品《一·二八后的一日》用写实的手法,真实地记录了日寇侵略轰炸上海的罪行。作品注重笔触肌理的意味,如《午餐》《红衣白雪》等笔法灵动洒脱,色彩绚丽响亮,追求一种写意中的神韵,极为生动。

103. 廖向红(1956—),湖南常宁人。戏剧导演艺术家、教育家。先后在中央戏剧学院导演系获学士、硕士、博士学位。任中央戏剧学院教授、博士生导师,中央戏剧学院副院长,同时担任核心期刊《戏剧》主编,中国戏剧家协会、北京市戏剧家协会理事等,享受国务院政府特殊津贴。坚守戏剧教育、创作与科研第一线,先后发表《论导演艺术创作中再现与表现的有机融合》等学术论文,出版个人专著《音乐剧创作论》,导演了《列兵们》《远的云、近的云》《青春觉醒》《残酷的游戏》《安道尔》《爆玉米花》《秦王政》《滑稽鬼》《自选题》《特殊作业》《玉鸟“兵站”》《赤道雨》等话剧、儿童剧、歌剧和音乐剧作品。曾荣获“北京市青年骨干教师”称号、“北京市第五届哲学、社会科学研究优秀成果二等奖”、2008北京市教学成果(高等教育)一等奖、2010北京市级精品课程、第六届北京市高等学校教学名师奖、中国话剧艺术研究会“金狮导演奖”、原文化部优秀话剧艺术工作者等奖项。

104. 林岫(1945—),字频中、如意,号紫竹居士、颐阳书屋主人,生于浙江绍兴。诗人,书法家。擅作行草,亦涉各体,大都书写自作诗词题跋。1962年就读于南开大学中文系。1968年任大兴安岭林业局干部。1976年任原兵器工业部《科技情报》副主编。2000年任中国新闻学院教授、中国书法家协会第四届副主席。2004年任中国新闻学院教授、北京市书法家协会主席、中国书协第五届副主席等职。著作有《古文体知识及诗词创作》、《文学概论与艺术概说》(合作)、《古文写作》、《诗文散论》、《林岫汉俳诗选》等。主编过《中外文化辞典》(副主编)、《当代中日著名女书法家作品精选》、《汉俳首选集》、《当代书坛名家精品与技法》等。学术论文入选“1995年汉城国际书法艺术学术大会”、“1996年短诗文学国际研讨会”(泰国)、“第十六届世界诗人大会·诗歌文学研讨会”(日本)等。1984年以来,多次应邀赴日本、韩国、新加坡等国以及港澳台地区进行书法交流及讲学活动。作品除参加国内重大书法展外,还参加了1992年和2000年在东京举办的“日中代表书法家作品展”,1994年和1995年在韩国举办的“书艺月刊·百家墨作品”“国际书法交流展”,1999年在东京举办的“中国二十世纪书法大展”等重大国际书法展。

105. 林荫宇(1942—),天津人。戏剧导演教育家。中国戏剧家协会会员、欧美同学会留苏分会理事、中国儿童戏剧家协会理事(顾问)。1960年至1965年就读并毕业于北京中央戏剧学院导演系。1965年至1992年在北京中央戏剧学院导演系任教,先后任导演教研室副主任、导演系主任。1985 年至 1987 年于莫斯科苏联国立卢纳察尔斯基戏剧学院导演系及玛雅可夫斯基剧院进修。主要作品有话剧《捉刀人》《晚安啦,妈妈》《Tsou 伊底帕斯》,荒谬剧《椅子》《情人》《女仆》《大戏法》,歌剧《火鸟》,戏曲《远山》,儿童剧《海的女儿》等 30 余部。于国内外数十种报刊发表约 60 万字论文、创作札记、随笔、杂文等,著有《导演档案》等。多次获导演金奖、优秀导演奖、导演一等奖、政府文化奖、协会金狮奖。1992 年被国务院授予"对文化事业有特殊贡献专家"称号,编写的《舞台调度》获北京市高等院校电视教材一等奖。

106. 刘长瑜(1941—),祖籍江苏无锡,生于北京。京剧表演艺术家,国家一级演员。曾任中国国家京剧院副院长,第四、第八、第九、第十届全国人大代表,第六、七届全国政协委员。任国家京剧院艺术指导、国家京剧院艺术指导委员会主任、中国戏剧家协会副主席。9 岁考入中国戏曲学院,工花旦。曾先后向华慧麟、赵桐珊、雪艳琴、于连泉等学艺。1958 年拜荀慧生为师。先后在中国戏曲学校实验京剧团、中国京剧院任演员。《卖水》是其成名作,《春草闯堂》《红灯记》《红灯照》《燕燕》《玉树后庭花》等为独创剧目,同时善演很多传统戏。1992 年获中国唱片总公司颁发的"金唱片奖"。1993 年荣膺"梅兰芳金奖大赛"(旦角组)金奖,成为新时期京剧"八大名旦"之首。在 1994 年举办的"梅兰芳金奖大赛"中获金奖。

107. 刘兰芳(1944—),原名刘书琴,满族,辽宁辽阳人。评书表演艺术家,国家一级演员。曾任全国政协委员、中国文联副主席、中国曲艺家协会主席、中国文学艺术界联合会第十届荣誉委员,享受国务院政府特殊津贴。出身于东北大鼓艺人家庭。5 岁随母亲刘茹莲(东北大鼓艺人)、10 岁跟随二姨刘茹卿学唱东北大鼓。1958 年拜艺人杨丽环为师。又先后师从鼓曲艺人孙慧文、赵玉峰、盲人弦师阎春田等学唱。1961 年被鞍山曲艺团派往沈阳曲艺团,随霍树棠学习"奉派"东北大鼓。之后,广泛学习了以锦州宋修仁、陈青远为代表的"西城派"、以吉林为中心的"东城派"和以哈尔滨为中心的"江北派"大鼓艺术。1979 年先后在百余家电台播讲长篇评书《岳飞传》,轰动全国,影响海外。后编写播出《杨家将》《红楼梦》等 30 多部评书,曾出访苏联、朝鲜、泰国、土耳其、英国、日本、新加坡、澳大利亚、新西兰、美国、法国、爱尔兰等国家和港澳台地区,进行艺术交流活动。多次荣获国家级文艺大奖及"全国五一劳动奖章""全国三八红旗手"等称号。

108. 刘敏(1958—),安徽合肥人。舞蹈表演艺术家,国家一级演员。中国人民解放军专业技术少将军衔。任中国舞蹈家协会副主席、理事。曾获"德艺双馨"艺术家、"总政妇女先进个人"、全国城镇妇女"巾帼建功标兵"等荣誉称号。

1991 年享受国务院政府特殊津贴。1993 年举办个人独舞晚会,并总结习舞经历,提出“模仿 · 表现 · 忘我——舞蹈表演三个阶段”的艺术理论。1999 年调入解放军艺术学院舞蹈学院任副主任,曾主演《割不断的琴弦》《刑场上的婚礼》《昭君出塞》《无字碑》《祥林嫂》《喊春》《向天堂的蝴蝶》《黄河母亲》等独舞、双人舞和舞剧,塑造了一大批不同时代、性格各异的舞蹈人物形象。2008 年被评为全军“先进文艺工作者”。2009 年被中国舞蹈家协会授予中国舞蹈艺术“突出贡献舞蹈家”称号。是第八、第九、第十届全国政协委员,全国政协科、教、文、卫、体委员会委员,全国舞蹈家协会副主席,中国文联第七届全国委员会委员,全军艺术系列高级专业职务评审委员会委员。曾参加中央电视台春节联欢晚会和几十家电视台组织的文艺晚会的演出,如“中国革命之歌”“灯塔颂”“长城之歌”“青春的旋律”“回归颂”“爱我中华”“盛世华章”等。代表中国艺术家出访美国、加拿大、意大利、法国、德国、埃及、日本等 40 多个国家。

109. 刘苇(1901—1997),原名尤韵泉,江苏无锡人。美术家。曾任中国美术家协会会员、美协浙江分会理事、浙江图书馆学会理事、西泠印社画师、浙江省妇联执委、杭州市妇联副主任等职。1919 年毕业于无锡荣氏女校图画专修科。同年考入上海美术专科学校油画科,成为该校第一批女学生之一。1922 年毕业后先后在无锡荣氏女校、宁波中学、鄞县(今鄞州)女子师范等地任教。1928 年在宁波举办个人画展,之后在蔡元培协助下在上海西园举办个人画展并出版《尤韵泉画册》。由于丈夫不忠婚姻破裂,为逃避纠缠与迫害,随上海沦陷的难民逃亡,辗转武汉、长沙、贵州、重庆等地,改名刘苇,任教于重庆中学、社会教育学院艺术系美术专科等处。1944 年加入中国共产党,从事宣传工作,在重庆举办了“刘苇矿山农村速写展览”。1947 年与画家倪贻德结婚,共同在白区从事宣传工作。1949 年被任命为接管西湖艺专的军代表,出任杭州浙江美术学院国画系副主任兼管党组工作。“文革”结束后任美院图书馆馆长。1981 年离休后继续绘画。1985 年在浙江美术学院陈列馆和江苏省美术馆分别举办个人画展。

110. 刘晓庆(1955—),重庆涪陵人。影视表演艺术家,国家一级演员。中国作家协会会员、中国电影家协会会员,曾任第二、第三届中国电影表演艺术学会副会长。1973 年担任《南海长城》女主角,从此跃上银幕。1979 年凭《小花》崭露头角。同年因出演《瞧这一家子》获得第三届大众电影“百花奖”最佳配角奖。1987 年因饰演《芙蓉镇》“胡玉音”荣获第七届中国电影“金鸡奖”最佳女主角、第十届大众电影“百花奖”最佳女主角、第一届中国电影表演艺术学会金凤凰奖表演学会奖。1988 年凭借电影《原野》“花金子”一角获第十一届大众电影“百花奖”最佳女主角和第二届中国电影表演艺术学会金凤凰奖表演学会奖。1989 年凭借《春桃》荣膺第十二届大众电影“百花奖”最佳女主角,成为第一位蝉联三届“百花奖”影后的女演员。1991 年主演电影《大监李莲英》。1992 年因曾三次获百花影后而荣获第十三届大众电影“百花奖”特别奖,以 5 次获奖成为“百花奖”影史上获奖最多的女演员。

111. 刘兴珍(1935—),天津人。美术史学家。先后任中国艺术研究院研究员、中国汉画学会副会长、中国美术家协会会员。1958 年毕业于河北天津师范学院美术系,后留校任教。1960 年调任中国美术研究所工作,从事秦汉美术史及宋代绘画史研究工作。曾任国家重点科研项目 60 卷本《中国美术全集 · 秦汉雕塑》卷副主编,国家重点科研项目 12 卷本《中国美术史》编委、编辑部主任,《年表 · 索引》卷主编,全国艺术科学“九五”规划重大研究课题 14 卷《中华艺术通史》编委,“秦汉卷”主编。著有《中国的汉代画像石——武氏祠》《李嵩》《李唐》《中国古代雕塑图典》《中国雕塑》(1998 年更名《锦绣中华 · 中华雕塑》)等。发表《汉代美术史年表》《汉代美术题材内容和艺术特点》《中国雕塑史话》《浙江海宁长安镇画像石》《论汉代画像艺术的继承与发展》《汉画像石刻漫谈》《简介陈哲敬先生收集古代佛像》《五台山佛教艺术》等论文数十篇。

112. 柳萍(1967—),宁夏隆德人。秦腔表演艺术家。中国戏剧二度“梅花奖”获得者。1977 年考入固原中等秦腔表演专科培训学校,专工小旦,兼工花旦和武旦。1982 年成为固原地区秦腔剧团专业演员。1984 年获宁夏首届中青年戏曲演员大奖赛一等奖。1986 年获西北 5 省区秦腔优秀中青年演员电视大奖赛二等奖。1991 年调入银川市秦腔剧团。2000 年获西安首届中国秦腔艺术节优秀表演奖。2002 年获第十九届中国“戏剧梅花奖”。2005 年在“中国秦腔四大名旦争霸赛”中折桂。2008 年获第四届中国秦腔艺术节大赛优秀表演奖。2010 年获第十三届文华表演奖。2013 年获中国戏剧二度“梅花奖”。2014 年担任宁夏回族自治区文化厅副厅长。2015 年当选第八届中国戏剧家协会副主席。

113. 陆莲莲(1957—),上海人。工艺美术家、首饰设计艺术家。老凤祥首饰研究所首席设计师兼设计室主任。出身于艺术世家,自幼受父亲影响,酷爱绘画。美术设计学院毕业后,进入老凤祥学习。20 世纪 70 年代,破格参与大型工艺摆件《龙舟》的制作。随后前往德国与意大利深造,将西方首饰制作技术和设计理念带回国,并“希望中国的设计能引领世界潮流”。1998 年在第三十五届戴比尔斯国际钻石首饰设计比赛中,设计的胸针兼丝巾扣《风的韵律》以亚太区优异作品进入总决赛,打破了我国在这项首饰设计界“奥斯卡金像奖”赛事中从未获选的纪录,被组委会称作“中国钻石首饰设计追赶世界水平迈出极其可贵的一步”。随后获第三十六届 De Beers 钻石首饰设计大赛优秀作品奖。金镶玉摆件《竹林听声》获第十一届中国工艺美术大师作品暨国际艺术精品博览会 2010 中国工艺美术精品奖金奖。2012 年获第六届“中国工艺美术大师”荣誉称号。从业 30 多年始终坚持原创精神,获各类海内外设计金银奖 50 多项,撰写专著、教材四部,发表论文数十篇。曾受聘于多所高校担任专业指导教授。

114. 陆小曼(1903—1965),名眉,亦字小眉,祖籍江苏常州,生于上海。美术家、书法家、作家。自幼随母亲吴曼华习画,书画俱精,还爱好文学戏剧,是天马剧艺社骨干。1920 年被北洋政府外交总长顾维钧聘用兼职担任外交翻译,逐渐名闻北京社交界,被推为名媛领袖,有“南唐北陆”之说。1922 年毕业于北京圣心学堂。1926 年与诗人徐志摩结婚。1928 年曾与徐志摩合作五幕剧本《卞昆冈》,引起很大反响。谙熟昆曲,曾出演《春香闹学》《思凡》《汾河湾》《贩马记》《玉堂春》等剧,在北京和上海引起关注。曾拜刘海粟为师,既学习中国传统绘画,又学习西方油画。还随贺天健学山水画,随汪星伯学诗。之后拜陈半丁为师学习花鸟画。喜临摹古人,擅长仕女、设色山水与花鸟画。1931 年徐志摩飞机失事去世,一度陷入毒瘾和贫困状态。振作起来后,整理发表徐志摩作品《爱眉小札》和《小曼日记》等书,1947 年出版《志摩日记》,其间撰写了大量序文、散文、诗歌、译作等。1934 年起成为中国女子书画会的发起者、组织者和积极参与者,多次参加相关展览。曾举办个人画展,参加上海美术协会展览和“全国美展优秀作品展”。还与人合作改编了列国志故事《河伯娶妇》,著有短篇小说集《皇家饭店》。晚年从事文字翻译,翻译意大利戏剧《海市蜃楼》《泰戈尔短篇小说选》、艾米丽—勃朗台的自传体小说《艾格妮丝·格雷》。1956 年在上海文史馆担任馆员。随后,加入农工民主党,并担任上海徐汇区支部委员。1958 年成为上海中国画院首批专职画师,同时加入上海美术家协会。1959 年始,任上海市人民政府参事室参事。同年获全国美术家协会“三八红旗手”称号。

115. 骆玉笙(1914—2002),出生在江南,自己不知道确切的出生地点。曾任第五、第六、第七、第八届全国政协委员,中国文联荣誉委员,中国曲艺家协会主席、名誉主席、天津市文联副主席。6 个月时被送给江湖艺人天津人骆彩武做养女,艺名“小彩舞”即由此而来。自 17 岁改唱京韵大鼓,1934 年拜韩永禄为师,学刘(宝全)派大鼓曲目。后兼采“少白(凤鸣)派”“白(云鹏)派”之长,形成“骆派”风格。早期以演唱悲曲见长。中华人民共和国成立后,1951 年参加天津曲艺团,改用本名骆玉笙。唱段以声情激越、昂扬向上著称,演唱的新编革命题材曲目《黄继光》

《光荣的航程》等获得赞誉。开拓了京韵大鼓艺术的新生面,达到了这一艺术形式的高峰。代表曲目有《剑阁闻铃》《丑末寅初》《红梅阁》《子期听琴》《和氏璧》及电视连续剧《四世同堂》主题歌《重整河山待后生》等。她还是一位优秀的曲艺改革家,与其弦师共同研究,在少白派的《击鼓骂曹》的基础上改单键击书鼓为双键击花盆鼓,可看性大大提升,后来成为代表作之一。

116. 马玉涛(1936—),山西保德人。女高音歌唱家,国家一级演员。原北京军区战友文工团艺术指导,第四届全国人大代表,中共十一大代表,第八、第九届全国政协委员,中国音乐家协会第三、第四届理事,表演艺术委员会委员,中国民族声乐学会理事。1950 年参加解放军绥远军区文工团任演员。1955 年调入原北京军区文工团担任独唱演员。1956 年加入中国共产党。1956 年至 1960 年三次到上海声乐研究所进修,师从林俊卿,曾向沈湘、郭淑珍、王福增、王昆、李桂兰、常香玉学习声乐、民歌和戏曲。1957 年参加苏联举办的第六届世界青年联欢会,在民族歌曲比赛中荣获金质奖。同年参加法国巴黎举行的大学生联欢节演出。1959 年参加奥地利举行的第七届"世界青年联欢节"。1964 年在音乐舞蹈史诗《东方红》中担任独唱、领唱,同年在全国独唱独奏会演中荣获优秀演员奖。1977 年出席中国共产党第十一次代表大会。同年赴罗马尼亚访问演出,任代表团团长。1979 年被评为"全国三八红旗手"。1990 年先后荣获中国"金唱片奖"、中国 40 年"广播金曲奖"及"歌曲首唱奖"。多次参加国家外事、国庆等重大演出活动,先后赴苏联、日本、法国、奥地利、匈牙利等国演出。歌声宽厚洪亮,共鸣丰满,感情细腻,声情并茂,善于演唱民族风格较强的创作歌曲,首唱《看见你们格外亲》《众手浇开幸福花》《英雄赞歌》等歌曲,曾为艺术片《红鹰》配唱全部唱段,为电影《槐树庄》《江山多娇》等配唱主题歌。参加组歌《红军不怕远征难》的演出和拍摄,拍有专题艺术片《故乡啊,故乡》《故乡行》等。

117. 麦丽丝(1956—),蒙古族,内蒙古呼和浩特人。影视导演艺术家。内蒙古电影制片厂编辑、导演,内蒙古自治区文联第八届主席团副主席。毕业于内蒙古师范大学中文系。曾在《重归锡尼河》《湘女萧萧》《危险的蜜月旅行》等影片中担任副导演。独立执导影片《哈罗,比基尼》。联合导演的影片有《骑士风云》《悲喜人生》《东归英雄传》《悲情布鲁克》《一代天骄成吉思汗》《天上草原》《跆拳道》等。其中,《东归英雄传》获第二届中国长春电影节优秀影片奖、第二届北京大学生电影节最佳观赏效果奖、1993 年广播电影电视部优秀故事片奖和最佳导演奖、第十四届中国电影"金鸡奖"评委会特别奖,《悲情布鲁克》获 1995 年中国"电影华表奖"最佳电影技术奖、西班牙国际电影节最佳视觉效果奖、东京国际电影节最佳视觉效果奖,《一代天骄成吉思汗》获第十八届中国电影"金鸡奖"最佳导演奖、1997 中国"电影华表奖"优秀故事片奖、第四届中国长春电影节最佳华语片金鹿奖和最佳导演奖、中宣部"五个一工程奖"、1998 年美国费城电影节大奖、美国"奥斯卡金像奖"电影节最佳外语片奖提名,《天上草原》获第八届中国"电影华表奖"优秀导演奖,入围威尼斯电影节数码电影展映单元。与丈夫塞夫一起,以炽热的民族情感精心创作,引起国内外电影界高度关注。

118. 茅威涛(1962—),浙江桐乡人。越剧表演艺术家。被誉为越剧小生第一人、当代越剧领军人物,唱腔被称为"茅腔"。曾任全国人大代表、中国戏剧家协会副主席。1978 年高中毕业后入桐乡越剧团,次年入浙江省艺术学校进修。1981 年入浙江省小百花越剧团,工小生,曾得到尹桂芳等名家亲自指点。扮相俊美表演细腻深刻,含蓄高雅,且能汲取京、昆、川等剧种表演手段,为己所用。1991 年任浙江小百花越剧团副团长,1999 年任团长至今。2015 年当选为第八届中国剧协副主席。3 次荣获中国最高戏剧奖"梅花奖",5 次获得中国原文化部文华表演奖。

119. 孟小冬(1907—1977),原名若兰,祖籍山东,生于上海。京剧表演艺术家。出身梨园世家,自幼随仇月祥学习老生戏。12 岁在无锡新世界剧院登台。19 岁到北平,拜陈秀华为师。1938 年正式拜京剧名家、余派老生开创者余叔岩为师,成为最受欢迎的京剧女须生。扮相威武、神气,唱腔端严厚重,被评价为"坤生略无雌声",被誉为"梨园冬皇"。中华人民共和国成立前移居香港,后在台湾定居,晚年在港台课业授徒,对台湾等地的京剧界产生了深远影响。

120. 孟玉松(1942—),河南汝州人。高级工程师,工艺美术家、汝瓷艺术家。为中国工艺美术大师,中国陶瓷艺术大师,国家级非物质遗产代表性传承人,享受国务院颁发的政府特殊津贴专家,中国古陶瓷学会会员,中国工艺美术大师协会理事,郑州大学客座教授,河南省"有突出贡献的陶瓷艺术大师"。1973 年开始从事汝瓷研究。1982 年担任原临汝县工艺美术汝瓷厂技术科科长,1986 年兼任总工程师。1983 年恢复汝瓷天蓝釉,获河南省科技成果奖。1988 年研制恢复汝瓷天青釉,使失传 800 多年的北宋汝瓷生产工艺得以全面恢复。1999 年作品《汝官窑三羊尊》和《汝官窑三足盘》获全国首届民间藏品展交会一等奖。同年作品《国泰民安》大花瓶被人民大会堂收藏。2001 年主持玉松古瓷厂研制的 13 件作品入选由国家文物局和故宫博物院联合举办的宋代五大名窑真品暨仿品展,其中《三足奁》《长径瓶》《莲花碗》《圆洗》被故宫博物院收藏。作品还分别于 2002 年获河南省民间工艺美术精品博览会金奖,2004 年获第四届中国工艺美术大师作品博览会优秀奖、河南省第四届民间工艺美术金鼎奖,2005 年获第十二届中国"工艺美术博览会”金奖,2006 年获全国陶瓷艺术大赛银奖。2018 年被授予第七届“中国工艺美术大师”荣誉称号。

121. 闵惠芬(1945—2014),江苏宜兴人。二胡演奏家,国家一级演员。曾任中国音乐家协会副主席,第四届全国人大代表,第五、第六、第七、第八、第九、第十届全国政协委员。8 岁随父亲、二胡演奏家闵季骞学习二胡。1956 年入南京市鼓楼区少年之家“红领巾艺术团”担任二胡独奏小演员,任该团管弦乐队指挥。1958 年入上海音乐学院附中专修二胡,师从二胡教育家王乙、陆修棠。1963 年获第四届上海之春音乐会全国二胡比赛一等奖。20 世纪 60 年代提出二胡声腔化演奏的演奏风格与方法。1975 年受邀于毛泽东同志,用二胡录制了《逍遥津》《斩黄袍》《卧龙吊孝》《连营寨》《哭灵牌》等,从此开始了对“器乐演奏声腔化”的探索。先后在中国艺术团、上海乐团、上海艺术团、上海民族乐团担任二胡独奏演员。曾获上海文学艺术奖、第十二届“上海之春”创作二等奖、首届中国“金唱片奖”、宝钢高雅艺术奖、“全国优秀文艺工作者”称号等。代表作品有《江河水》《长城随想》等。创作的二胡独奏曲《洪湖人民的心愿》《阳关三叠》《宝玉哭灵》等被列入高等音乐学院教材。

122. 莫德格玛(1941—),蒙古族,内蒙古乌兰察布盟右后旗人。舞蹈表演艺术家。1956 年考入内蒙古歌舞团。1962 调入东方歌舞团任独舞演员,后任民族舞蹈研究室主任。1964 年在音乐舞蹈史诗《东方红》中担任蒙古族舞蹈领舞。舞姿流畅,刚柔并济,表演风格热情质朴,代表作有《盅碗舞》《单鼓舞》《蓝蓝的天》《嘎达梅林夫人》《富饶的内蒙古》《边防雄鹰》等。1962 年《盅碗舞》在赫尔辛基获第八届“世界青年联欢节”金奖。1999 年《绿洲的微笑》获原文化部庆祝建国五十周年创作一等奖、2000 年在平壤获“四月之春”国际艺术节舞蹈比赛创作金奖。1981 年在内蒙古举办独舞晚会。先后在内蒙古和北京举办“蒙古舞蹈研究学习班”,创立蒙古舞蹈部位训练法,培养了大量少数民族舞蹈人才。

123. 潘虹(1954—),生于上海。影视表演艺术家。第九届中国电影家协会副主席。1979 年凭借《苦恼人的笑》一举成名。继而先后在《透过云层的霞光》《漩涡里的歌》《杜十娘》《人到中年》《寒夜》《末代皇后》《井》《顽主》《最后的贵族》《独身女人》《女人 · TAXI · 女人》《股疯》等影片中,塑造了妓女、皇后、知识分子等不同类型的艺术形象。1983 年在影片《人到中年》中成功地扮演了温顺谦让、勤于职守的悲剧人物——中年知识分子陆文婷,荣获第三届中国电影“金鸡奖”最佳女演员奖。1986 年被评为新时期十年最佳女演员。1987 年凭借影片《末代皇后》获大马士革国际电影节最佳女演员奖。1988 年在影片《井》中饰演“徐丽莎”,

获第八届“金鸡奖”最佳女主角奖和意大利陶尔米纳国际电影节最佳女演员奖，同年被日本电影界评为世界十大影星之一。曾获中国文学艺术界联合会“世纪之星”、对中国影坛有突出贡献的电影艺术家、中国电影百年优秀演员、第二届全国中青年德艺双馨文艺工作者等多项荣誉。表演质朴深沉，气质文静端庄，在多部影片中塑造的悲剧形象深入人心，被称为20世纪80年代的“悲剧女皇”。

124. 潘素（1915—1992），原名潘白琴，字慧素，祖籍江苏苏州，生于上海。美术家、书法家。曾任吉林艺术学院教授、北京中国画研究会理事、中国美术家协会会员、比较工笔重彩画会艺术顾问、北京中山书画社副社长、民革中央委员、中国和平统一促进会理事等。擅音律，精于琵琶和古琴。20岁时与收藏家张伯驹结婚。21岁正式拜师学画，初随朱德甫学花鸟、夏仁虎学诗词歌赋，后随汪孟舒学山水。1939年因临摹清代吴历的《雪山图》而成名。与名家张大千、齐白石等人多有笔墨交流。早年习花鸟，中年攻山水，晚年倾心于金碧青绿山水，尤爱雪景。新中国成立后，曾与何香凝合作，三次为抗美援朝作画义卖。1955年创作《漓江春晴》参加第二届全国美术作品展，得到周恩来赞赏。作品先后被作为国礼赠予英国首相撒切尔夫人、美国总统布什和日本天皇裕仁等。与张大千隔海补笔传馨，被誉为“双绝”的两幅芭蕉图，开创了海峡两岸画家携手合作的先河，传为佳话。

125. 庞左玉（1915—1969），又名昭，别署瑶草庐主，浙江绍兴人。美术家。曾任中国美术家协会及上海分会会员、上海中国画院画师。1934年毕业于中国艺术专科学校，后从马孟容、郑曼青学习花卉画，由学徐青滕、陈白阳入手，得收藏家庞莱臣指导，临摹了很多古画。擅画花卉、草虫，吸取清代画家恽寿平、华嵒的设色技法，风神秀雅，笔致工整。积极参与1934年成立的“中国女子书画会”活动，还参加了中国画会、中国画研究会等组织。

126. 裴艳玲（1947—　），河北肃宁人。京剧表演艺术家，国家一级演员。曾任第九届全国政协委员、中国文联副主席、中国戏剧家协会副主席、河北省戏剧家协会主席、河北省京剧院名誉院长、河南京剧院名誉院长、河北省京剧院裴艳玲剧团团长等职。自幼随父练功并师承李崇帅。5岁登台。9岁开始先后在乐陵、灵寿、束鹿京剧团挑梁。1960年入省河北梆子剧院，拜李少春、侯永奎、郭景春为师。嗓音高亢嘹亮，行腔似云流水，武功出众，表演出神，戏路宽广，文武皆备，唱、念、做、打俱佳。以《林冲夜奔》《南北和》《锺馗》《武松》等戏两次赢得中国“戏剧梅花奖”，在全国戏曲观摩演出中荣获“主演特别奖”。1987年主演的彩色电影故事片《人·鬼·情》分别在法国和巴西举办的国际电影节上获国际大奖。1996年获中国文联“跨世纪之星”称号，并到法国、新加坡等国以及中国香港、中国台湾地区进行演出和艺术交流,培养了苑瑞芳、郑标、谢涵等众多戏剧编演艺术家。

127. 钱美华(1927—2010),浙江宁海人。工艺美术家、景泰蓝艺术家。中国工艺美术大师、北京特级工艺大师、高级工艺美术师。曾任北京市珐琅厂第一任总工艺师、科技研究中心主持人。中华人民共和国培养的第一位大学毕业的珐琅工艺师,第一批国家级非物质文化遗产景泰蓝制作技艺传承人。1946 年入上海国立美专学习。1951 年毕业于中央美术学院华东分院实用美术系染织专业。次年攻读清华大学营建系工艺美术研究生,师从梁思成和林徽因,钻研景泰蓝工艺。1952 年应邀为亚太和平会议做会场展示和礼品设计,景泰蓝台灯是其中之一,郭沫若称“这是新中国第一份国礼”。1958 年调北京珐琅厂设计室任负责人,参加了人民大会堂北京厅的陈设设计,受到周恩来总理赞誉。1979 年主持设计的灯笼瓶等四种产品,被评为全国优秀产品。次年设计的“福寿吉连纹周器罍瓶”获全国工艺美术“百花奖”比赛金杯奖。2007 年入选首批国家级非物质文化遗产代表性项目代表性传承人。2008 年荣获中国工艺美术终身成就奖。设计的景泰蓝作品被国家命名为“钱氏景泰蓝”。著有《景泰蓝工艺品设计参考资料》《景泰蓝艺术的历代风格》《景泰蓝工艺品设计两点体会》《精工巧作的景泰蓝》等文章。参加编绘《青铜器造型与纹样》《景泰蓝图案》,主编《中国的纹样Ⅱ景泰蓝》并设计封面。

128. 乔佩娟(1932—),黑龙江齐齐哈尔人。女高音歌唱家、歌剧表演艺术家。国家一级演员。中国人民解放军少将军衔。1947 年入伍,曾为解放区齐齐哈尔文工团和中央戏剧学院歌剧团团员。1950 年进入中央戏剧学院歌剧系本科班学习,3 年后调入中国戏曲研究院。1954 年进入总政歌剧团,任演员队分队长。1960 年进入上海声乐研究所进修,1965 年成为中国音乐学院讲师。1970 年调回总政文工团,历任排演场干事、党支部副书记、团直总支部副书记,《万水千山》剧组领导小组成员、总支部副书记。1979 年至 1983 年历任总政歌舞团副政治委员兼合唱队政治委员、合唱队党支部书记、团党委委员、团政治委员、团党委书记。1989 年至 1992 年历任解放军艺术学院副院长、院党委副书记、政治委员、院党委书记。是中国音乐家协会会员、中国戏剧家协会会员、中国咽音学会常务理事。1995 年被中央军委授予中国人民解放军胜利功勋荣誉章。曾在歌剧《小二黑结婚》中扮演小芹,以清亮、甜润的歌喉和朴实细腻的表演获得好评。

129. 秦怡(1922—),上海人。影视、话剧表演艺术家。上海电影集团有限公司艺委会顾问、一级演员,第三、第四、第五届全国政协委员。荣获“全国五一劳动奖章”“全国优秀共产党员”等称号。1938 年加入中国电影制片厂担任话剧演员。1941 年成为中华剧艺社演员。1946 年主演影片《遥远的爱》,一举成名。中华人民共和国成立后任上海电影制片厂演员、演员剧团副团长。她坚持文艺为社会主义服务、以人民为中心的创作导向,主演了《铁道游击队》《青春之歌》《女篮五号》等30多部电影,塑造了多个脍炙人口的艺术形象。1983年凭借电视剧《上海屋檐下》中的出色表演,获得第一届大众电视金鹰奖优秀女演员奖。1995年获得中国电影世纪奖最佳女演员奖。荣获2004年上海市慈善之星、2005年国家有突出贡献电影艺术家称号。2008年获选第七届中国"十大女杰"。2009年获上海文艺家终身荣誉奖及第十八届金鸡百花电影节终身成就奖。

130. 丘堤(1906—1958),原名邱碧珍,字秀崑,福建霞浦人。美术家、教育家。中国油画艺术的奠基人之一。曾任全国美术工作者协会上海分会会员、全国美术协会会员。1925年考入上海美术专科学校,1928年毕业于第二届西画系,之后随兄长赴日本进修,受到后印象派的影响。1930年回国。1931年任上海美专研究员。1932年与画家庞薰琹结为伉俪,成为决澜社正式社员,是社内唯一一名女画家,1933年作品《花》获"决澜社奖"。抗日战争期间与家人寓居昆明,热情响应支援前方抗敌将士的号召,做了许多布娃娃参加义卖,这种娃娃也被画入其油画作品中。1949年与丈夫一起,参与了《大公报》拥护共产党的联名宣言以及宣传画绘制活动。1952年始,与丈夫专注于工艺美术教育。1953年调入中央美术学院实用工艺美术研究所,任高级研究员,主要进行服装研究和设计。曾任1956年新中国首届全国服装展的主要负责人。曾与郁风等人共同设计了一批将民族形式融合于现代风格的时装,设计图刊登于《美术》杂志,并发表了《谈谈服装的式样》一文。设计的舞蹈服装《采茶捕蝶》荣获全国优秀设计奖。

131. 裘兆明(1940—),浙江嵊州人。美术家。中国美术家协会会员、北京市女美术家联谊会常务理事、人民美术出版社编审。1964年毕业于中央美术学院,作品多次参加国内外美展并被多国收藏,多次获全国优秀编辑奖和优秀绘画奖。1995年作品《雾中傣家》在天安门长期展挂并收藏。1998年作品入选"1978—1998中国美术选集"(绘画卷)。1990年获国际儿童读物联盟荣誉奖及国际安徒生奖提名,并应邀赴美参加年会和领奖。1999年《爷爷家之二》获中国文联金彩奖牡丹杯优秀奖。1999年《富饶的边寨》获世界文化艺术研究中心第二届"世界华人艺术大奖"之国际荣誉金奖,并获"世界杰出华人艺术家"称号。出版《裘兆明画集》及多种儿童画册。

132. 瞿希贤(1919—2008),上海人。音乐作曲家。曾任中国音乐家协会第四届主席团副主席、中国音乐家协会儿童音乐学会名誉会长。自幼爱好音乐,1944年毕业于上海圣约翰大学英文系,1948年毕业于上海国立音专作曲系,曾任北平艺专音乐理论系讲师。中华人民共和国成立后先后在中央音乐学院音乐工作团、中央歌舞团、中央乐团从事作曲，主要涉及声乐领域，包括合唱、独唱、群众歌曲及儿童歌曲等。无伴奏合唱《牧歌》《红军根据地大合唱》在北京全国第一届音乐周首演。歌曲《全世界人民一条心》获第三届"世界青年联欢节"歌曲比赛一等奖。1964年合唱曲《全世界无产者联合起来》获全国群众歌曲一等奖。儿童歌曲《听妈妈讲那过去的事情》获全国第二次少年儿童文艺创作评奖音乐作品一等奖。先后为影片《青春之歌》《红旗谱》《元帅之死》《骆驼祥子》等配乐。

133. 任慧娴(1916—2003)，江苏丹阳人。工艺美术家、苏绣艺术家。中国美术家协会会员。1927年随婶母学艺。1933年入丹阳正则女子职业学校学习，师从吕凤子、杨守玉，毕业后留校任教。1952年任苏州刺绣学校教师。1953年作品《列宁在里拉兹夫》《列宁在讲台上》参加全国民间工艺美术展览。1957年《列宁接见农民代表》作为国礼赠送苏联。1958年任苏州刺绣研究所技术指导员、总工艺师。20世纪60年代在乱针绣的基础上大胆创新，研究出单色虚实和淡彩虚实乱针绣人像技法，对探索、发展虚实乱针绣、双面乱针绣、双面异样绣等新技法做出了重要贡献，并培养了一批优秀艺人。1966年与赵丽珠合绣的双面异色异像人物作品《王杰、刘英俊》，被视为苏州刺绣改革的新尝试。1979年《齐白石像》用40种色线表现老人专注的眼神，体现了娴熟的刺绣技巧与清丽流畅的风格，被视为肖像绣代表作。1980年《金丝猴与小花狗》获江苏省优秀作品奖。1982年与周巽先合作编写《乱针绣技法》一书。1983年乱针绣《小白狗》获全国国际旅游会议优秀作品奖。1986年《英王伊丽莎白二世像》作为国礼赠送英国女王。1988年获第二届"中国工艺美术大师"荣誉称号。

134. 阮玲玉(1910—1935)，原名阮凤根，祖籍广东香山，生于上海。影视表演艺术家。中国无声电影时期影星之一，代表中国无声电影时期表演艺术最高水平。1926年为自立谋生奉养母亲，考入上海明星影片公司，主演处女作《挂名夫妻》，从此踏入影坛。出演电影29部，但历经乱世战火，目前仅发现9部幸存。曾在《野草闲花》《三个摩登女性》《小玩意》《城市之夜》《人生》《归来》《再会吧，上海》《香雪海》《神女》《新女性》《国风》等一系列影片中担任主角，成功塑造了各种饱受苦难的中国妇女形象。1935年妇女节当日，服安眠药自尽，噩耗传来震惊电影界，各方唁电不可胜数，上海二十余万民众走上街头为其送葬，队伍绵延三里，鲁迅曾为此撰文《论人言可畏》。2010年被美国CNN评选为"史上最伟大的25位亚洲演员"之一。

135. 山翀(1969—)，浙江温州人。舞蹈表演艺术家，国家一级演员。1991

年毕业于北京舞蹈学院并分配到中国歌剧舞剧院工作。任中国舞蹈家协会副主席,中国戏剧家协会会员,中国歌剧舞剧院演员。1992 年在全国舞剧观摩比赛中获最佳表演奖。1994 年在天津歌舞剧院创作排演的舞剧《妈祖》中饰演女主角,同年参加了赴宁夏回族自治区慰问演出及中央心连心艺术团表演《木兰归》获"贺兰山奖"。1995 年在全国第三届独、双、三人舞比赛中表演独舞《桃花源梦》、双人舞《黄河》,获古典舞组二等奖。后随中央心连心慰问团赴西藏慰问演出,表演独舞《飞天》《木兰归》获珠穆朗玛奖。1997 年在舞剧《青春祭》中饰演女主角,荣获第十五届戏剧"梅花奖"。曾获全国舞剧比赛金奖,首届全国 CCTV 电视舞蹈大赛表演金奖、最受观众喜爱演员奖,第八届"文华表演奖",首届全国"荷花杯"舞蹈比赛金奖,第二届"荷花杯"舞剧、舞蹈诗比赛最佳女主角表演奖,第二届中国舞蹈节"最佳主演奖",首届国际"德尔斐"艺术大赛特别艺术成就奖等。2016 年当选中国文学艺术界联合会第十届全委会委员。主演的舞剧代表作品有《原野》《红楼梦》《青春祭》《菊夫人》《毕兹卡》《篱笆墙的影子》《山水谣》《妈祖》《干将与莫邪》《深圳故事》《大秦皇朝》《阿炳》《月上贺兰》《洛神》《梁祝》等,被誉为"中国舞剧皇后"。积极参加原文化部及北京市组织的各种公益演出活动,多次应邀赴美国、法国、意大利、日本等国家演出并进行文化交流,被原文化部评为"十大杰出青年"。

136. 单秀梅(1963—),回族,新疆乌鲁木齐人。工艺美术家、绣塑艺术家。自治区级非物质文化遗产代表性项目(布偶)代表性传承人。曾任中国工艺美术协会理事、中国民间文艺家协会理事、新疆民间文艺家协会理事、乌鲁木齐民间文艺家协会副主席。从 20 世纪 90 年代末至今,一直从事绣塑布偶创作。经反复试验、摸索,将立体手工艺缝制技艺与传统及现代服饰材料有机结合,创做作形象古朴、自然的新疆少数民族风情布艺人物。将这种刺绣与雕塑相结合的技法称为"绣塑工艺",将少数民族布艺人物注册"龟兹情"商标,并申请专利。2001 年获"泰王杯"自治区旅游纪念品设计大赛金奖。2002 年获全国首届旅游纪念品设计大赛金奖。2006 年获第五届"中国工艺美术大师"荣誉称号。同年作品《于阗情》《剃头匠》《十二木卡姆》被国家博物馆收藏。"龟兹情"现已成为新疆最具代表性的民间工艺品和旅游纪念品,也是历年乌鲁木齐对外经济贸易洽谈会的亮点。2017 年主持国家艺术基金资助项目"新疆绣塑布偶艺术创作人才培养",曾与其团队共同设计创作英雄史诗《玛纳斯》绣塑系列作品。

137. 邵九琳(1931—1999),黑龙江哈尔滨人。舞蹈表演艺术家。中国舞蹈家协会第五届副主席。1947 年参加东北民主联军政治部宣传队,开始革命文艺工作。1947 年至 1958 年先后在第四野战军歌舞团、政治部文工团、中南军区部队艺术学院、中南军区歌舞团、原广州军区战士歌舞团任舞蹈演员、教员、分队长。1958 年调入武汉歌舞剧院,历任教员、歌舞团团长、艺委会副主席等职。1980 年任湖北省舞蹈家协会主席。曾演出和执导《进军舞》《练兵舞》《丰收舞》《胜利腰鼓》《(朝鲜族)剑舞》《母亲的召唤》《打鼓舞》《柴郎与村女》《游击队员》《林中空地》《红色娘子军》《东方红》《白毛女》《沂蒙颂》《椰林怒火》等作品。发起举办了全国汉族民间舞研讨会,促进了民间舞蹈艺术研究,组织了湖北民间舞蹈收集、整理工作,推动了《中国民间舞蹈集成·湖北卷》出版。

138. 沈寿(1874—1921),原名云芝,后改名寿,字雪君,晚署雪宧,别号天香阁主,浙江吴兴人。工艺美术家、苏绣艺术家。16 岁其刺绣在苏州城乡已负盛名。1890 年在苏州创办同立绣校,创造出近 10 种新的针法。慈禧太后七十寿辰,绣“八仙上寿图”“无量寿佛”两幅寿屏进献。1904 年农工商部设立女子绣工科,任命余觉为总办,其为总教习,专门培养刺绣人才。是年赴日本考察美术学校教学。翌年在北京建校,设国文、图画、刺绣三课程。其所绣英女王维多利亚半身像,获世界万国博览会最优等奖。1910 年南京举办南洋劝业会,奉命负责审查绣品。辛亥革命后,赴天津创办自立女工传习所。1914 年应张謇之聘,先任南通女工传习所所长,后兼绣织局局长,教授刺绣技艺。所绣意大利皇帝、皇后像在意宫廷引起轰动,在太平洋万国巴拿马博览会上获金质大奖。著有《雪宧绣谱》一书,总结了 18 种刺绣基本针法。绣品《柳燕图》收藏于北京故宫博物院,花卉小屏被苏州市工艺研究收藏,《济公像》收藏于苏州博物馆。

139. 沈铁梅(1965—),重庆人。川剧表演艺术家,国家一级演员。国家级非物质文化遗产代表性项目(川剧)代表性传承人,被誉为“川剧皇后”。重庆市川剧院院长。先后当选民建中央常委、全国政协委员、原文化部部优专家、首批新世纪百千万人才工程国家级人选等。1985 年毕业于四川省川剧学校重庆班,后入中国戏曲学院研究生班学习,是川剧历史上第一个拥有戏曲表演研究生学位的艺术家。在川剧旦角演唱技巧的基础上,广泛采撷京昆等剧种的声韵,形成清丽、婉约的表演风格,并创造了川剧史上两个“第一”,即第一次举办川剧演员独唱音乐会,第一次用交响乐队伴奏演出川剧,开创了用西洋乐器为川剧传统戏伴奏的先河。享受国务院政府特殊津贴,先后 3 次获得中国“戏剧梅花奖”。

140. 盛婕(1917—2017),原名盛曙霞,祖籍江苏常州,生于上海。舞蹈教育家。中国舞蹈家协会第四届副主席。幼时曾在哈尔滨跟随俄侨尼娜学习芭蕾,参加进步文艺活动。1938 年入上海中法戏剧专科学校舞蹈班,系统学习舞蹈理论与实践,参加抗日慰问公演,表演独舞《心愿》、双人舞《伴侣》等。1941 年与吴晓邦、戴爱莲在重庆联合义演,被誉为"新舞蹈的先锋"。先后任教于重庆育才学校、广东艺术专科学校、延安鲁迅文艺学院,并参与创建东北大学舞蹈班。中华人民共和国成立后,历任北京青年艺术剧院舞蹈团副团长、中央戏剧学院舞蹈教研组民间舞组长、北京舞蹈学校教研组组长、中国舞蹈艺术研究会秘书长等职,致力于收集、整理、研究民间舞蹈与地方戏曲舞蹈,编写《中国民族民间舞蹈集成》等重要舞蹈著作。2009 年获中国舞蹈艺术终身成就奖。

141. 盛小云(1969—),江苏苏州人。苏州评弹艺术家。中国曲艺家协会副主席、江苏省文联副主席、省曲协主席、苏州市评弹团副团长、苏州评弹学校副校长。生于苏州评弹世家。1987 年在苏州戏曲博物馆正式投贴向评弹艺术家邢晏芝求教。1989 年弹唱的《新木兰辞》入选第二届中国艺术节。1993 年拜弹词表演艺术家蒋云仙为师,学唱《啼笑因缘》。嗓音甜润,运腔委婉自如,说唱俱佳,擅唱俞、丽、蒋等流派。多次赴美国、加拿大、法国、荷兰、新加坡和中国港澳台等地访问演出,获得赞誉。2004 年、2005 年分别在上海、杭州、苏州、台湾等地成功举办个人专场演出。2004 年获"第七届中国艺术节""文华奖"。代表作品有弹词开篇《姑苏水巷》《倾杯 · 石城春望》,长篇弹词《啼笑因缘》《游龙传》《白罗山》,中篇评弹《大脚皇后》《雷雨》等。被评为江苏省"有突出贡献的中青年专家"、德艺双馨文艺工作者、"先进工作者"等,荣获江苏省"五一劳动奖"章,享受国务院政府特殊津贴。

142. 石小梅(1949—),江苏苏州人。昆剧表演艺术家,国家一级演员。国家级非物质文化遗产代表性项目(昆曲)传承人,第五届中国"戏剧梅花奖"、联合国教科文组织和原文化部"长期潜心昆曲艺术成绩卓著的艺术家"称号获得者。1968 年毕业于江苏省戏曲学校,后入江苏省昆剧院演小生。1982 年拜沈传芷、周传瑛、俞振飞为师,在艺术上勇于追求探索,嗓音润、透、清、亮,吐字归韵考究,台风洒脱,表演细腻,有极强的舞台掌控力。2011 年成立石小梅昆曲工作室,致力于昆曲剧目的整理、挖掘及昆曲艺术的传承工作。

143. 舒巧(1933—),浙江慈溪人。舞蹈表演艺术家、舞剧编导艺术家。中国舞蹈家协会第五、第六届副主席。11 岁加入新安旅行团,从事进步文艺工作。1951 年至 1953 年在中央戏剧学校崔承喜舞蹈研究班学习,毕业后入上海歌剧院任舞剧团主要演员、编导。1974 年任上海歌舞团业务副团长。1986 年至 1994 年任香港舞蹈团艺术总监。舞蹈表演代表作品有《剑舞》(兼编舞)、《弓舞》(兼编舞)、《小刀会》(兼编舞)、《宝莲灯》、《牛郎织女》等,表演细腻、富有韵味。1957

年《剑舞》在莫斯科获第六届"世界青年联欢节"铜奖。1962年《弓舞》在赫尔辛基获第八届"世界青年联欢节"金奖。《小刀会》入选"中华民族二十世纪舞蹈经典"。舞剧编创代表作品有《奔月》《玉卿嫂》《黄土地》《胭脂扣》《青春祭》等。《玉卿嫂》入选"中华民族二十世纪舞蹈经典"提名。2012年获中国舞蹈艺术终身成就奖。

144. 斯琴塔日哈(1932—)，蒙古族，黑龙江大赉人。舞蹈表演艺术家、教育家。中国舞蹈家协会第六届副主席。1947年考入内蒙古军政大学文工团任舞蹈演员。1952年调入内蒙古歌舞团任演员、编导。1951年入中央戏剧学校崔承喜舞蹈研究班。1954年至1956年入北京舞蹈学校，先后师从吴晓邦、崔承喜及苏联舞蹈专家，系统学习芭蕾舞、中国古典舞、民族舞等，并以民间舞蹈家为师，在舞台上呈现出质朴豪爽、刚劲洒脱的蒙古族舞蹈风韵。1955年担任领舞的《鄂尔多斯》在华沙获第五届"世界青年联欢节"舞蹈比赛金奖。1962年编创的《盅碗舞》在赫尔辛基获第八届"世界青年联欢节"金奖。1980年编创的《春天来了》获中华人民共和国建国30周年献礼文艺演出创作二等奖，编创、表演的《筷子舞》获全国第一届舞蹈大赛优秀表演奖。1988年编写出《蒙古族舞蹈基本训练教程》，成为蒙古族民间舞蹈的经典教材。2012年获第二届中国舞蹈艺术终身成就奖。

145. 宋春丽(1951—)，生于河北冀县。国家一级演员、中国电影表演学会副会长。1964年参加中国人民解放军，先后任原广州军区战士歌舞团、话剧团演员。1977年毕业于北京电影学院表演进修班。1980年进入八一电影制片厂，从事电影表演工作。1988年因《便衣警察》荣获第八届电视飞天奖的最佳女配角奖，1989年因《鸳鸯楼》荣获中国电影表演艺术学会奖金凤凰奖，1992年因《风雨丽人》荣获第十三届电视飞天奖最佳女主角奖，1994年在电影《九香》中扮演一位普通农村妇女获得第十七届中国电影"金鸡奖"最佳女主角奖，1996年因《离开雷锋的日子》荣获第二十届"百花奖"最佳女配角奖、第四届长春电影节最佳女配角奖，2001年因《相伴永远》获得中国电影"金鸡奖"最佳女主角奖，2008年荣获全军电视剧金星奖"突出贡献奖"，2009年获得中国电视飞天奖"60年60人突出贡献奖"等。

146. 宋飞(1969—)，祖籍河北，生于天津。二胡演奏家，国家一级演员。中国音乐家协会副主席，中国戏曲学院副院长、教授、硕博研究生导师，精通胡琴、古琴、琵琶等十三种弦乐器，被誉为"民乐皇后"。7岁受其父、天津音乐学院教授、二胡演奏家宋国生的影响，开始接受艺术启蒙教育。1981年就读于天津音乐学院附中。1987年考入中国音乐学院器乐系，学习二胡和古琴，毕业后担任中央民族乐团二胡独奏演员。1998 年就读原文化部民族声乐、器乐研究生班，继续学习二胡和古琴。毕业后多次在国内、国际比赛中收获奖项。作为中国音乐家代表，多次在世界各地巡回演出，为中外音乐交流做出了重要贡献。1996 年和其他 8 个风华正茂的中国民乐女演奏家发起组建了“华韵九芳”小民乐团，专门从事民族音乐的推广、研究和演出工作。代表曲目有《二泉映月》《空山鸟语》《长城随想》等。

147. 宋菁（1958— ），浙江海宁人。工艺美术家、珠宝设计师。老凤祥名师创意中心宋菁工作室艺术总监。1973 年入上海工业中学学习首饰制作与设计。1976 年入老凤祥前身工艺二厂工作，师从周泉根、张京羊。1986 年赴中央工艺美术学院首饰讲习班进修，同年摆件《女娲补天》获中国工艺美术品“百花奖”一等奖。1987 年入上海首饰研究所工作，同年胸针《鸟窝的启示》于 2007 年入选“第五届中国工艺美术大师评审纪念邮册”。1989 年胸针《柠檬》获香港足金首饰设计比赛优胜奖。1990 年至 1999 年任《中国首饰》杂志编辑。1994 年戒指《痕》获“中国足金首饰设计比赛”戒指组冠军。1998 年套件《金花》《花环》分别获“98 闪亮金饰设计比赛”至尊闪亮奖与优秀表现奖，《岁岁平安》获上海首饰博览会一等奖。1999 年套件《柔情》获“千禧永恒金设计大赛”亚洲区荣誉大奖、第二届工艺美术精品博览会金奖。2002 年被国家劳动和社会保障部授予“全国技术能手”称号。2003 年被评为第五届上海市“学知识、学科学、学技术”状元。2004 年《柔情》被认定为第一批上海市工艺美术精品，现收藏于南非黄金博物馆，同年被授予“上海市工艺美术大师”称号。2007 年获第五届“中国工艺美术大师”称号，同年摆件《天地合一》获杭州“中国工艺美术大师作品及精品博览会”金奖、作品《猫蝶》被认定为第二批上海市工艺美术精品。

148. 孙多慈（1912—1975），安徽寿县人。美术家。1931 年就读于南京中央大学艺术系，师从徐悲鸿先生，大学毕业即由中华书局出版《孙多慈素描集》。1947 年在上海举办个人画展，肖像画最受人关注。除了油画上的造诣之外，国画的山水、人物、花卉、翎毛等也无不工妙，画鹅更号称台湾一绝。孙多慈将其准确的素描造型能力引入国画，开创国画写实一种新的生动的面貌。

149. 孙丽英（1964— ），满族，浙江杭州人。女高音歌唱家，国家一级演员。第九届全国人大代表、第十届全国政协委员、中国音乐家协会会员、全国青联委员。出身于梨园世家，自幼随父学戏。11 岁就能唱全本《红灯记》《杜鹃山》。15 岁考入浙江省艺校和浙江昆剧团。1978 年考入中国戏曲学院，师从京剧表演艺术家张君秋。1982 年入中央民族乐团担任独唱演员。1985 年考入中国音乐学院声乐系大专班进修，师从声乐教育家金铁霖。1987 年荣获第二届全国少数民族青年歌手比赛“银雀奖”。1988 年参加“第三届 CCTV 全国青年歌手电视大奖赛”荣获民歌组二等奖。1990 年应邀赴总政歌舞团参加《中国歌剧红色经典》片段演出，扮演了歌剧《白毛女》中的喜儿与《洪湖赤卫队》中的韩英。1992 年出演《党的儿女》荣获上海市戏剧“白玉兰奖”，后调入解放军总政歌剧团。1995 年再次考入中国音乐学院，随金铁霖教授攻读民族声乐硕士研究生。同年在小歌剧《克里木参军》中饰演阿娜尔汗荣获“文华表演奖”，在小歌剧《沙海中秋》中扮演女主角丹子，荣获全国小品大赛优秀表演奖。1996 年在音乐剧《芦花白 · 木棉红》中饰演女主角芦花，荣获全国歌剧观摩演出优秀表演奖。同年获全国歌唱孔繁森歌曲比赛一等奖。1997 年荣获第十四届戏剧表演“梅花奖”并荣获国家原文化部第七届“文华表演奖”。1998 年 MTV“你就是英雄”荣获全国音乐电视大奖赛金奖。1999 年因扮演轻歌剧《玉鸟“兵站”》中的女主角阿朵而荣获第七届全军文艺会演表演二等奖。常年活跃在全国、全军的艺术舞台上，录制了大量电影、电视剧主题歌。曾出访新加坡、日本、美国、德国、法国、中国香港、中国澳门等国家和地区，演出获得成功。

150. 孙晓云（1955— ），江苏南京人。书法家。中国书法家协会第七届主席团副主席。曾任江苏省美术馆馆长、江苏省文联副主席、兼任南京大学、苏州大学兼职教授、南京艺术学院书法教授等。作品曾获全国第二届中青年书法展一等奖、全国第三届中青年书法展优秀作品奖，全国第四届书法展三等奖，全国第五、第六、第七届书法展全国奖，全国首届行草书大展作品奖等。著有《书法有法》《中国美术馆当代名家系列作品集（书法卷孙晓云）》《孙晓云书法绘画》等。

151. 孙玉敏（1954— ），生于吉林四平。美术家。清华大学美术学院研究员、中国美术家协会会员、中国工笔画学会理事、北京女美艺术家联谊会会长。曾在四平市文化馆从事美术辅导工作。1977 年入鲁迅美术学院中国画系。毕业后到辽宁画院从事专业创作，为画院一级美术师。1989 年就学于中央美术学院中国画系。作品《天天向上》《春蚕》入选“第六届全国美术作品展览”。《银色的世界》入选“前进中的中国青年美术作品展”，并被中国美术馆收藏。《求》获“中国体育美术作品展览”三等奖。《静静的桦林》获“庆祝建军 60 周年美术作品展览”优秀作品奖。作品被中国美术馆、中国画研究院、加拿大水墨画研究会、国际奥委会等机构收藏，并被收录《中国美术全集 · 现代卷》《中国当代工笔画精品集》《中国当代女美术家作品集》《第八届“全国美展优秀作品展”获奖作品集》《1900—2000 百年中国画集》等画集。发表多篇论文，出版著作有《孙玉敏作品集》《埃及浮雕艺术》《中国古代人物线描丛书 · 魏晋时期人物线描摹本》《速写与创作》等。

152. 唐蕴玉（1906—1992），江苏吴江人。美术家。早年毕业于上海神州女子学校美术科西画专业，拜陈抱一、徐登(敦)谷、关良、王济远、李超士为师。毕业后曾在上海启秀女学执教美术。油画作品在1925年天马会第七届美术展览会、1926年元旦上海洋画联合展览会上展出。1927年东渡日本，向日本油画家石井柏亭、满谷国四郎等学习，作品曾入选东京展览会。同年归国，入朱屺瞻的画室从事创作。1928年在沪举办个人画展。同年与朱屺瞻、潘玉良等人创立艺苑绘画研究所。多幅作品入选1929年第一届"全国美展优秀作品展"。1930年考入法国国立巴黎美术学院，专攻油画。1931年与郑撰一结婚。作品先后入选巴黎的法国国家春季沙龙、秋季沙龙及杜而利沙龙。1940年归国后，先后在新华艺术专科学校和上海美术专科学校教授油画，同时致力创作。1946年在上海大新公司画厅举行第二次个人西画展，广受好评。此后淡出美术界，先后在上海向明中学、建春女子中学、长乐中学等校从事美术教育工作直至退休。1980年移居美国，迎来了绘画创作的第二春，积极参加美国南加州艺术协会及展览，洛城名家书画联展，洛杉矶华人艺术家雅集等艺术机构和活动。

153. 陶咏白(1937—)，江苏江阴人。美术史学家。曾任中国艺术研究院研究员、中国美术家协会会员、北京妇女理论研究会会员、"女性文化艺术学社"社长。20世纪80年代起研究中国油画史。20世纪90年代研究中国女性艺术，被史家认为是：在此两项研究领域中，都处于我国近现代史的"领先地位"，并具有"填补空白的学术价值"。1985年至1989年任《中国美术报》主任编辑。1999年被原文化部授为"巾帼建功标兵"。2003年由中国美术家协会授予"卓有成就的美术史论家"。2015年获"肖淑芳艺术家・特别奖"。著有《中国油画1700—1985》大型史册性画集、《画坛・一位女评论者的思考》、《失落的历史——中国女性绘画史》(合著)、《走出边缘——中国女性艺术的漫漫苦旅》等。发表过百余篇关于油画及作品的评论性文章。

154. 田华(1928—)，河北唐县人。影视表演艺术家。曾任第一、第二、第三届中国电影表演艺术学会副会长。1940年参加八路军晋察冀军区抗敌剧社，跟随剧社到各地进行宣传演出，在许多话剧中担任角色。1950年因在电影《白毛女》中扮演"喜儿"被观众所熟知。1958年在影片《党的女儿》中扮演李玉梅。1959年调入八一电影制片厂。1980年主演电影《法庭内外》，凭借此片荣获第一届中国电影"金鸡奖"最佳女主角提名。2009年获第十二届中国电影表演艺术学会金凤凰奖终身成就奖。2010年获第三十届大众电影"百花奖"终身成就奖。塑造的众多电影人物形象，个性鲜明，感情逼真，是中国电影史上颇具辉煌成就的艺术家。

155. 汪寅仙(1943—)，江苏宜兴人。工艺美术家、紫砂艺术家。首批国家级非物质文化遗产代表性项目(紫砂技艺)代表性传承人、中国工艺美术学会会员。生于陶瓷世家。1956年考入宜兴紫砂工艺厂,师从吴云根。1958年任技术辅导,师从朱可心。1959年随朱可心仿制《圣思桃杯》,作为国家艺术珍品送往苏联及东欧各国展出。1973年入紫砂厂研究所,得益于裴石民、王寅春、蒋蓉、顾景舟等名师指导。1974年作品《紫砂葡萄杯》作为国礼赠予日本。1975年入中央工艺美术学院进修,结业作品《九头冬梅茶具》被故宫博物院收藏。1982年任紫砂工艺厂研究所副所长。1988年与张守智合创《曲壶》获1990年全国陶瓷设计评比一等奖、国际精品大赛一等奖。同年获江苏省"有突出贡献的中青年专家"称号。1989年晋升高级工艺美术师,任副总工程师,获"全国劳动模范""全国三八红旗手"称号。1993年获第三届"中国工艺美术大师"荣誉称号。1994年当选江苏省人大代表。1997年出版《汪寅仙紫砂作品集》。2001年在北京中国工艺美术珍宝馆举办了"汪寅仙紫砂艺术展"。2003年获"中国陶瓷艺术大师"称号。2007年被授予中国民间文化杰出传承人及国家首届非遗代表性传承人。2009年赴京参加"非物质文化遗产技艺展演"活动,同年出版了《中国工艺美术大师·汪寅仙卷》。

156. **王芳**(1963—　),江苏苏州人。昆剧表演艺术家,国家一级演员。国家级非物质文化遗产代表性项目(昆剧)代表性传承人,江苏省苏州昆剧院副院长,第十二、第二十二届中国"戏剧梅花奖""二度梅"获得者。曾任中国戏剧家协会理事、江苏省戏剧家协会副主席、苏州市戏剧家协会主席、苏州市文联副主席。1977年入江苏省苏昆剧团,随艺人庄再春、蒋玉芳、施雍容等学艺,以昆剧武戏《扈家庄》开蒙,饰演扈三娘。后又得到昆剧艺术家沈传芷、张继青等亲授,昆剧、苏剧兼能。工闺门旦、正旦、刀马旦。扮相俊美秀丽、唱腔委婉动听、表演精致细腻,是当今苏州昆、苏剧舞台上的代表性人物。

157. **王馥荔**(1949—　),祖籍天津,生于江苏徐州。影视、戏剧表演艺术家。中国电影表演艺术学会副会长、中国电影家协会理事。1967年毕业于江苏省戏曲学校,后到江苏省京剧团任演员。1973年赴八一电影制片厂拍摄《水上游击队》,初登荧幕。1975年因在电影《金光大道》中成功塑造了贤惠、善良的好嫂子形象而在影坛崭露头角。1980年出演影片《天云山传奇》。1984年凭借影片《咱们的牛百岁》获第七届大众电影"百花奖"最佳女配角奖。1985年在《日出》中出色地饰演了妓女翠喜,表现了这个堕入风尘的旧中国底层妇女性格的多面性,获第九届大众电影"百花奖"、第六届中国电影"金鸡奖"最佳女配角奖。戏路宽广,善于表现不同阶层、不同个性的女性形象,是广大观众喜爱的演员之一。

158. **王合内**(Renéenickel,1912—2000),中国籍法国巴黎人。雕塑家。1927

年考入法国尼斯国立装饰美术学校雕塑专业。1933 年毕业于法国尼斯国立图案学校。1933 年至 1936 年在法国巴黎美术学院学习雕塑。1937 年初到中国。1949 年后受聘任中央美术学院雕塑系教授。1955 年加入中国国籍。中华人民共和国成立后任教于北平师范大学工艺系、中央美术学院雕塑系,历任教员、副教授、教授。代表作品有民族文化宫浮雕《东南少数民族》《向警予》《杨开慧》《维吾尔老农》《女生产队长》及动物雕塑《黑豹》《虎》《野牛》《鹿》《羊羔》《猫》等。作品多次参加"全国美展优秀作品展",并被中国美术馆收藏。

159. 王静远(1893—1970),本名王荷声,辽宁海城人。雕塑家。1901 年起先后入上海爱国女校、天津北洋女子师范学堂、北京留法俭学会预备学校学习。1913 年随留法俭学会第二批学员赴法。1921 年考入里昂中法大学美术学院雕塑系,毕业于里昂艺术学院雕塑系,是中国第一位女雕塑家。1928 年回国任杭州国立艺术院雕塑系教授。任教期间参与了由该院教师为基本队伍成立的全国性"艺术运动社"活动。先后参加了 1929 年第一次全国美术展览会、西湖博览会等重要展事,受到国内外美术界的瞩目与高度评价。1932 年受杨仲子院长函邀北上,就职于北平大学艺术学院。同年在中南海怀仁堂国立北平研究院陈列室举办王静远雕刻作品展览会,作品展出后,赠该馆辟专室作永久陈列,成为中国近代女雕塑家设置专室陈列作品之首例。1937 年"七七事变"后陈列室被毁。1934 年任新成立的北平艺术专科学校雕塑科主任。1946 年徐悲鸿接收、创办国立北平艺术专科学校时,她为北平市美术会理事、北平美术作家协会监事。中华人民共和国成立后,任中央美术学院教授。1956 年任中央美术学院雕塑工厂顾问。

160. 王克芬(1927—2018),重庆云阳人。舞蹈史学家。曾任中国艺术研究院舞蹈研究所研究员、博士生导师、敦煌研究院兼职研究员。1944 年加入重庆抗敌演剧宣传队任演员。1947 年入上海中国乐舞学院,随戴爱莲学习,之后入白俄舞蹈家苏柯尔基的芭蕾舞班学习。中华人民共和国成立后入民族歌舞团任舞蹈演员、编导。1956 年成为中国艺术研究院中国古代舞蹈史研究小组首批组员,跟随欧阳予倩、吴晓邦等开始舞蹈史研究,撰写编纂了《中国舞蹈史话》《中国舞蹈发展史》《中国舞蹈大辞典》《敦煌石窟全集·舞蹈卷》《唐代文化·乐舞章》《中国近现代当代舞蹈发展史》等著作。任《中国大百科全书·音乐舞蹈卷》古代舞分支副主编、《大辞海》分科(舞蹈)主编。作为中国舞蹈史学家,被收录中国、英国、美国、印度等多部《国际名人录》中。

161. 王昆(1925—2014),河北唐县人。女高音歌唱家、歌剧表演艺术家。中国歌坛民族唱法的开拓者与奠基者之一,新歌剧《白毛女》中主角喜儿的首演者。

曾任东方歌舞团艺委会主任、团长，中国文联第四届委员，中国音协第二、第三届理事，全国妇联第四届执委等。1937 年赴晋察冀边区参加革命，1939 年参加西北战地服务团开始舞台生涯。1944 年在延安鲁迅艺术学院学习。1945 年在歌剧《白毛女》的首场演出中扮演喜儿，大获成功。同年调入华北联大文工团任演员、华北大学三部艺术系任教员。其间参加过《兄妹开荒》《夫妻识字》《全家光荣》等歌剧演出。1949 年任中央戏剧学院实验歌剧团演员，曾为电影《白毛女》配音而荣获“金质奖章”。1954 年入天津音乐学院进修，1959 年入上海声乐研究所进修，1962 年调入东方歌舞团。1964 年参加大型舞蹈史诗《东方红》演出，演唱《农友歌》。1978 年任东方歌舞团团长，其间培养了朱明瑛、成方圆、李玲玉、陈俊华等演艺人才。1987 年荣获巴基斯坦总统授予的“卓越明星”勋章。1989 年荣获中国唱片总公司颁发的首届“金唱片奖”。在民间唱法的基础上，吸收西洋发声方法，发展了自己音色明朗、感情质朴、处理细腻的演唱风格，曾多次出国访问演出，受到各国听众欢迎。2005 年受聘于中国艺术研究院任硕士研究生导师，并荣获第五届“中国音乐金钟奖”终身成就奖。2010 年荣获第九届“造型表演艺术成就奖”。

162. 王苹(1916—1990)，原名王光珍，回族，生于江苏南京。影视、戏剧导演艺术家。中华人民共和国成立后第一个女电影导演，原八一电影制片厂副厂长、全国文联常委。1934 年毕业于南京中学高中师范科，与瞿白音等人组织业余磨风剧社。1935 年赴山西开展左翼戏剧活动，加入田方等组成的西北影业公司。抗日战争全面爆发后，参加抗日救亡演剧一队，在重庆、上海、香港、昆明等地演出了《春寒》《雾重庆》《家》《民族英雄》等剧。抗日战争胜利后回到上海，曾出演《一江春水向东流》《丽人行》《万家灯火》等影片。1952 年入八一电影制片厂。1953 年拍摄了大型军事教育片《河川进攻》《祁建华速成识字法》。1956 年与刘沛然合导了故事片《冲破黎明前的黑暗》，此后相继导演了《柳堡的故事》《永不消逝的电波》《江山多娇》《勐垅沙》《槐树庄》《霓虹灯下的哨兵》，音乐舞蹈史诗《东方红》《闪闪的红星》《红军不怕远征难》《我们是八路军》《中国革命之歌》。1963 年《槐树庄》获第二届“百花奖”最佳导演奖。《中国革命之歌》获第五届中国电影“金鸡奖”特别奖和原文化部 1985 年优秀影片奖。善于驾驭波澜壮阔、气势磅礴的历史题材。电影语言追求质朴、自然，洋溢着浓郁的抒情气息。

163. 王叔晖(1912—1985)，字郁芬，祖籍浙江绍兴，生于天津。美术家。15 岁开始随吴镜汀、吴光宇兄弟学画。后经吴光宇介绍进入中国画学研究会。1949 年参加工作，历任出版总署美术科员、新华书店总管理处美术室图案组组长、人民美术出版社连环画创作组组长、中国美术家协会第二、第三届理事。1949 年创作了连环画《木兰从军》和《孟姜女》。1953 年接受了创作《西厢记》的任务,完成一套 16 幅彩色连环画,于 1964 年获第一届全国连环画创作评奖一等奖。1957 年创作了 128 幅白描连环画《西厢记》。1979 年到 1980 年间创作了一套四枚特种邮票工笔重彩《西厢记》,1983 年发行后引起国内外关注,在英国《集邮周刊》等杂志上刊出,并获评为 1983 年的"最佳特种邮票"。同年在日本被评为"1983 年中国的最佳邮票"。其他连环画代表作品有《河伯娶妇》《墨子救宋》《梁山伯与祝英台》《孔雀东南飞》《生死牌》《杨门女将》等,受到群众普遍欢迎,许多作品发行量在百万册以上。退休后仍接受人民美术出版社的约稿,创作《红楼梦》人物画,未完病故。

164. 王素花(1935—),河南封丘人。工艺美术家、汴绣艺术家。国家级非物质文化遗产代表性项目代表性传承人,恢复汴绣的代表人物之一。自幼酷爱刺绣艺术。1957 年进入开封汴绣厂从事刺绣制作工作,先后担任刺绣车间主任、厂长等。此间从民间绣品中总结出 36 种针法。1959 年创新了汴绣针法,成功绣制首幅《清明上河图》,代表河南省向国庆十周年献礼并受到毛泽东同志的高度评价,后被国家博物馆收藏。1995 年被联合国教科文组织、中国民间艺术家协会联合授予"中国民间工艺美术家"称号。2003 年荣获"河南省工艺美术大师"称号。2005 年获"中国工艺美术终身成就奖"。2007 年被授予"中国民间文化杰出传承人"称号。2009 年被国务院命名为中国非物质文化遗产代表性项目(汴绣)代表性传承人。2017 年获评第七届"中国工艺美术大师"荣誉称号。主要作品有《百鸟朝凤图》《清明上河图》《百骏图》《韩熙载夜宴图》等。

165. 王霞(1936—2016),山东青岛人。美术家、教育家。南京师范大学美术学院副教授、中国民主同盟成员、中国美术家协会会员、江苏省油画学会理事。擅长油画肖像、花卉、风景和水粉装饰画、美术教育。1955 年考入中央美术学院油画系,1961 年毕业后在河南大学艺术系任教。毕业作品《海岛姑娘》被中国美术馆收藏,并编入《中国美术馆藏品选集》《中国现代美术全集》《中国油画全集》等。1978 年任南京市轻工业美术研究所工程师。1980 年调入南京工艺美术学校任校长。1984 年入南京师范大学美术系(现为美术学院)任教,并于南京举办第一次个人油画展。1998 年作为访问学者赴加拿大多伦多,在安大略 5 所大学讲座,于多伦多举办"王霞油画肖像展"。1994 年赴马来西亚怡宝市举办"王霞绘画展",并应邀为马来西亚最高元首吡叻苏丹殿下绘制肖像。2012 年于中国美术馆举办"王霞艺术展"。出版有《王霞油画》《王霞水彩画》《王霞画集》等。50 多幅画作被美国、日本、加拿大、马来西亚和新加坡等国美术馆和收藏家收藏。

166. 王晓棠(1934—),原籍江苏南京,生于河南开封。影视表演、导演艺术家，国家一级演员，八一电影制片厂原厂长，少将军衔。当选中共十四大代表、中国电影家协会副主席。自幼喜爱诗词和戏剧，抗日战争胜利后，考入杭州省立女中学习，课余学习京剧、昆曲，先后演出京剧《金玉奴》《打渔杀家》及于伶的话剧《长夜行》等作品。1952 年参加中国人民解放军总政文工团京剧团，曾演出《十三妹》《拾玉镯》等，荣立三等功。1954 年调总政话剧团任演员，1955 年应长春电影制片厂之邀扮演了《神秘的旅伴》中女主角小黎英，崭露头角，开始了银幕生涯。1958 年调入八一电影制片厂做演员，1988 年任八一电影制片厂副厂长，同年被授予大校军衔。1992 年起任厂长，后兼任党委书记。1993 年晋升少将。1958 年凭借主演的电影《边寨烽火》获得第十一届卡罗维·发利国际电影节青年演员奖。1963 年以绝对多数选票当选为《大众电影》"百花奖"最佳女演员。1975 年首执导筒，执导电影《大转折》。1979 年在病床上完成了电影文学剧本《翔》，并在 1982 年自导自演同名影片。策划、编导的故事影片《芬芳誓言》2001 年获得中宣部"五个一工程奖"、中国电影"金鸡奖"最佳编剧奖、中国电影"百花奖"最佳故事片奖。担任八一电影制片厂厂长期间，先后拍摄出《大转折》《大进军席卷大西南》《弹道无痕》和记录抗美援朝的《较量》等优秀军事题材影片。与吴晓铃、周殿福等合作完成了《电影演员语言初探》一书。是中国不可多得的全能电影表演艺术家，饰演的《英雄虎胆》中的阿兰、《海鹰》里的玉芬、《野火春风斗古城》里的金环、银环都成为那个年代深入人心的银幕形象。

167. 王小燕（1957— ），吉林长春人。舞蹈表演艺术家，国家一级演员。任中国舞蹈家协会副主席、理事，吉林省文联副主席、舞蹈家协会主席，吉林歌舞剧院集团有限公司副董事长兼艺术总监，第十二届全国政协委员。1974 年毕业于吉林省艺术学校，分配到吉林省歌舞剧院歌舞团工作。2005 年主演的舞剧《关东女人》获第五届中国舞蹈"荷花杯"大赛最佳主演奖和第五届中国舞蹈荷花奖。主要作品有舞蹈《追鱼》《大姑娘美》《找情郎》《福到满家》等。曾多次参加中央电视台春节晚会、中国文联"送欢乐下基层"等重要演出活动，多次荣获全国重要艺术比赛的奖项。多次代表国家赴加拿大、俄罗斯、日本、墨西哥、匈牙利等国进行演出和交流，深受观众好评。

168. 王瑶（1970— ），祖籍山东莱州，生于北京。摄影艺术家。任中国摄影家协会主席。5 岁学习摄影。1981 年拍摄的作品《穿着新制校服上学去》获"全国好新闻一等奖"。次年当选北京中学生通讯社社长。1992 年从中国人民大学新闻系毕业，先后任中国新闻社摄影记者、中国新闻社摄影部主任、新华社摄影部主任等职。作品富有历史感和人文内涵，以日常生活相貌记录当代中国的发展变化。

1992 年采访桂林空难,作品获“中国新闻奖”二等奖。1996 年赴美国亚特兰大采访奥运会,成为第一个采访奥运会的女记者。1998 年作品《特首董建华为香港回归首个赛马日开锣》获“中国新闻奖”二等奖,同年被评为“全国十佳摄影记者”,是首位获此殊荣的女记者。2000 年凭借《60 岁舞蹈家重返舞台》组照,荣获第四十三届“世界新闻摄影大赛”艺术类金奖。2002 年荣获第五届“范长江新闻奖”。

169. 王迎春(1942—),生于山西太原。美术家。中国美术家协会会员、国家一级美术师。1957 年考入西安美术学院附属中学,随后入西安美术学院,师从刘文西、陈光健等。1966 年毕业后在太原印刷厂从事美工工作。1978 年至 1980 年入中央美术学院国画系人物画研究生班深造,师从叶浅予、蒋兆和、李可染、李苦禅、刘凌沧等教授。1980 年毕业后参加中国画研究院筹建工作。1981 年至 2003 年任中国画研究院业务处长、创研部主任。代表作品有油画《文武之道,一张一弛——毛主席给晋绥日报编辑人员的谈话》、中国画《黄河在咆哮》《太行铁壁》《太行烽火》《慈母手中线》《同在春季》《被屈辱的女人》《金色的梦》等。1984 年与杨力舟合作国画《太行铁壁》获第六届“全国美展优秀作品展”金奖。1986 年与杨力舟合作连环画《小二黑结婚》获全国第三届“连环画创作评奖”二等奖。1989 年国画《金色的梦》获第七届“全国美展优秀作品展”铜奖。出版有《王迎春速写集》《王迎春画集》《王迎春画选》《当代中国美术家王迎春、杨力舟画传》《当代画史名家经典作品集・王迎春卷》《国家重大历史题材美术创作工程入选画家作品集(王迎春、杨力舟卷)》《春舟水墨世界》等。

170. 王玉珏(1937—),原名王淑贞,河北玉田人。美术家。广东画院院长、广东省美术家协会副主席,广州美术学院兼职教授,第八、第九届全国政协委员。1964 年从广州美术学院国画系毕业后留校任教。1972 年任广东省文艺创作室美术组创作员,作品《演出之前》《山村医生》被中国美术馆收藏,《学雷锋小组》入选“全国美展优秀作品展”,《烈焰燎原》入选庆祝建军 50 周年“全国美展优秀作品展”,《祖国》入选中国画研究院首届中国画展并被收藏,《果果》入选“全国美展优秀作品展”。1984 年《卖花姑娘》获第六届“全国美展优秀作品展”银奖,1987 年《冉冉》获第七届“全国美展优秀作品展”银奖,1985 年《淡淡的小花》在“阿尔及尔——世界文化荟萃”活动中获“造型艺术集体特别奖”(金牌奖)。出版有作品专辑和新作系列画册。

171. 王玉珍(1935—),湖北武汉人。歌剧表演艺术家,国家一级演员。中国音乐学院实验乐团独唱演员、中国音乐家协会会员。1949 年考入湖北省文工团,跟随剧团老师学习楚剧、舞蹈和声乐。后随团在汉江两岸农村接触和演唱了大量民歌民谣。曾演出小歌剧《夺佃》。在学排古典歌剧《秋江》《刘海砍樵》中担任主要角色,唱、做俱佳,充分展示了艺术表演才华。1950 年被安排演《小放牛》中的小男孩,表现出色。1959 年主演歌剧《洪湖赤卫队》中的韩英而名扬全国,塑造的女英雄韩英成为几代人记忆中的经典形象之一,演唱的《洪湖水,浪打浪》在神州大地传唱了半个世纪。1961 年该剧拍成电影并应邀到日本、中国香港等地访问演出,均获好评。1962 年《洪湖赤卫队》获中国第一届电影"百花奖"最佳音乐奖。1981 年调入中国音乐学院任教。1993 年《洪湖赤卫队》被评为"20 世纪华人音乐经典"。1999 年指导歌剧《洪湖赤卫队》复排公演演唱曲目除《洪湖赤卫队》等歌剧选曲外,还有《哪有空闲回娘家》《龙船调》《绣荷包》等,尤善演唱湖北民歌。

172. 危拱之(1905—1973),学名危玉辰,河南信阳人。参加革命后改名拱之。抗战初期在河南省委工作时化名林淑英、魏晨。曾创办高尔基学校,培养革命文艺工作者。是参加过长征的红军女战士之一。1924 年考入河南第一女子中学,受到进步思想的熏陶。1926 年 11 月加入中国共产主义青年团,1927 年考取黄埔军校武汉分校女生队,4 月转入中国共产党。土地革命战争时期,参加了广州起义和海陆丰地区的土地革命运动,任工农红军第四师党代表、《红军》杂志编辑。1929 年赴莫斯科中山大学学习。1931 年回国,任瑞金中央政府办公厅俱乐部主任,创办了高尔基学校,为革命培养文艺工作者。1934 年随中央红军参加长征。到达陕北后,任"人民抗日剧社"社长,作为"中国文艺协会"发起人之一,组织训练了几十个红军剧团,编写了大量"非常代表中国特性"的文艺作品,培养了一批文艺工作者。抗日战争时期,任河南省委秘书长。1938 年 5 月被派回信阳,参与建立国共两党合作抗日的武装——信阳挺进队,为开辟四望山抗日革命根据地做了大量工作。次年 9 月,任河南省委组织部长,当选中共七大代表。解放战争时期,任中共赤峰市委副书记、书记。1949 年 3 月,出席了中国妇女第一次全国代表大会。后因身体原因离开工作岗位。

173. 乌密风(1920—2004),浙江杭州人。美术家、教育家。中国工艺美术学科奠基人之一。曾任中国美术家协会会员、辽宁省工业设计协会名誉理事长、敦煌艺术研究所助理研究员、鲁迅美术学院副院长。1937 年毕业于杭州市行素女子中学毕业。1943 年毕业于国立杭州艺专,1954 年出版《敦煌藻井图案》一册。1959 年领导鲁迅美术学院工艺美术系师生为北京农业展览馆、北京火车站、中国美术馆等作装饰设计工作。1960 年领导鲁迅美术学院工艺美术系师生为人民大会堂辽宁厅作室内装饰设计。1961 年出版《花卉小集》一册。代表作品有《牡丹》《扁竹莲》《向日葵》《水仙》,被中国美术馆等收藏。出版有《敦煌图案》《乌密风画集》

《乌密风水彩精品集》《乌密风水彩画》等。

174. 吴青霞(1910—2008),名德舒,号龙城女史,别署篆香阁主,江苏常州人。美术家。曾任中国美术家协会会员、美协上海分会理事、中国国际文化交流中心理事、上海市文联委员、香山书画社社长、上海市政协顾问、民盟妇女工作委员会副主任、美国加利福尼亚大学洛杉矶分校客座教授、意大利欧洲学院院士。江南收藏家、鉴赏家、画家吴仲熙之女,自幼随父习画。12 岁时即曾绘制扇面参与赈灾义卖画展。1927 年毕业于常州女子师范,后在上海设立画室。1934 年与李秋君、陆小曼等组建中国女子书画会并任理事。1936 年获加拿大温哥华中国文化艺术展荣誉奖。1956 年曾参加芬兰赫尔辛基世界女子画展并获奖。同年被聘为上海中国画院一级画师。1979 年后分别在上海、常州、深圳、中国香港、纽约等地举办个人画展。1981 年为天安门作巨幅山水画《腾飞河海入云霄》。以工笔画入手,兼长人物、山水、花鸟、走兽,尤以画鱼及芦雁闻名于世,被誉为"鲤鱼吴""鱼王"。1982 年被聘为上海师范学院美术系教授。晚年仍活跃于各种文化艺术交流中。2001 年常州成立吴青霞艺术院,收藏与本人画作悉数捐出。

175. 吴淑娟(1853—1930),字杏芬,自号杏芬女士,晚号杏芬老人,安徽歙县人。美术家、诗人。其父吴鸿勋为曾国藩幕僚,后寓沪卖画,工画兰竹。自幼随父习画。1881 年以《百花图》声名大振。1910 年画作参加意大利罗马国际博览会,被意大利皇后重金购下,收藏于宫中。1915 年集百余幅精品印刷为珂罗版豪华本画册,中外报纸连发专评,誉之为"近世空前的手笔"。热心社会公益,为 1917 年世界大战和 1920 年中南地区大火,曾捐画义卖。1919 年成立的天马会国粹画系审查员选举中,以仅次于王一亭的高票当选。在画坛上与男性画家地位相等,往来较多,在海上闺秀画家中,是资格最老、地位最高、名声最著的一位。画风老辣,技巧娴熟,题材多样,山水、花鸟、鱼虫、人物皆精。在诗词创作上也有造诣,著有《杏芬老人遗集》。

176. 吴素秋(1922—2016),山东烟台人。京剧表演艺术家。自幼拜尚小云为师,认荀慧生为义父,承袭"尚""荀"两派艺术。9 岁入中华戏曲学校,师从王瑶卿学青衣、花旦戏。13 岁挑班演出。1938 年起自组京剧松竹社。经博学广纳,融会贯通,对京剧表演艺术有所变革。从女性特点出发,在演唱方面再做处理,形成了自己独特的艺术风格,达到了"似与不似"的境界。演出的《十三妹》《红娘》既不失两派风貌,又有自身特色,被称为"吴派"。

177. 吴通英(1951—),苗族,贵州台江人。工艺美术家、苗绣艺术家。中国艺术研究院民间艺术创作研究员、国家级非物质文化遗产代表性项目(苗绣)代表性传承人、中国工艺美术家协会理事、中国工艺美术家学会刺绣艺术专业委员会常务理事、贵州省工艺美术家协会副会长。5岁开始学习绣花剪纸,师从母亲、外婆、奶奶以及邻亲等。1988年在北京中国历史博物馆举办“贵州苗族风情展”。1989年作品《牛龙初露》和《鹡宇》获全国剪纸作品大赛优秀奖。1990年至2011年,在家乡和贵阳分别创办苗绣坊和苗绣工作室,培养苗族妇女学绣。1993年在中国美术馆举办个人苗族民间刺绣剪纸艺术作品展。1995年在中国历史博物馆为第四届世界妇女代表大会举办苗绣作品表演展。曾先后到意大利、美国等国家参加“中国传统技艺荟萃展”。2007年获“省级非遗苗绣代表性传承人”称号。2008年特聘为国家知识产权局“中国知识产权文化大使”。2011年获贵州省第一届“工艺美术大师”称号。2012年获评第六届“中国工艺美术大师”。代表作品有剪纸《飞鱼龙纹》,苗绣盛装《九宝服》,绣品《金银妈妈》《开天辟地》《铸日造月》《姜央》《蚕龙》《蜘蛛龙》《麒麟龙》等。

178. 奚静之(1935—),江苏常州人。美术史学家。1960年起在中央工艺美术学院(现为清华大学美术学院)任教,筹建该院美术史论系并任系主任(1983年至1996年)、教授、博士生导师。曾任中国大百科全书美术分卷编委,俄、苏、东欧美术主编,享受国务院政府特殊津贴。1995年因《俄罗斯苏联美术史》(1990年版)一书获俄罗斯艺术科学院授予外国学者的“学术成果及文化交流贡献奖”。1999年被聘为俄国圣彼得堡列宾美术学院名誉教授,同年获俄罗斯原文化部普希金奖章。著有《俄罗斯苏联美术史》、《俄国巡回展览画派》、《列宾》、《俄罗斯美术史话》、《远方的白桦林——俄罗斯艺术散论》、《俄罗斯、东欧美术史》、《俄罗斯美术16讲》、《欧洲绘画史》(合著)、《奚静之文集》等,发表过有关俄罗斯及西方美术文章多篇,多次到俄罗斯、澳大利亚、日本及中国香港、中国台湾等地讲学。

179. 奚美娟(1955—),上海人。影视表演艺术家,国家一级演员。中国文联副主席、中国电影家协会副主席。1976年毕业于上海戏剧学院表演系,入上海人民艺术剧院任演员。1990年参演电影《假女真情》,获第十一届中国电影“金鸡奖”最佳女主角奖。1992年在影片《蒋筑英》中饰蒋筑英夫人,表演真实自然,获1993年首届北京大学生电影节最佳女演员奖、组委会特别奖,1992年广播电影电视部最佳故事片奖、最佳女演员奖。1995年出演影片《混在北京》,获第十九届大众电影“百花奖”最佳故事片奖。1997年凭借影片《一棵树》获第十二届塔什干国际电影节最佳女演员奖、第六届中国电影表演艺术学会奖。2000年主演影片《月圆今宵》,获中国电影“华表奖”优秀故事片奖、优秀女演员奖。2002年出演《法官妈妈》获第九届北京大学生电影节评委会特别奖、第八届中国电影“华表奖”优秀故事片奖、第二十五届大众电影“百花奖”最佳故事片奖。表演展现平民意识,通过自身丰富的艺术造诣和成熟的表现力,刻画出了许多不同身份的动人女性形象,深受广大观众喜爱。

180. 夏菊花(1937—),原姓徐,安徽潜山人。杂技表演艺术家,国家一级演员。中华人民共和国第一代杂技表演艺术家。历任武汉市文化局局长,中国杂技艺术家协会主席,中国文联副主席,第三届至十一届全国人民代表大会代表,第四、第五届全国人大常委,中国文学艺术界联合会第十届荣誉委员。创作并首演了“顶碗”“柔术”等节目,其中“顶碗”获第六届“世界青年联欢节”金质奖章,在杂技界有“顶碗皇后”“杂技女皇”的美称。曾先后 30 余次到 40 多个国家演出,又有“杂技外交家”之称。1937 年生于农村家庭。5 岁到马戏班谋生,后被送给戏班班主夏群作“押子”,从此改姓夏。6 岁开始舞台生涯。1949 年随马戏班由衡阳来到武汉。1951 年进“民众乐园”。1954 年、1956 年两次随武汉歌舞剧院赴朝鲜慰问演出。1956 年随中国艺术团赴西欧 8 国演出。1957 年加入中国共产党。1963 年被评为武汉市特等“先进工作者”。1965 年至 1966 年随中国杂技艺术团赴法国、意大利、瑞士 3 国访问演出,被法国《费加罗报》和《法兰西晚报》称为“顶碗皇后”。1966 年赴柬埔寨访问演出,被柬埔寨国家元首诺罗敦·西哈努克亲王授予“皇家一级艺术勋章”。曾获阿富汗国家独立勋章,两次被加拿大授予荣誉市民。1979 年被评为“全国三八红旗手”。2017 年入选第五批国家级非物质文化遗产代表性项目代表性传承人推荐名单。

181. 夏朋(1911—1936),原名姚馥,曾化名薏凡、姚薏,浙江杭县人。美术家、木刻艺术家。1928 年南西湖艺术院成立时为第一届学生,入雕塑系学习。1929 年成立的一八艺社是我国最初的革命美术团体,与胡一川系主要领导者和参与者。1930 年二人在上海“左联”举办的暑期文艺补习班学习,作为艺社代表参加了“左翼美术家联盟”成立大会。1931 年作品参加了上海一八艺社习作展览,在上海影响很大,得到鲁迅支持,出版了《一八艺社一九三一年习作展览会画册》。同年参加了何香凝等人领导的“救国济难书画展览会”。1932 年被学校以“左倾分子”为名开除学籍,后直接在美联和上海美专共青团领导下开展革命美术活动,担任涛空画会负责人。1933 年参加上海“援助东北义勇军木刻展览会”。同年转为中共正式党员,积极投身地下活动,分别于 1932 年、1933 年、1935 年三次被捕,1936 年死于狱中。擅长以木刻刀作画,风格受比利时画家麦绥莱勒影响,反映劳苦大众的生活和反抗精神,代表作为《清道夫》《早市》《四等车》等。中国美术学院为缅怀烈士的光辉业绩,专门设有“夏朋(姚馥)奖学金”。

182. 萧淑芳(1911—2005),广东中山人。美术家。曾任全国妇联第四届执委、中国美术家协会会员、中国民主同盟盟员、吴作人艺术馆馆长、吴作人国际美术基金会会长。1926 年入国立北平艺术专科学校习西画。1929 年毕业后到南京国立中央大学艺术系徐悲鸿工作室学习。30 年代在北平随汪慎生、陈少鹿、齐白石等先生学习中国画。1937 年到 1939 年间,赴瑞士、法国、英国游学,学习木刻、雕塑、油画等,并在瑞士和英国举办个人中国画展览,出版了《中国儿童游戏画册》。回国后,曾于 1947 年在上海举办过个人画展,后回北平定居,在国立北平艺术专科学校任教,1950 年任教于中央美术学院至退休,其间曾兼任中央工艺美术学院的水彩教学。1948 年与吴作人结婚。1952 年和 1953 年参与国家组织的炳灵寺石窟和麦积山石窟艺术勘察团。50 年代教授并创作大量水彩作品如《丁香花》《少先队员》等。60 年代教授并创作国画,70 年代与同辈艺术家吴作人、李苦禅、李可染等受国家委托承担国宾馆绘画和国礼绘画任务。集采众法,逐渐形成了独特的没骨写意花卉风格,第一个把花卉水彩写生的方式运用到了设色水墨画中,是中国花卉画革新的先行者,并达到极高造诣。

183. 萧淑娴(1905—1991),广东中山人。音乐作曲家。中央音乐学院教授,中国现代专业音乐教育开拓者萧友梅先生的侄女。1920 年到北京求学。1928 年国立女子大学音乐科钢琴专业毕业后在上海国立音乐学院任教。1930 年留学比利时布鲁塞尔皇家音乐院,学习钢琴、理论作曲,获多门课程奖。曾应邀赴美国伯克利加州大学讲学。1941 年创作管弦乐组曲《怀念祖国》,成为最早在欧洲乐坛上演出的中国作曲家的管弦乐作品之一。1950 年回国任教于中央音乐学院。1990 年中央音乐学院举办了萧淑娴教授作品音乐会。

184. 谢芳(1935—),原名谢怀复,湖北黄陂人。影视表演艺术家。1951 年加入中南文工团,后任武汉歌舞剧院歌剧演员。1959 年因在影片《青春之歌》中饰演林道静而一举成名。1963 年在影片《早春二月》中塑造了大革命时期的小知识分子陶岚的形象。1963 年起任北京电影制片厂演员。主演影片还有《舞台姐妹》《泪痕》《李清照》等、电视剧《女经理的一天》《最后一位市长》《舞台新姐妹》《灯火阑珊处》等。表演细腻含蓄,优雅大方,在艺术创造上一丝不苟,对人物心灵刻画质朴无华。擅长扮演知识分子形象,被称作“第一代知性女性的银幕代言人”。著有自传体艺术杂文《银幕内外》。《青春之歌》《早春二月》《舞台姐妹》被誉为经典三部曲。

185. 谢月眉(1906—1998),字卷若,江苏常州人。美术家。出身于诗书世家,善画花鸟,早年从恽南田、陈老莲花鸟入手,后上宗宋元工笔画法,所作工笔没骨写意花鸟画风工细、精微典丽、静美自然。1934 年参与发起中国女子书画会。1935 年参与上海妇女教育馆主办的妇女书画展览。1939 年、1942 年、1943 年与冯文凤、陈小翠、顾飞在上海举办了三次“四家书画展览”,社会反响热烈,深得好评。1939 年张大千在上海大新公司举办画展时,亦陈列其多幅作品。24 岁时所作《牡丹图》刊入中华书局 1931 年《当代名人画海》,《富贵图》为朵云轩收藏,受到名儒钱名山、画家张大千的赏识,在当时的上海画坛具有深远影响。后期淡出画坛。终身未嫁,长期随弟弟谢稚柳、陈佩秋夫妇寓居上海,辅助谢稚柳处理日常事务。

186. 新凤霞(1927—1998),原名杨淑敏,江苏苏州人。评剧表演艺术家。评剧“新派”创始人。历任北京实验评剧团团长、原解放军总政治部文工团评剧团副团长、中国评剧院演员。6 岁起学京剧,在咬字、演唱方面打下坚实基础。13 岁拜邓砚臣等为师改学评剧,工青衣、花旦。14 岁后即任主演。虚心学习各种唱法,博采各剧种表演之长,积累了丰富的演唱经验,在艺术上敢于创新,从新板式和新曲调上丰富了评剧的唱腔艺术,推动了整个评剧艺术的发展与进步,为评剧向大剧种的发展做出了前所未有的贡献。《花为媒》是其“新派艺术”的代表作品。该剧目还被拍成电影,在国内外引起了强烈反响。

187. 新艳秋(1910—2008),原名王兰芳,北京人。京剧表演艺术家。程派知名传人。早年学习梆子,后改学京剧,先后拜荣蝶仙、梅兰芳、王瑶卿为师。因酷爱程戏而专攻程派,属程砚秋私淑弟子。擅演《青霜剑》《鸳鸯冢》《春闺梦》《锁麟囊》等程派戏、《红线盗盒》《霸王别姬》等梅派戏。民国时被推为“四大坤旦”之一、“坤伶首席”。1949 年后先后在江苏省京剧团、江苏省戏曲学校从事演出和教学。晚年高龄登台演出,仍受到观众欢迎,在海内外引起轰动。

188. 许淑媖(1934—2011),满族,辽宁辽阳人。舞蹈理论家、教育家。1949 年入华北大学文艺学院戏剧系学习。1950 年入中央戏剧学院舞蹈团任舞蹈演员,表演中外民间舞蹈。1954 年入原文化部舞蹈教员训练班,系统学习中国各民族舞蹈。同年入北京舞蹈学校,1958 年至 1961 年任民间舞教研组组长,1980 年至 1984 年任中国民族舞教育系副主任。1987 年与同事将“元素教学”引入课堂,完成大学教材建设,形成 5 个民族 10 个地区民间舞教学框架。重视田野调查,深入中国 20 多个省份考察民俗民风,考证民间舞蹈产生的原境,以人类学的方法研究民族舞蹈的成因。带领中国民间舞蹈教学逐渐走向系统化、规范化、科学化,成为中国民族民间舞教学体系的主要创建者和学科带头人。

189. 薛春梅(1965—),江苏扬州人。工艺美术家、玉石雕刻艺术家。国家级非物质文化遗产代表性项目代表性传承人、全国首批玉石雕刻大师、江苏省“劳动模范”,享受国务院政府特殊津贴。任江苏省政协委员、扬州市人大常委会委员、中国扬州玉石料市场常务副总经理。从事扬州玉雕技艺创作研究30余年,融“南秀北雄”之长,形成“清新婉约、细腻隽秀”的个人艺术风格。1980年毕业于扬州玉器学校,后进入玉器厂工作。1993年作品山籽雕《观瀑图》获第一届香港玉器名家精品展一等奖。2002年白玉作品《百子瓶》获首届“天工奖”金奖。此后作品频获“天工奖”“神工奖”“百花奖”“西博会”等国内玉雕评比特等奖、金奖。2004年被中国宝玉石协会授予“中国玉雕大师”,2006年获第五届“中国工艺美术大师”荣誉称号。2009年至2010年连续两年荣获中国杭州西湖博览会玉雕设计、制作特等奖。代表作有《渔家乐》《人生如意,福泽千秋》《玉人何处教吹箫》《桃园问津》《清明上河图》《二十四桥》等。

190. 雪艳琴(1906—1986),原名黄咏霓,回族,山东济南人。京剧表演艺术家。中国第一批坤旦之一。8岁入北京学戏后即登台表演,扮相清秀端庄,嗓音宽亮醇厚,表演认真细腻,唱做念打俱佳。表演博采众长,唱念兼取王瑶卿及“四大名旦”的艺术特色,不拘一格,化为己用,长期受到观众欢迎。被时人选入“四大坤伶”,与京剧名家侯喜瑞、马连良齐名,被称为梨园“回族三杰”。除在京剧舞台上表演外,还与谭富英合拍过中国第一部整出戏曲影片全本《四郎探母》。

191. 严凤英(1930—1968),原名严鸿六,安徽桐城人。黄梅戏表演艺术家。中国黄梅戏的发展缔造者之一,中国黄梅戏传承发展重要的开拓者和贡献者。曾任安徽安庆市黄梅戏学院名誉院长、中国文联第三届委员、第四届全国政协委员。10岁时开始学唱黄梅调,后跟随严云高学戏,取艺名凤英。1952年在上海举行的第一次华东戏曲会演上,以黄梅戏传统小戏《打猪草》和折子戏《路遇》,赢得广泛好评。1954年在黄梅戏电影《天仙配》中饰演七仙女而扬名全国。在唱腔艺术和舞台表演上均取得了很高的艺术成就,被誉为“黄梅皇后”。

192. 严珊珊(1896—1951),原名淑姬、绛贞、诚意,祖籍广东南海,生于广州。影视表演艺术家。幼随父母迁居香港。在香港懿德师范学校读书时,与丈夫黎民伟相识。1911年独身一人北上投身革命军,后又参加北伐军女子救伤队。1914年在香港德辅道中孔圣会与黎民伟举行婚礼。同年丈夫通过好友罗永祥结识了美国人本杰明·布拉斯基(Benjamin Brasky),二人合作投拍了香港历史上第一部短故事片《庄子试妻》。在影片中,黎民伟反串扮演女主角,并推荐新婚妻子严淑姬出演一个角色,取艺名“严珊珊”披挂上阵,成为中国电影史上第一位女演员。之后又在电影《五女复仇》中饰演包氏这一配角。

193. 言慧珠(1919—1966),蒙古族,北京人。京剧表演艺术家。12岁学戏,师从程玉菁、赵绮霞学"程派"青衣,同时跟随阎岚秋、朱桂芳学武旦。年纪稍长即登台演出,擅演《六月雪》《玉堂春》等文戏、《演火棍》《扈家庄》等武戏。1939 年与其父言菊朋合作,组织春元社。1943 年拜京剧大师梅兰芳为师。扮相艳丽、亭亭玉立,嗓音清亮圆润,又文武兼擅,创造性地继承和开拓了梅派表演艺术,所演《贵妃醉酒》《木兰从军》《西施》《太真外传》等都带有鲜明的个人艺术特色。

194. 杨春华(1953—),祖籍浙江温州,生于南京。美术家、版画艺术家。为南京艺术学院美术学院教授,中国美术家协会版画艺委会委员。1976 年毕业于南京艺术学院美术系版画专业。1980 年毕业于中央美术学院版画系研究生班。1981 年至 1989 年曾在江苏无锡书画院任高级画师兼任副院长。1989 年调入南京艺术学院美术系任教,曾任系主任。主要教授版画专业水印木刻艺术。版画曾获第八届全国版画展优秀奖、第七届全国美术作品展银奖、第五届和第七届全国藏书票展一等奖,并参加中国台湾、意大利、法国等地国际版画双年展等。中国画曾获中国画学术精诚奖。代表作品由中国美术馆、江苏美术馆、上海展览馆、巴黎国立图书馆等海内外团体及私人收藏。

195. 杨春霞(1943—),祖籍浙江宁波,生于上海。京剧表演艺术家,国家一级演员。第十届全国政协委员,享有国务院政府特殊津贴。毕业于上海戏曲学校。初习昆曲,师从朱传茗、方传芸,后改学京剧,师承言慧珠、杨畹农。1961 年赴香港演出京剧《白蛇传》《杨门女将》等传统剧目,由于扮相俊美、唱功好,受到香港媒体的高度评价。1964 年随中国艺术团访问意大利、法国等西欧六国,主演剧目《拾玉镯》,深受欧洲观众欢迎。1971 年在革命现代京剧《杜鹃山》中主演女一号"党代表柯湘"。1988 年获第六届"戏剧梅花奖"。2018 年被评为第五批国家级非物质文化遗产代表性项目(京剧)代表性传承人。

196. 杨凤一(1962—),山东青岛人。昆剧表演艺术家,国家一级演员。国家级非物质文化遗产代表性项目(昆曲)代表性传承人、北方昆曲剧院院长、中国戏剧家协会副主席、北京戏剧家协会副主席。1973 年以优异成绩考入中国戏曲学院,师从李金鸿、荀令香、谢锐青等名家学习京剧刀马旦。1982 年毕业后入北方昆曲剧院,转行向侯玉山、马祥麟等学习昆曲。曾获中国"戏剧梅花奖"。创作剧目《红楼梦》(上下本)获第十二届中国艺术节文华大奖。2006 年在意大利佛罗伦萨获 2006 年度佛罗伦萨国际妇女奖,这是该奖项设立 15 年来首位中国女性获此殊荣。2015 年获"全国中青年德艺双馨文艺工作者"荣誉称号。

197. 杨丽坤(1942—2000),彝族,云南普洱人。舞蹈、影视表演艺术家。1954 年入云南省歌舞团当学员。1956 年在舞台上崭露头角,时常担任大型舞蹈的领舞。1959 年被长春电影制片厂导演王家乙挑入《五朵金花》演员。1960 年彩色故事片《五朵金花》作为中华人民共和国建国 10 周年的 18 部献礼片的压轴之作,在全国隆重放映,引起巨大轰动。《五朵金花》先后输往 46 个国家和地区放映,创下了当世中国电影在国外发行的纪录。1960 年在埃及开罗举行的第二届亚非电影节上获最佳女主角银鹰奖。1964 年主演了由上海电影制厂摄制、刘琼导演的电影《阿诗玛》,这是中国电影史上第一部彩色宽银幕立体声音乐歌舞片。1982 年该片获西班牙桑坦德第三届国际音乐舞蹈电影节最佳舞蹈片奖,1994 年获文华大奖并被确认为"20 世纪经典"。曾担任《十大姐》《白娴鸟》《椰林怒火》《采茶》《小卜少》《赶摆》等大型舞蹈的领舞、《春江花月夜》独舞。

198. 杨丽萍(1958—),白族,云南大理人。舞蹈表演、编导艺术家。中国舞蹈家协会第八、第九、第十届副主席。1971 年入西双版纳州歌舞团任舞蹈演员。1980 年调入中央民族歌舞团任舞蹈演员、编导,以舞姿优雅、气韵灵动的"孔雀舞"闻名。1982 年表演代表作品《雀之灵》,获 1986 年第二届"全国舞蹈比赛创作一等奖""表演第一名",1994 年入选"中华民族 20 世纪舞蹈经典",1997 年获"日本大阪国际艺术节最高艺术奖"。2003 年离开中央民族歌舞团,前往云南采风,吸收自然和民间生活元素,推出原生态歌舞《云南映象》,担任编创和主演。2004 年《云南映象》获第四届中国舞蹈"荷花奖"舞蹈诗金奖、舞蹈诗最佳女主角奖、舞蹈诗最佳编导奖、最佳服装设计奖。2012 年荣获中国艺术研究院颁发的"中华艺文奖"。

199. 杨令茀(1887—1978),字清如,江苏无锡人。美术家。自幼酷爱文学,勤习书画。8 岁师从吴观岱学画。先后就读于上海启明女塾和务本女子中学,毕业后执教于江苏如皋小学和南京女子师范学校。1914 年拜樊樊山为师,在京举行个展。1917 年到古物陈列所任职,临摹历代人物画并学习装裱修复技术。与清室成员交好,有宫廷画师之誉。1925 年在美国费城举办了第一个中国画展。1927 年应邀到沈阳故宫博物馆工作,负责临摹历代帝王像。1928 年制作的颐和园大型微缩模型和摹本在奉天故宫展出。同年奉古物陈列所的委派到奉天担任画师并兼任东北特区美术学校校长。1934 年携多年收藏的文物逃出沦陷的满洲里,在德国慕尼黑、柏林举办画展,之后辗转到美国,先后于加利福尼亚大学、斯坦福大学、华盛顿大学执教中文与绘画。1964 年退休后,开设"杨令茀画院"。1978 年病逝于美国,其侄杨通谊遵照遗嘱,将其珍藏的文物捐赠给北京故宫博物院,将诗文书画捐赠故乡无锡市博物馆。1982 年遗骨安葬在无锡管社山下。同年国家文物管理局在故宫举行杨令茀女士捐献文物仪式,并举办捐献文物展览。

200. 杨美琦(1945—),上海人。舞蹈教育家。中国现代舞事业开拓者。

1963年毕业于北京舞蹈学校中国民族舞剧专业，曾参加编写北京舞蹈学院中国民间舞大学教材。1985年至1995年任广东舞蹈学校校长。1986年获美国亚洲文化基金会资助赴美考察并参加美国舞蹈节国际编导班学习。1987年起与美国舞蹈节和美国亚洲文化交流中心合作引进欧美现代舞教学，为中国培养出首批现代舞专业演员，1990年在“巴黎国际现代舞大赛”中赢得中国第一枚国际现代舞金牌。1992年建立中国第一个专业现代舞团广东实验现代舞团并任团长。1995年至2000年先后主办三届“国际现代艺术小剧场展演节”。2000年至2003年任广东亚视演艺学院副院长、舞蹈系主任，北京舞蹈学院兼职教授。2000年应邀担任第九届“法国巴黎国际舞蹈大赛”现代舞评委。2002年获美国亚洲文化基金会颁发的“约翰·洛克菲勒三世奖”。

201. 叶水云（1968—　），别名叶明莲，土家族，湖南龙山人。工艺美术家、织锦艺术家。中国艺术研究院民间艺术创作研究员、第一批国家级非物质文化遗产代表性项目（土家族织锦技艺）代表性传承人。先后任中国工艺美术学会民间艺术委员会会员、湖南民族艺术研究所所长、湖南省民间工艺美术委员会委员、吉首大学客座教授。1981年正式拜织锦大师叶玉翠为师，是叶家寨土家织锦“艺徒六朵金花”之一。1984年就职于龙山县土家织锦工艺厂。1987年受聘于吉首织锦厂并担任技术副厂长。1988年考入凤凰职业中专，学习美术。1991年毕业后留校任教，并创办该校土家织锦研究所。2000年作品《岩墙花》《人类、和平、进步》均获湖南省首届“民间工艺美术大奖赛”金奖。2001年获湘西州委、州人民政府授予的“文学艺术创作突出贡献奖”。2001年于湘西州教师进修学院美术专业毕业后，主要从事土家织锦的研究、教学和制作工作。2005年获“湖南省十大艺术门类杰出传承人”荣誉称号及“湖南省民族民间工艺美术杰出成就奖”。2006年获第五届“中国工艺美术大师”“中国织锦工艺大师”荣誉称号，同年作品土家织锦《宴乐狩猎水陆攻战图》被国家博物馆收藏。

202. 叶玉翠（1908—1992），土家族，湘西龙山人。工艺美术家、织锦艺术家。土家织锦“西兰卡普”的传人。曾任湖南省民间工艺美术学会名誉主席，湖南省美术家协会会员，湘西自治州政协第五、第六届委员。1917年随母学艺，创做作处女作《燕子花》，后师从朱家寨庵上的江尼姑与族叔叶成本。1921年就以编制技巧超群而名动四方，集挑绣、剪纸、民间绘画、织锦手工艺于一身。1950年织品《梭子花》被选为中国编织艺术品的代表作到东欧各国展出。1957年与李昌鄂合作创作了大型壁挂《开发山区》，在伦敦世界博览会展出，受到专家好评。1960年受湖南省美协邀请到长沙传艺。1979年出席全国工艺美术界创作设计人员代表大会，

《人民日报》《人民画报》《民族画报》相继报道其事迹与织锦艺术。1982 年至 1984 年于家乡办班,带高徒巡回各村寨辅导织锦技术,培养了大批艺术人才。1985 年应邀担任龙山织锦工艺厂终身顾问,创新编织出《鱼鸟同乐》《老鼠嫁女》等民俗织锦,远展海外,同年作品《张家界》被评为全国少数民族用品优质产品。1987 年作品《岳阳楼》在北京人民大会堂展览。还整理了曾经编织过的 150 余种图案,以便流传后世。1988 年获第二届"中国工艺美术大师"荣誉称号。

203. 殷秀梅(1956—),祖籍山东平阴,生于黑龙江鹤岗。女高音歌唱家。中国音乐家协会理事、中国文学艺术界联合会第十届全委会委员。1983 年毕业于中央音乐学院歌剧系。1984 年获第一届"青年歌手电视大奖"。1986 年获"神州歌坛十二星"称号。1987 年获"最受欢迎的歌唱演员美声金奖"。1989 年获第十三届"世界青年联欢节"演唱金奖。1992 年专辑《党啊,亲爱的妈妈》获第二届"金唱片奖"。1993 年再次获"最受欢迎的歌唱演员美声金奖"。2004 年获第一届"德艺双馨艺术家"称号。2014 年在"十艺节"上凭借在歌剧《红河谷》中扮演藏族姑娘丹珠获文华表演奖。多次参加中央电视台春节联欢晚会、大型音乐舞蹈史诗《复兴之路》等重要演出。

204. 殷秀云(1947—),籍贯天津。工艺美术家、雕漆艺术家。第四批国家级非物质文化遗产代表性项目代表性传承人。曾任北京艺苑雕漆厂、北京通县凌云雕漆厂总工艺师。1963 年入北京工艺美术学校攻读象牙雕刻专业。1967 年毕业后入北京工艺美术厂从事雕漆设计与制作工作。1969 年将雕漆与象牙技艺结合,创做作作品《赶摆》。1974 年创作大型雕漆屏风《洛神赋》。1988 年由雕漆、玉器、金漆镶嵌的作品《牙形摆件》(合作)获中国工艺美术品"百花奖"优秀创作二等奖。1989 年被北京市科技干部局授予工艺美术师职称,同年《龙车》《万寿山》被评为北京市技术开发优秀项目三等奖,《郑和宝船》赴港精品展评会获优秀创作设计奖。2003 年《仕女人物海棠瓶》获北京工艺美术展"工美杯"铜奖。2005 年雕漆大瓶《红楼梦人物》获北京工艺美术展"工美杯"银奖。1988 年至 2005 年为台湾高雄清凉山妙崇寺设计巨型景泰蓝壁画 600 余平方米。2007 年获第五届"中国工艺美术大师"荣誉称号。2012 年入选第四批国家级非遗项目代表性传承人。2017 年由雕漆、景泰蓝、錾刻等多种传统工艺融为一体的作品《妙音法华》获北京工艺美术创新设计大赛"工美杯"金奖。《殷秀云谈民间美术》及编绘的《雕漆图案》分别由吉林出版社、北京工艺美术出版社出版。

205. 于蓝(1921—),原名于佩文,辽宁岫岩人。影视表演艺术家。曾任中国电影家协会副主席。1938 年到延安参加抗日工作。1946 年参加东北电影制片厂故事片摄制筹备工作。1949 年主演了第一部影片《白衣战士》。1961 年凭借在《革命家庭》中饰演女主角周莲，获第二届莫斯科国际电影节演员银质奖。1962 年当选原文化部推选的“新中国 22 大电影明星”。1965 年在影片《烈火中永生》中饰演江姐，塑造了不朽的荧幕经典形象。1989 年入选《中国电影周报》评选的建国 40 周年“十大电影明星”。1995 年获原文化部、广电部纪念世界电影诞生 100 周年、中国电影诞生 90 周年“世纪奖”优秀女演员奖（“世纪影星”），同年获中国电影表演艺术学会“特别奖”。2005 年被授予“国家有突出贡献的电影艺术家”荣誉称号，并入选“中国电影百年百位优秀演员”。2007 年获中国电影表演艺术学会表彰的终身成就“金凤凰奖”。2009 年获第二十七届“中国金鸡百花电影节”终身成就奖。风格稳健，个性鲜明，精心塑造的一系列舞台和银幕形象，是中国戏剧和电影表演史上的宝贵财富，也在一定程度上充实和完善了 20 世纪 40 年代以来中国特色戏剧电影表演理论。

206. 俞致贞（1915—1995），字一云，北京人。美术家。曾任中国美术家协会会员、中国老年书画会顾问、中国书画函授大学教授、北京工笔重彩画会副会长、北京花鸟画会名誉会长。自幼学习书法绘画。1934 年拜于非闇为师。1937 年考入故宫国画研究馆，临摹研究历代名画。1946 年为拓宽画路，转拜张大千为师，入“大风堂”画室。1951 年参加北京市文联主办的中国画会，后担任理事、评审委员。1953 年与画家刘力上结婚。1954 年创作《芙蓉蛱蝶》，参加中国美术家协会的赴日展览并出版画册，被中国美术馆收藏。1956 年起先后任教于北京国画院、中央美术学院、北京艺术师范学院、北京纺织研究所、中央工艺美术学院，兼任北京中国画院画师。在中央工艺美院任教期间独立编写多部教材，包括《白描花卉》《勾勒用笔法》等。1959 年与于非闇、田世光一道为荣宝斋画《百花齐放》木版水印画册。1970 年后，先后为人民大会堂、钓鱼台国宾馆、中国驻联合国办事处、政协礼堂、首都体育馆礼堂、国务院紫光阁等绘制大型作品。其画作多次被作为国礼赠送苏联、朝鲜等，并在国内及日本、美国、加拿大、法国、德国、印度、荷兰展出，多幅被中国美术馆、中国画研究院等机构收藏。1984 年从中央工艺美术学院退休，历任副教授、教授，被聘为该院咨询员。

207. 郁风（1916—2007），原籍浙江富阳，生于北京。美术家、评论家、散文家。曾任中国美术家协会副秘书长及展览部主任、书记处书记、常务理事，中国美术馆展览部主任，北京市第六、第七届政协委员，中央文史研究馆馆员等。自幼受叔父郁达夫影响，爱好新文艺。1931 年入北平大学艺术系攻读油画。1933 年在南京中央大学艺术系师从潘玉良。1935 年在中国共产党领导下，与人合作创办上海妇女俱乐部,开展抗日救国活动。1937 年随郭沫若等人创办《救亡日报》并任美术编辑,后在国民党四战区政治部第三组任少校,负责战地美术宣传。1939 年任香港《星岛日报》《华商报》编辑,创办《耕耘》杂志并任主编。1936 年开始发表作品,著有散文集《我的故乡》《美比历史更真实》、编有《郁达夫海外文集》等。1941 年后在桂林、成都、重庆从事展览策划、舞台美术等工作,历任《新民晚报》《新民日报》编辑及香港《文汇报》驻京特派记者。1944 年与画家黄苗子结婚。1950 年代在中国美术家协会和中国美术馆主持展览工作,撰写散文及美术评论。1982 年作品《春风吹又生》获法国"春季沙龙金奖"。20 世纪 90 年代移居澳大利亚,专心从事写作与绘画。

208. 喻宜萱(1909—2008),江西萍乡人。女高音歌唱家、声乐教育家。中央音乐学院教授、首届中国声乐"金钟奖"获得者,是西方美声唱法在中国早期的传播者和推动者之一,也是凝聚美声歌唱精髓的老一辈声乐家的重要代表。1922 年就读于萍乡县立小学,业余学琴。后就读于南昌第一女子师范。1928 年考入上海美术专科学校图音系,习钢琴、声乐。1929 年入读上海国立音乐专科学校,习声乐。1933 年毕业后任国立中央大学音乐学院助教。1935 年赴美国康乃尔大学留学,主修音乐,是我国最早一批留学美国学习音乐的歌唱家。1939 年毕业回国,任成都金陵女子大学音乐系教员。1941 年后任省立湖北教育学院、国立湖北师范学院教授,兼音乐系主任。1948 年秋,赴法国、英国、瑞士、意大利考察音乐教育,并举行独唱音乐会。1949 年归国后曾任中央音乐学院副院长并创建中央音乐学院声乐系。曾当选全国政协委员、全国文联委员、中国音乐家协会常务理事。出版的专著有《我与音乐》、《中国独唱歌曲集》、《声乐教学选曲》、《西洋歌剧咏叹调选曲》、《俄罗斯歌曲选》、《法国艺术歌曲》(与人合编)和《声乐教材·中国歌曲》,主编《声乐表演艺术文选》等。

209. 裕容龄(1882—1973),满族,生于天津。舞蹈表演艺术家。清一品官裕庚之女,清代宫廷舞蹈家,中国学习表演芭蕾舞和现代舞的第一人。12 岁随父赴日本,其间跟随日本舞蹈教师学习日本舞。16 岁随父亲移居巴黎,师从美国舞蹈家伊莎多拉·邓肯学习现代舞蹈三年,并在邓肯编排的古希腊神话舞剧中扮演主角。后又师从法国国立歌剧院教授萨那夫尼学习芭蕾舞,进入巴黎音乐舞蹈院学习。1902 年在巴黎歌剧院公演《希腊舞》《玫瑰与蝴蝶》等舞蹈。1903 年随父回国。1904 年入宫任慈禧太后御前女官,借机学习昆曲等戏曲舞蹈,融合中外舞蹈资源,编创《扇子舞》《荷花仙子舞》《菩萨舞》《如意舞》等作品。1907 年出宫,民国期间多次参加慈善义演,曾在北京教授舞蹈。1955 年被聘为国务院文史馆馆员。

210. 袁雪芬(1922—2011),浙江嵊县(今嵊州市)人。越剧表演艺术家。中国越剧泰斗,越剧"袁派"创始人,工正旦,国家非物质文化遗产代表性项目代表性传承人,享受国务院政府特殊津贴。1933 年学艺并入越剧科班"四季春"登台演出。1936 年在上海灌制了中国越剧的第一张唱片《方玉娘哭塔》。1938 年开始蜚声剧坛。1942 年开始在上海大来剧场表演,并致力于越剧的改革,从剧目、表演到唱腔上都着力创新,表演细腻,注重刻画人物的性格和内心世界,形成了独特的艺术风格,开创了越剧史上的"尺调时期",被称为"袁派"。1953 年主演的《梁山伯与祝英台》获国际电影节"音乐片奖"。1955 年被缅甸总理吴努授予金质奖章。1956 年获原文化部颁发的"1949—1955 优秀影片奖"荣誉奖。1989 年获中国唱片总公司颁发的首届"金唱片奖"。2003 年获原文化部颁发的国家级艺术终身成就奖、第二届"造型表演艺术成就奖"。

211. 曾杏绯(1911—2013),原名曾瑜,回族,江苏常州人。美术家,国家一级美术师。曾任中国美术家协会理事,中国美术家协会宁夏分会首任主席,中国美协第二、第三、第四届理事,宁夏书画院名誉院长,宁夏文史馆名誉馆员,宁夏回族自治区文联常委,宁夏回族自治区政协常委等职。出身书香门第,16 岁开始学画,从画 80 余年,以工笔没骨花卉见长,尤其擅画牡丹。作品参加全国第三、第四、第五、第六、第八届全国美术展览和百年中国画大展,发行个人专集和全国名家作品合集 40 余种,作品被中国美术馆、中南海、毛主席纪念堂、宋庆龄纪念堂、宁夏博物馆、宁夏文史馆以及德国、日本、马来西亚、新加坡等地收藏。1947 年迁居银川市,先后加入中国民主同盟和中国共产党,为开拓和发展宁夏的美术事业和民族艺术做了大量的组织和管理工作,是宁夏美术事业的奠基者、先行者之一。是第一个参加"全国美展优秀作品展"和第一个在"全国美展优秀作品展"中获奖的宁夏国画家。1994 年被中国少数民族美术促进会授予"美术金奖"。1995 年世界妇女大会授予其"国宝级艺术家"称号。2001 年被中国美协及少数民族促进会授予"民族百花奖"和"民族杰出美术家"称号。2009 年作为"100 位为宁夏建设做作突出贡献英雄模范人物"之一受到表彰。2010 年宁夏回族自治区党委、人民政府授予其"杰出回族女画家"荣誉称号。

212. 张得蒂(1932—),山东菏泽人。雕塑家。中央美术学院雕塑研究所教授、中国美术家协会理事、中国雕塑家学会理事、全国城市雕塑艺术委员会委员。1953 年毕业于中央美术学院雕塑系。1955 年于中央美术学院雕塑研究班毕业后留校任教,后为中央美术学院雕塑创作研究室研究员。1993 年在中国美术馆举办个人作品展。曾为国内 9 个省市及菲律宾、澳大利亚创作大型城市雕塑,作品曾在欧亚非大洋洲20多个国家和地区参加展出。1985年作品《东方的邀请》获意大利拉维纳国际雕塑竞赛“意大利共和国总统奖”。1986年《宋庆龄纪念像》(合作)获首届全国城市雕塑评奖最佳奖、作品《日日夜夜》获第六届“全国美展优秀作品展”银奖等。作品被中国美术馆、意大利拉维纳但丁中心博物馆、中国革命博物馆、国家体育运动委员会等机构收藏。著有《中国当代女雕塑家作品选集》《雕塑家看国外雕塑》《张得蒂作品选集》出版。

213. 张德华(1931—2005),山东青岛人。雕塑家。曾任中央美术学院教授、中国雕塑艺术创作研究所教授、中国美术家协会会员、中国国际友人研究会理事。1953年从中央美术学院雕塑系毕业。1956年作品《母与子》获“全国青年美展”一等奖。1963年毕业于刘开渠主持的中央美术学院雕塑研究班,获硕士学位。1979年石雕《安息》获北京市美展一等奖。1982年木雕《向往》获法国巴黎春季沙龙金质奖。参与创作的大型泥塑《农奴愤》获“全国三八红旗集体”。铜像《老舍》,石雕《少女》《安息》《壮族姑娘》均被中国美术馆收藏,《义和团》《新四军》被中国历史博物馆收藏。1984年为大众电影“百花奖”创作《花神》。1984年至1988年主持制作8米花岗岩石雕《八女投江》。1985年为毛主席纪念堂创作《刘少奇》石雕像并获“先进工作者”称号。1988年为香港创作《邵逸夫》爵士铜像。1990年赴香港参加北京女雕塑家作品展。1994年应美国斯诺基金会之邀赴美参加艺术交流活动,被授予“坎萨斯市荣誉市民”称号及证书。1999年至2002年先后完成《艾青》《徐悲鸿》《孙中山》《徐向前》等铜像。1984年由人民美术出版社出版《张德华雕塑作品》。

214. 张改琴(1948—),甘肃庆阳人。美术家、书法家。任全国政协委员。曾任第六届中国书法家协会副主席、中国书法家协会隶书委员会主任、中国书法家协会妇女工作委员会主任、中国美术家协会会员、甘肃省书协名誉主席、甘肃省文史馆馆员、甘肃改琴书法教育奖励基金会理事长。曾被授予“甘肃省优秀专家”“全国三八红旗手”荣誉称号,获省委、省政府颁发的“突出贡献奖”“敦煌文艺奖”等。书法和国画作品多次参加国内外展览,获得奖项,被中国美术馆、毛主席纪念堂等单位收藏。著有《走进黄土的脚步·张改琴书画集》《中国书法·当代著名书法家张改琴卷》《中国美术馆当代名家系列作品集书法卷·张改琴》《中国美术家张改琴》《塬上风·张改琴书画集》《当代楷书名家作品集·张改琴》《道德经·老子著·张改琴书》等。主编《全国第二届行草书大展作品集》《守望敦煌·敦煌写经作品选》等多部大型作品集。曾在中国美术馆、西安、广州、兰州等地举办个人书画展。

215. 张光(1878—1970),又名红薇,字德怡,晚号红薇老人,浙江温州人。美术家、书法家、诗人。自幼从兄朗西学诗,师从汪如渊(香禅)习画。20 岁时担任广东省立女子师范和私立女子师范的监督,接受并传播新思想。1912 年考入北京女子师范,继续深造。1928 年大学院(教育部)聘其担任全国古今美术审查委员会委员。1929 年被聘为上海美术专门学校教授。曾执教于国立杭州艺专和北京艺术专科学校。作品参与了刘海粟发起的中国现代美术展在欧洲的巡回展出,在德国柏林和美国芝加哥等大型画展陈列。1936 年在南京举办张光与郑曼青画展。1946 年在中国画苑举办画展。后被聘为上海市文史馆馆员、上海画院老年画师,担任中国艺术家协会及上海分会理事。得意之作为历时 3 年完成、长达三丈的《百花图卷》,1955 年经上书国务院献给了国家。擅长花卉翎毛,笔致秀雅,设色妍丽,亦工书法,篆隶严谨古朴。擅作诗,著有《红薇吟草》《忘忧书屋诗钞》《红薇吟馆诗集》《红薇老人书画集》等。

216. 张继青(1938—),浙江桐乡人。昆剧表演艺术家,国家一级演员。中华人民共和国成立后培养的第一代昆剧演员。曾任江苏省昆剧院副院长。14 岁开始学艺。1953 年在苏州民锋苏剧团学苏剧和昆剧,拜尤彩云、曾长生为师,饰演旦角。1956 年后转入江苏省昆剧团,受到俞振飞、沈传芷、朱传茗、姚传芗等知名昆曲演员的传授和指点,并学习京剧的梅派和程派唱腔,还接受了西方舞台表演艺术训练,打下了坚实的艺术基础,主工昆剧正旦和五旦的同时兼演四旦。善于深入体验人物内心世界,表演精湛含蓄,广受好评,具有世界性声誉。1983 年获首届中国戏剧最高奖“梅花奖”。

217. 张均(1935—),湖北蕲春人。舞蹈表演艺术家。14 岁加入新安旅行团,开始舞蹈生涯。1956 年被派到北京舞蹈学校,学习中国民间舞、古典舞。1957 年任教于北京舞蹈学校东方舞蹈班。1962 年调入东方歌舞团,历任独舞演员、总导演、艺术指导。曾跟随来访外国舞团学习东方舞,并前往印度、柬埔寨、印尼、缅甸等国考察学习,其中七次赴印。1980 年留学印度达尔巴纳艺术学院获“戏剧荣光”学位,被印度媒体誉为“二十世纪之玄奘”。多次随同领导人访问亚洲各国,表演印度《拍球舞》、缅甸《古典双人舞》、印度尼西亚《面具舞》、柬埔寨《百花园中的仙女》舞等,广受各国元首赞赏。1980 年《拍球舞》获第一届“全国舞蹈比赛优秀表演奖”。1982 年在东方歌舞团举办印度舞蹈训练班,培养东方舞表演人才。1991 年被授予“有突出贡献的表演艺术家”称号。

218. 张明娟(1946—),北京人。工艺美术家、珠宝设计师。曾任中国工艺美术学会会员、北京首饰厂总工艺美术师、首饰研究室主任、北京市服装服饰协会理事、皇族珠宝艺术公司总设计师。1966年毕业于北京工艺美术学校。1984年入中央工艺美术学院进修。1986年银摆件《持珠观音》获中国工艺美术"百花奖"创作一等奖。1988年被国家轻工业部授予"全国优秀工艺美术专业技术人员"称号。1989年被北京市授予"工艺美术师"技术职称。同年作品《龙凤桥》获中国工艺美术"百花奖"金杯奖。1990年设计了第十一届亚运会《东道主》纪念章。1991年《银角——远古的诉说》获第二届"国际博览会金奖"。同年《金玉九龙壁》新创画面式镶嵌法,获"北京市优秀新产品特等奖",被市总工会授予"爱国立功标兵"称号。1995年参与创作《金玉大佛》。1997年主持创作海南的《金玉观世音》,1998年获"大世界吉尼斯之最"证书。2001年为甘孜佛塔造《莲花生大师圣像》。2007年获第五届"中国工艺美术大师"荣誉称号。2010年主持创作《金玉天冠弥勒像》,现供于贵州梵净山大金佛寺内。

219. 张奇虹(1931—),曾用名张坤立,辽宁沈阳人。戏剧导演艺术家,国家一级导演。国务院政府特殊津贴获得者。曾任中国戏剧家协会会员、中国莎士比亚研究会会员、欧美同学会会员、中俄友好协会理事。1959年毕业于苏联国立卢那察尔斯基戏剧学院导演系,回国后在中央戏剧学院任教。1979年调入中国青年艺术剧院任导演。先后执导过60余部剧目,代表作品有《风雪夜归人》《原野》《火神与秋女》《威尼斯商人》等。2007年被原文化部授予"国家有突出贡献话剧艺术家"荣誉称号。

220. 张瑞芳(1918—2012),原籍北京,生于河北保定。影视、戏剧表演艺术家。曾任第一、第二、第三届中国电影表演艺术学会会长,第四届至第六届名誉会长,全国文联第三、第四届委员,中国影协第三届理事、第四届常务理事,影协上海分会副主席,第三、第五、第六届全国政协委员,全国妇联第四届执行委员。1938年加入中国共产党。后在怒吼剧社、中华剧艺社等剧团任演员,在二十余部话剧中扮演主要角色,其中影响较大的有《棠棣之花》《屈原》《家》《北京人》等。1940年在重庆参加拍摄影片《火的洗礼》。1946年任长春电影制片厂特约演员,在影片《松花江上》中以质朴的表演塑造了村姑妞儿的形象。1949年后相继在北京电影制片厂、中国青年艺术剧院、上海电影制片厂任演员,曾任上影演员剧团团长。1963年因主演影片《李双双》获第二届电影"百花奖"最佳女演员奖。著名电影表演艺术家,也是话剧舞台上闻名遐迩的四大名旦之一。从舞台到银幕,塑造了一系列鲜活生动的人物形象,表演质朴感人,富于激情。

221. 张悟真(1901—1997),曾用名张贤范、安娜,湖南浏阳人。美术家。1925年毕业于长沙衡粹女校图画科,后赴印度尼西亚华侨学校任教并学习西画。1932

年赴法国巴黎国立高等美术学校学习油画。其间参加了巴黎留法艺术学会和反帝大同盟。1936 年参加《中国抗日时报》的工作。1938 年回国,任《新华日报》美术科主任。1940 年赴延安鲁迅艺术学院任教。中华人民共和国成立后在武汉、广州、中国美协负责外事工作,先后担任中国美术家协会第二届理事会副秘书长、对外联络部副主任等。1958 年曾出访苏联和蒙古。1965 年获中华全国妇女联合会授予的"全国妇女模范工作者"称号。擅长中国画和油画,代表作品有中国画《乌江天险》《菊花屏》和素描《蔡特金肖像》等。

222. 张晓非(1918—1996),又名张力、张莹,黑龙江双城人。美术家。1935 年入北平美术专科学校绘画系学习,参加该校学生组织的"狂人画会"展览。次年转入杭州国立艺术专科学校。1937 年转入上海美专西洋画系倪贻德画室,并积极参加抗日救亡宣传团和上海妇女运动促进会的活动。1938 年到延安陕北公学、鲁迅艺术学院美术系学习并加入中国共产党。1939 年赴敌后抗日根据地晋东南任民族革命艺术学校美术科教官、鲁迅艺术学校美术系教师,创作了大量抗日宣传画,其中素描《会议》获八路军野战政治部颁发的"创作一等奖"。1943 年回延安鲁艺套色木刻美术部研究室,该时期创作的《识一千字》于 1980 年被选送到联合国教科文组织举办的美展展出,1991 年又参加"中国新兴版画回顾展",获"有贡献的老画家纪念奖"并被中国美术馆收藏。抗日战争胜利后被派赴东北解放区,任县委宣传部长、鞍钢总工会文教部长等职。1950 年任东北鲁迅文艺学院美术系主任、美术研究室主任、教授。1953 年任东北美术专科学校副校长兼党总书记。1956 年访问苏联、保加利亚。后曾在哈尔滨艺术学院美术系任教研组组长、系主任,该校停办后负责组建了哈尔滨市美术工作室。作品《达子香》为中国美术馆收藏。

223. 张洵澎(1941—),浙江诸暨人。昆剧表演艺术家、戏曲教育家,国家一级演员。第二批国家级非物质文化遗产代表性项目代表性传承人,上海师范大学艺术系兼职教授。1954 年考入华东戏曲研究院昆曲演员训练班(1955 年改名为上海市戏曲学校第一届昆剧演员班),得到朱传茗、言慧珠等名师亲授,专工闺门旦。扮相华丽,嗓音清亮,有"小言慧珠"的美称。曾获第六届上海戏剧白玉兰表演艺术主角奖、上海市优秀"园丁奖"。主演的昆剧电视剧《牡丹亭》获全国电视优秀戏曲片一等奖、全国电视"飞天奖"和"金鹰奖"。

224. 张玉英(1935—),江苏苏州人。工艺美术家、苏绣艺术家。第四批国家级非物质文化遗产代表性项目代表性传承人,以刺绣国内外人物著称。1955 年入苏州刺绣工艺美术生产合作社,师从朱凤学习散套针法。1959 年入苏州刺绣研究所工作,师从李娥英学习苏绣传统绣法。1964 年师从任慧娴学习虚实乱针绣,功力大进。1974 年第一幅乱针绣人物像《牧羊姑娘》参加广交会展，后以乱针绣肖像绣为主攻方向。1981 年制成双面绣《林间百鸟》，1982 年此作品参加全国“百花奖”评选并获奖。1990 年亚运会上，绣品《萨马兰奇》作为国礼赠予萨马兰奇本人。同年绣像《阿联酋酋长》作为国礼赠予阿拉伯联合酋长国总统。1991 年被省职称领导小组办公室授予“高级工艺美术师”称号。同年被省轻工业厅授予“劳动模范”称号。1997 年指导绣制的作品《归程》被作为省政府庆祝香港回归礼品，被收藏于香港博物馆，并获省政府荣誉证书。2007 年获第五届“中国工艺美术大师”荣誉称号。同年被聘为苏州市海云刺绣研究所艺术顾问。2014 年绣品《姑苏繁华图》在中国（广州）民间工艺博览会上展出，反响热烈。

225. 张玉珍（1941—2016），辽宁岫岩人。工艺美术家、玉雕艺术家。1957 年入岫岩玉器厂工作。1958 年入北京工艺美术学校学习，结业后回厂工作。1974 年作品《链条梅花盒》获“全国玉雕行业评比大会”优秀奖，《清泉育鹿》获“辽宁工艺美术展”二等奖。1977 年《嫦娥重返人间》获“辽宁工艺美术会”一等奖。1978 年《二龙戏珠》赴日本、法国展出。1985 年被聘为“百花奖”评委，《华夏灵光塔薰》获第五届中国工艺美术“百花奖”金奖。1995 年被授予玉佛苑大佛“工程优秀指导和组织者”称号。1998 年创建岫岩满玉雕刻厂。2001 年被授予鞍山市“巾帼建功标兵”。2003 年《堂堂正正》获全国宝玉石协会天工奖金奖。2004 年《花生盒》获“北京国际博览会金奖”，2005 年 34 件玉器获“北京博览会展位金奖”，《平平安安花生盒》获中国东北文化产业博览会优秀奖。2006 年获“2005 年中国十大经济女性年度人物突出成就奖”，同年获鞍山市“十大女杰”“全国双学双比女能手”“优秀技能人才”“技术学术带头人”称号。2007 年获第五届“中国工艺美术大师”荣誉称号。2008 年出席世界工艺美术大会。同年《刘海戏金蟾》获“百花玉缘杯”银奖。2009 年《五鼠运财》《伯乐相马》分获中国玉器“百花奖”金奖、银奖。2011 年被认定为“国家一级艺术家”。2012 年被聘为“百花玉缘杯”评审委员、第六届“中国工艺美术大师”评审专家。

226. 章遏云（1912—2003），原名章凤屏，号珠尘馆主，浙江杭州人。京剧表演艺术家。12 岁随母到天津拜江顺仙、王庾生为师学戏，初学老生，后改为青衣兼话单。14 岁登台。16 岁入京剧名家王瑶卿门下，表演风格以“梅派”为主，曾被王瑶卿誉为“女伶中的梅兰芳”。表演兼采众长，也有一定的“程派”艺术造诣，水袖功、园场功及跷功均佳。戏路较宽，青衣、花旦、刀马旦皆精。扮相秀丽、台风端庄，嗓音甜润响亮，唱腔流利酣畅。20 世纪 30 年代被誉为“四大坤旦”之一。

227. 章诒和（1942—　），安徽桐城人。作家、戏曲学家。中国艺术研究院戏曲研究员、博士生导师，中国戏剧家协会会员，中国俗文学会会员。1963 年毕业于中国戏曲研究院戏文系，入四川省川剧院艺术室供职。1978 年在四川省文化厅剧目室工作。1979 年调至中国艺术研究院戏曲研究所。长期从事戏曲理论研究、戏剧批评、戏剧教学工作，发表论文百余篇。主要论著有《中国戏曲艺术通论》《中国俗文学概论》《中国戏曲》等。

228. 章子怡（1979—　），生于北京。影视表演艺术家。2000 年毕业于中央戏剧学院。1998 年主演个人首部电影《我的父亲母亲》，获第二十三届“百花奖”最佳女演员奖，影片摘得第五十届“柏林国际电影节”银熊奖。1999 年出演第七十三届“奥斯卡金像奖”、第五十八届金球奖最佳外语片《卧虎藏龙》，获洛杉矶影评人协会最佳女配角奖。2004 年凭借电影《茉莉花开》获第二十四届“金鸡奖”最佳女主角奖。2005 年凭借《十面埋伏》获第十一届“华表奖”优秀女演员奖。同年主演《艺伎回忆录》，入围美国电影“金球奖”“英国电影学院奖”“美国演员工会奖”最佳女演员奖。2010 年被亚洲电影博览会授予“21 世纪前十年亚洲最杰出女演员”称号。2013 年主演电影《一代宗师》，同时获大众电影“百花奖”、中国“电影华表奖”、中国电影“金鸡奖”、香港电影“金像奖”、台湾电影“金马奖”最佳女主角奖，创造了华语影坛凭借一部电影获最佳女主角奖次数的纪录，也使其成为华语电影史上首位齐获这五大荣誉的女演员。2005 年起担任“奥斯卡金像奖”终身评委，2006 年以来三次担任“戛纳国际电影节”评委。

229. 赵林平（1962—　），原名葛根珠兰，蒙古族，内蒙古赤峰人。舞蹈编导艺术家。任中国舞蹈家协会副主席、内蒙古自治区舞蹈家协会主席、内蒙古大学艺术学院副院长。蒙古舞教学、科研的学术带头人，在蒙古族舞蹈教学体系的建构和完善、民族舞蹈人才培养及艺术创作等方面取得了创新性的成果。1993 年创立了“四项有机结合”蒙古舞教学体系。2000 年舞蹈作品《美丽的姑娘》荣获第六届全国“桃李杯”舞蹈比赛“表演三等奖”、指导教师“园丁奖”。2007 年编导的《草原酒歌》《草原妇女》分别获第六届中国舞蹈“荷花奖”民族民间舞大赛表演金奖、银奖。创编的代表作品还有独舞《伊茹勒》《格日勒》，群舞《顶碗舞》《祝福》《鄂温克小鹿》《蒙古风韵》《草原酒歌》等。2011 年荣获“全国中青年德艺双馨文艺工作者”称号。曾荣获“全国三八红旗手”“中国舞蹈艺术突出贡献舞蹈家”“内蒙古自治区文学艺术突出贡献奖”，内蒙古自治区第七、第八、第九届“萨日纳奖”，内蒙古自治区第七、第十届“五个一工程奖”等多个奖项，主持的“蒙古舞课”被教育部评为国家级精品课程。

230. 赵青（1936—　），原名赵青鸾，曾用艺名赵露丹，山东肥城人。舞蹈表演艺术家。中国舞蹈家协会第七届副主席。1948 年在上海随俄罗斯舞蹈家玛葛兰姆学习芭蕾,开始舞蹈生涯。1951 年入中央戏剧学院舞蹈团学员班学习。1953 年入中央歌舞团任舞蹈演员。1954 年进入北京舞蹈学校进修。1955 年参演的《鄂尔多斯》在华沙获第五届"世界青年联欢节"舞蹈比赛金奖。1956 年毕业后入中国歌剧舞剧院舞剧团任主要演员。主演的代表作品有《宝莲灯》《小刀会》《刚果河在怒吼》《八女颂》等、编创及主演作品有《梁祝》《刑场上的婚礼》《剑》等。其中《宝莲灯》开创了中国民族舞剧的历史,入选"中华民族 20 世纪舞蹈经典"。1980 年《剑》获原文化部直属艺术单位观摩演出表演一等奖、创作二等奖。1982 年、1987 年先后两次举办"赵青舞蹈作品晚会"。2009 年被中国舞蹈家协会授予"中国舞蹈艺术卓越贡献舞蹈家"称号。2012 年获第二届中国舞蹈艺术终身成就奖。

231. 赵汝蘅(1944—),天津人。舞蹈表演艺术家。为中国国家大剧院艺术委员会舞蹈总监,中国舞蹈家协会第九届主席。1955 年入北京舞蹈学院学习芭蕾。1961 年毕业后加入中国国家芭蕾舞团,曾主演《天鹅湖》《仙女们》《吉赛尔》《红色娘子军》等大型舞剧。1972 年因脚伤离开舞台,转入教学、排练、艺术研究及对外交流工作。1994 年至 2008 年担任中国国家芭蕾舞团团长,积极与世界知名舞团和编导合作,引进、复排经典剧目,并致力于创作民族风格的芭蕾作品。曾多次率团参加国际芭蕾舞比赛,并担任 1995 年韩国光州国际芭蕾舞比赛,1996 年和 2000 年纽约国际芭蕾舞比赛,2002 年美国杰克逊、日本名古屋国际芭蕾舞比赛,2004 年瓦尔纳国际芭蕾舞比赛、汉城国际舞蹈比赛评委。2001 年在第二届中国上海国际芭蕾舞比赛中担任评委会主席。

232. 赵瑞英(1930—),满族,祖籍吉林,生于黑龙江齐齐哈尔。雕塑家。为中国美术家协会会员。1953 年毕业于中央美术学院雕塑系。1955 年毕业于中央美术学院雕塑系研究生班,任中央美院雕塑艺术创作研究所研究员。同年参加中国雕塑工厂的创建工作。1956 年赴朝鲜参加《志愿军纪念碑》创作。1973 年参加白求恩纪念馆雕塑创作。1974 年赴西藏参加《农奴情》雕塑创作。1985 年应中美文化交流中心邀请赴美考察环境艺术及现代雕塑。作品《渔归》《青青》被中国美术馆收藏、《鸽》被美国华爱斯门艺术基金会收藏、《高、更高》被国际奥委会收藏。1997 年参加创作平津战役纪念馆圆雕、浮雕,参加香港回归雕塑展,合作创作周总理纪念馆浮雕,参加香港回归女美术家联展。2003 年参加《五六十年代的年轻女性——新中国第一代女雕塑家邀请展》。

233. 赵实(1953—),籍贯北京,出生于吉林长春。中国文学艺术界联合会第十届副主席、书记处书记、党组书记,第十届全国妇联副主席,中国共产党第十八届中央委员会委员。吉林大学经济管理学院毕业,经济学硕士学位,高级政工师,国家二级电影导演。1975 年进入长春电影制片厂工作,曾任艺术片室电影场记、电影导演助理、副导演、导演,党委办公室副主任、党委副书记、党委副书记兼副厂长、党委书记。1992 年担任共青团中央书记处书记、全国青联副主席,后任国家广播电影电视部副部长、国家广播电影电视总局党组副书记、副局长等职。2011 年增选为中国文联第八届副主席、中国文学艺术界联合会党组书记,中国文学艺术界联合会第九届全国委员会党组书记、副主席、书记处书记。当选中国共产党第十三次、十四次、十六次、十七次、十八次全国代表大会代表。

234. 赵燕侠(1928—),祖籍河北武清,生于天津。京剧表演艺术家。北京京剧院奠基人之一、国家级非物质文化遗产代表性项目(京剧)项目代表性传承人。自幼因父亲赵小楼的严格训教奠定了从艺生涯,后师从荀慧生、诸茹香、李凌枫、何佩华等名家。6 岁登台。10 岁左右在武汉、上海和厦门等地出演多部重头戏。15 岁开始正式挂牌,在侯喜瑞、叶盛兰、马富禄等名家的辅佐下于北京三庆戏院连续 3 天登台,分别主演了《十三妹》《大英杰烈》《翠屏山》,一炮而红。之后挑起"燕鸣社"的旗帜,先后与谭富英、金少山、杨宝森、李少春、马连良、裘盛戎等同台演出多种剧目,与他们同列头牌或不分牌次。1951 年与王瑶卿、梅兰芳、程砚秋、荀慧生、尚小云、马连良、谭富英、萧长华、郝寿臣、老舍等前辈共同成为北京私立艺培戏曲学校董事会董事。曾担任领衔主演的燕鸣社,改为燕鸣京剧团,后并入北京京剧团,与马连良、谭富英、张君秋、裘盛戎并列 5 大头牌。1963 年与马连良、张君秋、裘盛戎组团赴香港演出,以鲜明的艺术特色受到海内外观众的一致肯定。在荀派艺术的基础上还创作了《红梅阁》《白蛇传》《沙家浜》等剧目,唱腔细腻生动,自成风格,在吐字行腔方面进行了大胆变革,被称为"赵派"。

235. 赵迎新(1966—),北京人。摄影艺术家。中国摄影出版社社长、中国摄影家协会理事、北京艺术摄影协会副主席。1989 年毕业于中国人民大学新闻系摄影专业。同年分配到新华社摄影部工作。1993 年被派往英国作驻外摄影记者,成为新华社摄影部派出的第一位驻外女摄影记者。2001 年获"全国十大优秀摄影师"称号。作品《北京申奥成功》获"中国体育摄影展"评特等奖。《今夜无人入睡》获"华人摄影比赛"金奖。《艺术体操教练和她的女儿》《三高放歌紫禁城》获"亚洲风采摄影比赛"金奖、银奖。2002 年获中国新闻摄影最高奖项"金眼奖",并荣列榜首。2003 年被佳能杂志作为佳能优秀摄影师推出。2004 年被评为"当代十大杰出体育摄影家"。主编《中国影像史》10 卷本,《世界遗产影像志》《中国魅力古镇》《合家欢》等。策划引进出版《世界摄影史》、"中国摄影史"丛书 3 卷本、

"改变世界的100个伟大观点"系列丛书、《照片的本质》、《影像制造者》等图书。

236. 赵友萍(1932—),祖籍黑龙江,生于北京。美术家、教育家。中央美术学院教授、中国美术家协会会员、中国油画学会理事、中国人民大学徐悲鸿艺术学院副院长。中华人民共和国第一代女性油画家中极具代表性的一位,成名于20世纪60年代,绘画题材丰富,尤擅油画花卉题材。1949年考入北平国立艺术专科学校(1950年改制为中央美术学院),师从徐悲鸿、吴作人、艾中信、董希文等。1953年从中央美术学院绘画系毕业,入研究班学习。1955年毕业后留校任教。1983年赴比利时安特卫普皇家美术学院进修,先后访问了法、德、意、美、苏联等国。归国后重建中央美术学院油画系第二画室并任该画室主任直至退休。1993年赴新西兰讲学。1994年回国后参与筹建徐悲鸿艺术学院,并任副院长至2005年。代表作品有《代表会上的女委员》、《山花烂漫》(合作)、《路漫漫》(合作)、《佧佤族少女》、《马寅初先生肖像》(合作)、《山风》、《冰川》、《三月》、《百万农奴站起来》等。作品多次参加国内外重要展览,被中国美术馆、国家博物馆、上海美术馆、中央美术学院美术馆、新加坡画廊等海内外重要艺术机构收藏。著述《绘画色彩学》(合著)1996年由天津人民美术出版社出版。

237. 周爱珍(1934—),浙江慈溪人。工艺美术家、苏绣艺术家。中国美术家协会会员、江苏国际文化交流中心国际艺术家画廊理事。1951年入上海美术专科学校学习。1956年毕业于南京艺术学院前身华东艺专并留校任教。1958年与王人及结婚。同年调任苏州工艺美术专科学校。1963年调入苏州刺绣研究所。1966年双面绣《月季》《金鱼》在法国展出。1972年《金鱼》作为国礼赠予伊朗王后母亲。1974年《白求恩像》《金鱼》等赴加拿大展出。1981年《金鱼》台屏在日本展出,作品《洗》入选《水彩画作品选》。1982年《金鱼》获全国第二届工艺美术"百花奖"金奖、乱针绣《小白狗》获中国国际旅游会议优秀作品奖。1984年《金鱼》获波兰波兹南国际博览会金质奖章。同年油画《候车》入选第六届"全国美展优秀作品展"。1989年双面绣《白鹭夜景》获江苏省第六届创新展览会金奖。1990年《水乡》获中国旅游购物节天马金奖。1991年被国务院授予"国家级突出贡献专家"称号,1993年获第三届"中国工艺美术大师"荣誉称号。

238. 周广仁(1928—),祖籍浙江宁波,生于德国汉诺威。钢琴演奏家、音乐教育家。中央音乐学院终身教授、中国第一位在国际比赛中获奖的钢琴家,被称为"中国钢琴教育的灵魂"。1951年获第三届"世界青年联欢节"钢琴比赛三等奖。1956年在第一届"舒曼国际钢琴比赛"中获奖,是首位在国际钢琴比赛中获奖的中国人。先后获得"全国五一劳动奖章""宝钢优秀教师特等奖""老教授科教兴国贡献奖”“中央音乐学院杰出贡献奖”。1995 年赴英国演奏莫扎特协奏曲。1996 年举办了 5 位中外女钢琴家的钢琴音乐会。1983 年至 1993 年创办了星海、乐友两所儿童钢琴学校,组织国内、国际钢琴比赛和钢琴考级活动,被政府授予“优秀文化工作者”等称号,获 1994 年“五一劳动奖章”和 1998 年“宝钢优秀教师”特等奖。1989 年担任中国电视师范学院钢琴课程电视教材主讲教师,主编配套文字教材《钢琴演奏基础》,由高等教育出版社出版发行。

239. 周桂珍(1943—),江苏宜兴人。工艺美术家、陶瓷艺术家。1958 年入宜兴紫砂工艺厂,师从王寅春。1961 年得“壶艺泰斗”顾景舟悉心指导。1978 年与丈夫共创《集玉壶》作为国礼赠予日本。1982 年入宜兴紫砂工艺厂紫砂研究所,负责创新设计与授徒。1987 年《曼生提梁壶》被选为中南海紫光阁的陈列工艺品。1989 年《环龙三足壶》《之泉壶》分别获中国工艺美术协会颁发的“陶瓷美术设计奖”,《玉带提梁壶》获亚太地区陶瓷美术精品一等奖。1991 年《真知提梁壶》入选北京国际艺术研究会。1996 年获江苏省工艺美术行业协会举办的“95 年度陶瓷艺术新品展”特别奖、“江苏省工艺美术名人”称号。2001 年在中国工艺美术馆珍宝馆举办“周桂珍紫砂艺术展”,作品《竹提梁壶》《金鼎如意壶》分别获第二届“工艺美术博览会”金奖与银奖。2005 年《沁心壶》获第三届中国无锡太湖博览会金奖、《三元壶》获第三届“工艺美术精品博览会”特别荣誉奖。2003 年被评为“中国陶瓷艺术大师”。2007 年获第五届“中国工艺美术大师”荣誉称号。著有《周桂珍紫砂艺术集》。

240. 周慧珺(1939—),浙江镇海人。书法家,国家一级美术师。曾任中国书法家协会副主席、西泠印社社员、上海市书法家协会主席。为中国书法家协会顾问、上海市文联副主席、上海市书协名誉主席、上海市文史研究馆馆员。1962 年参加上海市青年宫书法学习班,得到沈尹默、拱德邻、翁闿运等著名书法家亲授。1965 年由书刻会选送作品参加“中国现代书法展览”。1972 年行书杜牧《山行》刊登于《人民中国》。1974 年出版《鲁迅诗歌选》行书字帖。1975 年入上海中国画院从事书法创作。1981 年参加在北京召开的第一届中国书法家协会代表大会,当选为中国书协理事。1986 年获上海文联“首届文学艺术奖”。1989 年任第四届“全国书法展”评委。1991 年赴深圳与张成之联合举办书法展览。1994 年为庆祝上海—大阪建立友好城市 20 周年,参加上海书法家代表团赴大阪访问及书法交流。1995 年当选第六届全国文代会代表。1996 年赴美参加旧金山东西方画廊举办的书画展览。2004 年续任上海市书法家协会主席,任中国书法家协会副主席。还出版有《古代爱国诗词》《周慧珺行楷千字文》等字帖。

241. 周金秀(1932—)，湖南长沙人。工艺美术家、湘绣艺术家。曾任湖南省湘绣研究所主任技师、湖南省第六届人大代表。1932 年生于湘绣世家。1943 年随父学绣，后师从余振辉，学习鬅毛针法。1953 年任家乡刺绣联组组长。1954 年入长沙国营红星湘绣厂。同年并入长沙市湘绣生产合作社，任小组长。1957 年入湖南省湘绣厂。1959 年参加刺绣研究小组，参与整理了两套刺绣教材《湘绣针法》。1961 年调入湖南省工艺美术研究所。1962 年参加首届刺绣表演，1963 年与余振辉合绣成大型挂屏《雄狮》。1979 年调入湖南省湘绣研究所，研创了第一幅双面全异绣《狮・虎》座屏，于 1982 年获湖南省科技成果二等奖、中国工艺美术"百花奖"金奖。1982 年被授予湖南省"劳动模范"称号。1983 年当选湖南省第六届人大代表，被授予"全国先进科技工作者"称号。1984 年作品《潇湘八景》获全国旅游工艺品优秀奖。1987 年《白头鹰》获北京首届国际博览会金奖。1989 年至 1991 年被国家委派至津巴布韦从事刺绣援外工作，编写《刺绣培训教学大纲》，被授予"全国劳动模范""全国三八红旗手"。1993 年获第三届"中国工艺美术大师"荣誉称号。1999 年《老虎和熊猫》获中国工艺美术创作大展金奖。

242. 周丽华(1900—1983)，江苏徐州人。美术家。1921 年至 1925 年在上海美专学习西画，毕业后刻苦研究油画，其作品曾多次参加中央美展及上海美展。1936 年在上海举办个人美展，展出油画百余幅，为继潘玉良之后第二个女子画展，是我国现代早期少数知名女画家之一，曾出版《周丽华油画集》。1957 年参加中国美术家协会华东分会。1961 年应聘为上海市文史馆员。多年来积极参加美协举办的历次画展及各项油画创作活动，曾到四川、云南、贵州等地做了很多描绘少数民族及祖国建设的速写、素描、油画，并将大部分画作捐献上海市文史馆。受"五四"新文化运动的思想启蒙，以建树新文化为目标，作品的立意角度均反映了女艺术家对国家和民族的关注，被称为"智识广博，人品高尚，志趣远大"的艺术家。代表作品有《嫠妇》《永别》《敌机下的同胞》《暴风雨之和平神》等。

243. 周炼霞(1908—2000)，字紫宜，号螺川，书斋名"螺川诗屋"，祖籍江西吉安，生于湖南湘潭。美术家。中国女子书画会的发起人之一，中国美术家协会及上海分会会员。13 岁起先后师从郑壶叟、郑凝德学画。17 岁随朱孝臧学词，后又从蒋梅笙学诗。擅长仕女人物和花鸟，不到 20 岁就蜚声上海，为王星记等笺扇庄作画。曾在上海锡珍女校任国画教师。1936 年画作被选送加拿大第一届国际艺术展，获金奖。由于才艺过人，容貌姣好，亦善交际，在沪上文人墨客间颇得艳名，人称"炼师娘"。作画余暇兼写小说、散文、诗词，在《万象》等通俗杂志上发表了不少作品，代表作有小说《佳人》《宋先生的罗曼史》等，著有《螺川韵语》《嘤鸣诗集》

《学诗浅说》(与瞿蜕园合作)等。1956 年上海中国书画院成立时被聘为第一批正高级职称女画师。1980 年移居洛杉矶,其山水画《洛城嘉果图》获洛杉矶市长特别奖。

244. 周思聪(1939—1996),天津人。美术家。擅长水墨人物画,兼及花卉,偶作山水,在油画上也颇有造诣。曾任中国美术家协会常务理事、中国美术家协会副主席、北京画院一级美术师。1955 年考入中央美术学院附属中学。1958 年进入中央美术学院中国画系,曾得到李可染、蒋兆和、叶浅予、李苦禅等名师指点。1963 年毕业后供职于北京中国画院(今北京画院),后兼任中央美术学院国画系副教授。代表作品有《矿工图》组画、《高原风情画》组画、《荷之系列》等。出版《卢沉、周思聪作品选集》《坑夫图——周思聪画集》《周思聪画人体》《周思聪水墨画》《周思聪画集》等。作品曾多次入选国内外大型美术作品展览并获奖:1955 年《万寿山一角》获维也纳第七届“世界青年联欢节”银质奖,1977 年与卢沉合作的《清洁工人的怀念》被中国美术馆收藏,1979 年《人民和总理》获建国 30 周年“全国美展优秀作品展”一等奖,1984 年与卢沉合作《草原月夜》入选第六届美术作品展览优秀作品展,1985 年油画《正午》获第六届全国美术作品展览铜质奖。同年应邀访问日本,巡回展出《矿工图》等 30 余幅作品。同年在济南举办个人画展。此外,1982 年为冰心《关于女人》一书创作的插图获书籍插图优秀奖。

245. 周小燕(1917—2016),湖北武汉人。女高音歌唱家、声乐教育家。“法国国家军官勋章”和金钟奖获得者,被誉为“中国的夜莺”。曾任中国音乐家协会第三、第四届主席团副主席。1935 年入上海国立音乐专科学校学习声乐。1937 年参加抗日宣传队,曾担任《歌八百壮士》合唱曲女声领唱。1938 年赴巴黎俄罗斯音乐学院学习声乐。1945 年在巴黎国立大剧院首次登台,以清唱剧形式演唱了 A.N.切列普宁根据中国民间故事所作的歌剧《蚌壳》。1947 年赴捷克斯洛伐克参加第一届“布拉格之春”国际音乐节,演唱了《神女》《红豆词》等中国歌曲,并应邀到波兰华沙演出。同年回国,巡演于上海、南京、苏州、杭州、武汉等地。中华人民共和国成立后在上海音乐学院声乐系任教,曾获国家“有突出贡献声乐艺术家”、原文化部“终身艺术成就奖”等荣誉。首唱《百灵鸟,你这美妙的歌手》《玛依拉》等歌曲。1988 年创办周小燕歌剧中心,排演了《弄臣》《茶花女》《原野》《乡村骑士》等歌剧,培养了一批声乐人才,发表了《男高音换声区的训练》《当代世界声乐发展趋势给我们的启示》等声乐理论文章。

246. 周璇(1920—1957),生于江苏常州。影视表演艺术家、歌唱家。1931 年入明月歌舞团,因演唱歌曲《民族之光》而受到关注。1932 年发行个人首张唱片

《特别快车》。1934 年凭借歌曲《五月的花》成名。1935 年进入电影界。1937 年主演的剧情片《马路天使》成为其代表作,演唱的插曲《天涯歌女》《四季歌》在华人地区广泛流行。1941 年《上海日报》举办"电影皇后"评选,在当选后婉拒了"电影皇后"的荣誉。1946 年赴香港发展。1947 年主演爱情片《长相思》,演唱的插曲《夜上海》成为华语歌坛的代表作品之一。1950 年从香港返回上海。1995 年获中国电影世纪奖女演员奖。在近 20 年的演艺生涯中,拍摄了 43 部影片,演唱了 200 多首歌曲,是中国演艺界最早的"两栖"明星。在音乐上,被称为中国流行歌曲的先驱;在表演上,自然流露,出演的电影里经常会有一些真挚动人的精彩片段出现。

247. 朱逢博(1937—),山东济南人。女高音歌唱家。融合西洋声乐和中国民族唱法,有"中国夜莺""中国新民歌之母"的美誉,享受国务院政府特殊津贴。1965 年调入上海舞蹈学校,因出任芭蕾舞剧《白毛女》中女主角喜儿的伴唱而成名。1974 年后先后在中国艺术团、上海芭蕾舞团、上海歌舞团任独唱演员。20 世纪 80 年代初,翻唱了一批国外通俗歌曲,并首先演唱了一些台湾校园民歌,成为中国家喻户晓的通俗音乐明星。1985 年创建中国首个轻音乐团——上海轻音乐团并担任团长。演唱的代表作品有《白毛女》《美丽的心灵》《请茶歌》《金梭和银梭》《橄榄树》《满山红叶似彩霞》《那就是我》《珊瑚颂》《年轻的朋友来相会》《弯弯的小路》等。先后荣获首届中国"金唱片奖"艺术家终身成就奖"中国十大女歌唱家"称号,担任第二、第三、第四、第五届全国青年歌手大赛评委。

248. 朱琳(1923—2015),江苏海州人。话剧表演艺术家。曾当选北京市人民代表、中国戏剧协会理事、北京市剧协常务理事、北京人艺艺委会委员,享受国务院政府特殊津贴。1937 年参加长虹剧社。1939 年在武汉参加东北抗日救亡总会宣传队,后转入抗敌演剧九队。1950 年参加中国青年艺术剧院工作。1953 年转入北京人民艺术剧院,主演《钦差大臣》《在新事物面前》《雷雨》,生动传神、感人至深,受到广泛好评和喜爱,被誉为北京人民艺术剧院"第一青衣""话剧皇后"。1982 年至 1985 年出演《贵妇还乡》《推销员之死》《洋麻将》等剧目。多次随团到海外演出,曾获第七届大众电视"金鹰奖"最佳女配角奖。2007 年获原文化部颁发的"国家有突出贡献话剧艺术家"荣誉称号。

249. 朱羽君(1937—),湖南湘乡人。中国传媒大学电视系教授。中国摄影家、中国电视艺术家协会理论研究会理事,《大众摄影》编委,中国新闻摄影家协会学术委员。1949 年参加中国人民解放军。1960 年毕业于中国人民大学新闻系。同年到北京广播学院任教至今。著有《摄影》《摄影美学漫笔》《电视画面研究》《电视摄像艺术》《现代电视纪实》等多部专著。电视教学片《摄影艺术讲座》获

1985—1990 年全国电视教育节目一等奖。《电视摄像艺术》获 1995 年全国电视教学节目二等奖。1998 年被评为北京市首届十佳电视艺术家、全国首届百佳电视艺术工作者,获中国新闻教育协会"韬奋园丁一等奖"。2007 年获中国摄影家协会"50 年来突出贡献摄影家奖章"、中国广播电视协会"20 年来纪录片特殊贡献人物"称号。2011 年获中国纪录片学院奖。

250. 祝希娟(1938—),生于江西赣州。影视表演艺术家。1957 年考入上海戏剧学院表演系,大学三年级时在谢晋执导的影片《红色娘子军》中饰演女主角吴琼花,出色地塑造了娘子军战士倔强、刚毅的英雄形象,在影坛上一举成名,并获得 1962 年第一届"百花奖"最佳女演员奖,该片亦获得最佳故事片奖。1960 年毕业后,先后任上海戏剧学院实验话剧团、上海青年话剧团演员。其间在《燎原》《青山恋》《啊! 摇篮》《模范丈夫》等影片中饰演角色,得到观众好评。1962 年被授予"新中国人民演员"(22 大明星)称号。1995 年获"中华影星"称号,同时荣获中国电影世纪奖。2005 年入选"中国电影百年百位优秀演员"。同年被国家人事部、国家广电总局联合授予"国家有突出贡献电影艺术家"荣誉称号。

251. 卓然木・雅森(1958—),维吾尔族,新疆阿合奇县人。美术家。中国美术家协会会员、新疆艺术学院美术学院院长、新疆油画学会副主席。善于捕捉少数民族的日常生活,以绘画创作表现新疆地区独特的自然风光和人文风貌,且深入挖掘这一地区在自身地理和社会背景下构建起的色彩语系。1978 年毕业于新疆艺术学院美术系并留校任教。1996 年至 1998 年公派至日本仓敷艺术科学大学留学。1998 年至 2000 年于日本岗山国立大学教育学部美术学科攻读美术教育专业,并获硕士学位。先后任日本岗山国立大学教育学部美术学科客座研究员和日本东京艺术大学客座研究员。作品曾赴英、法、美、日、俄等国展出。2014 年于中国美术馆举办"回眸于阗——卓然木・雅森油画展"。出版有《卓然木・雅森油画集》《绘画材料技法研究》《于阗情——卓然木・雅森作品集》《回眸于阗——卓然木・雅森油画作品集》等,发表多篇论文和作品。

252. 资华筠(1936—2014),生于天津,湖南耒阳人。舞蹈表演艺术家、理论家。中国舞蹈家协会第七届副主席。9 岁至 11 岁时入俄侨开办的"瓦谭柯芭蕾舞学校"开始学习芭蕾舞。1950 年入中央戏剧学院舞蹈团。1951 年转入中国青年文工团,参演的藏族群舞《春游》在柏林获第三届"世界青年联欢节"舞蹈比赛金奖。1952 年成为中央歌舞团建团演员,历任领舞和独舞演员、教师、艺术委员会副主任等职。1955 年首演作品《飞天》在波兰获第五届"世界青年联欢节"舞蹈比赛铜奖。1980 年获第一届全国舞蹈比赛"优秀表演奖"。代表作品有《飞天》《荷花舞》《白孔雀》《思乡曲》《长虹颂》等。1981 年至 1983 年与王昆、姚珠珠合作举办舞蹈专场全国巡演。2009 年被中国文联授予“杰出贡献舞蹈家”称号。2012 年荣获中国舞蹈“荷花奖”、中国舞蹈艺术终身成就奖。1987 年至 1999 年担任中国艺术研究院舞蹈研究所所长，出版《舞蹈生态学》等多部著作，专著《中国舞蹈》获“五个一工程奖”、舞蹈评论《繁华中的忧思》获中国文联评论一等奖。2010 年成为中国艺术研究院首批终身研究员。

253. 左哈拉·莎赫玛依娃（1934— ），塔塔尔族，新疆伊犁人。舞蹈编导、表演艺术家。自幼喜爱舞蹈，能表演伊犁地区各民族歌舞。1951 年参加中国人民解放军，在第五军文工团任独舞演员。1953 年调原中国人民解放军总政治部歌舞团任独舞演员、编导。舞蹈风格热情奔放，舞姿细腻流畅，动作精巧严谨。1957 年独舞《纱巾舞》（兼编导）和担任领舞的《盘子舞》在莫斯科获第六届“世界青年联欢节”舞蹈比赛银奖。1959 年编创并参演的集体舞《植棉姑娘》获第二届“中国人民解放军文艺汇演”优秀演出奖。1964 年独舞《绣花帽》获第三届“中国人民解放军文艺汇演”优秀表演奖。1976 年独舞《牧鸭姑娘》获“全国单项舞蹈汇演”优秀表演奖。1978 年担任领舞的作品《草原小学》获全军第四届“文艺汇演”优秀演员奖。

附　录

（253 人）

本卷收录近百年中国艺术领域的杰出女性或优秀女性。她们大致可以分为三种类型：

一是造型艺术领域的女性人物，包括在绘画、雕塑、书法、工艺美术领域荣获国际艺术大奖、中国美术奖等国家级奖项者，被原文化部授予“人民艺术家”、国家级工艺美术大师、国家级非物质文化遗产代表性项目代表性传承人称号者，造型艺术研究知名学者，担任国家级美术团体负责人的女性管理者与领导者。

二是演出艺术领域的女性人物，包括在音乐、舞蹈、戏剧戏曲、曲艺、杂技等舞台表演艺术领域获得音乐金钟奖、舞蹈荷花奖、中国戏剧梅花奖、中国话剧金狮奖等国内、国际重要奖项，荣获国家级非物质文化遗产代表性项目代表性传承人称号者，演出艺术研究知名学者，担任国家级表演艺术团体负责人的女性管理者与领导者。

三是现代映像艺术领域的女性人物，包括获得国际重要影视奖项的主创人员及最佳女演员奖，中国电影金鸡奖、电视金鹰奖、飞天奖等重要国内影视奖项的女性导演、编剧及最佳女演员奖等重要奖项，中央宣传部“五个一工程奖”项目主创者，现代影像艺术研究知名学者，担任国家级影视团体负责人的女性管理者与领导者。

本附录以艺术领域女性人物从业领域分类，类别内按出生年份排序，既便于按从业类别查询，又可以清晰展示不同历史时期活跃在艺术界的女性人物成长历程。

一、造型艺术(101 人)

1. 吴淑娟(1853—1930)
2. 沈　寿(1874—1921)
3. 何香凝(1878—1972)
4. 张　光(1878—1970)
5. 金静芬(1885—1970)
6. 杨令茀(1887—1978)
7. 梁雪清(1890—?)
8. 王静远(1893—1970)
9. 鲍亚辉(1895—1977)
10. 顾青瑶(1896—1978)
11. 方君璧(1898—1986)
12. 李秋君(1899—1973)
13. 周丽华(1900—1983)
14. 江　采(1901—1986)
15. 刘　苇(1901—1997)
16. 张悟真(1901—1997)
17. 陆小曼(1903—1965)
18. 关紫兰(1903—1986)
19. 蔡威廉(1904—1939)
20. 胡絜青(1905—2001)
21. 丘　堤(1906—1958)
22. 冯文凤(1906—1961)
23. 唐蕴玉(1906—1992)
24. 陈　进(1906—1998)
25. 谢月眉(1906—1998)
26. 陈小翠(1907—1968)
27. 顾　飞(1907—2008)
28. 叶玉翠(1908—1992)
29. 周炼霞(1908—2000)
30. 李圣和(1908—2001)
31. 吴青霞(1910—2008)
32. 夏　朋(1911—1935)
33. 梁白波(1911—1970)
34. 李青萍(1911—2004)
35. 萧淑芳(1911—2005)
36. 曾杏绯(1911—2013)
37. 孙多慈(1912—1975)
38. 王叔晖(1912—1985)
39. 王合内(1912—2000)
40. 高婉玉(1913—2004)
41. 庞左玉(1915—1969)
42. 潘　素(1915—1992)
43. 俞致贞(1915—1995)
44. 任慧娴(1916—2003)
45. 郁　风(1916—2007)
46. 张晓非(1918—1996)
47. 冯忠莲(1918—2001)
48. 梁树英(1919—1999)
49. 蒋　蓉(1919—2008)
50. 乌密风(1920—2004)
51. 陈佩秋(1923—　)
52. 李承仙(1924—2003)
53. 李娥英(1926—　)
54. 钱美华(1927—2010)
55. 赵瑞英(1930—　)
56. 张德华(1931—2005)
57. 常沙娜(1931—　)
58. 冯　真(1931—　)

59. 顾文霞(1931—)
60. 张得蒂(1932—)
61. 赵友萍(1932—)
62. 周金秀(1932—)
63. 蒋雪英(1933—)
64. 周爱珍(1934—)
65. 刘兴珍(1935—)
66. 王素花(1935—)
67. 奚静之(1935—)
68. 张玉英(1935—)
69. 王 霞(1936—2016)
70. 陶咏白(1937—)
71. 王玉珏(1937—)
72. 周思聪(1939—1996)
73. 周慧珺(1939—)
74. 裘兆明(1940—)
75. 张玉珍(1941—2016)
76. 白静宜(1942—)
77. 孟玉松(1942—)
78. 王迎春(1942—)
79. 汪寅仙(1943—)
80. 周桂珍(1943—)
81. 郝淑萍(1945—)
82. 林 岫(1945—)
83. 陈水琴(1946—)
84. 张明娟(1946—)
85. 殷秀云(1947—)
86. 张改琴(1948—)
87. 吴通英(1951—)
88. 胡明哲(1953—)
89. 杨春华(1953—)
90. 孙玉敏(1954—)
91. 孙晓云(1955—)
92. 方李莉(1956—)
93. 陆莲莲(1957—)
94. 黄丽娟(1958—)
95. 宋 菁(1958—)
96. 卓然木·雅森(1958—)
97. 单秀梅(1963—)
98. 薛春梅(1965—)
99. 崔岫闻(1967—2018)
100. 李竹玲(1968—)
101. 叶水云(1968—)

二、演出艺术(121 人)

1. 裕容龄(1882—1973)
2. 萧淑娴(1905—1991)
3. 危拱之(1905—1973)
4. 雪艳琴(1906—1986)
5. 孟小冬(1907—1977)
6. 黄友葵(1908—1990)
7. 喻宜萱(1909—2008)
8. 新艳秋(1910—2008)
9. 章遏云(1912—2003)
10. 骆玉笙(1914—2002)
11. 戴爱莲(1916—2006)
12. 寄 明(1917—1997)
13. 周小燕(1917—2016)
14. 盛 婕(1917—2017)

15. 郎毓秀(1918—2012)
16. 言慧珠(1919—1966)
17. 瞿希贤(1919—2008)
18. 蒋　英(1919—2012)
19. 周　璇(1920—1957)
20. 陈锦清(1921—1991)
21. 康巴尔汗·艾买提(1922—1994)
22. 胡宗温(1922—2005)
23. 袁雪芬(1922—2011)
24. 吴素秋(1922—2016)
25. 常香玉(1923—2004)
26. 李慧芳(1923—2011)
27. 朱　琳(1923—2015)
28. 李玉茹(1924—2008)
29. 红线女(1924—2013)
30. 范瑞娟(1924—2017)
31. 董锡玖(1925—2011)
32. 王　昆(1925—2014)
33. 新凤霞(1927—1998)
34. 高玉倩(1927—2018)
35. 王克芬(1927—2018)
36. 郭淑珍(1927—　)
37. 赵燕侠(1928—　)
38. 周广仁(1928—　)
39. 陈　颙(1929—2004)
40. 胡蓉蓉(1929—2012)
41. 方掬芬(1929—　)
42. 郭兰英(1929—　)
43. 李正一(1929—　)
44. 严凤英(1930—1968)
45. 邵九琳(1931—1999)
46. 张奇虹(1931—　)
47. 李丽芳(1932—2002)
48. 杜近芳(1932—　)
49. 乔佩娟(1932—　)
50. 斯琴塔日哈(1932—　)
51. 李世济(1933—2016)
52. 舒　巧(1933—　)
53. 许淑媖(1934—2011)
54. 崔美善(1934—　)
55. 蒋祖慧(1934—　)
56. 左哈拉·莎赫玛依娃(1934—　)
57. 谷建芬(1935—　)
58. 王玉珍(1935—　)
59. 张　均(1935—　)
60. 资华筠(1936—2014)
61. 马玉涛(1936—　)
62. 赵　青(1936—　)
63. 顾圣婴(1937—1967)
64. 才旦卓玛(1937—　)
65. 崔善玉(1937—　)
66. 夏菊花(1937—　)
67. 朱逢博(1937—　)
68. 陈　翘(1938—　)
69. 陈薪伊(1938—　)
70. 张继青(1938—　)
71. 白淑湘(1939—　)
72. 陈爱莲(1939—　)
73. 阿依吐拉(1940—　)
74. 曹其敬(1941—　)
75. 刘长瑜(1941—　)
76. 莫德格玛(1941—　)
77. 张洵澎(1941—　)
78. 洪雪飞(1942—1994)

79. 杨丽坤(1942—2000)
80. 刀美兰(1942—)
81. 李炳淑(1942—)
82. 连丽如(1942—)
83. 林荫宇(1942—)
84. 章诒和(1942—)
85. 杨春霞(1943—)
86. 李谷一(1944—)
87. 刘兰芳(1944—)
88. 赵汝蘅(1944—)
89. 闵惠芬(1945—2014)
90. 杨美琦(1945—)
91. 白淑贤(1947—)
92. 德德玛(1947—)
93. 李维康(1947—)
94. 裴艳玲(1947—)
95. 石小梅(1949—)
96. 何冀平(1951—)
97. 宋春丽(1951—)
98. 关牧村(1953—)
99. 冯宪珍(1954—)
100. 籍 薇(1956—)
101. 廖向红(1956—)
102. 殷秀梅(1956—)
103. 王小燕(1957—)
104. 刘 敏(1958—)
105. 杨丽萍(1958—)
106. 冯玉萍(1959—)
107. 茅威涛(1962—)
108. 杨凤一(1962—)
109. 赵林平(1962—)
110. 冯 英(1963—)
111. 李丽娜(1963—)
112. 王 芳(1963—)
113. 孙丽英(1964—)
114. 沈铁梅(1965—)
115. 迪丽娜尔·阿布都拉(1966—)
116. 李胜素(1966—)
117. 柳 萍(1967—)
118. 韩再芬(1968—)
119. 宋 飞(1969—)
120. 山 翀(1969—)
121. 盛小云(1969—)

三、现代影像艺术(31 人)

1. 严珊珊(1896—1951)
2. 胡 蝶(1908—1989)
3. 阮玲玉(1910—1935)
4. 黎莉莉(1915—2005)
5. 王 苹(1916—1990)
6. 张瑞芳(1918—2012)
7. 白 杨(1920—1996)
8. 陈云裳(1921—2016)
9. 于 蓝(1921—)
10. 秦 怡(1922—)
11. 李兰英(1927—2016)
12. 侯 波(1927—)
13. 田 华(1928—)
14. 陈娟美(1929—)

15. 王晓棠(1934—)
16. 谢　芳(1935—)
17. 朱羽君(1937—)
18. 祝希娟(1938—)
19. 黄婉秋(1943—)
20. 王馥荔(1949—)
21. 赵　实(1953—)
22. 潘　虹(1954—)
23. 李少红(1955—)
24. 刘晓庆(1955—)
25. 奚美娟(1955—)
26. 麦丽丝(1956—)
27. 陈小波(1957—)
28. 胡　玫(1958—)
29. 赵迎新(1966—)
30. 王　瑶(1970—)
31. 章子怡(1979—)

第五卷　医　学

条　目

（以姓氏拼音为序，共207人）

1. 安静娴
2. 晁福寰
3. 陈　东
4. 陈冯富珍
5. 陈桂云
6. 陈嘉政
7. 陈界新
8. 陈兰英
9. 陈路得
10. 陈荣秀
11. 陈赛娟
12. 陈淑珍
13. 陈　薇
14. 陈文珍
15. 陈香美
16. 陈晓红
17. 陈孝曙
18. 陈亚珠
19. 陈　征
20. 陈子江
21. 诚静容
22. 成翼娟
23. 崔　丽
24. 戴希文
25. 邓蓉仙
26. 丁懋英
27. 丁淑贞
28. 丁志辉
29. 都贵玛
30. 杜梓伯
31. 范　利
32. 方淑梅
33. 冯理达
34. 高骝德
35. 顾　瑛
36. 关小瑛
37. 郭明华
38. 郭佩如
39. 郭渝成
40. 韩雅玲
41. 何凤生
42. 何界生
43. 侯凡凡
44. 胡懋华
45. 胡亚美
46. 胡之璧
47. 黄翠芬
48. 黄金芳
49. 黄　量
50. 贾丹兵
51. 贾伟平
52. 姜小鹰
53. 姜云燕
54. 金蕴华
55. 康爱德
56. 柯　杨
57. 孔芙蓉
58. 劳远琇
59. 黎秀芳
60. 李　斌
61. 李超荆
62. 李德全
63. 李桂美

64. 李果珍
65. 李继庸
66. 李家泰
67. 李　静
68. 李兰丁
69. 李兰娟
70. 李麓芸
71. 李　琦
72. 李秋洁
73. 李绍珍
74. 李廷谦
75. 李希楷
76. 李孝光
77. 李　漪
78. 栗秀真
79. 梁季华
80. 梁仪韵
81. 廖文海
82. 林菊英
83. 林巧稚
84. 刘　波
85. 刘家琦
86. 刘　琨
87. 刘淑媛
88. 刘苏冰
89. 刘彤华
90. 刘兴玠
91. 刘云波
92. 刘志红
93. 陆　冰
94. 陆玉珍
95. 罗少霞
96. 马伴吟
97. 马忘兰
98. 毛文书
99. 梅玉文
100. 孟阳春
101. 聂淑娟
102. 聂毓禅
103. 潘贵玉
104. 潘若男
105. 潘世宬
106. 彭　玉
107. 钱和年
108. 秦力君
109. 秦振庭
110. 邱志芳
111. 任　进
112. 尚　红
113. 佘　靖
114. 佘韫珠
115. 沈倍奋
116. 沈慧凤
117. 沈渔邨
118. 石美玉
119. 石元俊
120. 史济招
121. 史美黎
122. 史轶蘩
123. 司堃范
124. 苏雅香
125. 苏祖斐
126. 孙桂芝
127. 孙静霞
128. 孙秀兰
129. 索玉梅
130. 涂楚国
131. 屠呦呦
132. 汪赛进
133. 王大玫
134. 王桂英
135. 王红阳
136. 王惠芸
137. 王介明
138. 王克勤
139. 王琳芳
140. 王　群
141. 王士雯
142. 王淑兰
143. 王淑贞
144. 王　侠
145. 王晓钟
146. 王琇瑛
147. 王雅屏
148. 王簃兰
149. 王　懿
150. 魏治统
151. 吴景春
152. 吴景华
153. 吴静芳
154. 吴　蔚
155. 吴秀锦
156. 夏美琼
157. 夏照帆
158. 肖碧莲
159. 修瑞娟

160. 徐　静
161. 许金訇
162. 严仁英
163. 严　真
164. 阎国珍
165. 杨必纯
166. 杨崇瑞
167. 杨　纯
168. 杨贵贞
169. 杨华荣
170. 杨霁云
171. 杨蓉娅
172. 叶恭绍
173. 叶　欣
174. 叶奕英
175. 于载畿
176. 俞霭峰
177. 俞　瑾
178. 虞佩兰
179. 乐以成
180. 曾熙媛
181. 翟枕流
182. 张　峨
183. 张瑾瑜
184. 张丽珠
185. 张楠森
186. 张佩珠
187. 张淑芳
188. 张水华
189. 张惜阴
190. 张玉芹
191. 张媛贞
192. 张云清
193. 张竹君
194. 章　安
195. 章金媛
196. 赵白鸽
197. 郑永芳
198. 钟华荪
199. 周东屏
200. 周娴君
201. 周越华
202. 朱霁虹
203. 朱南孙
204. 朱秀媛
205. 邹德凤
206. 邹瑞芳
207. 左焕琛

词　条

（以姓氏拼音为序，共 207 人）

1. 安静娴（1929—2015），山东烟台人。医药工程学家，东北制药总厂教授级高级工程师。1997 年当选中国工程院院士，成为全国制药工业企业中第一位院士。1952 年毕业于北京大学医学院药学系。之后进入东北制药总厂工作，主要从事化学合成制药。20 世纪 50 年代初，首创抗生素药“磺胺嘧啶”合成新路线。60 年代提出并组织实施“磺胺嘧啶”重大技术路线的改进，使其得以顺利工业化。70 年代与中国军事医学科学院微生物流行病学研究所合作，主持研究发明的抗疟疾新药——脑疟佳、全化学合成黄连素均为世界首创。80 年代以来，组织和主持头孢类药物，脑血管用药等产品的研究开发，取得显著的经济效益和社会效益，其中头孢噻肟钠、头孢三嗪、头孢他啶、头孢氨苄的成功开发，填补了国内企业头孢类抗生素的生产空白，被誉为“中国头孢第一人”。1993 年始自行设计合成一系列结构确凿的新化合物，部分药效优于对照物，为企业的创新工作奠定了基础。曾获 1978 年全国科学大会奖、国家发明三等奖、国家科技进步奖三等奖、“全国先进工作者”、“全国三八红旗手”等奖项或荣誉称号。

2. 晁福寰（1942—　），祖籍河北乐亭，生于天津。公共卫生管理专家，中国人民解放军军事医学科学院原副院长。中国人民解放军少将军衔。1965 年毕业于天津医科大学。1966 年进入军事医学科学院卫生学环境医学研究所工作，研制出能在基层推广使用的水质细菌学检验设备——水质细菌学检测箱，既简易轻便，又适用于室内外使用，在试用及试装过程中深受部队欢迎，后被推广应用于全军的改水工作。由于其设计合理，科学实用，具备国内先进水平，分别获得 1990 年度军队科技进步成果二等奖、1991 年度国家科技进步成果三等奖。1986 年后历任军事医学科学院卫生学环境医学研究所副所长、所长。1993 年，被任命为军事医学科学院副院长,兼任总后勤部卫生部医学科技委委员、军队卫生专业组组长。

3. 陈东(1944—),北京人,回族。2003年获第39届"南丁格尔奖章"。北京佑安医院护理部原主任,曾任中华护理学会传染病专业委员会主任委员、中国南丁格尔志愿护理服务总队副理事长。1962年自北京儿童医院护士学校毕业,至北京第二传染病医院(现北京佑安医院)工作,先后任护士、护士长、护理部主任,1997年开始任医院工会负责人。长期坚持工作在传染病护理一线。经历了20世纪60年代霍乱、麻疹等十几种传染病的肆虐,70年代中国肝炎病的高发期,80年代后艾滋病的流行以及2003年的非典型肺炎,见证了中国传染病疾病的变迁。作为北京佑安医院"爱心家园"的志愿者,致力于艾滋病病人护理,在预防艾滋病、关爱艾滋病患者的宣传上倾注了心血。并在抗击"非典"中做出了突出贡献。撰有《正确认识艾滋病,做好自身防护》《医院隔离预防技术的探讨》等文。

4. 陈冯富珍(1947—),祖籍广东顺德,生于中国香港。公共卫生管理专家,曾任世界卫生组织总干事。分别于1973年和1977年在加拿大西安大略大学获得文学士及博士学位。1985年在新加坡国立大学获得公共卫生理学硕士学位。1978年加入香港卫生署,并于1994年6月成为香港卫生署首位女署长。在担任卫生署署长期间,协助政府制定卫生政策,执行食品、药品、控烟、传统中医和私营医院方面的公共卫生法例,领导及协调本地公共卫生服务,管理7000员工以提供初级医疗服务等。还采取新的行动以改善传染病监测和应对,加强公共卫生专业人员的培训,以及确立更好的地方和国际合作。有效地处理了禽流感和严重急性呼吸道综合征(SARS)的爆发。1999年获颁泰国玛希顿亲王公共卫生奖,以表扬她在控制香港禽流感爆发中的杰出表现。在处理香港"非典"危机时所表现出的果敢和透明为她赢得了国际声誉。2003年至2005年,任世界卫生组织人类环境保护局局长。2006年当选世界卫生组织总干事,成为首位担任该职的中国人,也是首位获中国政府推荐竞逐联合国专门机构最高职位的竞选人。2012年获得连任。积极致力于国际公共卫生工作,曾先后担任世界卫生组织西太区第43届区域委员会会议组织者、世界卫生组织西太区第49届区域委员会主席、世界卫生组织西太区社会安全部长圆桌会议主持、世界卫生组织烟草控制框架公约工作小组副主席、世界卫生组织传统药评估与研究方法指南会议主席、世界卫生组织2001年国际药品管理机构会议计划委员会主席、世界卫生组织人类环境保护司司长、世界卫生组织传染病部门助理总干事兼大流行性流感总干事代表等职务。1997年荣获英女皇伊丽沙白二世颁授官佐勋章,同年被授予英国皇家内科医学院公共卫生医学院院士。

5. 陈桂云（1897—1978），祖籍山东潍坊，生于沈阳。妇产科专家，西北地区妇幼保健事业的创始人。1921 年于北京协和女子医学院毕业后，到沈阳盛京女施医院和辽宁医学院任医师、教授。1931 年“九一八”事变后，离开沈阳，到北京第一助产学校及其附设产院任教授和医师。1934 年来到刚创办的陕西省立助产学校，任首任校长兼产院院长。1939 年应聘去甘肃，在兰州高级助产职业学校任产科教师。1944 年任兰州助产学校校长，并创办附属产科医院。1947 年 8 月赴美国考察妇幼保健工作。1948 年 2 月回国，同年 8 月创办甘肃省第一家妇幼保健院，任院长。中华人民共和国成立后，历任兰州陆军总医院主任医师、兰州医学院教授、甘肃省妇幼保健院与妇产科医院院长、中华医学会甘肃分会副会长及妇产科学会名誉主任委员、甘肃省妇联副主任、甘肃省政协常委等职。发明“陈氏单手产钳术”，冲破了传统双人操作产钳处理难产的习惯做法，对减轻产妇分娩痛苦、保护母亲和婴儿起了重要作用。为西北地区培养了一大批从事妇幼保健事业的专业人才。

6. 陈嘉政（1918—2007），浙江杭州人。妇产科专家，南京市妇幼保健院原院长，曾任中国计划生育协会常务理事兼副秘书长、中国优生科学协会顾问、华东优生优育协会副理事长、江苏省遗传学会副理事长、江苏省计划生育研究所所长等。1943 年毕业于中正医学院，先后在重庆市妇产科医院、市民医院、南京市鼓楼医院妇产科、南京助产学校附设产院工作。1956 年起，历任南京市妇幼保健院主任医师、副院长、院长、技术顾问、名誉院长。长期从事妇产科及计划生育研究工作。1956 年报导中国首例“肺羊水栓塞”，引起国内外重视。1963 年首次采用电动吸引人工流产术。从 20 世纪 50 年代开始，组织开展以防癌为中心的妇女病普查工作，长期延续，取得了很大成绩，获得了大量宝贵的第一手资料。此外，还较早开展了新生儿遗传疾病筛查、药物流产、胎教等工作。科研成果“甾体避孕药的研究”获卫生部医学卫生大会奖，“国产前列腺素 E 中期妊娠引产”获全国科学大会奖，“壬苯醇醚外用避孕药膜临床研究”获国家计划生育委员会科学技术进步三等奖。主编《妇科疾病》《优生优育》《人类染色体方法学手册》等专著，参加编写《围产医学》等著作。1992 年起享受国务院政府特殊津贴。

7. 陈界新（1930—　），蒙古族，吉林四平人。1985 年率先实行山西全省医药行业管理改革。1983 年起连续当选为第六、第七届全国人大代表。1949 年参加中国人民解放军，1950 年加入中国共产党，1954 年毕业于沈阳药学院，1955 年赴苏联学习，1956 年后在东北制药总厂、太原制药厂任技术员、副科长、科长、试验室主任、副总工程师等职，1965 年后陆续研制成功苯唑青霉素、氯苯唑青霉素、乙氧萘青霉素等药品，并于 1965 年主持参与磺胺嘧啶、眠尔通生产工艺的改革。1974 年开始对长效磺胺生产过程中产生的“含氰废水”进行电解氧化法进行研究，并取得成功。1983 年 5 月任山西省医药总公司经理、党委书记。1988 年晋升为高级工程师。1992 年 4 月离休。从事医药工作 40 多年，始终重视科研、新产品开发和技术改造。在太原制药厂工作期间，组织领导并参与了苯甲异噁唑青霉素、邻氯苯甲异噁唑青霉素等半合成青霉素新产品的开发研究、药理临床试验和技术鉴定以及周效磺胺和氨苄青霉素技改方案的制定和设计施工、磺胺嘧啶工艺路线的改造等，均取得了显著的经济效益和社会效益。曾担任山西省医药总公司经理、党委书记。撰写的论文《从部门管理转向行业管理》获山西省软科学优秀论文二等奖。

8. 陈兰英（1921— ），四川宜宾人。医药学家，药剂研制专家，曾任中国药学会北京分会副理事长兼药房组组长、中国药学会常务理事、中国药学会药剂分科学会副主任委员、卫生部医疗卫生技术鉴定咨询专家、卫生部药品审评委员会委员、北京协和医院原主任药师、北京协和医院药事管理委员会主任委员及伦理委员会副主任委员等职。出身于中医世家，1940 年考入四川华西协合大学理学院制药系。1944 年 12 月应征到重庆香国寺陆军医院药局工作。征调期满后，在青岛国民政府救济总署药库工作。抗美援朝期间，带领药房人员利用业余时间，自制 50%葡萄糖针剂，并将销售这些针剂所得的 8500 元全部捐献给国家，支援抗美援朝前线。长期从事医院药剂的研制和教学工作，结合临床研制出“新麻滴鼻液”“氟万”等多种新制剂，为解决农村用药难问题，开办中草药制剂学习班，为现代药学中的新兴学科——临床药学在我国的推广应用与发展，率先开办了全国性临床药学学习班，为我国临床药学队伍的发展做出了贡献。

9. 陈路得（1914—2000），湖北武汉人。护理专家，天津护理事业创始人，中国护理高等教育创办人，天津护理学会创始人，全国第一位由护士出任的医院女院长。1987 年获第 31 届“南丁格尔奖章”，成为天津首位“南丁格尔奖章”获得者。1937 年毕业于协和医学院护士学校和燕京大学，获学士学位，毕业后受聘于协和医院，曾任临床护士、护士长，护士督导兼护校教师。1946 年随中国护士代表团赴美国纽约等市参观考察护理管理及护理教育，回国后于 1947 年 3 月就职于当时新建的天津中央医院（中华人民共和国成立后更名为天津市立总医院、天津医学院附属医院，现天津医科大学总院），先后任护理部副主任、主任兼护校教务主任、校长、副院长等职。从事护理工作以来，先后撰写了《绷带包扎法》手册、《建立综合简易病房培训医护人员的经验体会》、《加强组织领导提高临床护理教学质量》、《病房管理讲座》、《临床护理应知应会》等。1988 年后，陆续写了一些回忆性的文章在已出版的文史类著作上发表，其中包括《愿将毕生献给护理事业》《难忘的岁月，美好的回忆》《回顾天津的护理事业》《古稀之年话生活自理》等。

10. 陈荣秀（1944— ），天津人。2011 年第 43 届“南丁格尔奖章”获得者，天津肿瘤医院护理部原主任、天津市卫生局护理质控中心主任。1964 年从天津市护士学校毕业，到天津市立人民医院（现天津肿瘤医院）肿瘤科从事护理工作。在临床护理、学术研究和护理教育工作中，做出了突出贡献。在国内肿瘤护理领域建立了第一个乳腺康复室，设立了第一个化疗药物安全配置室，研制出第一台有毒化疗药物安全操作台，第一个引进了锁骨下静脉穿刺技术，建立了全国第一个“临终关怀病房”，成立了天津市第一家“造口关怀协会”，在医院率先倡导并参与志愿服务。主持编写了国内第一部肿瘤护理专著《肿瘤护理学》，填补了中国肿瘤护理教科书的空白。主编了《实用护理技术》《肿瘤疾病社区护理与自我管理》，开创了中国肿瘤社区护理的先河。

11. 陈赛娟（1951— ），祖籍浙江鄞州，生于上海。遗传学专家，中国工程院院士，发展中国家科学院院士。主要从事白血病的细胞遗传学和分子遗传学研究。任上海交通大学医学院教授、博士生导师，上海交通大学医学院附属瑞金医院终身教授，中国科协副主席，上海血液学研究所研究员、所长，医学基因组学国家重点实验室主任。是第十、第十一届全国人大代表。1975 年毕业于上海第二医科大学，1981 年获医学硕士学位，1989 年获法国巴黎第七大学科学博士。建成和发展了一整套白血病分子细胞遗传学和分子生物学诊断标志体系。1990 年发现了导致癌细胞对维甲酸耐药性的基因并命名为早幼粒细胞白血病锌指蛋白基，是中国人在生命科学领域发现的第一个人类疾病基因。2004 年发现对初发的急性早幼粒细胞白血病患者联合应用全反式维甲酸和三氧化二砷，可以使得 90%以上的患者获得 4 年无病生存，使该类白血病成为国际上第一个可以治愈的急性髓细胞性白血病。曾获国家自然科学奖二等奖、“何梁何利基金科学与技术进步奖”、“求是”基金青年科学家奖、“世界杰出女生物学家成就奖”提名奖、中国首届杜邦科技奖等多个奖项，荣获“全国劳动模范”、“全国三八红旗手”、全国“十佳女职工”、全国“十大女杰”等荣誉称号。

12. 陈淑珍（1919—2000），辽宁沈阳人。外科专家，医学教育家。1936 年考入盛京医科大学，1943 年毕业后历任盛京医科大学附属医院外科住院医师、主治医师和讲师。1949 年任中国医科大学内科学院外科主任，1958 年任中国医科大学第一附属医院外科主任兼医疗系主任，1978 年任中国医科大学第二、第三附属医院外科教研组主任。1978 年晋升为外科教授，为中国第一位外科女教授，是中国医科大学外科的奠基人之一。1984 年成为中国医科大学第一批博士研究生导师，为中国培养了一批外科专业人才。1958 年在东北率先开展了胰十二指肠切除术，1960 年开展了门腔分流术，1964 年开展了肝叶切除术。科研成果“国人胆结石成因与防治研究”于 1984 年获卫生部科技成果二等奖。1986 年参加在瑞典召开的第一届世界肝胆胰外科学术会议，任大会执行主席，发表的“中国人胆结石类型的研究”等三篇论文获得与会者赞扬。主编《腹部急症学》等专著。曾任第三、第五、第六、第七届全国人大代表，中国民主同盟辽宁省副主委，辽宁省政协常委，中华医学会外科学会胆道外科学组副组长，辽宁省外科学会主任委员，世界肝胆胰外科学会委员，《中华外科杂志》等 10 多种杂志的顾问和编委，是《中国实用外科杂志》的创始人之一、第一任主编。

13. 陈薇（1966— ），浙江省兰溪市人。抗病毒药物专家。2015 年被授予中国人民解放军少将军衔。1988 年浙江大学本科毕业，1991 年清华大学硕士毕业，同年 4 月特招入伍，1998 年军事医学科学院博士毕业。任军事医学科学院生物工程研究所所长、研究员、博士生导师。一直将抗病毒药物作为主攻方向，积极申请国家和军队课题支持。2003 年 SARS（重症急性呼吸综合征）期间，带领研究团队，证实基因工程 ω 干扰素能有效抑制 SARS 病毒的复制，被评为当年的“中国十大杰出青年”、全军“‘非典’防治工作先进个人”。相关成果获第六届“中国青年科技创新杰出奖”。2008 年，任汶川地震期间国家卫生防疫组组长，参与北京奥运会的“军队奥运安保指挥小组”专家组，成功处置了数十起核生化疑似事件，被总后勤部评为“援奥工作先进个人”，获国务院政府特殊津贴。2011 年，获“第八届中国青年女科学家奖”。带领的科研团队从 2004 年开始关注埃博拉疫情，2006 年，其“重组埃博拉疫苗的研制”项目获国家科技部“863”项目的支持。2014 年，自主研发的重组埃博拉疫苗获得临床许可，进入人体试验，相关研究结果发表在国际重要医学期刊《柳叶刀》上。同年，项目组正式启动在塞拉利昂的Ⅱ期临床试验，这是中国自主研制的埃博拉疫苗首次在国外获得临床许可，突破了中国在境外进行疫苗临床研究“零”的历史。2014 年入选新世纪国家百千万人才工程。先后荣立个人二等功两次，三等功两次。2016 年当选“2015 年度十大科技创新人物”之一。

14. 陈文珍（1918— ），福建闽侯人。妇产科专家。1943 年毕业于北平协和医学院，获医学博士学位，曾先后在中央大学医学院中央人民医院、齐鲁医院及北京医学院从事妇产科临床和教学工作。1955 年任北京市公共卫生局副局长，1959 年任刚创建的北京妇产医院副院长，1978 年兼任北京市妇女保健所所长。1975 年至 1979 年任世界卫生组织“人类生殖研究、发展和研究培训扩大方案”咨询组顾问，介绍中国计划生育的方针、原则和做法。1975 年组织编写了《计划生育》丛书。

1980 年任联合国人口活动基金援助的国家项目“孕产妇和围产保健工作和研究”的项目主任。1983 年世界卫生组织指定北京妇产医院和妇女保健所为世界卫生组织围产保健研究和培训合作中心,她被任命为中心主任,为国内和第三世界国家培训围产保健人才。“解除妇女痛苦,保障母婴健康”是她的一贯宗旨。20 世纪 50 年代初,积极推广苏联医学界倡导的“精神预防性无痛分娩法”,编写《无痛分娩法》教材。1959 年对北京城区中华人民共和国成立后头 10 年孕产妇死亡进行分析研究,有针对性地提出防治方案。总结分析了我国 21 个省市孕产妇死亡原因,对改进妇产科和妇女保健工作质量具有指导意义。

15. 陈香美(1951—),祖籍山东蓬莱,生于朝鲜。肾脏病学专家,2007 年当选中国工程院院士。任解放军肾脏病研究所所长暨重点实验室主任、解放军总医院肾病专科医院院长,任中华医学会理事、中华肾脏病学会主任委员、《中华肾脏病杂志》总编辑、中国中西医结合学会常务副会长、国家药品评审专家、中央保健委员会专家。1967 年毕业于朝鲜咸镜北道清津市高等医科学校。1977 年毕业于白求恩医科大学医疗系,1982 年获肾脏病学硕士学位。1986 年在日本北里大学获肾脏病学博士学位。1987 年在日本顺天堂大学进行免疫学博士后研究。在慢性进展性肾病炎症与硬化细胞分子机理及临床意义、IgA 肾病凝血纤溶与细胞外基质代谢异常的机制及防治、调控肾脏细胞衰老的机制及保护措施的研究方面,取得了创新性成果。以第一完成人获国家科技进步奖二等奖 4 项,北京市科学技术奖一等奖 2 项,中华医学科技奖一等奖 2 项,中国中西医结合学会科技奖一等奖 1 项,军队科技进步奖一等奖 1 项、二等奖 4 项,获国家发明专利 3 项。曾获“全国首届中青年医学科技之星”、解放军四总部“杰出专业技术人才奖”、原解放军总后勤部“科技金星”,首批入选国家新世纪百千万人才工程第一、二层次。2006 年获“何梁何利基金科学与技术进步奖”。

16. 陈晓红(1951—),北京人。公共卫生管理专家,中国人民解放军总医院原副院长。2004 年被授予少将军衔。1969 年在部队医院工作,1976 年在卫勤管理系学习。1982 年任解放军第 304 医院妇产科医师。1985 年起历任解放军第 304 医院医务部助理员、副主任、主任。1998 年任解放军第 304 医院副院长。2000 年秋任解放军第 304 医院院长。2003 年至 2009 年任解放军总医院副院长。

17. 陈孝曙(1929—),浙江瑞安人。营养学家。1960 年和 1979 年先后两次被评为“全国三八红旗手”。曾任中国营养学会第三届理事长,亚洲营养学会联合会主席,中国预防医学科学院营养与食品卫生研究所所长、名誉所长。1952 年毕业于上海同济大学医疗系,被分配到上海第一医学院公共卫生学院营养卫生教研室，从事营养学专业的教学工作。1961 年底调到中国医学科学院卫生研究所营养系，参加宇宙营养问题研究，解决了在密闭舱和失重环境下宇航员食物供给问题，填补了国内相关研究空白。1968 年任中国医学科学院克山病防治科研小分队队长，从事克山病防治和病因研究，在国内外首次提出了人体预防克山病硒安全剂量，该成果 1984 年获国际无机化学家协会施瓦茨（Schwarz）奖。1987 年参与组建了卫生部微量元素营养重点实验室，并任实验室主任。1986 年以后，主要从事老年营养研究工作，完成了“六个不同膳食类型地区中老年人群综合性营养调查”科研项目，获 1990 年卫生部科学技术进步三等奖。

18. 陈亚珠（1936— ），浙江宁波人。高电压技术与生物医学工程专家，中国工程院院士。任上海交通大学教授、博导，上海交通大学生物医学仪器研究所所长。1962 年毕业于上海交通大学电机系。早期主要从事电力系统高电压及其绝缘技术的研究。首次解决了多雷地区配电变压器的防雷、220 千伏屋内配电装置的电气绝缘距离以及高电压设备绝缘结构设计，取得了多项研究成果。1984 年起，在无创伤医疗技术领域做出了很多重大成果，是肾结石体外粉碎机的主要研究者之一，其临床效果优良，达到国际先进水平，取得巨大的社会效益和经济效益。还研制成功了“良性前列腺射频热疗仪”“尿流动力学检查仪”等高科技医疗设备。20 世纪 90 年代以来，又积极开展新物理治疗技术的研究，运用超声射频等物理因子对肿瘤治疗的方法做了系统的研究。其中大型治癌设备“多元阵超声辐射治癌系统”“多极射频治癌系统”“热疗、化疗、放疗联合治癌系统”等正在进行临床研究。曾获国家科技进步奖三等奖、国家教委科技进步奖三等奖、上海市科技进步奖二等奖、上海市产学研项目二等奖等多个奖项。

19. 陈征（1951— ），北京人。2005 年获第 40 届“南丁格尔奖章”。北京地坛医院原护理部主任、社会服务部主任。1965 年毕业于北京朝阳护士学校，分配至北京第一传染病医院（现北京地坛医院）从事护理工作。1967 年报名参加医疗队，到北京郊区怀柔喇叭沟门这个艰苦的地方工作一年。1969 年 10 月 1 日，作为当时北京市卫生系统唯一护士代表参加了国庆观礼，受到毛泽东主席、周恩来总理的接见。后随医院迁到甘肃天祝藏族自治县工作。1980 年回到北京第一传染病医院，主动申请到传染病护理一线工作，从普通护士做起，先后任副护士长、护士长、护理部副主任及主任。随着艾滋病的蔓延，致力于艾滋病人护理、预防宣传及关爱工作。2003 年“非典”期间，作为医院护理工作的总指挥，坚持在一线协调指挥，以丰富的经验、科学的态度确保了护理工作质量，并兼顾了护理人员安全。2004 年离开护理领导岗位后竞聘成为医院社会服务部的负责人，专门负责出院病人的随访、热线咨询和面向健康人的预防门诊等工作。主持编写了《传染病护理常规》与《诊疗常规》系列丛书，发表论文30余篇。

20. 陈子江(1959—)，湖南浏阳人。生殖医学专家。山东大学附属生殖医院首席专家，国家辅助生殖与优生工程技术研究中心主任，生殖内分泌教育部重点实验室主任，山东大学副校长、齐鲁医学院院长、山东省立医院副院长、妇产科主任。国际生殖学会联盟(IFFS)常务理事和副秘书长、亚太地区生殖医学学会(ASPIRE)常务理事(2014—2016)、农工民主党中央委员会常委。1979年9月入山东医学院医疗系学习，1984年毕业获医学学士学位，1989年12月获医学博士学位(硕博连读)，毕业后在山东医科大学临床医学部做教师。1993年破格晋升教授，同时任山东省立医院妇科主任医师。擅长诊治生殖健康方面的复杂、疑难疾病。1992年9月，作为主要发明人创立"人类宫腔配子移植术(GIUT)"，诞生世界首例宫腔配子移植婴儿，该项技术荣获国家发明三等奖，为国家填补了在该领域的空白。2001年在国内首创的未成熟卵体外成熟培养——胚胎移植获得成功，2010年，组织完成了卫生部委托的本领域第一个行业标准——"多囊卵巢综合征诊断"标准。曾获国家科技进步奖、国家发明奖、吴阶平医学研究奖、"何梁何利科技进步奖"等多项奖励。获国家新世纪百千万人才工程一、二层次人选、卫生部有突出贡献中青年专家、全国优秀科技工作者、"全国三八红旗手"、国家留学回国人员成就奖、"全国五一劳动奖章"等荣誉称号。担任中华医学会生殖医学分会副主任委员、全国妇科内分泌学组组长、山东省医学会生殖医学分会主任委员，是国内最早开展人类辅助生殖技术的专家之一。

21. 诚静容(1913—2012)，锡伯族，辽宁辽阳人。药用植物分类学家、药学教育家、中国药用植物学奠基人。1934年考入清华大学生物系，1937年"七七事变"后转入四川大学生物系，1939年毕业后留校任助教。后转任农林部四川推广繁殖站督导员，1944年考取该部保送赴美培训人员。1947年入读美国田纳西大学植物学系，1948年获植物学硕士学位，并被选为斐陶斐荣誉学会(Phi-Kappa-Phi)会员，获金钥匙奖。同年在哈佛大学攻读博士学位。1951年朝鲜战争爆发后，辍学回国，投身祖国医药教育事业。1952年哈佛大学授予生物学硕士学位。1952年春受聘于北京大学医学院药学系，历任植物学副教授、教授，为植物学教研室创始人，并一直担任植物学教研室主任，历届药学系(院)学术委员会委员。1979年赴哈佛大学阿诺德树木园标本馆开展研究，被推荐为斐陶斐荣誉学会(Phi-Kappa-Phi)会员，第二次获金钥匙奖。长期从事植物分类学及中药植物来源的研究，对麻黄、大黄和黄连等十余种重要中药的来源做了调查鉴定，确定了其真正基源植物，并纠正了某些学名上的错误。合著的《中国植物志》,1982 年获国家自然科学奖二等奖。曾任国家卫生部药典编纂委员会委员,荣获北京市先进教育工作者、民族团结先进代表等称号。当选北京市第八届人大代表。享受国务院政府特殊津贴。

22. 成翼娟(1949—),四川绵阳人。2013 年获第 44 届“南丁格尔奖章”。四川大学华西医院护理部原主任、主任护师、硕士生导师,华西医院管理研究所专家,曾任中华护理学会常务理事、四川省护理学会副理事长。1968 年从护校毕业后,被分配到四川绵阳专区最边远的平武县水晶区黄羊公社医院,扎根贫困山区基层医院 15 年。后调到四川大学华西医院工作,服务于医院一线护理和管理岗位 30 多年。参与了 1976 年松潘—平武地震、2008 年汶川特大地震和 2013 年芦山地震的医疗救援。为了带动边远贫困地区护理队伍的发展和护理技术的提高,曾三次进藏,开展技术帮带和学术讲座,足迹还遍布云、贵和四川凉山等老少边穷地区,为西部护理事业的发展做出了积极的贡献。指导并参与完成了多项临床护理器材设备的研究,获多项国家专利。在全国率先进行整体护理改革,并主编专著《整体护理理论基础与实践》《整体护理实践》,其理论和实践在全国范围广泛应用,对护理模式改革具有积极的推动作用,分别获得中华护理学会全国护理科技进步奖二等奖和成都市政府科技进步奖二等奖。曾获全国“巾帼建功标兵”“抗震救灾先进个人”等荣誉称号。

23. 崔丽(1958—),辽宁大连人。2013 年 4 月任国家卫生和计划生育委员会副主任、党组成员。当选第十三届全国政协委员。1977 年 6 月加入中国共产党,1977 年 8 月参加工作,研究生学历,管理工程硕士。1977 年 8 月辽宁省海城市东四方台乡知青,1978 年 2 月考入东北大学金属材料系,1982 年 1 月在辽宁省委党校青训班学习,1982 年 5 月起历任大连市第二轧钢厂车间党支部副书记、厂教育科副科长,市冶金工业总公司团委副书记、书记,1984 年 12 月任共青团大连市委副书记,1991 年 7 月任大连市旅游局副局长、市旅游开发总公司副总经理,1995 年 5 月任广西壮族自治区科委副主任、党组成员兼专利管理局局长,1997 年 1 月起历任国家人口和计划生育委员会人事司副司长、司长、办公厅主任,2009 年 1 月任国家人口和计划生育委员会副主任、党组成员、直属机关党委书记。

24. 戴希文(1931—),福建福州人。肾内科专家,中国中医研究院广安门医院肾内科和血液透析中心的主要创始人。任中国中医药学会中医药发展研究中心委员、中国保健科学技术学会健康评价委员会肾内专家组主任委员、中华肾脏病学会北京学会委员。享受国务院政府特殊津贴。1955 年福建医学院本科毕业。1961 年福建中医学院第一期西医离职学习中医班结业。1963 年 3 月调入北京中国中医研究院内科研究所工作。主要从事中西医结合的临床、教学和科研工作，积累了较丰富的中西医结合诊治内科疾病的临床经验，尤侧重肾脏病。对慢性小球肾炎、难治性肾病综合征等病症的辨证论治，中医药治疗血液透析的远期并发症有独到的见解。采用自己独特的辨证用药方法，在延缓肾功能的进行性减退方面取得明显的疗效。在国内外学术会议及刊物上发表或宣读学术论文20余篇，参与编写《中医诊疗常规》《中西医结合危难重症诊治》《中西医结合肾脏病诊治进展》等书。

25. 邓蓉仙（1927—1998），四川成都人。药物化学家。1990年作为第一发明人以“疟疾治疗新药本芴醇及其亚油酸胶丸制剂”获得我国医药领域第一个国家发明奖一等奖。1945年考入原中央大学电机系，学习一年，抗战胜利后学校迁返南京，1946年重新考入现华西医科大学药学院，1950年毕业留校任教。1952年到北京留苏预备部学习，1953年赴原苏联列宁格勒化学制药学院做研究生。1957年毕业获副博士学位。同年回国到上海中国科学院药物研究所工作，从事抗肿瘤药物研究。1959年底调到北京军事医学科学院工作。1960年加入中国人民解放军。1960—1965年在军事医学科学院毒物药物研究所从事军用药物研究。她领导的课题组合成多种结构类型的新化合物近100种。1967年，调到微生物流行病研究所，主要从事抗疟新药的研究工作。她设计并合成的“本芴醇”于1987年由国家新药审评委员会鉴定为Ⅰ类创新药物，该成果获军队科技进步奖一等奖。从20世纪80年代起，她领导的课题组开始“间日疟根治药物的研究”，共设计合成40多种新化合物，其中10种化合物在小鼠动物模型上的抑制性治疗作用为临床用标准药伯氨喹的8倍，病因性预防作用为伯氨喹的4倍，这项阶段成果获军队科技进步奖。1993年出席第七次全国妇女代表大会。1995年获“何梁何利基金科学与技术进步奖”。

26. 丁懋英（1891—1969），江苏镇江人。妇产科专家，上海中医名家丁甘仁之女。1914年，考取清华奖学金赴美，就读于曼荷莲学院。1918年毕业，进密执安大学医学院学习西医，获医学博士学位。她学成归国后，担任天津女医院（水阁医院）院长。宣传和提倡科学接生与育儿。施诊之余，将自著的《育儿须知》印成小册子赠予就医产妇，宣传普及产后育儿之道。先后创建了天津女医院分院（又名丁懋英分院）、丽云护士学校、助产士学校，又参与资助孤儿院、女青年会平民服务处等等，为贫民提供义诊服务。抗日战争期间，曾搭救过抗日杀奸团的爱国学生。1939年，被侵华日军监禁，日军投降后在联合国救济总署、国民政府行政院救济总署华北国际救济会等机构担任公职，活跃于慈善事业。1949年天津解放时，主动向人民政府表示愿意将女医院的全部设备贡献给人民。之后,女医院由人民政府接管,她所设立的护士学校并入天津市立高级护士学校。

27. 丁淑贞(1951—),山东人。2007 年获第 41 届"南丁格尔奖章"。护理专家、主任护师,曾任大连医科大学附属第一医院护理部主任、大连医科大学护理教研室主任、大连市护理学会理事长。1968 年到辽宁新金县插队。1972 年参加工作,先后担任过普外科、烧伤科、神经内科等病房的护士长。1976 年唐山地震发生后,作为大连市抗震救灾医疗队队长赴唐山救灾。2003 年"非典"期间,不顾个人安危,奋战在发热病房的第一线。从事护士工作期间探索出多项改革创新举措,提出护理工作从"责任制护理"向"整体护理"模式转变,制定建立了护理组长负责制和病房护士长多科系管理的组织模式,有效调动了各级护理人员的积极性。在引进 ISO(国际标准化组织)9000 质量管理体系过程中,撰写了医院第一部《护理管理大全》,成为很多医院护理人员的工具书。主持完成的"空气消毒法的观察研究"获省级科技进步奖三等奖。主编《护士长手册》《ICU 护理学》等多本著作。曾荣获"全国五一劳动奖章"、全国十大医德楷模、全国卫生系统护理专业"巾帼建功标兵"等荣誉。

28. 丁志辉(1918—1980),生于江苏无锡。战时救治与公共卫生管理专家,曾作为第一届全国政协委员参加中华人民共和国开国大典。16 岁时在无锡化新中学就读半年。1937 年全国性抗日战争爆发后,去上海织布厂当女工,随后参加红十字会举办的救护训练班。1939 年 6 月,赴皖南参加新四军,被派往新四军军医处卫训班学习,后任新四军一支队军医处休养所医务员。1940 年 6 月加入中国共产党,同年 10 月参加黄桥战役,与战友一起抢救了 300 余名伤员。1943 年,任新四军第 3 师卫生部休养所所长。1945 年 7 月,任新四军 3 师第 10 旅卫生部后方医院院长,抗战后随部队前往东北。锦州战役时,任东北民主联军 2 纵队野战医院院长。解放天津时,任人民解放军第四野战军 39 军卫生部医疗主任。1950 年冬,前往朝鲜战场抢救伤员。回国后,先后任中南军区广州陆军医院医务主任、中国协和医学院附属医院副院长、原解放军总后勤部卫生部副部长等职。当选第一、第二、第三、第五届全国人大代表。1978 年住院治病期间,撰写了 6 万字的著作《抗日战争、解放战争、抗美援朝时期的战救工作体会》。

29. 都贵玛(1942—),蒙古族,内蒙古四子王旗人。知名妇产科大夫。荣获"全国三八红旗手""全国民族团结进步模范个人"等称号。内蒙古自治区乌兰察布市四子王旗脑木更苏木牧民。中共党员。20 世纪 60 年代初,年仅 19 岁的都贵玛主动承担 28 名上海孤儿的养育任务,克服常人难以想象的困难,历经坎坷,终身未孕,将他们全部培育成人。用半个世纪的真情付出诠释了大爱无疆,为我国民族团结进步事业做出重大贡献。70 年代参加了旗医院的学习培训,并自学蒙医蒙药和妇产科知识,成为当地有名的妇产科医生,先后挽救了 40 多位年轻母亲的生命。2006 年 7 月,自治区党委宣传部、自治区文明办、自治区妇联、内蒙古日报社联合开展了首届内蒙古"感动草原—十杰母亲"评选活动,都贵玛获得"十杰母亲"荣誉称号。同年 12 月,获得第二届中国"十杰母亲"荣誉称号。还曾荣获自治区道德模范、全国道德模范提名奖等荣誉。出席了全国第五届妇女代表大会,当选内蒙古自治区人大代表和先进生产者。

30. 杜梓伯(1914—2003),湖南长沙人。妇产科专家。"全国三八红旗手""全国五一劳动奖章"获得者。天津市中心妇产科医院终身名誉院长。1939 年毕业于湖南湘雅医学院,之后一直从事妇产科工作。曾任贵阳中央医院、南京中央医院、天津中央医院主治医师,天津医科大学名誉教授,天津市妇产科学会主任委员,天津市计划生育技术顾问,天津市卫生局咨询委员会委员,天津市卫生系列高级职务评审委员,天津市政协第五、第六、第七届委员,是《国外医学·妇产科学分册》副主编。从事妇产科工作 59 年,在妇产科肿瘤、子宫脱垂、B 型超声波诊断等研究领域做出了巨大贡献。编写出版了《子宫颈癌广泛切除术》《生理产科学》《病理产科学》《子宫脱垂》等著作。组织编写的《临床产科学》一书获优秀科技图书一等奖。1992 年获得"伯乐奖",3 次被评为天津市"劳动模范"和"三八红旗手"。

31. 范利(1953—),吉林长春人。心血管病学研究专家,主任医师,教授,博士生导师。中国人民解放军少将军衔。从事老年心血管专业及医疗保健工作 40 余年,曾在美国纽约爱因斯坦医学院医疗中心心脏科任高级访问学者,历任解放军总医院老年心血管内科主任、南楼临床部主任,2007 年起任解放军总医院副院长。作为第一负责人承担国家和军队课题 6 项,共发表论文 180 余篇,主编专著 13 部,科普书籍 10 部,获国家科技进步奖二等奖 2 项,军队医疗成果一等奖 1 项、二等奖 3 项。任全国政协教科文卫体专业委员会委员,中央保健委员会办公室兼职副主任,国家卫生和计划生育委员会保健局兼职副局长,全军保健委员会主任委员,中华医学会老年医学分会委员,中国老年学会常务理事兼老年医学分会主任委员,中国医师协会高血压专业委员会副主任委员。同时任《中华老年医学》《中华老年心脑血管病》《中国老年学》《中华保健医学》《中华现代医院管理》等杂志主编、副主编或编委。当选中共十大代表,第十一、第十二届全国政协委员。

32. 方淑梅(1920—),湖北广济人。组织胚胎学家。1945 年金陵大学生物系毕业,1958 年接受支援大西北的任务,由华西医科大学调到刚创立的青海医学院任教,参与组建青海医学院组织胚胎学教研室,历任青海医学院医学遗传室主任、青海遗传学会理事长、中华医学会青海分会副会长等职。在优生学研究中的遗传咨询和产前诊断工作方面取得明显成果,对青海省遗传性疾病的诊断、治疗和产前诊断工作的开展发挥了很好的技术指导作用。1986 年,普查“出生缺陷”和“近亲婚配子代智力的调查和核型分析”取得了新成果。科研成果“孕妇羊水中甲胎蛋白的生化分析及产前诊断胎儿神经管畸型”和“30 例性别畸型及其染色体分析”获青海省卫生厅技术进步二等奖。其《性染色质预测胎儿性别》《先天愚型儿的临床表现与核型分析》《197 例新生儿出生缺陷的分析》等科研论文在全国解剖学会会议上宣读。编写了《组织胚胎学》教材,翻译了《人体解剖学手册》的部分章节。编写的《教学科研管理》一书获青海省卫生厅教学科研管理一等奖。1965 年被评为青海医学院“五好职工”,1983 年被评为青海省“先进个人”,1984 年被评为青海省“劳动模范”,1991 年起享受国务院政府特殊津贴。

33. 冯理达(1925—2008),北京人。免疫学家。2008 年获得国务院、中央军委颁发的“白求恩奖章”。曾任中国人民解放军海军总医院副院长、世界医学气功研究会副主席、北京免疫学会副理事长等职。对传统气功进行了系统的探索和研究,奠定了现代气功学的理论基础,是国家第一批有突出贡献的科学家。先后就读于成都齐鲁大学医学院,美国加州大学生物系,1948 年回国。1949 年作为中国派出留苏的首批学生,就读于苏联列宁格勒医学院,攻读免疫学,于 1958 年获得医学博士学位。20 世纪八九十年代,率先提出中国特色免疫学学科建设思想,创立了免疫物理学、免疫宏观学、免疫微观学、免疫康复学和部队免疫学等基础理论,创造性运用电学、力学、电磁学等知识,进行机体免疫研究,取得一批开拓性成果。先后主编学术专著 8 部 260 万字,发表研究论文 60 余篇,3 项课题获军队科技进步奖。并于 1997 年 11 月应邀参加在美国旧金山召开的第二届世界气功研讨会及第一届全美气功学术会议。不仅在医学领域做出巨大贡献,而且对孤残儿童、贫困学生、重病患者、受灾群众和困难家庭,不遗余力地关爱帮助,被人们敬称为“爱心妈妈”“爱心奶奶”。

34. 高骝德(1930—),浙江杭州人。中西药物研制专家。1979 年由上海市妇联及全国妇联授予上海市“三八红旗手”、“全国三八红旗手”等荣誉称号。1951 年毕业于上海圣约翰大学,1952 年进入中西大药房工作,1954 年转入中西药厂,先后担任化验室分析员,中试室技术员,质监股股长,技术股股长兼中试室主任、副厂长、厂长。1988 年晋升为高级工程师,在 30 余年从事技术科研和管理的工作中,领导完成了抗癌药物的各项技术改进,为使抗癌药产品成本大幅度降低,特别是对氯喹侧链质量的工艺改进,使磷酸氯喹产品的内在质量及吸收率达到国际水平奠定了基础。成功地领导开发了拟除虫菊酯类农药及医药、兽药等新品种,其中西杀灭菊酯被评为国家评委优秀新产品奖、国家科技进步奖二等奖、上海市重大科技成果二等奖等。完成了中西杀灭菊酯侧链加工基地及中西药厂芦潮港分厂的筹备建设工作,对中西药厂的产值、利润大幅度提高有很大的贡献。

35. 顾瑛(1959—),上海人。激光医学家,中国科学院院士,被评为"全国三八红旗手"和全国"巾帼建功标兵"。任中国人民解放军总医院激光医学科主任医师、解放军医学院教授、全军激光医学专业委员会委员、中国光学学会常务理事,兼任《中国激光医学杂志》总编辑。1976 年加入中国人民解放军,1977 年考入天津医学院医疗系(今天津医科大学),获医学学士学位,1982 年毕业后担任 263 医院住院医师,后考入解放军医学院,学习激光医学专业,1988 年获得硕士学位,并于同年起在解放军总医院、军医进修学院激光科工作。2015 年 12 月 7 日当选中国科学院信息技术科学部院士。长期从事激光医学研究,在国际上首创血管靶向(新型)光动力疗法,获得临床应用,实现了理论和机理、技术和方法、药物和设备、规范和标准的系统性原始创新,开创了血管靶向光动力治疗的新学术方向和应用领域。合作研发出国际独有的新光敏药物,使我国光动力药物达到国际先进水平。获国际激光医学大会学术奖,国家技术发明奖,中国青年科技奖,"求是"奖,军队科技成果二等奖 3 项,国家发明专利 8 项,入选国家新世纪百千万人才工程,荣立三等功 2 次。

36. 关小瑛(1928—),上海人。1997 年第 36 届"南丁格尔奖章"获得者,天津市第一中心医院护理部原主任、主任护师,曾任天津市护理学会理事长。1950 年毕业于上海仁济高级护士学校,分配至上海市仁济医院工作,任护士。1952 年到天津华北纺织管理局第一医院(后改组为天津市第一中心医院)工作,历任护士长、护理部副主任、主任。1957 年,为抢救百余名化学中毒致呼吸衰竭的患者,她挺身而出,要求在自己身上试验当时比较先进的但还未试用的仪器"铁肺",直至确认"铁肺"性能良好,才在病人身上使用,使"铁肺"顺利治愈了所有危重病人。1967 年,响应号召,参加了为期一年的到内蒙古大草原支援当地医疗建设的医疗队。在 50 多年的护理工作中,她积累总结了一整套护理经验,制定了《各级护理人员职责》《病房管理要求》《基础护理及各项技术操作规程》等规章制度。撰写了《如何做好护士长工作》《危重病监护病房建立和组织管理》等文章,并参编了《临床用药观察手册》一书。先后被评为市级优秀护士,全国及天津市"三八红旗手",天津市女知识分子"先进工作者"。

37. 郭明华(1955—),云南昆明人。公共卫生管理专家,解放军总医院原副院长。中国人民解放军少将军衔。历任卫生员、护士、军医、助理员、主任医师、教授、博士生导师。曾任第四军医大学西京医院医教部主任、副院长、院长,2004 年 5 月任第四军医大学副校长,2009 年 12 月任解放军总医院副院长。

38. 郭佩如(1928—),北京人。寄生虫学家。曾任第六届全国人大代表、山西省第六届妇联执委、长治市政协副主席、九三学社长治市委员会主任委员、实用中西医杂志社主编兼社长等职。1950 年毕业于国立山西大学理学院生物系,任山西医学院寄生虫学教研室讲师。1955 年在华南医学院攻读寄生虫学,专门从事人体寄生虫病学的研究。1962 年任山西晋东南医学专科学校寄生虫学教研室主任、副教授,1984 年任该校校长。1986 年任长治医学院副院长兼人体寄生虫学教研室主任、教授。长期从事人体寄生虫学的教学和科研工作,曾数次主持长治市大中小学生寄生虫感染情况调查及防治工作。主要著作有全国高等医学院校统编教材《人体寄生虫学》。1979 年被评为山西省和晋东南地区"三八红旗手",1983 年被评为山西省晋东南地区"劳动模范"。1992 年起享受国务院政府特殊津贴。

39. 郭渝成(1952—),贵州贵阳人。心血管内科和公共卫生管理专家,主任医师,教授。解放军总医院原副院长,中国人民解放军少将军衔。历任贵州省军区 44 医院心内科住院医师、主治医师、副主任医师、主任医师、硕士生导师、副院长。2000 年 5 月任原成都军区总医院副院长。2005 年 5 月任解放军总医院医技部主任,2005 年 12 月任解放军总医院第一附属医院院长,2007 年 9 月任解放军总医院医务部主任,2009 年任解放军总医院副院长,享受国务院政府特殊津贴。兼任中国微循环学会副理事长、全国百姓放心示范医院管理评价专家委员会副主任委员、全军微血管病学专业委员会主任委员,中国研究型医院学会副会长、中国医院管理等级评审委员会副主任委员、中国出生缺陷干预救助基金会副秘书长。以第一负责人承担国家"863"及国家重大专项课题 3 项,获国家专利 3 项,出版专著 4 部,发表论文 49 篇。荣立三等功三次,当选中共十六大代表、第四次世界妇女大会代表等。

40. 韩雅玲(1953—),山东淄博人,生于辽宁沈阳。心血管病专家,中国工程院院士。2003 年被授予中国人民解放军专业技术少将军衔。荣获"全国三八红旗手"称号。原沈阳军区总医院副院长兼全军心血管病研究所所长、心血管内科主任,心血管内科教授,主任医师,第三、第四军医大学,大连医科大学等兼职教授、博士生导师,国家药品评审专家。多年来,致力于推动本单位学科发展并做出突出贡献,尤其在冠心病介入治疗技术方面取得了重大进展。1997 年开始享受国务院政府特殊津贴。2000年,中央军委主席江泽民签发命令给她记一等功。先后被国家卫生部授予"全国中青年医学科技之星"称号,首批入选国家新世纪百千万人才工程,获原沈阳军区千人工程奖励基金一等奖,"中国十大杰出母亲"荣誉称号,当选中共十六大代表,是第十一届全国政协委员。

41. 何凤生(1932—2004),贵州贵定人,生于江苏南京。中国工程院院士。曾被授予"全国五一劳动奖章"、全国"先进科技工作者"、首都卫生系统"先进个人"、国家级中青年"有突出贡献专家"称号。1955年毕业于前中央大学医学院。毕业后到北京和平医院神经内科做住院医师,1961年后分别在中国医学科学院卫生研究所、中国预防医学科学院劳动卫生与职业病研究所、中国疾病预防控制中心职业卫生与中毒控制所、世界卫生组织职业卫生合作中心(北京)等处任职,1991—1994年任世界卫生组织日内瓦总部职业卫生顾问,1994年当选中国工程院院士。对多种毒物对人体神经系统的影响与危害开展研究,因在烯丙基氯中毒的流行病学、临床、毒理和神经病理研究中取得独创性成果,荣获西比昂卡古里(Scipione Caccuri)国际奖及国家科技进步奖二等奖。在变质甘蔗中毒病因学研究中,首次发现3—硝基丙酸中毒性脑病豆状核病变与迟发性肌张力不全有关机制,获卫生部科技进步奖一等奖及国家科技进步奖三等奖。开展常见农药、混配农药对神经系统毒作用机制及防治研究,先后获卫生部科技进步奖三等奖4项。曾任英国皇家内科学院名誉院士,世界卫生组织(WHO)职业卫生专家顾问委员会委员、亚洲职业卫生学会主席、国际职业卫生委员会理事等。

42. 何界生(1943—),湖北大悟人。曾任卫生部副部长、中华预防医学会会长、中国国际医学研究会荣誉会长、中国老年保健协会会长、中国女医师协会会长等职。第十届全国政协委员。1963年考入武汉医学院医疗系,1969年毕业后历任湖北江汉"五七"油田职工医院医生、武汉医学院附属同济医院医生。1972年至1978年历任武汉医学院团委书记、党委副书记。1983年至1986年先后担任湖北省卫生厅厅长、省委常委、省委科教部部长。1986年至1995年任卫生部副部长,主管妇幼卫生、科教、国境卫生检疫、卫生监督等工作。1995年至1998年任中国人民保险(集团)公司副总经理、中保人寿保险公司董事长兼总经理。1998年至2000年任中国人寿保险公司党委书记、总经理。2000年至2003年任中央金融工委党委委员。2003年至2005年任中国银监会党委委员。2000年至2009年任中国金融工会主席。主编《中国国境卫生检疫学》一书。

43. 侯凡凡(1950—),上海人。肾脏病专家,中国科学院院士。曾获"全国三八红旗手标兵""全国优秀科技工作者""全国医患和谐先进典型"等荣誉称号。

中共十八大代表。南方医科大学内科学系教授、南方医科大学南方医院肾内科主任、全军肾脏病研究所主任。1968 年入伍,1970 年进入第一军医大学学习,1979 年考入原南京军区总医院接受肾脏病方面的专科培训,1990 年考入中山医科大学攻读博士学位,1995 年进入美国哈佛大学医学院学习,1998 年回国,担任第一军医大学第一附属医院全军肾脏病中心主任,1999 年任解放军肾脏病研究所所长,2009 年当选中国科学院院士。专注于肾脏病的防治工作,通过循证临床试验改变了医学界对慢性肾脏病禁用肾素血管紧张素系统抑制剂(RASI)的传统理念。作为第一作者,已在《新英格兰医学杂志》(The New England Journal of Medicine,简称 NEJM),《动脉硬化血栓形成与血管生物学杂志》(Arteriosclerosis Thrombosisand Vascular Biology,简称 ARTERIOSCL THROMVAS)等美国《科学引文索引》(Science Citation Index,简称 SCI)收录的国际期刊发表论著 42 篇。还曾获得国家科技进步奖二等奖,获广东省"道德模范"等荣誉称号,被誉为践行社会主义核心价值观的时代典范。

44. 胡懋华(1912—1997),天津人。放射诊断学家。我国第一部 X 线诊断学教材的总编缉之一。国家科技委员会医学专业组成员、卫生部医学科学委员会委员,中华医学会理事,中华放射学会副主任委员,《中华放射学杂志》副总编辑。曾先后 5 次作为专家组成员赴印度尼西亚为苏加诺总统治疗。1931 年考入燕京大学医预科。1934 年秋考入北京协和医学院,1941 年毕业获医学博士学位并留院工作。1942 年 1 月北京协和医学院因日军占领而被迫停办。1942 年至 1947 年任北平中央医院放射科医师。1947 年至 1948 年任北京大学医学院附属医院放射科讲师。1948 年协和医学院复校后,回协和医学院工作,任讲师、副教授。1953 年晋升教授并任协和医院放射科主任。在矽肺 X 线诊断与分期标准的研究、中西医结合对胃肠道和胆系运动功能的观察、胃肠双对比检查诊断早期胃癌、胃小区的 X 线实验研究及逆行胰胆管造影在临床的应用等方面均取得成果。撰有《矽肺 X 线诊断与分期标准的研究》《神经衰弱患者胆囊胆道运动功能的 X 线观察》等。

45. 胡亚美(1923—),北京人。儿科血液学专家。1994 年当选为中国工程院院士。曾任北京儿童医院院长、中国科协荣誉委员、国务院学位委员会委员、中国国际交流协会理事、中国妇联保卫儿童委员会委员、中华医学会副会长、中华医学会学术委员会主任、中国癌症研究基金会儿童白血病专项基金委员会主任委员等。第七、第八、第九届全国人大代表及第一届至第九届北京市人大代表,中共十二大、十三大代表。1947 年毕业于北京大学医学院。20 世纪 50 年代起潜心于小儿贫血的研究,制定了适合中国国情的小儿营养性贫血治疗和预防方案。60 年代悉心研究婴儿腹泻的病因、临床和病理生理,制定并推广了合理的输液方案,使该病的病死率大幅下降。70 年代末,对组织细胞增生症 X、血小板减少性紫癜、各类溶血性贫血,特别是对小儿急性淋巴细胞白血病的诊治进行了研究,显著提高了五年无病存活率,达到国际先进水平。多年来还致力于中国小儿白血病专项基金委员会的工作,以期成立中国小儿白血病治疗研究中心,进一步造福中国白血病患儿。作为主编之一编著的《实用儿科学》获国家科技进步奖二等奖。

46. 胡之璧(1934—),安徽潜山人。中药生物工程专家。中国工程院院士。曾获"全国三八红旗手""全国五一劳动奖章"。上海中医药大学中药研究所名誉所长、研究员。1994 年当选为中国工程院院士。1959 年毕业于华东药学院药学专业,副博士研究生。1984 年获联邦德国图平根大学理学博士。应用现代细胞生物工程技术,在国际上率先培育出转化得率最高的洋地黄细胞株,即"胡氏细胞株",将近代分子生物学、植物基因工程等高新技术,应用于中药研究,在国际上首先将农杆菌 Ri(RootInducing)质粒,成功地引入几十种中草药基因组中,培育出多种转化器官培养系。领衔研究的《药用植物洋地黄细胞培养与强心苷的生物转化研究》获得 1996 年国家科技进步奖二等奖,《66 种常用中药材质量标准及其对照品的研究》获得 2001 年国家科技进步奖二等奖。《黄芪毛状根培养体系与转基因技术平台的关键技术研究》获 2006 年度上海市科技进步奖一等奖、2007 年度国家科技进步奖二等奖。创建了中药生物活性产物代谢相关内源基因扩增技术,成功地构建了偶联基因载体。首创克隆了黄芪中两个与有效成分生物合成相关的糖苷转移酶基因,突破性地解决了黄芪毛状根 30 升规模培养体系,为工业规模培养提供了重要的技术支撑,创建了自主知识产权的技术平台。曾获"全国侨界优秀教师"、上海市"劳动模范"等称号。

47. 黄翠芬(1921—2011),广东台山人。医学微生物学家、分子遗传学家、免疫及遗传工程学家,中国工程院院士。曾荣获 1992 年及 1995 年军队科技进步奖一等奖,原中国人民解放军总后勤部"先进个人标兵"、"全国三八红旗手"、中央军委"模范科技工作者"等荣誉称号。中共十三大代表。曾任军事医学科学院生物工程研究所原名誉所长、一级研究员,全军分子遗传重点实验室原主任。1944 年毕业于广州私立岭南大学。1949 年毕业于美国康乃尔大学获理学硕士学位。回国后在白求恩医学院从事医学微生物教研工作。1954 年被调至中国军事医学科学院,主要从事微生物致病机理及综合防治的研究,在国内率先研制成功四联创伤类毒素和高效肉毒类毒素。20 世纪 70 年代,在中国率先采用分子生物学技术开展细菌毒素的结构与功能研究,研制出高保护率的幼畜大肠菌腹泻预防基因工程疫苗及人用腹泻预防基因工程疫苗,是我国第一个被批准使用的基因工程疫苗。该项成果获国家重大科技项目奖和国家科技进步奖一等奖。80 年代后,开展了基因工程多肽药物研究,率先在国内获得尿激酶原(Pro-UK)基因克隆,表达量高。

48. 黄金芳(1922—1997),浙江绍兴人,生于北京。口腔正畸学专家。原北京医科大学口腔医学院教授、博士生导师,曾任中华医学会口腔科学会口腔正畸专业学组第一任组长、名誉组长,中华口腔医学会口腔正畸专业委员会顾问,《中华口腔医学杂志》和《现代口腔医学杂志》编委。1943 年考入北京大学医学院牙医学系,1949 年毕业并留校工作,协助毛燮均教授创建了北京医学院口腔医学系口腔正畸专科诊室。1955 年以来历任北京医学院口腔医学系口腔正畸专业讲师、副教授、教授兼主任医师,口腔矫形教研室副主任,口腔正畸科主任等职务。1988 年被国务院批准为国内口腔正畸专业第一批博士导师之一。先后指导培养了 18 名研究生,其中包括中国口腔正畸专业第一名科学型博士和第一名临床技能型博士,并培养了来自全国的进修生百余名。1992 年获国家教委颁发的"在高校工作 40 年成绩显著"荣誉证书。从事前牙反颌的早期矫治、儿童颜面不对称畸形的诊断治疗及牙科人类学等研究,先后获得国家发明奖,卫生部、国家教委和北京市科技成果奖共 10 项,发表论文 50 余篇。1988 年主编了国内第一部《口腔正畸学》教科书。

49. 黄量(1920—2013),上海市人,有机化学家、药物化学家。1980 年当选为中国科学院学部委员。1942 年毕业于上海圣约翰大学化学系,1949 年获康奈尔大学有机化学博士学位。1956 年底回国后在中央卫生研究院药物系工作,主要从事天然产物及抗肿瘤、计划生育、抗病毒等新药研究。1958 年开始对国产萝芙木进行研究,分离出利血平及其他有效成分,试制出国产新药降压灵。同年试制成功甾体抗炎新药泼尼松,改变了原来以薯蓣皂甙元为合成甾体激素主要原料的局面。指导并参加 N-甲酰溶肉瘤素的合成。1974 年首先半合成了三尖杉酯碱,用于临床治疗急性单核细胞和急性粒细胞白血病以及红白血病等血液病。指导靛玉红衍生物的合成及研究。从事对霉变食品中致癌物新亚硝胺的化学鉴定与合成。指导抗绦虫新药鹤草酚结构的测定。对黄皮进行研究,指导了这类酰胺生物碱的分离、结构测定。研究男用口服节育药"棉酚"。在国内较早开展手性药物的研究。编审《肿瘤化学治疗》。是《医学百科全书药物学分册》的主编。曾任国家计划生育专家委员会顾问、肿瘤防治研究领导小组顾问、国家新药研究与开发协调领导小组专家委员会顾问、中国化学会常务理事、中国癌症研究基金会理事等职,第五、第六、第七届全国政协委员。

50. 贾丹兵(1955—),河北深县(今深州市)人,生于辽宁沈阳。药学与公共卫生管理专家,解放军第211医院院长。中国人民解放军少将军衔。1969年参加中国人民解放军。1979年毕业于上海第二军医大学药学系。毕业后历任原沈阳军区第211医院护士、药师、主管药师、副主任、副主任药师、主任药师。1997年任原沈阳军区联勤部第40分部副部长兼解放军第211医院院长,第二军医大学、第四军医大学教授。立一等功两次、二等功四次、三等功八次,当选中共十四大、十七大代表,第九届和第十届全国人大代表。先后获全国"十大女杰"、"全国三八红旗手"、全国"巾帼建功标兵"、"国家级有突出贡献的中青年专家"等荣誉称号60余项。

51. 贾伟平(1956—),江苏镇江人。内分泌科专家。《中华内科杂志》总编辑。上海市第六人民医院前院长,上海市糖尿病临床医学中心主任、上海市糖尿病重点实验室主任、上海市糖尿病研究所所长,兼任中华医学会糖尿病学会主任委员、中华医学会内科分会副主任委员等职。1971年至1975年任陕西省农建师医院护士,此后就读于西安医学院,1978年毕业后历任山西省农垦局职工医院住院医师,青岛经贸部疗养院住院医师、主治医师。1993年至今就职于上海市第六人民医院。在糖尿病诊治与病因研究等方面取得了系统性和开创性成果,在国际糖尿病领域具有较大影响。针对中国人群特点,以构建和发展合适中国的"糖尿病防控方案和标准"为目标,在分子病因机制、流行病学、诊断、监测、治疗及管理模式方面做出贡献。主持的二型糖尿病遗传机制研究团队在一号染色体上定位了中国人的12个新易感基因,填补了国际上东亚糖尿病遗传机制的空白,占国际发现的二型糖尿病易感基因的12.5%,提升了我国糖尿病发生发展的早期预警能力。2006年起享受国务院政府特殊津贴,国家重点基础研究发展计划("973计划")首席科学家。2010年获"全国先进工作者"称号,2016年获"何梁何利奖",2017年获亚洲糖尿病研究学会"潘孝仁亚洲糖尿病流行病学杰出研究奖",入选爱思唯尔(Elsevier)2018年中国高被引学者榜单。编著有《持续葡萄糖检测》等。

52. 姜小鹰(1953—),江苏阜宁人,第43届"南丁格尔奖章"获得者,福建医科大学护理学院原院长、教授、博士生导师,任中华护理学会副理事长、福建省护理学会理事长。1977年从宁德地区医院护士学校毕业,进入福建医科大学附属协和医院工作。1984年考入上海第一医学院。1988年从医院调入福建医科大学创建护理学专业,开始了护理教师的职业生涯。在她的不懈努力下,福建高等护理教育有了长足发展,相继开办了护理本科生及研究生教育,她也成为福建省第一位护理专业硕士生和博士生导师,以及多个学术项目的领军人。她不仅在创建福建省高等护理教育完整体系中做出了重要的贡献，而且在社区护理、护理科研方面做出了卓越的业绩。主编的《护理美学》《护理伦理学》成为全国护理本科专业的统编规划教材。曾获全国优秀科技工作者、“全国三八红旗手”、“全国妇女创先争优先进个人”、“全国教书育人楷模”等荣誉称号。2011 年获第 43 届“南丁格尔奖章”，成为中国首位获得“南丁格尔奖章”的护理教育工作者。

53. 姜云燕（1976— ），河北定兴人。第 39 届“南丁格尔奖章”获得者，解放军第十八医院传染科护士长。是在海拔 4500 米以上高原工作时间最长的中国女军人。1993 年 12 月入伍，坚守全军海拔最高、环境最劣、保障最难的医疗站 13 年，足迹踏遍平均海拔达 4500 米的辖区所有哨卡，累计行程 8 万余公里，为官兵巡诊 4 万多人次，护理病人 2100 多名，参与抢救危重病人 130 多名，为官兵织手套 90 多双，做鞋垫 500 余双，补衣服 300 余件，给边防官兵表演节目 120 多场次，捐资设立医护人员奖励基金，为近百名边防官兵进行心理咨询，为维护高原边防官兵身心健康做出了突出贡献，被誉为喀喇昆仑“生命守护神”。先后荣立一等功、二等功各一次，获原兰州军区“巾帼建功”先进个人、“全国三八红旗手”荣誉称号。

54. 金蕴华（1925— ），浙江绍兴人。药物研究专家。1972 年调任国家医药管理局技术委员会常务副主任、中国医药国际交流中心名誉主任。1946 年毕业于上海医学院药学系。1950 年在美国普渡（Purdue）大学获得博士学位，主攻药物化学，抗美援朝前夕响应党的号召，回到祖国。1950 年至 1959 年，先后在上海医学院及北京医学院药学系任教，指导并培养了我国第一批药物化学人才，并在中国医学科学院药物所兼职，主要研究抗结核新药（结核菌代谢拮抗物）。除了教授药物化学外，还在毕业班开设药学文献课，编写了《药学文献简介》一书。1959 年至 1964 年，于化工部武汉医药工业研究所进行药物工艺研究，主要研究对象为甾体激素类药物，其中避孕药氯地孕酮获 1978 年全国科技大会奖。1960 年被评为武汉市“先进工作者”。1964 年至 1972 年，在化工部北京医药工业研究院继续研究抗结核新药。1982 年至 1983 年，将药物代谢动力学和生物（体液）分析两门学科引入中国。兼任军事医学科学院、沈阳药学院、北京医科大学（今北京大学医学部）、中国中医研究院（今中国中医科学院）教授，国家药典委员会委员，联合国工业发展组织专家顾问、联合国开发计划署专家，国家发明奖评审委员会委员、国家进步奖评审委员会委员，中国瑞典新药开发筹划指导委员会委员，美国 Sigmax-xi 科学荣誉学会会员、美国美中医学科学中心会员等。

55. 康爱德（1873—1931），江西九江人。中国近代最早留学美国的女学生之一、最早的女西医师之一。出生两个月后被美国女传教士收养。1892 年赴美，入密歇根大学医学院学习。1896 年以优异成绩毕业,学成归国。1897 年到南昌行医,一边看病,一边培训医护人员。1902 年在南昌开办康济医馆。1907 年起,先后在美国的西北大学和芝加哥大学攻读文学,在英国的热带病院深造医学。1911 年 2 月回国,到南昌继续从事医务工作,重点培训新式女医生。1912 年将康济医馆扩建为南昌妇孺医院,任院长。在辛亥革命和北伐战争期间,医院收治了大量受伤难民。1897 年梁启超在《时务报》发文《记江西康女士》,记述她的事迹。1899 年,代表中国出席了世界妇女协会代表大会。

56. 柯杨(1955—),天津人。1993 年被评为"卫生部首届百名科技之星"。北京大学原常务副校长、医学部原常务副主任,曾兼任国务院医改咨询专家委员会委员、21 世纪中国医学教育改革理念创新项目专家委员会主席、中华医学会和中华预防医学会副会长、北京遗传学会副理事长、北京大学学报医学版副主编等职,第十一届全国政协委员、美国医学科学院外籍院士。1974 年 3 月至 1976 年 2 月在北京延庆县插队。1976 年 2 月至 1979 年 2 月北京积水潭医院医士班学习。1979 年 2 月至 1980 年 8 月在北京积水潭医院骨科研究所做住院医生。1980 年 9 月至 1982 年 10 月在北京医科大学肿瘤防治研究所学习,获硕士学位。1982 年 10 月至今,在北京大学临床肿瘤学院(肿瘤防治研究所)做研究工作。1985 年 9 月至 1988 年 12 月在美国国立卫生院(NIH)国家癌症研究所(NCI)人类癌变研究室做访问学者。1994 年至 1998 年在美国国家卫生研究院国立癌症研究所做访问学者。2001 年 5 月至 2017 年分别担任北京大学医学部副主任、北京大学副教务长、北京大学医学部常务副主任、北京大学副校长、北京大学常务副校长等职。主要研究方向为消化道恶性肿瘤的发病及病变的机制。主持有国家"863"高技术重点项目、国家自然基金重点项目、国家科委重大项目及北京市自然基金项目。还曾获卫生部科技进步奖三等奖,北京市科技进步二、三等奖。获国际专利 1 项。

57. 孔芙蓉(1936—),河南卫辉人。1997 年获第 36 届"南丁格尔奖章"。河南省人民医院护理部原主任、主任护师,曾任河南省护理学会副理事长。1955 年毕业于郑州卫校护理专业,分配至河南省人民医院工作。1960 年任河南省人民医院外科护士长,1984 年任护理部副主任、主管护师,1987 年任副主任护师,1990 年任护理部主任、主任护师。对工作认真负责,几十年的临床护理工作,从未发生过差错及事故。多次参加防疫医疗队、农村巡回医疗队、抗震救灾医疗队、突发事件抢救队等。在任护理部副主任、主任期间,始终把护理质量管理作为工作重点,对全院护理工作实行科学管理,先后建立了各项规章制度,并完善了各项护理质量标准以及检查考核办法,建立健全了质量管理体系,使护理质量迅速提高。主编、参编了《临床护理手册》(上、下册)、《医院护理管理标准》等多部专著。

58. 劳远琇(1919—2013),湖南长沙人。临床医学家和眼科学家,中国现代神经视野学奠基人。北京协和医院眼科教授,曾任中华医学会眼科学会常委、北京眼科学会主任委员、《中华眼科杂志》常务编委,是中华医学会资深会员、国际视野学会会员。1944 年毕业于湘雅医学院,获医学博士学位。1949 年获美国大学妇女协会奖学金及中美文化基金会奖学金赴美留学,毕业于宾夕法尼亚大学研究生院。抗美援朝期间,克服重重困难回到北京,成为中华人民共和国成立后北京协和医院第一位全职眼科医生。从事眼科的临床工作、基础研究、医学教育 60 余年,建树颇丰。1954 年在北京协和医院创建全国唯一的"神经视野学"专业组,多年来为国家培养了大批视野专业人才。1978 年编著并修订再版的《临床视野学》一书在全国卫生医药科学大会上获奖,填补了我国在此领域的空白。1990 年获国家教委颁发的"为高校教育及科技事业工作四十年成绩显著奖"状。参与的科研项目"激素分泌性垂体瘤的临床和基础研究",1991 年获卫生部科技进步奖一等奖,1992 年获国家科技进步奖一等奖。1991 年起享受国务院政府特殊津贴。

59. 黎秀芳(1917—2007),湖南湘潭人。1997 年获第 36 届"南丁格尔奖章"。新中国科学护理事业的主要奠基人、享誉军内外的护理专家和护理教育家,享受国务院政府特殊津贴。历任西北军区第一陆军医院高级护士学校校长、原兰州军区总医院附设护士学校校长、原兰州军区军医学校副校长、原兰州军区总医院专家组成员、全军护理专业组组长、全军护理专业委员会顾问、中华护理学会副理事长。1940 年毕业于南京中央高级护士学校。1954 年在全国首创"三级护理"理论、"三查七对"制度和"对抄勾对"规程,推广并沿用至今。在她呼吁下,军队首次建立护士高职评定制度,军医大学设立护理系,为国家和军队培养了 5000 多名护理人才,其中不少已成为全军、全国享有盛誉的护理专家。1986 年她和战友捐赠 4 万元在原兰州军区作"双秀奖"基金,2007 年捐献 80 万元在原兰州军区总医院设立"为兵服务奖励基金"。先后被西北野战军授予"甲等工作模范"荣誉称号,被原兰州军区授予"模范护理专家"荣誉称号,被国家卫生部评为"全国模范护士"。1987 年出席全军英模大会并作报告。1999 年获全国"归侨侨眷先进个人"称号,2001 年获"国际医学成就奖",2009 年、2011 年先后被追授"爱党为民模范护理专家"和"全国优秀共产党员"。

60. 李斌(1954—),辽宁抚顺人。2013 年 3 月任国家卫生和计划生育委员会主任、党组书记。1974 年 7 月参加工作,研究生学历,经济学博士,研究员。1978 年 3 月至 1982 年 1 月在吉林大学经济系政治经济学专业学习。曾任长春市教育学院教师，吉林省社会科学院副院长，吉林省计划委员会副主任，吉林省体改委主任、党组书记，吉林省政府体改办主任、党组书记，吉林省省长助理、省政府党组成员，吉林省委常委、副省长等职。2007 年 7 月任国家人口和计划生育委员会党组书记、副主任。2008 年 3 月任国家人口和计划生育委员会主任、党组书记。2011 年 12 月任安徽省委副书记，副省长、代省长。2012 年 2 月当选安徽省省长。2013 年 3 月任国家卫生和计划生育委员会主任、党组书记。2018 年任第十三届全国政协副主席。中国共产党第十七届、十八届、十九届中央委员。

61. 李超荆（1926— ），福建福州人。生殖免疫中西医结合研究专家。曾获"全国三八红旗手"荣誉称号。上海复旦大学附属妇产科医院教授，博士生导师。曾任上海医科大学妇产科研究所副所长，中华医学会上海分会妇产科学会副主任委员、中国中西医结合研究会妇产科专业委员会主任委员、中国中西医结合研究会上海分会理事。1949 年毕业于福建医学院医疗系。长期从事生殖免疫中西医结合研究，承担肾主生殖与女子生殖生命周期调节及补肾对神经—生殖内分泌—免疫网络调节的研究课题。研究的主要成果为：验证了肾对下脑—垂体—卵巢性腺轴的调节机制和肾对女子生殖生命周期的调节作用，验证了肾在自身免疫与同种免疫对生殖细胞损伤的保护作用，验证了肾对更年期综合征的神经—生殖内分泌—免疫网络的调节机制。1985 年应邀访问英国剑桥大学皇家学院，就生殖免疫问题进行了学术交流。曾获上海市重大科技成果奖，上海市卫生局中西医结合科研成果一等奖。

62. 李德全（1896—1972），蒙古族，北京通州人。公共卫生管理专家，中华人民共和国中央人民政府第一任卫生部部长，著名社会活动家，中国妇女运动领导人之一，著名爱国人士冯玉祥的夫人。五四运动中，成为北京女学界联合会的积极分子。1923 年毕业于华北女子文理学院，1924 年与冯玉祥结婚。翌年在北平创办求知中学，并附设小学和幼儿园，招收贫家子女免费入学，后赴苏联访问，接触到马列主义学说。1936 年至 1937 年，在南京发起组织南京女子学术研究会，进行妇女问题和社会问题的研究，到国民党监狱探视政治犯。抗日战争全面爆发后，团结大批进步妇女，在若干战区建立收容站，从战火中先后抢救了两万多名难童，建立了四十多所儿童保育院。解放战争时期，随同冯玉祥投入争取民主的斗争，设法掩护和营救共产党人、民主人士和进步学生，并因此遭到国民党特务的包围监视。曾出席在纽约召开的世界妇女代表大会，反对美国政府援助蒋介石发动内战。抗战时期曾参与筹组战时儿童保育会，任副理事长，抢救战地儿童。后又组建进步妇女团体"中国妇女联谊会"。1949 年 3 月，被推举为国统区妇女代表团团长，参加在北平举行的中国妇女第一次全国代表大会,作了《关于国统区妇女运动的报告》,并当选为全国妇联副主席。中华人民共和国成立后,历任卫生部部长、政务院文教委员会委员等职。1958 年,加入中国共产党。当选第一届至第三届全国人大代表、第四届全国政协副主席。

63. 李桂美(1939—),山东景芝人。1993 年获第 34 届"南丁格尔奖章"。曾获"全国劳动模范"、"全国三八红旗手"、"全国模范护士"、全国卫生"先进工作者"等荣誉称号。青岛市传染病医院(青岛市第六人民医院)护士长、院级护理技术顾问,是青岛市第六、第七、第八届政协委员。1956 年考入青岛信谊会医院护理学校,1957 年毕业留校从事护理工作,1965 年调到青岛市传染病医院继续从事护理工作,1970 年担任护士长,1992 年被聘为副主任护师。从事护理工作 50 多年来,始终把病人当作自己的亲人,为减轻病人的痛苦,曾为晚期肝硬化病人手抠大便,曾不顾自己的安危给患传染性流行性脑膜炎的患儿口对口做人工呼吸。除做好本职工作外,作为青岛市红十字会"李桂美志愿者服务队"的成员之一,常常到社区为不便出门的老年病人服务,打针送药,提供健康咨询,做好临终护理。1993 年将获"南丁格尔奖章"所得的三万元奖金全部捐出,设立"李桂美突出奉献护士奖"。2005 年,医院在李桂美所在的病区成立了"李桂美护理组",改组多次被评为卫生系统优秀服务品牌。

64. 李果珍(1915—),北京人。医学影像学家,中国放射学泰斗。曾任《中华放射学杂志》主编,卫生部医学影像装备专家组顾问组组长。1935 年在南京金陵女子学院医学预科班学习,后进入北京协和医学院学习,1943 年获医学博士学位。1948 年在美国芝加哥大学附属 Billing's Hospital 医院放射科进修。1950 年归国后,成为我国首批放射学专家,先后在北京大学第一和第三医院放射科工作。她主导将 CT 检查引入我国临床引用,并在国内最早开展 CT 检查。20 世纪 90 年代,继续为我国引进 MRI 技术做出贡献。1965 年调任北京医院放射科主任。在 20 世纪 50 年代首创以手和腕骨判断骨龄的研究,经后来学者的完善,创立了中国人正常骨龄标准。1979 年创建"百分计数法骨龄标准",此后成为国内儿童少年骨龄评定的金标准。1994 年获得卫生部科技进步奖二等奖,1998 年获得北美放射学会终身荣誉会员,2001 年获得欧洲放射学会终身荣誉会员,2006 年获得亚太放射学金奖,是我国目前唯一一位集三项荣誉于一身的医学影像学专家。编著有《临床体部 CT 诊断学》《临床 CT 诊断学》《骨关节创伤 X 线诊断学》《骨骼肌肉疾患影像诊断图谱》等。

65. 李继庸(1920—),辽宁新民人。妇产科专家。1979 年、1983 年被评为

“全国三八红旗手”,1983 年被评为黑龙江省计划生育“先进工作者”,1996 年被评为“全国劳动模范”。曾任哈尔滨市计划生育协会副会长。1945 年毕业于日本东京女子医学专门学校(现东京女子医科大学),回国后先后任哈尔滨市第一医院妇产科主任医师,兼任中华医学会哈尔滨分会专业委员会顾问、中国优生优育协会哈尔滨分会理事、哈尔滨市计划生育协会副会长、中华医学会黑龙江分会妇产科学会委员、黑龙江省妇女联合会第六届执委,曾为哈尔滨市第七、第八届人大常委会委员。曾发表《哈尔滨市中学生 3714 例月经史调查报告》《哈尔滨市 2374 名老年妇女临床征象调查分析》等具有影响力的论文。科研成果“外阴营养不良的中西医结合治疗分型及疗效研究”获 1984 年哈尔滨市科技成果二等奖及 1985 年黑龙江省科技成果三等奖。“应用扇扫 B 型超声切面显像仪对宫内节育器检查的探索”1986 年获“六五”期间黑龙江省计划生育科研三等奖。还曾于 1956 年、1979 年、1985 年被评为哈尔滨市“劳动模范”,1972 年被评为黑龙江省“劳动模范”。

66. 李家泰(1930—),浙江宁波人。临床药理学家。1975 年,研究证明呋苄青霉素是一种安全有效的抗生素,并在国际上首先应用呋苄青霉素治疗临床重症细菌感染获得成功。1980 年创建了我国第一个临床药理研究所,并任首任所长。1984 年在国内首次报道了革兰氏阴性杆菌的 β-内酰胺酶的提取及分型研究。1950 年至 1955 年在浙江医学院医疗系学习,1955 年至 1958 年在北京医学院攻读药理学研究生,毕业后曾先后在北京中医研究院进修中医中药,在中国医学科学院药物研究所进修药理专业,赴英国进修抗生素化疗专业。历任北京医学院附属第一医院抗菌素研究室主任,北京医科大学临床药理研究所(现北京大学临床药理研究所)所长、名誉所长、主任医师、教授、博士生导师,中国药理学会副理事长、临床药理专业委员会主任委员,《中国临床药理学杂志》主编等职。主要从事抗生素临床药理学的研究和教学工作。1972 年在国内首先发现三甲氧基苄氨嘧啶对抗生素有增效作用。主编有《临床药理学》等专著。

67. 李静(1954—),山东乳山人。公共卫生管理专家,上海长海医院原院长。中国人民解放军少将军衔。1983 年毕业于第三军医大学医疗系,历任第二军医大学长征医院医教部副主任、主任,第二军医大学训练部副部长,长海医院院长,长海医院海宁分院院长。兼任中国医院协会理事,中华医学会健康管理学分会副主任委员,全军科委会健康管理学分会副主任委员,上海市医学会常务理事,上海市医学会健康管理学分会主任委员,上海市医院协会副会长。曾被评为“全国优秀院长”“全军医院建设先进个人”,获军队教学成果一等奖,被海宁市政府授予“海宁市荣誉市民”称号。发表论文 20 余篇,编写专著 4 部。

68. 李兰丁(1924—2007),浙江海宁人。战时护理专家。曾就读于上海私立同德高级助产学校,1941 年参加新四军,1942 年加入中国共产党。历任新四军 6 师 18 旅看护班长、军医、营卫生所所长,新四军 1 师 18 旅兼苏中军区第 1 军分区卫生部医务所所长、流动医院院长兼前方急救所所长,淮北军区兼华中第 9 纵队卫生部休养所所长,华东第 2 纵队团卫生队队长、师卫生部医务主任,中国人民解放军 21 军师卫生部副部长。1945 年在绿荡湖 100 多名伤病员被日军包围的险情时,临危不惧,把伤病员分散隐蔽在芦苇丛中,每天驾小船去联系和治疗,坚持 16 天,使伤病员全部脱险。1946 年带病和其他医务人员连续奋战 1 个多月,把 500 多名伤员从淮北安全转移到鲁南。1947 年在孟良崮战役中,率医疗队连续奋战 4 昼夜,救治伤员 4400 余名。1952 年入朝作战,任志愿军 9 兵团医疗手术队队长兼党总支书记,荣立二等功。回国后,任解放军原南京军区总医院医务主任,解放军总医院医务部科主任、医务主任、副部长、顾问。先后荣立大功 2 次、小功 3 次,6 次获嘉奖,荣获"苏中军区三等模范医务工作者""华东一级人民英雄"称号。1948 年出席世界妇女代表大会,1950 年作为第三野战军模范工作者代表,出席全国战斗英雄代表会议。当选第二、第三届全国人大代表。

69. 李兰娟(1947—),原籍浙江杭州,生于浙江绍兴。传染病学专家。2005 年当选为中国工程院院士。浙江大学医学院教授、博士生导师,传染病诊治国家重点实验室主任、国家重点学科带头人,兼任中华医学会副会长、教育部生物与医学学部主任、全国人工肝培训基地主任等职。1973 年毕业于浙江医科大学医学系。首次揭示了重型肝炎病人肠道微生态变化规律,阐明了肠道微生态变化与重型肝炎发生、发展的关系,丰富了重型肝炎发病机制的理论,提出 B/E 值为肠道定植抗力的新指标,为肠道微生态基础和应用研究提供了客观依据,成功培育出无菌大鼠,建立了无菌动物实验研究平台,注重细菌耐药研究,引领细菌耐药研究小组发现六个 β-内酰胺酶新基因型,率领课题组成功培养分离出 SARS 病毒(严重急性呼吸综合症,简称 SARS)并完成全基因测序,首次发现外周血单个核细胞(Peripheral blood mononuclear cell,PBMC)中有复制型 SARS 冠状病毒(SARS-CoV)存在,对揭示"非典"的发病机制具有重要意义。主编专著 10 余部,其中《传染病学》系教育部全国高等学校医学规划教材,《人工肝脏》《感染微生态》均为中国该领域的首部专著。

70. 李麓芸(1937—),湖北武汉人。医学遗传学家。1986 年被批准为国家级"有突出贡献的中青年专家"。原湖南医学院医学遗传研究室主任、教授。曾任湖南省遗传学会理事长、湖南医学院医学遗传学国家重点实验室首任主任、"国际人类染色体异常核型国际登记库"顾问委员会委员等职。1960年毕业于湖南医学院医疗系,留校从事妇产科的临床、教学、科研工作。1978年起主要从事临床细胞遗传学技术应用和基础理论的研究。创立了符合我国国情的细胞遗传学技术——湖南方法,并应用于染色体病,是我国临床细胞遗传学的创始人之一。科研成果"医学细胞遗传学的研究及其应用"获1981年卫生部重大医药卫生科技成果甲级奖,"早期产前遗传性疾病诊断技术"获1985年国家科学技术进步二等奖,"人类高分辨染色体技术及其应用"获1986年卫生部重大医药卫生科技成果甲级奖和1987年国家科学技术进步二等奖。参加编写了《中国大百科全书·生物学》《中国医学百科全书·医学遗传学》等著作,主编《染色体病》等专著。

71. 李琦(1942—),江苏张家港人。2003年获第39届"南丁格尔奖章"。曾获"全国三八红旗手""全国模范护士""全国先进工作者""全国劳动模范"等荣誉称号。上海市第二人民医院换药室原护士长。1962年毕业于上海市儿童医院护校,分配至上海市第二人民医院从事护理工作,先后任护士、护师、主管护师和护士长。常年工作在护理工作一线,对伤口护理有独特的见解和技术。应用独特的清、湿、堵、拉等方法,采用自制的药物,在治愈急性骨髓炎、结核性创口、糖尿病足等难治性创口及缩短创口愈合期上得到了很好的疗效,使一些病人免除了截肢。利用业余时间,坚持了长达几十年之久的义务上门服务。发表了《红油膏生肌八宝丹治疗化脓性伤口100例》、《中西医结合治疗下肢慢性溃疡》、《防止肉芽水肿、促进上皮生长的LB软膏纱布》(李琦配制的中西结合处方的纱布)、《关于换药室实施责任制护理的探讨》、《结核性伤口的换药方法及护理》、《难以愈合伤口换药方法及体会》等论文。

72. 李秋洁(1949—),黑龙江哈尔滨人。2001年获第38届"南丁格尔奖章"。曾获全国卫生系统"巾帼建功标兵"等荣誉称号。哈尔滨医科大学附属第二医院原护理部主任、副院长、教授。曾任中华护理学会常务理事、黑龙江省护理学会理事长。1968年毕业于黑龙江省卫生学校,分配至黑龙江省依安县医院任外科护士。1975年调入哈尔滨医科大学附属第二医院,1994年任护理部主任。把"一切以病人为中心"的思想融入护理管理的各个层面,使哈医大二院护理工作成为黑龙江省的龙头和示范区。主编了《护理管理》《新编护理学》等专著,其中《护理管理》一书为全国高等教育护理学专业本科规划教材。曾获黑龙江省"三八红旗手"、黑龙江省"十大女杰"等荣誉称号。

73. 李绍珍(1932—2001),广东台山人。眼科专家,中国工程院院士、全国人大代表。1954年毕业于岭南大学医学院,1955年留任该校助教、住院医师,1962

年在该校眼科完成研究生学业，1980 年至 1981 年先后在美国加州大学旧金山分校普罗科特(Proctor)眼科研究所及贝勒(Baylor)医学院任眼科研究员，从事眼免疫学研究，1983 年任中山医学院中山眼科中心副教授、副主任、眼科医院院长，1985 年历任中山医科大学中山眼科中心教授和主任、眼科医院院长和博士生导师、中山眼科中心学术委员会主任等职务，1996 年任中山医科大学中山眼科中心主任导师，1999 年 12 月当选为中国工程院院士。带领专业组开展白内障人工晶体植入手术，率先引进二期人工晶体植入手术，创立改良巩膜切口、术中调整缝线、术后激光断线、术中(或术后)角膜切开等综合办法，对白内障囊外摘除手术人工晶体植入术的角膜散光进行防治，大大降低了手术引起的散光，使患者术后获得接近术前的最佳视力。

74. 李廷谦(1935—)，重庆合川人。中药临床药理及循证医学专家。1998 年被评为四川省首届名中医，2001 年被中国中西医结合学会授予“中西医结合贡献奖”。四川大学华西医院教授。任临床试验报告强化标准专家委员会专家，四川省中西医结合学会副会长，中国中西医结合学会呼吸专业委员会副主任委员和省学会主任委员，《中国中西医结合杂志》《中国循证医学杂志》编委。曾任中医教研室、中西医结合科及国家中药药品临床研究基地主任。享受国务院政府特殊津贴。1957 年毕业于四川医学院，毕业后在华西医科大学附属第一医院内科工作。长期从事中西医结合防治慢性支气管炎，肺心病的基础、临床诊治，益气活血治法和舌诊以及药理与循证医学的研究。承担卫生部中国医学科学院全国肺心病研究协作组下达于四川省卫生厅的重点项目“慢性肺心病肺动脉高压诊治的研究”和四川省中医管理局重大课题“益气活血药物对改善肺心病血循环作用的研究”。1998 年申报获准的“国家中药药品临床药理基地”，是全国西医院校仅有两家除西药药品临床研究基地外同时有中药临床药品研究基地之一，负责承担国家食品药品监督管理局下达新药研究课题 93 项。

75. 李希楷(1932—)，祖籍江西武宁，生于北京。心血管内科专家。中国人民解放军少将军衔。1950 年从南昌省立女中考入华中医学院(后更名为第六军医大学)，毕业后留校，历任内科医生、助教、主治医师、讲师、内科副主任、内科教研室副主任兼循环系主任、教授等职。1956 年加入中国共产党。1983 年后历任中国人民解放军第三军医大学第二附属医院院长、政委，第三军医大学副校长。是全校医疗工作标兵和首批优秀教员，曾 10 次被评为“先进工作者”，3 次荣立三等功，被选为总后勤部第三届党代会、四川省第四、第五届党代会代表。曾任中华医学会四川分会和重庆分会副会长，全军医学科技管理委员会副主任，中国医学工程超声学会重庆分会名誉会长,四川医学杂志编委会副主任,第三军医大学学报编委会副主任,《现代诊断与治疗》杂志特邀编委。发表学术论文30余篇,撰写《心力衰竭治疗》等医学专著。

76. 李孝光(1924—1999),辽宁辽阳人。生理学专家。原西安医科大学生理学教授,西安医科大学心肌电生理研究的开创者和奠基人,是我国最早开展心肌电生理研究的学者之一,我国微量元素生理学和药理学研究的奠基人之一。1951年毕业于西北医学院,留校任教,历任生理学教研室副主任、针刺麻醉研究室副主任、医学电子工程研究室主任,兼任中国人体科学学会理事、陕西省生物医学工程学会理事、《国外医学·地理医学分册》编委。长期从事生理学、心肌电生理学的教学和科研工作。在体、多种部位离体心肌细胞和培养心肌细胞的微电极技术受到国内学者关注。科研成果"神经肌肉一般生理学——应激、兴奋、抑制及适应"获国家级科学大会奖,"克山病病因学研究——低硒对心室肌纤维细胞动作电位的影响"获卫生部科技成果乙等奖,"微量元素(硒、钴、钼、锰)对心脏功能的影响及其在心血管疾病防治中的价值"获卫生部科技进步奖三等奖。1989年应邀参加在芬兰赫尔辛基召开的第31界世界生理科学大会,交流学术论文《硫酸锌对心肌电活动和机械收缩的作用》。主译《医学和临床工程学》,参译《医院化验室基本技术手册》,编写《医用药理学(微量元素药理)》等著作8部。

77. 李漪(1897—1982),原名李方瑞,山西昔阳人。实验肿瘤学家,中国培育纯系动物的创始人。1920年考入国立北京医学专门学校,成为该校的第一名女学生。1924年毕业于国立北京医科大学校,先后在北京协和医院、湖南湘雅医学院、南京鼓楼医院、广州中山医学院、上海医学院、浙江医学专门学校、贵阳医学院等地工作任职。1945年赴海外留学,先后在加拿大、美国等地进行细胞培养、病理学、实验肿瘤学、纯系动物培育等考察研究,在许多著名研究所工作过,曾在国际纯系动物培育的首创者勒特教授身边工作。1955年,克服重重阻挠,回到祖国,受到周恩来总理接见。被安排到中国医学科学院,继续从事肿瘤病理学的研究。1956年受邀来到天津,任天津医学院实验肿瘤研究室主任。主要从事培育纯系小白鼠、肿瘤机理研究等工作。成功培育纯系小白鼠"津白Ⅰ系"和"津白Ⅱ系",填补了中国在这方面的空白,获天津市科技成果一等奖,被广泛应用于国内进行的肿瘤实验。发表了《石棉纤维诱发间皮细胞瘤机制之探讨》等多篇有创见的论文。精通英语和德语,参与翻译《癌的病理生理学》等多本专著。

78. 栗秀真(1915—2011),河南沁阳人。曾任国家计划生育委员会党组副书记、副主任等职。1979年荣获联合国颁发的和平奖章,1992年获国际计划生育联合会颁发的荣誉证书,1998 年获第 3 届中华人口奖。1930 年在河南卫辉惠民医学专科学校学习,1934 年毕业后留在该校附属医院任护士、护士长。1938 年在中共领导的湖北应城"汤池临时学校"任教。1939 年 1 月至 6 月,任湖北省"应城县抗日游击队"司令部军医院院长。同年 2 月加入中国共产党。同年 7 月至 1941 年 6 月任新四军豫鄂挺进支队野战医院院长,支队医务处副处长。1941 年 7 月至 1945 年 9 月历任新四军五师卫生部副部长、部长。1945 年 10 月任中原军区司令部卫生部副部长。1946 年 12 月至 1949 年 9 月在晋冀鲁豫中央党校学习,并任党校卫生所所长。1949 年 10 月至 1955 年 3 月先后任湖北省人民政府委员,省文化教育委员会委员兼卫生厅厅长。1955 年 4 月调卫生部工作,曾任防疫司副司长、妇幼卫生司副司长、司长。1973 年 7 月任国务院计划生育领导小组成员兼办公室主任,1981 年 3 月至 1985 年 9 月历任国家计划生育委员会党组副书记、副主任,中国计划生育协会副会长、顾问。1985 年 10 月离休。曾任中华医学会第十届理事会理事、中国婚姻家庭研究会副会长、全国妇联第四届常委、中共八大代表。是我国计划生育事业的开拓者之一,并在计划生育立法、推进计划生育优质服务、优生优育以及在开拓人口和计划生育领域国际合作方面做出积极贡献。

79. 梁季华(1916—2001),生于广东南海。1985 年获第 30 届"南丁格尔奖章"。1938 年,在光华医学院附属护士学校学习时,就走出校门参加了战场上救护伤员的工作。1939 年毕业后到广州市红十字会医院任护士,同年 10 月加入市红十字会救护站。1950 年 3 月 3 日,广州遭到大轰炸,战火中她奋不顾身地抢救伤员,同年获模范护士荣誉。朝鲜战争爆发后,1951 年参加中国红十字会国际医防服务队赴朝鲜前线开展工作。在恶劣条件下,曾先后 5 次献血抢救伤员。救治过中、朝、英、美等国战伤人员。此间,她还向朝方医护人员传授有关知识。由于在前线军团建立野战医院及抢救伤员中表现突出,被评为模范护士,朝鲜方面也授予她勋章。1952 年回国后,在广州市红十字会医院负责全院的护理工作,为医院建立健全了各项护理制度和各级护理人员职责。在医院工作中,多次被评为模范护士、"先进工作者"、护理能手、"三八红旗手"等,先后 5 次被选为广州市人大代表、妇女代表。

80. 梁仪韵(1913—1982),河南叶县人。中医大家。1930 年拜晚清太医韩一斋先生为师,专研中医内科、妇科。经过 8 年学习,于 1938 年开始在北京行医。1956 年在北京第三医院工作。1958 年至 1982 年在北京积水潭医院中医科工作,历任中医师、副主任医师、主任医师、科主任。善于治疗内、妇、儿科杂病和一些发热性、出血性疾病,对治疗崩中漏下、滑胎、不孕、痛经、闭经以及妊娠恶阻等症有独到之处。重视科内基础理论学习,建立了中医病例讨论制度,对中西医结合工作热心支持并积极参加。20世纪60年代初,任院内中西医结合治疗肝炎课题组中医组长。70年代中,参与内科甲亢治疗小组工作。发表的论文有《试论祖国医学之传递》《功能性子宫出血十三例论治》《阳明躁狂》《低热论治》《临症经验》等。2012年北京积水潭医院正式成立"梁仪韵名家研究室"。"梁仪韵名家研究室"对其著作及医案进行了深入的分类留存,为后世对其医术的传承提供重要依据。

81. 廖文海(1934—2009),上海人,祖籍四川成都。公共医疗卫生管理专家,解放军总医院原院长。少将军衔。1950年在成都参军,1953年入党。1956年毕业于沈阳医科大学,后分配到重庆第七军医大学任内科军医。1964年调入解放军总医院(301医院),由主治军医先后提升为科室副主任、南楼临床部副主任。1983年被任命为解放军总医院院长。当选中共第十三届、十四届中央委员会候补委员,第九届全国政协委员。倡导解放军总医院打破论资排辈的旧习,率先推出在高级专业技术职务评定和破格晋升中实行公开答辨的形式选拔人才,该院60多名才华出众的青年医学人才,通过公开答辩,获得破格晋升。

82. 林菊英(1920—2008),生于北京。护理学专家,1989年获第32届"南丁格尔奖章"。1937年就读于燕京大学护理预科,后转到北京协和医学院护校学习,1945年毕业。历任北京医院护理干事、护理部主任、护士学校校长、中华护理学会理事长、卫生部护理中心主任等职务。1978年组织在京护理学会常务理事,向卫生部提出提高护理质量和加强护理教育的建议,对整顿全国护理工作、理顺护理管理体系、提高护理教育水平,起到了极大的推动作用。1983年她当选为中华护理学会理事长后,调整并增设了理事会领导下的各个专业学术委员会,积极举办各类专业学术会议,多次出访美国、加拿大、英国等,开展国际学术交流,联系合作培训护理人才。并亲自主持首届全国责任制护理学习班,向全国推广责任制护理。1985年任卫生部护理中心主任,制定全国护理质量标准和护士注册制度,改进护理教育教学模式,争取世界卫生组织对我国护理事业的支援。曾主编《护理管理学》《医院护理管理》《社区护理》等高等护理教育的经典教材。1990年获美国堪萨斯大学人文学科荣誉博士,2000年获美国密执安大学荣誉博士,是我国唯一两次荣获博士学位的护理专家。

83. 林巧稚(1901—1983),生于厦门鼓浪屿。我国第一位女妇产科专家,中国科学院第一位女院士(原学部委员),中国妇产科学的主要开拓者和奠基人之一,被誉为"生命的使者""生命守护神"。当选第一届至第五届全国人大代表,第三届至第五届全国人大常委,历任全国政协常委、全国妇联副主席、北京市政协副主席、中国科学院学部委员(院士)、中华医学会副会长、中华妇产科学会主任委员、中国医学科学院副院长等职。1921 年,考入北京协和医学院,1929 年毕业并获美国纽约州立大学医学博士学位。毕业后受聘为协和医院妇产科第一位女医师。1932—1933 年,破例被送往英国曼彻斯特医学院、伦敦妇产科医院学习深造。1935 年在北京协和医院晋升为讲师、主治医师,1937 年晋升为副教授。1939—1940 年在美国芝加哥大学医学院妇产科进修。1940 年被美国方面聘请为"自然科学荣誉委员会"委员,同年回国。1941 年成为协和医院第一位中国籍女主任。抗战期间,协和医院被日军侵占,她在北京东堂子胡同开办"林巧稚诊所",后应中和医院(现人民医院)邀请筹建妇产科,并任妇产科主任。抗战胜利后,于 1948 年重返协和,受聘为妇产科主任和学校招生委员会委员。1955 年被选聘为中国科学院院士(学部委员),是首届唯一的女院士。1956 年,受彭真市长委托,筹建北京妇产医院,于 1959 年落成,并任院长。1978 年后被聘为北京妇产医院名誉院长直至病逝。在胎儿宫内呼吸、女性盆腔疾病、妇科肿瘤、新生儿溶血症等方面的研究做出杰出贡献,从各种疑难病、危病中救治了数不清的母亲和婴儿,培养了一代又一代妇产科学界的优秀人才。她留下遗嘱:三万元积蓄捐献给医院的托儿所,遗体供医院作医学解剖用,骨灰撒在故乡鼓浪屿的海上。

84. 刘波(1924—),山东黄县(今龙口市)人。中国人民解放军早期医护工作者。曾任北京医学院党委副书记。1938 年参加八路军,为军政学校学员。1939 年任胶东军区后方医院护士长,同年加入中国共产党,并任医院党委委员。1943 年 4 月至 1945 年 9 月,先后在胶东公学、胶东建国大学医科学习。1947 年调到牡丹江军区医院任教导员兼副院长,后任党委书记兼院长。1950 年转业到了齐齐哈尔铁路局,1955 年调动来到北京,1957 年调到北京医学院工作。1957 年 12 月至 1963 年 3 月,任北医基础部党总支书记、副主任。1963 年至 1966 年,任北医党委组织部部长、纪委副书记。1969 年至 1971 年,任北医江西"五七干校"校长、党委书记。1971 年至 1973 年,任北医第一附属医院党委副书记、"革委会"副主任。1973 年至 1975 年 12 月,任北医政工组长、党委常委。1975 年 12 月至 1978 年,任北京妇产医院党委副书记、"革委会"副主任。1978 年至 1983 年,任北医党委副书记。1983 年夏离休。长期从事医务工作,同时担任党务和政务领导工作。是著名小说《林海雪原》作者曲波的夫人,《林海雪原》一书中人称"小白鸽"的女卫生员白茹的生活原型。

85. 刘家琦(1909—2007),湖北武汉人,生于上海。眼科专家。1986 年创建了全国第一个小儿眼科,填补了国内空白。北京大学第一医院眼科原主任、教授、博士生导师,我国小儿眼科的奠基人之一,参与筹建了中华医学会眼科学分会并任副主任委员,兼任中华医学会眼科学分会斜视与小儿眼科学组主任委员,参与筹办《中华眼科杂志》并任副总编辑,曾任《国外医学·眼科学分册》副总编辑,1983 年起被邀请为美国眼科学会国外会员,是第三、第五、第六届全国政协委员。1932 年毕业于南京金陵女子文理学院,获理学学士学位,同年考入前北平协和医学院,1937 年毕业获医学博士学位,并留校任教。1945 年任北京同仁医院眼科主任及北京大学眼科教授。中华人民共和国成立后,历任北京医学院教授、附属第一医院眼科副主任、主任。长期从事眼科医疗、教学、科研工作,在青光眼早期诊断、儿童视觉生理及斜视弱视防治等方面进行了开创性的工作,做出重要贡献。从 20 世纪 60 年代起,便投身于儿童斜视弱视的防治工作,80 年代初,进行了中国儿童弱视斜视的流行病学研究,得出了中国儿童斜视弱视的患病率,为中国深入开展儿童眼病的防治工作提供了重要依据。主编有《实用眼科学》《原发性青光眼》等专著,参加编写了《眼科手册》等著作。

86. 刘琨(1934—),生于河南开封。中医妇科内分泌专家,享受国务院政府特殊津贴。曾任中国中西医结合学会妇产科专业委员会副主任委员,北京市中西医结合委员会理事,北京市中西医结合妇产科学会主任委员。1950 年,考入河南医学院医疗系,1955 年毕业后被分配到北京朝阳医院工作。1957 年,响应毛泽东主席"西医离职学习中医"的号召,参加了第一届西医学习中医班,1961 年毕业。先后师从宗维新、郗霈龄、刘奉五等多位中医名家,从事中西医结合妇科疾病研究与治疗。经过多年实践、观察总结,历时 5 年,与同仁堂研究所共同研制的坤宝丸面市,作为同仁堂的名牌产品还出口到美国、加拿大等国家,受到广泛欢迎。1980 年以来,获部级科研奖 2 项,市级科研奖 3 项,局级科研奖 5 项,发表论文 30 余篇,与他人合著妇科专业著作多部。两次获得中国中西医结合学会颁发的荣誉证书及奖杯。凭借着对病人的一片真情赢得了尊重与信任。治好了无数妇科疑难病。2008 年,与陈彤云、许心如、温振英、柴松岩 4 位老中医一起被评为北京中医医院"杏林五女杰"。

87. 刘淑媛(1942—),北京人。2009 年获第 42 届"南丁格尔奖章"。曾获"全国模范护士""全国三八红旗手""巾帼建功标兵""首都十大白衣天使",全国卫生系统"先进工作者"等荣誉称号。首都医科大学附属北京安贞医院心血管外科重症监护室原护士长、主任护师,曾任中华护理学会副理事长、学术工作委员会主任委员、危重症委员会主任委员。1961 年毕业于北京协和医院护士学校,分配至北京阜外医院心脏血管外科工作,任护士。1982 年赴瑞士进修冠状动脉外科术后监护、婴幼儿心外科术后监护及人工辅助循环支持术后监护。1983年回国,积极筹集监护室,任北京安贞医院心血管外科监护室护士长,1991年晋升为副主任护师,2003年晋升为主任护师。撰写了《原位心脏移植术前后监护》《万例心血管直视手术后监护的实践体会》《1069例冠状动脉旁路移植术后监护》等论文,并参与《小儿先天性心脏病学》一书监护部分的撰写工作,与人合编了《危重症护理专业规范化培训教程》。

88. 刘苏冰(1958—),生于河南郑州。眼科医学专家,武警河南省总队医院副院长兼眼科主任。曾获"全国三八红旗手标兵""中国武警十大忠诚卫士"等称号。第一个在全军和武警部队引进国际上最先进的"准分子激光治疗屈光不正"项目,第一个在亚太地区开展CK治疗老花眼项目,第一个在世界上为大猩猩成功实施白内障超声乳化吸出术并人工晶体植入术,第一个在东南亚地区开展视潜能开发治疗弱视项目,先后成功开展眼科手术20余万例。出版眼科医学著作3部,科研成果多次荣获武警部队科技进步奖和河南省科技进步奖。当选武警部队第一届党代会代表,河南省第十、第十一届人大代表。2009年1月,荣获第七届中国"十大女杰"荣誉称号。

89. 刘彤华(1929—2018),江苏无锡人。临床病理学家,中国工程院院士。曾被评为卫生部"有突出贡献专家"、全国优秀教师、中国医学科学院及协和医院名医。1953年毕业于上海圣约翰大学医学院医学系,获医学博士学位。之后分别在中国人民解放军第六、第七军医大学(现第三军医大学)病理系,中国协和医学院病理学系,中国医学科学院实验医学研究所病理系工作。1969年后,在北京协和医院病理科工作。对疑难病症的诊断率极高,尤其擅长对淋巴结病理、消化道疾病病理、内分泌病理等的病理诊断,她的诊断被誉为"全国病理诊断的金标准"。1980年,对提高胰岛增生和胰岛素瘤诊断的研究,获卫生部科技进步甲级奖。她和她的同事们率先在国内应用细针穿刺的方法,有效提高了诊断正确率,避免了对胰腺的创伤。率先在国内以形态计量法成果建立了胰岛增生的诊断标准。1985年,在国内外率先提出"胰内绵脆管环形壁内浸润是胰头癌的一种特殊的生物学行为",获得卫生部科技进步乙级奖。1993年,对胰腺癌细胞生物学、分子生物学的研究,获得卫生部科技进步奖二等奖。1995年,对胰腺癌的基因诊断和实验性基因疗法的研究,获得国家科技进步奖二等奖。曾任中华病理学会常委、《中华病理学杂志》副主编及名誉主编、《美国外科病理学杂志》编委等职。

90. 刘兴玠(1929—),湖南长沙人。食品卫生专家,科研项目"食品中黄曲霉毒素的含量及预防措施的研究"获1980年全国科技大会奖。曾任中国预防医学科学院营养与食品卫生研究所微生物与天然毒素研究室主任，北京科学会堂专家、研究员。1955 年毕业于北京医学院卫生所。长期从事真菌食物中毒科研工作，掌握了霉菌分类鉴定和霉菌毒素测定方面的技术。1974 年至 1975 年，参加酵米面中毒真菌病因的研究，1976 年至 1977 年，参加广西粮食中真菌及其产毒性能和防霉方法的研究，主要负责调查 17 个省粮食中的有毒真菌，分离出 2000 多株黄曲霉，首次摸清了中国不同地区黄曲霉的分布及产毒情况，并为研究黄曲霉毒素与肝癌的关系提供了有价值的资料。1982 年开始，着手研究霉变甘蔗中毒的病因，于 1985 年找到了病原菌——节菱孢，协作确定了该菌所产生的 3-硝基丙酸是致病毒素，阐明了这一长期以来原因不明食物中毒的病因，这一系列工作在国际上均属首次报道。科研项目“变质甘蔗中毒的病因研究”获 1987 年卫生部科技进步奖一等奖及 1988 年国家自然科学进步三等奖，“变质甘蔗中毒的预防、毒素代谢及中毒机制的研究”获 1993 年卫生部科技进步奖三等奖。参编著作有《真菌毒素研究进展》《中国医学百科全书·食品卫生学分册》《食品卫生微生物检验方法》《食品卫生微生物学检验方法注解》等。

91. 刘云波（1905—2000），四川遂宁人。妇产科专家。1979 年被评为“全国三八红旗手”。曾任中华医学会四川分会理事长，中国红十字会四川分会副会长、名誉会长，中国抗癌协会四川分会名誉理事长，四川省计划生育协会名誉理事长，四川省优生协会名誉会长，四川省妇联副主任，四川省人大常委会副主任，四川省政协副主席等职，是第三、第五、第六、第七届全国人大代表，中国农工民主党第八、第九届中央常委，农工党四川省委第四、第五届主任委员、第六届名誉主任委员。1927 年入北京女子大学学习，后赴日本东京女子医专和德国也那大学医学院留学，1935 年毕业获医学博士学位。回国后，1938 年与人合办宏慈助产学校及附属医院，1942 年创办成都私立宏济医院并任院长，兼任中央军校眷属医院妇产科主任、成都市立医院妇产科主任，1947 年任四川省高级医士职业学校校长和附属医院院长。中华人民共和国成立后，历任川西卫校、成都医专副校长，四川省卫生干部进修学院副院长，川西人民行政公署委员等职。1987 年主持制定了《四川省计划生育条例》。发表《实用妇产科学》《围产期保健》《老年妇女保健》等专著。

92. 刘志红（1958—　），新疆库尔勒人，生于甘肃临洮。肾脏病专家。2003 年当选为中国工程院院士。曾任中共十六大代表，第十、第十一届和第十二届全国政协委员。1989 年毕业于第二军医大学研究生院。1993 年至 1996 年在美国国立卫生研究院学习。从研究糖尿病肾病分子发病机制入手，发现了防治糖尿病肾病的大黄酸。首次证实人肾小球系膜细胞上存在功能性葡萄糖转运蛋白-1（GLUT1）。

首次发现大黄酸能有效抑制 GLUT1 过度表达，改善细胞糖代谢紊乱，转化生长因子 β 拮抗（拮抗 TGF-β1）的作用，减轻细胞肥大及细胞外基质形成。开展了肾脏疾病基因多态性研究，促进了我国疾病基因多态性研究工作的发展。首次论证了感染性因素引发肠黏膜免疫异常在 IgA 肾病发病（以系膜增生及系膜区显著弥漫的 IgA 沉积为特征的一组肾小球疾病）中的作用，提出其临床分型诊断及治疗方案。还从事狼疮性肾炎、连续性血液净化技术、自身免疫性疾病及肾移植的免疫抑制剂作用机理等方面的临床与基础研究。为国际肾脏病学会理事、国际肾脏病全球改善预后委员会执行委员、中华医学会理事会理事、中华医学会肾脏病学会主任委员、《中华肾脏病杂志》总编辑、《美国肾脏病杂志》副主编、《柳叶刀（中文版）》编委。获中国科协青年科技奖、中国科协“求是”杰出青年工程奖、全国优秀科技工作者等奖励。

93. 陆冰（1932— ），上海嘉定人。1997 年获第 36 届“南丁格尔奖章”。历任上海市第六人民医院儿科病房护士、护士长，护理部副主任、主任、顾问等职务，1959 年起历任中华护理学会上海分会理事、副理事长兼常务秘书长、组织工作委员会主任。享受国务院政府特殊津贴。1950 年毕业于上海广仁高级护士学校。1958 年获“第二届全国青年社会主义建设积极分子”荣誉称号。发明“保温点滴鼻饲瓶”，革新小儿皮针，设计治疗乙脑并被誉为“救命床”的“降温浴床”，创办《上海护理》杂志并任主编，自编“化验项目检索表”，主编了《麻疹护理》《儿科护理家庭指南》《老年骨科护理》等书籍，在中华医学杂志等刊物发表《无菌及无菌技术》《麻疹护理》《乙脑护理》等专业论文，制定和贯彻医院护理质量标准和护理操作规范，协助卫生行政部门筹措上海成人高等护理教育，培训护理管理和护理专业人员。作为上海护理骨干曾赴贵州遵义工作 8 年并建立各种疾病护理常规和病区管理制度。三次访美，介绍中国护理事业发展，并向国内介绍美国的责任制护理，在医院开设责任制护理病房。

94. 陆玉珍（1934— ），浙江人。1989 年获第 32 届“南丁格尔奖章”。历任上海市遵义医院护士、护师、主管护师、护士长、护理部主任。1954 年从上海市第二护校毕业后，被分配到上海市麻风医院（后改为上海市遵义医院，再整合为上海市皮肤病性病医院）。当时医院仅有 96 张病床，10 位工作人员。在几乎一无所有的情况下，她与同来的几位护士白手起家，建立了护士室、注射室、供应室等，添置了常用的护理器具和办公用品，印制了体温单、给药单及医嘱单等。把学到的护理知识结合麻风病人特有的身体情况，制定了一系列规章制度，严格照章执行，经常督促检查，逐步提高了医护质量，使医院的护理工作从无到有，从小到大，日益完善。

中华人民共和国成立后,广大医务人员做了大量的麻风病防治和护理工作,但一直没有一本麻风病护理方面的专著。为了总结有关经验供大家参考,提高麻风病专业护理水平,在著名麻风病专家马海德博士的大力支持和指导下,她带头编写了《麻风护理常规》一书,填补了我国麻风病护理工作的空白。多次被评为"先进工作者",1980 年被评为上海市优秀护士。

95. 罗少霞(1950—),澳门人。2007 年获第 41 届"南丁格尔奖章"。曾任澳门镜湖医院护理部主任。1965 年初中毕业进入澳门镜湖护士助产学校学习。1969 年以优异成绩毕业,留在镜湖医院工作,历任产科助产士、外科护士长和督导、护理部主任。1986 年与一些志同道合的护士成立了"澳门护士学会"。1995 年至 2000 年任澳门护士学会理事长,在其带领下,1999 年 6 月澳门护士学会成功加入国际护士会。1996 年,协助癌症患者、癌症康复者及其家属筹建了澳门癌症病患自助团体——"澳门爱心之友协进会"。2006 年 12 月"爱心之友协进会"荣获澳门特区政府颁授的功绩奖状。2000 年参与筹建了澳门第一个善终服务病房——康宁病房。1999 年 6 月获当时澳门政府颁授的"专业功绩勋章"。

96. 马伴吟(1925—),浙江嵊县(今嵊州市)人。儿科、血液病专家。上海医科大学儿科医院内科主任、教授、博士生导师,曾任中华儿科学会血液学组副组长、顾问,上海儿科学会血液学组组长,《临床儿科杂志》副主编。1949 年毕业于上海医学院。长期从事儿科医疗、教学及科研工作,对小儿血液病有较深造诣,主攻小儿营养性贫血及白血病。科研项目"小儿营养性贫血研究"1985 年获上海市科技进步奖三等奖、1991 年获上海市科技进步奖二等奖,"脂肝悬液治疗急性白血病"1988 年获卫生部科技进步奖三等奖。主编《实用药物手册》《儿科疾病处方》,参加编写《白血病》《儿科学进展》《小儿常用药物剂量手册》等著作。1950 年在中国人民解放军血吸虫病防治工作中立三等功。1990 年获国家教委从事高教科技工作 40 年荣誉证书和奖励,1993 年被推荐为上海东方电视台东方名医。

97. 马忘兰(1949—),又名马望兰,浙江宁波人。护理与医疗保健管理专家,2005 年至 2008 年任中国人民解放军总医院副院长、院党委常委。中国人民解放军少将军衔。1965 年考入中国人民解放军总医院护校,1968 年护校毕业后分配到解放军总医院南楼临床部(高干病房)任护士,1969 年加入中国共产党。1970 年至 1971 年曾在山西省沁水县解放军总医院第八医疗队任指导员。1976 年被推荐至第一军医大学医疗系深造。1979 年起,先后任解放军总医院南楼临床部医师、主治医师、副主任医师,临床部副主任、主任。负责南楼临床部工作后,既提高基础医护质量,又培养青年人才,多次被评为"保健工作先进个人",2003 年荣获全军保健委员会“突出贡献奖”。南楼临床部先后被总后勤部评为“基层建设先进单位”“基层先进党委”，被总政治部评为“全军先进党委”，被中央军委授予“模范医疗保健集体”荣誉称号。

98. 毛文书（1910—1988），四川乐山人。眼科专家。1937 年毕业于华西大学医学院，获医学博士学位，留校任教。1947 年至 1949 年，赴加拿大多伦多大学和美国芝加哥大学深造。1950 年起在广州岭南大学医学院、华南医学院、中山医学院任教。1965 年，与丈夫陈耀真创办了第一家中国高校附属眼科医院——中山医学院眼科医院，先后任副院长、院长。1977 年调任中国医学科学院。1983 年主持创办中国第一个从事眼科医疗、科研、教学和防盲工作的综合体——中山眼科中心，为中心首任主任，同时兼任防盲治盲办公室主任。1985 年创办《眼科学报》，并首任主编。1985 年在广州组织举办并主持了首次在中国召开的国际眼科会议。1986 年发起与港澳眼科界合办国际性临床眼科学术会议并担任主席。1982 年和 1987 年先后主编全国高等医药院校教材《眼科学》第二版、第三版。曾任中华眼科学会副主任委员，是第三届至七届全国人大代表和第五届至七届全国人大主席团成员，美国眼科学会国际会员，亚洲及太平洋地区人工晶体植入协会创办人之一。长期从事眼科教学、研究及临床工作，培养出中华人民共和国第一批眼科研究生。专长白内障、眼遗传病、眼生化学和流行病学的防治和研究，十分重视城乡防盲治盲工作，为中国的防盲治盲工作做出重要贡献。

99. 梅玉文（1939— ），天津人。2003 年获第 39 届“南丁格尔奖章”。天津市第三中心医院护理部原主任、副院长，曾任天津市护理学会理事长。1958 年毕业于天津护士学校，分配至河东医院（天津市第三中心医院），任护士。1965 年赴边防参加护理工作。1973 年任医院外科护士长兼党支部书记。1978 年被选送到职工医学院护理系学习。1980 年始任天津市第三中心医院副院长。1990 年，在天津市开展了“预防院内感染”管理工作。1996 年始任天津市护理学会理事长。退居二线后，将工作重心转移至如何提高护士的素质和护理工作的质量上来，接连撰写了《护士如何面对 21 世纪》《人际沟通及人际关系》《护理管理者如何提高非权力影响力》《护理领导者非权利影响力》等著作。

100. 孟阳春（1927—2013），吉林吉林市人。寄生虫学家、医学教育家。英国皇家学会会员，全国寄生虫病防治咨询委员会委员。1952 年毕业于北京大学医学院医疗系。1952 年 9 月至 1953 年 9 月在中央卫生研究院华东分院进修寄生虫学。1953 年 9 月任职苏北医学院寄生虫学教研室。1956 年留学苏联，1960 年获苏联卫生部寄生虫学热带医学研究所医学副博士学位，同年回国。曾任苏州医学院寄生虫学教研室主任、江苏省昆虫学会副理事长等职。在革螨与流行性出血热的关系、从革螨分离出血热病毒、杀螨和驱避等方面的研究上，均获成果。对革螨吸血能力的研究成果，获1979年江苏省科技成果二等奖和卫生部乙级成果奖。对革螨传播出血热病毒的研究成果，获1986年核工业部三等奖。先后证明了黑线姬鼠窝中优势和革螨的吸血能力和革螨足第Ⅰ跗节存在化学感受器有嗅觉功能。1980年以来，领导了蜱螨细胞遗传的研究，其中蜱螨染色体的研究填补了国内空白。先后被授予"江苏女杰"、苏州市"劳动模范"、全国高等学校"先进科技工作者"等荣誉称号。

101. 聂淑娟（1947— ），新疆人。2007年获第41届"南丁格尔奖章"。新疆医科大学第一附属医院护理部原主任、主任护师、硕士生导师，曾任中华护理学会常务理事、新疆护理学会理事长。1962年初中毕业考入新疆医学院护士学校，毕业后被分配到新疆医学院一附院儿科从事护理工作。1969年报名参加医疗队支援边疆贫困地区的医护工作，来到了条件艰苦的帕米尔高原的塔什库尔干县热合曼公社。1982年考入沈阳医专高等专修学校。1986年，和田地区洛浦县爆发传染性肝炎引起恐慌，她第一个报名参加医疗队奔赴灾情第一线抢救。1997年当选为新疆护理学会第八届理事长，第一次将责任制护理的概念引入新疆，在全疆大力开展普及卫生救护和防病知识的教育，为新疆艾滋病的预防和控制做出了不懈的努力。参与编写了《护理统计学》《医院感染监控管理手册》《实用护理诊断》《护理文书书写指导》等著作。曾获自治区防病救灾优秀工作者、自治区"巾帼建功"先进个人、全国卫生系统护理专业"巾帼建功标兵"等荣誉称号。

102. 聂毓禅（1903—1997），生于河北抚宁。护理教育家、护理行政管理专家、中国从事高等护理教育领导工作的第一人。曾任国际护士会公共卫生委员会中国代表，中国护士学会理事长，中华护理学会荣誉会员。1927年从协和医学院毕业后即被聘为协和医院病房的副护士长，同时任协和医学院公共卫生实验区第一卫生事务所公共卫生护士。1929年至1931年先后在加拿大多伦多大学医学院公共卫生系和美国哥伦比亚大学师范学院学习。回国后任北平第一卫生事务所公共卫生护理主任。1935年任护士教育委员会秘书，负责调查全国护士学校的情况，制定护士学校标准。1936年到美国密歇根大学医学院公共卫生系进修，1938年获理科硕士学位，后回国。1940年就任协和医学院护校校长，是协和护校第四任校长，也是担任这一职务的第一位中国人。在她领导下，协和护校培养出了大批优秀护理专业人才。1953年全国院校调整，协和护校停办。她离开协和，先后在中国人民解放军总医院、安徽省立医院工作。1988年，受聘为中国协和医科大学护理系名誉主任。

103. 潘贵玉(1946—),湖南安乡人。曾任国家计划生育委员会副主任,中国民主促进会第十一届中央委员会副主席、中国民主促进会湖南省委员会主任委员,第十届全国政协常务委员会委员兼人口环境资源委员会副主任委员,全国妇联副主席等职。1970 年毕业于北京师范大学。历任北京师范大学、长沙市第二中学教师。1983 年起先后担任长沙市教育局局长助理、长沙市市北区副区长、长沙市副市长、湖南省省长助理。1993 年 1 月当选为湖南省人民政府副省长,分管科技、计划生育等工作。2001 年起任国家计划生育委员会副主任。是第八、第九届全国人大代表。主编《中华生育文化导论》《婚育观念通论》等著作。

104. 潘若男(1937—),江西上饶人。医学微生物学专家。曾获"全国三八红旗手"、全国"卫生文明先进个人"等荣誉称号。1966 年毕业于江西省卫生学校业余专科学校检验专业。历任江西省流行病研究所检验员、南昌市传染病医院检验员、南昌市医学科学研究所微生物研究室主任。1978 年至 1980 年主持完成"弗劳地氏柠檬酸杆菌诊断用噬菌体的研究",并于 1982 年组合到肠杆菌科诊断用噬菌体配套中,1984 年获江西省科技成果奖一等奖,1992 年获卫生部科技进步奖二等奖,1993 年获国家发明三等奖,1986 年主持完成简化的三滴法噬菌体配套用于肠道沙门氏菌检验工作中,并主持完成"克雷伯氏菌属和产气肠杆菌的诊断用噬菌体和 O-I 噬菌体裂解作用细胞机制的研究",1994 年获卫生部科技进步奖三等奖,1986 年至 1990 年主持南昌地区蛇类携带沙门氏菌的菌型研究,发现新的沙门氏菌血清型 4 个,1993 年获江西省科技进步奖三等奖。发表有《肠杆菌科分属诊断噬菌体应用效果观察》《尿素酶试验的最佳 PH》等论文。

105. 潘世宬(1909—1994),湖南醴陵人。病理生理学家、肿瘤学家。1933 年毕业于北平大学医学院,入上海自然科学研究所攻读病理学研究生,后在该所工作。1938 年入湘雅医学院任病理学讲师,1943 年升为副教授。1946 年赴美国留学,1948 年回国。中华人民共和国成立后,历任湖南医学院教授、病理生理学教研室主任、肿瘤教研室主任,曾任卫生部医学科学委员会委员、全国病理生理学会名誉副理事长、中华医学会湖南分会副会长、湖南省肿瘤学会主任委员,是第一届湖南省政协常委、第二届至第五届湖南省政协委员。长期从事病理生理学、肿瘤学教学和研究。1956 年开展锑剂中毒机制研究。1960 年开始进行小白鼠宫颈癌的实验研究。1972 年首次成功制成大白鼠鼻咽癌模型,获 1978 年全国科学大会成果奖和"先进个人"奖。1979 年被授予"全国劳动模范"称号。从事的"二亚硝基哌嗪致癌机理研究",获 1984 年卫生部科技成果奖二等奖、湖南省医药卫生科技成果奖二等奖。主编《国外医学·生理病理科学与临床分册》《病理生理学进展》,参与编写《病理生理学丛书》《中国医学百科全书》病理学分册肿瘤学部分。

106. 彭玉(1941—),江西于都人。1985年任国家计划生育委员会副主任。1996年至2001年任卫生部副部长。还曾任中国医药生物技术协会理事长、中国癌症基金会理事长、中华慈善总会副会长、中国妇女发展基金会副会长、中国女科技工作者协会副会长、中国学生营养促进会顾问等职。1965年毕业于北京医学院医疗系。历任北京协和医院主治医师、副院长,中国医学科学院临床医学研究所副所长。1983年任卫生部整党办公室主任、人事司司长。是第十届全国政协委员会委员、社会法制委员会委员。曾兼任联合国第二十六、第二十七、第二十八届人口与发展委员会委员,中华全国妇女联合会第七、第八届执行委员会常务委员。

107. 钱和年(1925—2002),江苏苏州人。妇科肿瘤学专家。北京大学人民医院妇科肿瘤中心原主任、博士生导师,曾任中华医学会妇产科学会常委、国际妇科肿瘤学会会员、《中国医学论坛报》特约主任编委、《中国妇产科临床杂志》名誉主编、《现代妇产科杂志》常务编委、《大百科全书·医学卷》副主任编委等职。1949年毕业于华西大学医牙学院医学系,1949年至1950年任华西大学医牙学院附属医院妇产科住院医师,1950年到北京大学人民医院工作,历任妇产科住院医师、主治医师、讲师、副主任医师、副教授、教授。1983年至1984年在美国纽约医学院勒诺克斯山医院(Lenox Hill)肿瘤研究室进修学习,并任客座研究员。1986年在国内率先成功制备了卵巢癌单克隆抗体,1992年成功制备了卵巢癌抗独特型抗体,1996年成功制备基因工程单链抗体,为卵巢症免疫诊断生物治疗开辟新途径奠定基础。先后获得国家教委科技进步奖二等奖一次、卫生部科技进步奖三等奖两次、北京市科技进步奖三等奖两次。1993年获北京医科大学桃李奖,1996年获联合国技术信息促进系统科技之星奖,2001年获中华妇产科学会中国妇科肿瘤特殊贡献奖。主编《妇产科临床指导》《妇产科诊疗常规》等著作。

108. 秦力君(1941—),四川人。1999年获第37届"南丁格尔奖章"。中国人民解放军总医院护理部原主任、主任护师,曾任中华护理学会副理事长。1959年以来先后任解放军总医院护士学校学员,消化内科护士,综合病房护士、护士长,护理部助理员、护理部主任等。在军队护理管理体制改革中,提出了"半垂直"护理管理体制,并在全军推广应用。在护理模式改革中,提出"按职称上岗—责任制—学分制"三位一体的整体护理模式,受到军队和国家卫生部门的重视。策划组织拍摄的《重症监护技术》《常用专科护理技术》《整体护理临床方法》录像片已成为全国全军各医院护理教学及训练教材。撰写的《护理人员按职上岗开展整体护理模式的研究》获中华护理学会第3届护理科技进步奖二等奖。与同事合做作版了《护理三级管理》《各级护理技术职务人员工作质量管理》《消毒隔离管理》《内科疾病护理》等专著。参与研究的护理科研课题"BTX 系列多功能全自动洗手消毒器""微机在护理管理中应用的研究""规范化医学岗前教育研究"获军队科技进步奖三等奖,"医院感染与环境微生物、抗菌药物、机体抵抗力相关研究"获军队科技进步奖二等奖。

109. 秦振庭(1914—2003),祖籍山东日照,生于辽宁奉天(现沈阳)。儿科专家。北京大学第一医院儿科原主任、教授,曾任中华医学会儿科学会副主任委员、美国儿科学会荣誉会员,《新生儿科杂志》名誉主编等。1937年毕业于奉天医科大学医学系,到北京协和医院妇产科实习一年后转入儿科。1941年到菲律宾大学附属医学院研修儿科学和血液病学。1946年赴美国哥伦比亚大学医学中心进修儿科学,继在波士顿儿童医院进修血液和体液学专业。1948年回国,在北平私立儿童医院建立了血液病实验室,同年转入北大医院任儿科副教授。1958年晋升为教授,任北大医院儿科主任30余年,是北大医院儿科的奠基人之一。创建了北大医院儿科血液专业组和血液实验室,培养了许多小儿血液病专业人才。在全国率先建立了独立的新生儿病房,组建了新生儿专业。主编出版了国内第一部儿科血液专著《小儿血液病学》和国内第一部《小儿血液细胞图谱》,以及《儿科手册》《儿科学》《婴幼儿营养与饮食丛书》等儿科教材及参考书,发表各类论文近百篇。组织创办了《中国小儿血液杂志》和《新生儿科杂志》。1990年获全国儿科重点学科点学术带头人称号,1995年获中华医学会有突出贡献者称号。

110. 邱志芳(1926—),浙江衢州人。口腔预防保健专家,1979年和1984年两次获得上海市"三八红旗手"称号,1997年获全国牙防标兵称号。曾任上海牙病中心防治所预防科主任、主任医师,中华医学会口腔学会口腔预防学组组长。1952年毕业于上海复旦大学医学院,历任沈阳铁西工人医院口腔科住院医师,上海华东医院口腔科住院主治医师,上海市牙病中心防治所预防科主任、主任医师。中华医学会第三、第四届委员会兼口腔预防保健专业委员会名誉委员,《上海预防医学杂志》主编。曾负责研制"儿童少年用牙刷标准"(国家级),参与研制"中国2000年预防保健战略目标"中"口腔卫生与预防口腔病"专项和"全国学生龋齿、牙周疾病综合防治方案",并参与卫生部"全国学生龋病、牙周疾病流行病学抽样调查"。主要著作有《实用口腔疾病学》《中医医学百科全书》《氟化饮水防龋一年后效果观察》《儿童少年用牙刷规格初探》等,发表有关口腔卫生科普文章论文及科普文章60余篇。

111. 任进(1958—),辽宁锦州人。病理学家,中科院上海药物研究所,药物安全评价中心主任。为中国药学会、毒理学会理事、英国皇家病理学院理事、国际毒性病理学院理事、中国《卫生毒理学杂志》编委、日本《毒理病理学杂志》特约海外编委等职。1977 年至 1982 年就读于中国医科大学,获医学学士学位,1982 年至 1985 年,在中国医科大学基础医学院获得病理学硕士学位,1986 年至 1991 年,在日本国北海道大学获得病理学博士学位,1990 年至 1992 年,在美国纽约州癌研究所做博士后工作,此后至 2001 年在日本从事病理学基础研究,2001 年通过中国科学院"百人计划"回国,2004 年入选首批国家新世纪百千万人才工程,2005 年获国务院政府特殊津贴。回国后,承担多项国家科技部和国家自然科学基金项目,带领团队创建了以分子毒理学新技术为基础的药物安全评价研究体系,建成了我国首个符合国际规范的安评平台,使中国药物临床前安评实验得到国际认可。高质量完成了国内外 200 余种新药安评项目,建立了 100 余种早期毒性筛选方法与模型,在中药活性成分系统分子毒理学研究取得新突破,特别是在马兜铃酸肾病毒性机制方面取得多项首次突破。2008 年获得国家科技部药明康德生命化学研究奖一等奖,2009 年获中国药学会科学技术奖一等奖,2010 年被评为上海市领军人才,2013 年获国家科技进步奖二等奖。

112. 尚红(1960—),辽宁沈阳人。艾滋病防治专家。中国医科大学副校长、附属第一医院院长,检验中心主任、国家卫计委艾滋病免疫学重点实验室主任,卫生部艾滋病临床治疗专家组成员,兼任中华医学会检验分会主任委员、中国性病艾滋病防治协会副会长、《中华检验医学杂志》主编等职。1983 年毕业于中国医科大学,1991 年初赴日本山梨医科大学攻读博士学位,1996 年回国,致力于艾滋病防治工作。在国际上首次从支原体培养血清中鉴定出两个能抑制艾滋病病毒繁殖关键酶——逆转录酶活性的蛋白质,研究成果获得国内外肯定。带领组建了东北地区第一个从事艾滋病研究的 P3 级生物安全实验室,填补了东北地区艾滋病基础研究的空白,该实验室已被卫生部批准为全国医院系统首家艾滋病确认实验室。1999 年获辽宁省政府科技进步奖一等奖,2018 年获得沈阳市第三届"创新型领军人才"称号。参编教科书《临床微生物学和微生物检验》及《艾滋病和艾滋病病毒感染诊断标准》(中华人民共和国卫生行业标准)、《全国艾滋病检测技术规范》、《艾滋病实验室管理》等学术专著或政府文件。

113. 佘靖(1946—),河北获鹿人。曾任卫生部副部长兼国家中医药管理局局长、中国中医药学会会长。1969 年参加工作。1982 年毕业于首都医科大学中医系。1998 年晋升为中医主任医师。1973 年至 1995 年历任北京崇文医院护校教师,北京普仁医院中医师、副院长,北京崇文区人民政府副区长,北京卫生局党组副书记、副局长兼北京中医管理局局长,北京联合大学中医药学院院长等职。1995年12月至2000年3月任国家中医药管理局副局长、党组成员、党组副书记。2000年4月至2007年1月任卫生部副部长、党组成员,兼国家中医药管理局局长、党组书记。2003年9月起任世界中医药学会联合会主席。2007年获得澳大利亚墨尔本皇家理工大学荣誉博士学位。曾任中国宋庆龄基金会副主席。第十、第十一届全国政协委员,香港浸会大学第三届荣誉教授,香港中文大学中医学院荣誉教授。主编《20世纪中国传统医药》《中国现代百名中医临床家丛书》《新世纪家庭健康宝典》《中医美容学》等著作。

114. 佘韫珠(1907—2009),祖籍江苏南京,生于天津。护理学专家。1980年获"全国三八红旗手"和天津市"特等劳动模范"称号。曾任天津市第一中心医院护理部主任、副院长,中华护理学会天津分会副理事长,天津市卫生局咨询委员,天津市卫生史志编纂委员会委员。1931年毕业于北京协和医学院护士学校。1935年赴美国哥伦比亚大学护理系及纽约市纽约医院妇产科进修。1936年回国任北京协和医学院护士学校教师兼附属协和医院妇产科督导员。1942年任天津天和医院护士兼天和护士学校校长。1945年任天津市立第一医院护理部主任兼天津市护士学校校长。中华人民共和国成立后,历任天津市中纺医院(今天津第一中心医院)护理部主任,五官科护士长、护士。1950年参加抗美援朝医疗队第二大队,任护理部主任。1969—1972年任广西灵川县医院供应室护士。1972—1978年任广西医学院附属医院医政处干部。1978年调回天津,历任天津第一中心医院护理部主任、副院长、顾问。与他人合译了《人体力学在护理技术操作中的应用》一书。

115. 沈倍奋(1943—),江苏昆山人。免疫生物化学家。1997年当选为中国工程院院士。1965年毕业于复旦大学生物系生物物理专业。1965年至1968年为军事医学科学院放射医学研究所研究生。1980年获洪堡奖学金,前往西柏林技术大学生物化学研究所做博士后。为军事医学科学院基础医学研究所研究员,博士生导师。从事生物化学和免疫学方面的工作,特别在单克隆抗体的研制和应用上有很深的造诣。在国内最早开展加成指数测定法分析单克隆抗体所抗抗原决定簇的异同,有关技术在全国推广,用单克隆抗体分析特发性血小板减少性紫癜,填补了国内特异性诊断方法的空白,最早开展白血病导向治疗的研究,研制的免疫毒素是我国单克隆抗体及衍生物最早通过新药评审进入临床的制品,从中国人外周血单个核细胞中克隆出粒细胞/巨噬细胞集落刺激因子基因,并研究了它们的升白细胞作用,第一批通过了国家新药评审。后与不同学科专家合作致力于基于 IL6/IL6R 结合部位的空间结构及抗原同抗体相互识别的立体结构信息设计新功能分子的研究。曾获国家科技进步奖二等奖等奖项。新药证书(生物制品二类)1 个,国家发明专利 1 项。被聘为"863"生物技术领域专家委员会委员兼抗体工程专题负责人。

116. 沈慧凤(1937—),上海人。药物研制专家。任上海医药工业研究院药物制剂研究室副主任,副研究员。1989 年获上海市巾帼奖和上海市"劳动模范"称号,1990 年获"全国优秀科技工作者"称号和"五一劳动奖章"。1959 年毕业于南京药学院,分配在上海医药工业研究院制剂室,主要从事制剂新品种、新工艺及新药用辅料的研究工作,如药用薄膜包衣材料聚甲基丙烯酸树脂乳胶液的研究(肠溶型)和肠溶丙烯树脂Ⅱ、Ⅲ号(溶剂型)以及药用羟丙基纤维素的试制和应用的研究,填补了国内新辅料的空白,并提高制剂质量。研制的药用辅料有 9 种已推广应用,获得明显的社会效益和经济效益。

117. 沈渔邨(1924—),浙江杭州人。中国现代精神病学的奠基人与开拓者。1997 年当选为中国工程院院士。1951 年毕业于北京大学医学院医学系,同年赴苏联留学,在莫斯科第一医学院攻读精神病学研究生,1955 年毕业,获医学科学副博士学位。历任北京医学院第三附属医院精神科主任、副院长,北京大学精神卫生研究所所长、名誉所长,WHO 北京精神卫生研究与培训合作中心主任,卫生部精神卫生学重点实验室主任,卫生部精神卫生咨询委员会主任委员,国务院学位委员会医学科学评议组成员等职。1986 年被挪威科学文学院聘为国外院士。一直致力于精神卫生学的研究与教育事业。率先改革精神病院约束病人的旧管理模式,创立人工冬眠新疗法,为控制病人兴奋、实行开放管理创设了条件。首创在农村建立精神病家庭社会防治康复新模式,获得成功。20 世纪 80 年代引进精神疾病流行病学调查的先进方法,使中国精神疾病流行病学研究水平迅速与国际接轨。率先对老年期痴呆症进行研究,开展抑郁症病人的生化基础与药物治疗机理研究。主编《精神病学》,获卫生部优秀教材奖、国家新闻出版署优秀科技图书二等奖。2002 年获"全国残疾人康复工作先进个人"称号。2006 年获中国医师协会首届杰出精神科医师奖。

118. 石美玉(1872—1954),湖北黄梅人。中国近代最早留学美国的女学生之一、最早的女西医师之一。出身于基督教牧师家庭,曾入江西九江教会女塾读书。1892 年赴美留学,入密歇根大学医学院学习。1896 年以优异成绩毕业,学成归国。在她多方活动下,获友人资助,于 1901 年在九江创建但福德医院,任院长及附设护士学校校长。一面治病，一面培训医护人员，自己动手编写教材，还将一些西方的医学名著译成了中文。1907年因病赴美治疗，其间积极为医院筹募资金。1915年参与筹组中华医学会，曾任副会长。1918年至1919年获洛克菲勒基金会资助，入美国约翰·霍普金斯大学医学院进修。1920年回国，在上海组织创立了伯特利教会和伯特利医院，任院长，并从事传道工作。1928年山东爆发灾荒，大量难民涌进上海，收养孤儿，建立了孤儿院，并附设小学和中学。1937年全面抗战爆发，随传道会先到香港后赴美国，寓居加利福尼亚。抗战胜利后，在美国积极筹划经费，重建伯特利医院，1951年写信请求上海市政府接办医院。1952年12月伯特利医院更名为上海市第九人民医院。

119. 石元俊（1933— ），湖北武汉人。老年医学专家。1989年被评为"全国三八红旗手"。广西壮族自治区人民医院原院长、主任医师，曾任中华医学会广西分会理事，中国老年保健医学研究会副会长，中华养生学会高级医学顾问、常务理事，广西老年医学研究所所长。1960年毕业于武汉医学院医疗系。1960年至1978年先后在广西壮族自治区人民医院、南丹县小场卫生院、南丹县县医院、河池地区二医院任医师。1978年调回广西壮族自治区人民医院工作。1984年起任院长，率先在广西实行12小时门诊制和责任制护理，实行院长负责制，改革医院技术经济管理制，重视人才培养和科研工作。长期从事心内科、老年医学及医院管理工作。1981年成功抢救一名心跳停止25分钟的病人，为广西首例。1986年创办广西老年医学研究所。主编《医院质量管理规定》，并创办《中华医学文摘·老年学》刊物。1992年被评为自治区"劳动模范"和卫生系统"先进工作者"。

120. 史济招（1918—2009），江苏溧阳人。肝病专家。历任北京协和医院教授，卫生部科学委员会委员，中国医学科学院及北京协和医院学术委员会委员，中国中西医结合学会常务理事，《中华内科杂志》《中华医学杂志（英文版）》《中医杂志（英文版）》《中西医结合杂志》等编委。1941年毕业于国立上海医学院，获博士学位，1958年参加卫生部举办的西医学习中医班，1961年底由北京协和医院内科消化系统疾病教研组调至本院中医科主持工作。1981年2月至7月，赴美参加中美文化写作项目，为美国国家图书馆的500余部中国古医书编目和摘要英译，受到美方好评。长期从事肝病临床医疗工作，总结了极有价值的慢性肝炎的发病规律。还首次提出慢性肝炎患者的瘤及瘤样增生发病率远较无肝炎患者为高（如甲状腺囊肿或结节性肿瘤、乳腺增生及囊性乳腺病、卵巢囊肿等），受到国际医学界的关注。

121. 史美黎（1930— ），浙江余姚人。1987年获第31届"南丁格尔奖章"。

1989年被授予“全国先进工作者”称号。历任上海市第一人民医院(原上海市红十字医院)护士、护士长。1953年从上海南洋护校毕业后,被分配到上海市第一人民医院,曾任内科、外科、儿科、重症监护病房和胸外科护士长。为减轻婴幼儿静脉注射时的痛苦,曾多次在自己身上触摸试验。为及时抢救病人,曾连续工作37个小时,一年中有三分之一以上的工作日加班。在小儿科、重症病房等不同科室护理不同类型病人的经历,使她能从容应对各种复杂的医护问题,甚至学会了维修护理仪器,因此,在医院获得了“百科全书”的称号。1981年秋,在其带领和指导下成功抢救了一位昏迷14天的危重病人,创造了我国心肺脑复苏史上的奇迹。

122. 史轶蘩(1928—2013),江苏溧阳人。中国现代内分泌学奠基人之一,中国应用神经内分泌药物治疗下丘脑垂体疾病的开拓者。1996年当选中国工程院院士。1950年毕业于燕京大学生物系,获理学院金钥匙奖。1954年毕业于北京协和医学院医疗系,留院内科及内分泌科任内科住院医师及总住院医师、内分泌科主任、卫生部内分泌重点实验室主任。20世纪五六十年代,对嗜铬细胞瘤的术前药物准备、糖尿病酮症酸中毒、甲亢危象的早期诊断和抢救及原发甲状旁腺功能亢进的骨软化等多种内分泌临床的疑难问题,提出独到见解,显著提高这些疾病的诊治水平。开创了我国神经内分泌疾病诊治的研究,建立了多种垂体激素的测定方法及下丘脑垂体功能兴奋及抑制试验,填补了我国此类疾病诊治方面的空白。通过对病人的整体神经内分泌功能紊乱的研究,及在体外培养的垂体瘤细胞的分子水平研究,加深了对这些下丘脑垂体疾病病理生理机制的了解。在国内首先开展用神经递质或神经激素药物,如溴隐亭、CV-205、GH、促生长分泌肽及生长抑素激动剂等治疗各种下丘脑垂体疾病,并详细观察其有效性和安全性。在国际上首先发现生长抑素慢性治疗对胆囊功能的影响,引起胆石症。

123. 司堃范(1930—2016),河南武安县(今武安市)人。1985年获第30届“南丁格尔奖章”。北京朝阳医院外科原总护士长。曾荣获“第一届全国十大社会公益之星”“全国三八红旗手”“中华孝亲敬老楷模”“首都十大社会公益之星”“首都十大公德人物”,全国离退休“先进工作者”、卫生部“先进工作者”、北京市“劳动模范”等荣誉称号。1948年就读于河北医学院附属护士学校,1950年参加抗美援朝医疗队,1951年在河北省医科大学附属医院工作,1958年参加筹建北京朝阳医院并担任医院第一任手术室护士长,1963年担任外科总护士长。1988年退休后,志愿为团结湖社区孤寡和空巢老年患者服务,成为第一位北京市红十字会志愿工作者。先后为29位孤寡和空巢老年患者建立了病历档案,并义务照顾他们长达22年。组织了团结湖社区独居老人“独居姐妹互助组”和“低龄老人帮助高龄老人服务组”两个老年志愿互助组织,促进孤寡、空巢老人互相关怀。从2005年起建立了“司堃范志愿者爱心工作室”,开通了“堃范为老服务热线”,志愿者们为2000多来电者解决了实际问题,与地区贫困家庭结成“一对一”帮扶对子,定期为贫困家庭提供物质和资金的帮助。从1989年到2016年,北京朝阳医院青年一直跟随她开展志愿服务。

124. 苏雅香(1945—),贵州黔西人。2003年获第39届“南丁格尔奖章”。贵州省人民医院护理部原主任、主任护师,曾任中华护理学会常务理事、贵州省护理学会理事长。1965年毕业于贵阳卫校护士班,分配至贵州省人民医院儿科工作。1966年响应国家号召到贵州省最边远的松桃苗族自治县工作。曾救治和养育过12个弃婴。后调回省人民医院工作。1996年在北京参加整体护理学习班,此后在贵州省人民医院建立了全省第一个整体护理模式病房,并在全省推广应用,使贵州省传统的护理模式走向了人性化、现代化。多年来勤奋钻研,写下了十几本临床护理工作笔记,参与编写了25万字的《护理指南》,发表论文30余篇,获得院级科研成果及新技术奖10多项。论文《原发性肺癌介入治疗的护理163例》2003年被海峡两岸国际交流会选中,作为贵州护理界的第一人赴台湾进行学术交流。被评为全国优秀科技工作者等。

125. 苏祖斐(1898—1998),生于上海。儿科专家、儿童营养学家、医学教育家。1985年获首届“宋庆龄樟树奖”。上海市儿童医院原副院长兼医务主任、名誉院长,曾在中华医学会、全国妇联等机构任职。1927年考入协和医学院,1932年毕业并获美国纽约州立大学医学博士学位。随之留在协和医院作住院医师。1934年到长沙湘雅医院担任儿科主任。1937年12月,受邀在上海难童医院任医务主任,其间制定了各种规章制度,使医院工作很快正规化。1940年该院改组为上海儿童医院,这是中国历史上第一所儿童医院。1953年该院由政府接办,改称上海市儿童医院,她任副院长兼医务主任,1982年任名誉院长。曾将1947年在美国纽约大学医学院儿科进修时学到的链霉素和噻唑砜治疗结核性脑膜炎的新疗法带回上海,治愈率达90%,开创国内用化学疗法治愈结核性脑膜炎之先例。20世纪50年代,中国南方血吸虫病流行,患者中有1/3是儿童。其带领上海第二医学院儿科系同学到沪、浙乡间进行血吸虫病的防治,详细分析了儿童血吸虫病的分型、转归和治疗。由此被推举为全国血吸虫病研究委员会委员。1985年上海市宣布消灭血吸虫病,她被记大功一次。1964年出版中国第一部儿童营养学专著《实用儿童营养学》。

126. 孙桂芝(1937—),山东淄博人。第四批国家级名老中医之一。中国中医研究院广安门医院肿瘤科教授、主任医师、博士生导师，享受国务院政府特殊津贴。兼任国际癌病康复会理事、中国中西医结合研究会北京分会理事、中国中西医结合研究会肿瘤专业学会北京分会委员、全国中医药中医康复学会理事等职。1959 年考入山东医学院医疗系学习，1964 年毕业后参加了全国西医离职学习中医班学习，后在中国中医研究院广安门医院工作。致力于中西医结合肿瘤临床和实验研究工作，针对胃癌、肠癌、肝癌、肺癌、乳癌、鼻咽癌等疾病探索出一些疗效较好的抗转移、防复发的治疗方案及中成药制剂。先后参与主持了国家“六五”“七五”“八五”中医肿瘤攻关课题及中医药管理局科研课题，研制出减轻化疗药物毒副反应的健脾益肾冲剂、防复发防转移的扶正防癌口服液、减毒增效的养胃抗瘤冲剂以及抗癌Ⅰ号、抗癌Ⅱ号、益髓胶囊、软肝煎等。临床上强调辨证与辨病相结合，选方用药不仅依据中医理论，而且注重结合中药的现代药理研究，尤其关注药物提高机体的免疫力，抑制肿瘤和杀灭癌细胞方面的最新理论成果。先后获得研究院级、部级、国家级科研成果奖 9 项。

127. 孙静霞（1914—2009），江苏常州人。1995 年获第 35 届“南丁格尔奖章”。常州市第一人民医院护理部原主任，中华护理学会永久会员。1934 年从常州真儒高级护士学校毕业，进入常州市武进医院任护士、护士长。1938 年任常州真儒高级护校校长兼武进医院护理部副主任。1948 年赴美国进修护理。1949 年底不顾多方挽留毅然回国，任常州市第一人民医院护理部主任，直到 1986 年退休。积极培养护理骨干，采用开设一个专科、送出一个学习从而带动一片的方法，在常州市一院培养了一支能胜任各种专科护理的先进队伍。1978 年，借鉴国内外先进管理经验，建立了病房设置规范化、工作制度化、操作常规化等一整套的科学管理制度。在省内率先试行“责任制护理”，并向全国推广。1989 年，在其倡议下，常州市一院开设了心理咨询门诊，主要由她坐诊。1991 年在社会开展老年服务，参与和开办老年关怀病区，1992 年创办了常州首家“临终关怀”病房。积极开展护理科研工作，先后参编了《医院护理管理》《护理心理学概论》《责任制护理》《护理管理学概论》《现代护理学辞典》等著作。曾应邀赴全国各地讲学。

128. 孙秀兰（1942— ），河北唐山人。1986 年至 1987 年连续两年被评为全国卫生文明“先进工作者”，1989 年获第 32 届“南丁格尔奖章”，并被授予“全国先进工作者”“全国三八红旗手”称号。唐山市人民医院护理部原主任、主任护师，第八、第九届全国人大代表，中华护理学会唐山分会副理事长，唐山市女工委员会委员。1960 年毕业于唐山市人民医院护校，从事护理工作。刻苦钻研业务技术，不断总结临床经验，发表重要专业论文 30 篇。走上护理部管理岗位后，依然每天深入病房了解危重病人情况，检查护理质量，征求患者意见。遇到贫困患者，多次带头捐款并发动护理人员献爱心。主持制定了《护理部 80 字规范》《护理质量控制考核标准》等各项规章制度，先后撰写了《肺心病 82 例护理》等 20 余篇论文，其中《护士长素质的伦理学思考》《肺心病给氧观察》《护理部带教护生体会》等论文受到同行的好评。

129. 索玉梅（1952— ），藏族，青海玉树人。2011 年获第 43 届“南丁格尔奖章”。中国人民解放军第四医院护理部原主任。作为青海的第一批藏族女兵，16 岁参军入伍，一年多后，被派往解放军第四医院从事护理工作，在原兰州军区高等医学专科学校学习之后，成为解放军第四医院高原医疗队的一员。几十年来，多次跟随高原医疗队，攀高山、越雪岭、进毡房、下牧场，足迹几乎踏遍了青海的山山水水，护理和参加抢救的重危病人不计其数。特别是在 2010 年玉树大地震中，在 4 位亲人遇难的情况下，强忍悲痛，发挥专业和语言优势，为灾区伤员送医送药、输液、当翻译，对伤员进行心理抚慰，在玉树灾区坚守了两个多月，为救助当地伤员做出了突出贡献。根据多年临床护理掌握的第一手资料，撰写了《高原地区肺心脑病的护理》《普通哮喘和重症哮喘护理方案》等论文，指导临床实践，提高了抢救成功率。曾获抗震救灾“优秀共产党员”、“巾帼建功”先进个人等荣誉称号，被部队官兵和各族群众亲切地称为“雪域高原的格桑花”。

130. 涂楚国（1941— ），湖南益阳人。医药卫生检验专家。1994 年获“全国获奖发明专利和精品博览会”金奖。曾任湖南省湘潭市卫生防疫站检验科主任、主任技师，中国农工民主党湘潭市委员会第一、第二届常委，湘潭市雨湖区第一届政协副主席，湖南省涂元生物试剂有限公司副总经理，中华临床医学会常务理事、全国发明协会会员等。1959 年毕业于湖南省卫校。从事医药卫生检验专业和实验研究多年。“SPA（葡萄球菌 A 蛋白）协同凝集快速诊断世贺氏菌属实验”获卫生部科技成果二等奖，“LTSE（大肠菌群快速检验方酮法）快速检验方法”研究课题属于国际首创，处于国际先进水平，1994 年获列入国家标准证书，1996 年入选为“八五”期间优秀成果，研制获国家发明专利的“LTSE（大肠菌群快速检验方酮法）干粉培养基和配套试剂”新技术产品，1992 年获北京国际发明博览会银奖。1990 年被湖南省委省政府授予“省优秀中青年专家”称号，1993 年获全国总工会颁发的全国自学成才奖和全国自学成才者证书及奖章，1999 年获香港国际组织授予的“紫荆花医学发展成就奖”证书。

131. 屠呦呦（1930— ），浙江宁波人。荣获 2015 年诺贝尔生理学医学奖，是第一位获得诺贝尔科学奖项的中国科学家，荣获 2016 年度“国家最高科学技术奖”,是首位获此殊荣的女性。中国医学科学院中药研究所青蒿素研究中心主任。1955年毕业于北京医学院(现北京大学医学部)药学系。毕业后,被分配到卫生部中医研究院(现中国医学科学院)中药研究所工作至今,是中国医学科学院终身研究员、首席研究员,60多年始终致力于中医药研究实践。1969年1月,中国中医研究院中药研究所接受抗疟药(“523项目”)研究任务,被任命为课题小组组长。她带领团队攻坚克难,从中医古籍中获得启发,采用低沸点的乙醚作为溶剂,从中药青蒿中分离到抗疟有效的乙醚提取物,并从其有效部分中分离得到抗疟有效单体,后命名为青蒿素。经多个单位协作证实,青蒿素为一具有“高效、速效、低毒”优点的新结构类型抗疟药,对各型疟疾特别是抗药性疟疾有特效。青蒿素于1979年荣获“国家发明二等奖”,获中国新药审批办法实施以来的第一个一类新药证书(86卫药证字X-01号)。1985年又研发出双氢青蒿素片,于1992年获新药证书(92卫药证字X-66、67号),并于当年被评为“全国十大科技成就”。从20世纪90年代起,世界卫生组织推荐以青蒿素类药物为主的复合疗法(ACT药物)作为治疗疟疾的首选方案,在全球疟疾流行地区广泛使用并取得了很好的效果,解决了抗疟治疗失效难题,为中医药科技创新和人类健康事业做出了重要贡献。先后荣获“全国优秀党员”“全国先进工作者”“全国三八红旗手”称号。是国家首批授予的“有突出贡献的中青年专家”,享受国务院政府特殊津贴。2018年被党中央国务院授予“改革先锋”称号,荣获“改革先锋”奖章。

132. 汪赛进(1923—),江苏宜兴人。1997年获第36届“南丁格尔奖章”。曾任安徽省护理学会理事长、荣誉理事长。1943年毕业于上海南洋高级护士职业学校。1949年任常州人民医院总护士长。1951年来到安徽,任芜湖大矾山医院附设护士学校教导主任兼护理教师。1958年至1963年,举办护士夜校,对在职助理护士进行中专教育,此项工作在1961年全国业余医学教育会上受到表彰。1964年调入安徽省卫生厅医教处,负责全省的护理教育工作。1969年下放到安徽省和县农村,积极开展群众性的预防保健工作。1972年重回省卫生厅,肩负起重振安徽护理事业的重任。组织编写了供全省中等卫生学校使用的多种护理教材。1975年调往省卫生干校任教导主任,为培养中西医护理教育、护理临床、护理管理人才,先后开办了各类学习班14期,共培养护理骨干800余名。1977年积极参与安徽护理学会的恢复组建工作,并被推选为理事长。同时着手创建全省高等护理教育,制订了长远教育规划,使全省四分之一的护士获得了继续教育的机会。在主持学会工作期间,组织编写并翻译了10余本护理专著和教材,为安徽省的护理学会工作做出重要贡献。1991年被安徽省人民政府授予有突出贡献的专家,享受国务院政府特殊津贴。

133. 王大玫（1920—2003），江苏苏州人。整形外科专家，中国整形外科创始人和奠基人之一。曾任中华医学会和北京分会整形外科学会副主任委员、主任委员、顾问，并享受国务院政府特殊津贴。1946年毕业于北京大学医学院医疗系，选择了当时女性极少问津的外科专业，主攻整形外科疑难病症。1949年在北医第一医院参与了整形外科的创建工作，并先后于北京医学院各附属医院、基础部及口腔医院分别担任外科总住院医师、局部解剖手术学教研组主任、口腔颌面外科主任、整形外科研究中心主任、教授、主任医师、博士生导师等职。20世纪70年代，率先在我国开展了颅面外科手术。1979年12月，在昆明医学院附属第一医院的协助下，成功完成了"寄生性头部连胎的副头切除"手术（"双头人"手术），国内外医学界给予了极高评价，手术记录影片拷贝被美国购买并作为珍贵文献收藏。先后在国内开展了用鼻中隔黏膜软骨修复眼睑内叶缺损和气管缺损，用带肋软骨膜的肋软骨再造颈段气管，用各种肌瓣、筋膜皮瓣、复合瓣等进行全身各部位的修复与再造等一系列高难度手术，都获得成功，在我国整形外科中均属首创，对一些复杂棘手的整形、颅面、美容外科手术方法进行了改革创新，并且在我国首先开展了变性手术。1984年、1987年应美国整形外科学会教育基金会主席布罗迪（G.S.Brody）邀请，两次赴美做学术交流访问，并担任了整形外科领域国际知名杂志的编委。1955年、1960年、1983年先后被评为北京市"先进工作者""劳动模范"，1960年荣获全国及北京市"三八红旗手"称号，1992年受到国务院的表彰，1995年被中华医学会表彰为对医学科学及学会发展建设有突出贡献的专家。

134. 王桂英（1920—2012），山东德州人。1999年获第37届"南丁格尔奖章"。曾任天津市护理学会理事长，中国农工民主党天津市委常委、顾问。1938年毕业于山西汾阳高级护士学校，毕业后到北平协和医院当护士。1945年天津南郊区爆发霍乱时来到天津，投身到抢救患者的第一线。中华人民共和国成立后，参与了天津工人医院的筹建工作，任护理部主任。1951年创造了"布条辨认法"，使送到天津的200多名朝鲜战场伤员无一人延误治疗，天津市人民政府授予她"抗美援朝二等功奖章"。1956年调往天津市卫生局医疗预防处。1959年前往河北岳城水库工地任指挥部卫生处处长，负责成立工地医院，承担30万名水库民工的卫生防疫保健工作。1980年，在她和一些专家的努力下，天津市率先实施了护理专业成人大专教育、护理专业高等教育自学考试和临床护士学分制的继续教育。1983年在天津医科大学建立护理系，在全国首先恢复了五年制本科高等护理教育。1986年任天津市护理学会理事长。曾三次赴美国、日本和中国香港访问，把先进的经验在国内推广。组织编写并出版了《实用护理学》《护理管理学》《护理美学》等专著。根据她的遗愿,其遗体捐献给了天津中医药大学用于医学教学研究。

135. 王红阳(1952—),祖籍山东威海,生于南京。生物化学和分子生物学家。中国工程院院士。任上海交通大学医学院附属仁济医院上海市肿瘤研究所癌基因及其相关基因国家重点实验室主任,第二军医大学国际合作生物信号转导研究中心主任、教授、博士生导师。是第十、第十一届全国政协委员。1977 年毕业于第二军医大学临床学系,1984 年获第二军医大学消化免疫学专科硕士学位,1992 年获德国乌尔姆大学临床生化博士学位。回国后长期从事肿瘤信号转导的基础与临床研究,对肿瘤医学研究有重要建树。1996 年在世界上首次从胰腺癌中克隆出受体型酪氨酸磷酸酶,并提出 MAM 型酪氨酸磷酸酶家族新的概念。这一成果获得国内外发明专利,并以王红阳的命名被收录于世界人类基因库。与同事又陆续发现了免疫抑制受体信号调节蛋白受体型酪氨酸磷酸酶 BDP-1 等新的重要功能基因。参与完成的《信号调节蛋白的负向调控机制》论文在《自然》(Nature)杂志发表。1997 年创办了“国际合作生物信号转导研究中心”,被评为“全军医学重点实验室”。曾获国家自然科学二等奖、“何梁何利基金科学与技术进步奖”、亚太杰出女科学家奖和吴孟超肝胆外科医学奖一等奖等。曾获得“全国三八红旗手”和优秀学科带头人等荣誉称号。

136. 王惠芸(1920—2011),生于四川荣县。口腔医学家、口腔医学教育家,口腔解剖生理学的创始人。历任第四军医大学口腔医院主任医师、口腔基础教研室主任、学校专家组成员等职。王惠芸从 18 岁起投身口腔医学事业,1945 年毕业于华西协和大学(现四川大学华西医学中心)牙学院并获得牙医学博士学位,1986 年起任博士生导师,1991 年享受国务院政府特殊津贴,1997 年晋升为专业技术二级。曾担任中华医学会口腔科学会合学组组长、中华口腔医学会颞下颌关节病学及牙合学专业委员会顾问等学术职务。是我国口腔解剖生理学和牙合学的开拓者与奠基人。确切掌握了中国人牙齿形态的第一手数据,并发表《中国人牙的测量和统计》,为我国口腔临床治疗提供了理论依据,并成为从事牙体形态学研究必须参阅的经典文献。20 世纪 80 年代,在国内率先研制成功颌面肌电系列设备,最早建立牙合学实验室,完成了《牙合学》专著。1989 年,组织在西安第四军医大学口腔医学院召开第一次全国牙合学会议,促进了我国牙合学的发展。20 世纪 90 年代以来,带领学生,将牙合学与口腔修复学、牙周病学、正畸学等结合起来研究,为牙合学的创立做出了贡献,推动了我国口腔基础医学的发展。

137. 王介明(1935—),湖南长沙人。神经内科专家。曾荣获“全国三八红旗手”、全国卫生系统“先进个人”、中国“百名优秀企业家”、省市“劳动模范”等多项荣誉称号。主任医师、教授，保定市脑血管病医院院长、北京脑血管病医院院长，国际互联网世界名医，中国女企业家协会常务理事，《国外医学·中医中药分册》副总编辑、《实用心脑肺血管病杂志》副主编，中共十三大代表。1958 年毕业于武汉同济医科大学医疗系，1983 年创办保定市脑血管病医院，并任院长。精通中西医理论，在几十年的临床实践中，研究总结出了数十套对脑血管病因症施治的治疗方案，研制成功“康复液”和“脑复苏”系列等数十种治疗脑血管病的特效专用药物。曾获省级科技奖五项、市级科技奖二十项。1993 年起享受国务院政府特殊津贴。

138. 王克勤（1918— ），湖南邵阳人。生物化学家，中国干血浆、血浆蛋白质分离和血浆制品的创始人，也是中国脂蛋白、载脂蛋白和动脉粥样硬化研究的主要奠基人和开创者。获“国家有特殊贡献科学家”称号。1933 年至 1936 年在河南开封静宜女中学习。1936 年赴美国留学。1947 年回国，先后在南京中央卫生研究院、上海里斯特学院、上海国防医学院及无锡江南大学进行科研和教学工作。1951 年至 1955 年任上海中国人民解放军医学科学院生化室副研究员，其间研制人干血浆成功，荣立三等功。1955 年调入北京协和医学院生化室从事动脉粥样硬化研究。1981 年至 1998 年任中国医学科学院基础医学研究所生物化学与分子生物学室教授、研究员，脂蛋白组组长。1964 年率先提出 β 脂蛋白是导致动脉粥样硬化的重要因素。20 世纪 70 年代末 80 年代初，发现树鼩和北京鸭的血清均含有丰富的高密度脂蛋白（HDL），而不易形成动脉粥样硬化（AS），首次为研究 HDL 在 AS 的发病机制中的作用提供了两种较理想的模型。建立了多种研究脂蛋白、载脂蛋白和 HDL 受体的方法。20 世纪 80 年代末在国际上首次提出 HDL 受体途径代谢胆固醇的假说。开展基因工程研究，获得了树鼩和北京鸭载脂蛋白 A-I 以及 C-I 的互补脱氧核糖核酸（complementary DNA）序列。主编《脂蛋白与动脉粥样硬化》一书，并发表多篇论文。

139. 王琳芳（1929— ），籍贯山东莱州，生于黑龙江省哈尔滨市。分子生物学专家。1997 年当选为中国工程院院士。教授，博士生导师。曾任全国生物化学与分子生物学会医学专业委员会主任，北京生物化学与分子生物学会理事长，国际南南生殖健康协作医德委员会副主任，病毒基因工程国家重点实验室学术委员会主任，中国《生物化学杂志》副主编等职。1959 年毕业于北京协和医学院。20 世纪 60 年代及 80 年代先后赴苏联科学院生物物理所及美国人口委员会生物医学研究中心学习。1984 年至 1992 年任协和医科大学生化及分子生物学系主任，1992

年至2004年任医学分子生物学国家重点实验室主任。长期致力于蛋白质结构与抗原性关系的研究。60年代参与领导创制两种战备需要的动物血清代血浆。70年代开展针刺麻醉的分子基础探索。1978年以后领导课题组开展生殖分子生物学研究,对精子膜蛋白的分离纯化、结构功能及基因克隆与表达进行了系统性研究。首次发现并分离了近20多种有别于国际报道的、具有强免疫原性的精子蛋白及其cDNA,且均已被编入美国基因数据库。在国内率先成功地开展了精子蛋白在转录与转译水平的基因表达研究,成果获1993年卫生部科技进步奖一等奖、1995年"国家自然科学奖"二等奖、1996年"光华科技基金"一等奖。

140. 王群(1926—),原名王玉珍,河南浚县人。中医药专家。1983年被评为北京市"三八红旗手"、"全国三八红旗手"。当选第六、第七届全国人大代表。1951年毕业于北京医学院药学系。1957年调到北京市药材公司,先后担任北京同仁堂国药提炼厂工程师,北京中药科学研究所成药室主任,北京同仁堂制药厂副厂长、总工程师,同仁堂营养保健品厂厂长,并兼任中国农工民主党中央常委、第六届全国妇联常委、中国医药科技出版社编委及北京中医药研究促进会副会长等职务。1988年晋升为主任中药师。在40年的科研、生产和技术管理工作中,运用中医药基础理论知识,先后研制了溃疡散、野菊花栓剂、珍珠祛斑膏等新品种,取得了较好的经济效益和社会效益。在解决中药生产科研疑难问题和改进生产工艺方面,特别是在改进人造牛黄生产工艺,寻找稀有原料的代用品,研究改进枇杷叶、苦杏仁加工炮炙制方法,解决蜜丸在储存过程中干裂皱皮问题等方面做出了贡献。

141. 王士雯(1933—2012),山东峄县人。老年医学和老年心脏病学家。1996年当选为中国工程院院士。解放军总医院老年心血管病研究所所长。1955年毕业于解放军第四军医大学,曾在美国哈佛大学医学院和加州大学医学院进行博士后研究学习。是我国老年医学的奠基人之一,在国际上首先提出严重危害老年人健康和生命的临床综合征——老年多器官衰竭,对其定义、临床特征、诊断标准、分期分型、流行病学、病因机制和救治措施进行了深入研究,并提出老年多器官衰竭的肺启动机制的学说,显著提高了其救治成功率。在国内率先总结和推广对老年心脏病人施行非心脏外科手术的内科保障经验,对老年冠心病,尤其是老年心肌梗塞和心力衰竭进行了系列研究,显著降低了其合并症和死亡率,有效地保障了老年心脏病患者进行非心脏大型手术的顺利进行,填补了我国老年医学在心脏病方面的空白,为推动我国老年医学的发展作了开拓性的工作。主编的《内科讲座老年病分册》,是我国最早的自己编著的老年医学教科书式著作。主编的我国第一部《老年心脏病学》《无症状心肌缺血》均填补了我国心脏病学的空白。先后获国家科技进步奖二等奖1项,军队科技进步奖一等奖1项、二等奖4项、三等奖4项,曾获"光华科技基金"一等奖、中央保健委员会"特殊贡献奖"等奖励。荣获"何梁何利基金科学与技术进步奖"。先后被聘为美国老年心脏病学会理事、《美国心血管病理学杂志》编委、《美国心血管病理生物学杂志》编委、香港老年医学会杂志编委和名誉顾问。

142. 王淑兰(1942—),山东肥城人,生于辽宁抚顺。微生物学专家,军事医学科学院科技部部长、微生物流行病研究所研究员,博士生导师。中国人民解放军少将军衔。1965年清华大学毕业后被分配到中国人民解放军军事医学科学院工作。1970年至1978年历任军事医学科学院科技部计划处助理员、干事,1984年至1987年历任军事医学科学院政治部干部处处长、副主任兼干部处处长,1989年至1994年历任军事医学科学院科技部副部长、部长。在军事医学教育体系研究、微生物学、军事预防医学等方面发表了诸多论文、专著。

143. 王淑贞(1899—1991),江苏苏州人。妇产科专家,中国妇产科学奠基人之一。1918年成为我国第一位以同等学力考取清华学堂庚款奖学金赴美留学的女学生,1921年毕业于芝加哥大学理学院,1925年毕业于约翰·霍普金斯大学医学院,获医学博士学位。1926年回国,任上海西门妇孺医院妇产科主任,上海女子医学院教授、院长。中华人民共和国成立后,历任上海第一医学院附属妇产科医院首任院长、名誉院长、妇产科研究所所长、卫生部学术委员会委员、中华医学会妇产科学会副主任委员、《中华妇产科杂志》副总编等职,第一届至三届全国人大代表、第五届全国政协委员。1953年在国内首先提出预防产后流血的有效措施。1956年在国内首先开展腹膜外剖腹产,提出手术的适应症和禁忌症,开设产道异常门诊。1958年取得中国妇女骨盆外测量的数据,并出席苏联第一次妇产科医师代表大会。1960年任全国计划生育临床组负责人,摸索有效的避孕方法。主编或参编了《妇产科学》《妇产科理论与实践》《实用妇产科学》《中国医学百科全书》等著作,发表了《产后流血的研究》《腹膜外剖腹产》《骨盆外测量的研究》《国外妇产科工作的进展》等论文。

144. 王侠(1954—),陕西清涧人。曾任国家人口和计划生育委员会主任、党组书记。任中华全国供销合作总社党组书记、理事会主任。1971年12月参加工作,1974年7月加入中国共产党,中央党校研究生院经济管理专业毕业。历任水利部黄河水利委员会黄河上中游管理局局长、党组副书记,陕西省延安市委副书记、代市长、市长、市委书记。2002年5月后任陕西省委常委、延安市委书记,陕西省委常委、省纪委书记,陕西省委副书记、省委教育工委书记、省委党校校长。2011

年12月至2013年3月任国家人口和计划生育委员会主任、党组书记。2013年3月起任中华全国供销合作总社党组书记、理事会主任。中共十六大、十七大、十八大代表,中共第十六届、十七届中央候补委员,十八届中央委员,第十一届全国人大代表。

145. 王晓钟(1944—),原籍云南晋宁,1944年生于延安。公共医疗卫生管理专家,解放军总医院原副院长。少将军衔。1962年考入北京矿业学院,1966年加入中国共产党。1971年参军,同年进入第七军医大学医疗系学习。1976年被分配到解放军总医院临床一部内分泌科,1985年晋升为主治医师,后担任职称改革办公室主任,政治部干部处副处长、处长、院党委委员,医务部副主任、副主任医师、部党委委员、院党委委员,医务部主任、部党委书记,院党委常委、副院长,军医进修学院副院长。兼任全国妇联第八届执行委员会常委、全军卫生经济管理委员会副主任委员、全军继续教育管理委员会委员、中国学位与研究生教育学会理事、中国体视学会常委、《解放军医院管理杂志》编委、解放军总医院科学技术委员会主任委员。1997年被北京医院管理学会、北京医院协会联合评选为北京市优秀中青年管理干部。著有《面向二十一世纪的中国妇女卫生保健》等论文。

146. 王琇瑛(1908—2000),生于河北定县。1983年获第29届"南丁格尔奖章",是新中国第一位荣获国际护理界最高荣誉奖的护理工作者。同年,获得全国卫生"先进工作者"称号,并当选为全国妇联副主席。1986年获英国皇家护理学院(协会)颁发的荣誉奖章和证书,这是获此殊荣的第一位中国护士。曾任北京市第三护士学校校长,首都医学院护理系主任、主任护师,中华护理学会副理事长,全国妇联副主席。1926—1931年在北京协和医学院和燕京大学合办的护士学校学习,获理学学士学位和护理专业文凭。毕业后在协和医学院护士学校任助教、讲师。1935年,被学校保送到美国纽约州哥伦比亚大学师范学院进修,获得理科硕士学位。回国后,到北平协和医学院任职并编写了《公共卫生护士进化史及原理概要》。1943年6月,到成都华西大学,积极协助恢复协和护士学校的筹备工作。抗战胜利后,一直任北平协和医学院公共卫生教学区护理主任和中华护士学会北平分会理事长。1950年被选为中华护理学会副理事长。1961年,新中国第一个护理系在北京第二医学院(现首都医科大学)创建,其任系主任,为新中国培养了一批高级护理人才。

147. 王雅屏(1945—),北京人。2001年获第38届"南丁格尔奖章"。解放军总医院南楼临床部原总护士长,北京市红十字会急诊抢救中心副院长,中国南丁格尔志愿护理服务总队理事长。16岁时入中国人民解放军护士学校学习。1964

年分配到中国人民解放军总医院南楼临床部，从事党、政、军高级干部的临床护理及保障工作，被称为最有造诣的护理专家。20 世纪 80 年代初开始研究老年护理，90 年代开始从医院临床疾病护理延伸到全社会老年人的健康保健。1995 年加入中国老年保健协会，成为第一届理事。1985—1995 年 11 年间，主编出版了 6 部护理专著，在国外专业杂志上发表论文 30 篇，对老年人多种疾病的综合护理研究形成了独具特色的系统观点。为提高我国老年人自我保健意识，撰写了 10 余篇文章，通过中央人民广播电台及《人民日报》专栏节目，广泛宣传普及。1996 年到刚刚组建的北京市红十字会急诊抢救中心负责护理管理工作，1999 年被北京市红十字会任命为急诊抢救中心副院长兼护理部主任，并荣获北京市红十字会的“红十字精神博爱奖”。2001 年“中国 2001 国际志愿者青年委员会”授予其“中国志愿者形象大使”称号，成为中国首批志愿者形象大使中唯一的军人代表。

148. 王簃兰（1925— ），湖北宜昌人。劳动卫生学和工业毒理学专家。1979 年被评为“全国三八红旗手”。复旦大学公共卫生学院教授、博士生导师，曾任上海医科大学图书馆馆长、上海健乐富医药卫生应用研究所所长、中华医学会理事、世界卫生组织专家咨询团成员等职。1950 年毕业于上海医学院，留校工作。1950 年 9 月，为了掌握煤矿工人职业危害的第一手资料，打破“女人不能下矿井”的传统观念，成为我国第一名下矿井的女医师。1951 年参加了第一批抗美援朝志愿医疗队。1985 年，参加了世界卫生组织在日内瓦召开的首届“劳动妇女职业卫生”专家委员会会议，并担任副主席。长期从事劳动卫生的教学和科研工作，在工业毒理学的研究中，以金属毒理学、皮肤毒理学和生殖毒理学为重点，其中又以铅中毒研究为特色，总结和发表了一大批研究成果，为我国劳动卫生学和工业毒理学的发展起到了积极的推动作用。《我国工业铅中毒研究三十六年》获 1986 年卫生部重大科研甲级成果奖。合著《工业毒理学》，获 1978 年全国医学卫生科技大会成果奖。主编《劳动卫生学》《劳动卫生学进展》《工业铅中毒》等教材或专著。是《国际劳工组织职业卫生与安全百科全书》的副主编。

149. 王懿（1904—1981），上海人。儿科护理学专家、护理学教育家。北京儿童医院原护理部主任、副院长。1928 年考入燕京大学预科，1929 年入北京协和医学院护士学校，1932 年毕业。1933 年至 1934 年在北平协和医院传染病房任护士长，1934 年至 1936 年任儿科护士长。此后赴英国伦敦贝德福大学进修，学习医院管理和护理技术，并作为中华护士学会的代表出席每四年一次的国际护士学会代表大会。1938 年 10 月回到协和医院。1941 年 12 月，太平洋战争爆发，协和医学院及协和医院被迫停办。1942 年 5 月至 1943 年 1 月，任天津天和医院护理部主任,1942 年 5 月到大后方重庆从事护理工作和护理教育。1946 年至 1947 年 6 月回北平任协和护校教员。1947 年 6 月任苏州博习护校校长。1948 年 7 月,回到协和医院任护理部副主任兼护校教师。1954 年 6 月,参加北京儿童医院筹建工作,1962 年任儿童医院护理部主任、副院长。1962 年组织各病房护士长将自开院以来在实际工作中执行的各项护理技术操作和护理常规写成《护理技术操作、护理常规、护理细则》。1981 年在上述油印资料的基础上,组织编写了《儿科护理技术操作规程和疾病护理常规》。1981 年出版《儿科护理学》专著,为创立中国儿科护理学做出了贡献。曾任中华护理学会副理事长、中华护理学会北京分会理事长、《中华护理杂志》主编、《中国医学百科全书·护理学》负责人等职。

150. 魏治统(1912—1997),四川资中人。口腔修复学专家。1938 年毕业于华西协和大学(现四川大学华西医学中心)牙学院,获牙医学博士学位,留校历任助教、讲师、副教授。1946 年至 1950 年,先后在美国、加拿大进修冠桥学和烤瓷学。1950 年 7 月回国。历任华西协和大学牙学院牙体外科系主任,四川医学院口腔矫形学教研室主任,口腔医学系副主任、教授、博士生导师,是该校口腔修复学的创始人和学术带头人。她的"牙周膜面积的测量"研究,提供了我国正常恒牙牙周膜面积数据,其论文在 1963 年全国第一届口腔科学术会议上作了报告。长期从事生物力学和金属烤瓷学的研究工作,与同事合作完成了《用光弹性方法对固定桥基牙牙槽骨受力的实验研究》,在 1984 年第二届全国口腔医学学术会议综合大会上作了报告。"SDA-1 型牙用中熔合金的研制及其应用"获四川省科技成果三等奖。

151. 吴景春(1932—),江苏常州人。曾任国家计划生育委员会副主任。1949 年至 1951 年在西北助产学校学习。1951 年参加中国人民解放军,历任陆军第十八军独立支队卫生处护士班班长、西藏拉萨人民医院妇产科护士长。1953 年加入中国共产党。1956 年考入北京医学院医疗系。1961 年毕业后留校,历任北京医学院基础部政治辅导员、党委组织部副部长、党委副书记等职。1983 年起历任卫生部党组纪律检查组副组长、组长。1987 年在中共十三大上当选为中共中央纪律检查委员会委员。1988 年 6 月任国家计划生育委员会副主任、党组成员。1992 年在中共十四大上继续当选为中共中央纪律检查委员会委员。1993 年 12 月至 1997 年 10 月任中共中央纪律检查委员会驻国家计划生育委员会纪检组组长。1997 年 9 月任中国人口福利基金会常务副会长。1997 年 10 月至 1998 年 5 月任国家计划生育委员会直属机关党委书记。中华全国妇女联合会第六届执行委员会委员,中共十三大代表。

152. 吴景华(1932—),上海人。2001 年第 38 届"南丁格尔奖章"获得者,银川市第一人民医院护理部原主任、主任护师,宁夏护理专业的奠基人和学科带头人之一,也是宁夏从事临床护理工作时间最长的护理专家。1949 年进入上海太和高级助产学校学习,1952 年毕业后响应国家号召,志愿报名支援边疆建设,奔赴宁夏,来到当时的偏僻小城银川,在市区医院当护士,从此扎根宁夏从事护理工作,几十年如一日,坚持战斗在护理工作第一线,为宁夏护理质量的提高、护理队伍的建设做了大量工作。20 世纪 60 年代初,随农村巡回医疗队在回族聚居的同心县工作,为了救治山区的一名产妇"尿潴留",她和大夫轮流用嘴吸出滞留在产妇体内的尿液,挽救了产妇的生命。1985 年因救治病人而感染了甲沟炎,昏迷不醒,切血管放血后才苏醒过来,但也留下了后遗症。被评为主任护师后,仍坚持亲自护理病人,坚持夜查房制。1983 年被国家民委、劳动人事部、中国科协联合评为全国少数民族地区"先进科技工作者"。1986 年、1988 年分别被卫生部授予从事护理工作 30 年荣誉奖章和"全国模范护士"荣誉称号。

153. 吴静芳(1926—),生于河南开封。1991 年获第 33 届"南丁格尔奖章"。河南省商丘地区医院护理部原主任。1943 年考入商丘圣保罗医院高级护士学校,1944 年豫东霍乱流行,不顾受传染的危险日夜工作在救护现场,抢救了很多贫苦农民的生命。抗美援朝战争期间,志愿报名参加医疗团并担任护士长,在血源不足时,为志愿军献血多次并立功受奖。1955 年,从西安第四军医大学调回商丘地区医院,先后任护士、护士长、护理部主任。在本地和市县一些单位,多次以"护理——社会上崇高事业,护士——人们给予的荣誉称号"为题作报告,不断激发豫东地区广大新老护士为保护群众健康做一名护士的热情和信念。不仅自己甘愿坚守基层临床护理工作,还以自己的言行感动本单位 26 名想改行的护士归队,为稳定护理队伍做出积极努力。1976 年唐山发生大地震,全商丘的地区医院紧急待命,年已半百正患甲状腺机能亢进的她,马上投入抗震救援中。1989 年入选《中国当代护理名人录》。

154. 吴蔚(1918—1989),上海人。生物化学家和分子免疫学家。1940 年毕业于上海大同大学化学系。曾在上海天平化学制药厂、上海市立药厂从事新药合成研究工作。1945 年初,与丈夫王世椿合著并出版《磺醯胺类之研究及制造法(附潘纳西林)》一书,这是中国磺胺类药物化学最早的专著,适应了抗战的需要,对中国磺胺工业的发展起了重要推动作用。1951 年转入军事医学科学院生化系工作,后任放射医学研究所生化室副主任和主任、基础医学研究所分子免疫研究室主任、研究员,从事抗辐射药物的生化研究。1957 年在国内率先应用电流滴定法研究巯基抗放药物的代谢。1962 年至 1963 年领导脱氧核糖核蛋白中脱氧核糖核酸的辐射敏感性研究,发现与蛋白质结合的脱氧核糖核酸的辐射敏感性高于游离的脱氧核糖核酸。20世纪70年代,研究气管炎患者血清乙酰胆碱酯酶活性变化、免疫核糖核酸的活性及羊红细胞受体功能。1980年证明在人淋巴细胞表面和人血清中均有羊红细胞受体存在,并首次证实提取的人与猪的羊红细胞受体的性质及生物活性极为相似。同年,受邀到巴黎参加"脂质体在药物活性及免疫活性细胞功能中作用"学术讨论会。先后在国内外发表论文30余篇,培养了一批优秀的免疫学工作者。

155. 吴秀锦(1922—),广东中山人。中医针灸专家。历任中山大学医学院生理学助教、讲师,中山大学医学院附属第一医院中医科和针灸科主任、教授。曾任卫生部科学技术委员会委员、中国针灸学会广东分会副理事长、中国中西医结合研究会广东分会副理事长等职。1948年毕业于中山大学医学院,1959年至1962年在广东中医学院高研班学习。毕业后一直从事中西医结合的教学、科研和医疗工作,研究工作上着重用现代科学方法和知识去研究中医的经络、针灸,用生物电为指标观察到经穴针刺出现感传时伴有生物电变化,证明经络路线的客观存在。1979年赴法国巴黎参加第六届世界针灸大会并在会上宣读了论文。主要论文有《内脏体表联系的临床观察——136例胃、肝疾病的穴位反应》等。合著《新编中医学概要》《汉英医学大辞典》《针灸研究进展》《中国针灸荟萃》等著作,其中《新编中医学概要》获全国科技大会奖。

156. 夏美琼(1912—2004),福建福清人。妇产科专家,福建省妇幼卫生事业的奠基人和妇产科学术带头人。1979年被评为"全国三八红旗手",1983年被评为全国卫生"先进工作者"。第六届全国人大代表。2005年被卫生部追授为"人民健康好卫士"。1937年从广州岭南大学孙逸仙医学院毕业,回到福建工作,曾任福州协和医院外科和妇科医师、代理外科主任,古田县怀礼医院外科、妇科医师。1947年赴美国留学。1950年回国,任福州协和医院医务主任兼妇产科主任。1954年参与筹建福建省妇幼保健院,历任副院长、院长、名誉院长。早在20世纪50年代就掌握了妇女子宫脱垂、复杂尿瘘、广泛性子宫切除、膜腹外剖腹产、恶性肿瘤广泛粘连等难度大、技术要求高的妇产科大手术。培养了一支遍及全省城乡的妇产科医生队伍。将几十年来普查过的16万多位妇女中发现的各种妇科常见病和癌症,进行综合分析,主编了《妇科常见病的防治》《女性生殖系统肿瘤的诊断与治疗》等书。

157. 夏照帆(1954—),江苏泰兴人。烧伤外科专家,中国工程院院士,教育部"长江学者计划"特聘教授。先后被评为全国"巾帼建功"模范医师和原解放军总后勤部科技金星,第二军医大学附属长海医院烧伤科主任。1969 年 2 月参军并被分配到福州军区第 92 医院,一年后成为一名卫生员。1972 年考入第一军医大学医疗系,1976 年毕业。1988 年获烧伤外科博士学位,成为我国第一位烧伤外科女博士。1990 年受美国得克萨斯大学西南医学中心之邀,赴美攻读博士后,1994 年被该中心外科聘为永久性客座教授。此后 7 年间,在国内外从事烧伤的治疗与研究。2001 年回到长海医院。20 世纪 80 年代中期开始,在著名烧伤外科专家方之扬教授指导下,致力于烧伤休克期发病机理及救治研究,探索出了能同时检测烧伤休克脏器细胞膜功能、离子代谢和能量代谢的体内多核磁共振波普技术,揭示了烧伤休克的病理成因,这一成果大大提升了严重烧伤患者的救治成功率。她和团队成功研制出微孔化异体无细胞真皮替代物,提高了移植物的存活率,并首次用于大面积电烧伤者的皮肤修补,取得成功,被国际学界誉为又一大“创举”。牵头制定了我国首部适用于单中心开展的《成批烧伤、多发伤伤员救治组织实施预案》。先后在国内外学术刊物上发表论文百余篇,主编和参编著作 8 部。曾获六部委联合颁发的优秀留学回国人员成就奖和上海市“巾帼创新奖”。

158. 肖碧莲(1923—),上海市人。生殖内分泌专家,中国工程院院士。曾任国家计划生育委员会科研所名誉所长、研究员。1949 年毕业于上海圣约翰大学医学院,获医学博士学位。毕业后在上海宏仁医院妇产科工作。1952 年起为上海第二医学院附属医院兼职讲师、主治医师。1956 年起在原苏联莫斯科第一医学院留学,1959 年毕业获得候补博士学位。20 世纪 60 年代回国后,在上海第二医学院附属仁济医院创建了国内第一个计划生育实验室——妇产科内分泌实验室。在国产避孕药的临床应用和作用机理研究,尤其是在确定口服避孕药的配制与批量生产等方面做出重大贡献,奠定了我国口服避孕药低剂量的基础,在当时处于国际领先地位。先后在国内外有影响的杂志上发表了数十篇有关计划生育方面的论文,主编了《计划生育技术手册》一书。自 1989 年开始担任《生殖医学杂志》副主编,陆续组织了《国际计生联医学通讯》《生殖健康要略》等的编译工作。多次参加世界卫生组织人类生殖研究规划会议、世界妇产科大会,参加第四届世界妇女大会和非政府论坛等国际会议,向世界介绍中国的计划生育和生殖健康科研成果等,为争取国际合作开展计划生育研究做出了贡献。

159. 修瑞娟(1936—),山东青岛人。微循环专家,中国微循环研究事业奠基人。曾获 2001 届“联合国—欧莱雅世界杰出女科学家特别荣誉称号”。2010 年荣获国际微循环研究终身成就奖“兹维法赫奖”。1953 年入北京医学院医疗系学习。1955 年被选派到苏联莫斯科第二医学院学习。1961 年持“特优毕业证”回国,被分配到中国医学科学院工作,曾任中国医学科学院微循环研究中心主任、微循环研究所所长、研究员,中国医学科学院副院长,中国协和医科大学副校长,国际微循环联盟副主席、亚洲微循环联盟主席、中国微循环学会理事长,第六、第七、第八届全国政协委员。1981 年至 1983 年赴美进修。其间,通过多次实验,首先发现中国产药物山莨菪碱能有效抑制血液中粒细胞和血小板的聚集,同时能够抑制血栓素的合成。并首次提出微血管自律运动的波浪式传播和海涛式灌注理论,这一理论被国际微循环界称为"修氏理论",这是世界医学史上第一个以中国人姓氏命名的医学理论,被评为"1983 年世界十大科技进展之一",获 1984 年卫生部甲级科研成果奖。1984 年牵头创立国家重点实验室——中国医学科学院微循环研究中心(后改为微循环研究所),任主任。1987 年第四届世界微循环大会在北京举行,任大会主席。

160. 徐静(1931—),吉林吉林市人。组织胚胎学家。当选第八届全国人大常委、全国人大教育科学文化卫生委员会委员。1950 年毕业于沈阳中国医科大学,1956 年至 1959 年,在苏联莫斯科第一医学院组织胚胎学教研组攻读研究生,获医学副博士学位。曾先后在沈阳中国医科大学、广州中山医学院、北京协和医科大学任助教、讲师、副教授,曾任中国医学科学院基础医学组形态学教研室第一副主任。长期从事组织胚胎学的教学和科研工作。在"大脑皮层神经元的有丝分裂"研究中取得突破性成果,推翻了 100 多年来神经科学领域中神经细胞不能分裂、只能死亡的结论。先后发表《神经细胞有丝分裂和糖元含量的关系》《神经细胞分裂过程中核酸含量和尼化物质的变化》《成年大白鼠大脑皮层神经细胞有丝分裂》等论文。1976 年 9 月,承担了毛泽东遗体长期保存的技术、科研和组织管理工作,被任命为遗体保护科研领导小组成员兼办公室主任。1977 年起,历任中央办公厅毛主席纪念堂管理局副局长、副研究员、局长、研究员、特邀顾问。为毛泽东遗体的长期保存做出了突出贡献。

161. 许金訇(1865—1929),福建福州人。中国近代最早留学美国的女学生之一、最早的女西医师之一。出身于基督教牧师家庭,从小没有缠足。1884 年入美国俄亥俄州威斯利安大学学习,成为福建省第一位出国留学的女学生。1888 年转入费城女子医科大学学习。1894 年毕业,到费城综合医院实习。1895 年回国,到福州岭后妇幼医院工作。在参与医疗活动的同时,积极参与社会公共事业,直接领导了福州地区的反缠足运动。1898 年,作为中国妇女代表出席了在伦敦召开的世界妇女协会代表大会,成为中国第一位参加国际事务的女代表。1898 年开始主持福州娲氏纪念医院的工作。不但在医院治病救人,还积极宣传公共卫生观念,并在医院里率先使用了自来水、建起了新式厕所。既诊治病人又开班授课,培养中国女医生,至1920年共培养出47名专业医护人员。1910年,其母校威斯利安大学特别授予她理科硕士学位,以表彰她的成就。

162. 严仁英(1913—2017),浙江宁波人,生于天津。妇产科、妇女保健专家。1935年,从清华大学生物系考入北平协和医学院,师从著名妇产科专家林巧稚教授。1940年获得协和医学院医学博士学位,并留在妇产科作住院医师。1945年到北大医院工作。1948年,被医院派往美国哥伦比亚大学医学院进修。1949年11月回国。长期从事妇产科临床、妇女保健和计划生育工作。1952年3月和7月,两度赴朝,陪同调查团调查美国发动细菌战的情况。1979年当选北大医院的院长。创建北大一院妇产科"优生保健组",开始研究围产医学。还建立了中华围产医学会,创办《中华围产医学杂志》,建成北医妇儿中心大楼,在全国农村推广围产保健"三级管理网"。1990年启动中美预防神经管畸形合作项目。由美国疾病控制中心和北京大学医学院(前北京医科大学)执行,出任北京医科大学项目领导小组主任。该项目得出"妇女增补叶酸预防神经管畸形"的科技成果,是预防出生缺陷的有效措施。如今世界上已有50多个国家据此科研成果,调整和制定了公共卫生政策。中国政府已实施免费为育龄妇女发放叶酸增补剂的政策。她还是北京大学医学部终身教授,北京大学妇儿保健中心主任,世界卫生组织妇儿保健研究培训合作中心主任,中国关心下一代工作委员会专家委员会主任委员,卫生部妇幼卫生专家咨询委员会主任委员,中国疾病控制中心名誉主任,北大医院名誉院长,被誉为"中国围产保健之母"。曾任九三学社中央第六届至第八届常委,第三、第五、第六、第七、第八届全国人大代表,第二、第三届全国政协委员。

163. 严真(1921—),浙江镇海人。制药工业生产技术管理专家,高级工程师。1944年毕业于上海沪江大学化学系,1945年到新四军革命根据地从事医药教育工作,历任新四军军医学校教员、白求恩医学院药科学校主任。中华人民共和国成立后,历任上海青霉素试验所副所长,轻工业部上海制药工业学校副校长,轻工业部、化工部医药管理局(司)生产处、技术处处长,中国医药工业公司办公室主任、北京市制药工业公司副经理、国家医药管理总局科教司教育处处长等职。曾任《医药工业》编委,《当代中国的医药事业》常务编委、编辑部主任,《中国药学年鉴》副主编、顾问。1950年创建上海青霉素试验所,并组织青霉素在国内的首家生产。1954年到北京轻工业部医药管理局任生产处副处长、处长期间,组织制定了国内原料药及制剂的生产技术操作规程,为制药工业的生产技术管理打下了基础。1958年参加了华北制药厂链霉素的试车投产。20世纪60年代任化工部医药局

(司)技术处处长期间,组织制定的技术经济指标及其计算办法长期为制药企业所采用。80 年代初在国家医药管理局任教育处处长期间,组织修订了药学各专业的教学计划,协助国务院学位委员会组织药学学位评议组,审议国内药学专业的博士、硕士学位授予单位。

164. 阎国珍(1928—),山东东阿人。病毒学家。曾任军事医学科学院微生物流行病研究所病毒学研究室主任、研究员,军事医学科学院生物高技术专家委员会委员,全军单克隆抗体协作组副组长,《单克隆抗体通讯杂志》编委等职。1952 年毕业于山东医学院。长期从事医学病毒学研究工作。完成的科研项目"登革热病毒单克隆抗体免疫荧光诊断制剂"获 1984 年军队科技进步奖二等奖,"全军单克隆抗体的研究与应用"获 1985 年国家科技进步奖二等奖,"用单克隆抗体技术研究乙酰胆碱脂酶的活性区"获 1990 年军队科技进步奖二等奖,"登革热单克隆抗体的研究及其在病原诊断和病原基础研究中的应用"获 1991 年军队科技进步奖一等奖,"登革热病原诊断和病原学基础研究及应用"获 1992 年国家科技进步奖一等奖。参与的科研项目"战时特种武器伤害的医学防护"获 1986 年国家科技进步特等奖,"354 装置的研究"获 1987 年国家科技进步奖一等奖,"717 装置的研究"获 1990 年国家科技进步奖二等奖。

165. 杨必纯(1940—),生于四川泸州。1985 年获第 30 届"南丁格尔奖章"。泸州市人民医院(红十字会医院)内科护士长、护理部主任、副院长。1956 年从泸州川南医院护训班毕业后分配到合江县人民医院工作。1958 年志愿到边远的凉山彝族自治州金阳县医院工作,支援西部卫生事业的发展。在金阳县的 23 年中,医治了不少的彝族群众。由于工作表现突出,1981 年调回泸州市人民医院,先后任内科护士长、护理部主任、副院长。1990 年完成了"斜面侧孔配液针头"的研究工作,获国家专利和泸州市科委三等奖。该针头的研制成功,大量减少了微粒进入人体,提高了输液的安全系数。1992 年 10 月,主研的"YB_Ⅰ型晨间护理消毒本"顺利通过了四川省卫生厅科研成果鉴定,获省卫生厅科技进步奖三等奖,该项目填补了在护理上的空白。1992 年,以其为主研制的"全新输液袋"投入临床应用,使用该输液袋每年可为医院节约液体上千万毫升,该项科研成果获国家专利。参研的"适合我国国情的社区护理及康复医疗模式"的探索,于 1997 年获四川省卫生厅科技成果三等奖和泸州市科技成果二等奖。

166. 杨崇瑞(1891—1983),北京通州人。中国近代妇幼卫生事业创始人,中国助产教育的开拓者。1948 年,被国际卫生组织聘为联合国妇幼卫生组副组长。1910 年考入协和大学理化科,1912 年考入协和女子医学院,1917 年毕业获医学博士学位。之后分别在山东德州博济医院、天津妇婴医院工作。1925 年,到美国霍普金斯大学医学院进修妇产科。1927 年,归国后回到协和医学院,任公共卫生科讲师兼第一卫生事务所保健科主任。她在协和医院妇产科工作期间,致力于预防产褥热和新生儿破伤风工作,以降低孕产妇和婴儿死亡率。1929 年,筹建了北京国立第一助产学校和附属产院,1933 年又创办了南京中央助产学校,亲任校长。治学严谨,把"牺牲精神,造福人类"定为学校的"校训",作为学生的奋斗目标。以后又在全国相继建起了 60 余所助产学校,培养了大批妇幼卫生人才。1949 年至 1957 年,担任中华人民共和国卫生部妇幼卫生局(后改妇幼卫生司)第一任局长。曾任第二届至第五届全国政协委员,九三学社社员,中华医学会会员,美国公共卫生学会会员。

167. 杨纯(1917—2005),原名万国瑞,四川峨眉人。曾任中国红十字会副会长、卫生部副部长。1935 年"一二·九"运动时,是武汉秘密学联主要负责人之一、学生游行队伍的总指挥。1936 年参加革命,同年考入武汉大学化学系,1937 年加入中国共产党。1938 年到山东参加八路军进行抗日斗争,先后担任宣传队长、团政治处主任、南进支队三团政委等职。1939 年以后,在皖东北、苏南、浙西、山东等地任地委书记。中华人民共和国成立后,任松江地委书记。1955 年,调到国务院周恩来总理办公室任分管农业的秘书。1957 年调到北京医学院工作,先后任党委第二书记、书记。1966 年调到中央对外文委任副主任、党组成员。1976 年至 1978 年任中国医学科学院党委书记。1977 年任卫生部党组成员。1978 年兼任中国红十字会副会长、党组书记。1980 年任卫生部副部长。是第一、第二、第三届全国人大代表,第六、第七届全国政协委员。逝世后按其遗愿,遗体捐献给了医学科学事业。

168. 杨贵贞(1923—2014),生于安徽安庆。我国免疫学、微生物学界的学术带头人之一。曾任白求恩医科大学基础医学教授、北京市政协委员、国务院学位委员会学科评议组成员、国家自然科学基金委员会学科组成员、中华人民共和国卫生部医学科学委员会细菌学与免疫学专题委员会副主任委员、中国免疫学会副理事长、中国微生物学会常务理事兼医学微生物免疫学会主任委员、中华医学会免疫学会副主任委员等。曾被聘为中国医学科学院特邀学术委员会委员。1945 年毕业于北京大学理学院,1947 年毕业于北京辅仁大学研究生院,1956 年毕业于苏联列宁格勒第一医学院研究生院,获副博士学位。主要从事免疫调节研究工作,开创出多个免疫学发展的重要方向,特别是在"中药免疫药理学""神经内分泌免疫调节的免疫生理学""免疫生物工程学"等研究方面,获得了诸多开创性和奠基性的重要成果。是我国医学研究生教育理论的奠基人,创立了先进的医学研究生教育理论体系和系统的高层次医学科技人才培养方法。曾获两项省级科学大会奖,卫生部重大医药卫生科技成果乙等奖。还获吉林省科协系统"先进科技工作者"及长春市"三八红旗手"荣誉称号。

169. 杨华荣(1944—),湖南醴陵(今株洲)人。公共卫生管理专家,解放军原总参谋部管理局副局长、局党委常委。少将军衔。1963 年考入济南军区军医学校,后就读于安徽医科大学管理学院。1970 年任济南军区总医院军医。1979 年调基建工程兵通信指挥部卫生处任助理员,从事计划生育工作。1983 年任原总参谋部管理局老干部处干事。1984 年任原总参谋部管理局计划生育办公室主任,使计划生育率达到 100%而受到总部表彰。1985 年至 1997 年任原总参谋部管理局卫生处副处长、处长、处党委书记。1998 年任原总参谋部管理局副局长、局党委常委,主持制定原总参谋部《卫生工作建设规划》《医疗保健工作规划》《除害灭病工作规划》。

170. 杨霁云(1932—),北京人。小儿肾脏病专家。北京大学第一医院儿科主任医师、教授、博士生导师,曾任国际小儿肾病学会理事、亚洲小儿肾脏病学会理事、中华肾脏病学会常委、中华儿科学会肾脏病学组组长、《中华儿科杂志》《中华肾脏病杂志》等多种杂志学术指导委员会委员或编委,2003 年被授予美国儿科学会荣誉会员。1955 年毕业于北京医学院,留校任职。1979 年至 1981 年公派至美国明尼苏达大学儿肾科研修肾脏病免疫发病机理。主要从事儿科学及小儿肾脏病学的医疗、教学、科研工作。科研项目"小儿肾病综合征诊断治疗系列研究"1994 年获卫生部科技进步奖二等奖,"检测基底膜Ⅳ型胶原 α 链 A1port 综合征(眼—耳—肾综合征)诊断的意义"2000 年获北京市科技进步奖二等奖,"我国眼—耳—肾综合征从临床到基因诊断的系列研究"2005 年获中华医学科技奖一等奖。主编《小儿肾脏病基础与临床》《儿科学》等专著,参编多本专著。1992 年起享受国务院政府特殊津贴。

171. 杨蓉娅(1958—),山西兴县人。皮肤病学专家,主任医师、博士生导师,中国人民解放军陆军总医院(原北京军区总医院)副院长兼全军皮肤病诊治中心主任。专业技术少将军衔。16 岁参加工作,曾在甘肃农村插队,后又到兰州炼油厂当工人。1977 年考入兰州医科大学,毕业后留校任教。1985 年考入解放军第三军医大学攻读皮肤专业硕士研究生,1988 年被分配到原北京军区总医院皮肤科工作。曾在北京协和医院进修临床一年,在美国纽约大学医学中心访学两年。1996 年回国后,被任命为原北京军区总医院皮肤科主任。兼任中国女医师协会副会长兼皮肤病专家委员会主任委员、中国医师协会美容与整形医师分会副会长、中华预防医学会循证医学专业委员会副主任委员、全军皮肤性病专业委员会主任委员、北京市医疗美容整形业协会副会长、中国政策科学研究会卫生政策分会理事,《实用皮肤病学杂志》等多家学术期刊主编、副主编、编委。带领科研小组,在临床一线攻克难关,获军队医疗成果一等奖 1 项、立集体三等功 3 次。个人荣立一、二、三等功各 2 次,"全军一级英雄模范""共和国卫士""全国三八红旗手""全国妇女创先争优先进个人""十佳全国优秀科技工作者"荣誉称号。荣获全国首届"中华五洲女子科技奖""全军首届杰出专业技术人才奖"。先后承担国家自然科学基金、军队"十二五"重点课题、"十一五"课题等各类科研课题 20 余项,在国内外专业期刊发表论文 180 余篇,主编、参编专业医学书籍 20 余部,获军队、地方科技及医疗成果奖 13 项。当选第八、第九、第十、第十一届全国人大代表。享受国务院政府特殊津贴。

172. 叶恭绍(1908—1998),祖籍广东番禺,生于江西九江。儿童少年卫生学家、医学教育家,中华人民共和国少儿卫生学奠基人。当选第六、第七届全国政协常委。1935 年毕业于北平协和医学院,获医学博士学位并留校任教。1943 年到重庆中央卫生实验院任实用营养组主任。1946 年转入中央卫生实验院北平分院,创办妇婴保健所并任所长。1947 年至 1948 年到美国考察学习。1950 年协助筹建北京大学医学院公共卫生学系及妇幼卫生教研组,从此一直在此担任行政和业务领导工作。1982 年创办了我国第一所儿童青少年卫生科研机构——北京儿童青少年卫生研究所,任名誉所长。毕生致力于儿童青少年卫生教育和科学研究,培养了中国几代儿童青少年卫生、预防医学专业人才。长期从事儿童青少年的生长发育和青春期研究,1962 年首次提出中国男女少年第二性征的分度,成为中国广大专业工作者研究青春期发育的重要参考依据。倡导对学生体质与健康开展调查研究,1979 年和 1985 年参与并指导了两次大规模的学生体质和健康调查,调查结果为指导和改善学校卫生工作提供了重要的依据。1986 年以后,致力于儿童少年骨龄标准的研究。主持编写了《中国医学百科全书 · 儿童少年卫生学》《家庭育儿百科全书》《中小学生保健手册》等专著。

173. 叶欣(1956—2003),广东徐闻人。抗击"非典"英雄模范,革命烈士。2003 年获第 39 届"南丁格尔奖章"。2009 年 9 月 14 日,被评为 100 位新中国成立以来感动中国人物之一。广东省中医院二沙分院急诊科原护士长。1974 年进入广东省中医院卫训队学习。1976 年毕业留院工作。1983 年被提升为广东省中医院急诊科护士长,成为该院最年轻的护士长。省中医院建立二沙分院时,主动请缨到二沙分院急诊科担任护士长。2003 年“非典”肆虐广州，她身先士卒，带领全科护士顽强战斗，加班加点、忘我工作，由于长时间接诊“非典”病人、高度紧张的工作和大量的体力消耗，不幸感染上了非典型肺炎，因抢救无效于 2003 年 3 月 25 日光荣殉职，年仅 47 岁。同年 4 月 16 日《健康报》发表了《永远的白衣战士——追记广东省中医院护士长叶欣》的通讯，讲述了她不顾个人安危顽强抗击“非典”的感人事迹。被追认为革命烈士、“全国优秀共产党员”。

174. 叶奕英（1928—　），江苏苏州人。寄生虫学专家。历任原南京军区防疫卫生检验所军医，广西医学院教授。1953 年毕业于第五军医大学医疗系。1953 年至 1959 年，协助热带病学家陈子达教授从事丝虫病病原学的研究，对广泛流行的斑氏丝虫和马来丝虫成虫形态、斑氏丝虫微丝蚴在淡色库蚊体内的发育以及蚊媒对丝虫的感受性等方面做了大量的实验研究。在浙江舟山群岛现场进行了蚊媒的调查研究，在部队进行了丝虫病的防治工作，成果登载于《舟山部队丝虫病防治试验工作报告》（人民军医出版社，1957 年），为我国丝虫病研究和防治做出了贡献。1959 年，转业到广西医学院从事教育和研究工作。20 世纪 70 年代起从事疟原虫和按蚊研究。1980 年在实验室养殖微小按蚊成功，为疟疾和按蚊的试验研究提供了条件。撰有《微小按蚊实验室养殖的研究》《猪尾猴疟原虫在巴拉巴按蚊体内孢子增殖的研究》等论文。

175. 于载畿（1920—　），祖籍山东青岛，生于北京。妇产科专家。曾获“全国劳动模范”、山西省“优秀科技工作者”、山西省“优秀专家”等荣誉称号。山西省妇产科专业主要创建人之一。1942 年毕业于北京大学医学院医疗系。后留校任附属医院妇产科主治医师。1949 年志愿到山西医学院工作。历任山西医学院教授、第一附属医院副院长，山西省活血化瘀研究所所长，中华医学会全国妇产科学会委员，中国中西医结合研究会妇产科、急腹症及活血化瘀专业委员会委员，中国中西医结合研究会山西分会副会长，山西省科协副主席。是第三届全国人大代表，山西省人民代表大会第一届至第七届常委。多年从事中西医结合以中药为主治疗妇产科疾病的研究工作。1958 年与山西省著名老中医李翰卿合作，共同研究中西医结合非手术治疗宫外孕。1971 年参加全国中西医结合工作会议，其中宫外孕研究成果被定为全国 22 项重大科研成果之一，受到周恩来总理的接见及表彰。此项成果于 1978 年获全国科学大会重大贡献奖、全国医药卫生科学大会先进集体奖。对其他多种妇科常见病、多发病，也摸索出一系列简便易行、疗效可靠的中药方剂及治疗规律，并被广为应用。著有《中西医结合治疗宫外孕》一书。

176. 俞霭峰（1910—1991），祖籍浙江宁波，生于江西九江。妇产科专家，中国现代妇产科临床科学的开拓者和奠基人之一。1939 年毕业于北平协和医学院，获医学博士学位。曾先后在北平协和医学院、广西桂林省立医院、湖南衡阳市民医院、重庆高滩岩中央医院任职。1946 年赴美国留学。1948 年秋回国，任天津中央医院妇产科副主任。中华人民共和国成立后，历任天津医学院附属医院妇产科主任、教授、博士生导师，天津市计划生育研究所所长、名誉所长，第一届至第六届全国人大代表，第三届至第六届全国人大常委会委员。曾出席 1953 年在丹麦召开的世界妇女代表大会。精通临床妇产科学，擅长妇产科内分泌学和病理学，主要从事卵巢功能的研究。1957 年主持建立了妇产科内分泌门诊，并创建了国内最早的女性内分泌实验室。1972 年在国内首创炔诺酮避孕药，1980 年参与创建天津市计划生育研究所，并任第一任所长。主编或参编了《妇产科学》《妇产科内分泌学》《妇科手术学》《妇产科理论与实践》《临床实用病理产科》《阴道细胞学图谱》《计划生育的若干技术问题》《英汉妇产科与计划生育词汇》等著作，发表《口服甾体避孕药物 Anovlar 后内分泌动态平衡的观察（2 例报告）》等论文。

177. 俞瑾（1933— ），江苏苏州人。国家级“名老中医”。妇产科专家。复旦大学附属妇产科医院教授、博士生导师。兼任中国中西医结合学会妇产科专业委员会主任委员、生殖医学杂志常务编委、澳大利亚悉尼大学博士生导师等职。1955 年毕业于上海医科大学（现复旦大学医学院）医学系。1961 年上海市第二届西学中医研究班结业。长期从事生殖内分泌学、中西医结合妇产科学的教研工作，对“肾主生殖”“肝肾同源”“脾肺肾主气”“气血相依”的理论有较深的研究。在临床上善用中医、针灸、中西医结合法治疗妇女从幼年期、青春期、更年期到老年期各阶段各类疾病和疑难杂症，如性早熟、神经性厌食、青春期月经失调、各类不孕症、多囊卵巢综合征、高年不育症、子宫肌瘤、子宫内膜异位症、痛经、生殖道炎症、更年期综合征、流产和计划生育中的后遗症等疾病，率先提出多囊卵巢综合征分型的观点。1999 年、2001 年曾两次被国际妇科内分泌学会和国际产科妊高症学会指定为大会主席。著有《专家解答不孕症多囊卵巢综合征》《专家解答女性不孕症》《专家解答子宫内膜异位症》《月经失调——中西医会诊系列》等。为中国中西医结合学会妇产科专业委员会主任委员、生殖医学杂志常务编委，并兼任澳大利亚悉尼大学博士研究生导师等职。

178. 虞佩兰（1921— ），祖籍浙江慈溪，生于北京。儿科专家。历任湖南医学院第一附属医院教授，湖南医学院附属第一医院儿科教研室主任，湛江医学院名誉教授，久留米大学客座教授。曾任中国中西医结合研究会常务理事、中国中西医结合学会儿科委员会副主任委员、中国中西医结合研究会湖南分会理事长、中华儿科学会湖南分会理事。享受国务院政府特殊津贴。1946 年毕业于湘雅医学院,后在湘雅医学院内科以及儿科工作。1958 年开始在北京中医学院学习中医 3 年。主要从事小儿脑水肿临床与实验系列研究,善于中西医结合治疗儿科疾病,制定小儿急性脑水肿临床诊断方案。运用中医辨证论治的理论方法,在国内外首次提出小儿急性脑水肿边补边脱液体疗法假说,并通过临床试验验证了假说。在国内外首次制成伤寒内毒素致兔脑水肿模型、百日咳菌液导致兔脑水肿模型。曾获卫生部科技成果乙等奖,国家科学技术进步二等奖,国家教委科研工作荣誉证书,湖南省优秀科技工作者奖。

179. 乐以成(1905—2001),四川芦山人。妇产科学家。西南地区妇产科学的先驱和开拓者。1932 年毕业于华西协和大学医学院,成为该校培养的第一位女医学博士,留校任助教并兼任华西大学附属医院医生。1933 年在北平协和医院妇产科进修。1934 年任华西大学医院妇产科主治医师、讲师。1938 年至 1941 年先后在加拿大、美国进修。1941 年回国,任职华西协和大学医院妇产科。1948 年赴英国深造。1950 年底回国后历任四川医学院附属医院妇产科教授、妇产科教研室主任、医学系副主任,中华医学会妇产科学会主任委员,九三学社中央委员,成都市政协副主席等职。1953 年被国家授予一级教授(终身教授)。在妇产科方面医术精湛,首开国内阴道子宫切除术及逆行子宫广泛切除术、尿瘘修补术等,培养了一大批妇产科学专业人才。著有《妇科阴部手术图解》《妇产科医师手册》《妇产科疑难病症》等专著。

180. 曾熙媛(1933—),满族,北京人。1999 年获第 37 届"南丁格尔奖章"。北京医院护理部原主任,曾任中华护理学会第二十二届理事长。1950 年毕业于军直卫生干校护士班,进入北京医院工作,任护士。1960 年被评为北京市"文教卫生系统先进个人"和全国文教卫生系统"先进工作者"。1966 年毕业于北京第二医学院护理系。曾多次参加农村巡回医疗队,为农民送医送药解除病痛。1970 年为支援基层调到陕西机床厂职工医院,从事医疗保健及医院管理工作 11 年。调回北京医院后,历任外科手术室护士长、科护士长,1985 年起任护理部主任,1994 年离休。自 1983 年起,先后担任中华护理学会外科护理专业委员会秘书、主任委员,学术工作委员会主任委员、常务理事、副理事长,1995 年起担任理事长。撰有《中国的护理现状与展望》《中医临床护理实践》《中国的护理变革》《中国三阶段护理教育与展望》《大陆妇女健康与照护》《健康与护理》等论文,编译出版了《人力资源管理手册——当代护理管理策略》,主编出版了《老年护理学》《护理心理学》《整体护理理论研究与实践》等专著,为护理学科发展做出了突出贡献。

181. 翟枕流(1908—1995),上海人。护理学教育家。1928 年毕业于上海妇孺医院高级护士学校,志愿到偏僻的浙江省吴兴福音医院工作。1932 年入北平协和医学院公共卫生护士专修科学习一年。毕业后辗转于北京、浙江吴兴、南京的护理战线上。1937 年全面抗战爆发后随单位内迁贵阳,1939 年任贵阳妇女委员会卫生组组长,1941 年任贵州省妇委会总干事。1944 年底至 1945 年 3 月,克服重重困难将一批难童和伤残妇女成功地从贵阳撤退到重庆。1945 年获"抗日战争胜利勋章"。1946 年她的名字和事迹被载入《世界名人百科全书》。1946 年至 1947 年赴美国进修。回国后,任南京社会部儿童福利实验区护士主任。中华人民共和国成立后,历任南京华东军区医院护校教员、汉口普仁护校校长、湖北医学院护校校长,中华护理学会副理事长、荣誉会员,中华护理学会湖北分会副理事长、顾问,中国农工民主党第九届中央委员,第十、第十一届中央咨监委员,第五届湖北省政协委员。1964 年出席中华护理学会第十八届代表大会,受到周恩来总理接见。1981 年出席在北京召开的优秀护士座谈会,受到邓颖超接见。以"勤奋笃学、治学严谨、爱生如子"闻名于护理界。主编有《基础护理技术操作规范》一书。

182. 张峨(1910—1995),河北获鹿人。眼科专家。1935 年毕业于燕京大学,获理科学士学位,1938 年毕业于北平协和医学院,获医学博士学位,留院任眼科医生、主治医师。1940 年到兰州,搭起一间简陋的诊疗室,义务为病人诊治眼病。中华人民共和国成立后,历任广东省人民医院眼科主任、主任医师、教授,第三届全国人大代表、第五届全国政协委员、中国农工民主党广东省第六届委员会第一副主任委员。20 世纪 50 年代初开始在广东省范围内开展防治沙眼及防盲治盲工作,取得显著成绩。1958 年积极筹备和建立了广东省沙眼防治委员会,并任主要负责人。1960 年在国内较早地介绍眼科开眶术治疗眼眶肿瘤。20 世纪 70 年代末,研制成功了对青光眼和沙眼等疾病有很大疗效的"青光胺"和"百花丹"等药品,"百花丹"获 1978 年广东省科研成果二等奖。1984 年带领医疗队进驻麻风病医院,边调查边治疗,开展麻痹性兔眼矫正手术,填补了中国麻风病人眼疾治疗的空白。对眼屈光学有较深研究,设计的近点视力表、半圆花镜,已在全国推广应用。编有《眼科学讲义》《常见眼病的防治》《眼科流行病学与防盲治盲》,译有《实用眼镜光学》等著作,发表了《广东 1080 例麻风的眼病调查》等论文。

183. 张瑾瑜(1926—),福建长乐人。1993 年获第 34 届"南丁格尔奖章"。曾获"全国先进工作者""全国三八红旗手""全国模范护士"等荣誉称号。福建省肿瘤医院护理部原主任、主任护师,曾任福建省护理学会理事长。1949 年毕业于福建省立高级护士学校,分配到省立医院工作。1951 年支援闽清山区。20 世纪

60年代初,任省立医院小儿科护士长期间,首创儿科病房"五化制度",即"态度父母化、室内家庭化、教养托儿化、治疗打针基本无痛化、医疗费用节约化",这一制度得到推广应用。1982年来到刚筹建的福建省肿瘤医院,针对规章制度不健全、护理人员素质低等情况,一方面组织制定各种护理制度,另一方面带领护士开展基本功训练。率先在医院开展责任制护理,制定了护理工作奖惩条例,使医院护理质量在改革中稳步提高。主持编审了《临床各科护理常规》《护理知识问答》《福建省医院分级管理护理质量考评手册》等书籍,撰写了《麻疹护理》《几年来如何坚持护士长互相检查制度》《护理工作必须大胆改革》《从169例癌症死亡分析对临终关怀几个问题的探讨》等论文。1985年与人合写的《护理教育应进一步改革》论文,在全国护理教育学术会议上宣读。

184. **张丽珠**(1921—2016),云南大理人。妇产科专家。中国大陆首例试管婴儿培育者。获2011年生殖医学"终身成就奖"、第15届中国福利会"宋庆龄樟树奖"。1938—1944年,在上海圣约翰大学医学院读书,获理学士(BS)医学博士(MD)学位。1944—1946年,在上海沪西妇产科医院做住院医师。1946年9月,赴美留学。先后在哥伦比亚大学医学院,纽约大学医学院作博士后研究和进修妇产科内分泌学和局部解剖学,以后又去霍布金斯大学医学院学习了妇科病理和妇科手术,在纽约医院及纽约肿瘤纪念医院的斯隆—凯特琳癌症中心(Memorial Sloan-Kettering Cancer Center)肿瘤研究所做住院医师及肿瘤早期诊断研究。其间发表的《体液细胞学和早期癌瘤的诊断》论文,在当时属世界先进水平。1949年4月受英国伦敦玛丽·居里医院的邀请,到英国工作。1950年10月,通过英国国家考试,获得英国皇家妇产科学院资格(DRCOG)。1951年夏,回到刚建立不久的中华人民共和国。回国后在母校上海圣约翰医学院妇产科任副教授,并在同仁医院任主任医师。1952年调到北京医学院(现北京大学医学部)第一附属医院。1958年参与第三附属医院创建,历任该院妇产科主任,副教授、教授、博士生导师、国家重点学科学术带头人。1986年在国内第一个开展了试管婴儿技术的应用研究。1987年6月24日,首先对一位患有不育症的妇女进行了得卵和体外受精。6月26日,将受精卵植入妇女子宫内。1988年3月10日,中国大陆首例试管婴儿郑萌珠在北医三院诞生。张丽珠又相继培育了我国首例赠卵试管婴儿、首例冷冻胚胎试管婴儿、首例代孕母亲试管婴儿等。被誉为"神州试管婴儿之母"。

185. **张楠森**(1923—2006),江苏扬州人。临床药学家。上海交通大学附属第六人民医院药剂科原主任,曾任卫生部药典委员会委员、中国药学会医院药学专业委员会第一届副主任委员、上海市药学会常务理事等职,是我国临床药学倡导人之一。1946 年毕业于上海中法大学药学专业，随后在上海市卫生局药品供应处任药师，1948 年调入上海市第六医院，历任主任药师、药剂科主任、临床药学研究室主任等。1950 年参加了上海市第一批抗美援朝志愿医疗手术队，克服器材缺乏等困难，创造了封闭式滤过装置，制备了 10 余种注射液，使伤病员得到及时救治，荣立二等功。长期从事医院药学工作，把仅有配方业务的药剂室发展成为调剂、制剂、药品检验、药品供应、临床药学、药物研究、药物情报等医院药学学科齐全的科室。合作撰写论文多篇。参编了《临床药学工作手册》等专著。1992 年起享受国务院政府特殊津贴。

186. 张佩珠（1916—1990），浙江鄞县（今宁波市鄞州区）人。妇产科专家。曾被评为“全国三八红旗手”、上海市“劳动模范”、上海市“优秀共产党员”，获“全国五一劳动奖章”。1944 年毕业于上海圣约翰大学医学院，获医学博士学位。曾先后在上海私立人和医院、邑庙区卫生事务所、杨浦区卫生科、上海市第一妇婴保健院任职。1953 年，任中国福利会国际和平妇幼保健院副院长，1962 年任院长。1963 年任卫生部医学科学委员会计划生育专题委员会成员。1980 年任上海市计划生育技术指导所所长、世界卫生组织宫内节育器指导委员会委员、妇幼保健专家顾问委员会顾问。1984 年，退居二线，仍然继续参加医疗工作和社会活动。一生致力于卫生保健与医学研究，积极贯彻“预防为主”的方针，经常派出或亲自率领医疗小分队，深入工厂、街道、农村、边疆，开展妇幼保健、计划生育工作，对上海市 6 万多名妇女进行防癌普查。研究和推广了“产科门诊一贯制”“妇幼保健网”“围产期保健”等制度经验，提倡母婴同室、推广母乳喂养。倡导和支持计划生育咨询，组织开展宫内节育器科学研究。1986 年，主持研究的《六种时期放置宫内节育器的临床效果观察》课题，获国家计划生育委员会科技进步奖二等奖。

187. 张淑芳（1920—2005），北京人。眼科专家。首都医科大学北京同仁眼科中心教授，北京同仁医院青光眼专业的奠基人，曾任中华医学会眼科分会委员、北京医学会眼科专业委员会主任委员，中国共产党第十届全国代表大会代表。1934 年进入北京市立第一女子中学学习，1941 年考入国立北京大学医学院医疗系，1945 年在北京大学读研究生，1946 年毕业后到同仁医院工作，历任眼科住院医师、主治医师、教授、眼科副主任。在青光眼和白内障手术技术方面有独到之处，手术精湛，对手术切口、手术刀的倾斜角度及其与预后的关系有着深入的研究和丰富的经验。曾长期受聘于卫生部保健局，为我国老一辈国家领导人做医疗保健工作，曾为毛泽东主席医疗小组专家，1990 年中央保健局委员会向她颁发了荣誉证书及奖状。作为中国医学专家，多次赴朝鲜、越南等，为其国家领导人诊治眼病，1992 年朝鲜授予其一级友谊勋章。曾两次获得北京市科学技术进步奖。科研课题《中国人前房深度、角膜厚度以及角膜曲率半径的研究》成果为青光眼患者的诊断、治疗提供了可靠的依据,也填补了中国眼科领域的一项空白。发表学术论文数十篇,参编《眼科全书》,合译、合编眼科专著2部。

188. **张水华**(1933—),浙江余姚人。1993年获第34届“南丁格尔奖章”。宁夏医学院附属医院(现宁夏医科大学总医院)护理部原主任、主任护师,曾任宁夏护理学会副理事长。1953年毕业于原杭州护士学校,先后在北京中央直属机关第一人民医院、中央结核病研究所医院任护士和护理干事。1958年报名参加赴陕北农村医疗队,来到延安地区黄陵县工作,走遍了全县300多个自然村,查清了当地常见病和地方病的分布情况。1960年调至宁夏工作,先后任护士、护士长、护理部主任、主任护师、护理顾问及咨询专家等职务。1979年负责创办附属医院护士学校,以提高自治区的护理水平。用系统工程方法管理全院护理工作,建立了一整套对危重病人行之有效的抢救和护理措施,制定并完善了以岗位责任制为中心的各项护理规章制度和质量标准,统一了全院多项基础护理技术操作规程。是宁夏护理学科带头人,主编了《疾病护理常规》《诊疗护理技术》《护理管理制度》等专著,发表了《鼻导管和鼻塞两种给氧方法的研究》《关于提高护理人员素质的探讨》《加强系统管理,提高护理质量》等论文。

189. **张惜阴**(1926—),江苏无锡人。妇产科专家。2002年获首届“中国妇产科医师奖”。复旦大学附属妇产科医院教授、博士生导师,曾任中华医学会妇产科学会副主任委员、全国宫颈癌研究会副主任委员、《中华妇产科杂志》副总编等职。1949年毕业于上海医学院,进入上海西门妇孺医院任住院医师。中华人民共和国成立后,历任上海第一医学院附属妇产科医院妇产科副主任,上海第一医学院医学系副主任,上海医科大学妇产科教研室副主任等职。长期从事妇产科医疗、教学、科研工作,擅长妇科肿瘤的诊治和研究工作。科研成果“宫颈癌早期诊断和手术治疗”,获1988年卫生部科技进步奖二等奖、1989年国家科技进步奖三等奖、1991年国家教委科技成果推广丙类二等奖,1992年被列为卫生部百项科研成果推广之一。主编《实用妇产科学》《临床妇科肿瘤学》《妇科手术图解》等专著,参编《医学百科全书》《妇产科理论与实践》等著作,翻译《病理产科的紧急处理法》一书。1960年、1978年分别被评为上海市先进教育工作者、上海市卫生战线“先进工作者”。1987年获上海市巾帼奖。

190. **张玉芹**(1941—2002),黑龙江哈尔滨人。曾任国家计划生育委员会副主任。1958年入哈尔滨铁道医学院中专部医士专业班学习。1961年9月参加工作。

1965 年加入中国共产党。历任铁道部哈尔滨铁路局道里门诊部医生，铁道部第二、第三工程局工地卫生所医生、所长，铁道部第二工程局工会副主席，贵州省总工会常委、党组副书记，贵州省革委会副主任、省委委员，贵州省副省长兼省计划生育委员会主任等职。1983 年进贵阳医学院医疗系学习。1996 年 12 月任国家计划生育委员会副主任、党组成员。1997 年 10 月在中共十五大上当选为中共中央纪律检查委员会委员，随即任中共中央纪律检查委员会驻国家计划生育委员会纪检组组长。1998 年在第八次全国妇女代表大会上当选为全国妇联执委。

191. 张媛贞（1932—　），满族，天津人。生理学家。曾任中国国民党革命委员会第六、第七届中央常委，江苏省副主委，第七届至第九届全国政协常委，江苏省政协副秘书长，中国和平统一促进会理事，中国生理学会会员，江苏省生理学会学术组副组长。1956 年毕业于南开大学生物系，历任上海医科大学解剖科助教，南京大学生物系助教、讲师、副教授、教授。长期从事生理学教学和针灸机理的研究。科研成果"钙离子在电针镇痛、电针耐受和吗啡耐受发展中的作用"获 1988 年国家教委二等奖。1988 年在国际耳穴诊治学术讨论会上发表论文《耳穴刺激对胆道影响的实验研究》，第一次研究和提出耳穴机理研究的动物模型，为我国在耳穴机理研究领域中做出了贡献。编著有《生理学实验指导》《解剖生理学》等专著。

192. 张云清（1925—　），生于辽宁辽中（今沈阳市辽中区）县。1987 年获第 31 届"南丁格尔奖章"。曾任辽宁省肿瘤医院妇科护士长、护理部主任、主任护师。1947 年从盛京医科大学吉林医院附设高级护校毕业后，在吉林医院妇产科先后任护士、护士长。1949 年调回沈阳中国医大二院任妇产科护士长。1969 年，随中医大二院搬迁到偏远的辽西山区喀喇沁左翼蒙古族自治县，在农村医疗队工作了整整 9 年。1980 年起任辽宁省肿瘤医院妇产科护士长、护理部主任，1985 年晋升为主任护师。1990 年 6 月离休。在护理岗位工作的 40 多年间，和危重病人一起守岁度过的除夕之夜有 30 几个。从 1982 年起，多次被授予市、省、全国的优秀护士、"优秀共产党员"、卫生文明建设"先进工作者"等荣誉称号。1988 年，当选为辽宁省人大代表、省政协委员。

193. 张竹君（1879—1964），广东番禺人。清末民初著名女医士、社会活动家，中国第一位创办医院的女杰。1900 年毕业于广州博济医院附属之博济医学堂。1900 年至 1901 年，在广州创办禔福医院和南福医院，开国内女界创办医院之先河。1901 年将南福医院改为育贤女学校，发广东女学之先风。1902 年受聘新加坡"中国医院"院长助理，后辞职到英国考察。1904 年迁居上海，开设女子手工传习所与卫生讲习会。1905 年，与李平书合力创建"上海女子中西医学院"。1909 年被推选为“上海医院”监院(院长)。1911年10月武昌起义爆发,在上海发起成立“中国赤十字会”,自任会长,组织救伤队,率队员赴武汉、镇江、南京等地救护伤员,并掩护黄兴、宋教仁等革命志士安全抵达汉口。1913年7月“二次革命”爆发,再次组织赤十字会,“二次革命”失败后,以医生为职业。1932年初,淞沪抗战爆发,自告奋勇出任红十字会义务医师,冒着日军炮火前往车站搬运伤兵,并将其所办沪西健华颐疾园(疗养院)让出,用作伤兵医院,后编为红十字会后方医院第六院。1937年全面抗战爆发,再次出任伤兵医院筹备委员。

194. 章安(1945—),山东省青岛人。医药质量检验管理专家。1986年被评为山东省“劳动模范”,中华全国总工会授予“全国优秀科技工作者”称号,并获“全国五一劳动奖章”。1967年毕业于山东社会主义劳动大学。同年分配至东阿县原种场工作,1970年调入东阿阿胶厂,先后任质检股股长、技术股股长。1984年加入中国共产党,1985年任副厂长,1988年晋升为高级工程师。在从事技术、科研和管理工作的20余年中,创建了阿胶厂质量检验、质量管理保证体系。制定了优于国际的阿胶质量内控标准15项,其中盐基氮、总氮、水不溶物等项标准被国家医药管理局采用,列入中医药等级考核标准全国同品种评比的检查标准。成功地开发了六个新产品,其中复方阿胶浆、阿胶蜜分别获省级科研成果一等奖和三等奖,复方阿胶浆被评为省优和国家中医药管理局优质产品。1987年被评为山东省“医药系统质量管理先进个人”,1988年被评为山东省“优秀共产党员”。

195. 章金媛(1929—),江西南昌人。2003年获第39届“南丁格尔奖章”。南昌市第一人民医院护理部原主任,曾任江西省红十字志愿护理服务中心主任、江西省巾帼志愿服务示范站负责人。1948年毕业于江西省高级护士学校。拥有节力铺床法等30多项临床发明,撰写护理论文百余篇,其巡回护理制等理论入选教科书,“S”型铺床法是医学院护士入门学习内容。2000年组织17名退休护士自发成立“江西红十字志愿护理服务中心”。2007年倡议成立“中国南丁格尔志愿护理服务总队”,同年成立南昌市红十字南丁格尔志愿服务队爱心工作室。2009年成立了“南丁格尔居家养老志愿服务队”。2010年改组创建了南昌市“南丁格尔志愿服务团”,成为全国第一个专门从事护理志愿服务的民间组织。2014年团队在南昌市民政局正式注册为“章金媛爱心奉献团”。从2000年初的17名发展到2015年的8000余名志愿者,累计志愿服务时间达1.5亿小时,团队建立了“医院—社区—家庭—志愿者”四位一体的志愿服务模式,中国红十字会将此模式在全国推广。2015年被授予“全国三八红旗手标兵”称号,还获新中国60华诞贡献奖、中华首届慈善奖、全国道德模范提名奖等。同年“章金媛爱心奉献团”获中国志愿服务联合会授予的首批“全国志愿服务示范团队”称号。

196. 赵白鸽(1952—),籍贯河北,生于上海。曾任国家人口和计划生育委员会副主任,中国红十字会党组书记、常务副会长。1968 年 10 月参加工作,曾为江西省万安县插队知青。1978 年毕业于江西医学院,1981 年毕业于哈尔滨医科大学,1988 年毕业于英国剑桥大学,获博士学位,1992 年晋升为研究员。曾任上海市计划生育科研所所长,国家科委生命科学技术发展中心(美国)主任。1999 年 1 月后历任国家计划生育委员会党组成员、科技司司长、国际合作司司长。2003 年 9 月任国家人口和计划生育委员会副主任、党组成员,同时担任国际人口方案管理委员会(ICOMP)主席,国际计划生育联合会(IPPF)中央理事、亚太地区司库。2010 年 4 月任国家人口和计划生育委员会党组副书记、副主任。2011 年 9 月至 2014 年 9 月任中国红十字会党组书记、常务副会长。2013 年当选为红十字会与红新月会国际联合会副主席。第十二届全国人大外事委员会副主任委员,中国社会科学院蓝迪国际智库项目专家委员会主席。

197. 郑永芳(1934—),广东东莞人。生理学家。中国医学科学院生理学教授、博士生导师,中国生理学会会员、国际生理学会会员、国际高血压联盟会员、美国实验生物学与医学会会员、《中国高血压杂志》编委、《生理通讯杂志》副主编。1955 年毕业于中山医学院医疗系,后任职于中国医学科学院基础医学研究所。长期从事生理学科研、教学工作,在神经生理和循环生理方面取得了成绩。1983 年至 1984 年获世界卫生组织奖学金赴英国伦敦大学留学访问。1985 年回国后率先引进分子水平的电生理学技术,建立了国内第一个膜片钳实验室,还率先在国内建立了测定单细胞内钙浓度瞬时变化的实验室,在心血管肌细胞膜离子单通道动力学特征及血管内皮舒张因子的研究中达到国际水平和国内领先地位。1992 年起享受国务院政府特殊津贴。

198. 钟华荪(1947—),印度尼西亚归国华侨。2003 年获第 39 届“南丁格尔奖章”。广东省人民医院护理部原主任、主任护师,曾任中华护理学会常务理事,广东省护理学会副理事长、名誉理事长。1947 年 3 月 19 日出生于印尼,1953 年回国。1965 年从中山医学院护士学校毕业,志愿到西部基层医院工作,被安排到四川达州一个有 1000 多名工人的工地上负责巡回医疗,一干就是 5 年。1970 年调到陕西秦岭一个边远的乡村卫生院工作。1979 年调到广东省人民医院当护士。1982 年被医院选送到暨南大学参加高级护士班脱产学习,1985 年被选派到香港基督教联合医院进修学习 8 个月。1994 年任广东省人民医院护理部主任。1996 年开展“广州城区老年人生活质量调查及社区护理网点实施的研究”,深入社区随机调查了广州诗书街1438位老年人居住、生活、就医情况以及疾病谱。1997年从香港玛嘉烈医院引进“全面质量管理理论”,率先应用于医院的整体护理实践。2003年,以实际行动为医院在抗击“非典”中取得医护人员零感染、“非典”(SARS)病人零死亡的“两零”纪录做出重要贡献,被广东省委、省政府特记“广东省抗击‘非典’二等功”。

199. 周东屏(1917—1997),原名周少兰,安徽六安人。护理与公共卫生管理专家,参加长征的工农红军女战士之一。徐海东的夫人。由于家境贫穷,10岁就被送去做童养媳。1930年参加革命,1931年加入共产主义青年团,1932年加入红二十五军,成为红军医院的一名护士。1934年随红二十五军参加长征。1935年9月红军到达陕北后曾任红二十五军医院护士长、党支部书记。同年与徐海东结婚。抗日战争和解放战争时期,先后在八路军、新四军医院、皖东和东北解放区机关工作。中华人民共和国成立后,任中央军委办公厅秘书和中国人民解放军总参管理局顾问。1960年8月,被授予中国人民解放军上校军衔。1978年2月被选为第五届全国政协委员。

200. 周娴君(1931—),生于湖南长沙。1988年被评为“全国模范护士”。1989年获第32届“南丁格尔奖章”。湖南省湘西土家族苗族自治州人民医院原副院长、护理部主任、主任护师。1952年从湘雅护士学校助产专业毕业后,被分配到少数民族聚居的偏远山区——湘西自治州人民医院工作。1963年任州人民医院总护士长。1969年被下放到保靖县麻风病防治站工作。1973年回到州人民医院工作,并任护士长。负责创办了州卫生学校护理专业班,并担任教学工作,为全州培养了大批护理人才。1981年任州人民医院护理部主任,领导制定了一整套护理工作规章制度,逐步使医院的护理工作实现了标准化、规范化、正规化,医疗护理质量不断提高。1983年任护理副院长,编写或主审了《护理技术操作常规》《护理人员手册》《妇产科学及护理》《护理操作规程》等著作。主持了“预防和控制院内交叉感染”工作,取得了第一手资料,并制定了一套行之有效的实施办法。1983年被评为全国少数民族地区“先进科技工作者”。

201. 周越华(1904—1977),原名周月华,又名周仲芳、周清尘,湖北广济人。公共卫生教育和管理专家,参加过长征的工农红军女战士。曾任中华人民共和国卫生部党组成员等职。1925年考入湖北省立女师。1926年11月加入中国共产党。1927年12月参加广州起义。后任红军第十团宣传员和秘书等职。1928年3月随部队转移途中遇海盗,被囚禁于海丰半年,后经组织营救获释。同年10月,到上海中共中央政治局机关工作。不久,与贺城结婚。1930年与贺城以开办华中大药房为掩护,在中共中央军委长江五省交通总站做秘密工作。同年秋被租界当局逮捕,后被保释,返回上海。1931 年 4 月,做党的秘密电报转发工作。1932 年“一·二八”事变后,任上海妇女反日大同盟组织干事。后转到江西中央苏区,先后任红军总卫生部巡视员、总支书记、第三兵站医院政委、红军卫校政治处主任等职。1934 年参加长征,任卫生队政治指导员。后协助贺城办卫生学校,培养医护人员。1945 年 11 月,调东北民主联军卫生部、东北军区卫生部任巡视工作组长、政治部副主任。1949 年 8 月,调至中央军委总卫生部。同年 12 月起,任中华人民共和国卫生部党组成员、计划检查局副局长、监察室副主任。1954 年因病离休。

202. 朱霁虹(1932—),浙江海盐人。麻醉品检测专家。曾任中国药品生物制品检定所研究员、国家麻醉品实验室主任、中国药物滥用协会常务理事、国家科委国家秘密技术审查专家组专家、卫生部国家药品监督员、卫生部麻醉品专家委员会委员、国家药典委员会委员等。1954 年毕业于北京医学院药学系,同年到中国药品生物制品检定所工作,历任助理研究员、副研究员、研究员、化验室主任、国家麻醉品实验室主任。1982 年 2 月至 9 月被选派至瑞典国家药剂中心实验室 WHO 化学对照品合作中心进修半年。1989 年 9 月至 11 月赴奥地利维也纳联合国麻醉品实验室考察并工作两个月。1990 年受命组建我国第一个国家麻醉品实验室。长期工作在检定科研第一线,主要承担两个专业范围的工作,一是医用化学药品质量问题和检测方法研究,二是开展滥用麻醉品及药品的研究和检定工作。主持并完成的科研项目“中国大麻系统研究”获 1993 年卫生部科技进步奖三等奖,“麻醉品标准物质的研制和建立”获 1995 年卫生部科技进步奖三等奖。参加的“阿片类药物成瘾戒毒治疗系统研究”获 1993 年卫生部科技进步奖三等奖。参加编写《标准物质及其应用技术》《药物滥用:临床、治疗、检测、管理》等专著。

203. 朱南孙(1921—),江苏南通人。中医妇科专家。曾获“全国三八红旗手”、全国卫生“先进工作者”等荣誉称号。上海中医药大学教授、主任医师,“朱氏妇科”第三代传人。曾任岳阳医院妇科研究室主任、上海中医学会副理事长兼妇科学会主任委员、上海中医妇科医疗协作中心主任等职。1991 年被定为全国首批“名老中医”,享受国务院政府特殊津贴。1942 年毕业于上海新中国医学院。1952 年进入上海市卫生局主办的中医门诊所(上海公费医疗第五门诊部即上海中医学院附属岳阳医院门诊部前身)工作。在诊疗工作之余潜心研究历代经典,兼收并蓄,结合自己的临床经验,总结和发表了《妇科临床诊治心得》《痛经笔谈》《溢乳闭经诊治心得》《化膜汤治疗 30 例膜性痛经的效应及其机理的研究》等主要代表作。担任《妇科手册》《中医妇科临床手册》的主编和副主编。整理出版了朱氏妇科集精粹《朱小南妇科经验选》,使朱氏妇科在医林中独树一帜。以“失笑散”为主,配古方“通幽煎”“血竭散”中诸药化裁而成的治血瘀型重症痛经的验方——加味没竭汤(又名化膜汤),以其独特的疗效被纳入国家级科研项目。

204. 朱秀媛(1928—),河南开封人。生化药理学家。1949 年进入南京金陵女子文理学院医预系学习,1954 年毕业于上海第一医学院药化系,1954 年至 1955 年就职于沈阳东北制药总厂教育组,1955 年至 1956 年担任哈尔滨医科大学药理教研室助教,1956 年调至中央卫生研究院药物系(现为中国医学科学院药物研究所)工作,历任研究实习员、助理研究员、副研究员、研究员、教授。1993 年退休后又先后担任河南医科大学等学校、机构的客座教授及专家顾问。长期致力于生化药理学研究,主攻方向为药物代谢和抗炎免疫药理学。先后参加过抗肿瘤药、治疗冠心病药、抗辐射药、抗血吸虫病药物研究。撰写了我国第一篇放射性同位素在生物医学中应用的论文。20 世纪 70 年代,把国外的理论引入国内,成为我国最早开展药动学研究者之一,奠定了我国药动学研究基础。通过研究发现,麝香具有多方面药理活性,尤具很强的抗炎活性,在此基础上合作研制出人工麝香,获中医药科技进步奖一等奖,并获国家科技进步奖一等奖。参编了《药物代谢研究》《生化药理学进展》《核医学与核生物学》《当代药理学》等十余部著作,其中《同位素及其在生物学中的应用》一书获国家科技成果一等奖。曾任中国药理学会常务理事、中国药理学会生化药理专业委员会主任委员。

205. 邹德凤(1956—),江西人。2013 年获第 44 届“南丁格尔奖章”。南昌大学第四附属医院医疗服务部主任。1972 年起在南昌大学第四附属医院工作。首创江西社区护理、社区居家老年护理服务、临终关怀等工作模式。2002 年倡导成立了中国南丁格尔志愿护理江西队第四附属医院志愿者小组。2003 年“非典”期间,深入一线宣传防病知识,在火车站为旅客体检、量体温。2008 年率领志愿者在火车站设立便民医疗点,提供 24 小时志愿服务达 40 余天,赢得了“铁路爱心天使”称号,同年,还带领志愿者为汶川地震灾区筹款 28 万余元。10 多年来,持之以恒致力于社区卫生服务事业,已累计志愿服务达到 2 万多小时,为 90 多万人次提供了志愿服务,带领社会各界 2 万多人加入志愿服务行列,被誉为“超级义工”,是江西省红十字志愿者的领军人物之一。2008 年被中国红十字会评为“红十字志愿者之星”,2012 年被评为“全国红十字会优秀志愿者”“全国十大杰出红十字志愿者”。

206. 邹瑞芳(1930—),江苏常州人。1982 年被评为“浙江省优秀护士”,1983 年被评为全国卫生“先进工作者”,1988 年被授予“全国模范护士”称号。

1995年获第35届“南丁格尔奖章”。浙江省湖州市第一人民医院护理部原主任、主任护师，曾任浙江省护理学会常务理事、湖州市护理学会理事长。1949年毕业于常州真儒高级护士学校。1949年至1950年任常州武进医院护士长。1951年至1963年在中国人民解放军第98医院任护士长。1963年起在湖州市第一人民医院任护士长、护理部主任、主任护师。担任护理部主任后，为提高医院护理队伍的素质和护理质量，在其带领下，医院建立健全了20多项护理规章制度，实现了病房管理制度化、操作常规化、书写标准化、工作规范化。在湖州市第一人民医院首创“三条线、三不放”的病房规范管理。曾创造1000多例输卵管结扎无感染的奇迹。

207. 左焕琛（1940— ），湖南湘阴人。中国解剖学会总顾问。上海医科大学教授、博士生导师，享受国务院政府特殊津贴。1962年毕业于上海第一医学院（现复旦大学医学院）并留校任教，讲授解剖学。1986年、1989年先后评为副教授、教授。1989年获国家教委科技进步奖二等奖、全国优秀教师称号，1992年获上海市科技进步奖三等奖，1996年从事基础医学专业，任基础医学研究所所长。曾任第八、九届全国政协委员、第十届全国政协常委，中国农工民主党中央第十二、第十三届副主席，上海市政协第九、第十届副主席，农工党上海市委第十届主委，上海市副市长、上海市卫生局副局长，上海医科大学（现为复旦大学上海医学院）基础医学院院长。1996年至2001年任上海市副市长期间，为上海的医药卫生改革、科技创新、科技成果转化、计划生育和妇女儿童事业发展做了大量工作，2011年获第六届中华慈善奖“最具爱心个人楷模奖”。

附　录

（207 人）

本卷收录的女性人物是在近百年中国社会进程中，对医药卫生事业发展做出贡献的杰出女性或优秀女性。她们大致可以分为五种类型：

一是基础医学领域的研究者，包括基础医学研究领域的中国科学院与中国工程院女院士，有突出贡献的基础医学研究专家，在国家设立的重要奖项中获奖的基础医学研究者。

二是临床医学领域的从业者，包括临床医学领域的中国科学院与中国工程院女院士，医疗战线有突出贡献的专家，在国家设立的重要奖项中获奖的临床医生。

三是药学领域的从业者，包括药学研究领域的中国科学院与中国工程院女院士，在药学研究中有突出贡献的专家，在国际、国内重要医药学奖项中的获奖女性。

四是公共卫生领域的专家和管理者，包括卫生教育与管理事业的开拓者和杰出管理者，在公共卫生领域有突出贡献的专家，在联合国或其他国际医学组织中任职的女性。

五是护理领域的从业者，包括中国护理事业的奠基者和开拓者，“南丁格尔奖章”部分获得者（1956 年以前出生的）。

本附录以医学界女性人物从业领域分类，类别内按出生年份排序，既便于读者查询，又能清晰展示不同历史时期医学领域女性人物成长轨迹。

一、基础医学领域（32 人）

1. 李　漪（1897—1982）
2. 潘世宬（1909—1994）
3. 王克勤（1918—　）
4. 方淑梅（1920—　）

5. 黄翠芬（1921—2011）
6. 杨贵贞（1923—2014）
7. 李孝光（1924—1999）
8. 冯理达（1925—2008）
9. 孟阳春（1927—2013）
10. 郭佩如（1928— ）
11. 阎国珍（1928— ）
12. 叶奕英（1928— ）
13. 朱秀媛（1928— ）
14. 刘彤华（1929—2018）
15. 王琳芳（1929— ）
16. 徐　静（1931— ）
17. 张媛贞（1932— ）
18. 郑永芳（1934— ）
19. 陈亚珠（1936— ）
20. 修瑞娟（1936— ）
21. 李麓芸（1937— ）
22. 潘若男（1937— ）
23. 左焕琛（1940— ）
24. 涂楚国（1941— ）
25. 王淑兰（1942— ）
26. 沈倍奋（1943— ）
27. 李兰娟（1947— ）
28. 陈赛娟（1951— ）
29. 王红阳（1952— ）
30. 刘志红（1958— ）
31. 任　进（1958— ）
32. 尚　红（1960— ）

二、临床医学领域（62 人）

1. 陈桂云（1897—1978）
2. 苏祖斐（1898—1998）
3. 王淑贞（1899—1991）
4. 林巧稚（1901—1983）
5. 乐以成（1905—2001）
6. 刘家琦（1909—2007）
7. 毛文书（1910—1988）
8. 俞霭峰（1910—1991）
9. 张　峨（1910—1995）
10. 胡懋华（1912—1997）
11. 魏治统（1912—1997）
12. 夏美琼（1912—2004）
13. 梁仪韵（1913—1982）
14. 严仁英（1913—2017）
15. 杜梓伯（1914—2003）
16. 秦振庭（1914—2003）
17. 李果珍（1915— ）
18. 张佩珠（1916—1990）
19. 陈嘉政（1918—2007）
20. 陈文珍（1918— ）
21. 史济招（1918—2009）
22. 陈淑珍（1919—2000）
23. 劳远琇（1919—2013）
24. 王大玫（1920—2003）
25. 王惠芸（1920—2011）
26. 于载畿（1920— ）
27. 张淑芳（1920—2005）
28. 虞佩兰（1921— ）
29. 张丽珠（1921—2016）
30. 朱南孙（1921— ）

31. 黄金芳(1922—1997)
32. 吴秀锦(1922—)
33. 胡亚美(1923—)
34. 肖碧莲(1923—)
35. 沈渔邨(1924—)
36. 马伴吟(1925—)
37. 钱和年(1925—2002)
38. 张惜阴(1926—)
39. 李超荆(1926—)
40. 史轶蘩(1928—2013)
41. 戴希文(1931—)
42. 李绍珍(1932—2001)
43. 李希楷(1932—)
44. 杨雰云(1932—)
45. 王士雯(1933—2012)
46. 俞 瑾(1933—)
47. 刘 琨(1934—)
48. 李廷谦(1935—)
49. 王介明(1935—)
50. 孙桂芝(1937—)
51. 都贵玛(1942—)
52. 侯凡凡(1950—)
53. 陈香美(1951—)
54. 郭渝成(1952—)
55. 范 利(1953—)
56. 韩雅玲(1953—)
57. 夏照帆(1954—)
58. 贾伟平(1956—)
59. 刘苏冰(1958—)
60. 杨蓉娅(1958—)
61. 陈子江(1959—)
62. 顾 瑛(1959—)

三、药学领域(19 人)

1. 诚静容(1913—2012)
2. 吴 蔚(1918—1989)
3. 黄 量(1920—2013)
4. 陈兰英(1921—)
5. 严 真(1921—)
6. 张楠森(1923—2006)
7. 金蕴华(1925—)
8. 王 群(1926—)
9. 邓蓉仙(1927—1998)
10. 安静娴(1929—2015)
11. 陈界新(1930—)
12. 高骝德(1930—)
13. 屠呦呦(1930—)
14. 李家泰(1930—)
15. 朱雰虹(1932—)
16. 胡之璧(1934—)
17. 沈慧凤(1937—)
18. 章 安(1945—)
19. 贾丹兵(1955—)

四、公共卫生领域(41 人)

1. 许金訇(1865—1929)
2. 石美玉(1872—1954)
3. 康爱德(1873—1931)
4. 张竹君(1879—1964)
5. 丁懋英(1891—1969)
6. 杨崇瑞(1891—1983)
7. 李德全(1896—1972)
8. 周越华(1904—1977)
9. 刘云波(1905—2000)
10. 叶恭绍(1908—1998)
11. 栗秀真(1915—2011)
12. 杨　纯(1917—2005)
13. 丁志辉(1918—1980)
14. 李继庸(1920—　)
15. 刘　波(1924—　)
16. 王篨兰(1925—　)
17. 邱志芳(1926—　)
18. 陈孝曙(1929—　)
19. 刘兴玠(1929—　)
20. 何凤生(1932—2004)
21. 吴景春(1932—　)
22. 石元俊(1933—　)
23. 廖文海(1934—2009)
24. 彭　玉(1941—　)
25. 张玉芹(1941—2002)
26. 晁福寰(1942—　)
27. 何界生(1943—　)
28. 王晓钟(1944—　)
29. 杨华荣(1944—　)
30. 潘贵玉(1946—　)
31. 佘　靖(1946—　)
32. 陈冯富珍(1947—　)
33. 陈晓红(1951—　)
34. 赵白鸽(1952—　)
35. 李　斌(1954—　)
36. 李　静(1954—　)
37. 王　侠(1954—　)
38. 郭明华(1955—　)
39. 柯　杨(1955—　)
40. 崔　丽(1958—　)
41. 陈　薇(1966—　)

五、护理领域(53 人)

1. 聂毓禅(1903—1997)
2. 王　懿(1904—1981)
3. 余韫珠(1907—2009)
4. 翟枕流(1908—1995)
5. 王琇瑛(1908—2000)
6. 陈路得(1914—2000)
7. 孙静霞(1914—2009)
8. 梁季华(1916—2001)
9. 黎秀芳(1917—2007)
10. 周东屏(1917—1997)

11. 林菊英（1920—2008）
12. 王桂英（1920—2012）
13. 汪赛进（1923— ）
14. 李兰丁（1924—2007）
15. 张云清（1925— ）
16. 吴静芳（1926— ）
17. 张瑾瑜（1926— ）
18. 关小瑛（1928— ）
19. 章金媛（1929— ）
20. 史美黎（1930— ）
21. 司堃范（1930—2016）
22. 邹瑞芳（1930— ）
23. 周娴君（1931— ）
24. 陆　冰（1932— ）
25. 吴景华（1932— ）
26. 曾熙媛（1933— ）
27. 张水华（1933— ）
28. 陆玉珍（1934— ）
29. 孔芙蓉（1936— ）
30. 李桂美（1939— ）
31. 梅玉文（1939— ）
32. 杨必纯（1940— ）
33. 秦力君（1941— ）
34. 李　琦（1942— ）
35. 刘淑媛（1942— ）
36. 孙秀兰（1942— ）
37. 陈　东（1944— ）
38. 陈荣秀（1944— ）
39. 苏雅香（1945— ）
40. 王雅屏（1945— ）
41. 聂淑娟（1947— ）
42. 钟华荪（1947— ）
43. 成翼娟（1949— ）
44. 李秋洁（1949— ）
45. 马忘兰（1949— ）
46. 罗少霞（1950— ）
47. 陈　征（1951— ）
48. 丁淑贞（1951— ）
49. 索玉梅（1952— ）
50. 姜小鹰（1953— ）
51. 叶　欣（1956—2003）
52. 邹德凤（1956— ）
53. 姜云燕（1976— ）

第六卷　新闻传播

条　　目

（以姓氏拼音为序，共71人）

1. 白瑞雪
2. 卜　卫
3. 陈昌凤
4. 陈菊红
5. 程曼丽
6. 崔玉英
7. 董盟君
8. 董　卿
9. 范　瑾
10. 高晓虹
11. 高玉洁
12. 龚　雯
13. 贺红梅
14. 胡　果
15. 胡晓丽
16. 黄　薇
17. 季建南
18. 江宛柳
19. 敬一丹
20. 居　杨
21. 赖谦进
22. 郎劲松
23. 李东东
24. 李　娟
25. 李秋芳
26. 李瑞英
27. 李修平
28. 蔺斯鹰
29. 刘继南
30. 刘利群
31. 刘素云
32. 卢小飞
33. 卢新宁
34. 陆海鹰
35. 倪　萍
36. 彭　兰
37. 彭子冈
38. 浦熙修
39. 亓欣莉
40. 山　丹
41. 师曾志
42. 唐维红
43. 唐卫彬
44. 涂光晋
45. 王国萍
46. 王海咏
47. 王建军
48. 王　遐
49. 温红彦
50. 辛雪莉
51. 邢质斌
52. 杨　刚
53. 杨　华
54. 杨　晶
55. 杨玲玲
56. 杨　杨
57. 姚　兰
58. 伊秀丽
59. 尤艳茹
60. 俞　虹
61. 曾　佳
62. 张　晖
63. 张秋玲

64. 张严平
65. 张郁廉
66. 赵多佳
67. 钟　瑛
68. 周　涛
69. 周洋文
70. 周铁君
71. 朱　颖

词　条

（以姓氏拼音为序，共71人）

1. 白瑞雪（1977—　），四川绵竹人。“中国新闻奖”特等奖获得者。解放军外国语学院外国语言学及应用语言学硕士毕业，获国防科技大学科技哲学博士学位。1995年入伍，2002年进入新华社解放军分社从事采编工作。参加多届全国“两会”、党代会、“和平使命”中外联合军事演习、海军“机动”军事演习、神舟四号以来历届载人航天飞行和嫦娥探月任务等重大新闻报道。参加抗击“非典”、汶川抗震救灾、马航搜救等重大突发事件报道和苏丹维和、巴基斯坦反恐等战地报道，采写了几十个全国全军重大典型人物，发表各类稿件数千篇。先后被评为总政“优秀共产党员”“全军学习成才先进个人”“全国优秀新闻工作者”“全国三八红旗手”，荣立二等功两次、三等功两次。作品曾6次获得“中国新闻奖”，连续两年获得新华社社长总编辑奖，多次获得首都女记协优秀新闻作品奖等。其中，聚焦“三北”地区造林人群体的作品《“三北”造林记》获得“中国新闻奖”特等奖，出版的专著《巅峰决战：“天河”超级计算机夺冠之路》入选新闻出版总署“双百”图书，《载人航天》成为当年北京市畅销科普图书。

2. 卜卫（1957—　），北京人。专著《进入“地球村”——中国儿童与大众传播》1997年获“国家图书奖”提名奖，全国青年社会科学优秀奖（最高奖）。中国社会科学院新闻与传播研究所研究员、教授，媒介传播与青少年发展研究中心主任。获文学、法学双硕士学位。主要研究领域为媒介对青少年的影响、媒介与性别、IEC战略、ICT与数字鸿沟、中国替代性媒体、边缘群体与媒介等。1989年进入中国社会科学院从事传播与儿童发展研究。1995年开始做女性主义媒介研究、大众媒介的传播倡导培训，1998年开始从事该领域的媒体培训。2000年开始做弱势群体的传播倡导培训，主题包括儿童权利、反对暴力、反对人口拐卖、促进残障人就业权利等。作为课题主持人,已完成国家社会科学基金课题、中国社会科学院重点课题、中宣部委托课题数十项。出版著作还有《媒介与性别》《电视》《广告》《新闻》《大众媒介对儿童的影响》《媒介与儿童教育》等。2001 年当选中国少先队学会副会长,被国务院妇女儿童工作委员会聘为《中国妇女发展纲要(2001—2010 年)》监测评估组专家组成员,《中国儿童发展纲要(2001—2010 年)》监测评估专家组成员等。

3. 陈昌凤(1964—),江苏南通人。国家哲学社会科学优秀成果奖获得者。清华大学新闻与传播学院常务副院长、教授、博士生导师、新闻研究中心主任,中国新闻史学会会长,国务院学位委员会新闻传播学学科评议组成员,教育部高等学校新闻传播学学科教学指导委员会副主任委员,中国记协常务理事。先后就读于南京师范大学中文系、中国人民大学新闻系。1996 年起任教于北京大学国际关系学院,担任讲师、副教授,2001 年转入北京大学新闻与传播学院,担任新闻与传播学院副院长、新闻系主任。2007 年受聘于清华大学,成为清华大学新闻与传播学院教授。主要研究领域为新闻传播史、传播政策与传媒管理、新闻与传播教育及大众传媒与社会变迁等。著有《中国新闻传播史:媒介社会学的视角》《美国传媒规制体系》《网络时代的盛世危言:互联网与社会变迁》《中美新闻教育传承与流变》《正在发生的历史——中国当代新闻事业》《香港报业纵横》《蜂飞蝶舞——旧著名的报纸副刊》《我新故我酷:网络时代新生活》《新闻学研究前沿》等,完成《发掘新闻》等译著。曾获得“国家哲学社会科学优秀成果奖”“北京市哲学社会科学优秀成果奖”“北京高等教育精品教材奖”,及“北京大学哲学社会科学优秀成果奖”“清华大学优秀教材一等奖”。

4. 陈菊红(1974—),甘肃定西人。腾讯公司副总裁,曾兼任腾讯网总编辑,腾讯网络媒体总编辑。1995 年毕业于武汉大学新闻传播学院,同年进入南方报业集团《南方周末》报,历任记者、观察版编辑、一版编辑、新闻部副主任、专题部主任。2002 年 6 月,赴美国哈佛大学做访问学者。2005 年出任《南方创业》杂志总编辑。2006 年任《南风窗》杂志总编辑,一年后加入腾讯网。发表《互联网的产品与用户需求》《稀缺新闻更具竞争力》等文。出版图书《哈佛乱翻书》,获 2016 财新峰会分论坛“财新女性青年领袖论坛”杰出女性奖。

5. 程曼丽(1957—),江苏宿迁人。“中国新闻奖”论文奖获得者。北京大学新闻学院国家战略传播研究院院长,院学术委员会主任,社会科学学部学术委员会委员,世界华文传媒研究中心主任。1982 年毕业于中国人民大学新闻系,4 年后获该校硕士学位后留校任教。2002 年调入北京大学新闻与传播学院。主要研究领域为世界新闻传播史、海外华文传媒、国际传播、公共关系。著有《〈蜜蜂华报〉研究》《海外华文传媒研究》《公关传播》《公关心理学》《外国新闻传播史教程》。其中,《〈蜜蜂华报〉研究》获第四届"吴玉章人文社会科学优秀成果奖"和北京市第六届"哲学社会科学优秀成果"二等奖,《海外华文传媒研究》获北京市第七届"哲学社会科学优秀成果"二等奖。发表学术论文百余篇,其中论文《外国新闻事业研究的历史回顾与反思》获第九届"中国新闻奖"论文奖。主持国家社科基金课题"对外传播效果研究"、卫生部课题"公共卫生事件案例研究",参与国家社科基金课题"中国电视发展战略研究"、社科院重大课题"21 世纪媒介竞争格局研究"、外文局课题"国家形象构建研究"、中日合作课题"日本统治时期的中国报刊研究"。

6. 崔玉英(1958—　),藏族,山东昌乐人。中共中央宣传部副部长、国务院新闻办公室副主任。中央党校研究生学历,高级经济师。1975 年参加工作,曾任西藏自治区政府副主席、西藏自治区党委常委、宣传部部长,自 2011 年起担任国务院新闻办公室副主任,曾兼任中共中央对外宣传办公室副主任、中共中央宣传部部务会议成员、中共中央宣传部副部长。2016 年兼任中国人权发展基金会第三届理事、副理事长。曾在《党建》杂志发表《西藏农牧区群众思想状况的调查与思考》,在《求是》杂志发表《让西藏文化这颗明珠熠熠生辉》《增强议题设置能力向世界讲好中国故事》,在《新丝路》杂志发表《交流互鉴共赢共融》等文章。

7. 董盟君(1965—　),新疆石河子人。人民网副总编辑、人民网舆情监测室副主任、人民在线总经理。毕业于中国人民大学新闻学院,获硕士学位。从事新闻工作 20 余年,曾获"全国好新闻奖"。2000 年加盟人民网。2016 年,在首届"全国互联网智库峰会"上发布《互联网舆论治理成效研究报告》,在"中国民间投资发展论坛"上做题为《基于互联网大数据的评级——投资价值的参照系》的主题发言。致力于通过网络传播影响力进行公益活动,参加"书信中国"文化传承系列、"爱在美育,助力圆梦"牵手贫困特长生公益活动等。

8. 董卿(1973—　),上海人。中央电视台著名节目主持人,"金话筒奖"中国播音主持界最高奖项获得者。1994 年进入浙江电视台,1996 年到上海东方电视台工作。1999 年进入上海卫视担任节目主持人,2001 年进入中央电视台做主持人。连续十几年主持央视春节联欢晚会,连续八年被评为央视年度"十佳主持人",4 次获得央视年度"优秀播音员、主持人"甲等奖,3 次获得央视年度"名播音员主持人"称号。先后获得第五、第七届中国广播电视节目主持人"金话筒奖""最佳电视节目主持人奖",荣获"全国德艺双馨电视艺术工作者""中国电视 50 年 50 人""最受大学生喜爱的电视节目主持人"以及广电系统青年岗位能手等荣誉称号。2016

年当选中国文学艺术界联合会全委会委员，2017 年入选“国家百千万人才工程”，被授予“有突出贡献中青年专家”称号，制作主持的《朗读者》获得“2017 中国综艺峰会匠心盛典”年度匠心制片人奖。

9. 范瑾（1919—2009），原名许勉文，浙江绍兴人。抗战时期知名记者，曾任北京市政协主席。1928 年 1 月起，先后就读于南京中央大学实验学校和理学院地质系。1936 年参加革命工作，曾是南京地下妇女救国联合会成员。1937 年到延安，1938 年加入中国共产党，被分配到八路军总政治部前线记者团从事新闻工作，后在《晋察冀日报》《天津日报》担任领导工作。1948 年 11 月至 1952 年 9 月，历任天津日报社编委、副总编辑、总编辑，天津市委宣传部副部长。1952 年《北京日报》创刊，任社长，兼任北京市委宣传部副部长，1955 年任市委常委，1964 年任北京市副市长。1978 年后，历任北京市人大常委会副主任、市政协主席，中共北京市顾问委员会副主任。

10. 高晓虹（1956— ），浙江杭州人。国家级“教学名师”获得者，“长江学者”，中国传媒大学电视与新闻学院院长、教授，新闻传播学学部部长，兼任中国新闻教育学会广播电视专业委员会会长、中国广播电视学会纪录片研究委员会副会长。1978 年考入北京广播学院，先后获文学学士和法学硕士学位。毕业后留校任教，主要从事广播电视新闻学的理论研究与实践、电视节目制作的教学与研究。主讲的《广播电视节目制作》课程 2007 年被评为“北京市级精品课程”。主持的科研项目“面向 21 世纪广播电视新闻学专业教学内容与课程体系改革”2005 年获教育部教学成果二等奖。曾主持广播电影电视总局重点课题《应对重大突发事件的媒介整合与信息传播应急体系构建》。著有《世界电视之窗》《电视广告谋划》《电视新闻摄影与编辑》等。主编的《国际危机传播》获第八届“全国广播电视学术著作应用理论类一等奖”。曾兼任教育部高等学校新闻学学科、高职高专广播影视类教学指导委员会委员，担任中国广播电视新闻奖评委、中国广播电视学会电视经济节目奖评委、“2008 全国人民代表大会好新闻”评委及中共中央组织部党员电教片“红星奖”评委。

11. 高玉洁（1978— ），河南人。第十二届“长江韬奋奖”获得者，西藏日报社驻阿里记者站站长。1999 年毕业于西藏民族学院第一届新闻班，分配至西藏日报社记者部工作。从事记者工作以来，足迹遍布西藏七地市六十多个县，采写各种题材新闻稿件三千多篇。参加了西藏和平解放 50 周年、60 周年，西藏自治区成立 40 周年、青藏铁路通车、拉日铁路开工、中央第五次西藏工作座谈会等近年来西藏几乎所有重大事件的报道，参与报道了李素芝等典型人物。担任西藏日报社驻阿里记者站首任站长以来,尝试加大报道力度、创新报道方式,从农牧民的“小事”提炼出大主题,把新闻做得鲜活生动,同时发挥传帮带作用,促使整个地区新闻宣传工作有了新的起色。曾获得“中国新闻奖”和“全国党报好新闻”一等奖,多个新闻作品获得“全国人大好新闻奖”“全国五四新闻奖”等奖项,连续5年获得“自治区好新闻”特等奖。被中宣部授予“全国抗击‘非典’新闻宣传优秀记者”荣誉称号,多次被评为西藏全区“新闻宣传系统先进个人”,两次当选西藏自治区“三八红旗手”“三八红旗手标兵”。

12. 龚雯(1970—),安徽芜湖人。“中国新闻奖”一等奖获得者。《人民日报》经济社会部副主任、《人民日报》经济部高级编辑兼中央采访组记者。毕业于复旦大学新闻学院,英国剑桥大学访问学者,美国《财富》杂志等多家报刊特约撰稿人。曾获第八届“中国新闻奖”特别奖、第十二届“中国新闻奖”二等奖、第十五届“中国新闻奖”三等奖、第十七届“中国新闻奖”三等奖、第二十六届“中国新闻奖”一等奖,数百次获“人民日报精品奖”“好新闻奖”及全国人大、全国政协、省部委的表彰,曾被评为“全国新闻界抗击‘非典’新闻宣传优秀记者”、“中直机关青年岗位能手”、首届“人民日报十大杰出青年”,入选“达沃斯世界经济论坛2008年全球青年领袖”等。长期从事经济新闻采编,参与相关国际会议、大型活动的报道,在宏观经济、对外开放、体制改革、全球化、中国入世、贸易摩擦、对外投资、跨国公司、消费市场以及中美、中欧、中日经贸关系等领域有持续深入的报道和研究。著有《千帆尽举待东风——中国复关备忘录》《青山遮不住,毕竟东流去——中国入世大势述评》《让历史铭记这十五年》《入世半年话变化》,专题报道《莱蒙湖作证——中国入世谈判解密》被评为“中国年度最佳报告文学”。

13. 贺红梅(1968—),河北秦皇岛人。2012年“金话筒奖”获得者,中央电视台著名播音员,央视《新闻联播》主播。1990年被选调到中央电视台新闻中心播音组工作。1990年至1992年间,在各档新闻节目中露面,其中以晚间新闻居多。1994年央视新闻节目大改版,主持新开办的《世界报道》栏目。1995年至1997年间任《新闻联播》主播。1997年担任香港回归72小时特别报道中的天安门分会场直播主持。1999年担任澳门特别行政区成立庆典大会、国庆50周年现场直播主持,“重庆綦江彩虹桥垮塌案庭审”直播专题解说。2010年开始主持央视午间节目《新闻30分》,并担任《新闻联播》节目的配音工作。2012年主播的《新闻特写:胡锦涛主席在中南海会见美国佩顿中学访华师生》获得“金话筒奖”电视播音作品奖。采用“说”而不是“播”的方式形成了自己独特的主持风格。

14. 胡果(1971—),江西吉安人。“中国新闻奖”特别奖、中宣部“五个一工程”优秀文化新人奖获得者。《人民日报》总编室政治新闻版主编、全国青联委员、中国青年志愿者协会常务理事、中华民族团结促进会常务理事。1992 年毕业于中国人民大学新闻系,同年进入人民日报社。曾兼任《时代潮》杂志副总编,2005 年任《人民日报》政治新闻版主编,2010 年任《人民日报》总编室副主任。抗击“非典”中,起草任仲平文章《筑起我们新的长城》,获全国“新闻界抗击‘非典’先进个人奖”,抗震救灾期间,起草任仲平文章《灾难中挺立伟大的中国》《凝聚起民族复兴的力量》,策划编辑《人民日报》抗震救灾特刊,被称为“中国主流媒体舆论创新典范”。创办的《声音》栏目引领舆论热点,被评为“中国新闻奖”名专栏。2008 年荣获第 19 届“中国十大杰出青年”称号,2009 年荣获“全国五一劳动奖章”。

15. 胡晓丽(1972—),山西太原人。第八届“长江韬奋奖”(长江系列)、“中国新闻奖”一等奖等奖项获得者。一级播音员,上海文广新闻传媒集团广播新闻中心首席主持人。主持的《市民与社会》是上海新闻界一档政论类的新闻直播谈话节目,每天中午吸引着近 90 万听众(据 AC 尼尔森数据)收听,很多人把午间收听此节目当成了一种生活方式。该节目获“中国新闻奖”名专栏奖,2005 年被评为上海首批优秀媒体品牌。荣获全国第六届“百佳新闻工作者”“全国三八红旗手”“全国女职工建功立业标兵”“全国青年岗位能手”、上海市“十大杰出青年”称号。作品多次获奖,1998 年“八运会开幕式现场直播转播”获第九届“全国广播好新闻”一等奖,1999 年《由一起非法拘禁案引出的思考》获第九届“全国广播电视优秀播音与主持作品”二等奖,2000 年《善断鸡毛官司的人》获第六届“全国社会治安综合治理好新闻”一等奖。

16. 黄薇(1912—2000),福建龙岩人。知名华侨女记者。日本东京明治大学肄业。1934 年赴日留学期间,参与发起中共东京支部领导下的“留东妇女会”,任委员,成为活跃的国际文化战士。1937 年全国性抗日战争爆发后回国,从上海转赴泰国、马来西亚、新加坡等地,从事抗日宣传,支持抗战活动。其间任新加坡《星洲日报》特派记者,香港《星岛日报》驻武汉、重庆记者。1938 年 5 月,从徐州前线随军突围后撤退到武汉,当即决定前往延安,是第一个奔赴徐州前线采访的华侨女记者,第一个到延安采访的华侨记者。在延安三次受到毛泽东的亲切接见,后撰写了《活跃在敌人后方》《晋察冀边区访问记》等通讯报道百余篇。同年 8 月随陕甘宁边区参观团,前往晋察冀敌后考察。1942 年加入中国共产党,后任菲律宾《华侨导报》总编辑、菲律宾华侨妇女救国会主席、新华社香港分社总编辑。1949 年后,历任中共中央对外联络部处长,全国妇联第二、第三届执委。著有《回到抗战中的祖国》《菲律宾华侨抗日斗争纪实》和回忆录《风雨人生》等。

17. 季建南(1971—),江苏淮安人。第十一届“长江韬奋奖”获得者。历任江苏广电总台编辑、记者、栏目制片人、采访部负责人、新闻中心副主任。2002 年创办省级卫视第一档大型新闻直播栏目《江苏新时空》,在增强“联播类”栏目权威性、凸显主流媒体影响力的同时,加大对民生百态的关注,引入常态化的“事件直播”,探寻主流新闻的全新表达。该栏目 2002 年获“中国新闻奖”、中国广播电视编排二等奖,2003 年获“中国广播电视新闻奖”十佳新闻栏目奖。2004 年策划组织在江苏卫视独家直播首场江苏省管领导干部公推公选节目《金秋见证——江苏省管领导干部公推公选演讲答辩现场直播》,被评为当年“中国新闻奖”二等奖。首创的“大型新闻行动”这一主题报道新样式,已成为江苏广电总台的一大品牌,被广电总局称为主旋律报道的“江苏现象”。先后被授予江苏省城乡妇女“巾帼建功”先进个人、“江苏省十大杰出青年”等称号,2005 年入选江苏省“五个一”人才库。

18. 江宛柳(1952—),祖籍山东,在北京长大。第九届“长江韬奋奖”(长江系列)获得者。1970 年入伍,1975 年入党,先后任解放军报驻海军记者站记者、驻总后勤部记者站站长,为记者部机动组记者,大校军衔。历任《解放军文艺》和《昆仑》杂志编辑、《军营文化天地》杂志副主编。荣获“全国新闻界抗击‘非典’新闻宣传优秀记者”、“全国优秀新闻工作者”、全军“优秀共产党员”等称号。撰写的消息《全军紧急选调医务人员支援北京决战非典》获第十四届“中国新闻奖”二等奖,通讯《再写神州万里春》获第十一届全国政协好新闻奖,通讯《零感染是这样创造的》《特殊战场见英雄》、特写《小汤山医院记者守望札记》获“全国新闻界抗击‘非典’新闻宣传优秀作品奖”。报告文学《蓝色太平洋》《没有掌声的征途》《我在寻找那颗星》分别获得中国作家协会颁发的“全国优秀报告文学奖”、“鲁迅文学奖”、总政治部颁发的“中国人民解放军文艺奖”等奖项。1997 年在海军舰艇部队采访中,发现了上天能驾机、下海能操舰的新型指挥员柏耀平,采写了新闻特写《飞行员舰长》,受到原总政治部和海军党委的关注,并报请中宣部将柏耀平作为全国重大典型推出。

19. 敬一丹(1955—),黑龙江哈尔滨人。第一、第二、第三届“金话筒奖”获得者,中央电视台著名节目主持人。1983 年考入北京广播学院播音主持专业研究生班,毕业后留校任教。1988 年进入中央电视台担任记者、节目主持人。1993 年担任《一丹话题》主持人,该节目是央视第一个以主持人名字命名的节目。1996 年进入新闻评论部《焦点访谈》栏目组,同年进入《东方时空》栏目组,担任主持人。2002 年、2003 年、2007 年三度当选央视年度乙等“优秀播音员主持人”。2007 年担任中国煤矿尘肺病治疗基金会的爱心形象大使,2010年当选第16届上海电视节"电视主持人30年年度风云人物"。先后出版专著《一丹话题》《声音》《话筒前》《一丹随笔》《99个问号》。2015年退休后被聘为东北师范大学外国语学院兼职教授,当选中国视协主持人专业委员会主任。

20. 居杨(1969—),北京人。第八届"长江韬奋奖"(长江系列)获得者。《法制日报》摄影部主任、中国女摄影家协会副主席、中国新闻摄影学会副秘书长、中国摄影家协会理事、中国文学艺术界联合会第十届全委会委员、中国政法大学兼职教授。坚持深入基层,贴近实际,1997年至2004年追踪拍摄被吸毒母亲遗弃的孩子《丢丢的故事》,2002年至2006年深入世界罂粟产区"金三角"采访拍摄《金三角禁种罂粟纪实》,深入看守所和监狱拍摄《重刑犯》《收教卖淫女纪实》等作品。作品先后在52个全国比赛和评选中获奖,包括中国摄影艺术"金像奖"、全国十佳新闻摄影记者"金眼奖"、"中国新闻奖"二等奖、全国"年度新闻摄影作品评选"杰出图片专题奖、佳能杯"亚洲风采"华人摄影比赛一等奖、两次全国"年度新闻摄影作品评选"金奖、4次全国"法制好新闻"一等奖、6次"全国综合治理好新闻奖"、7次"人民代表大会制度好新闻奖"等。曾荣获第四届"百佳新闻工作者"称号等。2008年受邀担任第五十一届"世界新闻摄影大赛(荷赛)"评委。发表《法制新闻摄影的人文关怀》《对法制新闻摄影深度报道的实践和思考》《法制新闻摄影发展的五大变化》等论文。

21. 赖谦进(1950—),湖南浏阳人。第八届"长江韬奋奖"(韬奋系列)获得者。历任河南人民广播电台台长,中共河南省委宣传部副部长,华中科技大学管理学院名誉教授。1984年调入河南广播电视新闻中心,2001年任河南人民广播电台台长。在任期间,带领河南电台推进新闻改革,践行"三贴近"原则,连续9年在中央电台上稿量全国第一,打造出两个国家级名专栏,推出6位获全国荣誉称号的新人。在全国同行中率先应用ATM网络技术建成全数字化电台,率先建成媒体资产管理系统、统一信息门户管理系统,全台获得"中国新闻奖"等国家级奖近百项(不含行业奖),经营收入突破亿元,综合实力跃居全国省级电台前五位。十余件个人作品获"中国新闻奖"等国家级奖项,撰写了多篇有重要学术价值和实践意义的论文。

22. 郎劲松(1967—),黑龙江齐齐哈尔人。2006年入选教育部"新世纪优秀人才支持计划",中国传媒大学新闻学院教授,博士生导师。毕业于中国人民大学新闻学院,获博士学位。曾任职于中共吉林省委宣传部新闻处,从事过记者、编辑和媒体管理工作。2004年至2005年,在韩国首尔大学访学。2006年至2011年任贵州电视台副台长兼卫视频道总监，组织创办了《论道》《中国农民工》《真相》等栏目。主要从事宏观新闻学、政府传播和电视媒体等领域的研究，任四川省委党校“领导干部媒介素养培训”首席专家，曾参与北京、河南、青海等多地领导干部媒体沟通方面的培训工作。著有《中国新闻政策体系研究》《新闻发言人实务》《韩国传媒体制创新》《社会变迁与传媒体制重构》等，主持参与了多项国家级和省部级科研项目。

23. 李东东(1951—)，生于北京，籍贯河北徐水。历任新闻出版总署副署长，全国政协委员，中国新闻文化促进会会长。中国社会科学院研究生院新闻专业硕士毕业。历任经济日报社总编室副主任、特刊部主任，湖南省张家界市委副书记，国家体改委副秘书长，中国改革报社社长兼总编辑，宁夏回族自治区党委常委、宣传部部长，新闻出版总署党组成员、副署长。1994 年在湖南工作时，撰写赋文《张家界赋》，此后陆续撰写《宁夏赋》《中共中央党校小赋》《北戴河赋》《八一赋》《清华赋》《协和赋》等辞赋，均有较好的社会传播效果。部署开展全国报刊单位改革发展基本情况调研，草拟《中央和中央各部门各单位报刊出版单位分类改革实施方案》及其说明，提出“报刊主管单位要加强分类改革指导，深化报刊体制改革，全面启动退出机制”等重要观点，稳步推进非时政类报刊出版单位转企改制。

24. 李娟(1943—)，四川乐至人。中央电视台第一位女主播，从事播音工作达 35 年之久。10 岁加入中央人民广播电台儿童广播剧团，1960 年选入北京广播学院学习，是第一批播音专业学员，1961 年被分配到中央人民广播电台工作。1973 年被选调入中央电视台任播音员。连续多年担任五一劳动节、十一国庆节的天安门现场直播，并主持少儿、科技、文艺、社教等多个节目。1980 年主持中央电视台推出的晚间黄金时段的《新闻联播》，主持期间曾多次采访来华的外国首脑，多次出国担任我国领导人出访的报道工作，并在匈牙利、朝鲜等国主持中国国庆特别节目。1985 年至 1987 年任播音组组长，为全国各省市区培训了一千多名播音员。后任中央电视台的播音指导。1993 年在美国出席第 20 届“艺术传播国际会议”，被选为“当代有成就的杰出女性”，同年获得国务院政府特殊津贴。

25. 李秋芳(1954—)，北京人。中央纪委委员，中央纪委驻国家新闻出版广电总局纪检组组长，国家新闻出版广电总局党组成员。曾任中央纪委驻中国社会科学院纪检组组长，中国社会科学院中国廉政研究中心首任理事长。主要研究领域：廉政理论与实践、社会发展与政策。主持“惩治和预防腐败体系建设重大国情调研”“世界各国反腐败状况研究”“反腐倡廉对策研究”“廉政文化研究”“苏东剧变中的腐败因素研究”“惩治和预防腐败绩效测评指标研究”“中外打击和预防腐败措施比较研究”“《联合国反腐公约》中国履约研究”等重大课题研究，主编《中国反腐倡廉建设报告（反腐倡廉蓝皮书）》《世界主要国家和地区反腐败体制机制研究》《廉政文化建设理论与实践研究》《反腐败思考与对策》《反腐倡廉建设新经验与新对策》等文集。发表了一批廉政研究论文，产生了广泛的社会影响。

26. 李瑞英（1961— ），生于北京，祖籍河南濮阳。全国百名新闻工作者标兵，中央电视台著名播音员，曾任央视播音组组长，享受国务院授予的政府特殊津贴。当选中国共产党十八大代表，第九、第十、第十一届全国政协委员，全国青联常委，兼任中国广电播音主持委员会常务副会长、秘书长，中国广播电影电视总局高级职称评委会委员，中国传媒大学教授，中央电视台业务指导委员会执行主席、新闻中心播音部主任。1983 年毕业于北京广播学院播音系，随后在江苏电视台从事新闻播音，1986 年调回北京广播学院任教，后进入中央电视台担任新闻主播。1990 年担任北京亚运会开幕式大型团体操表演中文解说，1991 年担任 CCTV 春节联欢晚会主持人。1997 年获得“全国最佳新闻工作者”称号。1998 年获全国播音作品一等奖。2008 年春晚上领衔朗诵《温暖 2008》，深情问候遭受严重冰雪灾害的群众，荣获“我最喜爱的春节联欢晚会节目”特等奖，同年获第七届中国“十大女杰”称号。承担了全国播音员主持人的管理、改革和培训工作，主编出版《中国广播电视播音员与主持人》《播音与主持概论》等著述。

27. 李修平（1963— ），甘肃兰州人。2009 年“金话筒奖”获得者，中央电视台著名播音员，央视《新闻联播》主播，1989 年由甘肃电视台调入中央电视台，在新闻中心主持新闻联播各档节目，2003 年进入中央电视台新闻频道，主播《新闻联播》。2013 年被聘为西北师大兼职教授，参与该校研究生培养、专业建设等方面的工作。曾荣获 2005 年、2007 年央视年度“优秀播音员主持人”称号。

28. 蔺斯鹰（1968— ），云南腾冲人。2012 年中宣部、原文化部等四部委表彰的“全国文化体制改革工作先进个人”，云南广播电视台党委书记、台长兼云南广电传媒集团公司董事长。1988 年 8 月参加工作，历任腾冲县广播电视局办公室主任，腾冲县广播电视局党组副书记、副局长，腾冲县（今云南腾冲市）委组织部副部长，共青团保山地委副书记、书记，共青团保山市委书记，保山市隆阳区委副书记、区委统战部部长，保山市市长助理，保山市委常委、宣传部部长。发表《多角度全方位广覆盖开展宣传报道》《依托载体推进农村和谐文化建设》等论文。

29. 刘继南（1939— ），湖北孝感人。世界大学校长联合会“2004 年度杰出成就奖”获得者。中国传媒大学名誉校长，中国传媒大学南广学院名誉校长，世界大学女校长论坛组委会主席，中国传媒大学国际关系专业教授、博士生导师。兼任中国广播电视学会常务理事、中国记者协会特邀理事、中国电视艺术家协会副会长、联合国下属的国际影视高校联合会 ICILECT(55 个国家 110 所大学参加)理事。1965 年毕业于北京大学国际政治学专业。主要研究领域为高等教育管理和大众传播与国际关系,著有《大众传播与国际关系》《国际传播与国家形象——国际关系的新视角》《国际战争中的大众传播》《传媒与教育——对话与思考》《教育与传媒——理论与实践》《印象中国》《中国形象》等。在《现代传播(中国传媒大学学报)》《国际观察》《国际问题研究》等期刊发表《文化与教育的包容性发展——大学女校长的使命与作为》《当前国家形象建构的主要问题及对策》《对联合国安理会改革的几点思考》等论文。2001 年 8 月,发起主办了首届“世界大学女校长论坛”,成为具有世界影响力的品牌论坛。曾获世界大学校长联合会 IAUP 颁发的“2004 年度杰出成就奖”。2018 年获第八届世界大学女校长论坛颁发的“大学女校长终身荣誉奖”。

30. 刘利群(1965—),河南宝丰人。中华女子学院党委副书记、院长、教授,兼任中国传媒大学博士生导师。当选中国妇女十一大、十二大执委,中国妇女研究会副秘书长,联合国教科文组织“媒介与女性”教席主持人,中国女子高等院校联盟理事长,教育部新闻传播学专业教学指导委员会委员,美国艾森豪威尔基金会高级学者。“广电部科研成果一等奖”等奖项获得者。1988 年毕业于北京大学国际政治系,2004 年获中国传媒大学新闻学院新闻学博士学位。2002—2003 年在美国加州州立大学洛杉矶分校做访问学者。主要研究领域为媒介与女性研究、国际传播、女性发展。著有《社会性别与媒介传播》《社会性别视野下的媒介研究》《性别向度的美国社会观察:女性话题美国访谈录》《中美女性电视节目比较研究》《国际传播概论》《媒介与女性蓝皮书:中国媒介与女性发展报告》等。译著《国际传播》收入高校传播学经典译丛,该译丛于 2000 年获广电部科研成果一等奖。专著《社会性别与媒介传播》2004 年获中国传媒大学“十五”211 工程科研奖(文科)著作类一等奖。博士学位论文《社会性别与媒介传播》荣获全国首届妇女/性别研究优秀博士学位论文二等奖。承担“社会性别视野下的媒介研究”“女性的媒介呈现与中国国家形象建构”“媒体的性别表达与提升国际话语权研究”等国家级和省部级科研项目。在《现代传播(中国传媒大学学报)》《妇女研究论丛》等期刊发表《可见与不可见——社会性别视角下的中国媒介与女性》《“剩女”与盛宴——性别视角下的“剩女”传播现象与媒介传播策略研究》等数十篇论文。

31. 刘素云(1961—),河南人,第十届“长江韬奋奖”获得者。1983 年毕业于兰州大学中文系,同年进入中国国际广播电台工作,曾担任记者、编辑、新闻策划、评论员、国际台首席国际新闻编辑、新闻时事专题部主任。1990 年至 2000 年，曾作为随团记者跟随党和国家领导人出访 50 多个国家，参与采访报道了中国领导人在国内外的一系列重大外事活动，先后 6 次受命为国家主席的新年讲话起草初稿。2000 年至 2004 年，被派往国际台驻耶路撒冷记者站担任首席记者。多次前往爆炸现场和冲突前沿采访，采写了近百万字的稿件，发回了大量鲜活生动的报道，并获得多类奖项：2000 年录音报道《让爱的阳光融化冰雪》获第 11 届“中国新闻奖”一等奖，2001 年录音报道《巴以儿童的节日期盼》获“中国彩虹奖”专题类一等奖，2002 年录音报道《伯利恒哀伤的圣诞节》获“中国国际新闻奖”广播电视类一等奖，2003 年录音报道《绿茵场上的和平梦想》获“中国彩虹奖”专题节目类一等奖。2003—2004 年度被授予国家广电总局“巾帼建功标兵”，2005 年被评为全国“优秀新闻工作者”和“全国三八红旗手”。

32. 卢小飞（1951— ），河北平山人。第一个进入阿里高原采访的女记者，第八届“长江韬奋奖”（韬奋系列）获得者。历任《西藏日报》《人民日报》《中国妇女报》编辑、记者、版面主编、部门主任、副总编辑、总编辑。1983 年发表《西海固的吊庄》《平升购销站》《朝阳从这里起步》《羊毛大战的背后》等反映农村牧区经济体制改革的深度报道。1991 年担任人民日报社驻西藏首席记者。1987 年徒步翻越两座海拔 4800 多米的雪山，抵达中印边境中国人民解放军阵地前沿。在拉萨突发性骚乱事件中，发表大量独家新闻和内参。1991 年，带领《人民日报》赴藏采访团圆满完成西藏和平解放 40 周年系列报道任务，撰写的《朗生村的变迁》获得中央外宣领导小组和中央统战部颁发的一等奖。组织筹划并带队完成的系列报道《中西部的希望》《东北的探索》两组共 16 篇文章均被评为《人民日报》一等奖和当年的精品奖。组织策划了探讨我国未成年人思想道德教育的系列报道，与同事合作撰写了《为孩子改造成年人的世界》《谁是孩子的朋友》《德育，走出困境》等 5 篇文章，获得中宣部、全国人大内司委、国家教委、团中央、司法部等五部委联合设立的“保护明天”好新闻好作品一等奖。兼任中华全国新闻工作者协会第四届理事，第六、第七届常务理事，中华全国妇女联合会第八、第九届执委。当选中共十五大代表。

33. 卢新宁（1966— ），江苏淮阴人。人民日报社副总编辑。1988 年北京大学中文系毕业，同年攻读北京大学中文系硕士学位。1991 年进入人民日报社工作，历任教科文部教育组记者、编辑，文化组副组长、组长，评论部副主任、主任，人民日报社编委、副总编辑。1995 年参加了原文化部举办的“重走长征路”活动。1997 年对三峡库区文物考古队进行了为期半个月的采访，据此写出《三峡库区：文化遗产大抢救》，该文见报后被香港《大公报》和内地报纸以整版篇幅转载。1998年被破格评为主任记者。曾被评为“中直机关十大杰出青年”、1996新闻出版“报刊之星”、“中直机关青年岗位能手”、“中直机关优秀团干部”、人民日报社“先进工作者”等。大型通讯《守护中华民族的遗脉》获得“人民日报社精品奖”，《筑起中华民族的文化丰碑》被作为国庆44周年的首篇专稿在《人民日报》头版头条刊出，文化界反响热烈。作品多次获得“全国教育好新闻”“文物好新闻”“人民日报社精品奖”。撰写《风兮归来》《在怀疑的时代依然需要信仰——卢新宁在北大中文系2012年毕业典礼上的致辞》《科普需要志士仁人》等。当选中共十八大代表。

34. 陆海鹰（1975— ），江苏海安人。第九届“长江韬奋奖”（长江系列）获得者。海南省纪委办公厅主任，曾任海南广播电台主任记者。2003年撰写的长达40分钟的电视新闻专题片《松涛九问》成为海南台有史以来最为轰动的新闻专题片，海南最大的水库——松涛水库面临严重污染隐患的问题因此引起了全社会的关注。撰写《关注农村教育——调查手记》新闻系列报道及专题片《山坳上的行走——海南农村教育调查》，使农村教育成为海南舆论关注的热点，推动海南省成为全国率先取消义务教育阶段杂费的省份。组织策划第二次农村教育调查，系列报道《关注农村教育——回访记录》在《海南新闻》节目中推出，促使海南于2006年成为全国第一个全面免除农村学生课本费的省份。作品先后获得国家级、省级数十个新闻奖项。曾荣获全国青年“五四奖章”、“全国三八红旗手”、全国“巾帼建功标兵”等荣誉称号，当选2004年第四届“海南省优秀新闻工作者”，2005年被中国记协评为“全国优秀新闻工作者”。

35. 倪萍（1959— ），山东荣成人。中央电视台著名节目主持人，演员，作家。1988年参演电视剧《雪城》获得第6届中国电视金鹰奖最佳女配角奖。1990年调入中央电视台任《综艺大观》节目主持人。1991年开始主持央视13届春节联欢晚会。获得第6、第7届“星光奖”最佳主持人奖，第1、第2、第3届全国广播电视“百优双十佳”节目主持人“金话筒奖”。2001年出演话剧《霓虹灯下的哨兵》，获得第9届“中国电影表演艺术学会金凤凰奖”。参演《美丽的大脚》，获得2002年中国电影“金鸡奖”最佳女演员奖、第9届中国“电影华表奖”优秀女演员奖和第10届“北京大学生电影节”最佳女演员奖。参演电影《雪花那个飘》获得2006年“蒙特利尔国际电影节”最佳女主角奖。参演电影《泥鳅也是鱼》获得第13届“北京大学生电影节”最佳女演员奖。参演电影《大太阳》获得2010年“中美电影节”最佳女演员奖、2012年第11届“中国长春电影节”最佳女主角奖。2010年出版《姥姥语录》，此书获得冰心散文奖。

36. 彭兰(1966—),湖南长沙人。2006年入选教育部“新世纪优秀人才支持计划”和“北京市社科理论人才百人工程”。清华大学新闻与传播学院教授,博士生导师,新媒体研究中心主任,兼任湖南师范大学潇湘学者讲座教授、中国新闻史学会网络传播史分会副会长、北京网络媒体协会理事、国家互联网信息办公室互联网研究中心特聘研究员。兼有计算机与新闻学专业双重背景,1997年开始从事网络传播的教学研究,是我国最早从事网络教学和科研的学者之一。主要研究领域为新媒体,先后出版了《中国网络媒体的第一个十年》《网络传播概论》《社会化媒体理论与实践解析》《网络传播学》《中国互联网新闻传播结构、功能、效果研究》(合著)等10余部著作或教材,发表论文200余篇。2013年、2014年、2015年连续三年与腾讯网合作推出《中国网络媒体的未来》研究报告。曾获全国优秀博士学位论文奖、中国人民大学教学优秀奖、中国记协“新中国新闻事业五十年”百篇优秀论文奖。

37. 彭子冈(1914—1988),原名彭雪珍,江苏苏州人。著名记者。中学期间即在《申报·自由谈》发表短文,曾获得《中学生》杂志征文第一名。1936年北平中国大学肄业。1938年加入中国共产党。抗日战争时期,以《大公报》记者名义在大后方采访,发表大量通讯,揭露日本侵略罪行。抗战结束后,曾对美国大兵强奸北大女生的“沈崇事件”和国际间谍川岛芳子案采写报道,鞭挞了美、日帝国主义和国民党反动派。1945年8月,发表了新闻特写《毛泽东先生到重庆》,在全国产生重要影响。解放战争时期,任《大公报》驻北平记者。中华人民共和国成立后,先后任天津《进步日报》和《人民日报》记者。1953年加入中国作家协会。1955年任《旅行家》杂志主编,其间发表了《人之初》《汽笛》《塑象》《姐弟情上的疤痕》等抒情散文。1979年后任《旅行家》杂志主任编委。著有《苏匈短简》《子冈作品选》《时代的回声》《挥戈驰骋的女战士》等。1984年病重期间,在病榻上口述约30篇文章10余万字,结集为《记者六题》(其子徐城北记录),总结其从事新闻事业的经历和经验。

38. 浦熙修(1910—1970),江苏嘉定(今属上海市)人。著名记者。1933年毕业于北京师范大学中国文学系。曾任《新民报》记者、采访部主任,香港《文汇报》南京特约记者。1944年加入中国民主同盟。1945年国共谈判及政治协商会议期间,策划了一个采访38位出席代表的专题,并发表在《新民报》晚刊的头版上,反映了被访者对时局的看法和对前途的主张。是解放战争时期后方新闻界的“四大名旦”之一。1947年,国民党军警血腥镇压南京广大青年反内战、反迫害、反饥饿的大示威,制造了“五二〇”惨案。她不顾个人安危,顶住了国民党当局的种种恫吓、威胁，坚持以整版篇幅报道事实真相。1948 年夏，南京《新民报》被封，11 月 16 日被捕入狱。在狱中一直坚持斗争，后被营救出狱。1949 年出席中国人民政治协商会议第一届全体会议。中华人民共和国成立后，历任上海《文汇报》副总编辑兼驻北京办事处主任，全国政协文史资料研究委员会文教组副组长，民盟第二、第三届中央候补委员和北京市委常委兼副秘书长，第二届至第四届全国政协委员。抗美援朝战争中，曾三次赴朝鲜前线采访。著有《朝鲜纪行》《新疆纪行》等。

39. 亓欣莉（1969—　），黑龙江哈尔滨人。第八届"长江韬奋奖"（长江系列）获得者。黑龙江人民广播电台首席节目主持人、交通广播主持人。主持的广播节目《交广说法》开播以来，共接到听众热线和新闻线索超十万条，解决听众各类投诉、法律纠纷万余件，有力地维护了听众的合法权益。该节目还协助警方破获了近百起交通肇事逃逸案件和特大系列抢车案，是黑龙江人民广播电台的名牌栏目，创作报道的数十篇作品和论文获国家级、省级奖项。2005 年 7 月报道的《雨中送考》与《救助洋洋奉献爱心》入选"十年间感动冰城十大故事"。2005 年 10 月底，带动多位哈尔滨市民捐款，成立"的士爱心基金"，帮助遇害出租车司机修世伟实现遗嘱，并带领广大驾驶员开展形式多样的社会公益活动。曾被评为哈尔滨市"十名支持公安工作先进个人"、黑龙江省首届"十大慈善公益人物"，连续三年被评为哈尔滨市"畅通工程先进个人标兵"。凭借《主持人直播间布网抓骗子》节目赢得了全国广播电视节目主持人"金话筒奖"。荣获 2001—2005 年度全国"法制宣传教育先进个人"、黑龙江省"巾帼建功标兵"、黑龙江省青年"五四奖章"。2006 年以唯一全票当选为黑龙江省"十佳新闻工作者"。

40. 山丹（1970—　），内蒙古通辽人。第十届"长江韬奋奖"获得者。内蒙古人民广播电台记者。1990 年毕业于内蒙古民族大学中文系新闻专业。从事新闻工作以来，走遍了内蒙古 101 个旗县市区，采写发表了上万篇各种题材的新闻作品。先后获得各种奖励 70 多项，其中省部级一等奖以上的奖励就有 30 多项。录音通讯《草原孺子牛》反映了"优秀共产党员"牛玉儒的感人事迹，获得了"长江韬奋奖"，在社会上引起了热烈的反响。是第一位从事汉语新闻采编工作的蒙古族女记者，内蒙古唯一被中组部和中宣部授予全国抗非"优秀共产党员"和"全国优秀记者"称号的记者，内蒙古宣传文化系统首批"四个一"人才。曾先后获得内蒙古自治区"三八红旗手"、第六届"全国百佳新闻工作者"等称号。代表作有《用生命守护草原》《阳光总在风雨后》。

41. 师曾志（1964—　），山西太原人。北京高校优秀德育工作者，北京大学新闻与传播学院教授、博导，北京大学公共传播与社会发展研究中心主任，安平公共传播公益基金联合发起人、管委会主席。获北京大学图书馆学系学士学位、硕士学位,信息管理系博士学位。曾在新西兰惠灵顿维克多利亚大学及瑞典皇家理工大学计算机与传播学院访学。研究领域包括媒介社会学、媒介文化与公共领域、新媒介赋权及公民社会。著有《新媒介赋权:国家与社会协同演进》《新媒介赋权及意义互联网的兴起》等,在《中国图书馆学报》《国际新闻界》等期刊发表《网络电子出版对现代图书馆发展的影响与对策》《沟通与对话:公民社会与媒体公共空间——网络群体性事件形成机制的理论基础》等数十篇论文。参加了"从传染性非典型肺炎(SARS)报道看重大突发性事件新闻报道的视角""当代中国社会变迁中媒介转型的机理、意义与管理——以网络媒介事件为例"等项目的研究。1998年获全国图书情报学研究生学术研讨会优秀论文奖,1999年获世川良一"优秀青年"基金,2003—2004年度获北京高校优秀德育工作者称号,编著的《现代出版学》2009年获中国大学出版社图书奖首届优秀教材奖二等奖。

42. 唐维红(1966—),山西太原人。"中国新闻奖"一等奖获得者,人民网董事、副总裁。1986年毕业于山西大学中文系。1989年从中国社会科学院研究生院新闻系毕业并获硕士学位,同年被分配到人民日报社国内政治部工作,先后任助理编辑、编辑、主任编辑及综合组副组长等职务。2001年1月起被调入人民网,历任人民网网络中心采编组组长、网络中心评论部主任,人民网发展公司要闻部主任、发展公司总裁助理,人民网董事、副总裁。曾多次获"五四新闻奖""五一新闻奖""全国人大好新闻奖""全国政协好新闻奖""全国保护明天好新闻奖"等。创办的原创网络评论专栏"人民时评"曾获首届"中国互联网品牌栏目"和"中国新闻奖"一等奖。先后荣获首届"中直系统青年岗位能手"、人民日报社"优秀党员"、人民网"优秀员工"、"全国优秀新闻工作者"、"全国三八红旗手"等荣誉称号。

43. 唐卫彬(1968—),湖北荆州人。两届"中国新闻奖"二等奖获得者,新华社云南分社社长、党组书记。毕业于复旦大学新闻系,1988年入新华社工作。历任新华社湖北分社采编室主任、常务副总编辑、党组成员、副社长、总编辑。其作品《三峡工程实现大江截流》《赤子心赤子情——朱镕基总理中外记者招待会侧记》分获第八届和第十一届"中国新闻奖"二等奖。

44. 涂光晋(1951—),湖北黄陂人。教育部马克思主义理论研究和建设工程《新闻评论》教材第一首席专家。中国人民大学新闻学院教授,教育部人文社科重点研究基地中国人民大学新闻与社会发展研究中心执行主任,中国高等教育学会新闻学与传播学专业委员会秘书长。1978年考入北京大学中文系新闻专业,毕业后在中国人民大学新闻系任教,1993年任中国人民大学新闻学院新闻系副主任。多年从事新闻评论、公共关系等领域的教学与研究。著有《公共关系与广告》《新闻评论》《广播电视评论学》《中国新闻评论发展研究》等专著及教材10余种，在《现代传播(中国传媒大学学报)》《国际新闻界》等期刊发表《媒体微博的内容特色与生产机制研究——以三家报纸的官方微博为例》《表达·交流·争论·整合——新媒体时代新闻评论的变化与反思》等数十篇论文。兼任中华全国新闻工作者协会新闻学术委员会委员、中国广播电视学会特邀理事、国家职业资格工作委员会公共关系专业委员会委员等。荣获"北京市优秀新闻工作者"、北京市"三八红旗手"、"宝钢教育奖优秀教师奖"、北京市高等学校"教学名师奖"等多项荣誉。

45. 王国萍(1971—)，江苏泰州人。第十三届"长江韬奋奖"获得者。福建日报社宁德记者站站长，主任记者。1993年毕业于厦门大学企业管理专业，后进入福建日报社任校对科夜班校对，历任福建日报社经济编辑部、记者部编辑，厦门记者站、群众工作部记者，要闻编辑部要闻二版主编、要闻一版主编，内参部副主任、宁德记者站站长等职。参与采写、编辑的《热线新闻》获评第三届"中国新闻奖"名专栏，编辑作品《平潭大开发共筑两岸人民美好家园》获"中国新闻奖"一等奖。2002年用智慧和爱心挽救持刀抢劫青年小甘，社会反响强烈。2004年获评福建省"双十佳"和全国"百佳"记者，2008年当选第十届福建省政协委员，2010年当选全国青联委员，2013年当选第十一届福建省政协常委。

46. 王海咏(1970—)，播音名王越，山东泗水人。第十届"长江韬奋奖"获得者。青海人民广播电台主持人、编辑、记者、播音员。1995年6月考入青海人民广播电台经济频率，历任经济频率综艺部主任、全国青联委员、青海省青联常务、青海省直机关青联副主席。长期从事一线采访和多次主持全省重大广播直播活动。2010年4月14日玉树地震，第一批被派往灾区采访记者中唯一女记者，在灾区最艰难的10多天里，连线播出了大量最新最快的独家报道，被评为全国抗震救灾模范和青海抗震救灾模范。荣获多项全国性奖项和省级奖项，包括"中国广播电视播音与主持作品一等奖"、全国"金话筒"铜奖、全国"健康金话筒奖"，全国"巾帼建功标兵"等称号。

47. 王建军(1961—)，山东淄博人。知名新闻传播管理者，上海广播电视台台长、上海文化广播影视集团有限公司总裁。1980年参加工作，1983年加入中国共产党。历任共青团上海市委常委、少年部部长、办公室主任，市委对外宣传办公室秘书处处长，市委宣传部办公室主任，市委办公厅秘书，市委对外宣传办公室、市人民政府新闻办公室副主任，上海广播电视台党委书记、上海东方传媒集团有限公司执行董事。任职上海东方集团传媒有限公司期间，致力于新闻传播内容创新、体制改革、公司战略执行体系建设、传统媒体和新兴媒体融合发展战略转型和企业文化建设，全程参与了两大上市公司重组项目的决策。2014 年 12 月，调任上海广播电视台台长，为推进上海广播向移动互联进军的战略做出贡献。

48. 王遐（1962—　），陕西户县（今西安市鄠邑区）人。第十二届"长江韬奋奖"获得者。《兵团日报》专刊编辑部主任，高级记者。父母均为 20 世纪 50 年代初的老军垦，致力于挖掘兵团精神和这些普通职工群众身上的伟大之处。2000 年 2 月，只身一人进入奎屯采访，写出长篇通讯《七十一位英雄与一条河》，该报道引起兵团、新疆维吾尔自治区及国家有关部门对奎屯河综合治理和开发利用的重视。2002 年 7 月至 2004 年 9 月，在长达两年的时间里，独自一人奔波近万公里，深入直接驻守在边境线旁的 30 多个边境团场调查与采访，与 50 多位戍边人和历史事件的亲历者倾心交谈，并进入曾引发边境战事的一片片争议领土实地察看，写出了一万六千多字的长篇通讯《历史的回声》（上篇）、《不夜的边关》（下篇），在《兵团日报》刊发后，被赞誉为"兵团样本"。荣获新疆十佳新闻工作者、兵团"三八红旗手"、兵团"先进工作者"、全国优秀新闻工作者等多项荣誉称号，2001 年入选全国宣传文化系统"四个一批"人才。

49. 温红彦（1965—　），河北邢台人。两次"中国新闻奖"二等奖（第十三届、第二十八届）获得者。人民日报政治原文化部主任，高级编辑。1991 年到《人民日报》教科文部工作，1997 年晋升主任记者，2001 年破格晋升高级编辑，2005 年任教科文部副主任。多次受到中直机关、科技部、教育部、团中央、全国妇联等表彰和奖励，荣获"首届青年岗位能手""抗洪救灾先进个人""职业道德先进个人""全国两基先进个人""人民日报先进个人""优秀妇女工作者""人民日报精神文明十大标兵""教育宣传工作特别成就奖"等荣誉称号。《三亿专款雪中送炭千所小学改换新颜》获"中国新闻奖"二等奖，《陈景润，精神魅力永存》《冰草扎根在高原》《几何人生：一个世纪的归程》《温总理放心不下的三件小事》等 15 篇作品获"人民日报精品奖"。《马儿啊你慢些走》《轻松得来不轻松》等言论作品分别收录于复旦大学、清华大学的评论写作教科书。2018 年 12 月，被国家监察委员会聘请为第一届特约监察员。

50. 辛雪莉（1962—　），浙江宁波人。第八届"长江韬奋奖"（长江系列）、"中国广播新闻奖"一等奖获得者。1987 年进入宁波人民广播电台，历任播音员、主持人、节目部主任、交通音乐频道总监、副台长，中国广播电视协会播音主持委员会副会长。主创宁波市民救助患白血病的青海女教师罗南英感人事件的报道《采访罗南英的日子》并获"浙江新闻奖"一等奖，组织宁波、西宁两地电台《爱跨越时空的距离》特别节目，策划“温暖2007·罗南英牵手白血病孩子”大型募捐义演活动。2001年跟踪采访宁波诚信出租车司机王爱国，作品《爱管闲事的“的哥”王爱国》荣获“中国广播电视新闻奖”二等奖。带领团队历时10个月采访海外“宁波帮”赵安中先生捐建163所希望小学的感人事迹，完成报道《为着母亲的希望》，该作品荣获“中国广播影视大奖”，并引发宁波市民更广泛的助学热潮。荣获“中国广播文艺一等奖”、“中国广播文艺创新奖”、2006中国播音主持“金话筒奖”，连续六年获“浙江省播音主持一等奖”，连续两年获“全国播音主持作品奖”二等奖，当选浙江省第三届“十佳”节目主持人、浙江省宣传文化系统“五个一批”优秀人才。

51. 邢质斌（1947—　），河北邢台人。2006年“金话筒奖”获得者，中央电视台著名播音员，《新闻联播》和《整点新闻》主播、播音指导。1974年进入中央电视台（当时称北京电视台），后担任《新闻联播》播音员，长期主持央视《新闻联播》节目。荣获2003年、2006年央视年度“优秀播音员主持人”称号。曾担任中国广播电视协会、中国播音学会常务理事。

52. 杨刚（1906—1957），原名杨季征，又名杨缤，笔名贞白等。原籍湖北沔阳（今仙桃），出生于江西萍乡。记者、诗人、作家、翻译家、革命活动家，曾任《人民日报》副总编辑。1927年进入燕京大学，1928年就读燕京大学英国文学系，同年加入中国共产党。1933年用英文写作短篇小说《日记拾遗》，被收录于斯诺编译的中国现代短篇小说选《活的中国》。此后在《国闻周报》《文汇报·世纪风》等报刊发表多篇短篇小说、诗歌、散文和文艺评论。1938年任香港《大公报》副刊《文艺》主编。同年在香港《大公报·文艺》连载长篇小说《伟大》。第二年出版了散文集《沸腾的梦》和中篇小说《公孙鞅》等。香港沦陷后，赴桂林继续主编《大公报》文艺副刊，作为战地旅行记者，曾到浙赣前线和福建战地采访，1943年写了通讯集《东南行》。1944年至1948年赴美国学习，兼任《大公报》驻美国特派员，从事新闻采访，并根据党的安排做国际统战工作。1948年11月，奉命归国，经香港到西柏坡，在平津战役中参加接收天津的工作，担任天津《大公报》副总编辑、党委书记。上海新中国成立后，任上海《大公报》军代表。后调回北京，担任外交部政策研究室主任秘书，曾任周恩来总理办公室秘书。1955年春调任《人民日报》副总编辑，分管国际报道，成为当时《人民日报》编委中唯一的女性。出版通讯集《美国札记》，作品结集为《杨刚文集》。

53. 杨华（1967—　），安徽无为人。第十二届“长江韬奋奖”获得者。1989年毕业于中国人民大学新闻系广播电视专业，同年进入中央电视台新闻中心工作。历任编辑、记者、制片人、部门主任、新闻中心副主任。经历了十五大、十六大、十七大等多届党代会，历年全国“两会”，“汶川地震”“天宫、神八交汇对接”“日本大地震”“利比亚战事”等国内国外重大报道事件，多次获得“中国新闻奖”一等奖、“全国五一劳动奖章”等荣誉。2011年担任央视新闻中心“走基层”报道的总策划和项目负责人，带领团队将“走基层”细分为5个子系列：“蹲点日记”“百姓心声”“在岗位上”“我在基层当干部”“最美的中国人”，策划组织了诸如《新疆塔县皮里村蹲点日记》《内蒙古土豆大丰收后遭遇卖难》《北京儿童医院、同仁医院蹲点日记》《杨立学讨薪记》等报道。中央领导同志多次给予高度评价，认为中央电视台的采编队伍深入基层，为人民群众与党和政府之间架起了连心桥。

54. 杨晶（1963— ），黑龙江人。“中国新闻奖”一等奖获得者。黑龙江广播电视台台长、总编辑，黑龙江省广播影视局党组成员，共青团黑龙江省青联九届、十届常委，中国动画学会声音委员会主任，黑龙江省俄罗斯油画艺术联合会会长。1985年参加工作，哈尔滨工业大学管理学院管理工程与科学专业在职研究生毕业，管理学硕士，高级记者。荣获黑龙江省优秀编辑、省拔尖人才称号，23篇作品获国家级大奖，11篇论文发表和获奖。报道《江海联运、货船首航》获“中国新闻奖”一等奖，编排的《全省新闻联播》节目获“中国广播电视新闻奖”新闻编排类一等奖。撰写的澳门回归专题节目《中国人·中国魂》和为扎龙湿地大火撰写的专题《失火的天堂》均获“中国新闻奖”一等奖，并被收录于武汉大学、中国传媒大学教材。组织撰写的《黑龙江人民广播电台运营模式研究》被编入《黑龙江文化蓝皮书——2007文化事业发展报告》，调研报告《文化服务外包的现实可行性调查——龙广传媒首次在全国实现跨地域、跨媒体、跨行业合作分析》获2008年“黑龙江省党政领导干部优秀调研成果奖”。

55. 杨玲玲（1956— ），江西临川人。荣获首届“全国百佳新闻工作者”称号。1974年参加工作，1980年毕业于江西大学（今南昌大学）中文系新闻专业，研究生学历。历任江西电视台新闻部副主任、主任，江西电视台副台长、党组书记、台长，江西人民广播电台台长、高级编辑，江西广播电视台党委书记、台长，江西省广播电视局党委委员、副局长。采编的12条新闻片获全国或江西省新闻奖一等奖，26条获得二等奖，21条获得三等奖。任台长期间，依托卫视平台打造《中国红歌会》《传奇故事》《井冈先锋》等优秀电视栏目，大幅提升江西广播电视节目覆盖率及收视率。荣获1993年全国首届“韬奋新闻奖提名奖”，1994年首届江西省十佳记者、编辑。1995年被评为省直机关十大杰出青年。1997年享受国务院政府特殊津贴。

56. 杨杨（1954— ），陕西西安人。“全国好新闻”一等奖获得者，解放军后勤指挥学院政治部主任。中国人民解放军少将军衔。1969年3月入伍，历任新疆南疆军区通信站女兵班长，乌鲁木齐军区总医院政治部干事，解放军报社记者部记者，总后政治部宣传部部长。曾就读解放军南京政治学院新闻系、中国新闻学院和香港公开大学 MBA 班。硕士研究生学历。当记者期间，多篇报道及重大理论研究文章，在《人民日报》《解放军报》《光明日报》等报刊整版刊发，产生了广泛的社会影响，曾获“全军政治理论优秀成果”一等奖、“总后政治理论优秀成果”特等奖、“国家八部委理论创新成果奖”、“军队后勤学术研究成果”一等奖等，文章还曾入选国家纪念建党 90 周年理论研讨会。

57. 姚兰(1961—)，新疆石河子人。中国广播电视学会“金话筒特别贡献奖”获得者，播音指导。中央党校政治专业在职研究生毕业，历任新疆石河子 144 团广播站播音员、团政治处组织干事，乌鲁木齐人民广播电台播音员、播音主持部主任、综合节目部主任、台长助理、副台长、台长，乌鲁木齐市广播电视局局长，兼乌鲁木齐人民广播电台台长和乌鲁木齐电视台台长、乌鲁木齐市委副秘书长、乌鲁木齐驻北京办事处主任。2015 年 8 月，任新疆维吾尔自治区新闻出版广电局(版权局)党组成员、副局长，新疆电视台党委书记，新疆人民广播电台台长。2016 年当选中国共产党新疆维吾尔自治区第九届委员会候补委员。荣获 1995 年自治区“先进工作者”、2003 年中国广播电视学会“金话筒特别贡献奖”。

58. 伊秀丽(1962—)，辽宁丹东人。第九届“长江韬奋奖”(长江系列)获得者，吉林日报社副总编辑、党组成员。1984 年毕业于吉林大学历史系。历任《城市晚报》记者、新闻部主任，《吉林日报》机动记者部主任、文体新闻中心主任兼文化新闻部主任等职。曾获“中国新闻奖”，全国省、市、区党报新闻奖，中国报纸副刊作品奖，全国晚报好新闻奖，东北三省晚报好新闻奖，吉林新闻奖等各种奖项近百个。组织策划并直接参加采写的“农村文化”系列报道和《千秋吉林》专栏，被吉林省政府命名为新闻出版“精品栏目”。成功组织策划并参与采写了第六届亚冬会的报道，获省政府颁发的集体三等功。与体育部记者一起采写的深度报道《亚泰足球给我们带来了什么》获“中国新闻奖”通讯三等奖。2007 年赴西藏采访吉林省援藏工作，身兼文字、摄影二职，克服了严重的高原缺氧，深入海拔 4300 多米的边境县采访，发表了《走过援藏路》《我的家乡在日喀则》等一万多字的新闻稿件和十几张新闻照片，圆满完成了赴藏采访任务。

59. 尤艳茹(1962—)，吉林九台人。知名新闻传播管理者，宁夏广播电视新闻出版局党组成员，宁夏广播电视台党委副书记、台长，中共宁夏自治区委宣传部副部长，宁夏广电传媒集团有限公司董事长。1982 年 7 月参加工作，中央党校研究生学历。1982 年至 2006 年在宁夏回族自治区统计局工作，先后任自治区统计局工业交通统计处副处长、固定资产投资处处长、副巡视员，2006 年至 2008 年在银川市工作，任银川市委常委、宣传部部长，2012 年 2 月任宁夏广电总台党委委员、书记。编著《谁撬动了银川经济》《雄浑贺兰，多彩银川》等书。在《传媒》《电视研究》《宁夏社会科学》等期刊发表《中国—阿拉伯国家广播电视合作的意义与使命》《立足实际做精广电》《需求对宁夏经济发展的影响度研究》《做大做强宁夏文化旅游产业的思考》等论文。

60. 俞虹（1955— ），北京人。多次担任中国播音主持作品政府奖、全国主持人最高奖“金话筒奖”和“金鹰奖”评委。历任北京大学艺术学院副院长、北京大学新闻与传播学院副院长、北京大学电视研究中心主任、中国视协主持人专业委员会副会长等职。致力于电视理论与批评、视听传播艺术与媒介影响研究与教学。专著《节目主持人通论》1998 年获中国广播电视学会第三届优秀专著奖二等奖，2000 年获中广学会节目主持人委员会首届专著奖一等奖，修订版 2004 年获中国高教影视学会教材一等奖。在《现代传播（中国传媒大学学报）》《电视研究》《中国电视》等期刊发表学术论文数十余篇，其中《当代社会阶层变迁与电视传播的价值取向》2003 年获浙江省哲学社会科学优秀论文奖。主编《跨世纪中国城市电视发展与展望》等。主持多项省部级课题，参与国家重点课题并担任子项目负责人。

61. 曾佳（1979— ），江西上饶人。第十四届“长江韬奋奖”获得者。毕业于北京广播学院广告系，1998 年考入江西电视台，2001 年到复旦大学新闻学院研修，2004 年到江西省委宣传部新闻处工作，2005 年到江西卫视新闻部采访科工作，2012 年 6 月起在江西广播电视台电视新闻中心担任记者。历任江西有线电视台《有线新闻网》节目新闻主播，《幸运大转盘》节目主持人，《百姓经济》和《缤纷看台》节目主持人，《全球经济报道》节目主播，《教育在线》栏目主持人、编导。采制的新闻《地震灾区第一夜》获得“中国新闻奖”一等奖，《红土地唱响红歌》获得“中国新闻奖”二等奖，新闻作品和播音主持作品还多次荣获江西新闻奖一、二、三等奖和江西广播电视新闻奖一、二、三等奖。曾荣获江西省首届双十佳电视播音员、“十佳”主持人（专业组）、“优秀共青团员”和第七届“省直机关十大杰出青年”称号。

62. 张晖（1967— ），天津人。第八届“长江韬奋奖”（长江系列）获得者，中国国际广播电台东北亚中心主任、时政报道首席记者。毕业于暨南大学国际新闻与传播专业，1990 年到中国国际广播电台工作。历任国际部编辑、时政部记者、驻英国记者。通过连线播报、关注细节、凸显广播特色等多种方式，使时政报道更加贴近受众，得到了中央领导和兄弟媒体以及媒体研究专家的认可。2004 年新年伊始，在陪同胡锦涛出访法国、埃及、阿尔及利亚、加蓬等欧非四国过程中，发回了一系列口播连线报道，有关领导以该系列报道为例，鼓励各媒体在时政报道的形式和内容上力求创新。作品《中国刑法修正案草案拟新增数罪以打击新的严重违法犯罪》荣获第十五届“中国新闻奖”人大新闻奖一等奖，系列专题报道《胡锦涛主席欧非四国行》荣获 2004 年度“中国广播影视大奖优秀对外广播新闻奖”，多次获得“中国国际广播新闻奖”优秀对外广播节目奖和全国人大、政协好新闻奖。

63. 张秋玲（1971— ），江苏人。第九届“长江韬奋奖”（长江系列）获得者。云南人民广播电台主任记者、高级编辑，新闻、法律节目和大型活动的主持人，主要承担重点新闻节目《经广时空》和《经广新闻网》的主持。制作的节目《南坝启示——市场经济有自己的恋爱观》抓住了当时经济体制改革的难点和重点，获得了“中国广播政府奖”大奖。1996 年开始策划主持法律新闻节目《法在你身边》。2003 年凭借新闻节目《沉重的翅膀》荣获“全国百优主持人”称号。2003 年 9 月主持了和世界著名媒体英国广播公司联合制作的《贫困与发展》，代表云南电台和 BBC 合作主持大型广播谈话节目《挑战艾滋共享生命》，该节目获得 2003 年“中国广播电视政府奖”一等奖。曾获多项国家级大奖、国家级奖项和省级奖项。

64. 张严平（1955— ），山东人。第十届“长江韬奋奖”获得者。1982 年毕业于山东大学中文系，同年进入新华社，为新华社国内部高级记者。曾采写报道陆幼青、张云泉、王顺友、杨业功、华益慰等众多典型人物，产生广泛影响。其中长篇通讯《索玛花儿为什么这样红》获 2005 年度第 16 届“中国新闻奖”一等奖。2008 年奔赴汶川抗震救灾第一线，冒着生命危险走过汶川、北川、绵阳、都江堰等多处重灾区，主笔完成近万字的长篇通讯《明天，太阳照常升起》，稿件播发后，在社会上引起强烈反响。创作《穆青传》，真实生动地再现了穆青的光辉一生。2005 年荣获新华社“社长总编辑奖”，同年荣获全国记协授予的“全国优秀新闻工作者”称号，2006 年被推举为中华全国新闻工作者协会第七届理事会特邀理事，2007 年当选中共十七大代表，同年被评为新华社“十佳记者”，2009 年荣获“全国五一劳动奖章”。

65. 张郁廉（1914—2010），黑龙江哈尔滨人。抗战时期战地女记者。早年丧母，成长于哈尔滨俄侨家庭，曾与萧红同在哈尔滨“东特女一中”（今萧红中学）学习。毕业于燕京大学，俄语娴熟，后从事新闻工作。1937 年投身抗日救亡前线，用英语、俄语做抗日宣传工作，先后就职于塔斯社汉口分社、塔斯社重庆分社、国民党中央党部国际宣传处及中央通讯社等，被称为中国首位战地女记者。曾亲赴前线采访，经历了徐州大突围、武汉撤退、重庆大轰炸等抗战时期的重大历史事件。

1949 年前往台湾。之后，成为书画名家黄君璧早期弟子，画作多次获奖，被台北故宫博物院、台湾历史博物馆收藏。著有《白云飞渡》。

66. 赵多佳（1955— ），山西榆次人。知名新闻传播管理者，曾任北京广播电视台党委副书记、台长、总编辑，北京电视台台长，北京北广传媒集团有限公司副总经理。1982 年毕业于首都师范大学政治教育系，后到北京人民广播电台工作。重视媒体的责任担当以及新媒体的技术创新，强调电视文化必须与国际接轨，致力于探索新媒体环境下广播电视的新型发展道路，组织领导 BTV 纪实高清频道的开播和管理。在《新闻与写作》《电视研究》等期刊发表《"大媒体"之路——传统广电机构与新媒体融合发展的趋势与路径》《全媒体时代的与时创新与责任担当——基于北京电视台的思考与实践》等数十篇论文。

67. 钟瑛（1962— ），湖北黄冈人。国家社科基金学科评审组专家，华中科技大学新闻与信息传播学院副院长、网络传播与新媒体发展研究中心主任，二级教授、博士生导师，中国网络传播学会副会长，中国传播学会常务理事，国家互联网信息办公室互联网新闻研究中心特约研究员。主要从事新媒体与网络传播、媒体政策、传播史等领域的教学与研究工作。著有《网络新闻评析》《传播科技与社会》《网络传播伦理》等。发表学术论文数十篇，代表性成果有《1998—2009 重大网络舆论事件及其传播特征探析》《我国主流媒体网站管理现状与建议》《网络有害信息管理中的冲突与困境》等。主持参与了国家社科基金重大课题孵化项目"新媒体传播效果研究"、2007 年度国家社科基金重大项目"互联网管理与中国特色网络文化建设研究"等。2014 年主持编撰了中国首部新媒体社会责任蓝皮书《中国新媒体社会责任研究报告（2014）》。

68. 周涛（1968— ），安徽淮南人。第三届"金话筒"银奖、第四届"金话筒"金奖获得者，中央电视台著名节目主持人。1992 年进入北京电视台播音部，1994 年荣获由北京市电视艺术家协会颁发的"春燕杯"最佳节目主持人奖，1995 年调入中央电视台担任《综艺大观》第三任女主持人。从 1996 年起连续 16 年担任中央电视台春节联欢晚会主持人，是迄今为止连续主持"春晚"最多的女主持人。曾任中央电视台大型节目中心副主任，当选第十二届全国政协委员，全国妇联第十一届执委，全国青联第九、第十、十一届常委，中国宋庆龄基金会理事，中国文联电视艺术家协会理事。入选中宣部"四个一批"人才，第十四届"全国职工职业道德建设标兵"。1999 年在中央电视台和奥地利国家电视台合作录制的《音乐家舞台》大型晚会上表现突出，被德国国家电视一台授予"金皇冠"最佳主持人奖，这是此奖项首次授予欧洲以外的主持人，是我国首位在国际上获奖的综艺节目主持人。先后获得第二届“全国广播电视主持人作品一等奖”、第16届“星光奖”优秀主持人奖、第26届“中国电视金鹰奖”优秀节目主持人奖。荣获第二届“中国百佳电视艺术工作者”、“优秀播音员主持人”、“巾帼建功标兵”等称号。2005年被借调到北京奥组委工作,参与策划组织了30余场有关奥运的新闻发布会。2014年获得第5届澳门国际电影节暨第4届“澳门国际电视节”最佳电视节目主持人奖。2016年当选中国文学艺术界联合会第十届全委会委员。2018年担任奥林匹克公园音乐季总导演,北京演艺集团首席演出官。

69. 周洋文(1968—),上海人。第十三届“长江韬奋奖”获得者。历任宁波电视台记者、主持人、新闻评论部副主任、新闻中心副主任、国际部副主任,宁波广播电视集团社会生活频道副总监兼国际部主任、经济生活频道总监等职。2004年冬天和摄制组顶着刺骨的寒风进驻杭州湾跨海大桥工地,进行了长达4年的跟踪采访,积累了极为丰富和具有冲击力的7000多分钟珍贵素材,从中浓缩、精编出反映大桥建设的全景式专题片《合龙》,获得2007年度“中国新闻奖”二等奖。2009年主持拍摄电视专题报道《小镇民警维稳事》,塑造了一位接地气的基层警察形象,获得2009年度“中国新闻奖”一等奖。先后获得省级以上奖励30多项。2014年,以票数第一的成绩获得全国优秀新闻工作者最高奖——第十三届“长江韬奋奖”。同年,被中共中央宣传部确定为全国新闻战线“践行价值观、培育好风尚”典型人物,事迹在新华社、《人民日报》《经济日报》《新闻联播》《焦点访谈》等全国主流媒体广泛宣传报道。

70. 周轶君(1976—),上海人。曾是常驻加沙地区的唯一中国记者,凤凰卫视国际新闻观察员。1994年进入北京第二外国语学院阿拉伯语系学习。1998年毕业后进入新华社工作。2001年赴埃及开罗大学新闻系进修,后主动申请填补新华社在冲突日益加剧的加沙地区的记者职位空缺。2002年至2004年作为新华社记者常驻加沙,成为当时唯一常驻加沙地区的中国记者。其间多次采访阿拉法特、阿巴斯、亚辛等中东关键人物。2004年入选中央电视台主办的第二届“中国记者风云榜”。2005年出版了记录在中东所见所闻的专著《离上帝最近——女记者的中东故事》。2006年加盟香港凤凰卫视,任记者之外,还做过多个节目的代班主持。作品《在埃及数骆驼》被编进九年义务教育六年级第二学期课本。著有《黑山宣告独立》《原南联盟完全瓦解》《托普再度脱身》《说三道四以色列大选》等。

71. 朱颖(1971—1999),北京人。1999年在以美国为首的北约对中国驻南斯拉夫联盟共和国大使馆的导弹袭击中不幸以身殉职,被中国记协授予“人民的好记者”荣誉称号。1992年7月毕业于天津轻工业学院(现天津科技大学)工业艺术工程系。1994年1月调入《光明日报》广告部，任美术编辑，作品曾获1994年首届"敬业杯"全国报纸优秀广告评选优秀奖、1995年第二届"昆仑杯"形象广告优秀奖、1996年"第二届全国报纸广告比赛"三等奖。1998年与许杏虎结婚，婚后不久便随许杏虎赴贝尔格莱德工作。此时科索沃问题已经成为国际斗争的焦点，南斯拉夫安全形势紧张，她却以大无畏的精神毅然前往，主动配合许杏虎开展工作，开车、传稿、购物、加油，尽职尽责。1999年3月24日，以美国为首的北约对南斯拉夫悍然施行空中打击后，组织上为安全起见，曾考虑安排她回国，但她毅然决然地留下继续工作。为了向国内广大读者揭露北约的罪行，她和丈夫忘我工作，冒着生命危险，不分昼夜，多次深入被炸现场采访，协助许杏虎40余天发回近百篇报道，并拍摄了大量的照片，表现出一名新闻工作者高尚的风范和大无畏的革命精神。北京时间1999年5月8日凌晨，不幸被以美国为首的北约对中国驻南斯拉夫联盟共和国大使馆袭击的导弹弹片击中殉职，年仅28岁。中共中央宣传部召开了学习烈士英雄事迹大会。

附　　录

（71 人）

本卷收录活跃在新闻传播领域的杰出女性或优秀女性。她们大致可以分为三种类型：

一是新闻传播行业从业者，包括不同历史时期做出开创性业绩的记者、编辑，取得突出成果、具有全国影响力或具有一定国际影响力的女性新闻工作者，获得“长江韬奋奖”“中国新闻奖”等新闻业内重要奖项和荣誉的女性。

二是新闻传播学教育者与研究者，包括国内知名高校、知名研究机构的资深新闻学教授、研究员，取得重要研究成果、具有较强学术影响力的新闻传播学学者。

三是具有全国影响力和示范效应的新闻传播行业管理者与领导者。

本附录以新闻传播界女性人物从业领域分类，类别内按出生年份排序，既便于按从业领域类别查询，也便于展示不同历史时期新闻传播领域女性人物成长路径。

一、新闻传播行业工作者（53 人）

1. 浦熙修（1910—1970）
2. 黄　薇（1912—2000）
3. 张郁廉（1914—2010）
4. 彭子冈（1914—1988）
5. 李　娟（1943—　）
6. 邢质斌（1947—　）
7. 赖谦进（1950—　）
8. 卢小飞（1951—　）
9. 江宛柳（1952—　）
10. 杨　杨（1954—　）
11. 敬一丹（1955—　）
12. 张严平（1955—　）
13. 赵多佳（1955—　）
14. 杨玲玲（1956—　）
15. 倪　萍（1959—　）
16. 李瑞英（1961—　）

17. 刘素云(1961—)
18. 王建军(1961—)
19. 姚　兰(1961—)
20. 王　遐(1962—)
21. 辛雪莉(1962—)
22. 伊秀丽(1962—)
23. 尤艳茹(1962—)
24. 李修平(1963—)
25. 杨　晶(1963—)
26. 董盟君(1965—)
27. 温红彦(1965—)
28. 唐维红(1966—)
29. 杨　华(1967—)
30. 张　晖(1967—)
31. 贺红梅(1968—)
32. 蔺斯鹰(1968—)
33. 唐卫彬(1968—)
34. 周　涛(1968—)
35. 周洋文(1968—)
36. 亓欣莉(1969—)
37. 居　杨(1969—)
38. 龚　雯(1970—)
39. 山　丹(1970—)
40. 王海咏(1970—)
41. 季建南(1971—)
42. 胡　果(1971—)
43. 王国萍(1971—)
44. 张秋玲(1971—)
45. 朱　颖(1971—1999)
46. 胡晓丽(1972—)
47. 董　卿(1973—)
48. 陈菊红(1974—)
49. 陆海鹰(1975—)
50. 周轶君(1976—)
51. 白瑞雪(1977—)
52. 高玉洁(1978—)
53. 曾　佳(1979—)

二、新闻传播学教育者与研究者(12人)

1. 刘继南(1939—)
2. 涂光晋(1951—)
3. 高晓虹(1956—)
4. 程曼丽(1957—)
5. 卜　卫(1957—)
6. 钟　瑛(1962—)
7. 陈昌凤(1964—)
8. 师曾志(1964—)
9. 刘利群(1965—)
10. 彭　兰(1966—)
11. 郎劲松(1967—)
12. 俞　虹(1955—)

三、新闻传播行业管理者(6人)

1. 杨　刚(1906—1957)
2. 范　瑾(1919—2009)

3. 李东东（1951—　）
4. 李秋芳（1954—　）
5. 崔玉英（1958—　）
6. 卢新宁（1966—　）

第七卷　出　版

条　目

（以姓氏拼音为序，共59人）

1. 鲍克怡
2. 曹　洁
3. 曹燕芳
4. 陈伯林
5. 陈瑞藻
6. 陈向明
7. 陈休征
8. 邓季惺
9. 董秀玉
10. 杜淑贞
11. 龚　莉
12. 顾传菁
13. 郭楠柠
14. 何学惠
15. 胡德华
16. 黄腊荣
17. 江　帆
18. 李亚娜
19. 李元君
20. 李峙山
21. 林子东
22. 林子玉
23. 刘　红
24. 卢玉忆
25. 鲁　光
26. 罗韵希
27. 马　静
28. 马谦卿
29. 毛振珉
30. 孟祥琴
31. 欧阳莲
32. 潘　宏
33. 钱月华
34. 秦玉莲
35. 莎阿达提·伊敏
36. 沈国芬
37. 沈世鸣
38. 沈兹九
39. 盛如梅
40. 舒元璋
41. 孙桂均
42. 汤晓芳
43. 王定坤
44. 王世钧
45. 王为珍
46. 王晓丹
47. 王芝芬
48. 韦君宜
49. 吴　莹
50. 徐春莲
51. 徐　华
52. 杨　瑾
53. 杨　潇
54. 姚佩文
55. 袁淑琴
56. 张曼筠
57. 张佩清
58. 张晓梅
59. 张晓楠

词　条

（以姓氏拼音为序，共59人）

1. 鲍克怡（1938—　），江苏镇江人。1995年获第四届“韬奋出版奖”。上海辞书出版社原总编辑。1962年毕业于上海复旦大学中文系，后任中华书局辞海编辑所（上海辞书出版社前身）编辑。1986年起先后任上海辞书出版社副总编辑、总编辑。曾参加《辞海》1965版、1979版、1989版、1979版和1989版增补本、台湾繁体字版的编辑工作。除对内容修改、审稿或定稿外，还负责1979版全书审定字形和字音工作，参加通读1989版全稿、主持1989版增补本工作。1989—1992年协助社长、总编辑具体主持《辞海》台湾繁体字版三卷本和十册学科分卷本的修改、定稿和出版工作。此书被台湾学界称誉为两岸文化交流最有影响的成果之一。责编的我国第一部汉语义类词典《同义词词林》，被多所大学输入电脑汉语词库，并引起海外语言学界的注意。是《辞海》编委和分科主编、《辞书研究》主编之一、上海辞书学会会长、中国辞书学会常务理事。1990年获得国际传记中心（英国剑桥）“二十世纪成就奖”，收录于国际传记中心（英国剑桥）出版的《世界妇女名人录》第十二版和第十三版。被评为1986年度和1994年度上海市“三八红旗手”。

2. 曹洁（1931—　），江苏苏州人。装帧设计专家。作品曾获德国莱比锡“国际书籍艺术展览会”金质奖，首届“精装书籍”全优一等奖等。毕业于苏州美专中国画系，中国工艺美院研究班进修结业。人民美术出版社编审，中国美术家协会会员，中国出版工作者协会装帧艺术研究会理事。擅长中国画和书籍装帧、重视民族传统文化，形成自己独特的清新温雅风格。作品多次参加国内外画展收藏并出版，中国画《杜甫诗意图》《朝霞》入选中国长城首届美展并收藏，《白花杜鹃图》是为纪念晋冀鲁豫烈士陵园落成40周年，全国书画邀请展创作展出并作为革命文物收藏，《映日荷花别样红》选入《烛光颂——中国当代书画名家作品集》，《方知今日心为佛》被邀入选香港《安身立命作品选》。装帧设计,如 1959 年《苏加诺藏画集》封面设计,1989 年《宋人画册》装帧设计两书,分别获得德国莱比锡“国际书籍艺术展览会”金质奖,《中国历代绘画》(故宫藏画集)获首届“精装书籍”全优一等奖,又获 1992 年“新闻出版署直属出版优秀图书”装帧一等奖,装帧设计的《西汉帛画》曾得到周恩来总理的好评,并有 18 种装帧设计在全国分别获一等奖、二等奖、优秀奖,1995 年获国家突出贡献政府特殊津贴。

3. 曹燕芳(1925—),湖北武汉人。获“中国图书奖”等多项奖项。1949 年毕业于四川大学物理系。历任中学教师,山东人民出版社、少年儿童出版社编辑、副总编辑和编审。1979 年参加中国科普作协,曾任中国科普作协第一届常务理事、第二届理事。上海市科普作协第一届副秘书长,第二届常务理事,第三届理事。上海市青少年科普促进会副理事长。1953 年在上海少年儿童出版社出版了第一部少儿科普读物《看不见的助手——电》。20 世纪 50 年代后期主要致力于编辑工作,负责编辑和主持修订了《科学家谈 21 世纪》和《十万个为什么》(累计发行 5000 多万册)等书。80 年代主编《少年自然百科辞典》,其中生物、生理卫生分册 1986 年获“中国图书奖”,1990 年荣获“全国优秀少年儿童读物”一等奖。

4. 陈伯林(1919—2007),广西梧州人。中国社会科学出版社原总编辑。1938 年奔赴延安,入抗大总校五大队和延安女子大学学习,同年加入中国共产党。1941 年 12 月,入中央研究院新闻研究室学习,后任研究员、组长。1945 年 10 月在热河地委承德分委任常委兼组织部长。1948 年 6 月,调东北局工作,10 月,任东北局办公厅秘书处科长、副处长。1953 年 1 月,任国家计委办公厅编译处处长。1954 年后,任国家建委办公厅秘书处处长、办公厅副主任。1958 年后,任国家科委办公厅副主任、政研室副主任。“文革”中被下放“五七干校”。1971 年从“五七干校”回来后,参加科学出版社筹建工作,任副总编辑。1978 年,筹建中国社会科学出版社,历任副社长兼副总编辑、总编辑,1983 年被聘为编审。1985 年离休。在科学出版社工作期间,曾主持恢复《中国科学》《科学通报》的工作,并创办了科普杂志《科学实验》。在中国社会科学出版社工作期间,重点抓了《国外经济管理名著》《现代管理科学》《当代经济比较研究》等三套丛书,并为《当代中国》大型丛书编辑部负责人之一。合著《漫谈经济管理》等。

5. 陈瑞藻(1942—),浙江绍兴人。2003 年获第八届“韬奋出版奖”。教授级高级工程师,科技出版事业中颇有建树的专业出版技术人才。1965 年毕业于江西工学院电机系,进入第一机械工业部工作,任压缩机械研究所技术员。1972 年后调入机械工业出版社历任编辑、编辑室主任、副总调度兼发行室主任、机械工业信息研究院副院长、机械工业出版社总编辑、选题规划委员会副主任、社长顾问。并任中国编辑学会常务理事、中国电工技术学会常务理事等。编辑出版了电工适用类和设计、计算技术工具类图书70多种7000多万字，其中有11种获社优秀图书一、二、三等奖，并出版了一批重点实用机电类图书，获得显著的社会效益和经济效益。其中，《实用电工》（第2版），共12次印刷，发行近140万册，《农用电动机修理》，发行60多万册。《水轮发电机设计与计算》、《水轮机设计手册》、《机械手册第六篇电气设备的修理》（上、下册）、《现代机械设备设计手册》、《火力发电设备技术手册》等，均为上百万字或几百万字的大部头图书。任总编辑期间，组织或主持了上百种重点骨干书的出版，如《机械设计手册》（2版）、《机械加工工艺手册》（2版）等。作为第一责任编辑的《现代机械设备设计手册》获第三届"国家图书奖"提名奖、"国家科技进步奖"三等奖、第八届"全国优秀科技图书"一等奖、"国家机械工业局科技进步奖"二等奖。

6. 陈向明（1921—1989），原名陈寿萱，又名陈子英、陈黎洲，福建闽侯人。上海少年儿童出版社原社长兼总编辑、党组书记。1986年获"中国福利会妇幼事业樟树奖"。1939年5月，在上海启秀女中读书时加入共产党。启秀女中毕业后，先后任上海光华大学、大同大学、大夏大学的中共地下党支部书记，中共杭州工委书记等职。1945年10月，任中共上海大学区委委员。解放战争时期，先后任崇明县（今上海崇明区）工人运动委员会书记、杭州工人运动委员会书记，参加领导了上海和杭州地区的学生和工人运动。1949年7月，南下福建，创办《福建青年》。1951年冬调回上海，任共青团华东委员会常委兼学校工作部部长，并当选为共青团中央委员。中华人民共和国成立后曾任上海少年儿童出版社社长兼总编辑、党组书记。是中国出版工作者协会第一、第二届理事，曾任上海出版工作者协会副主席，中国韬奋基金会理事。

7. 陈休征（1925—2004），上海人。新世界出版社原总编辑，中国翻译工作者协会理事，在对外文化宣传、早期中国出版走出去等方面发挥了比较重要的作用。中共党员，编审。1948年毕业于上海震旦大学女子文理学院英国文学系。中华人民共和国成立后，历任中国福利会秘书兼翻译、资料科科长，《中国建设》杂志编辑、记者、编辑组副组长、英文翻译组组长、总编室副主任、副总编辑、总编辑。宋庆龄主席的秘书和翻译，新世界出版社副总编辑、总编辑。编辑的《西藏的转变》（爱泼斯坦著）、《迈向人民的人类学》（费孝通著，英译本）、《在华卅年》、《历史的审判》等书受到各方面的好评。其中《西藏的转变》获1985年外文局举办的优秀书刊评奖活动一等奖。1980年为《读书》杂志撰写的关于《帕金森定律》一书的书评,选题切中英国政治制度的时弊,1982 年又写了续篇《帕金森还在探索新的定律》,受到中央领导同志的关注和好评。译有帕金森的《官场病》等。

8. 邓季惺(1907—1995),原名友兰,四川奉节(今属重庆市)人。20 世纪 30 年代参与《新民报》的编辑、发行工作,曾是《新民报》和《新妇女》周刊的主要撰稿人之一。1982 年上海《新民报》复刊,出任该报顾问。曾任北京市政协副主席等职。14 岁考入四川省立第二女子师范学校,在校期间,受恽代英、张闻天、萧楚女等老师的影响,与进步师生一起参加校内外争取民主的活动。早年因追求“法治”,考入南京女子法政学校,后转入北平朝阳大学法律系。自 1933 年夏,先后任职于国民政府司法部民、刑两司,并热衷妇女运动,和李德全、曹孟军、谭惕吾等一起,组织了妇女文化促进会、女子学术研究会等团体。同年与同为《新民报》创始人之一的陈铭德结婚。1935 年在南京、镇江两地任律师,参加《新民报》的编辑、发行工作,成为《新民报》和《新妇女》周刊的主要撰稿人之一。1937 年《新民报》内迁重庆,在她和陈铭德的努力下,《新民报》成为当时大后方发行量最大的报纸。1948 年,当选为南京国民政府立法院立法委员,此间,与立法院中另外几位女委员一起,积极反对国民党的内战政策,《新民报》因此被国民党当局勒令永久停刊。新中国成立后,历任西南军政委员会委员,北京日报社顾问,北京市民政局副局长、民建北京市委副主任委员、北京市第六届政协副主席,当选第二、第五、第六届全国政协委员。1979 年后任首都女新闻工作者协会名誉会长。

9. 董秀玉(1941—),上海人。资深出版专家。三联书店原总经理。1956 年进入人民出版社,历任校对、编辑、出版部副主任。1979 年任《读书》编辑部副主任,1986 年任三联书店副总经理、副总编辑。1987 年任香港三联书店总经理、总编辑。1993 年回到北京任三联书店总经理、总编辑,1994 年创办《三联生活周刊》,1996 年创办“韬奋图书中心”。在她主持下,从 20 世纪 80 年代开始,三联书店重点译介、出版了反映西方学术成果的三套大书:“现代西方学术文库”“新知文库”“文化生活译丛”。90 年代,三联书店推出了“学术前沿”文库,并在学术翻译与原创著作的平衡中,着手推动老中青三代学者的中国本土学术著做作版。这一方面诞生了出版年青学者著作的“三联·哈佛燕京学术丛书”,另一方面整理和精选了老一辈学者的著作,如《钱锺书集》《陈寅恪集》《余英时作品系列》等。学术著作之外,重视一流大众读物的编辑出版,推动了蔡志忠古籍经典漫画、几米城市漫画以及图文书“乡土中国系列”、《中国建筑二十讲》等的出版。2002 年退休。2004 年创办“中国文化论坛”并任理事长,2014 年创办“活字文化”。退休后编辑的第一本书《我们仨》,20 天内重印 5 次,4 个月共销出 35 万册。

10. 杜淑贞(1925—2005),曾用名杜兆栴、李华。广东番禺人。上海文艺出版社原社长、上海市新闻出版局原副局长、中国福利会原副主席。上海沪江大学肄业,1942 年在淮南路东新四军江淮大学参加工作,抗日战争和解放战争时期,曾任上海中共学委《学生新闻》党组书记,中共女中区委书记,中共女中委员会书记,中共上海市新城区委书记。1949—1965 年在共青年团上海市委工作,历任办公室副主任、组织部副部长、部长、秘书长、副书记。1965 年任中共上海市委工业政治部副主任。1966 年 3 月任中共上海市委副秘书长。1977 年 5 月后,历任上海书画出版社社长、上海文艺出版社社长、上海市新闻出版局副局长。1984 年 5 月调至中国福利会,任副秘书长、秘书长、党组书记、副主席,上海宋庆龄基金会秘书长。曾任共青团中央第二、第三、第四、第九届中央委员,1950—1966 年历任上海市人民代表大会代表和第六届上海市政协委员,第三、第七届常委,第八届全国政协委员。1990 年获陈伯吹儿童文学园丁奖,上海市思想政治研究优秀论文奖。

11. 龚莉(1957—),湖南人。第十二届"韬奋出版奖"获得者、第二届"中国出版政府奖"获得者。中国大百科全书出版社原社长。分别于四川大学和中国人民大学接受大学本科和研究生教育,获经济学博士学位。1982 年起进入出版业工作。兼任全国术语标准化技术委员会副主任、中国编辑学会工具书和百科全书委员会主任。2007 年 7 月起任中国大百科全书出版社社长。1984 年,被任命为《中国大百科全书 · 经济学》(3 卷)编辑组长、责任编辑,主持经济学卷工作。而后主持了《中国大百科全书 · 财政 · 税收 · 金融 · 价格》卷的工作。1994 年,《中国大百科全书》(74 卷)荣获首届"国家图书奖"荣誉奖,她负责的《经济学》卷同年获中国社科院科研成果奖。时任中国大百科全书出版社副总编辑的她,1998 年开始协助徐惟诚总编辑,全面负责《中国大百科全书》(第二版,32 卷)的编辑工作。发表专著两部,论文数十篇。编辑出版方面的论文主要有《百科全书编纂体系、方法新探》《百科全书索引谈》《出版社无形资产的经营与管理》《数字化资产与出版业发展》《国际书展的若干问题》《网络环境下的选题创新与策划》《电子商务时代大众图书的营销模式》等,其中《百科全书索引谈》《百科全书编纂体系、方法新探》《数字化资产与出版业发展》分获首届、第三届、第五届"全国出版科学研究优秀论文奖"。

12. 顾传菁(1937—)笔名明尔、悦尔。上海人。荣获首届"全国百佳出版工作者"称号。1959 年毕业于南开大学中文系。历任百花文艺出版社小说编辑室主任、副总编辑,新蕾出版社总编辑、编审。获"有突出贡献专家"称号,享受国务院政府特殊津贴。负责编辑的书有《四世同堂》《孙犁文集》等。1965 年开始发表作品。1992 年加入中国作家协会。著有散文、杂感与评论等。作品有《第一个读者》《滴水与汪洋》《夏洛蒂·勃朗特》等。主编的《中华五千年美德》丛书、《中华历史名人》、《漫游科学世界》,分别获中宣部“五个一工程”优秀图书奖、“中国图书奖”、全国第二届“图书奖”提名奖,《选题·图书与市场》获天津市优秀论文奖及辽宁、吉林、黑龙江优秀论文奖,《漫游科学世界》获天津市 1992—1993 年“优秀图书编辑奖”,《小太阳科学画丛》获第八届“冰心儿童读物奖”。

13. 郭楠柠(1932—),四川泸州人。《中国青年》杂志社原总编辑,《中国妇女》杂志社原社长兼总编辑。1979 年获“全国三八红旗手”称号。曾任全国记协三届理事、主席团委员,首都女记者协会常务理事。全国妇联第六届执委。西南财经大学文史系毕业。1949 年入解放军军政大学,曾在中国人民志愿军从事文教宣传工作。1954 年转业后,历任《中国青年》杂志助理编辑、编辑、编委兼思想教育部主任、副总编辑、总编辑,《中国妇女》杂志社社长兼总编辑。曾编辑和主持有关青年和妇女、思想修养和学术理论的专题讨论十多个,如关于雷锋的《人生的幸福是什么?》、关于向秀丽的《人生的最大快乐是什么?》《妇女与我国当代社会生活方式问题》等,还曾组织、编辑关于“现代迷信”问题的《中国青年》复刊号文章《破除迷信,掌握科学》等,著有报告文学《党的好女儿吕玉兰》(合著)、《奋斗之歌》、《小草》等,思想理论论文《家庭与幸福》《献给人生意义的思考者》(“潘晓讨论”总结,合著)等。

14. 何学惠(1946—),云南腾冲人。第六届“韬奋出版奖”获得者。原云南教育出版社社长、党委书记。中共党员。编审。1970 年起在云南省出版办公室、云南新华印刷二分厂工作。1972 年调入云南人民出版社从事编辑、党务工作,任党委副书记。1993 年调入云南教育出版社任社长、党委书记。中国版协理事、全国教育出版研究会理事、云南版协常务理事、中国西部地区教育出版协调会会长,是中国民族学会常务理事、云南民族学会副会长。探索和实践了一条具有特色的出版社运行机制和运作模式,提出并实践了学术著做作版的大众化与通俗化,探索和实践了“精品工程”“社刊工程”及书刊互动的运行方式。策划、组织及主编或编辑的获“五个一工程”“国家图书奖”“中国图书奖”的图书 10 种,获省部级优秀图书奖数十种。在任内,实现了云南教育出版社两个效益的统一。

15. 胡德华(1925—2009),笔名高沙,浙江上虞人。全国妇联党组原副书记,中国少年儿童出版社原社长兼总编辑。1947 年肄业于民治新专新闻系。1949 年前在上海从事中共地下工作,历任中共上海市学委中学区、社会青年区区委委员,上海《新少年报》编辑,上海市教委宣传区区委委员。中华人民共和国成立后,历任《新少年报》社社长、总编辑，上海少年儿童出版社副社长兼副总编辑，中国少年儿童出版社社长兼总编辑，共青团中央书记处书记，全国妇联书记处书记，全国妇联党组副书记，中国儿童少年基金会副会长，中共中央纪律检查委员会委员，第三、第六、第七届全国人大代表，第七届人大常委、法律委员会委员、内务司法委员会委员。中共十一大代表。1955 年开始发表作品。1979 年加入中国作家协会。著有《他为小苗留下了泉水》《开拓者的足迹——怀念伯父胡愈之》《匆匆会见黎明前》《夏社与胡仲持》《病中怀旧》，主编上海《新少年报》《中国少年报》。

16. 黄腊荣（1940— ），湖南邵阳人。第二届“韬奋出版奖”获得者。原北京市科技书店副经理。1956 年到北京市新华书店做图书发行工作，后任北京市科技书店（原西单医药门市部）营业员，1985 年任副经理。被誉为“读者的贴心人”。带头建立读者联系册。1980 年后，经常一个月接到五六百封读者来信，都一一认真处理。有时为了给读者买到一本需要的书而跑遍北京市。1959 年出席了北京市群英会，1983 年被评为“全国三八红旗手”。是全国新华书店的“先进工作者”。1986 年、1990 年被中共北京市委授予为“优秀党员”，1981 年、1988 年两次当选为北京市“劳动模范”，1993 年被选为北京市第十届人大代表。

17. 江帆（1916— ），原名朱文渊，江苏南京人。辽宁人民出版社原社长，《中国文学》杂志社副总编辑。1937 年南京大学肄业。曾任延安中央党校教员，主编过《党校生活》。1940 年任毛泽东青年干部学校教员、指导员，1941 年任中央研究院文艺理论研究室秘书、研究员。1942 年参加了整风运动和延安文艺座谈会。1944 年调中央党校四部任教员并编写教材。1945 年抗战胜利后赴东北任县委宣传部部长、新华社副社长、广播电台台长、中共东北局文委秘书等职。中华人民共和国成立后，历任《文学月刊》《文艺红旗》主编，《文学青年》编委，1965 年任辽宁人民出版社社长。1977 年调外文出版发行事业局，任《中国文学》杂志社副总编辑。著有《欢天喜地》《女厂长》《白菜的故事》《阳光照耀下的日子》《寸草集》等。

18. 李亚娜（1947— ），河南开封人。“新中国 60 年百名优秀出版人物”（入选的六名女性出版人物之一），2003 年被评为第四届“全国百佳出版工作者”，2006 年获第九届“韬奋出版奖”，大象出版社名誉社长。1968 年 12 月参加工作，1994 年 6 月加入中国共产党，曾任大象出版社社长、中共大象出版社总支部委员会书记。策划并任主编的《河南人口 · 资源 · 环境》丛书和图书《邓亚萍》获中宣部“五个一工程奖”，负责组织实施的《著名中年语言学家自选集》丛书、《走向海洋》丛书和《中国科学技术典籍通汇》获“国家图书奖”提名奖，《中国音乐文物大系》获“国家图书奖”荣誉奖。在其领导下，2006 年大象出版社被评为全国新闻出版系统先进集体,2007 年获首届中国出版政府奖“优秀出版单位奖”。1994 年以来,连续多年被评为河南省新闻出版局系统“先进工作者”及优秀党员,1997 年被评为“河南省百名一线技术英杰”,1998 年被评为第二届“河南省十佳出版工作者”,2002 年 5 月被河南省委、省政府命名为第五批河南省优秀专家,同年被评为 2000—2002 年度省直机关“优秀共产党员”,2004 年获河南省直属机关“五一劳动奖章”,2005 年获河南省“五一劳动奖章”,同年被评为享受国务院政府特殊津贴。

19. 李元君(1943—),广西桂林人。“新中国 60 年百名优秀出版人物”(入选的六名女性出版人物之一),1997 年获第六届“韬奋出版奖”,当选第二届“全国百佳出版工作者”。中共党员。编审。1966 年毕业于广西大学外文系,曾在中学任教 10 年。1981 年开始从事出版工作。1985 年任广西人民出版社副总编辑,1990 年任接力出版社社长兼总编辑。1993 年任接力出版社社长。1998 年任广西新闻出版局助理巡视员兼接力出版社社长。2004 年兼任漓江出版社社长。任接力出版社社长后,调整图书出版结构,提出“稳定提高教育类图书质量,发展系列化多层次低幼类、综合类文学图书以及出精品、出名牌、加大版权贸易的力度”的思想。在低幼儿童书市场,出版了大型系列动画丛书《神脑聪仔》,确立了该社在中国儿童动画出版“5155”工程中的地位,被中宣部、新闻出版署确定为中国儿童动画出版工程基地中南基地的牵头社。在管理模式上,借鉴了企业的管理机制,采用项目主管制、选题三级两次论证制、选题竞标制、奖励制约机制等,缩短了图书的生产周期,提高了图书的质量,在出版社的企业战略上,跨地域发展,在北京建立了第二出版中心。接力出版社在其领导下,连续 7 年利税超 1200 万元,并获得“全国优秀出版社”称号,出版的图书获得中宣部“五个一工程奖”、“国家图书奖”、桂版“优秀图书奖”、“冰心儿童图书奖”、广西“桂花工程奖”等各种级别的奖项。其开发策划和编辑出版的图书,大部分成为精品书、畅销书,分别荣获“中国图书奖”等数十种奖项。荣获全国新闻出版系统“先进工作者”、第二届“全国百佳出版工作者”、“全国优秀儿童工作者”、“全国三八红旗手”、精神文明建设“五个一工程”突出贡献奖。曾被评为“年度中国出版十大新闻人物”和“年度出版人”。

20. 李峙山(1897—1938),原名李毅韬,河北盐山人。20 世纪 20 年代担任妇女刊物总编辑,曾任“天津女界爱国同志会”副会长。18 岁进入天津直隶第一女子师范学校求学。1919 年 5 月,与刘清扬、邓颖超、郭隆真等共同发起成立“天津女界爱国同志会”,任副会长。同年 9 月“觉悟社”成立,其编号为 43,故化名峙山。1923 年 4 月,同邓颖超、谌小岑等一起在天津建立进步妇女团体“女星社”,任“女星社”主要刊物《妇女日报》《女星》(旬刊)总编辑。同时,共同创办了女星成年补习学校。1924 年加入中国国民党,1927 年任上海特别市党部执行委员兼妇女部长。1929 年,任中央党部民众训练部干事,与王孝英等创办《妇女共鸣》半月刊,并任总编辑。1931 年,任国民会议河北省代表,是国民会议中仅有的三位女代表之一。1933 年,与曹孟君等在南京发起组织妇女文化促进会,为主要负责人。1937 年全国性抗日战争爆发后,与陈明淑等成立广东省妇女抗敌协会,并带病坚持在广州等地开展妇女工作。

21. 林子东(1921—),原名林玉偶,生于北京,福建福州人。福建人民出版社原总编辑,第七届全国政协委员。上海沪江大学、北京燕京大学肄业。1942 年 10 月至 12 月任《湖东报》地方版编辑、1943 年 9 月至 1944 年 4 月,任《前哨报》记者,驻高邮县(今高邮市)。1944 年 4 月至 1945 年 8 月,任《苏中报》编辑、记者。1945 年 8 月至 1950 年 1 月先后任新华社苏中分社报道科长、华中总分社报道科长、苏中九支社副社长,苏南分社报道科长、新华社福建分社副主任。1950 年 2 月至 10 月,任《厦门日报》社副总编辑。1950 年 10 月至 1953 年 5 月,任厦门人民广播电台台长。历任福建人民出版社总编辑、福建社会科学院副院长,主编《福建论坛》。是福建省社会科学联合会常务副主席、顾问,第七届全国政协委员,福建省第二、第三届政协委员,第五届政协常委。

22. 林子玉(1922—2011),原名李文,河北束鹿人。河南省出版局原副局长、河南人民出版社编审委员会主任、中国出版工作者协会第一届理事。1940 年参加革命工作,1944 年加入中国共产党,曾先后在束鹿县(今辛集市)文救会、济南二分区联立师范、滏阳日报社、冀南日报社工作,历任冀南《滏阳报》文印科长,《冀南日报》通讯科员、助理编辑。1948 年 12 月到中原日报社工作,1949 年 5 月到新洛阳报社任编辑。1949 年 9 月到郑州日报社工作,历任编辑组长、编辑主任,编委会委员、副社长。1953 年,到河南人民出版社工作,任副社长兼副总编辑。1973 年 6 月任河南省出版局核心小组成员,1979 年 4 月任河南省出版局党组成员、副局长,河南人民出版社编审委员会主任。1981 年 3 月兼任河南科学技术出版社社长、总编辑。1983 年 1 月任中国出版工作者协会第一届理事会理事。是中共河南省委纪律检查委员会第四届委员。1985 年 6 月经中共河南省委批准离休,2011 年 6 月经中组部批准享受副省级医疗待遇。

23. 刘红(1957—),辽宁沈阳人。2006 年获第九届“韬奋出版奖”。辽宁科学技术出版社原社长兼总编辑。1982 年毕业于沈阳化工学院(今沈阳化工大学),同年分配到辽宁人民出版社,后转入辽宁科学技术出版社,历任编辑、编辑室主任、副总编辑,1995 年 12 月起任辽宁科学技术出版社社长兼总编辑、党总支书记,辽宁出版集团党委委员、中国出版工作者协会科技出版工作委员会委员、中国科普作家协会工交专业委员会委员、辽宁省出版工作者协会常务理事等职。1994 年被评为副编审,1997 年破格晋升为编审。主持工作期间,有 18 种图书获得省部级优秀图书一等奖,有 4 种图书获得国家级奖励,其中《中国柞蚕》获第十四届"中国图书奖",《世界竹藤》获第六届"国家图书奖"提名奖,《防治"非典"问答》获第六届"国家图书奖"特别奖,《水下机器人》获第五届"国家图书奖"。曾被评选为辽宁省"优秀女出版工作者"、辽宁省"十佳出版工作者"、辽宁出版集团"优秀共产党员"、辽宁省直机关"三八红旗手"和"全国百佳出版工作"者,曾获全国新闻出版系统"先进工作者"等荣誉称号。

24. 卢玉忆(1929—),浙江慈溪人。新闻出版署原副署长。中华人民共和国成立后,先后在杭州市教育局、杭州市人民政府秘书处、市监察局、下城区委等单位任辅导员、秘书、办公室副主任、区委宣传部副部长兼教育局局长。1971 年调北京工作,历任人民文学出版社政治处副主任、临时党委副书记,国家出版局党委办公室主任,原文化部出版事业管理局分党组成员、兼任直属机关党委书记,原文化部直属机关党委常委。1987 年任中华人民共和国新闻出版署副署长、党组成员,兼任直属机关党委书记。

25. 鲁光(1924—1994),原名翟光澈,安徽泾县人。江苏省出版事业管理局原副局长兼江苏人民出版社总编辑。1938 年 10 月加入中国共产党,1940 年参加新四军,曾任中共盐阜地委党刊主编,《射阳群众》报主编。中华人民共和国成立后,历任《苏南青年报》总编辑,中共江苏省委宣传部宣传处、理论教育处处长,《群众》杂志编委,中共江苏省委党校教学负责人,江苏省出版事业管理局副局长兼江苏人民出版社总编辑。编辑出版了《马列主义基础知识丛书》和一系列马列主义原著的辅导读物,倡办并主持编辑了大型文学刊物《钟山》。任江苏省出版事业局副局长期间,撰写了不少宣传、理论、出版方面的文章,如《批评与自我批评再认识》。留下了 15 万字的《论"人"札记》。是江苏省第六、第七届人大常委会教科文委员会委员。

26. 罗韵希(1954—),回族,四川成都人。2008 年获第十届"韬奋出版奖"。四川人民出版社原党组书记、社长。1976 年 2 月毕业于四川师范学院(现四川师范大学)中文系,留校编纂国家文化建设重点科研项目《汉语大字典》8 年。1986 年调入四川辞书出版社,先后任编辑、策划编室主任、发行部主任,1994 年 6 月起任四川辞书出版社副社长。1997 年 12 月起任四川文艺出版社党组书记、社长。2003 年 11 月起任四川出版集团党委成员,四川人民出版社党组书记、社长。在四川辞书出版社任内，她任责编的《中国伊斯兰百科全书》荣获第二届“国家图书奖”、首届“国家辞书奖”、四川省“最佳图书奖”，策划和编辑的《中国新诗名篇鉴赏辞典》《衣食住行小窍门大全》《黄河文化百科全书》《中国原始宗教百科全书》等荣获“国家辞书奖”、四川省“五个一工程奖”、“四川省优秀图书奖”等多个奖项。1997 年，调任四川文艺出版社后，强势推出了一大批重点图书和畅销书，包括“十五”国家重点图书《巴金的一个世纪》、《建国五十年四川文学作品选》(12 卷)、《周克芹文集》(3 卷)、原创文学作品《农民》、《巴金与萧姗》、《饥饿的女儿》等。策划组织出版的“中外文学名著袖珍文库”(40 种)在全国引领“口袋书”浪潮，“中外文学名著快读系列”(18 种)以“快”切入知识内容，以精美的包装、优秀的编校质量、合适的定价走向市场，一炮走红。在四川人民出版社任内，组织论证并逐步推出了《中国近代边界史》《周恩来画传》《朱德画传》《周原出土青铜器》《今注本二十四史》《中国水书》《四川通史》《彝族克智全集》等一批特色鲜明的重点出版项目。享受国务院政府特殊津贴。

27. 马静(1948—)，回族，北京人。2011 年获第十一届“韬奋出版奖”。中国轻工业出版社编审。食品专业图书编辑。多年来，以做大型图书项目为主，填补了多项出版空白，并获得国家级大奖。同时，兼做一些小书，其中《中国大厨在海外》《中国清真饮食文化》等，均获“世界美食图书大赛奖”。《北京小吃》《点菜的门道》《餐馆揭秘》等多本科普小书输出了版权。2009 年，所在编辑部的图书版权售出数占全社的 100%。熟悉科普图书的运作，在中国食品出版社期间，其领导的“科普部”以做美食类图书为主，有许多图书每种印量都超过百万册，为出版社创下了巨大的经济效益，成为两社(包括中国食品报社)财力的主要支柱。在全国科技书市上，以“科普部”为主的图书，创造了两届书市销售码洋第一名的纪录。用 10 年时间，以顽强拼搏的精神，完成了国家“八五”—“九五”重点图书《中国茶叶大辞典》，出版当年即获“国家辞书奖”一等奖、“国家优秀图书奖”提名奖。艰辛耕耘 20 载编纂的《中国饮食文化史》(十卷)填补了该领域的空白。

28. 马谦卿(1926—)，陕西米脂人。甘肃省新闻出版局原局长、甘肃省第七届人大常委会副主任。1941 年加入中国共产党，1943 年后历任中共米脂县委秘书，米脂县印斗区委宣传科科长等职。1947 年开始从事新闻工作，是战略撤退前“保卫延安”群众动员大会上三位采访记者之一。历任《边区群众报》《群众日报》和新华社西北分社陇东支社记者。1949 年 8 月随军西进，参与创办《甘肃日报》，历任记者、编辑、编委等职。1959 年调任人民日报记者站副站长、新华社甘肃分社副社长。1964 年后曾任兰州第一毛纺厂党委副书记、天水市革命委员会办公室副主任。1978 年任甘肃省直属机关党委副书记,1983 年后历任甘肃人民出版社党委书记、甘肃省出版总社社长,甘肃省新闻出版局局长、党组书记,甘肃省出版工作者协会主席。1988 年 2 月至 1993 年 2 月,任甘肃省第七届人大常委会副主任,1998 年离休。

29. 毛振珉(1925—2005),江苏宝应人。上海人民出版社原党组副书记、副社长。1945 年在中国共产党领导下,在上海开展儿童工作组织“小学生团”。1946 年之江大学教育系肄业。曾参与创办《新少年报》,任科普专栏作者。1950 年在共青团上海市委少年部任科长。1951 年在共青团中央《中国少年报》任编辑组长,之后在团中央少年部任科长。1954—1956 年负责筹办《辅导员》杂志,为该杂志第一任总编辑。该刊被认为是共青团中央指导少先队工作的重要助手。1961—1966 年任共青团上海市青农部副部长、少年部部长,1972 年调上海人民出版社工作,先后任教育编辑室负责人、副社长、党组副书记。是中国出版工作者协会第一、第二届理事,上海市出版工作者协会副主席兼秘书长。代表作有《什么样的孩子能入队》《初创时期的辅导员》。支持了《青年之友》《青年信箱》《大学生》《创造美的心灵——李燕杰报告集》《青年政治读本》等系列丛书的出版。

30. 孟祥琴(1956—),河南郑州人。2011 年获第十一届“韬奋出版奖”。妇女生活杂志社原总编辑。兼任中国期刊协会常务理事、全国妇女报刊协会副会长、河南省期刊协会副会长、河南省版协期刊工委常务理事。1981 年底大学毕业后到《妇女生活》杂志社工作,从一名普通编辑到编辑室主任、副总编、常务副总编、总编。开创、主持的栏目引起社会广泛关注,组编、终审的稿件 200 余篇被《新华文摘》《文摘报》等全国多家报刊转载,70 余篇分获全国及省级好作品、好新闻评选一、二、三等奖,撰写的《冲击与对策——社会综合性期刊生存状态研究》《关于妇女刊物个性化的思考》《典型人物报道与市场“卖点”》《高扬主旋律探索市场化》《优秀社科期刊的“三结合”原则》等业务论文发表于《出版发行研究》《报刊管理》等全国多家报刊并获奖。1994 年被评聘为副编审,2000 年被评聘为编审,同年被授予河南省“三八红旗手”称号。2002 年被评为第四届“河南省十佳出版工作者”,2005 年荣获河南省“五一劳动奖章”,2008 年被评为河南省优秀专家,2009 年被评为河南省“劳动模范”,同年底入选“新中国 60 年有影响力期刊人”,2011 年 2 月获河南省期刊行业突出贡献奖。

31. 欧阳莲(1941—),广东河源人。1996 年获“全国百佳出版工作者”称号。1997 年获第五届“韬奋出版奖”。原广东科技出版社社长兼党委书记、编审。1964 年自黑龙江商学院机械专业毕业后,在广州市计划委员会工作。“文化大革命”开始后，先在广州市第一干校劳动，后到广州市少年宫任教。1980 年调入广东科技出版社工作，先后任编辑、编辑室主任、代社长、社长兼总编辑、社长兼党委书记等。在该社任职期间全面实行“目标经营管理责任制”，成功完成了内部经营结构的转轨。出书质量不断提高，10 多年来有 300 多种优秀图书获得国家和省部级的奖励，经济效益也直线上升。鉴于高层次科技著做作版难，发起建立广东优秀科技专著出版基金会，从筹集基金到实际运作，成绩卓著，由基金会资助出版的 31 种著作中有 22 种(次)获奖，受到科技界广泛欢迎。为了出版走向世界，在其倡议下，联合成立的“广州百通科技图书信息联合公司(集团)”，以集团优势推出适合海外图书市场的本土版图书，规模引进适合国内图书市场的海外科技图书。

32. 潘宏(1965—)，吉林延吉人。2011 年获第十一届“韬奋出版奖”。中共党员，军事科学出版社第二编辑室主任，法学博士，编审(专业技术六级)。从业以来，编辑出版图书 450 余种，参与编辑出版《建国以来毛泽东军事文稿》(第 1 卷)、《邓小平军事文集》(第 1 卷)等军事经典著作，以及《刘伯承军事文选》《罗炳辉军事文选》《谭政纪念文集》等将帅军事文选、文集、传记和回忆录多部。参与编辑出版《中国军事通史》(全 17 册，荣获“国家图书奖”提名奖)、《军事训练学二级学科理论专著》(荣获首届中国出版政府奖提名奖)、军事学研究生系列教材(全 56 册，教育部军事学研究生指定教材)等学术精品。策划编辑出版多部军事学一级学科理论专著，其中《中国上古军事史》荣获“中国图书奖”，《国际军事学概论》《安邦大略》等多部图书荣获“解放军图书奖”，曾作为获奖图书责任编辑代表在颁奖大会上发言。策划编辑的图书荣获“国家图书奖”、“中国图书奖”、首届“中国出版政府奖”等国家级图书奖 5 项，荣获“解放军图书奖”及省级图书奖 20 多项。荣获“全国优秀中青年编辑”称号，被评为军事科学院“优秀共产党员”、军事科学院“学习成才先进个人”。荣立三等功 3 次，多次获上级嘉奖。

33. 钱月华(1932—)，别名金戈，浙江宁海人。美术装帧设计家，人民出版社编审。1949 年入杭州国立艺术专科学校学习，1952 年转入中央美术学院，1954 年毕业于中央美术学院实用美术系，同年进入人民出版社从事书籍装帧设计工作。1986 年被评为编审(美术)，是中国美协会员及中国版协装帧分会理事。长期从事书籍的美术装帧设计，多次获得全国书籍装帧艺术大奖：作品《伟大的道路》获 1979 年“全国书籍装帧设计”一等奖，《纪念柯棣华》《闻一多全集》获 1986 年“全国书籍装帧设计”二等奖，韩素音自传《伤残的树》《凋谢的花朵》《无鸟的夏天》获“全国书籍装帧设计”三等奖，《袁运甫画集》《中国历史学年鉴》等获“全国书籍装帧设计”优秀奖。1985 年参加了中国版协、中国美协联合举办的“书籍装帧艺术家

20人作品联展”。著有《装帧设计随笔》《装帧设计浅谈》《设计规律问题》等。被列入《中国美术家人名辞典》及《中国妇女名人录》。

34. 秦玉莲(1954—),湖南衡东人。2011年获第十一届“韬奋出版奖”。中南出版传媒集团股份有限公司原副总经理,湖南省新华书店有限责任公司原董事长。中共党员,政工师,中山大学高等继续教育学院经济管理专业大专学历。1979年至1999年历任衡阳市新华书店办公室主任、人事科科长,1999年起任长沙市新华书店副总经理,湖南省新华书店党委副书记、湖南省新华书店集团总经理。2008年12月起任中南出版传媒集团股份有限公司副总经理,兼任湖南省新华书店有限责任公司董事长。2005年,带领湖南省新华书店集团,经过80天的艰苦努力,完成了全省339个门店的盘存建网工作,成功搭建出覆盖全省新华书店的连锁经营平台。至此,湖南省新华书店集团一改多年来形成的批发模式,建立了以市场为导向、以销售为中心、以连锁门店为网络的统一的市场营销格局。2006年完成了该书店集团历史上难度最大、力度最强、效果最好的一次内部改革,一举扭转了长期困扰湖南新华书店的“冗员、冗政”老问题,实现了干部能上能下、员工能进能出。2008年开始,在其参与和指导下,湖南新华书店以中南出版传媒集团上市为契机,全面推进改制上市工作,顺利完成公司化改制,构建起总分公司与母子公司相结合的新型管理体制,深度整合企业内部资源,重建业务流程和管理流程,迈出了由传统国有企业向现代企业转变的关键一步。2010年10月中南传媒成功登陆资本市场。2007年,被国家人事部、新闻出版总署授予全国新华书店系统“劳动模范”。先后获得“湖南新闻出版行业首批经营领军人才”、“三创一争”先进个人、“效益杯”先进个人、湖南省新闻出版系统“先进工作者”、“优秀共产党员”等多项荣誉称号。

35. 莎阿达提·伊敏(1940—),维吾尔族,新疆额敏人。1995年获第四届“韬奋出版奖”。原新疆教育出版社编审。1957—1959年在新疆大学物理系学习,1959年由新疆大学保送到清华大学电机系学习,1962年毕业后,先后在新疆人民出版社、新疆教育出版社担任新疆少数民族文字教材的编写、编审、编译工作。1984年被评为自治区教委系统“三八红旗手”,1990年被评为自治区“先进工作者”(获金质奖章一枚)、自治区“有突出贡献的中青年专家”,1995年,被新疆维吾尔自治区妇联授予自治区“十大女杰”称号,并获全国妇联全国“十大女杰”提名奖。

36. 沈国芬(1924—),江苏吴县(今并入江苏苏州)人。资深翻译家,擅长英语、俄语,编审。1947年毕业于四川大学英国文学系。曾在国民政府新闻局北平办事处任编译。中华人民共和国成立后，历任中共中央宣传部毛泽东选集英译委员会译校员，时代出版社、外文出版社编辑，商务印书馆编辑、外国历史编辑组组长，1983 年起在中国对外翻译出版公司（当时为联合国资料小组）任编辑、编辑组长、审校、编译室主任、副经理，联合国教科文组织《信使》杂志中文版主编。是中国翻译工作者协会第一、第二届理事。1992 年起享受国务院政府特殊津贴。编有《苏联小百科辞典》等。主要译著有《美国工会运动史》《叛徒》《苏联文化革命》《南斯拉夫共产主义联盟》《苏联和未来》《莫斯科和北京》等。

37. 沈世鸣（1931—1996），原名杨采琴。山西清徐人。1995 年获第四届“韬奋出版奖”。原重庆出版社总编辑、编审。1946 年 3 月参加革命以来，一直从事新闻出版工作。先后任《晋南日报》编辑、记者，《重庆日报》记者、编辑、副总编辑，重庆市出版局副局长，重庆出版社副总编辑、总编辑。是中国出版工作者协会第三届理事。组织编辑出版了《南方局党史资料丛书》《中国马克思主义研究丛书》《国外马克思主义和社会主义研究丛书》《现代化探索丛书》《现代社会科学丛书》和《中国现代作家评传》等一大批具有良好社会影响的学术专著。由她倡议设置的百万元科学学术著做作版基金，被称为出版界的义举。主持编辑部工作期间，有 308 种图书获省级以上优秀图书奖，其中获全国奖 42 种，《中国抗日战争时期文学书系》获“中国图书奖”一等奖，《中国解放区文学书系》和《世界反法西斯文学书系》分别获得首届“国家图书奖”提名奖和第二届“国家图书奖”。1989 年，被授予四川省“劳动模范”称号。1991 年，享受国务院政府特殊津贴。1992 年，被评为重庆市第二届“优秀女科技工作者”。

38. 沈兹九（1898—1989），原名沈穆兰，浙江德清人。长期从事妇女出版的事业，中国妇女运动先驱。1915 年考入浙江女子师范学校预科，次年转入本科，1919 年毕业后到该校附小任教。1921 年秋赴日本，就读于日本女子高等师范艺术科，1925 年学成回国，先后在浙江女子师范学校、江苏松江女中、南京汇文女中任教。1934 年 2 月，主编《申报》副刊《妇女园地》，1935 年创办并主编《妇女生活》杂志，传播新思想。1936 年参与发起组织上海妇女界救国会。同年 11 月下旬南京国民政府在上海逮捕了救国会领导人，制造了“七君子事件”后，与宋庆龄、何香凝等 16 人发起“救国入狱运动”，要求入狱与七君子一起受监禁。1939 年加入中国共产党。1941 年赴新加坡，协助胡愈之在南洋创办新南洋出版社，任《南侨日报》副编辑和《新妇女》月刊主编，对侨胞进行爱国主义教育。1948 年途经香港到达华北解放区。1949 年出席第一次全国妇女代表大会，当选全国妇联宣传教育部部长，兼任《新中国妇女》月刊总编。中华人民共和国成立后，历任政务院文教委员会委员,浙江省人民政府委员,全国妇联常委兼《中国妇女》杂志社社长,国务院华侨事务委员会委员,中国政治法律委员会理事,中国人民保卫世界和平委员会理事,民盟中央常委兼组织部副部长,民盟妇女委员会副主任,民盟中央参议委员会副主任,第一届至第三届全国政协委员,全国政协妇女工作组副组长,第一、第二、第三、第五、第六届全国人大代表。

39. 盛如梅(1934—),江苏无锡人。少儿科普读物编辑专家。1949 年参加革命工作,历任无锡县(今无锡市)梅村区团委宣传委员,华东团委组织部秘书,《新少年报》记者、编辑组长,少年儿童出版社编辑室副主任,《儿童时代》编辑部副主任、副总编,《哈哈画报》主编。为少年儿童编书编报编刊 40 年,主编《漫游科技世界大型漫画丛书》《漫游新科技世界大型漫画丛书》《幼儿十万个为什么丛书》《名家科学童话选》30 多种。获得过优秀科普作品奖、全国优秀图书奖、“五个一工程奖”、“冰心图书奖”等 20 多项。1956 年开始发表作品。1988 年加入中国作家协会。著有短篇童话集《马小虎办奇案》《森林王国失踪之谜》《松松误闯黑魔林》等 30 多种书。其作品曾获全国第二届“少儿文艺创作奖”、全国少儿优秀作品奖、“中国图书奖”提名奖、“中华图书奖”。中国科普作协少儿委员会委员、上海科普作协理事、中国少儿报刊名誉理事。

40. 舒元璋(1930—),曾用名舒蓝,湖北武昌人。人物传记编辑专家。中央团校第二期学员。曾任武汉学联剧团核心组成员,新中国成立后任武汉市学生联合会主席团兼女学生部部长、青年学园辅导员。1950 年开始从事编辑工作,历任《中国少年报》编辑,《辅导员》杂志编辑、编委兼组长、副总编辑、总编辑,《羊城晚报》文教部副主任,《南方日报》编委兼群众工作部主编,中国青年出版社编委,《红旗飘飘》编辑部、传记文学编辑室主任。曾任《中国现代著名人物传记》丛书责任编辑,中国传记文学学会副秘书长。负责编辑的书有《叶挺》《陈赓》《罗瑞卿》《彭枫》《陶铸在鄂中》等,参加编辑《祖国丛书》《青年革命传统教育系列丛书》《革命烈士传》等。合编的书有《大海——记朱德同志》《许世友传奇》等。1987 年获新闻出版署颁发的荣誉证书。

41. 孙桂均(1963—),湖南长沙人。2011 年获第十一届“韬奋出版奖”。第六届“全国优秀版权经理人”。湖南科学技术出版社科普 · 生活图书事业部主任。编审,民进成员。1984 年毕业于湖南医学院(现中南大学湘雅医学院),后进入湖南科学技术出版社工作。1998 年任对外合作编辑室副主任,2005 年起担任科普 · 生活图书事业部主任。在 20 多年的编辑出版生涯中,策划出版了包括《时间简史(普及本)》《世界是平的》《不可思议的年代》《大设计》《难以忽视的真相》《最后的演讲》在内的200余种图书,累计销售码洋过3亿元,其中26种图书获得省部级以上奖励,取得了社会效益和经济效益双丰收。先后荣获湖南省"新闻出版系统先进个人"、首届集团董事长奖励基金特别贡献奖、第二届湖南省"优秀中青年出版工作者"、第六届全国"优秀版权经理人"、《中国图书商报》十大财经图书策划人、湖南"文化强省建设有突出贡献先进个人"、"全国三八红旗手"等荣誉。

42. 汤晓芳(1945—),上海人。2001年获第七届"韬奋出版奖"。宁夏人民出版社原编辑室主任、编审。1967年毕业于北京大学历史系,毕业后被分配到浙江乔司农场劳动锻炼。1970年在上海市南塘中学任教。1970年10月支边到内蒙古鄂托克旗二中任教。1971年到内蒙古鄂托克旗广播站任编辑。1980年在《内蒙古社会科学》任编辑。1987年调至宁夏人才研究所,任《宁夏人才》编辑、副主编。1991年以后调到宁夏人民出版社工作,历任编辑室副主任、主任。主要论著有《试论成吉思汗用兵西夏的战略意义》《论元朝文化的历史地位》《喇嘛教与元代蒙古文化》《蒙古与西夏关系略论》。中共宁夏第八届党代表。2000年荣获"全国百佳出版工作者"称号。

43. 王定坤(1918—),山西平遥人。曾任北京出版局副局长、北京出版社社长等职。1937年参加山西太谷游击队,曾任中共晋中特委、太行区党委工作人员,太行《新华日报》、晋冀鲁豫《人民日报》编辑、编委。中华人民共和国成立后,历任新华社华北总分社采编室主任,《北京日报》社副总编辑。北京市出版局副局长,北京出版社社长,中共北京市委宣传部副部长。北京市第五、第六届政协常委,北京市中共党史学会副会长,太行革命根据地史编委会副总编辑。主编有《太行革命根据地党的建设》《太行革命根据地土地改革》资料丛书。

44. 王世钧(1948—),满族,山东蓬莱人。2001年获第七届"韬奋出版奖"。云南省新华书店集团有限公司原董事长、党委书记。中共党员。1971年进入云南省新华书店工作,1984年起历任云南省新华书店副总经理、总经理、党委书记。1999年起任云南省新华书店集团有限公司董事长、党委书记。1988年担任云南省新华书店总经理后,选准改革突破口,全面推行承包经营责任制,极大激发了书店职工的积极性,书店的经济效益大幅增长,到1994年销售(含调拨)达2.66亿元。在其带领下,云南省新华书店于全国首推"工者有其股"的改革措施,设立职工持股会,并进行国有资产授权经营,实行投资主体多元化,给企业带来了生机和新的活力。1999年云南省新华书店改制为云南新华书店集团有限公司,实现了建立现代企业制度的历史性跨越。并在全国同行业中率先引进外资创办文化企业,面向东南亚各国华人,与周边国家开展广泛的文化交流。多次受到党和政府的表彰,先后获得全国新闻出版系统“先进工作者”“全国优秀女企业家”“云南省优秀企业家”“有突出贡献优秀专业技术人才”“首届全国百佳出版工作者”等称号。

45. 王为珍(1939—)山东文登人。1995 年获第四届“韬奋出版奖”。山东省出版总社原副总编辑、山东科学技术出版社原社长。中共党员。编审。1965 年毕业于山东农学院植物保护专业。历任山东省农业科学院、山东省科学技术情报研究所工作人员,山东科学技术出版社编辑、科普编辑室副主任、副社长、社长兼总编辑,山东省出版总社副总编辑。策划编辑了一大批获奖图书,其中《中国农业现代化建设理论道路与模式》1997 年荣获新闻出版署颁发的第三届“国家图书奖”和第八届“国家科技图书二等奖”,《地下建筑学》《21 世纪中国农业科技展望》1995 年荣获新闻出版署颁发的第七届“国家科技图书二等奖”,《科学发现演义》《水产新技术问答》荣获 1996 年全国科协、新闻出版署、广电部等颁发的第三届“全国优秀科普作品”二等奖,还有很多书获北方十省市优秀科技图书奖和山东省优秀图书奖。积极倡导并主持山东科学技术出版社率先在全国设立“泰山科技专著出版基金”,为繁荣我国的出版事业起了导向性作用。山东科技出版社 1993 年被中宣部、新闻出版署评为全国首批 15 家优秀出版社之一。先后被评为山东省直属机关优秀党员、省出版总社系统“劳动模范”和省新闻出版系统的优秀编辑,获山东省和“全国三八红旗手”等称号。1994 年被山东省委宣传部授予山东省“十佳出版工作者”称号,1996 年享受国务院政府特殊津贴,1998 年被人事部、国家新闻出版署授予全国新闻出版系统“先进工作者”称号。

46. 王晓丹(1963—),辽宁人,2008 年获第十届“韬奋出版奖”。人民邮电出版社副社长、总编辑。1984 年北京邮电大学本科毕业后留校任教两年。1989 年硕士研究生毕业后进入人民邮电出版社工作。曾先后任期刊编辑、图书编辑、编辑部副主任、编辑部主任、副总编辑、副社长兼总编辑,兼任中国编辑学会常务理事,北京通信学会常务理事,《通信学报》编委。策划、组织、责编的各类图书中,有 30 多种通信类图书分别获“中国图书奖”、全国优秀科技图书奖、信息产业部和邮电部科技进步奖。任编辑期间,独立策划、编辑的《大容量数字微波传输系统工程》《电磁导弹概论》等 2 种图书先后获全国优秀科技图书二等奖。组织引进翻译的《电信竞争》获第十三届“中国图书奖”,组织出版的《TD-SCDMA 第三代移动通信系统标准》获第十四届“中国图书奖”,组织实施的电子出版物《S1240 高级操作维护学习系统》获第二届“国家电子出版物奖”提名奖。任出版社领导后,组织出版的《通信业“十一五”发展规划》《面向“十一五”无线电管理》《电信业发展指导》等一大批重点图书,以及反映优秀科技成果和最新研究进展的《TD-SCDMA 第三代移动通信系统标准》《下一代网络》以及《“863”通信高技术丛书》等高新技术原创力作，为我国通信科技自主创新、行业发展改革及传统电信业务转型起到良好的促进作用。其中，组织策划和实施的《“863”通信高技术丛书》作为重大出版工程项目被列入“十一五”期间国家重点图书出版规划。

47. 王芝芬（1930— ），浙江鄞县（今宁波市鄞州区）人。辞书编辑专家。2011年获第三届中国辞书学会辞书事业终身成就奖。上海辞书出版社原副总编辑。1948年毕业于上海震旦女子文理学院附中。1951年参加出版工作，1951年至1959年在新华书店华东总分店编辑部、华东人民出版社、上海人民出版社编辑部工作，1959年至1978年任上海中华书局辞海编辑所编辑，1978年至1990年任上海辞书出版社史地编辑室主任、副总编辑、编审。兼任《辞海》《中国历史大辞典》《世界历史大辞典》《简明社会科学词典》《世界近代史词典》等编委。参加1979年版《辞海》和1989年版《辞海》的修订，是史地部分词条的负责人。参加《中国大百科全书·世界历史卷》《简明社会科学词典》《毛泽东思想大辞典》《邓小平思想理论大辞典》等的撰写。著有《扁鹊与华佗》《班超》《成渝铁路》等。论文有《关于人名词典词目的选取和词条的编写问题》等。1979年获上海市“三八红旗手”称号。

48. 韦君宜（1917—2002），原名魏蓁一，祖籍湖北建始，生于北京。编辑出版家、作家。荣获新中国“60年百名优秀出版人物”称号，是入选的六名女性出版人物之一。人民文学出版社原总编辑、社长。清华大学肄业，在校时参加过“一二·九”运动。1936年参加中华民族解放先锋队，同年加入中国共产党。1939年到延安。后任新华社《中国青年》杂志编辑，晋绥《中国青年》分版主编。中华人民共和国成立后，历任《中国青年》总编辑、《文艺学习》主编、作家出版社总编辑，人民文学出版社副社长、总编辑、社长。中国出版工作者协会第一届理事。大型文学双月刊《当代》杂志顾问。1979年主持召开全国中长篇小说作家座谈会，遵循“为社会主义服务、为人民服务”的方针就文学创作问题进行深入的探讨，对促进作家的思想解放及创作的繁荣，产生了较大影响。主持了近50种文学名著的出版工作。1935年开始发表作品。著有长篇小说《母与子》《露沙的路》，散文特写集《故乡和亲人》，散文集《似水流年》《故国情》《我对年轻人说》，短篇小说集《女人集》，短篇小说选《旧梦难温》，中短篇小说选《老干部别传》，散文杂文集《海上繁华梦》，编辑札记《老编辑手记》，长篇回忆录《思痛录》等。《洗礼》获1981年全国优秀中篇小说奖，《婚礼谈往》《海上繁华梦》获《青年一代》年度优秀作品奖。曾任中国文联第四届委员、中国作协文学期刊工作委员会主任。

49. 吴莹(1944—),上海人。1993 年获第三届“韬奋出版奖”。曾任上海译文出版社副总编辑、编审。1965 年毕业于上海外国语学院英语系。历任英语教师,《英汉大词典》编辑、副主编,上海译文出版社编辑、副总编辑等。1983 年赴英国牛津 Basil Blackwell(布莱克维尔出版社)公司进修编辑出版业务,1987 年赴美国协助审校修改美国中英译协会的《汉英词典》。参编的《英汉大词典》上卷获中国图书一等奖,全书获上海市优秀图书特等奖,参与《新英汉词典》的编写、定编、修订工作,该书获上海市优秀图书奖,印数达 700 余万册。合编有《新英汉词典》(及《补遗》)、《当代英汉译解词典》《英语短语动词词典》等,编译有《英语常用习语》等。

50. 徐春莲(1956—),笔名莲子,湖北随州人。1999 年获第六届“韬奋出版奖”。曾任广东省妇联副主席,《家庭》杂志社社长、编审。1980 年毕业于中山大学中文系。1981 年调入《家庭》杂志社,历任编辑、总编室副主任、编委、副总编辑、社长、总编辑、《家庭》期刊集团管委会主任。中国作家协会会员、中国妇女报刊协会副会长、中国期刊协会理事、广东省女科技工作者协会副会长、广东省期刊协会副会长、广东省第九届人大代表、广东省妇联副主席。自进入杂志社领导班子以来,积极参与《家庭》办刊宗旨、编辑思想的研究和栏目的设置策划等工作,编发了大批优秀稿件,不少被搬上荧屏、银幕。全面主持杂志社工作以来,不断开拓进取、励精图治,使《家庭》杂志的社会效益和经济效益均取得显著成绩。1997 年、1999 年两度被评为“全国百种重点社科期刊”,1997 年再次荣登“广东省优秀社科期刊”榜首。她还是作家,20 世纪 70 年代开始文学创作,1992 年加入中国作家协会,作品多次获奖。1996 年先后被评为“广东省优秀中青年专家”和“广东省首届优秀中青年出版工作者”,分别获得广东省委、省政府和省委宣传部的嘉奖。1998 年被评为“第二届全国百佳出版工作者”和广东省直机关“优秀共产党员”。2001 年被全国妇联授予“巾帼建功标兵”称号。2004 年入选全国首批“四个一批”人才。

51. 徐华(1961—),北京人。2008 年获第十届“韬奋出版奖”。长城出版社社长、总编辑。1976 年入伍,硕士研究生学历。1998 年开始从事出版工作,历任长城出版社编辑、副总编辑、社长兼总编辑。策划、主编和编辑了 100 余部大型画册和图书,总计 1000 多万字。其中,《天地》获 2007 年“解放军图书奖”,《长城世纪星》获全国“优秀青年”读物编辑二等奖。策划、主编了《毛主席图片书法精品》《徐向前元帅》《罗荣桓元帅》《中国元帅》《孙毅将军》《孔从洲将军》《航天英雄杨利伟》《中国公安边防警察》《中国人民解放军医院纵览》《新四军征战图集》、第一至第四野战军《征战图集》《中国人民抗日战争史画》《铁道兵历史文献》《瞬间》

《战友》《八一大楼珍藏书画》《京西宾馆藏画集》等大型图书和画册,收到很好的社会效益。策划、编辑了《刘华清》《张铚秀》画册、《盾神》《留下那一片记忆》等优秀图书,2007 年策划、编辑出版的《光荣》系列连环画,收集了全军 64 位优秀画家的作品,并撰写脚本 25 万余字,受到读者好评。

52. 杨瑾(1929—),回族,江苏南京人。"首届全国百佳出版工作者"。曾任文物出版社社长兼总编辑。1949 年国立社会教育学院(今苏州大学)新闻系毕业。历任新华书店华东总分店、上海人民出版社、人民出版社编辑,《文物》月刊编辑、主编,文物出版社副总编辑、社长兼总编辑、编审。兼任中国考古学会理事、中国出版协会理事、中国编辑学会理事、《中国美术全集》(60 卷)编委、《中国美术分类全集》(400 卷)总编委会副总编辑。享受国务院颁发的政府特殊津贴。从事中国历史和文物考古书刊的编辑出版工作 50 余年,曾编辑出版了一批学术水平较高的中国历史论著和资料,如《朱元璋传》《唐代长安与西域文明》《契丹社会经济史稿》《新民主主义革命时期通史》《中外历史年表》《中外旧约章汇编》《辛亥革命前十年间时论选集》《五四时期社团》等。主持《文物》月刊工作时,该刊海外发行量跃居中国社会科学期刊前列,同时为拓展出版领域,创办《文物资料丛刊》《文物集刊》《书法丛刊》。任文物出版社领导期间,坚持社会主义出版方向和高质量出书特色,出版社曾被评为"全国优秀出版社",出版的图书多次获奖,在首届"国家图书奖"中,文物出版社获奖图书数量为全国 500 多家出版社之首。参与主持的《中国美术全集》和《乾隆版大藏经》,分别获"首届中国优秀美术图书特别金奖"和"全国古籍整理特等奖",并获首届"国家图书奖"荣誉奖。总策划并主编的与台湾合做作版的大型系列图书《中国考古文物之美》十册,获台湾优秀图书最高奖"金鼎奖"。

53. 杨潇(1948—),四川达川人。2004 年获第八届"韬奋出版奖"。《科幻世界》(前身为《科学文艺》)原社长兼总编辑。编审。1976 年毕业于北京航空学院。同年在成都新兴仪器厂设计所任技术员。1980 年起进入《科学文艺》编辑部,历任编辑、主编、社长兼总编辑。1984 年任主编以来,团结同事,将一个濒临倒闭的刊物,办成在国际科幻界享有盛誉、全球发行量最大的科幻杂志《科幻世界》。到 2001 年,科幻世界杂志社已形成以《科幻世界》为核心,拥有《飞》(科幻世界少年版)和《科幻世界画刊·惊奇档案》等三刊,以及不定期刊登长篇科幻译著的《增刊》,加上光碟等周边产品开发的庞大的科幻产品产业链。1991 年被世界科幻协会(WSF)授予"主席特别奖"。1997 年被俄罗斯宇航协会授予"柯罗廖夫院士勋章"。被中国科技期刊编辑学会授予"金牛奖"。曾多次荣获四川省"科协先进个人”,四川省级机关“三八红旗手”称号,连续三届荣获“全国百种重点社科期刊奖”和首届“中国期刊奖提名奖”的科幻世界杂志社社长,“全国百佳出版工作者”称号。

54. 姚佩文(1932—),四川人。“新中国60年百名优秀出版人物”(入选的六名女性出版人物之一)。1987年获首届“韬奋出版奖”(为10人中唯一的女性)。四川省什邡市新华书店原经理。1950年参加中国人民解放军,1955—1973年曾在青海省畜牧厅、什邡县(今什邡市)卫生局、文教局任机关党委书记、副校长、副局长。1973年以什邡县文教局副局长的身份志愿到县新华书店工作。任书店经理期间,十分注重市场调查,紧紧抓住进销两个环节,进、销、存呈良性循环,在取得社会效益的同时,经济效益不断提高。在其带领下,什邡县店销售、利润逐年上升。怀着献身图书发行事业的热情,她忍着癌症的病痛,以顽强的拼搏精神,带领职工为全县38万人民服务,使什邡县店成为全国新华书店系统10个红旗店之一,1985年荣获四川省“精神文明单位”荣誉称号。1979年她被评为全国新华书店系统“先进工作者”,1983年被评为四川省新华书店系统“先进工作者”、省“三八红旗手”。曾4次被评为县文教系统“优秀共产党员”。

55. 袁淑琴(1951—2016),辽宁阜新人。“新中国60年百名优秀出版人物”(入选的六名女性出版人物之一)。2006年获第九届“韬奋出版奖”。原青岛市新华书店(集团)有限责任公司董事长、总经理。1978年调入新华书店,1993年任书店总经理后,积极带领全店员工投身市场经济大潮,使企业在竞争中发展壮大。实现图书销售额、利税等增长。善于在实际中总结经验,“借船出海”就是她在实际工作中创造出的一个经营策略。从1995年起,全店实行了全员劳动合同制、集体协商合同制,建立科学管理体系、实现微机网络化。重视企业文化建设,创立了以“书海情深”为服务品牌的企业文化CIS识别系统,在体制改革上,2003年成功进行了企业股份制改造,组建了青岛市新华书店有限责任公司,成为全国图书发行业闻名的女强者。先后荣获“中国书刊发行先进个人”“山东省六大工程十佳人才”,青岛市“优秀女企业家”、“青岛市优秀党员”、“市优秀女思想政治工作者”、“市三八红旗手”等荣誉称号。

56. 张曼筠(1901—1975),江苏江阴人。致力于进步书刊出版和妇女发展事业,曾任民盟中央委员会委员兼中央办公厅主任等职。生于书香门第,其父张小楼是著名书画家。学生时代参加过五四运动。1927年3月,作为金陵女子大学学生,积极宣传国民革命,参加慰问北伐部队的活动,并与李公朴相识。1928年与李公朴在上海结婚,此后追随丈夫投身爱国民主运动。1937年与李公朴从武汉北上，1938 年共赴延安，后进入延安鲁迅艺术学院学习一年。1940 年回到重庆，协助李公朴开办三八书店。1941 年和李公朴到昆明，开办北门书屋、北门出版社，出版进步书刊，推进民主运动。1944 年在昆明、香港等地的妇女联谊会理事会工作。1945 年加入中国民主同盟，任民盟昆明支部妇女运动委员会委员。1946 年 7 月，李公朴惨遭反动派暗杀后，她携子女到上海继续参加民主革命运动。1947 年赴香港，与李文宜、杨默霞、李健生等一起组织“港九妇女联谊会”，从事争取和平民主的活动。1948 年由香港通过层层封锁秘密进入华北解放区。1949 年参加了中国人民政治协商会议第一届全体会议。中华人民共和国成立后，历任第一、第二届、第三届全国人民代表大会代表，当选为全国妇联执行委员、民盟中央委员会委员兼中央办公厅主任。

57. 张佩清（1949— ），江苏扬州人。“新中国 60 年百名优秀出版人物”（入选的六名女性出版人物之一），中国百名优秀出版企业家，第四届全国百佳出版工作者。曾任南京市新华书店经理，江苏省新华书店总经理、党委书记，江苏省新华书店集团有限公司副董事长、总经理、党委书记，凤凰出版传媒发行集团总经理，中国新华书店协会副会长，江苏省新闻出版局副局长、党组成员。1975 年进入南京市新华书店，在全国率先举办了地方书市——南京书市。1992 年任江苏省新华书店副总经理期间，果断提出了“定位市场，强化功能，服务两头（出版社和销售店），扩大销售”的战略，积极转变省店机制，1999 年组建了全国第一家省级发行集团——江苏新华发行集团，带领江苏新华书店行业走上了规模化、集约化发展模式，并突破地域束缚，首创了跨省重组模式。2008 年 5 月 9 日，海南凤凰新华发行有限责任公司挂牌，标志着全国首家通过跨地区战略重组组建的大型出版发行企业正式诞生。先后在业内报刊上发表探索改革发展的文章十余篇，主要有《发行集团发展战略构想》《江苏新华发行集团提高市场竞争率的实践与探索》等。

58. 张晓梅（1911—1968），原名张锡珍（张锡瑗的妹妹），河北保定人。1936 年任《北平新报》副刊《妇女》主编。曾任中共北京市委妇委书记、北京市妇联主任等职。曾在保定第二女子师范学校读书，参加中共地下党组织的学习活动。1925 年加入中国共产主义青年团。同年秋，入北方区委党校学习期间，受到李大钊的教诲。1928 年 9 月，在上海加入中国共产党，任中共中央翻译科机要交通。1930 年到杨树浦仪和纱厂当细纱工，兼做女工工作。后任中共上海沪东区委妇女部长、沪西区委妇女部长。1935 年后，去北平从事抗日救亡运动，当选华北妇女救国会和北平妇女救国会理事。与陈波儿等人带领平津沪妇女儿童慰劳团，赴各地宣传。1937 年入延安马列学院学习。1939 年秋，调重庆任中共南方局统战委员会妇女组副组长,并以陕甘宁边区妇女救国联合会驻渝代表团成员的身份,与邓颖超一道开展国统区的妇女统战工作,培养妇女运动骨干。1944 年与李德全、史良等发起组织中国妇女联谊会,任常务理事。中华人民共和国成立后,当选全国政协第一届委员,第一届至第三届全国人大代表,全国妇联第一、第二届执委。

59. 张晓楠(1968—),笔名张楠,北京人。2014 年获第十二届"韬奋出版奖"。中国少年儿童新闻出版总社总编辑、《幼儿画报》杂志社主编。1990 年黑龙江大学中文系本科毕业。2000 年毕业于中国人民大学中文系研究生。1990 年任黑龙江少年儿童出版社编辑,1995 年调至中国少年儿童新闻出版总社后,历任文学部编辑,《幼儿画报》杂志社编辑、主编、编审,中国学前教育研究会理事。2006 年加入中国作家协会。编辑的图书《红袋鼠丛书——母子共读系列》获"冰心奖",《海底记忆》《装上电脑的人》获团中央"五个一工程奖"。主编的《幼儿画报》在同类期刊中获国家新闻出版总署最高品质认证,成为教育部推荐的"优秀幼儿期刊",中国邮政报刊发行网唯一推荐的幼儿期刊,荣获 2005 年中国"优秀少儿报刊金奖",月发行量逾 220 万册。曾发表有关编辑工作方面的论文,如《选择图画书的智慧》《幼儿期刊经营探析》等多篇。是全国新闻出版行业第二批领军人才。

附　录

（59 人）

本卷收录的女性人物是在近百年中国社会进程中，对出版事业做出贡献，产生一定影响的杰出女性或优秀女性。她们大致可以分为三种类型：

一是获得出版界全国性重要奖项和荣誉称号的女性，包括获中国出版政府奖、“韬奋出版奖”、“新中国 60 年百名优秀出版人物”、文化名家暨“四个一批”人才、全国新闻出版行业领军人才、全国新闻出版系统“先进工作者”等荣誉称号的女性。

二是出版领域的女性领导者，包括中华人民共和国成立前即参加出版工作、中华人民共和国成立后在出版行政管理部门做出突出贡献、具有一定影响力的女性领导人。

三是在出版领域具有全国性影响力或具有一定国际影响力的女性。

本附录以上述三个类别分类，类别内按出生年份排序，以便于按类别查询，并清晰展示不同历史时期出版界的女性人物成长轨迹。

一、获得出版界全国性重要奖项和荣誉称号的人物（32 人）

1. 韦君宜（1917—2002）
2. 杨　瑾（1929—　）
3. 沈世鸣（1931—1996）
4. 姚佩文（1932—　）
5. 顾传菁（1937—　）
6. 鲍克怡（1938—　）
7. 王为珍（1939—　）
8. 黄腊荣（1940—　）
9. 莎阿达提·伊敏（1940—　）
10. 欧阳莲（1941—　）
11. 陈瑞藻（1942—　）
12. 李元君（1943—　）

13. 吴　莹(1944—　)
14. 汤晓芳(1945—　)
15. 何学惠(1946—　)
16. 李亚娜(1947—　)
17. 马　静(1948—　)
18. 王世钧(1948—　)
19. 杨　潇(1948—　)
20. 张佩清(1949—　)
21. 袁淑琴(1951—2016)
22. 罗韵希(1954—　)
23. 秦玉莲(1954—　)
24. 孟祥琴(1956—　)
25. 徐春莲(1956—　)
26. 龚　莉(1957—　)
27. 刘　红(1957—　)
28. 徐　华(1961—　)
29. 孙桂均(1963—　)
30. 王晓丹(1963—　)
31. 潘　宏(1965—　)
32. 张晓楠(1968—　)

二、做出突出贡献的女性领导人(18 人)

1. 李峙山(1897—1938)
2. 沈兹九(1898—1989)
3. 张曼筠(1901—1975)
4. 邓季惺(1907—1995)
5. 张晓梅(1911—1968)
6. 江　帆(1916—　)
7. 王定坤(1918—　)
8. 陈伯林(1919—2007)
9. 陈向明(1921—1989)
10. 林子东(1921—　)
11. 林子玉(1922—2011)
12. 鲁　光(1924—1994)
13. 杜淑贞(1925—2005)
14. 胡德华(1925—2009)
15. 毛振珉(1925—2005)
16. 马谦卿(1926—　)
17. 卢玉忆(1929—　)
18. 郭楠柠(1932—　)

三、具有全国性或一定国际影响力的人物(9 人)

1. 沈国芬(1924—　)
2. 曹燕芳(1925—　)
3. 陈休征(1925—2004)
4. 舒元璋(1930—　)
5. 王芝芬(1930—　)
6. 曹　洁(1931—　)
7. 钱月华(1932—　)
8. 盛如梅(1934—　)
9. 董秀玉(1941—　)

第八卷　经济管理

条　目

（以姓氏拼音为序，共122人）

1. 布茹玛汗·毛勒朵
2. 陈爱莲
3. 陈春花
4. 陈从容
5. 陈　丽
6. 陈丽芬
7. 陈　舒
8. 程惠芳
9. 崔丽君
10. 崔秀芝
11. 冯全忠
12. 冯亚丽
13. 付　玲
14. 葛艳华
15. 郭淑芹
16. 郭秀珍
17. 何　媚
18. 侯　隽
19. 胡　嘉
20. 胡小燕
21. 黄　群
22. 黄文秀
23. 季玉兰
24. 江佩珍
25. 江小涓
26. 姜　宏
27. 雷菊芳
28. 李素丽
29. 李　巍
30. 李笑娟
31. 李雪芹
32. 李友秀
33. 梁　蓓
34. 梁　军
35. 刘姝威
36. 刘咏梅
37. 刘玉茹
38. 柳　娥
39. 卢　平
40. 陆倩芳
41. 陆亚行
42. 陆亚萍
43. 罗妙成
44. 罗　艳
45. 马雪征
46. 欧新黔
47. 彭　蕾
48. 齐　兰
49. 钱月宝
50. 任桂芳
51. 申纪兰
52. 石晓荣
53. 宋美妹
54. 宋治平
55. 孙克键
56. 孙祁祥
57. 孙　玮
58. 孙亚芳
59. 孙月焕
60. 孙月英
61. 谭惠珠
62. 谭小芳
63. 汤桂芬

64. 陶华碧
65. 陶肖明
66. 田桂英
67. 王凤英
68. 王海彬
69. 王会琴
70. 王嘉玲
71. 王　娜
72. 王希芹
73. 王　霞
74. 王晓雯
75. 温冬芬
76. 吴迺峰
77. 吴文英
78. 吴晓灵
79. 吴秀芝
80. 吴亚军
81. 武丹青
82. 夏　华
83. 夏之栩
84. 肖玉萍
85. 谢企华
86. 邢艳萍
87. 邢燕子
88. 熊海涛
89. 徐海燕
90. 徐苓苓
91. 许冬瑾
92. 许薇薇
93. 燕君芳
94. 杨金花
95. 杨绵绵
96. 杨　燕
97. 游景玉
98. 于　剑
99. 于淑珉
100. 余留芬
101. 郁霞秋
102. 袁利群
103. 曾学敏
104. 翟美卿
105. 詹灵芝
106. 张海霞
107. 张红霞
108. 张慧珍
109. 张克秋
110. 张永珍
111. 张月姣
112. 赵春香
113. 赵秀莲
114. 赵秀玲
115. 郑翔玲
116. 郑晓燕
117. 钟帆飞
118. 钟　杰
119. 周晓曦
120. 朱慧秋
121. 朱　玲
122. 朱新蓉

词　　条

（以姓氏拼音为序，共122人）

1. 布茹玛汗·毛勒朵（1942—　），柯尔克孜族，新疆乌恰人。“全国爱国拥军模范”“全国三八红旗手”“全国民族团结进步模范个人”等称号获得者。2019年9月17日，国家主席习近平签署主席令，授予她“人民楷模”国家荣誉称号。新疆维吾尔自治区乌恰县吉根乡护边员，中共党员。长期扎根于祖国边疆，无怨无悔、默默无闻地将青春年华奉献给祖国的守边事业，维护社会主义经济建设的和平环境。在平均海拔4000米以上的冬古拉玛边防线上50多年如一日巡边护边，每天最少要走20公里山路，在她守护的山口，创造出无一例人畜越境事件的守边业绩。视边防军如子女，自己生活十分贫困，却竭尽自己所有给“兵儿子”吃住，每年把仅有的羊杀给战士们吃，把最暖的铺盖留给边防战士盖，历届守边官兵们都亲切地叫她“冬古拉玛妈妈”。积极宣传爱国护边工作，在边境线的许多石头上刻下“中国”两个字，这些“中国石”成为当地护边守边、彰显爱国情怀的象征。

2. 陈爱莲（1958—　），浙江新昌人。高级经济师，浙江民企代表。曾荣获“中国经营大师”、全国“优秀创业企业家”、全国“优秀中国特色社会主义建设者”、“全国三八红旗手”、中国“十大杰出女性”、“杰出浙商”等荣誉称号。1994年10月至1997年12月，任中宝实业股份有限公司总经理，1997年12月至2000年10月，任浙江万通中宝铝轮有限公司董事长、总经理，2000年10月至2003年12月任万丰奥特控股集团董事长、党委书记，2003年起连任万丰奥特控股集团董事长、党委书记。2008年陆续建立希望小学、向绍兴市慈善总会提供慈善基金1.3亿元、向绍兴市总工会提供职工救急帮扶基金3000万元、为汶川大地震灾区捐款350万元等。曾当选中共十七大代表，十二届全国人大代表，中共浙江省委第十一、第十二、第十三次党代会代表，中共绍兴市委第五、第六、第七次党代会代表，绍兴市第

四、第五、第七届人大代表(人大常委会委员),任中国企业联合会副会长、浙江省工商联副主席等。

3. 陈春花(1964—),广东湛江人,教授。中国企业文化与战略研究专家。1986 年毕业于华南工学院无线电技术专业,获工学学士,大学毕业后留校任职。后获北京师范大学哲学专业硕士课程进修证书,获新加坡国立大学工商管理硕士,获爱尔兰欧洲大学海外部工商管理博士,1999 年始任六和集团战略顾问。历任华南理工大学工商管理学院副院长、经济与贸易学院执行院长、博士生导师。曾任闽江学院新华都商学院副院长及创业 MBA 项目主任,同时担任南京大学外聘教授、厦门大学客座教授、北京大学客座研究员、新加坡国立大学现代企业管理课程客座教授、澳大利亚国立大学国际管理硕士课程客座教授。2003 年入南京大学商学院企业管理博士后工作站。同年 3 月正式出任六和集团总裁。2002 年,六和集团销售额 28 亿元,饲料销量 116 万吨,她到任第一年,销售额涨到 42 亿元,销量 145 万吨,至 2004 年,销售额为 74 亿元,销量超过 200 万吨。2010 年,新希望集团与六和集团完全重组为新希望六和股份有限公司。2013 年 5 月,出任公司联席董事长兼首席执行官。兼任《中国大百科全书》经济卷主编、《北大商业评论》副主编、广东省政府经济研究中心特约研究员、广东省企业管理协会常务理事、广东省企业文化协会副会长等。

4. 陈从容(1977—),浙江杭州人。容易网创始人,首席执行官,资深媒体投资人,数家投资公司合伙人及顾问。2007 年度中国经济女性年度人物。1990 年毕业于浙江大学新闻与传播学系。1998 年前,曾任海外服装品牌中国公司副总裁及地方外贸公司办公室主任、团委书记等职。1998 年至 2004 年,先后担任凤凰卫视分公司总经理、国际广告总监和华东区总裁,成功开拓了凤凰卫视在浙江和华东地区的业务,其所带领的团队历年获得最佳销售团队奖,并在离任时荣获凤凰卫视颁发的个人杰出贡献奖。2005 年加盟分众传媒,先后担任首席营销官及首席运营官,分管分众在全国的 20 多家二线城市分公司与 40 多家国内加盟商、海外加盟商及本土集团大客户开发管理。2008 年由分众离任。2012 年 3 月,创立上海容易网电子商务有限公司并兼任 CEO 职务。

5. 陈丽(1956—),山东日照人。全国建筑装饰行业优秀企业家,中国建筑装饰界"女杰","中国设计贡献奖"银质奖章获得者,上海市"优秀建筑企业经理"。当过兵,后考上大学,获美国马凯托大学电脑工程系硕士学位,在美国加州管理大学获博士学位。1988 年 8 月至 1991 年,担任美国艾西电脑工程师,1991 年 3 月至 1993 年,任台湾英业达集团公司驻上海首席代表。1993 年 5 月,先后投资创建了香港新丽装饰工程有限公司、上海新丽装饰工程有限公司和上海舜丽装饰工程设计有限公司,把新丽公司缔造成一个享誉上海、驰名全国的著名建筑装饰企业。66次获得上海建筑工程"白玉兰奖",16次获得"上海市信得过建筑装饰企业"称号,18次获得全国建筑工程"鲁班奖",5次荣登全国建筑装饰行业百强企业排行榜前列。并被评选为"2005中国十大经济女性年度人物"。任全国工商联执委、上海市政协委员、上海市工商联常委、上海新丽装饰工程有限公司总经理。

6. 陈丽芬(1959—),江苏江阴人。"全国青年星火带头人"、全国纺织"巾帼建功标兵"、全国纺织系统"劳动模范"、"江苏省优秀技术开发人才"、江苏省"三八红旗手",中国毛纺行业协会第一届理事会常务理事,第十一届全国人大代表。1986年任江阴毛纺厂技术科长。用14年的时间,完成了从工艺员、车间主任、生技科长、副厂长,直到江苏阳光集团有限公司副总经理、江苏阳光股份有限公司董事长兼总经理的角色转变。与科技人员一起研究攻关,先后创出4个部优产品、4个省优产品、3个国家级产品,阳光集团连续4年获得"全国畅销国产商品金桥奖"第一名,并先后承担了国家"863"项目4个、国家技术创新项目5个、国家重点新产品15个、国家高新"火炬"计划项目8个,共申请专利22个,其中18项目已获得专利。2000年,"阳光"确立"中国毛纺第一品牌"的地位。2014年5月8日起担任江苏阳光董事长、总经理。阳光集团获中国工业大奖提名奖,荣登2014年中国品牌价值榜。2014年,阳光集团参与设计制作解放军三军仪仗队新式礼宾服,获评"中国职业装领军企业"称号。

7. 陈舒(1954—),陕西人。曾任第十、第十一届全国人大代表。中共党员,法律本科,金发科技股份有限公司独立董事,广州市"三八红旗手标兵"、广东省"三八红旗手"。1983年始历任陕西省黄陵县人民法院干部、法院秘书、审判员、副院长,后考取陕西省政法管理干部学院。1985年从黄陵县法院调到广州,从中山大学毕业后,下海组建律师事务所,1996年被评为广州市十佳律师之一。历任广州市律师协会会长、广东省律师协会副会长、中华全国律师协会副会长。曾获广州市司法行政系统"十佳律师"、"南粤百优女政法工作者"等多项荣誉称号。2003年,当选全国人大代表,此后,两次列席全国人大常委会会议。2014年5月起担任深圳一致药业股份有限公司独立董事,广州市律师协会广州杂志社主编,广东温氏食品集团股份有限公司,广东恒兴饲料实业股份有限公司独立董事。2015年提出今后城乡社区和偏远贫困农村将建立法律援助便民服务窗口,免费为群众提供法律咨询。在十届全国人大期间,共提出议案、建议30件,其中在闭会期间提出建议6件。特别关注物权法、劳动者权益保护、个人信息保护、食品安全。

8. 程惠芳(1953—),浙江东阳人。2015 年 9 月 8 日,荣获“全国教书育人楷模”称号。曾任十一届全国人大代表、浙江省人民政府咨询委员会委员、第八届至第九届浙江省政协委员。1986 年以来主要从事经济学、国际贸易、国际金融的教学和科研工作,被评为全国教书育人楷模。先后获得浙江大学经济学硕士学位和复旦大学经济学博士学位。浙江工业大学教授、博士生导师。先后主持国家自然科学基金、国家社会科学基金等省部级以上科研项目 20 余项,在《经济研究》《世界经济》等刊物发表学术论文近 100 篇,出版专著 10 多部,获省部级优秀成果二等奖 7 项,省优秀教学成果二等奖 2 项。1986 年以来,还先后获得国家级教学名师、全国优秀教师、浙江省特级专家、浙江省有突出贡献的中青年科技专家等荣誉称号。1997 年入选浙江省“151 人才工程”第一层次人选和重点资助对象。2003 年荣获“浙江省中青年突出贡献专家”和省“三八红旗手”荣誉称号,2006 年被评为浙江省十大杰出女性。

9. 崔丽君(1960—),北京人。会计师。北新建材集团总经理。2001 年荣获“全国三八红旗手”称号。2007 年出版《大浪淘沙勇者胜——记北新集团的战略转型》,审视北新历次成功转型背后的深刻原因和基本支撑。领导公司自主研发,获得中建杯技术革新一等奖、科技进步奖二等奖,获得两项发明专利,11 项实用新型专利,参与制定《定向刨花板》和《直纹印刷地板》行业标准。2007 年被评为北京“用户满意杰出管理者”“实施用户满意工程先进个人”,并荣选中央企业系统党代表会议代表。2009 年 2 月被中华全国总工会授予“全国女职工建功立业标兵”荣誉称号。

10. 崔秀芝(1945—),北京人。人民日报社原公关信息部主任、资深记者、著名策划人,中国智慧工程研究会副会长,共青团中央青少年体质健康促进中心策划顾问,中国公关协会学术委员会委员,中国策划研究院副院长,受聘中国管理科学研究院研究员,为多所大学客座教授和一些城市、企业的高级顾问,被誉为大型公共策划的先行者、战略整合策划和公关策划专家。“中国十大策划人”中唯一女性。2000 年初,任国家科学技术部批准的《中医药产业发展战略与对策研究——培育中医药产业成为中国经济新的增长点》的国家软科学项目总策划与负责人,同年获“博奥策划元勋奖”。2002 年被评为“中国十大营销策划人”,2004 年荣获“中国策划最高奖”,2005 年获“中国策划业 12 年杰出功勋奖”。1981 年,从“蝙蝠”电扇创名牌开始,近 20 年的策划生涯,不断把公关策划从企业经营、危机处理,提升到一个城市、一个地区或跨地区的公关策划,拓展到一个城市、一个地区的总体战略发展的总体策划。

11. 冯全忠(1959—　),生于青海西宁。多次被评为"爱心人士""全国三八红旗手""自强模范""优秀社会主义事业建设者""光彩事业国土绿化贡献奖","2006年度中国经济女性年度人物创业奖"、全国商业服务业"巾帼建功标兵"、"首届青海女企业家创业奖"、"关爱员工"优秀民营企业家等荣誉称号。1976年,不顾自身残疾与世俗偏见,在西宁市一家集体企业当了营业员。1987年,大胆承包了连年亏损的知青商店。1996年,创办青海杰森房地产开发有限公司。1997年,参加建设部干部学院全国房地产经理岗位培训班,成为当时青海唯一的房地产职业资格经理。1998年,投资40多万元在河道上修建"杰森富民桥",并自筹230万元进行河道综合治理,解决农民工往返难的问题。2004年,青海杰森房地产开发有限公司注册为青海杰森集团,先后成立了七个子公司。并积极投身社会公益事业,捐资达100多万元。

12. 冯亚丽(1956—　),浙江诸暨人。海亮集团董事长、党委书记,高级经济师,中共十八大代表,全国妇代会代表。1996年5月加入中国共产党,历任诸暨市人大常委会委员,中国企业联合会、中国企业家协会副会长,全国工商联执委,中国有色金属工业协会副会长,浙江民营企业联合会执行会长,浙江省企业家协会、浙江省工业经济联合会副会长,浙江工商联副主席等职。2003年获中国有色金属工业科学技术奖二等奖。2004年被评为浙江省第十届"经营管理大师"。2005年被评为"西部开发功勋浙商"、"十佳风云浙商"、全国关爱员工"优秀民营企业家"、第五届浙江省优秀创业企业家,优秀中国特色社会主义事业建设者、全国企业信息工作优秀领导人。2006年获全国企业文化优秀案例奖,第十三届国家级二等企业管理现代化创新成果奖,第二十一届中国"有色金属工业企业管理现代化成果一等奖","中华慈善事业突出贡献奖"、浙江省第十七届"绿叶奖"、第二十二届中国"有色金属工业企业管理现代化成果"一等奖。2007年获"全国道德模范"提名奖、第十四届"全国企业管理现代化创新成果一等奖"、改革开放30周年"浙商女杰杰出成就奖"、浙江省"光彩事业特殊贡献奖",被评为"改革开放30年30位杰出浙商","改革开放30年创业创新突出贡献功勋企业家"。2008年被评为"抗震救灾先进个人",浙江"经济年度人物"。2009年被评为浙江省首届"道德模范",浙江省"扶残助残先进个人""年度浙江省减排工作先进个人""全国劳动模范"。2013年获评第二届世界浙商大会"杰出浙商奖"、浙江功勋企业家和首席公益官。

13. 付玲(1967—　),湖南衡阳人。曾获"全国五一劳动奖章",曾被评为"全国三八红旗手"。总工程师,工学博士,研究员级高级工程师。1988年毕业于沈阳建筑工程学院,并获起重运输与工程机械学士学位,于1998年毕业于吉林工业大学并获机械设计及理论博士学位,2002 年在中国农业大学农业工程学院完成博士后研究工作。兼任中联重科股份有限公司中央研究院院长、中联重科股份有限公司环境产业公司副总经理。曾任中联重科股份有限公司中央研究院副院长。曾获中国机械工业科学技术奖一等奖,湖南省科学技术进步奖一等奖。还曾被评为"湖南省技术创新先进个人"、湖南省"优秀共产党员"、湖南省"劳动模范"。

14. 葛艳华(1958—),满族,黑龙江明水人。民进会员,吉林省延安医院院长,省政协委员,中国女企业家协会副会长,翔坤集团董事局主席。曾获中华慈善突出贡献奖、中国女企业家协会百名创业女杰、吉林省"三八红旗手"称号。荣获"2011 中国十大品牌女性"。由农家女到民营企业家、省政协委员,创办起吉林省第一家大型民营医院——吉林延安医院。曾荣获原中国人民解放军总政治部"全国百名好军嫂"荣誉称号。还兼任省妇联执委、省民进经济委员会主任、省女企业家协会会员。先后担任长春市政协委员、吉林省政协委员。曾获民进中央"全国优秀会员"等荣誉称号。

15. 郭淑芹(1963—),生于吉林敦化。正高级会计师,吉林敖东延边药业股份有限公司 CEO。曾获"全国五一劳动奖章"等。1993 年担任吉林敖东集团常务副总经理兼公司财务负责人,逐步完善制度,建立内部银行,设立稽查室,使得公司 10 亿余元资金流动无差错。2002 年初,始任公司董事长兼总经理。同年 10 月公司对产期失效药品及不符合规定的药品标签、说明书进行一次性销毁。2010 年获"全国劳动模范"称号。曾先后被评为延边州"九五"期间特等"劳动模范"、延边州首届"杰出青年企业家"、延边州"十佳杰出女性"等。

16. 郭秀珍(1917—2010),浙江宁海人,出生于上海。知名企业家,曾任全国工商联副主席。1930 年就读上海晏摩氏女中,1936 年转学中西女中,1939 年毕业后考入上海沪江大学,1943 年赴成都齐鲁大学生物系继续学业,1945 年毕业获学士学位。同年,入成都华西医学院任助理编辑,1946 年在重庆清华中学当生物教师。随后返回上海,历任建华银行职员、汇兑部主任。1950 年任其父郭耕余创办的华昌钢精厂副经理。1949 年新中国成立后,任上海市铝器工业同业公会筹备委员、副主任委员。1951 年起当选上海市工商业联合会监察委员会委员,第二、第三届常务委员。1956 年公私合营后,被任命为上海市铝制品工业公司副经理。1961 年起当选市工商联第四届至第九届副主任委员、常务副主任委员(常务副会长)。1979 年任上海市工商界爱国建设公司常务董事,后任监事长。1985 年任上海工商学院校董会董事,沪港经济发展协会董事兼总干事。1986 年任上海工商经济开发公司董事长。1997 年 4 月补选为市工商联第九届会长,同年 12 月任上海市工商联第十届名誉会长。当选上海市妇女联合会第四、第五届副主任，上海市政协委员、常务委员、副主席，上海市慈善基金会副会长，上海市人大代表，全国工商联第二届至第五届常务委员，第六、第七届副主席，第八届名誉副主席，全国政协委员、常委，第三届全国人大代表，第七届全国人大常务委员会委员。

17. 何媚（1972—　），曾用名何玫，福建人。阳光城控股集团总裁，曾荣获“中国房地产百杰”称号。清华大学经济管理学院硕士。任职期间，带领阳光城控股团队实现了一次又一次突破性发展，将阳光控股经营业务拓展至阳光教育集团、阳光科技集团等多元化领域。完成阳光城集团由聚焦深圳、福建拓展至上海、西安等十几个城市的布局，由区域知名企业迅速发展成为全国布局的多元化集团企业。曾任共青团福建漳平县委书记，福建漳平市和平镇党委书记，共青团福建龙岩市委副书记，共青团中央副处长，福建省青年志愿服务指导中心常务副主任，阳光城集团股份有限公司第五届董事会董事、常务副总经理，阳光城集团股份有限公司第六届董事会董事兼总裁，阳光城集团股份有限公司第七届董事局执行董事长等。

18. 侯隽（1942—　），原籍北京。建设社会主义新农村的模范人物，上山下乡知识青年的典型代表之一。1962 年 7 月，从北京房山县（今房山区）良乡中学高中毕业后，响应党和国家“大办农业、大办粮食”的号召，主动放弃高考，自愿下乡插队，只身从北京来到天津宝坻县（今宝坻区）窦家村（今属吏各庄乡）安家落户，立志做一个社会主义新型农民，并在宣传社会主义思想和科学文化知识、推行科学种田及带领群众艰苦创业等方面做出了突出成绩。1963 年 7 月 13 日，《中国青年报》以《城市知识青年立志建设新农村的榜样侯隽落户农村劳动被称为“特别姑娘”》为题，对其事迹作了全面报道，随后《光明日报》《中国青年》《人民画报》等报刊相继作了采访报道。同月 23 日，《人民日报》发表报告文学《特别姑娘》，引起强烈社会反响，被称赞为青年学习的榜样。从 1963 年至 1966 年，年年被评为河北省青年标兵、优秀共青团员、“先进工作者”和“劳动模范”。1964 年当选为共青团全国九大代表，出席了大会。1966 年，加入中国共产党。1970 年，任窦家桥大队党支部书记，带领群众治理盐碱地，搞秸秆还田，使大队粮食产量大幅度提高。1971 年在北京受到周恩来总理的接见。1973 年任中共宝坻县（今宝坻区）委副书记。1976 年任国务院知识青年上山下乡领导小组副组长。从 1980 年起，历任宝坻县（今宝坻区）人大副主任、副县长、县政协主席（撤县设区后，任区政协主席）。组织撰写出版《知青心中的周恩来》一书。退休后任宝坻区关心下一代工作委员会副主任和桑梓助学基金会副理事长等。

19. 胡嘉（1975—　），江苏南京人。高级会计师，中国注册会计师，澳大利亚注册会计师,入选财政部全国会计领军人才工程,四川省第十届党代会代表。历任四川长虹电器股份有限公司成本管理中心价格处处长、财务部应付处处长、财务部总账处处长、财务部副部长、部长等职务。2014 年被评为全国会计领军人才,2015 年当选全球特许管理会计师证书(CGMA)2015 年度财界先锋。中共四川省第十届党代会代表。2013 年,获准承担财政部重点科研课题"关于 XBRL 的行业应用方案及建议",2014 年当选为中国会计信息化第十三届专业委员会委员,任四川长虹电器股份有限公司财务负责人,2014 年 7 月担任监事等职。2015 年长虹获邀入驻企业会计准则分类标准(XBRL)中国地区组织体验中心,入选财政部企业会计准则通用分类标准(XBRL)典型实施应用案例。2015 年整合公司资源,提升公司价值方面的主要业绩:四川长虹以"业务驱动"为财务信息化系统建设的基本指导思想,运用互联网技术整合业务系统和财务系统,在互联网金融、财务云、大数据运用等方面卓有成效。

20. 胡小燕(1974—),四川武胜人。广东省佛山市三水区总工会副主席,新明珠建陶工业有限公司成品车间原副主任、销售主管,第十一届全国人大代表。曾荣获"全国优秀农民工"称号和"全国五一劳动奖章"。2008 年 11 月被评为为改革开放做出杰出贡献的个人之一。1990 年初中毕业后在家务农。1998 年 10 月到广东佛山打工,在电子厂做普通工人。1998 年下半年到陶瓷厂做工,2000 年调任该厂品管部。2002 年任三水区新明珠建陶工业有限公司成品车间副主任。2006 年、2007 年先后获得广东佛山市三水区、广东佛山市"十佳外来工"称号。2008 年 1 月,在广东省十一届人大一次会议第三次全体会议上高票当选全国人大代表,成为首批三位农民工全国人大代表之一,相继就外来工欠薪、留守儿童保障、社保异地转移、农民工培训等问题提交多份建议,开设"海燕信箱"专栏为农民工维权,积极推广"小燕成长"职工学历提升计划,建立多个公共场所"爱心妈妈小屋",尽心尽职为广大农民工服务。2009 年,珠江电影制片厂以其为原型拍摄打工题材电影《所有梦想都开花》。2010 年获得中央党校行政管理学函授大专文凭。2012 年通过公务员选拔,任佛山市三水区总工会副主席,分管权益经济部,负责农民工维权、推荐"劳动模范"、组织劳动竞赛等工作。

21. 黄群(1966—),湖南长沙人。中联重科公司副总裁。高级工程师。1988 年毕业于大连理工大学,并进入建设部长沙建筑机械研究所工作,任长沙市政协委员,中联重科建筑起重机械分公司总经理。1999 年 8 月至 2001 年 12 月任中联重科机电工程部机构厂副厂长,2002 年 1 月至 2006 年 1 月历任中联重科制造公司车间主任、采购部经理,2003 年度获得"中国机械工业部优秀车间主任"荣誉称号,2004 年度长沙市"三八红旗手",2005 年度"中联之星"、中联"先进工作者",2007 年度长沙高新区"优秀企业家",2007 年度常德市"十佳优秀企业家",2009 年度荣获"常德市十大杰出经济人物"称号,2011 年成功实现销售额 75 亿元,让中联重科成为中国乃至世界规模最大的建筑起重机械制造商。2012 年获"湖南省企业管理现代化创新成果一等奖",2013 年获"湖南省优秀企业家"称号。2006 年 1 月起任中联重科建筑起重机械分公司总经理,2013 年 6 月起兼任公司控股子公司中联益美科印度私人有限公司(Zoomlion Electro Mech India Private Limited)董事长,2014 年 6 月任公司副总裁。

22. 黄文秀(1989—2019),生于广西田阳。"全国脱贫攻坚模范"。2016 年毕业于北京师范大学,获法学硕士学位。毕业后回到家乡,任职于百色市委宣传部。2018 年 3 月 26 日,来到广西壮族自治区百色市乐业县新化镇百坭村担任驻村第一书记,也是村里的首位女第一书记。同年,带领全村通过易地扶贫搬迁脱贫 18 户 56 人,教育脱贫 28 户 152 人,发展生产脱贫 42 户 209 人,共计 88 户 417 人。全村贫困发生率下降 20%以上,为村民脱贫致富倾注了全部心血和汗水。2019 年 6 月 17 日凌晨,在从百色返回乐业途中遭遇山洪不幸遇难,献出了年仅 30 岁的宝贵生命。中共中央总书记、国家主席、中央军委主席习近平对其先进事迹做作重要指示,要求广大党员干部和青年同志要以黄文秀同志为榜样,不忘初心、牢记使命,勇于担当、甘于奉献,在新时代的长征路上做出新的更大贡献。全国妇联,人力资源和社会保障部、国务院扶贫办,分别追授黄文秀"全国三八红旗手""全国脱贫攻坚模范"荣誉称号,中华全国总工会追授黄文秀"全国五一劳动奖章"。

23. 季玉兰(1963—　),江苏苏州人。高级工程师。曾获"2009 中国经济女性年度发展人物""2010 中国十大经济女性年度人物"称号。获加拿大加中创业协会授予的"杰出妇女创业成就奖"。1985 年 7 月至 1986 年 12 月任苏州市委纪律检查委员会调研室科员,1987 年 1 月至 1990 年 12 月任苏州外经委工艺品进出口公司人秘科科员,1991 年 1 月至 1992 年 10 月任海南兴隆康乐园大酒店总经理办公室主任,1992 年 11 月至 1993 年 4 月任苏州市政府驻海南办事处业务部经理,1993 年 5 月至 8 月任苏州市外经委外贸发展总公司房地产部经理,1993 年 9 月至 2014 年 9 月任基业股份有限公司董事长、总经理,2014 年 10 月至 2015 年 3 月任股份公司董事长、总经理,2015 年 3 月至 2017 年 10 月担任股份公司董事长。1993 年创办苏州基业环境营造装饰工程有限公司,该公司集室内外装饰设计施工、景观绿化设计施工于一体,具有国家建筑装饰工程设计乙级资质、风景园林工程设计专项乙级资质、国家建筑装修装饰工程专业承包二级资质、城市园林绿化施工二级资质等,在苏州乃至全省的园林景观设计施工行业首屈一指。

24. 江佩珍(1946—),广西平南人。高级经济师。被评为中国"十大女杰""全国三八红旗手标兵",是"全国五一劳动奖章"获得者。大专文化,中共党员。曾任广西金嗓子有限责任公司党委书记兼董事长。担任企业领导职务40多年,为国有企业改革和发展做出突出贡献。她还被评为柳州"十佳好媳妇",其家庭被授予柳州市"五好文明家庭标兵户"。

25. 江小涓(1957—),生于陕西西安。经济学博士、研究员、教授、博士生导师。曾任国务院副秘书长、机关党组成员等职。1981年毕业于西安交通大学(原陕西财经学院)工业经济系专业。1984年12月至1986年11月,在陕西财经学院任教。1986年11月至1989年10月,在中国社科院研究生院学习,被授予经济学博士学位。1989年至1996年4月,在中国社会科学院工业经济研究所工作,任中国社会科学院财贸经济研究所所长兼党委书记。1995年被中直机关授予"巾帼建功标兵"称号。1996年4月起在中国社会科学院科研局任副局级学术秘书、中国工业研究与开发促进会副理事长兼秘书长、国家软科学指导工作委员会委员、政府经济顾问、大学兼职教授。中国工业经济协会外经学组副组长。1996年被中国社会科学院授予院"优秀青年"称号。2004年8月起担任国务院研究室副主任、党组成员。2009年1月就任国务院研究室党组副书记、副主任。2011年6月任国务院副秘书长、机关党组成员。2012年11月当选为中共八届中央候补委员。2015年1月,任国务院副秘书长、中央文明办副主任、全国"扫黄打非"工作小组副组长。

26. 姜宏(1957—),山东人。青岛啤酒股份有限公司执行董事、副总裁。国务院特殊津贴专家。2006年荣获"中国杰出人力资源管理者"称号,2007年获"中国经济女性成就奖",2010年荣获"中国最关注员工发展企业家"称号。曾任青岛啤酒二厂厂长,青岛啤酒股份有限公司生产部部长、企业管理部部长、总裁助理兼人力资源管理总部部长。

27. 雷菊芳(1953—),甘肃临洮人。西藏奇正藏药股份有限公司董事长、总经理。曾任十届全国人大代表、十一届全国政协委员、全国工商联常委、中国光彩事业促进会副会长,首届全国优秀社会主义建设者等荣誉称号。1977年毕业于西安交通大学,真空物理专业博士,高级工程师。后来被分配到兰州近代物理研究所。自行研制成功了"真空室表面洁净处理技术",被评为甘肃省"三八红旗手"和"新长征突击手"。1987年,辞去研究所工作,创办"兰州工业污染治理研究所"。1988年,她推广的除锈膏(BTC-G)及系列金属处理剂(TS)等高科技化工产品分获国际防腐协会荣誉证书和国家级重点产品奖。1991年,该研究所更名为汇友科技有限公司,1993年,注册成立了奇正藏药,创办奇正集团,将高新科学技术融入藏药产业化开发。奇正藏药1994年获第四届"中国艺术节"金奖。1995年获第九届"全国发明展览会"银奖,1996年被国家体委训练局指定为"国家运动员专用产品",1997年获"国家中药保护品种"称号,并列入卫生部基本药物目录,1998年荣获第26届日内瓦国际发明金奖。2010年,任中国光彩事业促进会第四届理事会副会长。荣获"香港首届华人发明展"金奖。

28. 李素丽(1962—　),北京人。中共党员,公交"李素丽服务热线"负责人。荣获"全国三八红旗手""全国职业道德标兵""全国优秀共产党员"等荣誉称号。1981年参加工作,曾任北京市公交总公司公汽一公司第一运营分公司21路公共汽车售票员。在平凡的岗位上,把"全心全意为人民服务"作为自己的座右铭,真诚、热情地为乘客服务,被誉为"老人的拐杖,盲人的眼睛,外地人的向导,病人的护士,群众的贴心人",1992年荣获"首都劳动奖章",1993年获"全国五一劳动奖章"和"全国优秀售票员"称号,1994年被评为全国建设系统"劳动模范",1996年后先后荣获"五四奖章"等荣誉称号。1999年荣获"首都楷模"称号,2000年被评为"全国劳动模范"。还曾获"北京市爱国立功标兵"、北京市"优秀共产党员"、"北京市十大杰出青年"、"北京城市建设十大英才"和中国雷锋工程"形象大使"荣誉称号。

29. 李巍(1952—　),生于辽宁鞍山。四川枫岚实业公司董事长兼总经理,四川省女企业家协会副会长,全国"杰出创业女性"、全国"巾帼建功标兵"、四川省第二届"创业之星",中国杰出女性协会的执行会长。1971年,在眉山四川拖拉机厂任职。1975年进入华西医科大学学习。1978年秋从华西医科大学毕业后,被分配到一所机械干部学校当校医。后考入华西医科大学研究生。1996年开办彩地印刷厂,从中钻研出一套简节的方法,并提高了效率。2000年去美国参观,发现万寿菊。此后发展扶贫计划,并亲自教大凉山的农民种植万寿菊,出口黄色素到国外。亲自编写了我国第一本《万寿菊种植栽培手册》免费赠送给凉山农民。万寿菊还被当地人称为"扶贫花""下岗花"。

30. 李笑娟(1968—　),陕西人。中国兵器装备集团公司西安昆仑工业(集团)有限责任公司副总设计师、测试一室室主任。曾获"全国三八红旗手"称号。毕业于北京理工大学生产过程自动化专业,是昆仑工业(集团)有限责任公司第一批科技带头人、"模范共产党员"、兵装集团科学技术特等奖获得者。是中央企业"巾帼建功标兵"、全国知识型职工。与昆仑结缘25年,与国防事业结缘25年,先后参与多项重大、重点项目的研制,组织完成重大复杂项目共20项,累计2869组的测试与研究,解决试验测试领域关键问题11项,填补测试空白8项,荣获部级科学技术奖1项、一等奖2项,国防发明专利7项。

31. 李雪芹(1966—),山东寿光人。晨鸣集团副总经理。1987年加入晨鸣纸业集团。先后荣获山东省"劳动模范"、"全国劳动模范"称号,"全国五一劳动奖章"获得者。是十届、十一届、十二届全国人大代表。1987年加入山东晨鸣纸业集团股份有限公司,历任山东晨鸣纸业集团股份有限公司审计部部长、副总经理等职务。2003年3月开始担任山东晨鸣纸业集团股份有限公司副总经理,寿光晨鸣控股有限公司董事。1998年被评为山东省"劳动模范",1999年获"全国五一劳动奖章"。

32. 李友秀(1905—1997),江西兴国人。家境贫寒,早年参加土地革命,曾任兴国县村苏维埃政权宣传员、赤卫队妇女分队长,中共兴国县委游击队地下交通站组长。中华人民共和国成立后,在兴国带头组织了全赣南第一个"互助组",发展农业生产。1953年春,在县内首先建立五里亭乡李友秀初级农业生产合作社,带头走农业合作化道路,获"全国劳动模范"称号。同年9月,参加中国人民第三届赴朝慰问团。1954年,当选第一届全国人民代表大会代表。此后连续当选为第二届至第五届全国人民代表大会代表。1955年8月,参加中国妇女代表团,出席在瑞士召开的世界母亲大会。1956年当选中共八大代表,出席在北京召开的中共八大。1958年出席全国妇女建设社会主义积极分子代表会议。同年8月,转为国家干部,先后任城关人民公社社长,兴国县人民委员会副县长,五里亭人民公社社长,县贫下中农协会副主席,县革命纪念馆副主任,中共兴国县第四届至第八届委员会委员、第八届委员会常委,县革命委员会副主任等职。当选中共江西省第六次代表大会代表,江西省第五届人民代表大会代表、第五届人大常务委员会委员。1978年9月,出席中国妇女第四次全国代表大会,并当选为全国妇联第四届执委。1966年再获"全国劳动模范"称号。1979年获"全国三八红旗手"称号。

33. 梁蓓(1961—),山东菏泽人。曾任联合国工业发展组织中国投资服务中心执行主任。毕业于对外经济贸易大学。对外经济贸易大学国际投资学教授、博士。对外经济贸易大学国际合作系主任,对外经济贸易大学项目投资中心主任,对外经济贸易大学国际房地产金融研究中心主任。1987—2000年经济学硕士毕业后留校任教。1999年,成功从美国引进国际注册商业房地产投资师(CCIM)资格培训。2001年,成功与美国房地产业协会签约,引进注册国际房地产专家(CIPS)培训。1999年以来,一直致力于推广国际注册商业房地产投资师(CCIM)资格认证项目,保证了CCIM品牌、品质,使其在中国市场具有极高的声誉和特别影响力。为中国房地产业在国际市场进行交易做专业化、国际化人才的储备，使之操作时使用了国际通用的商业语言。2010年成为中国房地产经济的代言人。先后担任联合国工业发展组织中国投资服务中心执行主任、中国社会科学院国际投资研究中心专家委员会副主任，北京、珠海、菏泽、廊坊等市政府经济顾问。

34. 梁军（1930— ），黑龙江明水人。新中国第一位女拖拉机手，当选2009年中华全国总工会评选的新中国成立以来最具影响的"劳动模范"。1947年到黑龙江省委在德都县创办的一所乡村师范学校——萌芽学校进行半耕半读学习。1948年受学校委派参加北安拖拉机训练班。1949年3月，其出色工作的事迹在《黑龙江日报》《东北日报》报道。10月，加入中国共产党。12月，被选为亚洲妇女代表大会代表到北京参会。1950年6月，以梁军名字命名的新中国第一支女子拖拉机队成立，任队长。9月，被评为"全国劳动模范"。10月下旬至12月上旬，作为全国各省市有突出贡献的青年代表之一，参加了中国青年访苏代表团。1951年末，被派往北京农业机械专科学校深造，随后考入北京农业机械化学院学习。1954年当选第一届全国人大代表，此后至1964年间，共四次当选全国人大代表。1957年大学毕业后，被分配到黑龙江省农机研究所工作，先后任省农机研究所副主任、哈尔滨市香坊区农机局副局长，市农机局农机处副处长、总工程师。任职期间，系统研究专业知识并主编了《国外农业机械化》和《机务管理规章制度》。1959年11月，国产首批13台"东方红-54"拖拉机运抵黑龙江，当她第一次看到中国制造的拖拉机时，激动地跳上去兴奋地兜了一圈，这个画面被在场的记者抓拍并被印在了第三套人民币一元纸币上。1960年后，历任哈尔滨市香坊区农业局副局长兼和平拖拉机站站长、哈尔滨市农机局副局长。1990年，从哈尔滨市农机局总工程师岗位上离休。

35. 刘姝威（1952— ），黑龙江人。1986年12月自北京大学经济学院毕业，获经济学硕士学位。同年12月始，在中央财经大学财经研究所从事国际金融理论和实务以及商业银行管理方面的研究。担任中央财经大学财经研究所研究员，中国企业研究中心主任。在信贷研究方面，出版有专著《上市公司虚假会计报表识别技术》等。在《上市公司虚假会计报表识别技术》一书写作过程中，于2001年10月9日开始，对上市公司蓝田股份的财务报告进行分析，成为终结蓝田神话的"最后一根稻草"，被称为"中国经济环境的清洁师"。2003年被评为中央电视台"2002经济年度人物"和"感动中国——2002年度人物"。

36. 刘咏梅（1968— ），湖南长沙人。中南大学商学院管理科学与信息管理系主任，物流、供应链与电子商务研究中心主任。2011年入选教育部"新世纪优秀人才”。1991年毕业于中南工业大学管理系,1994年获中南工业大学管理硕士学位,1999年3月赴日本留学并于2002年3月获日本千叶工业大学经营工学专业工学博士学位。1994年2月至1999年2月在中南工业大学工商管理学院任教。2002年4回到中南大学商学院从事教学和研究工作。先后参加和主持了20余项科研项目,在国内外学术期刊及国际会议上发表学术论文40余篇,其中“决策应用软件开发平台(Smart Decision)”获国家科技进步奖二等奖、“中国商品期货市场的风险控制及预警系统研究”获中国有色金属工业科技进步奖三等奖,“Finding Rules and Exceptions From Database”项目于2005年6月获得美国专利(USpatent 6907415)。2008年入选湖南省“新世纪121人才工程”。2009年被列入为湖南省青年社会科学研究“百人工程”人才培养对象。

37. 刘玉茹(1964—),广东深圳人。曾获“全国优秀女企业家”、“全国三八红旗手”、全国“巾帼建功标兵”、深圳首届十大“杰出女企业家”等荣誉称号。曾任深圳石化电器实业有限公司董事长兼总经理。2011年至2014年,担任深圳市女企业家协会会长。在竞争激烈的高新技术产业,率领团队,在铁路电力机车核心配件领域创造了优绩。稳立潮头在企业改制为民营企业后,其团队开发了减振器、阀类、镇流器等5大系列70多种铁路配套产品,企业连续9年获国家级新产品奖和科技进步奖。

38. 柳娥(1963—),河南郑州人。河南阿庆嫂集团董事长。获评“2008中国十大经济女性年度人物”。1985年毕业于郑州工学院,获学士学位,1985年至1990年7月先后就职于河南晶体管厂、郑州市技术监督局,任工程师,1995年创立河南阿庆嫂实业有限公司,任董事长。从涉足餐饮业开始,就以“弘扬民族餐饮文化,服务大众,回报社会”为己任,先后研制出数个特色菜系,推出了“家常式”服务。提出了独特的经营管理理念,使阿庆嫂集团越做越大,现拥有13个分公司,资产近亿元,每年为国家创造利税300多万元,解决1000多名失业人员的就业问题。在企业发展的同时积极投身光彩事业、抗洪救灾、扶贫济困,参与再就业工程和社会公益事业,回报社会。1998年,为洪涝灾区捐款数万元。2001年为桐柏老区捐款50万元。2003年,在“大河春华紧急救助行动”中,资助了5名贫困大学生,并且解决了一百多名大学生的假日工作问题。2003年当选河南民营经济维权发展促进会副会长。2003年经特批光荣加入中国人民解放军驻京豫预备役高炮一师,授少校军衔,2003年7月中国首次参加在美国举办的“世界环球夫人大赛”,成为第一次获得“世界环球夫人”殊荣的中国人,并被授予“世界亲善大使”称号。

39. 卢平(1965—),湖南长沙人。湖南中烟工业公司党组成员、副总经理。

1978 年到长沙卷烟厂工作，1999 年 12 月始任该厂长兼党委书记、白沙集团总裁。锐意开拓市场，致力智慧经营、规律经营和文化经营，使“白沙”成为全国性品牌。从 1999 年至 2005 年，长沙卷烟厂累计实现利税 295 亿元，企业总资产从 58 亿元增长到 100 亿元，销售收入由 64 亿元增长到 120 亿元，摘取了连续两年全国单牌号销量第一位的桂冠。2003 年，策划了“白沙诚信助学”活动，为 500 名高校学子提供助学贷款担保。2004 年，白沙集团长沙卷烟厂被评为“中国最具生命力的企业”。2005 年 3 月，当选为中国“十大女杰”。

40. 陆倩芳（1961—　），广东中山人。雅居乐地产控股有限公司董事局副主席、广州市房地产协会副会长、广东省侨心慈善基金会荣誉主席。1992 年，与丈夫陈卓林共同创办雅居乐房地产有限公司，经过 18 年的经营，已成为中国房地产 50 强企业、香港 H 股上市公司。积极支持教育、医疗、体育、文化艺术及救灾扶贫等公益事业，至 2009 年 4 月，其公司向国家、省和市的各类公益事业捐款超过 2.4 亿元，其中在中山捐资 2260 万元。2008 年 12 月，受到时任国家主席胡锦涛的接见。2010 年，被授予“中山市荣誉市民”称号。自 2014 年 10 月 10 日至 2015 年 3 月 25 日曾任雅居乐执行董事、董事会署理联席主席兼雅居乐署理联席总裁。拥有逾 22 年丰富房地产发展及管理经验，并在策略性销售及营销管理方面具有卓越成就。2015 年 10 月 19 日，以财富 175 亿元排名《2015 胡润女富豪榜》第十位。

41. 陆亚行（1961—　），江苏南通人。高级经济师，中南控股集团有限公司副董事长、副总裁。曾获“中国十大农民女状元”等荣誉称号。作为一个在企业打拼 20 余载的女企业家，在企业发展的同时积极回馈社会，造福家乡，向社会捐资超 3 亿元。连续多年荣获“先进工作者”“文明家庭”等称号。1999 年以来获得过南通市、海门市“三八红旗手”、南通市“十佳”妇女、海门市“劳动模范”、江苏省“劳动模范”、中国慈善排行榜“十大慈善家”以及全国“孝亲敬老楷模”等荣誉称号。

42. 陆亚萍（1955—　），江苏海门人。曾任第十一、十二届全国人大代表，曾获中国“十大杰出女性”“中国花布大王”“全国三八红旗手”等荣誉称号。高级经济师，海门市政协委员，江苏亚萍集团公司董事长。斥资数亿元先后盘活了 3 座大型国有和集体商厦，安置下岗职工 5000 余名。关爱弱势群体，办起了“亚萍儿童慈善基金”“亚萍春蕾班”，先后捐款、捐物共计 4800 多万元。先后安置 1085 名优秀大学毕业生就业。被全国妇联聘为“全国女大学生创业导师”，亚萍集团被命名为“全国女大学生创业实践基地”。曾连续获得 2004、2005 两届中国十大经济女性年度人物、2009 年第七届中国“十大女杰”、中国百位“杰出女企业家”、中国百佳爱国企业家称号。是江苏省“五一劳动奖章”获得者、江苏省“三八红旗手标兵”、江苏省第十届人大代表、江苏省女企业家理事会常委、浙江绍兴中国轻纺城私营企业协会副会长、南通市女企业家协会副理事长、南通市工商联(商会)副会长、南通市优秀“创业女性标兵”、南通市“光彩之星”。

43. 罗妙成(1961—),福建尤溪人。教授、注册会计师。1992 年厦门大学财经金融系财政学毕业,2008 年 1 月至 2012 年 8 月任福建江夏学院会计系主任,2012 年 9 月至 2014 年 12 月任福建江夏学院科研处处长,2013 年 8 月 30 日任公司第六届董事会独立董事。兼任厦门金龙汽车集团股份有限公司、华福证券有限责任公司、星云电子股份有限公司、福建省南纸股份有限公司独立董事。先后在《财贸经济》《财政研究》《技术经济》《涉外税务》《财务与会计》《东南学术》等刊物和报纸上发表论文 60 余篇,并有数篇获奖。曾荣获福建省财税系院校优秀教师、福建省高等学校“优秀共产党员”、福建省“三八红旗手”等荣誉称号。

44. 罗艳(1963—),北京人。北京理工大学 87 级机车学院硕士,教授级高级工程师。历任中国工程与农业机械进出口总公司出口五部总经理助理,成套工程一部副总经理、总经理,中工武大设计研究有限公司董事长,中工国际投资(老挝)有限公司董事长,中工国际(香港)有限公司董事长,中工国际(加拿大)有限公司董事长,加拿大普康控股(阿尔伯塔)有限公司董事长,北京沃特尔水技术股份有限公司董事长,中白工业园区开发股份有限公司董事长,中工投资管理有限公司董事长等。第十二届全国人大代表。2004 年获评“中央企业先进个人”,2005 年获评“全国劳动模范”“机械工业优秀企业家”,2006 年获评“各民主党派工商联无党派人士为全面建设小康社会做贡献先进个人”,2009 年获评“全国三八红旗手”,2011 年获评中国百名“杰出女企业家”。

45. 马雪征(1953—2019),生于天津。证监会非执行董事,博裕投资董事长。1976 年毕业于首都师范大学,获文学学士学位,后分配到北京郊区农村工作。曾是中国科学院最年轻的处长、主任。除负责管理由中国及欧洲共同合作发展的科研项目外,还负责世界银行给予中国科研借贷项目的行政管理及联系工作。在国际事务及财务管理方面具有丰富经验。1989 年加入联想,任联想集团高级副总裁兼财务总监,负责集团整体财务、资本运营、策略投资以及香港特区的业务管理。因主导联想与 IBM 个人电脑部的并购案而名声大噪,2003 年 10 月位列《财富》杂志评出的全球 50 位商界女强人第五位,2007 年 9 月,正式宣布从联想退休。2008 年至 2011 年,任美国德太投资有限公司合伙人及总经理。2011 年 3 月起,任博裕投资顾问有限公司董事长。荣获 2011 年度“商界木兰”称号。曾连续 3 年荣登《财富》杂志评选的全球最有权力的商业女性榜单。

46. 欧新黔(1949—2009),贵州贵阳人。中共十六大、十七大代表,第十一届全国政协委员。曾荣获全国第五届“人民满意的公务员”称号。1968 年 6 月参加工作。1978 年 1 月毕业于北京大学化学系。历任北京 878 厂车间支部副书记、厂党委委员,国家计划委员会副处长,国务院生产办、经贸办处长,国家经济贸易委员会经济政策协调司副司长、司长,产业政策司司长。2002 年 2 月任国家经济贸易委员会副主任,党组成员。2003 年 3 月任国家发展改革委员会副主任,党组成员。2008 年 3 月任工业和信息化部副部长、党组成员。

47. 彭蕾(1971—),重庆万州人。“支付宝女王”,阿里巴巴首席人才官。1994 年毕业于杭州商学院(今浙江工商大学)工商管理专业,后在浙江财经学院任教 4 年。1999 年,加入阿里巴巴,成为阿里巴巴创始人即“阿里十八罗汉”之一。历年来带领过市场、服务和 HR 等多个部门,打造出了一套具有阿里巴巴特色的电商组织文化体系。自 2010 年 1 月起兼任支付宝 CEO。2013 年起,领导筹备成立蚂蚁金融服务集团(简称蚂蚁金服),并出任蚂蚁金服 CEO。2015 年 6 月始任蚂蚁金服董事长兼 CEO,主要负责集团战略制定和人才管理。

48. 齐兰(1958—),辽宁大连人。管理学博士,国务院政府特殊津贴,北京市师德先锋,北京市高校学科带头人,中央财经大学经济学院教授、博士生导师,任校学术委员会副主任等。主持完成的国家社会科学基金重点项目“垄断资本全球化问题理论探讨”最终研究成果入选中宣部《成果要报》,全国人大法工委领导做作批示“调阅此项成果,作为全国人大立法的重要参考依据”。专著《我国现阶段基本工资问题研究》获北京市高校“第三届哲学社会科学优秀成果奖”。先后被推选为中国工业经济学会(国家一级学会)常务副理事长、中国市场学会常务理事、首都企业改革与发展研究会常务理事等职,还分别任《经济学动态》杂志编委会委员和《中国社会科学》杂志匿名评审专家,国家自然科学基金、国家社会科学基金、教育人文社科项目、人社部博士后流动站评审专家等。在《中国社会科学》等学术期刊发表论文 40 余篇。还主持完成教育部人文社会科学规划基金项目“经济全球化对中国市场结构的影响”和北京市高校学科带头人项目“WTO 规则与中国企业发展战略”等国家、省部级课题。在商务印书馆等出版《垄断资本全球化问题研究》《市场国际化与市场结构优化问题研究》《中国经济安全:融入 WTO 和全球化战略思考》等学术著作 6 部。

49. 钱月宝(1949—),生于江苏常熟。高级经济师。江苏梦兰集团董事长、总裁兼总经理,江苏中科梦兰电子科技有限公司董事长,常熟市虞山镇梦兰村党委书记及中国家纺协会副会长。第九、第十、第十一届、第十二届全国人大代表,被评为

"中国爱心女企业家"、"全国劳动模范"、"全国质量管理突出贡献者"、"中国纺织功勋企业家"、中国"十大女杰",2013 年 9 月 26 日被评为第四届"全国道德模范——全国诚实守信模范"。她带领的团队在竞争激烈的家纺行业创出了第一个中国驰名商标、第一批中国名牌产品——"梦兰"床上用品。梦兰集团领衔制修订床上用品标准,成为业内公认的行业标杆。梦兰龙芯产业化基地承担了包括"十一五"国家"863"计划重点项目在内的许多重点项目,2006 年,第一代完全拥有自主知识产权的龙芯梦兰电脑问世,揭开了中国信息产业发展新的篇章。

50. 任桂芳(1955—),江苏徐州人。高级工程师,曾任连云港中复连众复合材料集团有限公司董事长、党委书记,连云港中复连众复合材料集团有限公司董事长,中复碳芯电缆科技有限公司董事长。2008 年度、2010 年度全国建材行业"十大女杰",2010 年江苏省"十大女杰"、全国质量管理"先进工作者",2009 年、2010 年先后被评为"全国三八红旗手""全国劳动模范"。20 世纪 80 年代初,在连云港市一家小小的集体制家属工厂工作。当时,这家小厂以小作坊式的形式糊制玻璃钢瓦、玻璃钢冷却塔等传统玻璃钢制品,年产值仅 50 万元,利润仅几万元。1986 年开始主持企业工作,30 年间带领企业实现了由一个玻纤玻钢小厂到国有企业到与国际接轨的集团公司,使公司一跃成为国内首家兆瓦级风轮叶片制造商。完成科技创新项目 8 项。还带领企业与孤儿结对帮扶,向市慈善总会捐款 50 万元。连续多年被评为"优秀共产党员",还曾荣获 1996 年江苏省"劳动模范",江苏省"优秀女企业家"称号。

51. 申纪兰(1929—),山西平顺人。1953 年加入中国共产党,历任西沟村党总支副书记、西沟村金星经济合作社社长、中共平顺县委副书记、长治市人大常委会副主任、山西省妇联主任、全国妇联第二届至第四届执委等职。1951 年,协助创办金星农林牧生产合作社,积极维护新中国妇女劳动权利,倡导并推动"男女同工同酬"写入宪法。带领妇女参加生产劳动,并与社员一起,在荒山上造林 25000 亩,在干石河滩上筑坝 7 座、闸谷坊 800 余座,造地 900 亩,将荒山治理成翠绿林海。1953 年 1 月 25 日《人民日报》刊发了记者蓝邨报道申纪兰艰苦奋斗、争取男女同工同酬的通讯《劳动就是解放,斗争才有地位》,她的名字从偏僻的小山沟传到了全国各地。一个多月后,当选全国妇女代表大会代表,参加了第二次全国妇女代表大会。会后又当选为第二次世界妇女代表大会代表,从北京到丹麦首都哥本哈根参会。改革开放以来,勇于改革,大胆创新,为发展农业和农村经济做出巨大贡献。1983 年带领村民落实家庭联产承包责任制。1987 年组织村民成立"西沟金星经济合作社"。先后建成铁合金厂、焦化厂等企业,建成展览馆、太行之星纪念碑、村史亭、西沟森林公园等旅游景点，把一个落后的纯农业村变为农林牧工商游全面发展的现代化新农村。多次当选"全国劳动模范"等，是全国唯一一位从第一届连任到第十三届的全国人大代表。曾被授予"全国优秀共产党员""全国农业劳动模范""全国劳动模范""全国三八红旗手""全国脱贫攻坚奋进奖""改革先锋"等荣誉称号，2007 获首届"全国道德模范敬业奉献模范"称号，2009 年被评为"新中国成立以来感动中国人物"。

52. 石晓荣（1977—　），陕西临潼人。博士，中国航天科工集团第四研究院十七所精确制导与控制技术研发中心主任，同时担任国家某重点项目副总设计师。1994 年考入北京航空航天大学自动控制系 305 专业，并免试攻读硕士和博士学位。2004 年，在北京航空航天大学博士毕业，进入航天科工四院十七所工作。2007 年，任国家某重点项目副总设计师。荣获"巾帼建功"优秀标兵、京区"巾帼建功"优秀标兵等荣誉称号，并荣获中国航天科工集团公司高技术武器装备发展建设工程突出贡献奖、第四研究院第二届"陈德仁科技奖"。先后荣获"全国三八红旗手"、中央企业"先进职工"等称号。

53. 宋美妹（1966—　），福建莆田人。农民企业家，福建省莆田新美食品有限公司董事长。初中毕业后开始种菜创业。2000 年 4 月正式成立莆田新美食品有限公司，着手蔬菜产业化综合开发，先后被评为"全国主食加工示范企业"，获"福建省新型企业"等 100 多项荣誉。2005 年，投资建设莆田市首家净菜加工企业。引进具有国际领先水平的全电脑系统制冷设备新型材料。拥有高、低温保鲜库 9 个，总容量 3000 吨。承揽当地的蔬菜、水果、土特产保鲜、加工、出口等业务，让莆田农产品搭乘她的高科技市场快车走向全国。

54. 宋治平（1957—　），辽宁凤城人。吉林康乃尔集团董事长，十一届全国人大代表。吉林省政协常委、省工商联副主席及省民建常委。曾获"全国三八红旗手""全国劳动模范""吉林慈善爱心人士"等荣誉称号。2009 年 1 月，荣获第七届中国"十大女杰"荣誉称号。2006 年，成立了吉林地区唯一一家大输液生产企业——吉林康乃尔化学工业有限公司，投资 13 亿元建设年产 30 万吨苯胺项目。积极参与公益事业，先后收养了 3 个孤儿，资助多名贫困学生，捐款捐物累计达 800 万元。2003 年在全国抗"非典"的战斗中，为吉林市的公共场所、医疗机构、学校、农村捐献了各种药品、医疗器械价值 30 多万元。2005 年为辽源中心医院火灾捐献药品价值 160 万元。2007 年为吉林市的一项大型公益事业捐款 225 万元。2008 年 5 月，为四川地震灾区捐款、捐物 240 万元。2008 年 9 月，承担了吉林市女子学院 30 名贫困女生 3 年的学习、生活费用约 20 万元。已经累计捐款达 800

万元。

55. 孙克键(1968—),山东淄博人。1986 年,技校毕业后,分配到中国铝业山东分公司氧化铝厂,作为拜耳法四区电气工程技术员,在检修车间当了一名电工。2003 年成为电气生产骨干。在从事电气技术员期间,将经常发生故障的大容量 CJ10 型接触器改造成 CKJ5 真空开关后,大大地延长了开关的使用寿命,减少了事故发生,节约检修费用。在氧化铝厂重大新建科技项目——强制循环蒸发器投运期间,针对出现的一些问题,积极组织创新改造,把不适应现场环境的 JZ47 型中间继电器改成了封闭式欧姆龙继电器,稳定了系统的运行,减少了电气故障。2003 年,荣获淄博市"十佳女职工暨振兴淄博劳动奖章"称号。2009 年,获得山东省"三八红旗手"荣誉称号。2013 年荣获"全国三八红旗手"称号。

56. 孙祁祥(1956—),湖南长沙人。北京大学经济学院原院长、党委委员、教授、博士生导师。中共北京大学第十二届纪律检查委员会委员。国务院政府特殊津贴获得者,美国印第安纳大学商学院、美国哈佛大学经济系访问学者。1979 年考入兰州大学经济学系,1986 年取得硕士学位后留兰州大学任教。1989 年考入北京大学经济学院攻读博士学位,1992 年获得博士学位后留校任教。为北京大学经济学院风险管理与保险学博士生导师。1995 年入选北京市跨世纪理论人才"百人工程"。2014 年荣获"约翰·毕克利奖",为获此殊荣的首位中国学者,是 IIS 董事会里的第一位也是唯一一位中国大陆学者。2014 年 11 月,当选为首都女教授协会会长。2015 年荣获"全国三八红旗手"称号。

57. 孙玮(1950—),上海人。毕业于麻省安默斯特学院,1989 年,获哥伦比亚大学法学院荣誉法学博士学位,主修国际法。纽约州的执业律师。20 世纪 90 时代初,曾任职香港证监会企业融资部的助理董事。1998 年到 2002 年担任摩根士丹利驻北京首席代表,之后相继担任瑞士信贷第一波士顿(CSFB)中国区的主席及地区主管、花旗集团中国区主席。2006 年,重新回到摩根士丹利任董事总经理兼中国区首席执行官,全权负责摩根士丹利在中国的业务及相关的全球统筹工作。同年 1 月,被授予哥伦比亚法学院"优异勋章"(该荣誉每年只授予两名在业界取得杰出成就的校友)。于 2011 年 3 月 29 日任摩根士丹利亚太区联席首席执行官。在由《中国企业家》杂志社主办的中国"商界木兰"年会中,两度入选 30 位年度商界木兰之一。2015 年 9 月上榜《财富》杂志亚太最具影响力的 25 位商界女性。

58. 孙亚芳(1955—),贵州贵阳人。1999 年任华为技术有限公司董事长(至 2018 年 3 月)。1982 年毕业于成都电子科技大学,获学士学位。同年,在新乡国营燎原无线电厂工作,任技术员。1983 年,在中国电波传播研究所任教。1985 年,在北京信息技术应用研究所工作，任工程师。1989 年，参加华为技术有限公司工作，先后担任市场部工程师，培训中心主任，采购部主任，武汉办事处主任，市场部总裁，人力资源委员会主任，变革管理委员会主任，战略与客户委员会主任，华为大学校长等。在《福布斯》第二次发布的“中国商界女性 100 强”榜单中蝉联榜首。在 2015 年亚洲商界权势女性的 50 位榜单中排名第 9 位。

59. 孙月焕（1945—　），北京人。高级经济师，中国注册资产评估师。曾任北京注册会计师协会常务理事，中国女企业家协会副会长，全国工商联并购工会常务理事，财政部资产评估准则委员会委员，北京东城区人大常委会财经委委员等。1978 年，到北京市东城区区委组织部工作。后调审计署从事纪检工作。1994 年，成立了北京中企华资产评估公司，任中企华资产评估公司董事长兼首席执行官。1997 年，创当时中国乃至整个亚洲企业在资本市场的融资之最。1999 年，跨越六大板块的多个行业“巨无霸”项目，由她领导的中企华单独完成中国石油资产评估项目。首届“中国十佳女评估师”之一。

60. 孙月英（1958—　），北京人。毕业于上海海运学院水运财会专业，经济学学士学位，注册会计师和高级会计师。曾任中远天津财务处副处长，中远日本公司财务主管，中远总公司财金部总经理、副总会计师等职。在中远集团负责财务工作期间，提出了“建立四个体系，培养一支队伍”的财务管理目标，即建立健全财务集中控制体系、全面预算管理体系、财务风险控制体系和税务筹划管理体系，培养一支高素质的远洋财会人才队伍。任职还有中远财务有限责任公司董事长，中远太平洋执行董事，中远集运、中远香港、中远物流、中远投资（新加坡）、招商银行、招商证券等公司董事。获评“2007 中国十大经济女性年度人物”。2008 年被财政部授予 20 名“全国杰出会计工作者”。2000 年 12 月起任中远集团总会计师，2004 年起任中国远洋海运集团有限公司总会计师、党组成员。

61. 谭惠珠（1945—　），广东中山人，生于香港。第九、第十、第十一届全国人大代表，香港资深大律师，曾任港区全国人大副召集人、香港基本法推广督导委员会委员、全国人大香港基本法委员会委员等职。1974 年，获得伦敦大学法学院荣誉学士学位，回到香港开始成为一名执业律师。1981 年到香港立法局（现立法会）任职，1982 年到香港行政局任职，并参与《中英关于香港问题的联合声明》的谈判。1985 年，进入《香港特别行政区基本法》起草委员会。1998 年，获颁金紫荆星章。

62. 谭小芳（1977—　），河南漯河人。交广企业管理资讯公司首席专家。被众多媒体誉为“中国领导力教母”，领导力研究三大家之一。央视《对话》节目、日本 NHK 电视台专访嘉宾，美国《财富》《哈佛商业评论》特约撰稿人，被业界誉为

“中国的约翰麦斯威尔”“全球执行力权威”。麻省理工学院国际研究中心访问学者，多次接受美国CNN、英国BBC、日本NHK、韩国KBS、央视CCTV、中国台湾东森电视、美国《财富》杂志、《时代周刊》《哈佛商业评论》，《人民日报》《新华日报》《上海日报英文版》等各大媒体采访。

63. 汤桂芬(1918—1964)，原名大心，曾用名关弟，江苏扬州人。工会工作管理者，曾任上海总工会副主席等职。1932年进上海日商内外棉五厂做养成工。1939年起投身于工人运动。1940年10月加入中国共产党。先后在日商纱厂开展党的工作，用结拜姐妹、组织标会等形式团结工人，与日本厂主斗争。1944年1月，受中共地下组织派遣，入日商同兴被服厂领导工人抵制日军军工生产，开展政治攻势。1945年至1948年以工人代表身份进行公开斗争，担任三区棉纺织工会理事长，并打入敌人内部。曾组织领导了沪西棉纺工人参加争取生活维持费和筹组工会的斗争、“六二三”和平民主运动等一系列有影响的工人运动。1948年初遭国民党特务逮捕，后获释。1948年4月撤退到解放区。同年8月，参加第六次全国劳动大会，任上海工人代表团团长，当选为中华全国总工会执委。1948年11月，出席在匈牙利召开的国际民主妇联大会。1949年5月上海解放后，历任上海总工会筹委会党组成员、海纱厂工会主席、华东军政委员会劳动部副部长、上海市纺织工业管理局副局长、上海总工会副主席等职，当选全国总工会第七、第八届执委和全国妇联第二届执委。1954年当选上海市和全国人大代表。

64. 陶华碧(1947—)，贵州湄潭人。老干妈麻辣酱创始人。贵阳南明老干妈风味食品有限责任公司董事长、贵阳南明春梅酿造有限公司董事长。1989年，陶华碧用省吃俭用积攒下钱，在贵阳市南明区龙洞堡的一条街边，用四处捡来的砖头盖起了一间房，开了简陋的餐厅，取名“实惠餐厅”，专卖凉粉和冷面。1996年7月，借南明区云关村委会的两间房子，招聘了40名工人，办起了食品加工厂，专门生产麻辣酱。1997年6月，“老干妈麻辣酱”经过市场的检验，在贵阳市站住了脚。1997年8月，“贵阳老干妈风味食品有限责任公司”正式挂牌。曾先后获贵阳市南明区“巾帼建功标兵”、贵阳市南明区创卫“先进工作者”、贵阳市“巾帼建功标兵”、贵阳市“两个文明”建设服务先进个人、贵州省“三八红旗手”等荣誉称号。并获全国“巾帼建功标兵”、全国“杰出创业女性”、中国“百名优秀企业家”、“全国三八红旗手”等荣誉称号。

65. 陶肖明(1957—)，香港人。1977年考入华东纺织工学院(现东华大学)纺织工程系，学习毛纺专业。1982年毕业获得工程学士学位，成为全校唯一的优秀毕业生一等奖学金获得者，并获得教育部研究生公派留学奖学金。1983年，远赴澳大利亚新南威尔士大学纤维科学与技术学系学习。1987 年,获纺织物理学博士学位,随后在澳大利亚联邦科学工业研究组织的羊毛技术所参与并主持研究工作,之后回中国纺织大学任教。1990 年,到美国杰克索大学纤维材料研究中心做了一段时间的研究工作后,回到澳大利亚羊毛技术所,并于 1993 年参与发明了纤维分束器及分束纺纱(Solospun)的工艺及产品,获得国际性专利。1994 年 9 月,到香港理工大学纺织机制衣学系工作,此后,在科研上取得诸多成果,完成了低扭矩环锭单纱生产设备及工艺,与香港科技大学余同希教授首次共同提出多细胞纺织复合材料的概念。2001 年,主编的《智能纤维织物及服装——科学原理及应用》出版,这是纳米智能纺织服装领域的第一本专著。2005 年,在其努力下,香港理工大学建立了香港成衣纺织中心,是仅次于美国和欧盟的世界第三大成衣研发中心。2007 年 5 月,被推选为国际纺织学会世界会长。

66. 田桂英(1930—　),辽宁大连人。新中国第一位火车女司机,并曾任司机长。全国劳动模范。17 岁时到沈阳铁路局大连铁路机务段工作。1948 年加入中国共产党。1949 年,大连机务段招考培养一批女火车司机。得知消息后,她说服家人,到段里报了名。经过 8 个多月的培训,1950 年 3 月 8 日,大连铁路机务段举行“三八”包车组出车仪式,田桂英等人所在包车组被铁道部命名为“三八”女子机车包乘组,田桂英成为新中国第一位女火车司机。同年,该机车包乘组创 6 个月安全行车 3 万公里、节煤 51.76 吨的纪录。国庆前夕,她作为东北铁路劳模代表团团员参加全国工农兵英雄模范代表大会,并被评为“全国劳动模范”。1952 年,被党组织送到辽宁省工农速成中学学习。1955 年,考入唐山铁道学校机械系。1960 年毕业后到沈阳铁路局机务处任工程师。1985 年离休。

67. 王凤英(1970—　),河北保定人。长城汽车股份有限公司总裁、副董事长、总经理,国内汽车行业唯一一个女当家。是第十一、第十二届全国人大代表。1991 年加入长城汽车公司,负责公司的市场营销管理工作。1999 年毕业于天津财经学院(今天津财经大学),获产业经济学专业经济学硕士学位。2001 年起担任长城汽车销售有限公司总经理,2001 年 6 月担任公司执行董事,2002 年 11 月任公司总经理,2003 年起任长城汽车股份有限公司总裁。从事营销近 20 年,先后荣获“中国营销人金鼎奖”“杰出营销总经理奖”“最具社会责任感的企业家”“中国汽车行业 2006 年度最佳自主品牌企业 CEO”“2007 中国十大经济女性年度人物”“2008 中国十大杰出品牌女性”“2008 品牌中国年度人物”“改革开放 30 年自主创新优秀人物”“2008 年自主品牌英雄榜 · 营销风云人物”“环渤海十大女企业家”及河北省“杰出青年企业家”、河北省“三八红旗手”、河北省十大“杰出女企业家”

等荣誉奖项。2009 年荣获“第六届营销风云人物金鼎奖”“中国品牌女性 60 年 60 人”等奖项,获“2013 年度商界木兰”称号。2015 年 9 月上榜《财富》杂志亚太最具影响力的 25 位商界女性。

68. 王海彬(1970—),浙江台州人。教授级高级工程师,执业药师。毕业于上海复旦大学生命科学院系微生物学,获学士学位,后获得浙江工业大学生物化工硕士学位,攻读浙江大学药物分析专业博士学位。历任海门制药厂技术员、研究室主任、技术总监。担任公司董事、高级副总裁,2011 年 2 月兼任浙江海正生物制品有限公司法人代表兼执行董事、云南生物制药有限公司董事长。获台州市首届“十大杰出工程师”、浙江省经济技术创新能手、浙江省“三八红旗手”等荣誉称号。

69. 王会琴(1966—),辽宁沈阳人。辽宁省沈阳市沈北新区沈阳蒲兴禽业集团有限公司董事长。1979 年 8 月至 1998 年,任沈阳辉山畜牧场肉禽公司技术员。1986—1989 年,沈阳农业大学畜牧兽医系畜牧兽医专业。1999 年,自筹 27 万元开始创业,历经十年不懈追求与奋力拼搏,蒲兴禽业集团取得了巨大成功。为带动周边农民致富,实行了“公司+基地+农户”的企业经营战略,带动了沈城周边地区 15000 户农民养鸡致富。公司为国家年创外汇收入超千万美元,为国家上交税金年超千万元。企业取得对韩国、日本、南非、哈萨克斯坦的卫生注册,蒲兴商标被评为中国驰名商标。1989 年、1999 年被评为沈阳市“劳动模范”,2000—2009 年连年被评为省、市“三八红旗手”,2004 年荣获国家“禽业原种繁育、加工科技发明一等奖”,2005 年被评为辽宁省“优秀民营企业家”,2006 年被评为辽宁省“劳动模范”,2006 年被中国女企业家协会评为“杰出创业女性”,2007 年被评为沈阳市首届“十大优秀女性”,2009 年被评为环渤海区域“杰出创业女性”,并荣获“全国五一劳动奖章”,2010 年被评为“全国劳动模范”。

70. 王嘉玲(1958—),重庆人。重庆长江轮船公司总船长。第八届全国人大代表。自 1995 年起,先后荣获“全国先进女职工”、交通部“劳动模范”、“全国劳动模范”等称号。2000 年在全国妇联及人民日报、中央电视台、光明日报、中国妇女报等十一家新闻单位联合组织的评选中,荣获中国“十大女杰”称号。1991 年正式任船长。1995 年起,还先后获得长航集团“三八红旗手”荣誉称号,并获评重庆市首届“十大女杰”特别奖、重庆市直辖“十年建设功臣”。

71. 王娜(1981—2010),吉林松原人。2000 年考入河南工业大学。同年 7 月,被中央储备粮新乐直属库选中聘用。2006 年 7 月,在北京分公司举办的第二届仓储技能大赛中获保管员比赛第一名。2010 年 8 月 5 日子夜,新乐骤降暴雨,为保粮被水流吞没。8 月 24 日,中国储备粮管理总公司党组做作决定,在全系统广泛开展向王娜同志学习的活动。2010 年，被评为“全国三八红旗手”，同年 12 月被追授为中央企业“优秀共产党员”。

72. 王希芹（1956—　），天津人。1979 年进入天津市宝坻县（今宝坻区）大口屯衬衫厂工作。1986 年大口屯绣花厂与天津市服装九厂联营，改名为“天津市津宝胜利服装厂”，任生产科科长。1992 年，企业濒临倒闭，在她带领下，企业走出困境，转为盈利。1994 年，天津市津宝胜利服装厂成功改制为天津胜利集团有限公司，出任董事长、总经理。曾于 1994 年、1996 年被评为天津市“劳动模范”、天津市“优秀共产党员”，并获“全国三八红旗手”荣誉称号。

73. 王霞（1963—　），蒙古族，辽宁彰武人。教授级高级工程师。1985 年 7 月参加工作，无党派人士。2009 年 4 月担任上海华谊公司副总裁。历任上海焦化有限公司设计院设备室副主任，上海焦化有限公司发展部经理，上海焦化有限公司总经理助理、副总经理，上海华谊公司总裁助理，中安华谊新材料有限公司副董事长。此外，还在中国神华煤制油研究中心有限公司兼任监事，并在中安华谊新材料有限公司兼任副董事长。获“全国劳动模范”、上海市“三八红旗手”和上海市“劳动模范”等荣誉称号，当选第十二届全国人大代表。

74. 王晓雯（1969—　），上海人。毕业于重庆建筑工程学院，本科学历。曾任国务院侨办人事司干部，华侨城经济发展总公司审计部副总经理，深圳华侨城实业发展股份有限公司董事、财务总监、董事，华侨城集团总裁办公室行政总监，华侨城集团总裁助理，华侨城投资董事长，华侨城监事，康佳集团监事，华侨城酒店集团董事长，康佳集团董事。任重庆建筑工程学院教授，华侨城集团党委常委，华联发展集团有限公司董事，中国国旅股份有限公司监事会副主席，香港华侨城董事长，华侨城亚洲董事局主席，公司党委委员、副总裁。兼任中央企业青年联合会副主席、深圳市会计学会副会长。获“全国劳动模范”、上海市“三八红旗手”和上海市“劳动模范”等荣誉称号，第十二届全国人大代表。2015 年 9 月，就任深圳华侨城股份有限公司总裁。

75. 温冬芬（1965—　），山西人。教授级高级会计师，中国石化财务总监。2001 年 12 月任中国石化集团公司财务计划部副主任。2008 年 5 月任中国石化集团公司财务部副主任。2009 年 3 月任中国石化集团公司财务部主任。2012 年 5 月至 2015 年 11 月兼任盛骏国际投资有限公司董事长。2015 年 11 月起任中国石化财务部主任。2015 年 12 月起任中国石化财务部总监。2015 年 8 月任石油工程公司董事。2014 年 9 月任中国石油工程公司监事。2012 年荣获“中国优秀经济女性”称号。

76. 吴迺峰(1952—),内蒙古人。博士,主任药师,国务院政府特殊津贴。曾任职于天津市天士力联合制药公司、原北京军区医药集团、天津天士力制药集团有限公司、天士力新资源药业有限公司。为天士力集团创始人之一,天士力第一任总工程师、市场总监,天津天士力集团有限公司董事、总裁和天津天士力集团总裁兼天士力医药有限公司董事长。1999 年被授予"天士力特别功勋"奖。科研成果曾荣获国家科技进步奖三等奖、技术创新优秀项目二等奖、军队科技进步奖二等奖等。2002 年《以推进中药现代化为目标的管理》荣获全国第八届企业管理创新成果一等奖。2003 年 12 月,被中国百名营销精英评委会授予"中国十大营销专家金奖"。先后被评为第四届中国"十大女杰"、"全国三八红旗手"、全国"杰出创业女性"等。2004 年荣获"全国五一劳动奖章"。

77. 吴文英(1932—2007),江苏武进人。曾任中华人民共和国纺织工业部部长等职。1949 年 8 月起历任常州大成棉纺织一厂团总支副书记、工会主席,中共常州市纺织工业局党委副书记。1950 年 9 月获"常州市劳动模范"称号。1963 年毕业于华东纺织工学院(今东华大学)纺织系,后历任常州市大成棉纺织一厂副厂长、党委书记,常州市纺织工业局副局长、党组副书记,中共常州市委委员、常委、市"革委会"副主任,中共常州市委副书记兼组织部部长。1983 年 3 月调任纺织工业部部长、党组书记。1993 年任中国纺织总会会长、党组书记,兼任中国仪征化纤集团董事长等职。

78. 吴晓灵(1947—),北京人。中国人民银行原副行长、国家外管局原局长。1984 年中国人民银行研究生部毕业,经济学硕士学位,研究员。1985 年任中国人民银行研究所应用理论研究室副主任,1988 年任《金融时报》副总编辑,1991 年任中国人民银行金融体制改革司副司长,1994 年任政策研究室主任,1995 年任国家外汇管理局副局长,1998 年任国家外汇管理局局长、人民银行上海分行行长,2000—2007 年任中国银行副行长。2012 年 3 月,任清华大学五道口金融学院院长。十一届全国人大财政经济委员会副主任委员。2004 年和 2005 年,曾被《华尔街日报》两度评为"年度全球最受关注的 50 位商界女性"。2006 年和 2007 年,被美国《福布斯》两度选入"全球最有影响力的女性"排行榜。获评 CCTV2011 年"中国经济年度人物"。

79. 吴秀芝(1947—),安徽萧县人。经济师。1996 年 10 月,筹建一个面粉加工车间。1999 年被评为"安徽省非公有制经济先进妇女经营者",2000 年被宿州市政府评为"十佳女企业家",同年被市妇联被评"三八红旗手",2002 年被市委市政府评为"市农村十佳致富带头人",被省政府评为安徽省"劳动模范",2003 年被省农委评为“第二届安徽省农村致富带头人”，2005 年被市委市政府、市企业家协会评为“市首届十大优秀企业家”，2006 年被省质量技术监督局评为质量管理“先进工作者”，同年被省粮食局评为“粮食产业化优秀企业家”，被中国粮食行业协会评为“第四届全国粮食行业优秀创业企业家”。2007 年被宿州市政府评为“市首届十大优秀中国特色社会主义事业建设者”。连续两届当选安徽省人大代表、三届宿州市人大代表。多年来，带领皖王集团累计向社会捐助达 300 万元以上，集团公司先后被评为“安徽省百强企业”“安徽省农业产业化‘121 强龙工程’重点龙头企业”“省民营科技企业”“全国农产品加工示范企业”“放心粮油进农村进社区”全国先进单位等。2008 年、2010 年先后荣获“全国三八红旗手”“全国劳动模范”称号。

80. 吴亚军（1964—　），重庆合川人。龙湖地产有限公司董事长。全国人大代表，重庆市工商联（总商会）副会长，重庆市总商会房地产商会副会长。1984 年 7 月毕业于西北工业大学。高级经济师。1993 年担任重庆佳辰经济发展有限公司董事长。1994 年至 1995 年担任重庆佳辰经济文化发展有限公司董事长兼总经理。1995 年至 2000 年，任重庆中建科置业有限公司的董事总经理，此后，任重庆龙湖地产及北京龙湖置业董事长兼总经理。2005 年 9 月，辞去所有区域公司的总经理，担任龙湖集团董事长兼首席执行官。2011 年 5 月向母校西北工业大学捐赠 1 亿元，设立“吴亚军奖励基金”，支持西工大的建设发展。2014 年 3 月 6 日，在胡润富豪榜“2014 全球白手起家女富豪榜”中，位列第三名。在同年“福布斯全球最有影响力 100 名女性”中，位列第 41 名。

81. 武丹青（1969—　），山西人。“2008 中国十大经济女性年度人物”。山西太师国际贸易有限公司总经理。该公司于 2009 年 9 月正式成为国内著名家居用品——CBD 软床系列产品在山西太原的总代理商，2010 年在太原市场发展 10 家经营店，销售额节节攀升，第二年便成为太原家居市场的知名家具销售企业，2011 年底代理山西唯一一家高端奢侈品进口家具——法国写意空间（Ligne Roset），品牌店于 2012 年 3 月正式入驻太原市居然之家河西店。2011 年 6 月，牵头发起成立了山西渤海晋邦电子商务有限公司，任公司法人。该公司作为天津渤海商品交易所螺纹钢（太原）的主服务商，以螺纹钢（太原）领跑，其他大宗商品跟进，为山西大宗商品的生产、贸易和消费企业提供了一个公开、透明的电子商务交易平台，并根据交易所的现货交易制度，结合电子交易平台，为当地企业开辟了一条崭新而强大的营销、议价、融资融货渠道。

82. 夏华（1975—　），辽宁人。依文企业集团董事长，中华全国青年联合会委员、中国企业家俱乐部理事、中国服装协会常务理事和北京职业装专业委员会主任。1991年毕业于中国政法大学并留校任教。自1994年成立依文企业集团以来,相继创建了依文(EVE de UOMO)、诺丁山(NOTTING HILL)、凯文凯利(Kevin Kelly)、杰奎普瑞(JAQUES PRITT)等高级男装品牌,业务范围扩大到服装、服饰、职业装、礼品、国际品牌代理及文化创意等领域。目前全国已拥有500余家店面,企业年销售额达数十亿元。依文集团系"ISO 9001:2001质量管理体系认证""ISO 4001:2004环境管理体系认证"双认证企业。集团旗下品牌长年以来相继获得"中国驰名商标""北京市著名商标""北京十大时装品牌金奖""中国服装品牌年度大奖"等多项殊荣,曾代表中国服装品牌企业远赴巴黎参展,并为中非国际论坛、2008年奥运会、国庆60周年华诞等诸多重大盛事设计制作服装。2004年当选北京服装纺织行业协会副会长,2005年荣获"中国经济女性年度人物"称号,2006年被评为"最具影响力的企业家",并作为唯一一位服装界女性企业家被央视《东方之子》报道,荣获"中国营销风云人物",2008年获选"中国连锁榜样十大人物",2009年被授予"年度商界木兰"。2010年获评"全国三八红旗手"。

83. 夏之栩(1906—1987),曾用名夏子胥,浙江海宁人。曾任中华人民共和国轻工业部副部长等职。1918年考入湖北女子师范学校,1922年5月加入中国社会主义青年团,1923年1月转为中国共产党党员。先后在北方区团委、青年团武昌地委、青年团北京地委开展工作。1925年2月被推为北京妇女国民会议促进会委员,1926年至1928年参加了上海工人三次武装起义。1929年赴莫斯科学习。1931年回国,不久遭国民党逮捕,经中共党组织营救出狱,后就职于上海全国总工会女工部,曾任中共上海江浙区区委委员、江苏省委秘书、中央组织部秘书及交通员。1937年12月至1938年10月任中共中央长江局组织部交通组、救济工作组负责人,在八路军驻南京、武汉、桂林办事处中共支部工作。1941年赴延安,任中共中央社会部干部处处长、中共中央组织部秘书处处长。1945年作为大后方代表团成员出席中共七大。1948年底任中共郑州市委副书记兼组织部部长。中华人民共和国成立后,曾任中共武汉市委组织部部长、秘书长,国家轻工业部办公厅主任、部长助理、副部长等职。当选第一、第三届全国人大代表,第五届全国政协常委,中共八大代表。1982年9月至1987年11月任中共中央顾问委员会委员。

84. 肖玉萍(1961—),北京人。1986年7月毕业于北京大学法律学系法律学专业,获法学学士学位。随后到中国人民银行工作。1989年4月获中国律师资格证,1999年11月被评为高级经济师。1999年12月至2010年6月历任中国人民银行条法司综合处副处长,条法司金融债权管理办公室副主任(副处级)、法律事务处副处长、金融稳定局银行类机构风险处置处处长、银行业风险监测和评估处处长及金融稳定局副巡视员。2007 年获中国金融工会全国委员会颁发的全国金融“五一劳动奖章”。

85. 谢企华(1943—　),浙江鄞县(今宁波市鄞州区)人,生于上海。中国特大型钢铁企业历史上第一位女总经理。曾任中国钢铁工业协会会长。当选中共十五届、十六届候补中央委员。曾获“全国三八红旗手”称号。1968 年毕业于清华大学工业与民用建筑专业后,因支援“三线”建设被分配到陕西钢厂基建科当技术员。1978 年起进入宝钢,任宝钢工程指挥部副处长、处长。1984 年起任宝钢工程指挥部指挥助理。1990 年起任宝钢工程指挥部副指挥。1994 年起任宝钢集团副董事长兼宝山钢铁公司总经理。1998 年起任宝钢集团公司副董事长、总经理。2003 年起任宝钢集团公司董事长、总经理。2006 年辞去宝钢股份董事长职务,继续担任集团董事长。2010 年担任中国国新控股有限责任公司董事长。在协助宝钢主要领导工作期间,宝钢曾获国家级企业技术进步奖、企业管理现代化创新成果一等奖、全国现场管理先进企业等。个人曾被评为陕西钢厂“先进工作者”“先进个人”“妇女积极分子”,宝山钢铁厂工程指挥部“先进工作者”“优秀共产党员”,并被授予上海市和“全国三八红旗手”“全国优秀女企业家”称号。2002 年 10 月,她的名字出现在美国《财富》杂志新年度的“全球商界 50 名女强人”中。2005 年,荣获首届“袁宝华企业管理金奖”。

86. 邢艳萍(1970—　),天津人。天津市银博印刷有限公司董事长。曾连续两年被天津市科委评为优秀民营科技企业,2005 年 CTP 调频网技术应用成功填补国内空白。同年银博公司被天津市总工会评为“双爱双评”先进企业。在企业发展的同时,率先在民营企业中成立党支部、工会等组织。先后为抗击“非典”、印尼海啸、困难家庭和贫困学生捐款百万余元。2005 年成立天津市银博电子音像技术发展有限公司,引进世界先进的光盘音像出版成套设备,建成集设计、制作、生产、印刷、出版发行为一体的现代化多媒体公司,做到技术最新、设备最精、质量最优、管理最好,引领天津电子出版的潮流。该项目填补了天津电子出版方面的空白。2006 年被评为天津市“劳动模范”。2010 年获“全国劳动模范”荣誉称号,被授予第十三届“毕昇印刷优秀新人奖”。

87. 邢燕子(1940—　),原名邢秀英,天津宝坻人。“发愤图强,扎根农村,大办农业”的青年典型之一。曾任中共天津市委书记等职。1958 年高小毕业后回到家乡宝坻县(今宝坻区)大中庄乡司家庄村务农,组织“邢燕子突击队”,带领队员们种下 430 亩“六九麦”,发愤改变家乡的面貌。1960 年 8 月 15 日,《河北日报》报道了她的事迹,8 月 17 日,共青团河北省委、河北省妇联发出在全省青年、妇女中开展学习邢燕子运动的通知,接着中共河北省委、天津市委发出开展“学习邢燕子、赶上邢燕子、热爱农业劳动,建设社会主义新农村的热潮”的号召。一时间“燕子突击队”闻名全国。同年 10 月 12 日加入中国共产党。1964 年 6 月,被选为共青团九大代表,同年 12 月,参加第三届全国人大,被选为大会主席团成员。1966 年 10 月,参加国庆观礼,后担任宝坻县(今宝坻区)“革委会”成员和公社大队干部,1969 年,被选为中共九大代表,任大队党支部副书记、宝坻县(今宝坻区)委副书记、天津市委书记。此后又出席了中共十大,作为知青代表当选为党中央委员。1981 年任天津市北辰区人大常委会主任。2009 年被评选为“100 位为新中国成立做出突出贡献的英雄模范人物”之一。

88. 熊海涛(1964—),广东广州人。曾获广州市“劳动模范”、广州市“优秀民营企业家”、广州市“三八红旗手”等荣誉称号。当选广州市第十四届人大代表、广州天河区工商联合会副会长、天河区企业家商会副会长。1984 年毕业于成都无线电高等机械专科学校,曾任四川长虹公司质量管理员、深圳康佳公司工艺质量主管。1997 年加入金发科技,并任董事、副总经理,2004 年 9 月到 2009 年 1 月担任金发科技董事兼国家级企业技术中心副主任,2009 年 1 月任金发科技董事。其隶属的金发科技是一家主营高性能改性塑料研发、生产和销售的高科技上市公司,拥有上海金发科技发展有限公司、绵阳长鑫新材料发展有限公司、绵阳东方特种工程塑料有限公司、天津金发新材料发展有限公司等子公司,是中国最大的改性塑料生产企业,也是全球改性塑料品种最为齐全的企业之一。2011 年 1 月,出任新成立的广州诚信投资管理有限公司法定代表人。

89. 徐海燕(1960—),浙江宁波人。高级经济师,民商法博士,对外经济贸易大学法学院教授、博士生导师,中国法学会消费者法研究会理事。上海浦东发展银行股份有限公司副行长。1977 年 12 月在建设银行宁波港区支行开始做银行工作。1994 年 11 月加入上海浦东发展银行,就任宁波分行副行长。1997 年 12 月起在总行先后担任公司金融部总经理、公司及投资银行总部总经理。1998 年 8 月至 10 月受欧盟资助,赴荷兰阿姆斯特丹大学法学院进行短期访问研究。1999 年毕业于中国社会科学院法学研究所,主要研究领域为民法总论、物权法、担保法。2005 年 10 月至 12 月,应邀在香港城市大学法学院讲授中国民法。2008 年 8 月至 2009 年 8 月,赴美国威斯康辛大学法学院进行访问研究。拥有 EMBA 学位。2006 年被评为上海市“三八红旗手”。2008 年荣获“全国三八红旗手”称号。2009 年 6 月担任上海浦东发展银行股份有限公司副行长,分管个人银行、运营等工作。2011 年 8

月至2012年6月赴美国密歇根大学法学院访学。论文《区分所有建筑物管理的法律问题研究》荣获北京市第十一届哲学社会科学优秀成果二等奖,《论食品安全法中的新型民事责任》荣获2011年中国法学会食品安全法研究会一等奖。

90. 徐苓苓(1959—),上海人。上海市第十三届人大代表。1987年毕业于上海立信会计学院,获会计学学士学位。2001年毕业于上海社会科学院研究生部,主修工商管理专业。2006年毕业于同济大学,获工商管理硕士学位(EMBA)。2008年于上海国家会计学院EMBA硕士班毕业,主修金融与财务管理。中国注册会计师及国际注册内部审计师协会会员,高级会计师。1975年至1983年,任上海黄浦烟酒公司第二中心店主任。1983年至1996年间任上海王宝和总公司同缘公司财务部负责人。1996年6月加入联华超市股份有限公司,任审计部经理,1997年擢升为财务部总监,自2003年1月起任联华超市股份有限公司执行董事。2008年被评为全国商务系统"劳动模范"。

91. 许冬瑾(1970—),广东普宁人。2001年起担任康美药业副董事长、副总经理等职。2014年荣立"广东省抗'非典'个人三等功",荣获"广东省科学技术进步奖",荣获广东省"巾帼科技创新带头人"、广东省"三八红旗手"、"全国三八红旗手"、"全国双学双比女能手"、"全国劳动模范"、广东首届自主创新"十大女杰"等荣誉称号。硕士学位,主管药师,兼任中国中药协会中药饮片专业委员会专家、全国中药标准化技术委员会委员等职。2002年任车间主任以来,带领员工以打造"康美现代中药"品牌为目标,坚持高标准建设中药饮片生产基地。参与开发的"计算机在中药饮片生产管理中的应用"项目获市、省科技进步奖一、二等奖。参与研发一系列具有自主知识产权的产品,其中:甲磺酸多沙唑嗪产品技术在国内处于领先地位,其原料药生产合成工艺获得国家发明专利,被列为国家重点新产品、国家科技成果重点推广计划项目。2003年带领车间员工加班加点生产抗"非典"药品,优质优价充分保证了广东省中医院、广东省人民医院等抗"非典"第一线医疗单位药品的供应。

92. 许薇薇(1975—),福建石狮人。历任上海世茂建设有限公司董事、福州世茂投资发展有限公司董事长,兼任北京市政协委员、北京市海外联谊会理事、中国侨联青年委员会委员。毕业于澳大利亚悉尼麦格里大学商业系会计专业,具有澳大利亚注册会计师资格。2009年,任世茂股份董事,其时世茂股份手中的项目仅有4个。同年6月出任总裁,带领世茂股份致力于商业地产领域的多元化开发与经营,形成辐射全国的战略发展布局。2009年5月之后,公司资产迅猛膨胀,变身为横跨17个城市、紧握20多个项目的商业地产龙头公司。世茂股份总资产从

2009 年的 159.8 亿元上升至 2014 年的近 600 亿元，年销售额也从 2009 年的 10.1 亿元提升至 600 亿元。

93. 燕君芳（1974— ），陕西周至人。1998 年在西北农林科技大学畜牧兽医学院毕业后，毅然选择创业，从事最为传统的养殖业。2001 年 6 月，开始组织建猪场、选猪种。2002 年 5 月，深圳光明农场养了一种有知识产权的种猪“光明猪”。2003 年 5 月也很快发展起来。燕君芳给这种保持原本香味的猪肉取名为“本香肉”。2005 年 9 月，第一个“本香”专卖店开业。2010 年创办杨凌本香农业产业集团有限公司。9 年间，该公司成为陕西省农业产业化龙头企业。2006 年 4 月，参加共青团中央、中组部、中宣部、教育部、人事部、全国学联六部委组织的大学生创业先进事迹报告团，受到中央领导的亲切接见。先后获“全国劳动模范”、“全国三八红旗手”、中国 MBA 十大创业精英、全国“巾帼建功标兵”、全国“优秀青年”乡镇企业家、陕西省“三八红旗手”、陕西省十大杰出青年等荣誉称号。

94. 杨金花（1968— ），湖北黄冈人。湖北省黄冈市福利院院长。在自己家中先后照料了 5 名孤寡老人，抚养了 40 多名孤残儿童，为社会福利事业捐款捐物 10 余万元。还率先在全国推出“家庭寄养制”，使 600 多个孩子得到收养，遍布国内各省和世界 11 个国家。1970 年至 1988 年，在黄冈地区杨金花工作剪影精神病医院担任护理员、护士长，亲手护理了 2000 多名精神病患者。1988 年，积极响应上级号召，只身远赴鄂东最偏远的黄梅县，自费创办精神病医院，先后治疗精神病患者达 3000 多人，临床治愈率达 90%以上。1992 年，任福利院院长。经过 12 年的不懈努力，该福利院收养人数增加到 200 多人，先后救助、抚养了 800 多名孤老残幼，成为省一级福利院、省级行风建设示范窗口单位。2002 年，带领全院职工将筹措的资金建起 4000 多平方米的孤残儿童寄养服务中心大楼。被国务院授予“全国先进工作者”称号，被评为第五届“中国十大女杰”。

95. 杨绵绵（1941— ），上海人。高级工程师，海尔集团主要创始人之一。1958—1963 年，山东工学院内燃机专业学习；1963—1971 年，任青岛劳动局技校教员；1971—1979 年，任青岛压铸厂技术员；1983—1984 年，青岛家电公司高级工程师；1984—1993 年，青岛电冰箱总厂副厂长；1991 年至 2000 年 6 月，海尔集团公司副总经理、常务副总裁；1993 年 7 月，任海尔电冰箱股份有限公司总经理。1995 年获省“齐鲁巾帼十杰”称号，1995 年获国家科技成果奖，1995 年获青岛市贡献突出科技人才称号，1995 年获山东省“劳动模范”称号，并获第四届“全国优秀女企业家”称号，1997 年获美国国际优秀企业家贡献奖。2006 年至 2008 年连续被美国《福布斯》杂志评为“全球最具有影响力的女性之一”。被美国《财富》杂志列为

2011年“全球50位最有影响力的商界女性”(美国以外世界50位)。2008年获得“青岛市十大杰出经济女性”称号。2011年,入选全球50大女强人,列第26位,在10位上榜华人女总裁中排名第4。2013年6月正式卸职。

96. 杨燕(1967—),安徽淮南人。2010年,被评为“全国劳动模范”。高级经济师,中国杂粮协会理事,安徽燕之坊食品有限公司董事长。2008年3月,被评为安徽省“优秀女民营企业家”,2010年3月,被评为合肥“巾帼建功标兵”。2002年创办安徽燕之坊食品有限公司以来,以专业专注精神致力于粗粮及其精加工。她采取了极具特色的“公司+基地(农户)+卖场”的特有经营模式,与家乐福、沃尔玛、大润发等国内外超市连锁合作,在近两千多家门店建立了“燕之坊粗粮世界”联营专柜。在短短几年内,实现了粗粮产品的规模化、标准化、品牌化运作,其领导的企业从创业初的年经营额300万元,到2010年实现产值近11亿元,上缴利税2000多万元,解决了3000人的就业问题,并在全国各地建立了20多个原粮供应基地,为30万农民实现产业结构调整和增产增收提供了保证,成为中国粗粮食品行业的典范。

97. 游景玉(1939—),福建福州人。教授级高级工程师。1985年,国家准备动用630万美元从美国引进第一台火电站仿真机,她和15位工程技术人员被派往美国学习掌握这台仿真机的使用技术。1988年,从北京来到珠海,创立了国家火炬计划中的重点高新技术企业——亚洲仿真控制系统工程(珠海)有限公司。任国家仿真控制系统工程技术研究中心主任与广东亚仿科技股份有限公司总裁,主持开发核电、航空、军工、电力、化工等各类大型仿真控制项目200余个,形成了中国自主知识产权,使我国仿真技术达到世界前列。1993年起连续当选全国第八、第九、第十届人大代表,1995年、1996年荣获全国十大科技成就奖,1995年荣获全国妇联授予的中国“十大女杰”称号。1995年、1996年荣获年珠海市科技进步特等奖,1996年荣获广东省科技进步特等奖、广东省科学技术突出贡献一等奖等,2009年、2010年先后获广东首届自主创新“十大女杰”、“第一”广东杰出女性人物称号。

98. 于剑(1953—),辽宁鞍山人。毕业于哈尔滨工业大学(原哈尔滨建筑大学),1972年1月至1975年9月,在鞍山钢铁公司工作。1975年9月至1978年7月,在哈尔滨建筑大学城市燃气工程专业学习。1978年7月至1990年8月,在哈尔滨建筑大学燃气工程教研室任讲师。1990年8月至1999年10月,在深圳市燃气集团有限公司工作,先后任工程师、分公司经理、集团总经理助理、副总经理等职务,1999年10月至2007年1月,任深圳市燃气集团党委副书记、总经理。2001

年，被中国女企业家协会审定授予 2001 年“杰出创业女性”称号。2002 年 8 月 26 日至 9 月 4 日，作为中国女企业家代表团副团长，出席了联合国在南非召开的可持续发展世界首脑会议。2003 年 8 月 22—26 日，作为深圳市两名妇女代表之一，参加了在北京召开的全国妇女第九次代表大会。2005 年 1 月，被评为中国“优秀女企业家”。2006 年 3 月，被评为首届深圳市十大“杰出女企业家”。2007 年 3 月被广东省总工会授予“南粤女职工之友”称号。2007 年 1 月起任深圳市水务（集团）有限公司党委书记、董事长。

99. 于淑珉（1952— ），山东青岛人。高级政工师，高级经济师。1996 年以来，任海信集团公司党委副书记，青岛海信电器股份公司总经理、董事长，海信集团公司执行总裁等职。2005 年，海信开发的高清数字视频处理芯片技术　　信芯，结束了我国年产 7000 万台彩电无“中国芯”的历史。2007 年，领导海信建成了国内首条液晶模组生产线，实现了自主液晶模组生产零的突破。被美国《Vision》杂志评价为“科技性公司顶级女性领导者”，美国《财富》杂志“中国最具影响力商界女性”排名 18 位。2003 年 2 月被评为第三届“齐鲁巾帼十杰”，2004 年 3 月被评为首届“全国十佳三八红旗手标兵”，2005 年、2008 年、2010 年、2011 年先后被评为“全国劳动模范”“全国十佳巾帼创业明星”“70 年山东妇女杰出人物”“全国质量工作先进个人”。

100. 余留芬（1969— ），贵州盘州人。贵州省六盘水市盘州市淤泥乡岩博联村党委书记、岩博村党委书记。当选中共十七大、十八大、十九大代表。曾荣获“全国优秀共产党员”“全国三八红旗手标兵”“全国脱贫攻坚奖奋进奖”及贵州省“劳动模范”等称号。2008 年 11 月被评为为改革开放做出杰出贡献的个人之一。1988 年嫁至岩博村，1993 年开始创业，先后从事过照相、开小餐馆、开小卖部等工作。2000 年加入中国共产党，2001 年任岩博村党支部书记，坚持抓党建促脱贫和人才强村战略，狠抓产业脱贫和产业引领发展，组织动员群众修路通水，带领村民兴建煤矸石砖厂、岩博山庄、小锅酒厂、岩博特种养殖专业合作社、火腿加工厂等 5 个村办企业，大力发展集体经济产业。2013 年，将自家财产抵押贷款，采取“招商引资+集体入股+村民入股”方式，引入公司注资重组酒厂，推出“人民小酒”等 10 多个系列产品。任党支部书记期间，岩博村从贫困村，发展成为远近闻名的“先进村、文明村、示范村、小康村”。2018 年，被党中央、国务院授予“改革先锋”称号，荣获“改革先锋”奖章。

101. 郁霞秋（1963— ），江苏苏州人。江苏省苏州市张家港市金港镇长江村党委书记。江苏长江润发集团总裁、董事长。2001 年筹建了全国首家村级企业科协——长江润发科协，成为一个投身家乡建设的村官和女企业家。2005年起，接任村党委书记和集团总裁，经过几年的发展，将长江村和润发集团带上一个新台阶，2013年集团销售额达48亿元。还带领长江村主动帮扶小岗村、韩家港村，形成了带动效应。在发展经济的同时，在建立民生保障和人文关怀上下功夫，长江村已实现全民就业，失地农民全部纳入城镇职工养老保险体系，全村医疗保险覆盖率达到100%，建立了以村民养老、帮贫救助为重点的保障体系。2011年，长江村被评为“全国文明村”。2013年8月，任长江村党委书记，2015年6月当选为江苏省科协第九届委员会副主席。2014年被评为“全国三八红旗手”、中央企业“巾帼建功标兵”。

102. 袁利群（1969—　），浙江宁波人。第十二届全国人大代表。曾任美的集团董事、高级副总裁，兼任美的电器董事等。同时担任美的集团旗下广东美的电器股份有限公司（SZ000527）董事、威灵控股有限公司（HK0382）董事、美的集团财务有限公司董事长等职务。1991年毕业于北方工业大学会计学专业，2003年毕业于澳大利亚国立大学，获国际管理硕士学位。1992年加入美的集团。1992年12月至2001年11月任美的集团电机事业部财务部长、副总经理等职务。2001年12月至2012年8月任美的集团有限公司董事、副总裁、财务总监。主要业绩：创建集团化财务管理体系，有效支持集团发展，推动全面预算管理，完善绩效考评体系，驱动企业发展，推进资产重组和资本运作，支持产业发展，强化资金集中管理，创新资金管理模式，积极应对金融危机，推动财务管理向价值管理转型。

103. 曾学敏（1944—　），辽宁本溪人。教授级高级工程师，国家注册咨询师（投资）。1963年至1968年，就读于北京建筑材料工业学院无机非金属材料本科专业，1969年至1983年，任辽宁本溪工源水泥厂技术员及化验室主任，1984年至2001年，任国家建材局生产司、计划司工作，任副处长、处长、副司长。2001年4月至2005年1月，任中国水泥协会第四届和第五届副会长兼秘书长，2005年2月起任中国水泥协会第五届常务副会长。2009年9月任华润水泥控股有限公司非执行独立董事，2011年12月至2014年10月任新疆天山水泥股份有限公司独立董事。曾率领团队制订国家“七五”“八五”“九五”“十五”计划内相关的建材行业发展计划，并建立国内各种不同的建材行业建设标准及配额。在工程及建设管理方面，曾多次荣获国家级、部级一等及二等奖。任中国工程建设标准化协会建材分会会长。

104. 翟美卿（1964—　），广东广州人。曾任十二届全国政协委员、全国妇联常委。任香江集团总裁、香江社会救助基金会主席。2005年，所成立的“香江社会救助基金会”成为民政部批号“001”号的首个国家级非公募基金会,开创了中国公民个人出资兴办非公募慈善基金会的先河。1998年被全国妇联授予中国“十大女杰”、“全国三八红旗手”称号。2002年,被中国儿童少年基金会授予“中国儿童慈善家”称号。2004年,荣获由国务院扶贫办、中国扶贫基金会主办的中国第一届消除贫困奖捐赠奖。2005年,荣获由国家民政部颁发的中华慈善奖。2010年,荣获广东省妇联评选的“开创我国各领域‘第一’的广东省十个杰出女性人物”。2011年,荣获由中央电视台举办的2010年度“中国农村新闻人物慈善公益奖”。2011年,荣获中国妇女发展基金会授予“十大女性公益人物”。2012年,荣获中国慈善排行榜“年度十大慈善家”“2011中国十大经济女性年度人物”称号。2013年,荣获首届世界广府人“十大杰出人物”。2013年,荣获感动广州60年魅力女性。2014年,荣获第八届“南粤巾帼十杰”。

105. 詹灵芝(1956—),安徽安庆人。曾任安庆纺织厂团总支副书记、生技科党支部书记、第一副厂长、党委委员,安徽华茂集团有限公司董事、副总经理,安徽华茂纺织股份有限公司董事、副总经理、总经理。任安徽华茂集团有限公司董事长、党委书记,安徽华茂纺织股份有限公司董事长。1978年12月至1984年3月,任安庆纺织厂车间团总支副书记,1984年3月至1998年7月,任安庆纺织厂副厂长,1998年4月至2007年3月,任安徽华茂集团有限公司副总经理,2007年3月起任华茂集团有限公司董事长。任职期间,努力打造百年华茂,为振兴中国民族工业做出贡献。在其倡导下,华茂集团设立有“特困职工互助基金”等四大基金,企业拿出100多万元救助特困、单亲、弱势等职工家庭,拿出75万多元帮助近千人次的困难职工子女上学。荣获全国纺织工业“劳动模范”、“全国三八红旗手”、江淮“十大女杰”、安徽省“十大女企业家”等称号。

106. 张海霞(1968—),湖南湘潭人。任步步高投资集团董事长及总经理、公司董事,武汉爱家爱商贸有限公司董事长,湖南省女企业家协会副会长,湘潭市工商联副会长,湘潭市女企业家协会会长,中国IGA董事长。曾任湘潭市南北特产食品总公司团委书记、办公室副主任,湘潭市糖酒副食集团公司总经理助理,湖南步步高连锁超市有限责任公司副总经理。2004年,步步高公司被国家劳动和社会保障部、全国工商联授予“全国就业和社会保障先进民营企业”称号。2007年,当选CCTV“湖南省最佳雇主”,被授予“全省关爱员工”优秀民营企业家等荣誉称号。2005年加入国际零售商联盟(IGA),当选为IGA中国区董事长。个人荣获2003年“湖南省巾帼创业明星”、湖南省“优秀女企业家”、湖南省“三八红旗手”等荣誉称号,2007年被授予全国“巾帼建功”荣誉称号。

107. 张红霞(1971—　)，山东邹平人。魏桥纺织集团董事长兼总经理，创业集团集团党委副书记，魏桥纺织股份有限公司董事长、总经理。1987 年参加工作。1994 年，参与运作了滨州市首家合资企业，拉开了企业产权制度改革的序幕。同年与香港一家企业合资成立"山东魏桥染织有限公司"。1998 年，担任魏桥纺织集团总经理，创造性地提出了"引资引智相结合"的招商思路，为魏桥纺织集团借助外力加快国际化进程提供了重要的战略依据。在其推动下，2003 年织在商港联交所主板正式挂牌交易，一举创下了 H 股历史上发行市盈率、自亚洲金融危机以来超额认购倍数、冻结认购资金额三个之最。魏桥纺织被纳入恒生国企指数、摩根士丹利资本国际中国指数成分股。先后荣获全国"巾帼建功标兵"、山东纺织优秀企业家、山东"优秀女企业家"、山东省"劳动模范"、全国"杰出创业女性"、"全国劳动模范"、"全国质量管理小组活动卓越领导者"等荣誉称号。

108. 张慧珍(1961—　)，陕西人。1996 年 1 月至 2007 年 11 月，历任北京银行永安支行、官园支行，华安支行副行长、行长。2007 年 12 月至 2010 年 5 月，任北京银行、西安分行行长。2007 年，只身一人奔赴黄土高坡创业，取得优异成绩。带领班子精诚团结，开拓进取，在西安 20 家国有股份制银行中，北京银行进入最晚，但名列第一。2009 年，获陕西省政府授予的"陕西省金融发展突出个人"称号。2010 年，被北京市国资委评为"群众心目中的好党员"。2010 年 6 月，任北京银行首席风险官。

109. 张克秋(1964—　)，天津人。南开大学经济学硕士，高级会计师，获国务院政府特殊津贴。曾任中国农业银行国际业务部资金处副处长、系统管理处处长，财务会计部财务处处长，北京分行营业部总经理，伦敦代表处首席代表。2004 年 4 月，任中国农业银行会计结算部副总经理；2006 年 5 月，任中国农业银行会计结算部副总经理；2008 年 4 月，任中国农业银行计划财务部副总经理；2008 年 11 月，任中国农业银行财务会计部副总经理兼总行驻北京、天津分行审计特派员；2009 年 8 月，任中国农业银行股份有限公司资产负债部总经理；2011 年 6 月，任中国农业银行股份有限公司财务总监兼财务会计部总经理，兼任中国金融会计学会理事会副秘书长。被评为中央国家机关"先进会计工作者"、"全国先进会计工作者"、中央国家机关"五一劳动奖章"、"全国五一劳动奖章"、"全国劳动模范"。

110. 张永珍(1932—　)，江苏苏州人。曾任全国政协常委。1947 年高中毕业，后随家人迁居香港，同年考入英国剑桥大学英国文学系。1966 年毕业于英国剑桥工专。1974 年创办以家庭妇女为对象的杂志《象牙塔外》，通过介绍世界有成就的著名女性，号召妇女走出家庭，为社会服务。历任香港象牙塔外杂志社社长、香港理工学院学生辅导就业委员会委员。1978 年弃文经商,任香港大庆石油有限公司董事兼经理、永兴企业公司经理、金桂企业有限公司董事长、上海投资信托公司董事、江苏省投资信托公司董事、香港管理协会副主席、香港中华总商会副会长。曾与中国建筑工程公司合作,在上海兴建雁荡大厦并投资建设高级住宅,还曾多次到苏州、杭州地区帮助改进丝绸生产工艺。1992 年被国务院港澳办公室和新华社香港分社聘请为香港事务顾问。任七届全国政协委委员,第八、第九届全国政协常委。2002 年,花 4150 万港元竞得清雍正粉彩蝠桃橄榄瓶,捐给上海博物馆,上海市人民政府向她颁发了上海市"白玉兰"荣誉奖。以个人基金会的形式捐赠给内地文化、教育事业的款项累计近两亿元,曾留下"走一路,捐一路"的佳话。

111. 张月姣(1944—),吉林省吉林市人。中国外经贸法制建设专家,世界贸易组织首位中国籍"大法官"。1968 年获法国汉纳大学学士学位。1978 年起,就职于中国国家进出口委员会、中国外国投资委员会,参与起草中国第一部《中外合资经营企业法》。1981 年至 1982 年赴美国乔治顿大学法学院、哥伦比亚大学法学院学习,获法学硕士学位。1982 年至 1984 年,任世界银行法律部法律顾问。1984 年至 1997 年,历任中国对外经济贸易合作部条约法律司外资处副处长、外贸处处长,副司长、司长,参与制定《中外合作企业法》《外贸法》《涉外经济合同法》《公司法》《民法通则》等法律,担任中国与外国知识产权谈判代表、中国 WTO 复关谈判法律顾问,以观察员身份参加在日内瓦关于《与贸易有关的知识产权协议》的乌拉圭回合最终谈判。1997 年在哥伦比亚大学完成法学博士学业。1998 年至 2004 年,任亚洲开发银行助理法律总顾问、东亚地区局副局长,湄公河区域局副局长,亚洲开发银行上诉委员会联合主席,亚洲开发银行欧洲局长等职。2005 年 2 月,担任西非开发银行董事。2008 年 6 月至 2016 年 10 月,担任 WTO 上诉机构大法官,成为世界贸易组织首位中国籍"大法官"。长期奋战在中国外经贸法制建设第一线,参与我国和欧美等经济体长期进行的对外贸易、投资、知识产权谈判,为中国复关和加入世界贸易组织做出积极贡献。代表论著有《中外合资经营企业法知识》《国际经贸法律评析与运用》等。曾荣获 2007 年"年度法治人物"称号。2018 年被党中央国务院授予"改革先锋"称号,荣获"改革先锋"奖章。

112. 赵春香(1957—),北京人。高级会计师。历任北京燕京啤酒集团公司副总经理兼总会计师、董事、副总经理兼总会计师。2005 年被评为北京市杰出会计工作者。2015 年 5 月辞去公司总会计师职务,继续担任公司董事、副总经理职务。参与实施了公司股改上市、发行可转换债券、兼并收购等资本运作工作,为公司实施低成本扩张战略铺平了道路。注重公司财务信息平台建设,着力加强完善内部控制管理，建立了资金统一管理体系和各子公司的远程监控体系，组织实施全面预算管理。致力于全面提高公司财务工作质量，注重诚信守法，向投资者提供真实公允的财务报告。2003 年被评为全国食品工业“优秀女企业家”。

113. 赵秀莲（1961— ），山西朔州人。1995 年始任山西省陶卜洼煤矿矿长。高中文化。1978 年至 1982 年，在大同市第二轻局工作，1982 年下岗从事饮食个体服务业，1989 年从事煤炭运输业。1996 年萌生想开煤场的想法，1999 年平鲁区政府对陶卜洼煤矿托管改革，赵秀莲随即接管了这座煤矿。2006 年，投资 250 万元在当地兴建一座职工公寓。2003 年 1 月，被中华爱国工程联合会、爱我中华大家行活动组委会授予“爱国企业家”称号，同月获三晋文化研究会颁科技创新之光杯，2004 年 1 月，被中国国际经济科技法律人才学会、中华爱国工程联合会、庄希泉基金会授予“爱国之星”，4 月，被授予山西省“五一劳动奖章”，5 月被授予“重视安全管理先进个人”。2005 年 1 月，被山西省妇女联合会、山西省女企业家协会授予山西“十大杰出女企业家”称号。2005 年 3 月，被中国女企业家协会授予“杰出创业女性”称号。2010 年获国家“劳动模范”和“先进工作者”称号。

114. 赵秀玲（1962— ），天津蓟县（今蓟州区）人。高原水利水电建设优秀人才，武警水电指挥部副总工程师，高级工程师，大校警衔。1983 年毕业于天津大学后入伍。1991 年进藏，常年战斗在高寒缺氧、气候恶劣，被誉为“生命禁区”的高原水利水电建设一线，和战友们一起为西藏人民修建了 20 多座电站，总装机容量占西藏自治区总装机容量的 75%。多次被评为“优秀共产党员”，先后荣获“中国武警十大忠诚卫士”、全国“巾帼建功标兵”、中国“十大女杰”等荣誉称号，获全军作战部队专业技术优秀人才奖，享受国务院政府特殊津贴。当选中共十六大代表。2009 年 7 月，被评选为“新中国成立后为国防和军队建设做出重大贡献、具有重大影响的先进模范人物”。获中国“十大女杰”等荣誉称号。

115. 郑翔玲（1964— ），陕西绥德人。正大制药集团总裁、北京泰德制药股份有限公司董事长、中国生物制药有限公司执行董事、正大百年集团有限公司董事长。1984 年部队院校毕业，2004 年起，个人连续被推举为第三、第四、第五届香港陕西联谊会会长。2007 年 7 月，北京大学光华管理学院毕业，获工商管理硕士学位。兼任中华全国工商业联合会第十一届常委，港区省级政协委员联谊会基金会副主席，港区省级政协委员联谊会副会长，香港陕西联谊会会长，陕西工商联副会长，中华海外联谊会理事——常委，陕西省秦商联合会名誉会长，陕西省政协第八、第九、第十、第十一届常委，第十二届全国政协委员。2012 年 4 月，当选第三届“全球秦商领军人物”。利用经常往返内地和香港的便利，积极促进内地和香港的经贸往来,宣传爱国爱港。

116. 郑晓燕(1958—),安徽广德人。高级经济师。合肥百货大楼集团股份有限公司党委书记、董事长兼总经理。合肥市人大常委会委员。1975 年 12 月参加工作,为合肥百货大楼"徽商典范""安徽第一店"的品牌建立埋头苦干、默默奉献。1996 年开始领导百大人进行新一轮的创业历程。进入 21 世纪,在夯实百货"根据地"的基础上,开始大胆引进先进流通业态和经营模式,向零售业相关产业进军,着力构建多角融合发展格局。还曾先后荣获"全国三八红旗手"、全国城镇"巾帼建功标兵"、安徽省"劳动模范"、安徽省"杰出创业女性"、首届中国商业创业企业家等荣誉称号。2010 年被评为"全国劳动模范"。

117. 钟帆飞(1965—),广东茂名人。深圳东方银座集团副总裁、深圳东方银座美爵酒店董事长、深圳市女企业家协会副会长。英国威尔士大学工商管理学硕士,清华大学 EMBA 高级研修班优秀学员。1983 年考入中国石化茂名职工大学化工机械专业,1986 年 9 月毕业后,分配到茂名石油化工公司设计院从事机械设计工作,1989 年任机械设计助理工程师。1993 年调职至茂名市政府驻深圳办事处工作,1997 年创办以地产为主营业务的深圳市广森投资发展有限公司,首创一种新生代的 SOHO 居住方式。2004 年创建东方银座酒店并任董事长,2007 年 8 月成立深圳市东方银座集团有限公司,任集团副总裁。2007 年,集团进行品牌整合梳理,统一"东方银座"品牌,定位为"城市高端服务业运营商",确定"涵养一生高贵"的经营理念,明确全国化拓展的战略发展目标。2009 年,东方银座集团在全国范围内首次提出自营国际品牌五星酒店,首创国际酒店社区化开发模式,以国际星级酒店式服务+国际星级酒店式配套,领衔酒店地产开发领域。2010 年,东方银座集团以深圳东方银座·中心城、东方银座公馆为旗舰标杆,迅速将酒店地产开发模式复制到多个全国大中型城市,成为享誉一时的城市名片。2011 年,成功地实现了全国十盘联动,并荣获中国地产年会"年度开拓大奖"等荣誉。

118. 钟杰(1963—),黑龙江人。经济师,全国政协委员。担任中房集团黑龙江军安房地产开发有限公司董事长。先后获得"全国统战系统各民主党派工商联无党派人士为全面建设小康社会做出突出贡献先进个人""中国房地产策划营销成功人士""黑龙江省十大经济风云人物"等荣誉称号。带领军安地产凭借上乘的产品质量、细致周到的售后服务、良好的经营业绩、超强的履约能力、重合同守信用,被评为"全国最具社会责任开发企业""全国城建系统 12319 百姓无投诉企业""黑龙江省诚信企业"。2009 年被授予"全国五一劳动奖章",2010 年获"全国劳动模范"称号。

119. 周晓曦(1963—),江苏南通人。任北京今圣梅家具制造有限公司董事长,中国家具协会常务理事,北京家具协会副会长等。一手创建北京今圣梅家具制造有限公司。圣梅品牌很快在家具行业声名鹊起,2004 年开始挺进国家政府采购市场,并以高质量和周到服务取得很大成功。2007 年荣获北京家具行业"20 周年风雨历程—成就辉煌"行业杰出贡献奖,周晓曦获"中国办公家具影响力人物"称号。被评为"2008 中国十大经济女性年度人物"。曾获北京市"三八红旗手"、"2009 影响中国发展进程 60 位品牌女性奖"、"2009 年中国风采品牌女性奖"。

120. 朱慧秋(1946—),安徽界首人。安徽省华信生物药业股份有限公司董事长,安徽省人大代表。1982 年自筹资金创办了皖北第一家民营企业。1994 年,与北京大学合作,开发出具有 90 年代国际先进水平的生物创新药品——富硒康,并迅速将这一科研成果实现产业化。先后与中国药科大学、中国医学科学院等科研院所建立长期的合作关系。1982 年带领 33 名城镇待业青年,在没有厂房、没有经验、没有资金的情况下,靠集资手段创办了皖西北第一家民营企业。1994 年,从新闻媒体获悉"北京大学一批专家学者,在中国的博士生导师陈章良领导下,利用现代生物技术,研制出具有 90 年代国际先进水平的富硒蛋白技术,解决了世界性的补硒难的问题"后,果断求变,发展安徽企业,促成公司与北京大学的合作。后经数百次和医药行业的专业人士联系,终于开发出产品富硒康,年销售收入超 3 亿元,上缴国家税金 5000 多万元。企业效益稍微好转后,她毅然决定每年拿出 50 万元资金,积极资助因家境贫困而上不起学的孩子,带领员工捐款和企业捐助多达数百万元。2000 年被评为"全国劳动模范",2002 年荣获第四届中国"十大女杰"称号,2004 年荣获"全国五一劳动奖章",2008 年荣获中国女企业家协会"杰出创业女性"称号。为第十、第十一届全国人大代表。

121. 朱玲(1951—),安徽寿县人。联邦德国霍恩海姆(Hohenheim)大学农经博士,1981 年在武汉大学经济系取得硕士学位后进入中国社会科学院经济研究所从事科研工作,任职副所长、研究员。曾任国际农经学会(IAAE)执委和中国农经学会副会长,还曾参加联合国千年发展目标减少贫穷研究小组,被聘为国务院学位委员会学科评议组理论经济学组成员和国务院扶贫领导小组专家咨询委员会委员。2011 年当选中国社会科学院学部委员。因减贫政策研究获 1993 年(第一届)中国社会科学院优秀科研成果奖和 1996 年(第七届)"孙冶方经济科学奖",因性别分析研究获 2004 年(第五届)中国社会科学院优秀科研成果二等奖,因藏区发展研究获 2008 年(第三届)"中国农村发展研究奖"。

122. 朱新蓉(1957—),广东梅州人。1993 年被评为全国财政系统优秀教师,1999 年被授予湖北省“有突出贡献的中青年专家”称号。中国金融学会常务理事,中国人才研究会金融人才专业委员会常务理事,湖北省金融学会副会长,湖北经济学院金融学院院长,湖北省人民政府咨询委员,湖北省中青年学术带头人。金融学教授,博士生导师,享受国务院政府特殊津贴。1985 年从中南财经大学货币银行学专业硕士研究生毕业,获经济学硕士学位,后留校任教。其间,攻读并获得经济学博士学位。1992 年晋升副教授,1997 年晋升教授,1999 年成为博士生导师,主要研究领域和方向是货币理论与政策、金融机构与市场、区域金融发展。主编两本普通高等学校“十一五”国家级规划教材,2008 年获湖北省优秀教学成果二等奖。主持完成国家社科基金、教育部、财政部、湖北省等 20 多项规划课题和企业横向课题的研究。

附　录

（122 人）

本卷收录的女性人物是在近百年中国社会进程中，对经济和管理事业做出重要贡献的杰出女性或优秀女性。她们大致可分为四种类型：

一是企业的高级管理人员，包括 500 强超大规模企业高管、大型企业高管、企业兼职高管与独立董事等。

二是获得全国性荣誉称号的经济管理界女性，包括“全国劳动模范”“全国三八红旗手”“全国五一劳动奖章”“全国先进工作者”荣誉称号获得者。

三是获得企事业领域科技进步奖的经济管理界女性，包括央企科技进步奖、其他企业科技进步奖、高校科技进步奖获得者。

四是有一定影响力的国家经济管理干部、高等院校经济和管理专业的知名教授等。

本附录以从业领域分类，类别内按出生年份排序，既便于按经济管理领域从业类别查询，又可以展示不同历史时期活跃在经济管理战线的女性人物成长的轨迹。

一、企业的高级管理人员（41 人）

1. 张永珍（1932—　）
2. 杨绵绵（1941—　）
3. 谢企华（1943—　）
4. 崔秀芝（1945—　）
5. 谭惠珠（1945—　）
6. 钱月宝（1949—　）
7. 孙　玮（1950—　）
8. 李　巍（1952—　）
9. 马雪征（1953—　）
10. 于　剑（1953—　）
11. 陈　舒（1954—　）
12. 孙亚芳（1955—　）

13. 陈　丽(1956—　)
14. 姜　宏(1957—　)
15. 赵春香(1957—　)
16. 孙月英(1958—　)
17. 徐苓苓(1959—　)
18. 陆倩芳(1961—　)
19. 陆亚行(1961—　)
20. 季玉兰(1963—　)
21. 柳　娥(1963—　)
22. 周晓曦(1963—　)
23. 熊海涛(1964—　)
24. 吴亚军(1964—　)
25. 郑翔玲(1964—　)
26. 卢　平(1965—　)
27. 温冬芬(1965—　)
28. 钟帆飞(1965—　)
29. 黄　群(1966—　)
30. 宋美姝(1966—　)
31. 张海霞(1968—　)
32. 武丹青(1969—　)
33. 袁利群(1969—　)
34. 彭　蕾(1971—　)
35. 王凤英(1970—　)
36. 王海彬(1970—　)
37. 何　媚(1972—　)
38. 胡　嘉(1975—　)
39. 许薇薇(1975—　)
40. 陈从容(1977—　)
41. 谭小芳(1977—　)

二、获得全国性荣誉称号的经济管理界人士(48人)

1. 布茹玛汗·毛勒朵(1942—　)
2. 江佩珍(1946—　)
3. 朱慧秋(1946—　)
4. 陶华碧(1947—　)
5. 吴秀芝(1947—　)
6. 吴迺峰(1952—　)
7. 于淑珉(1952—　)
8. 陆亚萍(1955—　)
9. 任桂芳(1955—　)
10. 冯亚丽(1956—　)
11. 王希芹(1956—　)
12. 詹灵芝(1956—　)
13. 宋治平(1957—　)
14. 陈爱莲(1958—　)
15. 葛艳华(1958—　)
16. 王嘉玲(1958—　)
17. 郑晓燕(1958—　)
18. 陈丽芬(1959—　)
19. 冯全忠(1959—　)
20. 崔丽君(1960—　)
21. 徐海燕(1960—　)
22. 赵秀莲(1961—　)
23. 李素丽(1962—　)
24. 赵秀玲(1962—　)
25. 郭淑芹(1963—　)
26. 罗　艳(1963—　)
27. 王　霞(1963—　)
28. 郁霞秋(1963—　)

29. 钟　杰(1963—　)
30. 刘玉茹(1964—　)
31. 翟美卿(1964—　)
32. 李雪芹(1966—　)
33. 王会琴(1966—　)
34. 付　玲(1967—　)
35. 杨　燕(1967—　)
36. 李笑娟(1968—　)
37. 孙克键(1968—　)
38. 杨金花(1968—　)
39. 余留芬(1969—　)
40. 邢艳萍(1970—　)
41. 许冬瑾(1970—　)
42. 张红霞(1971—　)
43. 胡小燕(1974—　)
44. 燕君芳(1974—　)
45. 夏　华(1975—　)
46. 石晓荣(1977—　)
47. 王　娜(1981—2010)
48. 黄文秀(1989—2019)

三、获得企业科技进步奖的经济管理界人士(**4** 人)

1. 游景玉(1939—　)
2. 雷菊芳(1953—　)
3. 陶肖明(1957—　)
4. 王晓雯(1969—　)

四、国家经济管理高级干部、高等院校经济和管理专业的知名教授(**29** 人)

1. 李友秀(1905—1997)
2. 夏之栩(1906—1987)
3. 郭秀珍(1917—2010)
4. 汤桂芬(1918—1964)
5. 申纪兰(1929—　)
6. 梁　军(1930—　)
7. 田桂英(1930—　)
8. 吴文英(1932—2007)
9. 邢燕子(1940—　)
10. 侯　隽(1942—　)
11. 曾学敏(1944—　)
12. 张月姣(1944—　)
13. 孙月焕(1945—　)
14. 吴晓灵(1947—　)
15. 欧新黔(1949—2009)
16. 朱　玲(1951—　)
17. 刘姝威(1952—　)
18. 孙祁祥(1956—　)
19. 程惠芳(1957—　)
20. 江小涓(1957—　)
21. 朱新蓉(1957—　)
22. 齐　兰(1958—　)
23. 梁　蓓(1961—　)
24. 罗妙成(1961—　)

25. 肖玉萍(1961—　)
26. 张慧珍(1961—　)
27. 陈春花(1964—　)
28. 张克秋(1964—　)
29. 刘咏梅(1968—　)

第九卷　体　育

条 目

（以姓氏拼音排序，共 267 人）

1. 白　雪
2. 包盈盈
3. 蔡烨清
4. 曹棉英
5. 曹燕华
6. 陈　静
7. 陈　静
8. 陈　琳
9. 陈　玲
10. 陈　露
11. 陈若琳
12. 陈思明
13. 陈晓敏
14. 陈　妍
15. 陈艳青
16. 陈　颖
17. 陈招娣
18. 陈　中
19. 程　菲
20. 戴国宏
21. 邓琳琳
22. 邓亚萍
23. 丁美媛
24. 丁　宁
25. 杜　婧
26. 杜　丽
27. 樊　迪
28. 范可新
29. 范　晔
30. 范运杰
31. 丰　云
32. 冯　坤
33. 冯珊珊
34. 伏明霞
35. 付小芳
36. 刚秋英
37. 高　娥
38. 高　崚
39. 高玉兰
40. 葛　菲
41. 葛新爱
42. 龚睿娜
43. 巩立姣
44. 顾　俊
45. 顾晓黎
46. 郭　丹
47. 郭晶晶
48. 郭　爽
49. 郭文珺
50. 郭心心
51. 郭　跃
52. 韩爱萍
53. 韩　端
54. 何慧娴
55. 何可欣
56. 何雯娜
57. 何　影
58. 何　姿
59. 贺慈红
60. 侯逸凡
61. 侯玉珠
62. 胡家燕
63. 胡玉兰

64. 黄海洋
65. 黄珊汕
66. 黄文仪
67. 黄志红
68. 江永华
69. 江钰源
70. 姜翠华
71. 姜　英
72. 焦刘洋
73. 焦玉莲
74. 金紫薇
75. 奎媛媛
76. 郎　平
77. 劳丽诗
78. 乐靖宜
79. 黎德玲
80. 李对红
81. 李　赫
82. 李坚柔
83. 李　菊
84. 李玲娟
85. 李玲蔚
86. 李梅素
87. 李　娜
88. 李　娜
89. 李　娜
90. 李妮娜
91. 李　珊
92. 李珊珊
93. 李　婷
94. 李　婷
95. 李晓霞
96. 李雪芮
97. 李雪英
98. 李延军
99. 李　琰
100. 李艳凤
101. 梁　艳
102. 林惠卿
103. 林伟宁
104. 凌　洁
105. 刘爱玲
106. 刘宏宇
107. 刘　虹
108. 刘黎敏
109. 刘莎莎
110. 刘　璇
111. 刘亚男
112. 刘　英
113. 刘子歌
114. 柳　荫
115. 卢　兰
116. 路华利
117. 罗　薇
118. 罗雪娟
119. 骆晓娟
120. 吕　彬
121. 吕圣荣
122. 马晓旭
123. 马燕红
124. 马弋博
125. 苗立杰
126. 莫慧兰
127. 倪　红
128. 欧阳琦琳
129. 潘晓婷
130. 庞　清
131. 彭　帅
132. 浦　玮
133. 钱　红
134. 乔　红
135. 切阳什姐
136. 任　慧
137. 任　洁
138. 芮乃伟
139. 桑　雪
140. 申　雪
141. 沈正德
142. 宋妮娜
143. 宋容慧
144. 隋新梅
145. 孙福明
146. 孙桂云
147. 孙琳琳
148. 孙甜甜
149. 孙　雯
150. 孙玉洁
151. 谈舒萍
152. 谭　雪
153. 唐　宾
154. 唐春玲
155. 唐功红
156. 唐九红
157. 唐　琳
158. 陶璐娜
159. 田　佳

160. 田 卿
161. 佟 文
162. 童 玲
163. 汪 皓
164. 王北星
165. 王冰玉
166. 王春露
167. 王会凤
168. 王 娇
169. 王 洁
170. 王军霞
171. 王丽娜
172. 王丽萍
173. 王丽萍
174. 王 琳
175. 王琳娜
176. 王曼丽
177. 王 濛
178. 王明娟
179. 王 楠
180. 王晓红
181. 王 鑫
182. 王 旭
183. 王 妍
184. 王仪涵
185. 温丽蓉
186. 巫兰英
187. 吴静钰
188. 吴敏霞
189. 吴小璇
190. 吴 优
191. 武柳希
192. 奚爱华
193. 冼东妹
194. 晓 敏
195. 谢 军
196. 谢淑薇
197. 谢杏芳
198. 邢慧娜
199. 徐东香
200. 徐莉佳
201. 徐梦桃
202. 徐囡囡
203. 徐 翾
204. 徐 莹
205. 许安琪
206. 许 冕
207. 许艳梅
208. 许昱华
209. 薛 晨
210. 晏 紫
211. 杨 昊
212. 杨瑞雪
213. 杨 维
214. 杨 霞
215. 杨秀丽
216. 杨秀琼
217. 杨 阳
218. 杨 扬
219. 杨伊琳
220. 姚 楠
221. 叶乔波
222. 叶诗文
223. 叶钊颖
224. 易思玲
225. 殷 剑
226. 尹卫萍
227. 于 洋
228. 袁 华
229. 岳清爽
230. 张爱玲
231. 张彩珍
232. 张 丹
233. 张 虹
234. 张 会
235. 张洁雯
236. 张娟娟
237. 张 娜
238. 张 宁
239. 张 萍
240. 张蓉芳
241. 张 山
242. 张文秀
243. 张 希
244. 张秀云
245. 张 璇
246. 张艳梅
247. 张杨杨
248. 张怡宁
249. 张越红
250. 赵利红
251. 赵蕊蕊
252. 赵颖慧
253. 赵芸蕾
254. 郑凤荣
255. 郑海霞

256. 郑　洁
257. 周春秀
258. 周继红
259. 周菊芳
260. 周玲美
261. 周璐璐
262. 周苏红
263. 周　妍
264. 周　洋
265. 朱　琳
266. 朱　玲
267. 庄晓岩

词　条

（以姓氏拼音为序，共267人）

1. 白雪（1988—　），黑龙江齐齐哈尔人。著名女子长跑运动员。2002年进入齐齐哈尔市体校练习中长跑项目。2005年获得亚洲田径锦标赛女子5000米和10000米双冠军。2007年获全国田径锦标赛女子10000米冠军，同年获北京国际马拉松赛季军。2008年获国际马拉松赛亚军，同年获全国田径锦标赛女子10000米冠军、北京国际女子马拉松赛冠军。2009年在第十二届世界田径锦标赛上为中国队赢得了中国田径史上首个马拉松世锦赛冠军，同年获第十一届全国运动会女子马拉松冠军、亚洲田径锦标赛女子10000米冠军。2009年荣获CCTV体坛风云人物“最佳女运动员”提名。2010年广州亚运会后逐渐淡出体坛，2014年进入北京体育大学硕士冠军班进修。

2. 包盈盈（1983—　），江苏启东人。著名女子佩剑运动员。14岁进入南通市少年体校学习击剑，1999年就读南京体育运动学院，同年进入江苏省队，2001年入选国家击剑队。2001年获第二十届世界大学生运动会女子佩剑个人季军。2002年获世界杯德国站女子佩剑团体赛冠军、第十四届釜山亚运会女子佩剑个人和团体双项冠军、世界击剑锦标赛女子佩剑个人冠军。2003年获世界锦标赛女子佩剑团体亚军，同年获第二十一届世界大学生运动会女子佩剑团体冠军。2008年获第二十九届北京奥运会女子佩剑团体亚军，同年获击剑世界杯女子佩剑个人冠军、团体冠军，女子佩剑世界杯德国站个人冠军、女子佩剑大奖赛天津站个人冠军。2009年获世界击剑锦标赛女子佩剑团体第三名。2010年在莫斯科举办的国际剑联女子佩剑大奖赛上夺冠。

3. 蔡烨清（1971—　），江西南昌人。著名女子射击运动员。13岁开始学习射击，1985年进入江西省射击队。1988年获全国射击冠军赛女子气手枪冠军，全国射击锦标赛女子小口径手枪团体冠军,在全国射坛崭露头角。运动生涯最辉煌时期当属1998年,分别获得亚特兰大世界杯赛女子气手枪个人冠军、巴塞罗那世界锦标赛女子运动手枪个人冠军,并与队友合作夺得巴塞罗那世锦赛女子运动手枪团体冠军,同年在曼谷第十三届亚运会上获女子手枪团体、运动手枪个人和团体3枚金牌,并获1枚气手枪个人银牌,走上了射击生涯的巅峰。荣获1999年江西省"十佳运动员"、2001年江西省世纪十佳女运动员称号。退役后从事射击相关工作,曾当选中共十六大代表。

4. 曹棉英(1967—),浙江省海盐县人。著名女子赛艇运动员。1979年被选送到湖州市嘉兴地区少年体校,1984年进入浙江省赛艇队,1987年入选国家赛艇队。1986年获得全国赛艇锦标赛女子单人双桨2000米冠军。1987年获第六届全国运动会女子双人双桨冠军。1993年在世界赛艇锦标赛上,与队友合作赢得女子四人双桨赛冠军,实现了中国赛艇在国际大赛中的历史性突破。1996年第二十六届亚特兰大奥运会,与队友张秀云合作,获得女子双人双桨无舵手赛亚军,为中国队增添一块宝贵的银牌。1997年第八届全运会获女子单人双桨无舵手冠军。1996年被国家体委授予体育运动一级奖章。1997年当选浙江赛艇女子组主教练,2003年成为国家赛艇队女子组教练,2006年所带国家赛艇队在世界赛艇锦标赛上获得女子双人双桨和四人双桨世界冠军,2007年带队获得世锦赛女子双人双桨世界冠军。

5. 曹燕华(1962—),上海人。著名女子乒乓球运动员,世乒赛四个项目大满贯获得者。5岁练习乒乓球,1977年进入国家队。擅长直板弧圈球结合快攻打法。在国内外重大比赛中共获56个冠军,其中7个世界冠军。1978年获得亚洲乒乓球锦标赛女子单打冠军。1979年获第三十五届世界乒乓球锦标赛女子团体冠军。1981年获三十六届世锦赛女子双打冠军和女子单打亚军、女子团体冠军。1982年获亚锦赛女子单打和女子双打冠军,同年获第九届新德里亚洲运动会乒乓球女子单打、女子双打及混合双打三枚金牌。1983年获第三十七届世锦赛女子单打冠军、女子双打和混合双打两项第三名、女子团体冠军,同年获首届亚洲杯乒乓球赛女子单打冠军。1985年获第三十八届世锦赛女子单打和混合双打两项冠军、女子双打亚军。1980年荣获国家级"运动健将"、1985年获国际级"运动健将"称号,1983年、1985年被评为全国"十佳运动员",四次荣获"体育运动荣誉奖章"。22岁宣布退役,随丈夫施之皓去德国打球。90年代中期回国,任上海曹燕华乒乓培训学校校长,当选上海市人大代表、宝山区侨联副主席。

6. 陈静(1968—),湖北武汉人。著名女子乒乓球运动员,中国首位奥运乒乓球女单冠军获得者。13 岁由武汉市硚口区业余体校入选湖北女子乒乓球队，1985 年进入国家队集训。1987 年获第三十九届世界乒乓球锦标赛女子团体金牌。1988 年获第二十四届汉城奥运会乒乓球女子单打冠军、女子双打亚军。1989 年获第四十届世锦赛女子团体金牌、双打银牌。1996 年获第二十六届亚特兰大奥运会女子单打亚军。2000 年获第二十七届悉尼奥运会女子单打季军。1988 年荣获国际级"运动健将"称号，并被评为全国"十佳运动员"，1999 年当选"建国 50 周年湖北体育双十佳"。2006 年被华南师范大学聘为体育科学学院副教授，成为中国奥运冠军转型学者并拥有副高职称的第一人。

7. 陈静（1975— ），四川成都人。著名女子排球运动员，中国女排获雅典奥运会排球冠军主力队员。1990 年进入四川省青年排球队，1997 年入选国家队。2001 年在世界女排大奖赛总决赛荣获冠军，2002 年世界女排锦标赛获第四名，2003 年获第九届女排世界杯赛冠军、世界女排大奖赛冠军、亚洲锦标赛冠军。2004 年获第二十八届雅典奥运会冠军。2010 年开始担任四川女排领队。

8. 陈琳（1970— ），北京人。著名女子跳水运动员。1981 年入选北京市业余体校体操班，1983 年成为北京市跳水集训队正式队员，1985 年入选国家跳水队。1984 年全国跳水锦标赛与队友合作取得女子团体冠军。1985 年获全国跳水比赛个人亚军。1986 年在出访加拿大、美国、墨西哥、古巴和澳大利亚的比赛中，连续获得五个个人第二名，一个第三名，同年获第五届世界游泳锦标赛女子 10 米跳台跳水冠军。1987 年获"澳大利亚日"跳水邀请赛 3 米跳板冠军，并获新西兰哈密尔顿国际跳水比赛、美国麦克唐纳国际邀请赛、墨西哥国际跳水赛、古巴杯国际赛 3 米跳板亚军。在国内比赛中还获得 3 个冠军和 7 个亚军。1986 年被评为全国跳水"十佳运动员"。后因严重骨折，被迫退出跳坛，担任北京跳水队教练。

9. 陈玲（1987— ），江苏镇江人。著名女子射箭运动员。10 岁时被镇江体校选中，开始练习射箭。2002 年进入江苏省射箭队，2006 年入选国家射箭集训队，在国内外比赛中屡屡摘金夺银，成为我国射箭队的一颗新星。2006 年获全国室外射箭锦标赛团体冠军、个人亚军。2007 年获射箭亚锦赛女子个人反曲弓第三名，同年获全国女子奥林匹克淘汰赛团体冠军，并获全国室外射箭锦标赛团体冠军。2008 年获第二十九届北京奥运会射箭女子团体亚军。

10. 陈露（1976— ），吉林长春人。著名女子单人花样滑冰运动员。首位获得冬奥会花样滑冰比赛奖牌、世界花样滑冰锦标赛奖牌、冠军的中国运动员，也是获得世界花样滑冰锦标赛单人滑奖牌最多的亚洲女子运动员。8 岁入选吉林省花样滑冰队，14 岁因其运动才华和艺术天赋在国际舞台上崭露头角。在比赛中演绎的《梁山伯与祝英台》堪称经典，被誉为“冰上蝴蝶”。1994 年、1998 年获第十七届、第十八届两届冬奥会花样滑冰女子单人滑铜牌。1992 年至 1996 年间在世界花样滑冰锦标赛中，获 1 金 1 银 2 铜共计 4 枚奖牌。1990 年至 1998 年连续 8 年蝉联中国花样滑冰全国赛女子单人滑冠军。1996 年获亚洲冬季运动会花样滑冰女子单人滑金牌。1998 年长野冬奥会后告别花样滑冰赛场，为一家国际滑冰俱乐部的冰场总监和滑冰教练。

11. 陈若琳（1992— ），江苏南通人。著名女子跳水运动员，中国奥运历史上获得跳水金牌最多的运动员。4 岁开始在江苏省南通市儿童业余体校接受跳水训练，2000 年成为省少儿体校的正式队员，2004 年入选中国跳水梦之队。擅长动作是难度系数很高的向后翻腾两周半转体一周半屈体（5253B）。2006 年在跳水世界杯中赢得女子单人及双人 10 米跳台金牌。2008 年第二十九届北京奥运会连夺女子 10 米跳台单人及双人两金。2011 年夺得第十四届世界游泳锦标赛女子 10 米跳台单人及双人冠军，成为首位在奥运会、世界游泳锦标赛及跳水世界杯女子 10 米跳台单人和双人项目中全部夺冠、实现“大满贯”的跳水运动员。2012 年第三十届伦敦奥运会上再度卫冕女子 10 米跳台单人和双人冠军。2013 年第十五届世界游泳锦标赛，与队友合作再夺女子双人 10 米跳台冠军，实现了该项目的四连冠。2010 年荣获国际泳联最佳女子跳水运动员称号，2013 年当选第十二届全国人大代表。

12. 陈思明（1993— ），河北廊坊人。著名女子台球运动员，首位获得世界台球协会年度“最佳运动员奖”的女球手，第一位赢得世界排名第一的中国球员。12 岁时成为首位全国美式台球锦标赛八球九球双冠军，16 岁成为中国美式台球国家集训队最年轻的世界、亚运会斯诺克双冠军。2009 年在亚洲室内运动会上，荣获斯诺克 6 红球女子个人冠军，2010 年获世界女子九球中国公开赛冠军。2010 年在第十六届广州亚运会上，获得斯诺克 6 红球女子个人冠军、团体亚军，2014 年获中国台球协会（CBSA）北京密云国际女子九球公开赛冠军。

13. 陈晓敏（1977— ），广东鹤山人。著名女子举重运动员，荣获 9 枚世锦赛金牌，11 次打破世界纪录。1989 年开始举重训练，1991 年进入广东省举重队，1992 年入选国家队。1993 年第七届全国运动会获女子举重 54 公斤级总成绩冠军并先后六次刷新该级别抓举、挺举和总成绩三项亚洲纪录，同年获世界举重锦标赛女子 54 公斤级抓举、挺举和总成绩 3 项冠军并创该级别 3 项世界纪录。1994 年获全国女子举重锦标赛 59 公斤级冠军、第十二届亚洲运动会女子 59 公斤级金牌并再次打破 3 项世界纪录。1995 年获第九届世锦赛女子 59 公斤级抓举、挺举和总成绩3项冠军,刷新该项目挺举和总成绩的世界纪录。1996年第十届世锦赛上蝉联女子59公斤级抓举和总成绩2项冠军,再次打破抓举世界纪录。1997年亚洲女子举重锦标赛上打破女子64公斤级抓举世界纪录,并获得该级别抓举、挺举和总成绩三项冠军。2000年第二十七届悉尼奥运会,勇夺63公斤级女子举重金牌。4次荣获国家体育总局颁发的"体育运动荣誉奖章"。

14. 陈妍(1981—),辽宁大连人。著名女子游泳运动员。5岁进入大连业余体校练习游泳,9岁入选辽宁省游泳二队,12岁入选辽宁省游泳队,15岁入选国家队。1995年获得全国城市运动会游泳比赛200米自由泳、400米自由泳及400米个人混合泳冠军。1996年获全国游泳冠军赛女子400米个人混合泳冠军,200米、400米及800米自由泳冠军,同年在亚洲游泳锦标赛上获200米自由泳亚军。1997年世界短池游泳锦标赛与队友合作夺得4×200米自由泳冠军,并打破了由中国队于1993年创造的世界纪录,同年获第八届全国运动会400米混合泳金牌并打破尘封15年之久的世界纪录,且1人独揽6金,成为该届全运会获得金牌最多的运动员。1998年第八届世界游泳锦标赛获女子400米个人混合泳及400米自由泳冠军。1999年世界杯短池游泳赛获100米混合泳冠军。2001年第九届全运会获200米、400米混合泳金牌。1997年被评为第八届全运会"最佳运动员",1999年荣获国家体育总局游泳管理中心颁发的"全国优秀游泳运动员金质奖章"。

15. 陈艳青(1979—),江苏苏州人。著名女子举重运动员。1990年开始举重训练,1994年入选江苏省举重队。1995年参加第一届亚洲青年女子举重锦标赛获冠军,同年入选国家队。1996年获全国举重锦标赛59公斤级抓举、挺举、总成绩三项冠军。1997年世界举重锦标赛获64公斤级抓举、挺举、总成绩三项冠军。1998全国举重锦标赛获女子58公斤级三项冠军、世界大学生举重锦标赛该级别三项冠军、第十三届亚运会该级别举重金牌。1999年在全国举重锦标赛中成功卫冕,并获得世界青年举重锦标赛女子58公斤级三项冠军。2003年复出,2004年在第二十八届雅典奥运会中赢得女子58公斤级举重金牌。2005年获十运会女子58公斤级举重金牌,并一举打破抓举世界纪录,随后在澳门东亚运动会中夺得金牌。2006年第二次复出,在全国举重锦标赛上再次夺冠,同年在第十五届亚运会中打破女子58公斤级抓举、挺举和总成绩三项世界纪录。2008年第三次复出,在第二十九届北京奥运会举重女子58公斤级决赛中成功卫冕,并打破该级别挺举、总成绩奥运会纪录。2008年后正式退役,担任江苏省苏州市体育局副局长。

16. 陈颖(1977—),北京人。著名女子射击队运动员。1990年进入北京崇文业余体校接受射击训练,1994年进入北京射击队,2001年入选国家队。2001年在第九届全运会上荣获女子25米运动手枪、气手枪冠军,一战成名。2002年获第十四届亚运会女子运动手枪冠军。2003年获世界杯德国站和总决赛女子运动手枪冠军。2005年赴美参加射击世界杯美国站比赛,以优异成绩获得25米运动手枪金牌,同年世锦赛获得个人及团体三项冠军。2008年第二十九届北京奥运会获女子25米运动手枪金牌。2012年第三十届伦敦奥运会获女子25米运动手枪亚军,同年亚洲射击锦标赛上荣获女子25米运动手枪个人赛冠军。

17. 陈招娣(1955—2013),浙江杭州人。著名排球运动员,女排前国手。中国人民解放军少将军衔,体育界唯一被授予少将军衔的女军人。1973年入选八一女子排球队,1976年入选国家队,担任二传和接应,是中国女排主力队员,为中国女排1979年首获亚洲冠军、1981年首获世界杯冠军、1982年首获世锦赛冠军和亚运会冠军,以及为中国女排在世界排球史上获得"五连冠"的辉煌成就,做出了重要贡献。曾荣立一等功,两次获国家"体育运动荣誉奖章"。1986年至1987年,任中国青年女排主教练,带队获得亚洲青年女排锦标赛冠军,世界青年女排锦标赛第三名,培养出赖亚文、崔永梅、毛武扬、李云武等中国女排的优秀运动员。此后,任中国女排领队,与当时的主教练胡进一起,带领中国女排获得了1989年世界杯第三名、亚洲锦标赛冠军,1990年世锦赛亚军、亚运会冠军,1991年世界杯亚军、亚洲锦标赛冠军。1993年后,任总政治部文化体育局局长,总政治部直属工作部副政治委员,总政治部宣传部副部长,并长期担任中国排球协会副主席和顾问。当选第六届全国人大代表,第八、第九、第十届全国政协委员。

18. 陈中(1982—),河南焦作人。著名女子跆拳道运动员,第一个蝉联奥运会跆拳道项目冠军的中国运动员,跆拳道大满贯获得者。运动生涯始于焦作市业余体校,最初练习篮球,1995年进入北京体育大学竞技体校开始跆拳道练习,1996年即获得全国锦标赛冠军,崭露头角。以进攻型打法为主,在比赛中气势逼人,下劈、后旋踢、前后腿连续攻击为主要得分手段。2000年第二十七届悉尼奥运会获跆拳道67公斤以上级冠军,2004年第二十八届雅典奥运会蝉联跆拳道67公斤以上级冠军。2001年获世界杯72公斤级冠军,2006年获多哈亚运会67公斤以上级冠军,2007年获世锦赛67公斤以上级冠军。此外,还多次获得世锦赛、亚锦赛、世界军人运动会前三名等佳绩。2000年至2007年间是世界跆拳道67公斤以上级的王者。2008年北京奥运会,在冲击奥运三连冠中,在四分之一决赛中经仲裁判定以一分之差遗憾负于英国选手史蒂文森。2009年退役,在北京体育大学完成硕士学习,继而赴美进修一年,参与中美体育交流活动,后开办陈中跆拳道俱乐部,任北京体育大学团委副书记。

19. 程菲(1988—),湖北黄石人。著名女子体操运动员,在三届世锦赛、三届世界杯总决赛、两届奥运会上获得了九个世界冠军,二十余枚金牌,是中国女子体操队获得世界冠军最多的队员。1995 年开始体操训练,1997 年至 2001 年,实现从武汉体院校队、湖北省队、国家队的三级跳,在国家队将训练重点从自由体操转向跳马,独门绝技为"程菲跳",即踺子后手翻转体 180 度接直体前空翻 540 度。2003 年获日本少年体操比赛跳马冠军。2005 年获第十届全国运动会女子体操跳马金牌、女子全能银牌、女子自由操铜牌,同年获世界体操锦标赛跳马冠军。2006 年勇夺世锦赛团体、跳马、自由体操三块金牌,同年获第十五届亚洲运动会团体、跳马、自由体操三块金牌。2007 年世锦赛夺得跳马冠军,实现三连冠,并与队友合作夺得团体亚军。2008 年第二十九届北京奥运会获体操女子团体金牌,这是中国女子体操在奥运史上的第一枚团体金牌,并夺得个人跳马和平衡木铜牌,同年获世界杯总决赛跳马和自由体操金牌。2005 年度荣获 CCTV 体坛十大风云人物奖,2006—2007 年度荣获中国十佳劳伦斯冠军奖最佳新人奖,2005—2007 年连续三年被提名为世界体操"最佳女运动员"。退役后于 2013 年回母校武汉体育学院任教。

20. 戴国宏(1977—),辽宁辽阳人。著名女子游泳运动员。7 岁学习游泳,8 岁进入辽阳市业余体校,11 岁进入辽宁队,14 岁入选国家队。1993 年进入职业生涯巅峰:获全国游泳冠军赛女子 100 米蛙泳冠军,东亚运动会女子 200 米蛙泳冠军,全国运动会女子 100 米、200 米蛙泳及 400 米混合泳冠军,更为令人惊喜的是,世界短池游泳锦标赛独揽 400 米个人混合泳、200 米蛙泳、100 米蛙泳及 4×100 米混合接力 4 枚金牌,打破 4 项世界纪录,被誉为"世界女蛙王",成为首位世界游泳年度总排名第一的中国游泳运动员。1994 年获世界杯短池游泳系列赛第二站比赛 5 枚金牌,并获同年世界短池游泳系列赛女子 100 米蛙泳和个人混合泳两项总成绩冠军,且在第七届世界游泳锦标赛中获女子 400 米个人混合泳冠军、200 米蛙泳亚军,与队友合作获女子 4×100 米混合泳接力冠军并打破世界纪录。在第十二届广岛亚运会上夺得女子 100 米蛙泳冠军并打破亚运会纪录,女子 200 米蛙泳及女子 200 米个人混合泳获得第二名,女子 400 米个人混合泳第三名。1994 年和 1995 年蝉联全国"十佳运动员"称号。

21. 邓琳琳(1992—),安徽亳州人。著名女子体操运动员。8 岁进入安徽省体校,9 岁进入安徽省队,11 岁入选国家队。2008 年第二十九届北京奥运会获得女子体操团体冠军,同年在体操世界杯卡塔尔分站赛中获金、银、铜 3 枚奖牌,俄罗斯站中获平衡木、自由体操两项冠军。2009 年获第十一届全国运动会和伦敦世界体操锦标赛女子个人全能金牌。2010 年获世锦赛女子平衡木银牌,同年获第十六届广州亚运会女子体操团体金牌、女子平衡木金牌以及全国体操锦标赛女子个人全能金牌。2012 年获第三十届伦敦奥运会女子平衡木金牌。2013 年全运会后退役,被保送到北京大学国际关系学院学习。

22. 邓亚萍(1973—),河南郑州人。著名女子乒乓球运动员,大满贯获得者。20 世纪 90 年代叱咤国际乒坛,第一个蝉联奥运会乒乓球金牌的运动员,连续八年蝉联乒乓球运动员排名年终世界第一。身材不高,但凭借刻苦的训练,以罕见的速度、无所畏惧的胆识和顽强拼搏的精神,收获 18 个国际大赛冠军。1992 年第二十五届巴塞罗那奥运会获乒乓球女子单打、女子双打冠军,1996 年第二十六届亚特兰大奥运会获乒乓球女子单打、女子双打冠军,1991 年第四十一届、1995 年第四十三届、1997 年第四十四届世界乒乓球锦标赛女单冠军,1996 年第一届世界杯女单冠军。1988 年被国家体委授予国际级"运动健将"称号,1990 年荣获全国"十佳运动员"称号,2011 年荣获中国十佳劳伦斯冠军奖特别成就奖。1998 年退役后在清华大学、诺丁汉大学、剑桥大学学习,2003 年获得剑桥大学经济学博士学位。回国后先后任共青团北京市委副书记、人民日报社副秘书长、即刻搜索总经理、中国政法大学兼职教授等,并担任国际奥委会委员。国际奥委会前主席萨马兰奇先生评价:"邓亚萍那种不服输的劲头儿,代表了运动员的风貌,也完美地诠释了奥林匹克的运动精神。"

23. 丁美媛(1979—),辽宁大连人。著名女子举重运动员,奥运会第一批女子举重冠军、大满贯获得者,前中国女子举重队队长。先后进入大连女子举重队、辽宁省举重队和国家举重队训练。1997 年荣获第三届世界青年女子举重锦标赛 83 公斤以上级 3 项冠军,并打破抓举世界纪录,同年获世界杯女子举重 75 公斤以上级冠军,第八届全国运动会女子举重比赛 83 公斤以上级冠军并打破该项目抓举、挺举和总成绩三项世界纪录。1998 年第十三届亚洲运动会获女子 75 公斤以上级冠军并打破抓举和总成绩的世界纪录,同年获世界杯女子举重 75 公斤以上级冠军并刷新抓举世界纪录。1999 年获世界举重锦标赛女子 75 公斤以上级冠军并刷新三项世界纪录。2000 年获第二十七届悉尼奥运会女子举重 75 公斤以上级冠军。2003 年获世锦赛女子 75 公斤以上级抓举、挺举和总成绩三项冠军,两次刷新世界纪录,平一项世界纪录。因其突出贡献,被国际举重联合会评为世界举重百年"最佳运动员"。2006 年退役后任辽宁省女子举重队教练。

24. 丁宁(1990—),黑龙江大庆人。著名女子乒乓球运动员,大满贯获得者。6 岁练习乒乓球,2003 年进入国家青年队,2005 年进入国家队。擅长横拍两面反胶,是弧圈结合快攻打法的杰出代表。2003 年、2004 年、2008 年、2010 年全国乒乓球锦标赛女子团体冠军,2006 年、2008 年全锦赛女子双打冠军,2012 年全锦赛混合双打冠军。2009 年亚洲乒乓球锦标赛女子单打冠军,2009、2012、2013 年亚锦赛女子团体冠军,2009 年、2012 年亚锦赛女子双打冠军。2011 年世界乒乓球锦标赛女子单打冠军,2012 年、2014 年世乒赛女子团体冠军。2012 年第三十届伦敦奥运会乒乓球女子团体冠军、女子单打亚军。2009 年、2010 年、2011 年、2013 年、2014 年乒乓球世界杯女子团体冠军,2011 年乒乓球世界杯女子单打冠军。2009 年至 2012 年连续四年荣获"体育运动荣誉奖章",2012 年荣获乒超联赛"最受欢迎女运动员"称号。

25. 杜婧(1984—),辽宁鞍山人。著名女子羽毛球双打运动员,搭档于洋。2000 年获全国羽毛球锦标赛团体季军,2001 年获全国青少年羽毛球锦标赛女双冠军。2002 年获亚洲青年羽毛球锦标赛女双冠军和团体冠军。2004 年波兰公开赛获女双冠军,法国公开赛再夺女双冠军。2005 年中国大师赛获女双冠军。2006 年亚洲羽毛球锦标赛夺得女双冠军。2007 年印尼超级赛获女双冠军,同年中国香港超级赛获女双冠军。2008 年连夺法国、韩国公开赛两个女双冠军,同年获第二十九届北京奥运会女双金牌。2009 年瑞士超级赛获得女双冠军,2010 年百年全英羽毛球公开赛上再获女双冠军。荣获"全国三八红旗手"等荣誉称号。2011 年宣布退役。

26. 杜丽(1982—),山东淄博人。中国女子射击领军人物,奥运会 10 米气步枪、50 米步枪 3×20 冠军得主,雅典奥运会中国代表团首金获得者,射击大满贯获得者。1994 年开始业余体校射击练习,1998 年入选山东省队,同年获得山东省运动会 40 发气步枪亚军。2002 年入选国家队,开始职业生涯。2004 年获第二十八届雅典奥运会 10 米气步枪冠军,2006 年获世界射击锦标赛 10 米气步枪冠军,2006 年获第十五届多哈亚运会 10 米气步枪冠军,2006 年、2007 年蝉联射击世界杯总决赛 10 米气步枪冠军,2008 年获第二十九届北京奥运会 50 米步枪 3×20 冠军,2012 年获亚洲射击锦标赛 50 米步枪 3×20 团体冠军并打破世界纪录。多次获得世界杯分站赛、亚锦赛、东亚运动会冠军。2009 年与队友庞伟结婚,成为中国体育史上第一对奥运冠军夫妇。赛场外,积极参加体育慈善活动,出任家乡山东省淄博市希望工程形象大使,成立"杜丽基金",资助特困学生。

27. 樊迪(1973—),上海人。著名女子体操运动员。1980 年进入上海市长宁区业余体校学习体操,1982 年进入上海市体育学校,1984 年入选国家队。1987 年鹿特丹世界体操锦标赛上获得高低杠第六名,1989 年斯图加特世锦赛上以满分

10分的骄人成绩夺得高低杠冠军。1990年获得女子全能全国冠军,同年在第十一届亚洲运动会中斩获高低杠项目金牌。1989年荣获国家体委颁发的"体育运动荣誉奖章",被评为全国体操"双十佳"运动员,1990年荣获国际级"运动健将"称号。

28. 范可新(1993—),黑龙江省七台河人。著名女子短道速滑运动员。2002年进入七台河市短道速滑班,2008年进入黑龙江省队,2010年入选国家队。2009年获全国短道速滑联赛哈尔滨站女子500米冠军,2010年加拿大蒙特利尔短道速滑世界杯赛,与队友合作夺得女子3000米接力金牌。2011年第一次参加世界短道速滑锦标赛便获得女子500米冠军,2012年卫冕,帮助中国队实现该项目五连冠。2014年获第二十二届索契冬奥会女子1000米亚军,收获个人第一枚冬奥会奖牌。2015年获短道速滑世界杯土耳其站女子500米冠军,2014年至2015年赛季获得短道速滑世界杯女子500米总冠军,2016年再次获得世锦赛女子500米决赛冠军。2012年荣获CCTV年度体坛风云人物"最佳新人奖"。

29. 范晔(1988—),河北保定人。著名女子体操运动员。1992年进入保定市体校练习体操,1997年入选河北省队,2001年入选国家队。2002年在全国体操冠军赛中获得高低杠第四名,2003年在世界体操锦标赛上赢得平衡木冠军,2004年第二十八届雅典奥运会获得体操团体第七名。2005年进入职业生涯巅峰:分别在第二十二届世界大学生运动会上获得团体冠军、个人全能冠军、高低杠季军、平衡木亚军、自由体操亚军,在东亚运动会上赢得团体冠军、平衡木冠军和全能亚军,在第十届全国运动会上获得全能冠军、自由体操亚军、团体第八名,在全国体操锦标赛上获得平衡木冠军、全能亚军、高低杠季军,在全国体操冠军赛总决赛中获得平衡木、自由体操冠军。2007年获体操世界杯科特布斯站平衡木冠军。先后被授予河北省"三八红旗手"、河北省"五一劳动奖章"、河北省"十佳运动员"、河北省"新长征突击手"等荣誉称号。

30. 范运杰(1972—),河南内黄人。著名女子足球运动员。1985年进入郑州市女子足球队,1988年入选河南省队,1992年入选国家队。以防守出色、出脚果断、头脑冷静著称,多次入选国际足联全明星阵容,在1995年和1997年两届女足亚洲杯赛中,场场在关键时刻头球破门,为中国队夺冠立下头功。与队友一起,1993年获第七届全国运动会女足冠军,1993年、1995年、1997年、1999年获女足亚洲杯冠军,1994年获第十二届广岛亚运会女足冠军,1995年获第二届女足世界杯第四名,1996年获第二十六届亚特兰大奥运会女足亚军,1998年第十三届曼谷亚运会蝉联女足冠军,1999年获第三届女足世界杯亚军,2002年获第十四届釜山亚运会女足亚军,2003年获女足亚洲杯亚军。2004年退役,在河南省体育局球类管理中心业训部任职。2006 年进入北京体育大学攻读体育管理硕士学位。

31. 丰云(1966—),辽宁人。著名女子围棋选手,世界上第二位女子围棋职业九段。9 岁学习围棋,1982 年被中国围棋协会授予四段,1997 年升为九段。1983 年获得全国围棋个人赛女子组冠军,曾获第二届"宝海杯"世界女子围棋锦标赛冠军。2000 年移居美国新泽西州,在当地开设丰云围棋学校。

32. 冯坤(1978—),北京人。著名女子排球运动员,最佳二传手之一,2004 年以队长身份率领中国女排夺得雅典奥运会金牌。1994 年入选国家青年队,和队友一起获得亚洲青年排球锦标赛冠军。1999 年获世界女排大赛总决赛季军、亚洲女排锦标赛冠军,2001 年获世界大冠军杯女子排球赛和亚洲女排锦标赛冠军,2002 年获第十四届釜山亚运会冠军和世界女排大奖赛总决赛亚军,2003 年获第八届女排世界杯、亚洲女排锦标赛冠军,2004 年获第二十八届雅典奥运会女排冠军,2005 获瑞士女排精英赛亚军,2006 年获第十五届多哈亚运会女排冠军,2008 年获第二十九届北京奥运会女排铜牌,2009 年获欧洲女排俱乐部联盟杯冠军。荣获 2003 年第八届女子排球世界杯"世界最佳二传手"、2004 年第二十九届雅典奥运会"最佳二传"和"最有价值球员"称号,被评为 2005 年中国"十大女杰"、2011 年北京体育"世纪十佳"。2011 年退役,2012 年出任中国国家女排教练,继续在排管中心工作。

33. 冯珊珊(1989—),广东广州人。著名女子高尔夫运动员,中国历史第一枚奥运会高尔夫球奖牌获得者,中国首位高尔夫职业巡回赛大满贯得主。10 岁学习高尔夫球,2004 年入选国家女子高尔夫球队。2003 年以国家青少年冠军身份代表国家参加国际皇后杯高尔夫球赛,获得青少年组冠军。2004 年代表中国队出战皇后杯赛,获得个人第三名、团体亚军,这是中国队皇后杯参赛历史最好成绩。2007 年在美国通过资格考试成为中国内地第一位获得 LPGA 巡回赛全卡球员。2011 年在高尔夫球日本巡回赛明治杯赛上战胜各路好手,赢得自 2007 年转为职业球员以来的首个职业赛冠军。2012 年获女子职业高尔夫协会(LPGA)大满贯锦标赛冠军,2013 年获得华彬 LPGA 中国精英赛冠军、CME 集团冠军赛冠军,2014 年获 LPGA 马来西亚公开赛冠军,2015 年获欧巡赛别克锦标赛女子冠军,同年获高尔夫球迪拜女子大师赛冠军,成为本赛事唯一一位 3 次夺冠的球员。2016 年获第三十一届里约奥运会女子高尔夫季军。荣获 2012 年体坛风云人物非奥运项目"最佳运动员"、世界首届广府人"十大杰出青年"称号,荣获"全国五一劳动奖章"。

34. 伏明霞(1978—),湖北武汉人。中国杰出女子跳水运动员,连续三届奥运会金牌获得者,最年轻的奥运冠军。1990 年入选国家队。1991 年获第六届世界游泳锦标赛女子 10 米跳台自选动作金牌,1992 年获第二十五届巴塞罗那奥运会女子 10 米跳台金牌,成为奥运会历史上最年轻的冠军。1994 年获第七届世界游泳锦标赛女子 10 米跳台金牌,1995 年获跳水世界杯女子单人 3 米板冠军,1996 年获第二十六届亚特兰大奥运会女子 10 米跳台冠军、3 米板冠军,成为中国奥运跳水史上的第一个板台双冠王。1999 年获中国国际跳水公开赛女子 3 米板冠军、世界大学生运动会女子 10 米跳台冠军。2000 年获第二十七届跳水世界杯女子双人 3 米板亚军,第二十七届悉尼奥运会女子单人 3 米板冠军。荣获 1990 年、1991 年美国《游泳杂志》跳台跳水"世界优秀运动员",1990 年、1991 年、1993 年全国"最佳跳水运动员",1999 年"新中国体育五十星"称号。

35. 付小芳(1987—),河南兰考人。著名女子台球运动员,世界女子台球冠军。15 岁练习中式八球,2006 年开始练习九球。2007 年获厦门"飞利杯"女子九球公开赛冠军,2009 年获亚洲室内运动会女子八球季军、中国职业九球排名赛北京站冠军,2010 年获全国体育大会女子九球单打冠军、八球单打冠军。2011 年获世界九球中国公开赛女子组冠军,成为中国排名第一、世界排名第一的台球运动员。2010 年荣获 CCTV 体坛风云人物年度非奥运项目"最佳运动员"提名奖、北京市"年度台球优秀球员"、中华人民共和国"体育运动荣誉奖章"。担任中国少年儿童文化艺术基金会关爱农村留守儿童"爱 · 助成长计划"和中国人口福利基金会幸福工程"爱心大使",中国扶贫基金会爱心包裹项目"爱心传递使者",为中国慈善事业做出自己的贡献。

36. 刚秋英(1971—),河北沧州人。著名女子象棋大师。自幼习棋,后进入石家庄体工队。1985 年首次参加全国象棋团体赛,坐镇二台,为河北队荣获亚军立下汗马功劳,同年获个人赛第十名。1988 年全国象棋个人赛上获殿军,晋升大师称号,以主力队员身份率领河北队两夺全国象棋赛团体冠军,个人成绩稳居前十名之列。

37. 高娥(1962—),辽宁沈阳人。著名女子飞碟射击运动员,国家飞碟射击队总教练。1979 年开始专业训练,一年之内完成了从省队到国家队的飞跃,30 多年职业运动员生涯中,取得世锦赛、世界杯、世界杯总决赛、亚运会、全运会等国际国内大赛的多个冠军,3 次打破或追平个人或团体世界纪录。获 2000 年第二十七届悉尼奥运会女子飞碟多项个人铜牌、2004 年第二十八届雅典奥运会女子飞碟双多向铜牌。世界射击锦标赛上,获 1986 年飞碟多项个人冠军、1998 年和 1999 年蝉联飞碟多项团体冠军、2001 年亚军。射击世界杯上,获 1994 年飞碟多项团体冠军、1995 年飞碟多项个人冠军、1996 年飞碟多项个人和团体冠军。世界杯总决赛上,2002 年和 2003 年蝉联飞碟多项个人冠军。2002 年还获第十四届釜山亚运会飞碟多项个人冠军,以及多个全运会飞碟项目冠军。2013 年退役,出任国家飞碟射击队总教练。

38. 高崚(1980—),湖北武汉人。著名羽毛球运动员,2000 年、2004 年蝉联两届奥运会羽毛球混双冠军,获 14 个世界冠军。1988 年进入武汉业余体校练习羽毛球,1992 年入选湖北省队,1996 年在世界青年锦标赛中与杨维搭档获羽毛球女双冠军,次年进入国家队女双二队训练。2000 年第二十七届悉尼奥运会与张军搭档,在混双比赛中夺得冠军,这是中国在奥运会历史上获得的第一枚羽毛球混双金牌,同年还获世界羽毛球锦标赛、泰国羽毛球公开赛混双冠军。2003 年夺得日本和全英羽毛球公开赛混双冠军。2004 年第二十八届雅典奥运会成功卫冕。2007 年搭档郑波,在国际羽联十二站超级赛中拿下六站锦标,创造了连胜 26 场纪录,世界排名升至第一。同时还取得骄人的羽毛球女双成绩:2000 年第二十七届悉尼奥运会与队友合作夺得女双铜牌,2001 年获世界锦标赛、全英公开赛、日本公开赛、亚洲锦标赛女双冠军,2002 年获第十四届亚运会女双亚军,2003 年世锦赛蝉联女双冠军,2004 年第二十八届雅典奥运会获女双银牌,2005 年世锦赛获女双亚军,2006 年再获世锦赛女双冠军。此外,还获得 3 次苏迪曼杯、5 次尤伯杯冠军。荣获 2001 年度国际羽联世界“最佳运动员”称号。

39. 高玉兰(1982—),江西瑞昌人。著名女子赛艇运动员。1996 年进入江西省体校接受铅球训练,1999 年进入江西省水上运动管理中心改练赛艇项目。2000 年获全国赛艇锦标赛女子双人双桨冠军,2003 年获全国冠军赛女子双人双桨冠军,同年获得全国锦标赛女子双人双桨冠军。2004 年在瑞士举办的赛艇世界杯上获得女子四人双桨第八名,同年获全国锦标赛女子四人双桨冠军和女子双人双桨亚军。2006 年接连取得全国春季锦标赛女子四人双桨冠军、第十届全国运动会女子四人双桨冠军和东亚运动会女子四人双桨冠军。2008 年第二十九届北京奥运会,与队友合作斩获女子赛艇双人单桨银牌。2009 年第十一届全运会获得赛艇项目一枚金牌三枚银牌。曾荣获江西省“先进工作者”称号,获江西青年“五四奖章”。

40. 葛菲(1975—),江苏南通人。著名女子羽毛球运动员,首位羽毛球奥运冠军。6 岁开始羽毛球启蒙训练,1987 年调至江苏省羽毛球队,1993 年进入国家队。先后 13 次获得世界冠军,蝉联第二十六、第二十七届奥运会羽毛球女子双打冠军,7 次获得亚洲冠军,11 次获全国冠军,所获战绩有:1992 年获全国锦标赛团体冠军,1993年获全国青少年锦标赛和第七届全运会女双冠军,1995年获苏迪曼杯团体冠军,并囊括该年度在日本、印尼、新加坡、中国举行的羽毛球公开赛、亚洲羽毛球锦标赛和世界羽毛球大奖赛全部女双冠军。1996年与顾俊合作获第二十六届亚特兰大奥运会女子双打冠军,1997年获第五届苏迪曼杯冠军,第十届世界羽毛球锦标赛混双、女双冠军,1998年获第十七届尤伯杯冠军和第十三届亚运会女团冠军、女双冠军,1999年获第六届苏迪曼杯冠军、第十一届世锦赛女双冠军,2000年获尤伯杯团体冠军和第二十七届悉尼奥运会女双金牌。1996年被国家体委授予“体育运动荣誉奖章”,1997年和2000年分获全国“十佳运动员”和“全国先进工作者”称号,2009年入选世界羽联名人堂。2001年退役,被聘为南京体育学院训练处副处长兼南京市体育局局长助理,并进入南京大学学习。

41. 葛新爱(1953—),河南长垣人。著名女子乒乓球运动员。1970年进入河南省乒乓球队,1973年入选国家集训队。擅长直拍削球打法,球路低而旋转,守中有攻。1975年获第三十三届世界乒乓球锦标赛女子单打第三名、女子团体冠军,1977年获第三十四届世乒赛女子单打和女子双打两项第三名、女子团体冠军,1979年获第三十五届世乒赛女子单打、混合双打、女子团体冠军和女子双打亚军。1981年荣获“运动健将”称号,1978年、1979年两次荣获国家体委颁发的“体育运动荣誉奖章”,2003年入选国际乒联名人堂。1980年起任河南乒乓球队教练。

42. 龚睿娜(1979—),湖南省安化县人。著名女子羽毛球运动员。8岁进入安化市业余体校,1992年进入湖南省队,1996年入选国家二队,1998年入选国家一队。1993年获全国少年羽毛球比赛13岁年龄组女单冠军。1997年获第八届全运会女子团体冠军,同年获首届亚洲青年羽毛球锦标赛女单冠军、混双亚军。1998年获全国羽毛球锦标赛女单亚军、亚洲羽毛球锦标赛女单季军。1999年获全国锦标赛女团冠军、女单季军,第十一届世界羽毛球锦标赛女单第三名。2000年为尤伯杯女团冠军主力成员,2001年获第十二届世锦赛女单冠军。荣获2000年中国羽毛球天王挑战赛“最佳运动员”、2002年全国羽毛球“十佳运动员”称号。2005年退役,出任湖南省益阳市体育局副局长,2013年担任益阳市体育局局长。

43. 巩立姣(1989—),河北石家庄人。著名女子田径运动员,中国女子铅球领军人物。2001年进入石家庄市体育运动学校,2004年入选河北田径队,师从前国手李梅素。2009年获柏林世界田径锦标赛女子铅球铜牌,2010年获斯普利特田径世界杯女子铅球铜牌,2012年第三十届伦敦奥运会女子铅球铜牌,2013年莫斯科世锦赛女子铅球铜牌,2014年室内世界田径锦标赛女子铅球铜牌,为中国田径队首开该赛事的奖牌纪录。2015年北京世锦赛女子铅球亚军。2016年在德国哈勒一项比赛中,以 20 米 43 夺冠,将个人最佳成绩提升了 8 厘米,是该赛季的世界最好成绩。

44. 顾俊(1975—),江苏无锡人。著名女子羽毛球运动员,首位羽毛球奥运冠军。2000 年悉尼奥运会卫冕女双冠军,成为国际羽联第一位蝉联奥运金牌的选手。1986 年进入江苏省体工队,1987 年开始与葛菲配对双打,1993 年进入国家队。1996 年开始的 4 年里,在所参加的世界杯、世锦赛、奥运会、大奖赛等各类国际比赛中未输一场,创造了“百战百胜”的神话,与葛菲被称为“天下第一双”。1992 年获全国锦标赛和世界青年女子锦标赛双打冠军,1994 年至 1999 年世界羽毛球大奖赛总决赛女子双打冠军,1997 年第十届、1999 年第十一届世界羽毛球锦标赛女子双打冠军,1995 年、1997 年和 1999 年苏迪曼杯团体冠军,1998 年、2000 年尤伯杯冠军,1994 年第十二届、1998 年第十三届亚运会女子双打冠军,第十三届女子团体冠军,1994 年、1995 年、1998 年和 1999 年亚洲羽毛球锦标赛女子双打冠军。荣获 1998 年世界“十佳运动员”称号,1999 年当选“新中国体育运动 50 杰”,2009 年入选世界羽联名人堂。退役后进入北京大学学习法律,2008 年成为北京奥运会境内首位火炬手。

45. 顾晓黎(1971—),大连普兰店人。著名女子赛艇运动员。1985 年由新金体校选入大连体校赛艇集训队,1987 年获辽宁省运动会赛艇比赛第一名,被调入省赛艇队。1989 年获全国第二届青少年运动会女子赛艇双人单桨无舵手冠军。1991 年获全国城市运动会女子赛艇单人双桨无舵手冠军,同年获全国赛艇锦标赛女子四人双桨无舵手冠军、女子四人单桨无舵手亚军。1992 年获第二十五届巴塞罗那奥运会女子赛艇双人双桨无舵手季军,1993 年获世界赛艇锦标赛女子四人双桨无舵手冠军。1995 年获全国锦标赛女子四人双桨无舵手冠军。1996 年获第二十六届亚特兰大奥运会女子四人双桨无舵手第五名。1997 年第八届全运会获女子赛艇四人双桨无舵手亚军。2004 年获全锦赛单人双桨无舵手冠军。2005 年获赛艇世界杯赛双人双桨无舵手冠军,同年获第十届全运会女子赛艇八人单桨有舵手冠军。1993 年和 1994 年两次荣获国家“体育运动荣誉奖章”,曾获辽宁省“五一劳动奖章”、辽宁省“三八红旗手”、辽宁省“新长征突击手”等荣誉称号。

46. 郭丹(1985—),辽宁铁岭人。著名女子射箭运动员。早年接受过长跑训练,1997 年开始在铁岭市军体校接受射箭训练,1998 年入选辽宁省队,2002 年进入国家队。2003 年第五届城运会中夺得女子射箭冠军,并创造全国纪录,同年在缅甸举办的亚洲锦标赛上打破女子射箭团体全国纪录。2004 年获得全国射箭冠军赛女子团体淘汰赛冠军,同时获得女子个人排名赛冠军。2007 年射箭世界杯意大利站女子团体淘汰赛上荣获冠军,同年获亚洲锦标赛女子个人淘汰赛亚军。2008年获世界杯克罗地亚站女子团体淘汰赛冠军,同年在第二十九届北京奥运会上获得女子团体淘汰赛银牌。曾荣获铁岭市“三八红旗手”“新长征突击手”称号,被授予铁岭市“五一劳动奖章”。

47. 郭晶晶(1981—),河北保定人。中国杰出女子跳水运动员,跳水大满贯获得者,中国跳水队获得世界冠军最多的运动员,继高敏、伏明霞之后中国新一代“跳水皇后”。1988年进入河北保定训练基地练习跳水,开启跳水传奇生涯。2004年获第二十八届雅典奥运会3米板单人、双人冠军,2008年获第二十九届北京奥运会3米板单人、双人冠军,2001年至2009年创造世锦赛3米板单人、双人五连冠,2000年、2002年获世界杯单人3米板冠军,1998年获第十三届曼谷亚运会单人3米板冠军,2002年获第十四届釜山亚运会3米板单人、双人冠军,2001年获第九届、2009年获第十一届全运会单人3米板冠军。在三大国际赛事中共获32个冠军,战绩辉煌。2009年罗马世锦赛后,进入中国人民大学读书,2011年退役。2008年担任北京奥运会在山东省最后一棒的火炬手,出任联合国儿童慈善基金大使和香港特区委任的海洋保护大使。荣获2008年国际泳联“最佳女运动员”称号,2004年、2006年荣获中国十佳劳伦斯奖“最佳女运动员奖”,2008年荣获中国十佳劳伦斯奖“最佳人气奖”。

48. 郭爽(1986—),蒙古族,内蒙古通辽人。著名女子自行车运动员。1999年进入吉林省体校练习自行车,2001年入选亚洲自行车培训中心,2002年被派往瑞士学习,主攻女子争先赛。曾六次夺得自行车世界青少年组比赛冠军。2005年开始参加自行车成人组比赛,获第十届全运会争先赛冠军,2006年获第十五届亚运会500米个人计时和争先赛金牌,同年获得世锦赛争先赛、凯林赛铜牌,2007年获世锦赛争先赛、凯林赛银牌。2008年获第二十九届北京奥运会场地自行车女子争先赛季军,世界锦标赛女子争先赛第四名。2010年获第十六届亚运会女子500米计时赛冠军、争先赛亚军。2011年至2012年赛季获得场地自行车世界杯英国站女子个人争先赛冠军,2011年获第二十六届世界大学生夏季运动会场地自行车女子个人争先赛冠军,2012年获第三十届伦敦奥运会争先赛铜牌和场地自行车女子凯林赛银牌。曾荣获吉林省“三八红旗手”等称号。

49. 郭文珺(1984—),陕西西安人。著名女子射击运动员。14岁开始在西安市业余军体校接受射击训练,2003年入选陕西省队,2004年入选国家队,专攻女子10米气手枪项目。2006年获第十五届多哈亚运会女子10米气手枪团体金牌和个人银牌,2007年获射击世界杯德国站冠军、总决赛亚军。2008年连夺三枚世界杯分站赛金牌,同年获第二十九届北京奥运会女子十米气手枪金牌,填补中国队在此项目中八年来的金牌空缺。2009 年获第十一届全国运动会女子 10 米气手枪银牌,2010 年获射击世界杯北京站女子 10 米气手枪冠军。2012 年第三十届伦敦奥运会,绝杀反超获得女子 10 米气手枪金牌,2014 年获第十六届仁川亚运会女子 10 米气手枪团体决赛冠军,2016 年世界杯曼谷站夺得女子 10 米气手枪冠军。2011 年荣获陕西体育世纪“十佳运动员”称号。

50. 郭心心(1983—),辽宁沈阳人。著名女子自由式滑雪空中技巧运动员,2010 年温哥华冬奥会女子空中技巧铜牌获得者。12 岁入选沈阳体育学院,练习自由式滑雪空中技巧。2001 年获世界杯自由式滑雪女子空中技巧第六名,2003 年获该项目世锦赛第五名,2005 年获第三名,同年获世界杯沈阳站冠军、意大利站第三名。2006 年第二十届都灵冬奥会获该项目第六名,世界杯鹿谷站冠军。2008—2009 年赛季获得世界杯该项目美国鹿谷站第三名、中国站第四名,2009—2010 年赛季获得世界杯卡尔加里站第三名、美国鹿谷站第四名、中国站首日冠军次日亚军。2010 年第二十一届温哥华冬奥会获自由式滑雪女子空中技巧决赛铜牌。

51. 郭跃(1988—),辽宁鞍山人。著名女子乒乓球运动员,中国乒乓球历史上最年轻的世界冠军。6 岁时学习打乒乓球,1996 年进入辽宁省体校,2000 年入选国家队,擅长左手横握球拍弧圈结合快攻。2004 年获第四十七届世界乒乓球锦标赛女团冠军,国际乒联职业巡回赛总决赛女单冠军。2007 年获第四十九届世乒赛女单冠军,2008 年获第二十九届北京奥运会女团冠军,2009 年获第五十届世乒赛女双冠军,2012 年获亚洲乒乓球锦标赛女团冠军,同年获第五十一届世界乒乓球团体锦标赛冠军。退役后于 2014 年出任辽宁女乒教练员,2015 年入读清华大学—香港中文大学金融财务 MBA。

52. 韩爱萍(1962—),湖北武汉人。著名女子羽毛球运动员。10 岁参加羽毛球训练,1974 年入选湖北省队,1978 年入选国家队。1974 年获亚洲羽毛球少年锦标赛女子双打和单打冠军,1979 年获世界羽毛球锦标赛女子单打冠军,世界杯赛女子团体冠军。1984 年参加国际比赛成绩突出,先后获得尤伯杯、纳维亚大赛、荷兰精英赛等 4 项女子单打冠军。1985 年代表湖北省女队获得全国甲级组团体第二名,全国单项比赛女子单打冠军,并在参加一系列国际比赛中获得 6 个单项冠军、7 个双打冠军,其中包括全英锦标赛和世锦赛女子单打和女子双打冠军,国际羽坛人士赞誉 1985 年为“韩爱平年”。1986 年获第十届亚洲运动会单打冠军和第六届世界杯女子双打冠军,1987 年再次夺取世锦赛女子单打冠军,1988 年获世界杯女子单打冠军,是 1984—1988 年间中国队 3 次夺取尤伯杯的主力队员。1980

年荣获国家级“运动健将”,1985 年荣获国际“运动健将”称号,7 次荣获国家体委颁发的“体育运动荣誉奖章”,1989 年入选“建国 40 年杰出运动员”行列。

53. 韩端(1983—),辽宁大连人。著名女子足球运动员。1999 年进入大连女足队,同年入选国青队,2000 年入选女足国家队。技术特点是头球、射门精度及门前把握机会的能力都很突出,背身拿球、助攻能力也很强。2006 年获女足亚洲杯冠军,2001 年、2003 年、2008 年获女足亚洲杯亚军。此外,2003 年获全国女足锦标赛、超级联赛亚军,2006 年获亚洲青年锦标赛冠军,2007 年获第五届女足世界杯第五名,2008 年第二十九届北京奥运会攻入个人在国家队第 100 粒进球。2011 年从国家队退役,2013 年正式退役。

54. 何慧娴(1943—),上海人。曾任中国奥林匹克运动会委员会副主席,中国体育记者协会主席。青少年时期曾为上海市少年女排、市女排(蓝队)、复旦大学女排(甲级队)队员,8 年从事业余排球训练和比赛。1965 年毕业于复旦大学新闻系。1968 年至 1978 年在安徽徽州报社、广播事业局任记者、编辑。1978 年调至北京新体育杂志社任记者,其间追随中国女排整整十年,亲历了中国女排五连冠的辉煌,写出了许多生动感人的女排事迹报道,深受广大读者的喜爱。1994 年任国家体委宣传司司长、新闻发言人,中国奥委会秘书长,中国奥委会新闻委员会主任、编审。1999 年起任体育总局局长助理兼中国体育报业总社社长,2000 年至 2004 年任国家体育总局局长助理、党组成员、宣传司司长。2003 年当选全国政协委员。代表著作有《我所认识的郎平》。

55. 何可欣(1992—),北京人。著名女子体操运动员,中国女子体操单项大满贯获得者,被誉为“高低杠公主”。1997 年进入北京地坛体校训练体操,2000 年进入什刹海体校,2002 年入选北京队,2005 年进入国家队。2007 年城市运动会上崭露头角,成为中国女子体操队的主力队员。2008 年获第二十九届北京奥运会女子体操团体冠军、女子高低杠冠军,体操世界杯女子高低杠冠军,2009 年获世界体操锦标赛高低杠冠军,2010 年获世锦赛团体季军,第十六届广州亚运会女子团体冠军、女子高低杠冠军,2011 年获世锦赛女子团体季军,2012 年获第三十届伦敦奥运会女子高低杠亚军。2009 年荣获中国首批“十佳自强女孩”称号。

56. 何雯娜(1989—),客家人,福建龙岩人。著名女子蹦床运动员,2008 年北京奥运会荣获中国蹦床史上首枚金牌,被誉为“蹦床公主”。1995 年开始在福建龙岩体校学习体操,1996 年进入福州体工队,1999 年转学蹦床,2007 年进入国家队。2005 年获第十届全国运动会女子蹦床团体冠军,2007 年获第二十五届蹦床世锦赛个人亚军、团体冠军,2008 年获第二十九届北京奥运会蹦床个人冠军、世界冠军赛团体冠军,2009 年获第二十六届蹦床世锦赛个人亚军,2010 年获第十六届广州亚运会蹦床个人亚军,2011 年获第二十八届蹦床世锦赛个人和团体冠军,2012 年获第三十届伦敦奥运会蹦床个人季军。

57. 何影(1977—),吉林四平人。著名女子射箭运动员,曾打破女子射箭 60 米单轮世界纪录。14 岁开始射箭训练,1992 年入选吉林省队,1993 年进入国家集训队。1993 年获第七届全国运动会射箭个人淘汰赛第三名,1994 年获第十二届广岛亚运会射箭团体项目冠军。1995 年获广西全国射箭冠军赛冠军。1996 年获第二十六届亚特兰大奥运会射箭个人淘汰赛亚军,1998 年获第十三届曼谷亚运会团体淘汰赛亚军,1999 年获法国世界射箭锦标赛团体淘汰赛亚军,2001 年获世界射箭锦标赛团体淘汰赛冠军、第九届全运会射箭个人和团体淘汰赛冠军,2002 年获射箭全国冠军赛个人淘汰赛冠军,2003 年获缅甸亚洲射箭锦标赛团体淘汰赛亚军,2004 年获第二十八届雅典奥运会女子团体银牌。2006 年后任辽宁队主教练。

58. 何姿(1990—),广西南宁人。著名女子跳水运动员。6 岁开始在广西南宁体校练习跳水,2000 年进入清华跳水队,2005 年进入广东省队,2006 年入选国家队。2012 年获第十八届跳水世界杯女子双人 3 米板冠军、第三十届伦敦奥运会女子双人 3 米板冠军。2013 年获第十五届世界游泳锦标赛女子单人 3 米板冠军、1 米板冠军。2014 年获第十七届仁川亚运会女子单人 3 米板冠军。2015 年获国际泳联跳水系列赛加拿大站女子单人 3 米板冠军、女子双人 3 米板冠军、混合 3 米板冠军。2013 年荣获国际泳联"最佳跳水运动员"、国家泳联最佳女跳水运动员称号。2012 年进入中国人民大学学习。

59. 贺慈红(1975—),浙江宁波人。著名女子游泳运动员。1985 年进入宁波市业余体校学习游泳,1987 年进入浙江省体校,1989 年入选浙江省集训队,1993 年入选国家集训队。曾获 5 次世界冠军、3 次亚运会冠军,4 次打破世界纪录,9 次打破亚洲纪录。1993 年获第七届全运会和东亚运动会 100 米、200 米仰泳金牌,首届世界短池游泳锦标赛 200 米仰泳及 4×100 米混合泳接力两枚金牌,创两项世界纪录,获 100 米仰泳银牌。1994 年获全国游泳冠军赛 100 米仰泳冠军并创亚洲纪录,200 米仰泳冠军,第七届世界游泳锦标赛两创 100 米仰泳世界纪录并获金牌,再创 4×100 米混合泳接力世界纪录并获金牌,获 200 米仰泳金牌,第十二届广岛亚运会获 100 米、200 米仰泳和 4×100 米混合泳接力 3 枚金牌。1993 年荣获全国和全军"十佳运动员"称号,1994 年被美国《游泳世界》杂志评为当年世界"最佳女运动员"。2000 年退役后任原广州军区体工队游泳教练,2001 年进入广州体育学院攻读硕士研究生。

60. 侯逸凡(1994—),江苏兴化人。著名女子国际象棋特级大师。5岁开始学国际象棋,2003年进入中国队,2008年晋升男子国际象棋特级大师,是历史上晋升男子特级大师最年轻的女棋手。2010年获世界女子国际象棋锦标赛冠军,成为历史上最年轻的世界棋后,2011年成功卫冕,成为历史上两夺世界冠军的最年轻棋手,2013年重夺世界棋后称号。2012年在直布罗陀国际象棋公开赛中,战胜朱迪特·波尔加,打破后者20年来在慢棋比赛中对女棋手不败的神话,并获得该赛事亚军。2014年在北京举行的世界智力精英运动会上担任国际象棋大使。2015年在直布罗陀国际象棋节大师组公开赛上荣获最佳女棋手奖。

61. 侯玉珠(1963—),福建永泰人。著名女子排球运动员,女排"四连冠"主力队员。1977年进入福建省业余体校进行排球训练,1980年入选福建省队,1983年入选国家集训队。技术特点全面,擅长远网进攻,扣球有力,后排防守控制能力强,发球颇具攻击性。1983年获世界超级女排赛冠军。1984获四国女排邀请赛冠军,第二十三届洛杉矶奥运会女排金牌。1985年获第四届世界杯女子排球赛冠军,以两战全胜的成绩击败国际排球联合会组织的世界明星联队。1986年获第十届世界女子排球锦标赛冠军,第十届亚洲运动会女排金牌。1982年荣获第九届太平洋地区青年排球锦标赛"优秀运动员"、1985年获国际级"运动健将"称号,1984年和1986年两次获国家体委颁发的"体育运动荣誉奖章"。还曾荣获福建省"劳动模范"、"五一奖章"、"全国三八红旗手"、团中央"新长征突击手"等称号。1989年从国家队退役,2008年担任北京奥运会中国境内火炬接力福州站第二棒火炬手。

62. 胡家燕(1945—),辽宁辽中人。原国家体育总局副局长。1969年参加工作,1977年加入中国共产党,中国人民大学计划统计系国民经济计划专业毕业,大学学历。曾任新疆阿克苏地区六厂子弟学校教员,喀什地区计委干部,喀什地区工商行政管理处副处长,阿克苏地委委员、行署副专员,自治区对外经济贸易技术合作公司党委书记、总经理,昌吉州党委书记,自治区纪委书记,自治区党委副书记。2005年至2009年先后担任国家体育总局副局长、党组副书记、中央纪委驻国家体育总局纪检组组长。当选中共十五届、十六届中央纪律检查委员会委员,中共十七大代表,全国政协常委。

63. 胡玉兰(1945—),河北三河人。著名女子乒乓球运动员。14岁开始练习乒乓球,1960年进入河北省队,1964年入选国家集训队,1965年进入国家队。擅长横拍全攻打法,反手推挡有力,球路变化多。1965年获世界乒乓球锦标赛女子单打亚军,1975年获第三十三届印度加尔各答世乒赛女团冠军。1975年退役后担任中国乒乓球队教练，执教期间培养了耿丽娟、刘洋、阎桂丽等乒坛名将。1987年出任法国队主教练，培养出王小明、安尼、古兰等法国著名选手。1978年、1984年荣获国家体委颁发的“体育运动荣誉奖章”，1981年荣获国家级教练称号。

64. 黄海洋(1985—)，江苏徐州人。著名女子佩剑运动员。1997年入选徐州市体校开始篮球训练，半年后入选江苏省体工队击剑队接受女子佩剑专业训练。2002年获全国击剑锦标赛女子佩剑个人第三名、团体第一名，世界击剑锦标赛女子佩剑团体第八名。2003年获全国冠军赛女子佩剑个人第三名和团体第三名，全国锦标赛女子佩剑个人第七名和团体第三名，并在世锦赛上凭借出色发挥获得佩剑团体第二名的佳绩。2004年获全国冠军赛女子佩剑个人第五名、团体第二名，全国锦标赛女子佩剑个人第七名、团体冠军。2005年获全国冠军赛女子佩剑个人第六名、团体第一名，全国锦标赛团体银牌，亚洲锦标赛团体冠军。2006年获全国冠军赛团体亚军，第十五届多哈亚运会佩剑团体冠军。2007年连夺全国锦标赛和亚洲锦标赛佩剑团体冠军，2008年获第二十九届北京奥运会女子佩剑团体亚军。曾荣获江苏省“三八红旗手”等称号。

65. 黄珊汕(1986—)，福建福州人。著名女子蹦床运动员。1990年进入福州市体练习体操，1993年入选福建省体工队，1997年改练蹦床，2002年入选国家队。其蹦床动作难度大，世界大赛经验丰富，爆发力十足。先后参加6次世锦赛、3次奥运会及多次全国比赛和世界杯赛，收获多个冠军：1998年获全国蹦床冠军赛个人赛亚军、团体赛冠军，1999年获全国蹦床锦标赛个人和团体冠军、全国蹦床冠军赛卫冕团体冠军、个人赛季军，2001年获世界青年蹦床锦标赛个人赛亚军、全国锦标赛团体赛和个人赛冠军，2004年获第二十八届雅典奥运个人蹦床铜牌，成为奥运史上中国首枚蹦床奖牌获得者，2006年获第十五届多哈亚运会个人蹦床冠军，2009年获蹦床世锦赛、世界杯个人冠军，2010年第十六届广州亚运会蝉联个人蹦床冠军，2011年取得世界蹦床锦标赛团体冠军四连冠，2012年获第三十届伦敦奥运会个人蹦床银牌，2013年获第十二届全运会季军。退役后担任中国蹦床队教练。

66. 黄文仪(1991—)，广东汕头人。著名女子赛艇运动员。2002年进入汕头市体校练习赛艇，2009年入选国家队参与集训。2007年第六届全国城市运动会夺得女子轻量级2000米双人双桨冠军。2009年第十一届全运会获女子轻量级4人双桨铜牌、女子轻量级2000米双人双桨铜牌。2010年获全国春季赛艇锦标赛女子轻量级单人双桨冠军，第十六届广州亚运会女子轻量级双人双桨金牌、赛艇世界杯慕尼黑站亚军。2012年第三十届伦敦奥运会夺得女子轻量级双人双桨银牌，这也是中国赛艇队在本次奥运会中获得的唯一奖牌。曾荣获广东省“五一劳动奖章”“三八红旗手”“五四奖章”等荣誉。

67. 黄志红(1965—),浙江兰溪人。著名女子铅球运动员,田径世锦赛两金获得者,中国田径历史上唯一在世界杯、世锦赛和奥运会上都获得奖牌的选手。1978年进入浙江省业余体校,开始练标枪后改练铁饼。1986年第十届亚运会夺得铅球金牌,1987年打破全国纪录,1988年两破亚洲纪录,1989年获世界大学生运动会冠军、世界室内田径锦标赛亚军,1992年获第二十五届巴塞罗那奥运会银牌,1991年、1993年获田径世锦赛金牌,1995年获世锦赛银牌,1989年、1997年获世界杯田径赛冠军。1984年荣获国家级“运动健将”称号,1986年获国际“运动健将”称号,1986年、1987年被评为“国家优秀田径选手”,1989年获亚洲田径教练员协会亚洲最佳女子田径运动员称号,同年被评为全国十名“最佳运动员”,1993年获亚洲田径联合会颁发的金质纪念章,入选“1993年度中国体坛女性十大风云人物”“建国45周年体坛45英杰”“新中国体育五十星”。

68. 江永华(1973—),黑龙江鸡西人。著名女子自行车运动员。2001年获全国自行车锦标赛女子500米计时赛冠军、全国自行车冠军赛女子500米计时赛冠军、第九届全国运动会女子500米计时赛冠军。2002年获世界杯场地自行车总决赛女子500米计时赛冠军并打破世界纪录,第十四届釜山亚运会女子500米计时赛冠军。2003年获世界场地自行车锦标赛女子500米计时赛第五名,全国自行车锦标赛女子500米计时赛冠军。2004年获世界场地自行车锦标赛女子500米计时赛亚军、第二十八届雅典奥运会女子500米个人计时赛银牌。

69. 江钰源(1991—),广西柳州人。著名女子体操运动员。4岁被送到柳州市体校练习体操,1997年进入广西壮族自治区体校,2004年入选国家队,全能型选手,强项为高低杠和自由体操。2007年获体操世界杯高低杠及自由体操冠军、跳马季军,世界锦标赛女子体操团体银牌。2008年获第二十九届北京奥运会女子团体冠军,体操世界杯尔斯特拉发站高低杠冠军、平衡木亚军及跳马季军,多哈站自由体操冠军、高低杠亚军,马德里站自由体操及高低杠亚军。2010年获世界体操锦标赛个人全能银牌,这是中国体操运动员在世界大赛女子全能项目中取得的最佳成绩,另获女子团体铜牌,同年还获第十六届广州亚运会女子团体冠军。2011年获世锦赛女子团体季军。2013年退役后进入浙江大学学习。

70. 姜翠华(1975—),辽宁大连人。著名自行车运动员,世界上第二个骑进35秒大关的女选手。技术特点为速度耐力好,后半程速度优势突出。1992年在世界青年锦标赛上打破自行车女子1公里世界青年纪录,1998年打破女子500米世界青年纪录。1999 年世界自行车锦标赛骑出 34 秒 86 的个人最好成绩，成为中国女子突破 35 秒大关的第一人。同年世界杯巡回赛莫斯科站，以 34 秒 809 的成绩首次战胜了世界冠军弗伦茜娅。2000 年获第二十七届悉尼奥运会场地自行车 500 米计时赛铜牌，实现自行车奥运史上中国奖牌“零”的突破。

71. 姜英(1963—)，山东荣成人。著名女子排球运动员。1977 年进入辽宁省排球队，1981 年入选国家青年集训队，1982 年入选国家集训队。其扣球力量重，线路变化多，平快球突出。1982 年获第九届世界女子排球锦标赛冠军、第九届亚洲运动会女排冠军，1983 年获世界超级女排赛冠军，1984 年获第二十三届洛杉矶奥运会女排金牌，1985 年获第四届世界杯冠军，并以两战全胜的成绩击败国际排球联合会组织的世界明星联队，1986 年获第十届世锦赛冠军，第十届亚运会金牌。1985 年荣获国际级运动健将称号，1982 年、1984 年、1985 年、1986 年四次荣获国家体委颁发的“体育运动荣誉奖章”。1990 年退役后担任南澳大利亚体育学院女子排球队教练，2005 年底成为澳大利亚国家女排主帅。

72. 焦刘洋(1990—)，黑龙江哈尔滨人。著名女子游泳运动员。5 岁进入黑龙江交通学校游泳班，2004 年入选原广州军区部队游泳队，2005 年入选国家队。2005 年获第十届全国运动会 200 米蝶泳银牌，跻身中国游泳新星行列。2008 年获第二十九届北京奥运会女子 200 蝶泳银牌，2009 年获罗马世界游泳锦标赛女子 4×100 米混合泳接力金牌，2010 年获第十六届广州亚运会女子 100 米蝶泳冠军、200 米蝶泳冠军、女子 4×100 米混合泳接力冠军，2012 年获第三十届伦敦奥运会女子 200 蝶泳金牌，2013 年获第十二届全运会 200 米蝶泳冠军，2014 年获第十七届仁川亚运会 200 蝶泳金牌。

73. 焦玉莲(1919—)，河南叶县人。著名女子田径运动员。12 岁就读开封北仓女中时 1 人独得 50 米、100 米、200 米和跳远 4 项河南省冠军。1931 年至 1934 年多次参加全国运动会和华北运动会，1934 年在天津举办的第十八届华北运动会上，创造女子 50 米、100 米、200 米和跳远四项全国纪录，并获冠军。1936 年入读上海东亚体专，1938 年赴成都女子师范学校任教。中华人民共和国成立后任沈阳市体委副秘书长。1958 年调大连市体委，1964 年当选中华全国体育总会第四届委员会委员、中国田径协会副主席。致力于开展群众体育活动，促使大连市获得“田径之乡”和“足球之城”赞誉，向辽宁省队和国家队输送了一批优秀体育人才。1990 年荣获“宋庆龄樟树奖”。

74. 金紫薇(1985—)，辽宁沈阳人，著名女子赛艇运动员。2008 年北京奥运会赛艇女子四人双桨冠军，与冯桂鑫、唐宾、奚爱华并称为水上项目的“四朵金花”。1999 年进入沈阳水上运动学校,2001 年进入江西水上运动学校,2003 年入选国家赛艇队。2003 年获全国城市运动会女子赛艇单人双桨冠军,2004 年获赛艇世界杯女子八人单桨亚军,2005 年获第十届全国运动会女子双人双桨第一名,2006 年获第十五届多哈亚运会女子单人双桨金牌,2007 年获世界赛艇锦标赛女子四人双桨第三名,2008 年获第二十九届北京奥运会女子四人双桨冠军,这是中国参加奥运会以来在赛艇项目上获得的第一枚金牌。2010 年第十六届广州亚运会上,担任中国体育代表团旗手。

75. 奎媛媛(1981—),北京人。著名女子体操运动员。1985 年进入北京什刹海体校专攻体操项目,1989 年入选北京队,1993 年进入国家队。1996 年在第三十二届世界体操锦标赛中赢得自由体操金牌,这是中国女子体操队首个自由体操世界金牌。1997 年获瑞士洛桑世界体操锦标赛平衡木季军,第八届全国运动会全能、自由体操两枚金牌。1998 年获第十三届曼谷亚运会体操团体冠军、跳马冠军,中国杯国际体操赛女子团体冠军、跳马冠军及个人全能季军。2000 年获悉尼国际体操挑战赛平衡木冠军,第二十七届悉尼奥运会团体季军。2002 年退役。

76. 郎平(1960—),北京人。中国杰出女子排球运动员、教练员。作为 20 世纪 80 年代蜚声国际排坛的世界三大主攻手之一,凭借强劲而精准的扣杀获得“铁榔头”美誉,在国际大赛中带领中国女排取得五连冠,开启了中国排球历史上的一个辉煌时代,先后获 1981 年第三届女排世界杯冠军、1982 年第九届女排世锦赛冠军、1984 年第二十三届洛杉矶奥运会女排冠军、1985 年第四届女排世界杯冠军。1985 年退役后开始了短暂的学生生涯,先后就读于北京师范大学和美国新墨西哥大学。1989 年开启教练生涯,先后在意大利、美国和中国取得辉煌的执教成绩:率中国队获 1990 年第十一届女排世锦赛亚军、1996 年第二十六届亚特兰大奥运会亚军,率美国队 2008 年获第二十九届北京奥运会亚军,2014 年率中国队获第十七届女排世锦赛亚军,2015 年获第十九届女排世界杯冠军,2016 年获第三十一届巴西里约热内卢奥运会女排冠军。运动员期间,曾荣获 1980 年第二届中国体育劳伦斯“十佳运动员”、1982 年世界女排锦标赛最有价值球员(MVP)、1984 年全国“十佳运动员”、建国 35 年来杰出运动员、1985 年世界“十佳运动员”、第四届女排世界杯“最佳运动员”等称号。教练员期间,2002 年入选世界排球名人堂,2009 年当选新中国 60 年最具影响力体育人物,荣获 1996 年国际排联最佳教练、2012 年国际奥委会“妇女和体育”贡献奖、2014 年 CCTV 体坛风云人物年度最佳教练称号。2018 年被党中央国务院授予“改革先锋”称号,荣获“改革先锋奖章”。

77. 劳丽诗(1987—),广东湛江人。著名女子跳水运动员。1994 年进入赤坎业余体校练习跳水,1998年入选广东省队,2002年入选国家队。2001年在第九届全国运动会中一举夺得10米跳台双人冠军、单人第三名,2002年获世界杯跳水赛10米跳台单人与双人两项冠军、第十四届釜山亚运会单人10米跳台冠军,2003年获世界游泳锦标赛双人10米跳台金牌,2004年获第二十八届雅典奥运会双人10米跳台金牌,2007年获马德里国际跳水赛女子单人10米跳台金牌、第二十四届世界大学生运动会女子单人10米跳台冠军,2009年获第二十五届大运会女子双人10米跳台冠军。2010年退役,短暂尝试体校老师和跳水队工作后赴共青团广东省委青年志愿者行动指导中心,担任负责公益和慈善工作的主任科员。2014年入选国际游泳名人堂。

78. 乐靖宜(1975—),上海人。著名女子游泳运动员。7岁进入上海体育俱乐部练习游泳,12岁进入上海游泳队,16岁调入国家队,被认为是天生的游泳人才:肩宽、臀小、腿长、水感轻飘。1992年获第二十五届巴塞罗那奥运会女子50米自由泳和4×100米自由泳接力银牌。1993年获第七届全国运动会100米自由泳金牌,世界大学生运动会50米、100米自由泳冠军,获首届世界短池游泳锦标赛50米与100米自由泳、4×100米与4×200米自由泳、4×100米混合泳接力赛5项冠军,并打破这5个项目的世界纪录。1994年获全国游泳冠军赛50米自由泳冠军,第七届世界游泳锦标赛50米、100米、4×100米自由泳和4×100米混合泳冠军,并创4项世界纪录。1995年在第二届世界短池游泳锦标赛上一人独得3枚金牌。1996年获第五届亚洲游泳锦标赛50米自由泳冠军,第二十六届亚特兰大奥运会100米自由泳世界冠军并打破纪录,这也是该届奥运会中国代表队收获的唯一游泳金牌。1997年获第三届世界短池游泳锦标赛4×100米混合泳接力金牌、4×100米自由泳接力金牌。1994年被评为建国45周年体坛英杰和全国“最佳运动员”,1996年被国家体委授予“体育运动荣誉奖章”和体育运动一级奖章,1999年被评为建国50年体育明星。1996年退役后进入上海交通大学学习,获得学士学位。毕业后执教于美国一家游泳职业俱乐部。

79. 黎德玲(1974—),四川内江人。著名女子象棋大师。毕业于北京大学数学科学学院,1989年获国家“象棋大师”称号。1991年、1992年全国象棋个人赛分获第二和第四名,1992年在亚洲杯团体锦标赛上与胡明搭档获得冠军,同年获国际大师称号。1999年获全国象棋个人赛亚军。在历届全国象棋团体赛上均有突出表现,为四川女队多次进入前三名做出贡献。1994年退役后在央视国际频道推出教学视频,传授象棋技巧。

80. 李对红(1970—),黑龙江大庆人。著名女子射击运动员。12岁进入大庆市业余体校学习射击，1984 年进入黑龙江省军区射击队，1987 年入选国家队。1982 年获世界杯射击赛女子小口径运动手枪冠军，1988 年获世界杯女子运动手枪冠军，1990 年获第四十五届世界射击锦标赛女子运动手枪第三名，第十一届北京亚运会女子运动手枪冠军、女子运动手枪和女子气手枪两项团体冠军，1992 年获第二十五届巴塞罗那奥运会女子运动手枪银牌，1994 年获第四十六届世锦赛女子气手枪和女子运动手枪团体冠军，1995 年获第一届世界军人运动会女子运动手枪团体冠军，1996 年获第二十六届亚特兰大奥运会女子 25 米运动手枪金牌并创奥运会纪录，2002 年获第四十八届世锦赛女子 25 米运动手枪团体冠军。1990 年荣获国际级"运动健将"称号，5 次被评为全国最佳射击运动员和 2 次获"体育运动荣誉奖章"，3 次入选全国"十佳运动员"，被团中央授予"新长征突击手"称号。退役后出任沈阳部队射击队军官，原沈阳军区射击运动员兼教练。

81. 李赫（1992— ），朝鲜族，黑龙江大庆人。著名女子围棋选手。4 岁开始围棋启蒙，2005 年在宁波举行的段位赛上，取得女子组 10 胜 1 负的骄人战绩，成功晋升初段，同年在国家女子围棋队选拔赛上以七战全胜的成绩顺利入选国家队。2009 年获第七届"正官庄杯"世界女子围棋擂台赛冠军，2011 年获"黄龙士佳源杯"中国女子名人赛冠军，同年在中国围棋"女子新人王"赛中卫冕冠军。

82. 李坚柔（1986— ），吉林省吉林市人。著名女子短道速滑运动员，索契冬奥会中国队首枚金牌获得者。10 岁接触短道速滑运动，2008 年首次入选国家队，2011 年重返国家队。2012 年获上海世界短道速滑锦标赛 1500 米、个人全能和接力比赛三枚金牌，成为继杨扬、王濛之后中国第三个世锦赛女子全能冠军，并帮助中国队成功卫冕了 3000 米接力赛金牌。2008 年获全国短道速滑冠军赛 1000 米冠军、亚锦赛 1000 米冠军，2011 年获世界杯莫斯科站 3000 米接力冠军、英国站 3000 米接力冠军，2012 年第十二届全国冬季运动会短道速滑 1500 米冠军、女团冠军，2012 年世锦赛 1500 米冠军、女子全能冠军，3000 米接力冠军、1000 米亚军，2014 年第二十二届索契冬奥会短道速滑女子 500 米冠军。退役后进入东北师范大学运动训练管理专业攻读博士学位，并在吉林市开办了自己的冰雪俱乐部。

83. 李菊（1976— ），江苏南通人。著名女子乒乓球运动员。6 岁练习乒乓球，1990 年进入江苏省队，1992 年入选国家队。其技术特点是右手横握球拍，弧圈结合快攻打法，正反手弧圈球均有高质量的旋转和速度。1997 年获第四十四届世界乒乓球锦标赛女子团体冠军、女子单打第三名、女子双打亚军，1997 年获第二届世界杯赛女单亚军，1998 年获第十四届亚洲乒乓球锦标赛女团冠军、女单冠军，1999 年获第四十五届世乒赛女双冠军，2000 年获第二十七届悉尼奥运会获女双金牌、女单亚军,2001年获第四十六届世乒赛女团、女双冠军。退役后进入上海交通大学学习经济贸易专业,毕业后在杭州经营名为“李菊体育产业”的体育会所,致力于培养青少年乒乓球人才。

84. 李玲娟(1966—),四川彭州人。著名女子射箭运动员。1982年开始学习射箭,同年进入四川省队。1983年获第五届全国运动会女子射箭30米、70米和个人双轮全能冠军,引起关注,同年在朝鲜射箭队和四川射箭队友谊赛中,打破三项全国纪录。1984年获第二届亚太射箭锦标赛女子双轮全能、50米双轮和60米双轮3项冠军,同年获第二十三届洛杉矶奥运会个人全能银牌,并打破5项奥运会纪录。1987年在第六届全运会上,为四川队获女子射箭团体冠军做出贡献。

85. 李玲蔚(1964—),浙江丽水人。著名女子羽毛球运动员。1977年进入浙江羽毛球队,1980年入选国家集训队。曾获得38枚重大国际比赛金牌,其中世界冠军奖牌13枚。世界羽毛球史上第一个集世界锦标赛、世界杯赛、全英锦标赛和世界系列大奖赛总决赛金牌于一身的女子单打运动员,被誉为“羽坛皇后”。1982年获“尤尼克斯杯”日本羽毛球公开赛单打冠军,同年用五战皆胜的成绩夺得第三届世界羽毛球锦标赛女子单打冠军。1983年、1986年、1987年世界杯,1985年世锦赛获女子双打冠军。1983年、1989年世锦赛和1984—1987年四届世界杯赛中均获女子单打冠军。中国女队夺得1984年、1986年、1988年尤伯杯冠军的主力队员,在全英羽毛球锦标赛和大奖赛总决赛中夺得8次女子单打和女子双打冠军。1980年荣获国家级“运动健将”、1985年荣获国际“运动健将”称号,1984—1987年连续四年被评为中国“十佳运动员”,1989年、1994年入选“建国40周年体坛40英杰”“建国45周年体坛45英杰”,1998年入选国际羽联“名人堂”,成为第一个获此殊荣的中国人。退役后于2003年考上北京体育大学博士研究生,攻读社会学,曾担任中国羽毛球协会副主席,国际羽联理事。任网球运动管理中心主任、党委书记。

86. 李梅素(1959—),河北新乐人。著名女子铅球运动员,亚洲纪录保持者,国际“运动健将”。1976年进入河北省田径队。1982年获第九届亚洲运动会女子铅球冠军,并打破亚运会纪录。1984年6次刷新女子铅球亚洲纪录,获第二十三届洛杉矶奥运会铅球第5名。1985年获世界室内田径运动会铅球第4名和亚洲田径锦标赛第2名。1987年在第六届全国运动会上两破亚洲纪录,并获金牌。1988年达到运动生涯巅峰,刷新由自己保持的亚洲纪录,并在第二十四届奥运会上获得女子铅球铜牌,实现中国投掷项目奥运奖牌“零”的突破,也是亚洲各参赛国在本届奥运会田径比赛中获得的唯一奖牌。1988年入选全国十名“最佳运动员”,多次荣获国家体委颁发的“体育运动荣誉奖章”。

87. 李娜(1984—),安徽合肥人。著名女子跳水运动员。1989 年进入合肥市业余体校从事技巧训练,1993 年进入北京跳水队,1998 年入选国家队。1998 年获世界杯大奖赛女子 10 米跳台冠军、第十三届曼谷亚运会 10 米跳台亚军,1999 年获世界杯 10 米跳台单人亚军、双人冠军,墨西哥跳水大奖赛总决赛 10 米跳台双人冠军,2000 年获世界杯 10 米跳台单人、双人冠军,第二十七届悉尼奥运会 10 米台双人冠军,2001 年获第九届全国运动会 10 米跳台单人冠军,2002 年获全国跳水锦标赛 10 米跳台单人冠军,国际泳联世界跳水大奖赛总决赛 10 米跳台单人冠军,2003 年获全国锦标赛 10 米跳台单人第二名,2004 年获国际泳联跳水大奖赛 10 米台单人冠军。2005 年退役后进入中国人民大学学习,2008 年担任北京奥运会安徽合肥火炬手。

88. 李娜(1981—),辽宁丹东人。著名女子击剑运动员。1993 年练习击剑,1998 年进入国家队。1999 年获击剑世界锦标赛女子重剑团体亚军,2000 年获第二十七届悉尼奥运会重剑团体第三名,2003 年获击剑世界杯悉尼站团体冠军,2011 年获意大利世界击剑锦标赛女子重剑个人赛冠军,2012 年获亚洲锦标赛重剑团体冠军、第三十届伦敦奥运会女子重剑团体冠军,2015 年获世锦赛女子重剑团体赛冠军。2007 年荣获国际剑联“最佳女子重剑运动员”称号,是第一位获此殊荣的中国运动员。

89. 李娜(1982—),湖北武汉人。著名女子网球运动员,创造中国网球运动多项纪录,亚洲首位网球大满贯单打冠军获得者,亚洲网球历史上女单世界排名最高选手。毕业于华中科技大学。1989 年被教练夏溪瑶相中开始练习网球,1996 年进入湖北省网球队,1997 年赴美国训练 7 个月,1999 年进入国家队。2000 年搭档李婷夺得国际职业女子网联(WTA)巡回赛乌兹别克斯坦塔什干站的女双冠军,这是中国选手首度在 WTA 巡回赛中夺冠。2001 年在第二十一届世界大学生运动会上拿下网球女单、女双以及混双三个冠军,2004 年夺得广州国际女子网球公开赛冠军,成为第一个在 WTA 巡回赛中夺得单打冠军的中国选手。2008 年获第二十九届北京奥运会女子单打第四名,2011 年法国网球公开赛、2014 年澳大利亚网球公开赛获得两次大满贯女子单打冠军,7 次 WTA 职业巡回赛单打冠军,12 次亚军,WTA 总奖金位列历史第 17 位,2013 年度列第 3 位。2011 年荣获影响世界华人盛典大奖、华中科技大学杰出校友、中国十佳劳伦斯奖“最佳女运动员奖”。2012—2014 年蝉联 CCTV 体坛风云人物女子“最佳运动员”、2013 年度入选美国《时代》杂志全球百名最有影响力人物“偶像类人物”榜单,并成为封面人物。2015 年获劳伦斯特别成就奖,多次入选福布斯名人榜。热心公益活动和慈善事业,将马德里大师赛50万元人民币奖金全部捐给玉树地震灾区。

90. 李妮娜(1983—),辽宁本溪人。著名女子自由式滑雪空中技巧项目运动员。中国自由式滑雪第一个世界杯总决赛冠军,第一个获得空中技巧世界排名第一、第一个获得世界滑雪锦标赛冠军的中国运动员。8岁进入沈阳体育学院竞技巧体校,2005年改练自由式滑雪空中技巧项目。四次出征冬奥会,获2002年第五名、2006年和2010年亚军、2014年殿军。世锦赛中,获2005年、2007年和2009年冠军。世界杯比赛中,2003—2004年度首获分站赛捷克站冠军,此后十年多次获得世界杯分站赛冠军,多次年终世界排名第一。2005年当选"世界十佳"运动员,2007年荣获第十一届中国青年"五四奖章",2008年被国家体育总局授予"体育运动荣誉奖章",2010年被国家体育总局授予"体育运动一级奖章"。同年进入北京体育大学教育训练专业攻读研究生。2015年在吉隆坡作为陈述人,见证了北京赢得2022年冬季奥运会举办权的历史时刻,并成为北京申办冬奥会形象大使。

91. 李珊(1980—),天津人。著名女子排球队运动员。1992年进入天津市体育运动学校,1995年进入天津市队,1998年入选国家青年队,1999年入选国家队。1999年获亚洲排球锦标赛冠军,2001年获世界女排大奖赛总决赛冠军,2002年获世界女排大奖赛总决赛亚军、世界排球锦标赛第四名,2003年获世界女排大奖赛、亚锦赛、第八届世界杯赛冠军,2004年获第二十八届雅典奥运会冠军,2005年第十届全国运动会、2009年十一届全运会蝉联女排冠军,2006年获瑞士女排精英赛亚军,2002—2004年、2006—2010年获全国女排联赛冠军。

92. 李珊珊(1992—),湖北黄石人。著名女子体操运动员。4岁开始接触体操,1998年进入武汉体育学院体操队,2002年进入广东队,2004年入选国家队。2007年获全国体操锦标赛平衡木金牌,体操世界杯西班牙比利亚努埃瓦站平衡木金牌、自由体操金牌,世界体操锦标赛团体银牌、平衡木银牌,2008年获第二十九届北京奥运会女子团体金牌,马德里世界杯总决赛平衡木铜牌。2009年退役后进入中央财经大学学习。2010年在广州亚运会火炬传递中,担任广东省江门市第一棒火炬手。

93. 李婷(1987—),侗族,广西桂林人。著名女子跳水运动员。1993年开始接受跳水训练,1994年入读广西跳水学校,1995年进入广西队,1999年入选国家队。2000年全国跳水锦标赛与孪生姐姐李娆搭档夺得双人10米台冠军。2003年搭档劳丽诗获得中国国际跳水公开赛女子双人10米台金牌,世界游泳锦标赛女子双人10米跳台金牌。2004年第二十八届雅典奥运会搭档劳丽诗为中国队夺得女子双人10米跳台金牌。2005年开始成为郭晶晶的搭档，主攻双人3米板，获得世锦赛、第十届全国运动会和东亚运动会女子双人3米板冠军，2006年获国际泳联跳水大奖赛双人3米板冠军。曾荣获"国家体育荣誉奖章"、"全国劳动模范"、"全国三八红旗手"、第五届广西"十大女杰"等荣誉称号。退役后于2012年进入北京体育大学研修体育管理专业，为广西水上运动发展中心主任助理。

94. 李婷(1980—)，湖北武汉人。著名女子网球运动员，首位奥运会网球冠军获得者。7岁开始在武汉体育馆接受网球训练，1993年进入湖北省队，1997年进入国家队。2000年获得塔什干网球公开赛双打冠军，2001年获第二十届世界大学生运动会双打金牌，2003年与孙甜甜搭档，先后夺得国际女子职业网联(WTA)维也纳、魁北克和笆堤雅三站女双冠军，并一举斩获国际网球联合会(ITF)国际女子网球巡回赛双打赛事中的六站冠军。2004年获第二十八届雅典奥运会网球女双冠军，为中国队夺取了第一枚奥运网球金牌，同年获全国网球巡回赛总决赛女双冠军。2005年闯入法网女双八强，平了中国选手在大满贯比赛中双打最好成绩。2006年获泰国芭堤雅网球公开赛女双冠军。1999年、2001年、2004年三度被授予湖北省"三八红旗手"标兵称号，2005年荣获年度中国十佳劳伦斯最佳突破奖，当选中国网球风云榜2004年度最佳球员。

95. 李晓霞(1988—)，辽宁鞍山人。著名女子乒乓球运动员，乒乓球大满贯获得者。1998年入选山东体工队，2001年进入国家乒乓球二队，2002年进入国家一队。右手横握球拍、弧圈球结合快攻型选手。2002年全国乒乓球锦标赛上勇夺女单冠军，2005年获乒乓球超级联赛冠军，2007年获国际乒联总决赛冠军，2008年获乒乓球世界杯女单冠军，收获了职业生涯第一个单打世界冠军。2010年获第十六届广州亚运会乒乓球女单冠军，2012年获第三十届伦敦奥运会乒乓球女单冠军，2013年获巴黎世界乒乓球锦标赛女单冠军，实现大满贯，同年获得第十二届全国运动会女单、女团冠军。2009年至2013年获世乒赛女双三连冠，2006年、2008年、2012年获世乒赛女团冠军。

96. 李雪芮(1991—)，重庆人。著名女子羽毛球运动员。7岁时进入重庆体校羽毛球短期培训班，2002年入选重庆市队，2006年至2007年，短短一年时间完成了从国家少年队到国家青年队，再到国家二队的三级跳。2004年至2006年连续3年夺得全国少儿羽毛球锦标赛冠军，2007年夺得全国青年羽毛球锦标赛团体和女单两项冠军，2010年获亚洲羽毛球锦标赛女单冠军。2012年赛季取得羽毛球国际赛事30连胜，年终排名世界第一，同年获第三十届伦敦奥运会羽毛球女单冠军、尤伯杯冠军成员。2013年苏迪曼杯冠军成员，2014年尤伯杯冠军成员。荣获

2013 赛季世界羽联年度“最佳女运动员”称号。

97. 李雪英(1990—),河南平顶山人。著名女子举重运动员。2000 年进入郑州市体育运动学校,2002 年入选河南省体工队女子举重队,2004 年调入国家青年队,2005 年入选国家队。2007 年在武汉城运会上代表郑州队夺得 58 公斤级金牌,并在布拉格世界青年举重锦标赛上获得 58 公斤级抓举、挺举和总成绩三项冠军。2009 年在全国举重锦标赛暨第十一届全国运动会预赛上击败世界纪录保持者,获得第一个全国锦标赛冠军。2011 年获亚洲举重锦标赛女子 58 公斤级总成绩冠军。2012 年以抓举 108 公斤、挺举 138 公斤获得第三十届伦敦奥运会女子举重 58 公斤级冠军,并打破该项目抓举和总成绩两项奥运会纪录,挺举平奥运会纪录,同年获全国锦标赛 58 公斤级冠军、亚锦赛 58 公斤级抓举冠军。

98. 李延军(1963—),辽宁抚顺人,著名女子排球运动员。1975 年进入辽宁省体校,1977 年进入南京部队队,1981 年入选八一女排,1983 年入选国家队。1983 年获世界超级女排赛冠军,1984 年获第二十三届洛杉矶奥运会女排金牌,1985 年获第四届世界杯女子排球赛冠军,且以两战全胜击败国际排球联合会组织的世界明星联队,1986 年获第十届世界女子排球锦标赛冠军。1985 年荣获国际级“运动健将”称号,1984 年、1985 年、1986 年三次获国家体委颁发的“体育运动荣誉奖章”。

99. 李琰(1966—),辽宁大连人。著名女子短道速滑运动员、教练员。1981 年开始在佳木斯市的合江体校接受滑冰专业训练,1982 年获全国少年短道速滑比赛第二名,被调入牡丹江市体校训练,1987 年进入国家队。1988 年获第十五届卡尔加里冬奥会短道速滑表演项目女子 1000 米金牌和 500 米、1500 米铜牌,并两次打破世界纪录。1992 年获第十六届阿尔贝维尔冬奥会 500 米银牌。退役后于 2003 年被聘为美国国家短道速滑队主教练,其弟子阿波罗·安东·奥赫诺获得了都灵冬奥会男子 500 米金牌。2006 年回国担任中国短道速滑队主教练,培养出王濛、周洋等多位短道速滑名将。2010 年在温哥华冬奥会上,率领中国队夺得女子 500 米、1000 米、1500 米和 3000 米接力四个项目的金牌,包揽了该届冬奥会所有女子短道速滑项目的金牌,成就大满贯传奇。4 年之后索契冬奥会上,在核心队员王濛缺阵的情势下,带领中国女队夺得 2 金 3 银 1 铜的好成绩,男队也取得重大突破。2005 年被美国冰协评选为“最佳教练员”,荣获 2008 年“中国短道速滑杰出贡献奖”、2010 年国家体育总局颁发的“体育运动荣誉奖章”、2010 年 CCTV 体坛风云人物“最佳教练员奖”,带领的中国短道速滑队荣获年度“最佳团队奖”。2011 年荣获国家体育总局授予的“巾帼建功”先进个人称号,国家女子短道速滑队入选

“巾帼建功”先进单位。

100. 李艳凤(1979—),黑龙江绥化人。著名女子铁饼运动员。奥运会铁饼银牌,世界田径锦标赛、世界杯女子铁饼冠军得主。1993 年进入黑龙江省青冈县体育学校,专事铁饼训练,1994 年进入黑龙江省田径运动学校开始专业训练,随后入选黑龙江省田径队,2002 年入选国家集训队。2002 年获亚洲田径锦标赛和全国田径冠军赛女子铁饼两项冠军,2003 年获亚锦赛女子铁饼冠军,2009 年获第十一届全国运动会金牌。2010 年获国际田联世界杯女子铁饼冠军,2011 年获大邱世锦赛女子铁饼冠军,这是中国队在这两项赛事上首次获得冠军。2012 年获第三十届伦敦奥运女子铁饼亚军,成为中国首位夺得奥运会女子铁饼奖牌的选手。

101. 梁艳(1961—),四川成都人。著名女子排球运动员,女排获“五连冠”主力队员。13 岁开始练习排球,1976 年进入成都女排,1977 年进入四川省队,1979 年入选国家集训队。1979 年获第二届亚洲女排锦标赛冠军,1981 年获第三届世界杯女排赛冠军,1982 年获第九届世界女子排球锦标赛冠军、第九届亚洲运动会女排金牌,1983 年获世界超级女排赛冠军,1984 年获第二十三届洛杉矶奥运会女排金牌,1985 年获第四届世界杯女排赛冠军,1986 年以中国女排副队长身份率队在第十届世锦赛上获冠军,同年获第十届亚运会女排金牌。1985 年荣获“国际级运动健将”称号,1983 年、1984 年获国家体委颁发的“体育运动荣誉奖章”,1984 年获“全国三八红旗手”称号,1986 年被评为全国十名“最佳运动员”。

102. 林慧卿(1941—),广东新会人。著名女子乒乓球运动员,中国第一位集世界乒乓球锦标赛女团、女单、女双和混双世界冠军于一身的运动员,第一代“削球女王”。1959 年从印尼回国进入上海市乒乓球队,1960 年入选国家队。擅长横拍削球打法,善攻稳守,步伐灵活,动作稳健。1965 年获第二十八届世乒赛女子团体冠军、女子单打亚军,与郑敏之合作获女子双打冠军,与张樊林合作获混合双打亚军。1971 年获第三十一届世乒赛女子单打、女子双打、混合双打三项冠军,女子团体亚军。1962 年荣获“运动健将”称号,三次获国家“体育运动荣誉奖章”。1971 年世乒赛结束后开始执教中国乒乓球队,1979 年起任中国乒乓球协会副主席,1975 年、1978 年分别当选第四届、第五届全国人大代表,1983 年当选第六届全国政协委员。1979 年移居香港,以乒乓球为桥梁,举办海峡两岸暨香港、澳门乒乓友谊联赛,为海峡两岸暨香港、澳门的沟通联系做出重要贡献。

103. 林伟宁(1979—),山东潍坊人。著名女子举重运动员,奥运会第一批中国女子举重冠军之一。1989 年进入昌邑体校,1991 年入选潍坊体校开始练习武术,1992 年改练举重,1996 年入选国家举重队集训。1996 年获亚洲青年举重锦标赛女子69公斤级抓举、挺举和总成绩3项冠军。1999年获全国女子举重锦标赛69公斤级亚军，同年获世界女子青年举重锦标赛69公斤级抓举、挺举和总成绩3项冠军并打破抓举世界纪录，亚洲举重锦标赛女子69公斤级抓举、挺举和总成绩3项冠军且刷新挺举和总成绩2项世界纪录。2000年获全国锦标赛69公斤级总成绩亚军，第二十七届悉尼奥运会女子举重69公斤级金牌。曾荣获"全国三八红旗手"荣誉称号。2001年因腰伤退役，后进入山东大学体育教育学院学习，后就职于山东体育总会秘书处。

104. 凌洁(1982—)，湖南衡阳人。著名女子体操运动员。1985年进入衡阳市体校练习体操，1991年进入湖南省队，1994年入选国家队。1990年获湖南省青年运动会体操技巧赛冠军。1997年获第八届全国运动会女子体操团体冠军、个人高低杠和平衡木冠军。1998年获第十三届曼谷亚运会女子体操团体冠军。1999年在体操世界杯外围赛第一站获得高低杠冠军、平衡木冠军，同年获天津世界体操锦标赛平衡木冠军、女子团体季军、高低杠季军。2000年获全国体操锦标赛女子个人全能冠军、高低杠冠军、平衡木亚军，第二十七届悉尼奥运会女子体操团体季军、高低杠亚军。2001年获第二十一届世界大学生运动会女子体操团体冠军、高低杠亚军，东亚运动会女子体操团体冠军及高低杠亚军。2002年退役求学，并在家乡衡阳办学培养体操新秀。

105. 刘爱玲(1967—)，湖北十堰人。著名女子足球运动员。1983年练习足球，1985年进入北京市足球队，1987年入选国家队。1989年、1991年、1993年、1995年、1997年、1999年获足球亚洲杯冠军，1990年、1994年、1998年获亚运会足球冠军，1991年获第一届女足世界杯第五名，1995年获第二届女足世界杯第四名，1996年获第二十六届亚特兰大奥运会亚军，1999年获第三届女足世界杯亚军。先后荣获全国足球"最佳射手""最佳阵容""最有价值球员"、全国"最佳运动员"及"全国三八红旗手"等荣誉称号。1999年创办"北京铿锵玫瑰刘爱玲足球俱乐部"，2003年宣布退役后担任北京市足球协会副秘书长、北京市人民对外友好协会第五届理事会理事，并出任"中国青少年校园足球发展计划"公益形象大使。

106. 刘宏宇(1975—)，辽宁沈阳人。著名女子竞走运动员，世界田径锦标赛和田径世界杯两大国际赛事冠军获得者。1989年进入铁岭市体校开始竞走训练，1992年进入辽宁省竞走队。1992年获辽宁省第六届运动会女子3000米和5000米竞走2枚金牌，并打破女子3000米竞走全国少年纪录。1995年获第五届世锦赛女子20公里竞走金牌，竞走世界杯女子10公里个人季军、团体冠军。1997年获竞走世界杯女子10公里团体第三名，第六届世锦赛女子10公里竞走第四名。

1998年获第十三届曼谷亚运会女子10公里竞走冠军。1999年获竞走世界杯女子20公里金牌并打破世界纪录,第七届世锦赛女子20公里竞走金牌。2001年获第三届东亚运动会女子20公里竞走冠军。

107. 刘虹(1987—),江西吉安人。著名女子竞走运动员。2002年进入深圳市福田区体校接受竞走训练,同年进入广东省田径队。2004年在全国青年锦标赛上获女子20公里竞走第六名,2005年获得第一名。2006年获第十一届世界青年锦标赛女子10公里竞走冠军,第十五届多哈亚运会女子20公里竞走冠军。2007年获第六届城运会女子20公里竞走冠军。2008年获北京国际田联竞走挑战赛女子20公里竞走冠军,第二十九届北京奥运会第四名。2009年获第十一届全运会女子20公里竞走金牌,2010年摘得第十六届广州亚运会女子20公里竞走桂冠,2011年获国际田联竞走挑战赛暨全国冠军赛20公里冠军。2012年获国际田联竞走挑战赛太仓站、2013年获瑞士卢加诺站女子20公里竞走冠军,同年获第十二届全运会女子20公里竞走银牌。2016年获第三十一届里约奥运会女子20公里竞走冠军。荣获2015年CCTV体坛风云人物"最佳女运动员"、2015年度中国"十佳运动员"荣誉称号。

108. 刘黎敏(1976—),湖北武汉人。著名女子游泳运动员。5岁开始学习游泳,1983年进入业余体校,1988年进入湖北游泳队。1991年获全国城市运动会100米、200米蝶泳冠军。1992年获全国游泳锦标赛100米、200米蝶泳冠军。1993年获第七届全国运动会100米、200米蝶泳冠军,西班牙世界短池游泳锦标赛200米蝶泳冠军。1994年连夺罗马世界游泳锦标赛100米、200米蝶泳、4×100米混合泳接力冠军并打破世界纪录,第十二届广岛亚运会100米、200米蝶泳冠军。1995年获第十七届世界大学生运动会100米蝶泳冠军、200米蝶泳亚军,世界短池游泳锦标赛100米蝶泳冠军、200米蝶泳亚军。1996年获第二十六届亚特兰大奥运会100米蝶泳亚军。1997年获世界短池锦标赛200米蝶泳冠军。1993年以来连续5年被评为湖北省"十佳运动员",1995年被评为全国"十佳运动员",荣获国家"体育运动荣誉奖章"、湖北省"新长征突击手"标兵、"三八红旗手"、第三届突出青年、湖北省"劳动模范"称号。1999年赴美国内华达州立大学读书,大学期间参加两届全美大学生运动会共获3个冠军1个亚军。

109. 刘莎莎(1993—),河南兰考人。著名女子台球运动员,世界女子台球冠军。2007年开始接触九球,2009年在沈阳举办的世界女子九球锦标赛上夺冠,成为世锦赛历史上最年轻的冠军得主。2010年获第十六届广州亚运会女子美式八球冠军,2015年在女子九球世锦赛决赛中成功卫冕,第三次荣登世界冠军宝座。

创造了最小年龄获得世界冠军、从外围打入并获得世界冠军、第一次参加世锦赛就获得世界冠军三项台球世界纪录。2009 年被评为 CCTV 体坛风云人物年度非奥运项目"最佳运动员"、北京市年度台球优秀球员,2010 年当选第十六届广州亚运会火炬手,同年荣获中华人民共和国"体育运动荣誉奖章"。积极参与慈善事业,担任中国少年儿童文化艺术基金会关爱农村留守儿童"爱·助成长计划"和中国人口福利基金会幸福工程"爱心大使"。

110. 刘璇(1979—),湖南长沙人。中国著名女子体操运动员。5 岁开始体操训练,1987 年进入湖南省队。1992 年参加全国体操锦标赛,获得高低杠冠军,1993 年获第七届全国运动会女子体操团体冠军,1994 年获第十二届亚洲运动会女子团体冠军、高低杠亚军,1995 年获中国杯国际体操赛女子平衡木、自由体操和个人全能三项冠军,1997 年获东亚运动会女子个人全能和平衡木冠军,同年出任中国女子体操队队长。1998 年获世界杯体操总决赛平衡木冠军,第十三届亚运会女子体操团体、个人全能和平衡木 3 项冠军。2000 年第二十七届悉尼奥运会上取得女子团体和个人全能 2 枚铜牌之后,又摘取平衡木金牌,为中国女子体操平衡木项目没有奥运会冠军的历史画上了句号。多次荣获湖南省"先进工作者""新长征突击手""三八红旗手"等称号,被国家体育总局授予"体育运动荣誉奖章",共青团中央授予"青年五四杰出贡献奖章",全国总工会授予"全国五一劳动奖章",两次被评为全国"十佳运动员"。2001 年退役后到北京大学新闻传播学院学习,曾担任北京申办 2008 年奥运会形象大使。2001 年主演电影《我的美丽乡愁》女主角,同年获得最受欢迎女演员铜奖。

111. 刘亚男(1980—),辽宁大连人。著名女子排球运动员,2004 年雅典奥运会女排冠军主力队员。1991 年进入大连市业余体校,1994 年进入辽宁省青年女排队,1998 年入选国家青年队,2001 年被选入国家队。2001 年获女排世界冠军杯赛冠军,2002 年获第十四届釜山亚运会女排冠军,2003 年获第八届女排世界杯赛、世界女排大奖赛、瑞士女排精英赛、亚洲女排锦标赛冠军,2004 年获第二十八届雅典奥运会冠军,2005 年获亚锦赛冠军、瑞士女排精英赛亚军,2006 年获俄罗斯总统杯冠军、第十五届多哈亚运会冠军,2007 年获瑞士女排精英赛冠军、俄罗斯总统杯冠军,2008 年获第二十九届北京奥运会女排铜牌、女排亚洲杯冠军。退役后就职辽宁排球运动管理中心,负责球队训练。2013 年担任十二届全运会圣火采火人。

112. 刘英(1974—),北京人。著名女子足球运动员。1993 年入选国家集训队。体力充沛,奔跑能力突出,拼抢凶狠,可攻可守。1996 年获第二十六届亚特兰大奥运会足球亚军,1997 年获足球亚洲杯冠军,1998 年获第十三届曼谷亚运会足球冠军,1999 年获第三届世界杯女子足球赛亚军。荣获体育运动一级奖章,入选全国女子足球最佳阵容。2005 年退役后,任教于北京女足队。2014 年被北京市先农坛体育运动技术学校任命为北京女足一队主教练。

113. 刘子歌(1989—),辽宁本溪人。著名女子蝶泳运动员。1996 年被选入本溪市体校游泳队,2005 年进入上海游泳队,2007 年入选国家队。2004 年获世界杯短池游泳锦标赛 200 米混合泳金牌,全国游泳冠军赛女子 200 米蝶泳金牌。2008 年全国游泳冠军赛暨奥运会选拔赛中,获得女子 200 米蝶泳冠军,顺利取得北京奥运会参赛资格,同年获第二十九届北京奥运会女子 200 米蝶泳金牌并打破世界纪录。2009 年获第十一届全国运动会 100 米蝶泳冠军、200 米蝶泳冠军并打破世界纪录,国际泳联世界杯赛柏林站女子 200 米蝶泳冠军,并再次打破该项目世界纪录。还曾获第五届东亚运动会女子 200 米蝶泳金牌、亚洲游泳锦标赛女子 200 米蝶泳金牌,2013 年全国游泳冠军赛女子 200 米蝶泳第二名,2014 年全国游泳锦标赛女子 100 米蝶泳第三名。荣获 2008 年中国"十佳运动员"劳伦斯冠军奖最佳女子新人奖、上海市"五一劳动奖章",2009 年上海十大人物荣誉称号。2011 年当选上海市体育局团委副书记。

114. 柳荫(1981—),黑龙江哈尔滨人。著名女子冰壶运动员,中国女队三垒,中国队获 2008 年世界冰壶锦标赛亚军、2009 年世锦赛冠军、2010 年温哥华冬奥会季军的主力队员之一。中学毕业后进入哈尔滨体育专科学校进行速滑训练,2000 年改行从事冰壶运动。与队友合作获 2003 年全国冬季运动会冰壶冠军,2008 年世锦赛亚军,2009 年世锦赛冠军、大学生冬运会冰壶冠军,2010 年第二十一届温哥华冬奥会冰壶季军,2011 年丹麦世锦赛冰壶铜牌。2014 年索契冬奥会后退役,任乌鲁木齐青年男子冰壶队教练,2016 年率领乌鲁木齐青年男子队夺得第十三届全国冬运会冰壶第三名。

115. 卢兰(1987—),江苏常州人。著名女子羽毛球运动员。9 岁开始练习羽毛球,11 岁进入江苏省队,2000 年入选国家队。打法凶狠,进攻速度快。曾获 2004 年芬兰国际羽毛球赛女单冠军、世青赛女单亚军,2006 年尤伯杯冠军成员、韩国公开赛女单冠军,2008 年尤伯杯冠军成员。2009 年第十七届世界羽毛球锦标赛获得个人第一个世锦赛冠军——女子单打金牌。2011 年获亚洲羽毛球锦标赛女单亚军,俄罗斯羽毛球公开赛女单冠军。2013 年退役,进入北京体育大学攻读硕士学位。

116. 路华利(1972—),陕西神木人。著名女子赛艇运动员。1989 年代表陕西队参加全国第二届青少年运动会,获得女子四人单桨和四人双桨两项第三名,

1990年获全国赛艇锦标赛单人双桨第三名及双人双桨第四名,1991年获世界赛艇锦标赛双人双桨第四名,1992年夺得第二十五届巴塞罗那奥运会女子双人双桨无舵手铜牌,为中国队赢得了奥运史上赛艇项目的第一枚奖牌。1995年走上教练岗位,带领队员取得全国赛艇锦标赛男子8人单桨有舵手铜牌。2002年第十四届亚运会,所带队员获得女子双人单桨无舵手金牌。荣获国家级体育"运动健将"、"全国三八红旗手"、全国"新长征突击手"等荣誉称号,被国家体委授予"一级荣誉"证章。

117. 罗薇(1983—),布依族,北京人,著名女子跆拳道运动员。1999年由主攻跨栏项目转练跆拳道,同年进入北京队,2002年进入国家队。2002年获全国跆拳道锦标赛72公斤级冠军、第十四届釜山亚运会67公斤级季军,2003年在第十六届世界跆拳道锦标赛上斩获72公斤级冠军,2004年获全国跆拳道锦标赛72公斤级冠军、第二十八届雅典奥运会跆拳道女子67公斤级冠军,2006年第十五届多哈亚运会卫冕跆拳道女子72公斤级冠军。2007年在世锦赛中腿部受伤,因此失去了北京奥运会的参赛资格。2008年获亚洲跆拳道锦标赛72公斤季军,2009年获第十一届全运会跆拳道女子67公斤以上级金牌,2010年夺得第十六届广州亚运会跆拳道女子72公斤以下级冠军。2010年亚运会之后选择退役。

118. 罗雪娟(1984—),浙江杭州人。著名女子游泳运动员,主项蛙泳。1990年开始游泳训练,1995年进入浙江省队,成绩飞速提高,1997年进入浙江省体训一大队游泳队接受专业训练,2000年进入国家队。2001年在世界游泳锦标赛上一举夺得蛙泳50米、100米两枚金牌,第九届全国运动会中获得女子100米蛙泳冠军。2002年获第十四届亚洲运动会女子100米蛙泳冠军、200米蛙泳亚军。2003年获世锦赛女子100米蛙泳金牌,成为世锦赛历史上第一位在该项目上成功卫冕的选手,同时连夺50米、4×100米混合泳接力金牌,成为当时中国游泳史上获得世界冠军最多的运动员。2004年第二十八届雅典奥运会上夺得女子100米蛙泳冠军,并刷新该项目奥运会纪录。荣获国家游泳中心"中国游泳杰出贡献奖",被授予浙江省"三八红旗手",荣获浙江省二等功。2007年正式宣布退役,现在国家游泳中心工作,兼任浙江体育职业技术学院竞技系主任助理。

119. 骆晓娟(1984—),江苏盐城人。著名女子击剑运动员。1995年进入大丰市(今盐城市大丰区)体校,1996年进入盐城市第一支少年女子击剑队,同年夺得江苏省第十四届青少年击剑女子重剑项目冠军,1997年进入江苏省体校,1998年进入江苏省队,2000年入选国家队。2002年获全国锦标赛女子重剑团体赛冠军,2003年获世界青年击剑锦标赛女子重剑个人冠军,2005年获亚洲击剑锦标赛女子重剑个人和团体双项冠军,2009 年获亚锦赛女子重剑个人冠军,2011 年获意大利世锦赛女子重剑团体冠军,2012 年获第三十届伦敦奥运会女子重剑团体冠军,2016 年获第十五届多哈亚运会女子重剑团体冠军、女子重剑世界杯罗马站个人冠军。

120. 吕彬(1977—),辽宁沈阳人,著名女子游泳运动员,擅长自由泳和混合泳。8 岁开始学习游泳,1986 年入选沈阳市队,1988 年入省体校游泳队,1990 年入国家集训队。1991 年获全国游泳锦标赛 200 米自由泳和 200 米个人混合泳两枚金牌。1992 年赢得亚洲游泳锦标赛 200 米自由泳金牌、200 米仰泳银牌,获第二十五届巴塞罗那奥运会 4×100 米自由泳接力银牌并打破世界纪录。1993 年获世界短池锦标赛 200 米自由泳铜牌、4×100 米自由泳接力金牌、4×200 米自由泳接力金牌并创世界纪录,东亚运动会 200 米及 400 米自由泳银牌、200 米个人混合泳铜牌,第七届全运会获 200 米自由泳金牌并打破亚洲纪录,100 米自由泳、200 米个人混合泳铜牌,4×100 米自由泳、4×100 米混合泳接力银牌,全国冠军赛 200 米自由泳和 200 米个人混合泳金牌,100 米自由泳及 4×100 米混合泳接力银牌。1994 年第七届世界游泳锦标赛共获 3 枚金牌 2 枚银牌,即 200 米混合泳金牌并打破亚洲纪录,100 米及 200 米自由泳银牌,4×100 米自由泳和 4×100 米混合泳接力金牌。退役后成为游泳教练。

121. 吕圣荣(1940—),山东蓬莱人,曾任国际羽毛球联合会主席、理事会主席,是中国第一位担任奥林匹克项目国际单项体育联合会主席的体育官员,也是国际羽联自 1934 年成立以来的第一位女主席。自幼喜爱帆板、滑冰、羽毛球、田径、垒球和乒乓球等多项体育活动,1964 年毕业于北京外国语大学英语系,1964—1972 年在中华全国妇女联合会国际部工作,1972 年以后在国家体委、国家体育总局外联司工作。1980—1988 年任中国羽毛球协会对外联络部主任、亚洲羽毛球联合会秘书长,其间先后当选国际羽毛球联合会理事会理事、国际羽毛球联合会副主席等职。1988—1993 年先后当选中国羽毛球协会副主席、国际羽毛球联合会理事会副主席、联合会主席、理事会主席。上任后努力推进国际羽联改革,提高了亚洲在国际羽联的地位。1995 年当选国际奥委会妇女工作小组成员,1996 年当选国际奥委会委员,1997 年当选国际单项体育联合会总会理事和国际奥委会 2004 年雅典奥林匹克运动会协调委员会委员。

122. 马晓旭(1988—),辽宁大连人,著名女子足球运动员,中国女足核心队员,主要得分手,孙雯之后最具攻击力的球员。1999 年正式进入少年体校开始练球。2003 年参加第二届中国青少年女足训练营,由于攻击能力强,被直接调入中国中学生女足队，代表中国队获得世界中学生女足锦标赛冠军。随后加入大连实德俱乐部正式成为职业足球运动员。2006 年获俄罗斯世界女足青年锦标赛亚军、澳大利亚女足亚洲杯冠军、马来西亚亚洲女足青年锦标赛冠军，2007 年获第五届女足世界杯第五名。2006 年荣获亚青赛最佳射手、最有价值球员，20 岁以下世界女足青年锦标赛金球奖、金靴奖，亚洲足球小姐等称号。2007 年荣获劳伦斯世界体育大奖年度新人提名。

123. 马燕红（1963— ），回族，北京人。著名女子体操运动员，中国第一个体操世界冠军，中国首位女子体操项目奥运会冠军。1972 年进入什刹海业余体校进行体操训练，1975 年入选“八一”体操队，1978 年进入国家集训队。1978 年获第八届亚洲运动会体操比赛高低杠冠军。1979 年获第二十届世界体操锦标赛女子高低杠冠军，其独创动作“腾身回环倒立转体 360 度”兼具技术性与美感，国际体操联合会将其命名为“马燕红回环倒立”。1982 年获全国体操锦标赛女子个人全能冠军。1984 年第二十三届洛杉矶奥运会以“绷杠后空翻转体 360°下”的独创动作和高质量的成套表演，夺得高低杠金牌，该动作因难度高动作完美被命名为“马燕红下”。1984 年奥运会后赴英美各国学习深造，1994 年回到北京任国士体育管理有限责任公司总经理，从事高尔夫球赛事的推广。

124. 马弋博（1980— ），辽宁大连人。著名女子曲棍球运动员，国家队和辽宁队两队队长，中国女子曲棍球队迅速崛起的奠基者之一。15 岁开始学习曲棍球，2001 年入选国家队。擅长短角球拉射破门，多次在关键比赛中进球，是中国队的进球王。2002 年夺得澳门冠军杯赛金牌、第十四届釜山亚运会冠军、澳大利亚世界杯赛第三名，2003 年获国际曲联冠军杯赛亚军，2004 年获雅典奥运会第四名，2006 年获国际曲联冠军杯赛亚军，2008 年获北京奥运会亚军，2010 年获第十六届广州亚运会冠军，多次获全国运动会冠军。荣获国际曲棍球联合会 2002 年、2003 年度最佳新人提名，2007 年“最佳女运动员”提名，入选 2007 年、2009 年国际曲联全明星阵容，国际冠军杯中国队历史最佳射手等荣誉。2013 年全运会后退役，赴国外学习深造两年，一直从事与曲棍球相关的工作。

125. 苗立杰（1981— ），黑龙江哈尔滨人，著名女子篮球运动员，国家队队长、主力得分手。2005 年签约美国萨克拉门托君主队，成为第三位加盟美国女子职业篮球联赛的中国运动员，并获得美国女子职业篮球联赛总冠军。1990 年进入哈尔滨市队，1994 年进入国家青年队，1997 年入选国家队。2008 年获第二十九届北京奥运会四强、2012 年获第三十届伦敦奥运会第六名。2002 年获南京世界女篮锦标赛第六名。2002 年第十四届釜山亚运会、2006 年第十五届多哈亚运会、2010

年第十六届广州亚运会获得女篮项目三连冠。2005 年获美国女子职业篮球联赛总冠军,2011 年获中国女子职业篮球联赛总冠军。还多次获得亚洲女篮锦标赛、东亚运动会冠军。荣获 2001—2002、2002—2003、2004—2005 赛季中国女子职业篮球联赛最有价值球员、得分王,2007—2008 赛季中国女子职业篮球联赛得分王、助攻王等称号。2011 年入选女篮联赛十年最佳阵容,荣获全明星赛三分大赛冠军。

126. 莫慧兰(1980—),壮族,广西桂林人。著名女子体操运动员。在高低杠项目中独创“团身前空翻越杠”动作,被命名为“莫式空翻”。1985 年进入广西桂林体操学校,1990 年进入国家队。1993 年赢得中国杯国际体操赛女子高低杠项目冠军,连夺泛太平洋青少年体操锦标赛女子个人全能、高低杠、跳马 3 项冠军。1994 年获全国体操锦标赛女子跳马、高低杠、平衡木、自由体操 4 项冠军、女子个人全能亚军,同年在全国体操精英赛上获得规定动作比赛冠军,并摘得自由体操、跳马、平衡木 3 项桂冠。1995 年获中国杯国际体操赛女子个人全能冠军,以及跳马、高低杠、平衡木 3 项冠军。1997 年获第二届东亚运动会女子团体冠军。荣获 1994 年第十二届广岛亚运会“最佳运动员”、全国“十佳运动员”、亚洲“十佳运动员”、年度中国体操双星、体育运动一级奖章等荣誉。1997 年退役后赴中国人民大学学习。

127. 倪红(1986—),北京人,著名女子佩剑运动员。小学时接受篮球训练,1999 年开始练习佩剑,2008 年进入国家队。反应速度快,惯用左手,擅长压迫式打法。2003 年获亚洲击剑锦标赛团体冠军,2004 年获天津世界杯大奖赛团体冠军,2008 年获第二十九届北京奥运会击剑团体亚军,2010 年获世界击剑锦标赛女子佩剑团体第五名,2011 年获亚锦赛个人佩剑八强。

128. 欧阳琦琳(1972—),上海人,著名女子国家级象棋大师。9 岁学习象棋,1980 年、1981 年蝉联两届上海市儿童象棋冠军,1985 年获上海市少年组象棋冠军。1989 年、1993 年代表上海队两次夺得全国团体赛女子组冠军,1992 年、1993 年两次获得全国个人赛女子组亚军。1993 年获第六届亚洲“象棋名手邀请赛”冠军。1995 年、1996 年蝉联两届上海市成年组象棋个人冠军。1995 年获全国象棋锦标赛第三名,1996 年获全国象棋锦标赛第四名,1998 年获全国青年象棋赛个人冠军。1998 年被国家体育总局授予国家特级大师称号。现担任上海棋院副院长。

129. 潘晓婷(1982—),山东济宁人,著名女子职业台球运动员,花式九球选手,首位获得世界女子九球锦标赛冠军的中国选手,被称为“九球天后”。2003 年获得女子九球“亚洲杯”冠军,2005 年获日本大阪九球公开赛女子组冠军,2007 年获女子职业台球协会锦标赛(WPBA)美国大湖公开赛冠军、世锦赛冠军,2008 年获美国台球协会(BCA)公开赛冠军、日本大阪九球公开赛冠军,首次成为双冠王,实现了在所有顶级赛事中的全满贯。2010 年获第十六届广州亚运会女子美式九球冠军,实现个人职业生涯大满贯。2011 年获中国台球协会(CBSA)鄂尔多斯国际公开赛冠军,保持 8 个世界级别冠军和大满贯纪录。积极参加社会公益事业,为纪念“5 · 12”汶川大地震参加义演,参与录制纪念奥运会一周年 MV,为扩大台球影响力、推动中国台球运动发展做出自己的贡献。

130. 庞清(1979—),黑龙江哈尔滨人,著名花样滑冰队双人滑选手。6 岁开始练习花样滑冰,14 岁时与佟健搭档开始从事花样滑冰双人滑运动,以细腻的冰上表演和丰富的感情展现形成独特风格。1999 年亚洲花样滑冰锦标赛上获得职业生涯的第一个冠军,2002 年首夺四大洲花样滑冰锦标赛冠军、获世界花样滑冰锦标赛第 5 名。2003 年国际滑联花样滑冰大奖赛美国站比赛,夺取了实施新规则后的第一个国际比赛冠军。2004 年世锦赛中获得个人职业生涯首枚世锦赛奖牌,2006 年获世锦赛冠军,成为继申雪、赵宏博之后,中国第二对花样滑冰双人滑世界冠军。2010 年获第二十一届温哥华冬奥会亚军,收获个人职业生涯首枚奥运会奖牌,自由滑成绩刷新了国际滑联的自由滑的得分纪录,同年再次获得世锦赛冠军。2015 年获世锦赛铜牌,用一曲《为你守候》完成了自己运动生涯的最后之舞。

131. 彭帅(1986—),湖南湘潭人,著名女子网球运动员,大满贯女双获得者,职业生涯世界排名双打最高第 1 名、单打最高第 14 名。8 岁开始学习网球,1999 年加盟天津队,2002 年前往美国训练。1996 年夺得全国少年网球比赛冠军,1999 年获国际网球联合会青少年网球赛冠军。2013、2014 年与谢淑薇搭档摘得 2013 年温网和 2014 年法网双打桂冠。职业生涯共获得 16 项顶级巡回赛双打冠军,其中包括 2013 年国际女子职业网联(WTA)年终总决赛冠军,2009 年、2011 年、2013 年罗马站冠军。两次获得 WTA 单打顶级巡回赛亚军,分别为 2011 年、2013 年布鲁塞尔网球公开赛。蝉联 2009 年、2013 年全国运动会女单、女双、混双、团体四枚金牌。2014 年美国网球公开赛单打闯入四强,职业生涯首次进入大满贯单打四强,成为历史上第三名闯入大满贯四强的中国选手,第二名闯入美网半决赛的中国选手。

132. 浦玮(1980—),上海人,著名女子足球运动员。1990 年进入上海杨浦体校,1997 年入选国家队,1998 年进入上海队,1998 年首次在国家队出场,2013 年再次入选国家队。女足世界杯,1999 年第三届获亚军、2003 年第四届和 2007 年第五届均获八强,女足亚洲杯,2001 年获第三名、2003 年获亚军、2006 年获冠军、2008 年获亚军,另获 2002 年第十届釜山亚运会女足亚军。2014 年退役,留下了 3 届世界杯、3 届奥运会,219 次国家队出场纪录。

133. 钱红(1971—),河北保定人。著名女子游泳运动员,20 世纪 90 年代中国泳坛"五朵金花"之一,被誉为"水蝴蝶",共获得 51 次世界冠军。1988 年获第三届亚洲游泳锦标赛女子 100 米蝶泳金牌并创亚洲最好成绩,1988 年获第二十四届汉城奥运会女子 100 米蝶泳铜牌,1990 年获第十一届亚洲运动会 4×100 米混合泳接力金牌、100 米蝶泳和 200 米蝶泳两枚银牌。1991 年获第六届世界游泳锦标赛 100 米蝶泳金牌,1992 年第二十五届巴塞罗那奥运会打破女子 100 米蝶泳奥运会纪录并夺得金牌。荣获 1988 年国际级"运动健将"称号,多次被评为全国游泳"十佳运动员"。1993 年退役后创办一家游泳俱乐部,任那函国际体育有限公司董事长。2008 年参加北京奥运会的火炬接力。

134. 乔红(1968—),湖北武汉人,著名女子乒乓球运动员。7 岁开始练习乒乓球,1980 年进入湖北省队,1987 年入选国家队。弧圈结合快攻打法,发球极具攻击力,临场心理状态稳定。1987 年获第六届全国运动会女子单打亚军,1988 年全国乒乓球锦标赛和乒协杯赛女团冠军,同年获罗马尼亚公开赛女子团体和女子单打冠军。1989 年获第四十届世界乒乓球锦标赛女子单打冠军,并与邓亚萍合作,获女子双打冠军。1990 年获第十一届亚运会女子团体冠军,女子双打亚军、女子单打第三名。1991 年获第四十一届世乒赛女子团体、女子双打亚军、女子单打第三名。1992 年获第二十五届巴塞罗那奥运会女子双打冠军,单打银牌。1996 年获第二十六届亚特兰大奥运会女子双打冠军,女子单打铜牌。荣获 1987 年国家级"运动健将"、1989 年国际级"运动健将"、1990 年全国"十佳运动员"称号,1996 年被国家体委授予"体育运动荣誉奖章"和体育运动一级奖章,2002 年荣获"中国乒乓球运动杰出贡献奖"。1996 年退役后短暂到日本打球并兼任教练,2000 年回国代表山东参加全国乒乓球俱乐部联赛,2003 年至 2008 年担任中国乒乓球队教练,2008 作为奥运火炬手在家乡武汉传递圣火。

135. 切阳什姐(1990—),藏族,青海海北人。著名女子竞走运动员,是中国历史上首位进军奥运会赛场的藏族选手。2006 年进入青海省体育运动学校开始练习中长跑项目,2008 年进入青海省体工一大队,2010 年入选国家集训队。2009 年在全国竞走大奖赛上获得女子青年组 20 公里赛第四名,2010 年获全国竞走锦标赛女子 20 公里竞走成年组冠军,2011 年获国际田联竞走挑战赛暨全国竞走冠军赛女子 20 公里亚军、大邱世界田径锦标赛女子 20 公里第五名,2012 年获奥运会选拔赛女子20公里竞走铜牌、第三十届伦敦奥运会女子20公里竞走铜牌并创造新的亚洲纪录、全国竞走锦标赛女子20公里冠军。2013年获第十二届全国运动会女子20公里竞走第四名。荣获2012年中华儿女年度人物、"全国三八红旗手"、青海青年"五四奖章"、新华社中国"十佳运动员"等称号。

136. 任慧(1983—),黑龙江伊春人,著名女子速度滑冰运动员。11岁被选入学校速滑队,随后被招入黑龙江省专业队集训,再入选国家队。2003年获第十届中国冬季运动会速滑短距离全能1000米银牌、中国速度滑冰单项锦标赛女子1000米冠军,2004年获世界速滑单项锦标赛女子500米季军,2005年获第十届全运会女子短距离速滑全能季军、茵斯布鲁克世界大学生冬季运动会女子短道速滑500米和1000米冠军并两次打破赛会纪录,2006年获第二十届都灵冬奥会500米短道速滑季军,2007年获亚洲冬季运动会1000米季军,2009年获十一届全运会女子短距离速滑全能银牌、第二十四届大冬会女子1000米第四名。

137. 任洁(1980—),河北保定人,著名女子射击运动员,主项10米气手枪。1994年进入保定市体校,1995年进入河北省军体校,1996年入选河北省队,后入选国家队。1997年第八届全国运动会上出人意料地夺得女子气手枪金牌,一举成名。1999年德国慕尼黑世界杯射击赛上,打破女子气手枪总成绩世界纪录,夺得冠军,之后一直保持在世界高水平射手行列中。获2004年第二十八届雅典奥运会和2008年第二十九届北京奥运会第四名,世界杯总决赛2001年、2008年冠军,2002年、2003年季军,1998年第十三届曼谷亚运会、2002年第十四届釜山亚运会蝉联女子气手枪40发团体冠军,2012年首次获得亚洲射击锦标赛冠军,还多次获得射击世界杯分站赛冠军、全国冠军。荣获1997年中华人民共和国第八届运动会体育道德风尚奖,1997年、1999年、2002年、2003年度河北省"十佳运动员",1999年中华人民共和国"体育运动荣誉奖章",2002年保定市"三八红旗手"和"新长征突击手"称号。退役后继续从事射击教练的工作,曾在北京体育大学读研究生,并赴美国深造学习。

138. 芮乃伟(1963—),上海人。著名女子围棋选手,世界围棋历史上第一个女子九段棋手,多次获得女子围棋世界冠军。10岁开始学棋。1986—1989年,蝉联四届全国女子个人赛冠军,1988年升为当时世界上唯一的女九段,1989年进入应氏杯四强,创造了女子棋手在国际围棋大赛上的最好成绩。1993年获第一个女子围棋世界冠军,此后10年中共夺得8次女子围棋世界冠军。1999年成为韩国棋院棋手,2000年在韩国国手战中击败李昌镐、曹薰铉夺冠,轰动世界棋坛。2011年回归中国围棋队。2015年被国家体育总局授予国际级"运动健将"称号。

139. 桑雪(1984—),天津人。著名女子跳水运动员。10 岁时从体操改练跳水,以惊人的毅力和艰苦的训练弥补身体条件的不足,以难度系数高和空中姿态优美见长。1998 年入选国家队不到半年,便与李娜合作夺得第四届友好运动会双人 10 米台冠军,并获单人 10 米台亚军。此后四年间驰骋国际赛场,相继完成了世界杯、世锦赛和奥运会的大满贯。1999 年获第十一届跳水世界杯 10 米台单人、双人冠军,2000 年获第二十七届悉尼奥运会双人 10 米台冠军,第十二届跳水世界杯 10 米台双人、团体冠军,世界跳水总决赛十米跳台个人冠军,2001 年获日本世界游泳锦标赛 10 米台双人、团体冠军。荣获中国青年五四杰出贡献奖章、全国"新长征突击手"、"全国五一劳动奖章"、"全国三八红旗手"等称号。退役后选择回归校园,入读中国人民大学广播电视新闻学专业,毕业后在歌曲、影视、媒体等领域均有发展。

140. 申雪(1978—),黑龙江哈尔滨人。著名花样滑冰运动员,奥运冠军,被誉为"冰上白雪公主"。1991 年开始接触滑冰,1992 年起与赵宏博搭档练习双人滑,默契合作赢得了花样滑冰双人滑项目的大满贯。2002 年世界花样滑冰锦标赛夺得中国双人滑项目的首个世界冠军。2010 年第二十一届冬奥会以两破世界纪录(短节目得分和总分)的最佳战绩夺得花样滑冰双人滑冠军,改写了中国花样滑冰冬奥会无金牌的历史,圆满地完成了最后一次奥运会之旅。此前冬奥会上,曾获 2002 年第十九届盐湖城、2006 年第二十届都灵双人滑季军,世锦赛上,获 2002 年、2003 年及 2007 年双人滑冠军,1999 年、2000 年、2004 年双人滑亚军,2001 年双人滑季军。在四大洲锦标赛上,获 1999 年、2003 年、2007 年双人滑冠军以及 2001 年双人滑亚军。国际冰联大奖赛决赛上,获 1998—1999 年、1999—2000 年、2003—2004 年、2004—2005 年、2006—2007 年、2009—2010 年双人滑冠军。在亚洲冬季运动会上,获 1996 年、1999 年、2003 年、2007 年双人滑冠军。2002、2009—2011 年荣获 CCTV 体坛风云人物评选最佳组合,2011 年荣获中国十佳劳伦斯冠军奖最佳组合奖。2015 年当选北京申办冬奥会形象大使。任国家体育总局冬季运动管理中心花滑部副部长。

141. 沈正德(1921—2008),北京人。著名女子田径运动员。1941 年毕业于北京国立女子师范学院体育系,曾任北京朝阳中学体育教师。早在中学和大学时代就喜爱田径运动,20 世纪 40 年代曾多次打破女子标枪华北纪录。中华人民共和国成立后,一直在中学任教。曾于 1959 年调任北京田径队投掷教练,以准备第一届全国运动会。为国家发现、培养和输送了很多优秀运动员,其中有世界著名排球运动员郎平等。1953 年至 1964 年间,全国女子手榴弹纪录保持者,均出自其门下。曾任中国田径协会委员、北京田径协会副主席、北京中小学体育协会副主席、田径国家级裁判。1981 年荣获“全国优秀体育教师”称号,1983 年被评为全国体育传统项目学校“先进工作者”。1987 年荣获国际田联奖。

142. 宋妮娜(1980—),辽宁鞍山人。著名女子排球运动员。1990 年开始练排球,1991 年进入八一排球队,2001 年入选国家队。1999 年获世界女排大奖赛总决赛第三名、亚洲女排锦标赛冠军,2001 年获世界女排大奖赛总决赛冠军,2002 年获世界女排大奖赛总决赛亚军、世界女排锦标赛第四名,2003 年获世界女排大奖赛、亚锦赛、第八届世界杯冠军,2004 年获第二十八届雅典奥运会金牌,2005 年获瑞士女排精英赛亚军、世界女排大奖赛总决赛季军、女排大冠军杯赛季军,2006 年获瑞士女排精英赛亚军,2007 年获世界女排大奖赛亚军。荣获 1996 年亚洲俱乐部杯最有价值球员、1998 年亚洲青年女排锦标赛最有价值球员、1999 年世界青年女排锦标赛最佳二传手等称号。2008 年奥运圣火传递鞍山站第 3 棒火炬手。

143. 宋容慧(1992—),黑龙江哈尔滨人,著名女子围棋选手。2005 年进入北京岳权围棋道场,2006 年入段后进入杭州市围棋队,其后 2 次入选国家队女子围棋集训队。个人技术扎实,棋风稳健,面对强手冷静思考,常常能超常发挥。曾打入“建桥杯”中国围棋女子公开赛、代表中国队参加第 6 届正官庄杯世界围棋女子团体锦标赛等国内、国际大赛。2006 年获全国围棋个人赛女子冠军,2007 年获全国少年儿童围棋锦标赛女子少年组冠军,2008 年获首届世界智力运动会围棋女子个人金牌。

144. 隋新梅(1965—),山东招远人,著名女子铅球运动员。1981 年考进上海体育学院,毕业后进入上海市田径队,1988 年入选国家队。1986 年获全国冠军赛铅球冠军,1989 年获第八届亚洲田径锦标赛铅球亚军,1990 年获第十一届亚洲运动会女子铅球金牌,1991 年夺得第三届世界室内田径锦标赛女子铅球冠军,1993 年获第四届世界田径锦标第四名,1994 年获第十二届亚运会金牌、第三届友好运动会金牌。1996 年第二十六届洛杉矶奥运会,在带伤的情况下仍全力拼搏,获得亚军,这是中国田径史上首次获得奥运会投掷项目银牌。1985 年荣获国家级“运动健将”、1989 年荣获国际级“运动健将”称号,1990 年被评为全国“十佳运动员”,1991 年荣获国家“体育运动荣誉奖章”、“全国三八红旗手”称号。任上海田径运动中心投掷组教练员,带领的运动员成绩都很优异。

145. 孙福明(1974—),辽宁丰县人。著名女子柔道运动员,第二十六届亚特兰大奥运会柔道首金获得者。1987 年入选辽宁省队,1995 年进入国家队。1995 年获全国女子柔道冠军赛无差别级冠军、世界大学生运动会女子柔道无差别级铜牌、世界柔道锦标赛无差别级冠军以及国际女子柔道赛无差别级亚军，1996 年获全国柔道锦标赛女子 72 公斤以上级冠军、亚特兰大奥运会 72 公斤以上级金牌，1997 年获第二届东亚运动会女子柔道 72 公斤以上级金牌，2001 年获第三届东亚运动会女子柔道无差别级冠军、第九届全国运动会女子柔道 78 公斤以上级冠军，2002 年获第十四届亚洲运动会女子柔道 78 公斤以上级金牌、世锦赛女子柔道 78 公斤以上级冠军，2004 年第二十八届雅典奥运女子柔道 78 公斤以上级季军。荣获 1994 年国家级“运动健将”、1995 年国际级“运动健将”称号，1996 年被评为全国奥运“十佳运动员”、荣获“体育运动荣誉奖章”，1999 年被评为“新中国体育五十星”。2005 年退役，2007 年转任辽宁省柔道队领队，后任辽宁体育局游泳中心副主任。

146. 孙桂云（1913—?），山东胶县人。中国第一代杰出女子短跑运动员。1925 年就读于山东省特别区女子第一中学，1932 年毕业于该校高中师范班。在校期间，参加 1930 年在杭州举行的全国运动会，创女子 50 米、100 米全国最新纪录，还与队友刘静贞、王渊、英梅仙合作，夺得女子 200 米接力冠军，创全国新纪录，获个人总分第一名，被选入中华女子田径队，代表中国出席 1930 年在日本举行的第九届远东运动会，成为中国历史上首批出席国际大赛的女子田径选手。1931 年在济南举行的第十五届华北运动会上，获得女子 100 米和 200 米两项冠军，并和队友再创女子 200 米接力全国纪录，这个纪录一直保持 20 年之久。1932 年赴上海求学，先后就读于复旦大学和沪江大学，后在重庆、昆明邮政局任职，1945 年就职于上海银行，1949 年移居香港。1936 年，在上海勤奋书局出版的《全国女子田径名将录》所列 6 人中位居榜首，1987 年出版的《旧中国体育见闻》称其为“体坛三杰中唯一的女性”。

147. 孙琳琳（1987—　），黑龙江七台河人。著名女子短道速滑运动员。1995 年开始速滑启蒙训练，1997 年进入哈尔滨重点班培训，2002 年进入省短道速滑队，2004 年入选国家队。获 2003—2004 赛季世界杯韩国站 3000 米接力亚军，2009 年大冬会女子 3000 米接力冠军、女子 1500 米季军，第十一届全国运动会女子 3000 米接力冠军，2009—2010 赛季国际滑联短道速滑世界杯总决赛女子 3000 米接力金牌、世界杯首尔站女子 1500 米亚军、3000 米接力冠军，2010 年第二十一届温哥华冬奥会女子 3000 米接力冠军并打破世界纪录。2010 年荣获第二十一届温哥华冬奥会总结表彰大会“体育运动荣誉奖章”，所在短道速滑女子 3000 米接力组合、中国短道速荣获安踏 CCTV 体坛风云人物年度最佳组合提名奖、最佳团队奖。退役后主要从事教练工作。

148. 孙甜甜(1981—),河南郑州人。著名网球女子双打运动员,首位奥运会网球冠军获得者。8 岁开始在河南省业余体校接受网球训练,1993 年进入省专业队,代表河南参加全国比赛。1997 年被选入北京集训网球学校和广州网校学习,随后前往美国尼克网球学校进行特训。2000 年全国网球巡回赛总决赛中斩获单打冠军,2002 年在国际网球联合会(ITF)国际女子巡回赛中连夺越南站、北京站单打冠军,2003 年获 ITF 国际女子巡回赛意大利站单打冠军、双打赛事六站冠军,2004 年获国际女子职业网联(WTA)国际职业巡回赛双打三站冠军、第二十八届雅典奥运会女双金牌。2006 年获泰国芭堤雅和埃斯托利尔公开赛冠军,并在 WTA 四级赛事塔什干公开赛中夺取单打冠军,成就了职业生涯中首个 WTA 赛事冠军。2007 年杀入澳网女双 8 强,2008 年获得澳网混双冠军,夺得首个大满贯冠军,并与彭帅搭档夺得 WTA 二级赛事班加罗尔网球公开赛的女双冠军。荣获 2005 年中国十佳劳伦斯最佳突破奖、中国网球风云榜最佳中国球员等荣誉。2009 年选择退役,在河南乒网中心任职。

149. 孙雯(1973—),上海人。著名女子足球运动员,世界足球小姐。12 岁开始踢球,1985 年进入上海市体校,1989 年入选上海市集训队,1990 年入选国家队。思路清晰,善于组织,技术细腻,门前得分能力强。1993 年、1995 年、1997 年代表国家队连续三届获得亚洲杯冠军,1994 年获第十二届广岛亚运会冠军,1995 年获第二届世界杯第四名,1996 年获第二十六届亚特兰大奥运会银牌,1998 年第十三届曼谷亚运会蝉联冠军,1999 年获第三届世界杯亚军。荣获亚洲足球名人堂球员、20 世纪“最佳女子足球运动员”、全国女子足球最佳阵容、世界杯“金靴奖”和“金球奖”等诸多荣誉。2003 年退役后一直从事体育相关工作,2006 年担任上海市足协副秘书长,2009 年出任上海市体育对外交流中心主任,2010 年担任上海女足主教练。

150. 孙玉洁(1992—),辽宁鞍山人,著名女子重剑运动员。2002 年在鞍山市体校开始练习击剑,2003 年进入辽宁省队,2008 年进入国家集训队。2011 年获世界击剑锦标赛个人赛银牌,2012 年获第三十届伦敦奥运会女子重剑个人赛第三名、团体赛冠军,2013 年获东亚运动会女子重剑个人赛、团体赛冠军,2014 年获第十七届仁川亚运会女子重剑个人赛、团体赛冠军,2015 年获世锦赛女子重剑团体赛冠军,2016 年获亚洲击剑锦标赛女子重剑个人赛冠军。2013 年当选“十二运会”形象大使,同年荣获 CCTV 体坛风云人物最佳新人奖提名。

151. 谈舒萍(1977—),广西梧州人,著名女子跳水运动员。1989 年进入国家跳水队参加集训,1992—1996 年奥运周期中,基本包揽了女子 3 米板的所有冠军,成为3米板上当之无愧的世界第一人。1993年获第八届世界杯跳水单人1米板、3米板两项冠军,并与队友合作,获女子团体、混合团体两项冠军,1994年获第七届世界游泳锦标赛单人3米板冠军、1米板亚军,第十二届广岛亚运会单人3米板冠军,1995年获跳水世界杯单人3米板亚军、1米板第三名,女子团体、混合团体两项冠军,1997年获世界杯单人1米板亚军,女子团体、混合团体两项冠军。1990年荣获国家级"运动健将"称号,1994年荣获国际级"运动健将"、全国"十佳运动员""全国优秀共青团员"称号,1995年被国务院授予"全国先进工作者"。退役后进入中山大学中文系学习。

152. 谭雪(1984—),天津人,著名女子佩剑运动员。1994年入选天津塘沽业余体校接受跨栏训练,1998年进入天津市体校体工大队分校,1999年进入天津击剑队改练佩剑,2001年进入国家队。2002年在里斯本世界击剑锦标赛女子佩剑比赛中获得冠军,同年获第十四届釜山亚运会女子佩剑团体金牌,2003年获第四十九届世锦赛银牌,2004年获第二十八届雅典奥运会女子个人佩剑银牌、全国击剑锦标赛女子佩剑金牌,2005年获世界杯女子佩剑大奖赛越南站个人冠军,2006年获第十五届多哈亚运会女子佩剑个人、团体两枚金牌,2008年获第二十九届北京奥运会女子佩剑团体银牌,2010年获亚洲击剑锦标赛女子佩剑个人金牌。荣获"全国三八红旗手"等荣誉称号。

153. 唐宾(1986—),满族,辽宁丹东人,著名女子赛艇运动员。2008年北京奥运会女子四人双桨金牌获得者,这是在赛艇项目上中国获得的第一枚奥运会金牌。14岁进入丹东市航海学校赛艇队,2006年因成绩优异调入国家赛艇集训队。2005年获第十届全国运动会女子四人单桨第一名,2007年获世界赛艇锦标赛女子四人双桨第三名、阿姆斯特丹赛艇世界杯女子四人双桨冠军,2008年获第二十九届北京奥运会赛艇女子四人双桨冠军,2010年获第十六届广州亚运会赛艇女子单人双桨冠军。

154. 唐春玲(1976—),吉林伊通人,著名女子曲棍球运动员。1989年凭借出色的短跑成绩,进入伊通县业余体校田径队,1990年进入吉林省体育运动学校改练曲棍球,1995年入选国家队集训。组织进攻能力强,是全队的灵魂,后防线也堪称世界一流。2001年获全国曲棍球锦标赛冠军,2002年获澳门世界冠军杯赛冠军、第十四届釜山亚运会冠军、澳大利亚世界杯赛第三,2003年获澳大利亚世界冠军杯赛亚军,2004年获第二十八届雅典奥运会第四名,2005年获第十届全国运动会冠军,2008年获第二十九届北京奥运会亚军。2009年退役后被分配到武进体育局。2010年复出备战伦敦奥运会。

155. 唐功红(1979—)，山东烟台人，著名女子举重运动员。1994 年开始在山东威海训练基地接受举重训练，1996 年进入山东省队，1998 年入选国家集训队。2001 年参加第九届全运会，打破全国女子 75 公斤以上级总成绩纪录并获总成绩冠军，2002 年获第十四届亚运会女子 75 公斤以上级总成绩冠军，并打破世界纪录，2004 年获亚洲举重锦标赛女子 75 公斤以上级抓举、挺举、总成绩三项冠军，同年获第二十八届雅典奥运会女子举重 75 公斤以上级金牌。2005 年成为山东威海体育训练基地女子举重教练员。2007 年全国女举锦标赛暨奥运选拔赛中获得两枚铜牌。

156. 唐九红(1969—)，湖南安化人，著名女子羽毛球运动员。1977 年进入安化县业余体校练习羽毛球，1981 年入选湖南省队。1989 年获泰国羽毛球公开赛女单冠军，瑞士羽毛球公开赛女双冠军和女单冠军，世界羽毛球锦标赛女单冠军，丹麦羽毛球公开赛女单冠军，1990 年获日本尤伯杯女子团体冠军，新加坡羽毛球公开赛女单冠军，北京亚运会羽毛球赛女单冠军，丹麦羽毛球公开赛女单冠军，1991 年获香港羽毛球锦标赛女单冠军，世锦赛女单冠军，1992 年获马来西亚尤伯杯女子团体冠军，世界杯女单冠军，全英羽毛球赛女单冠军，1993 年世锦赛女单季军。1989 年被共青团湖南省委授予“新长征突击手”、湖南省妇联授予“三八”红旗手称号，1990 年湖南省政府授予“劳动模范”，当选第六届湖南省青年联合会委员，1991 年荣获湖南省十大杰出青年，1992 年荣获全国羽毛球“十佳运动员”，1994 年荣获湖南省十大杰出女性称号。退役后任湖南羽毛球管理中心主任，后任湖南省体育局副局长，当选第十届、第十一届全国人大代表。

157. 唐琳(1976—)，四川内江人，著名女子柔道运动员，2000 年悉尼奥运会冠军。1990 年进入四川省集训队，1995 年进入国家队。1996 年获亚洲柔道锦标赛女子 72 公斤级第二名，1997 年获第二届东亚运动会女子 72 公斤级第三名，1998 获第十三届亚洲运动会女子 78 公斤级冠军，2000 年获第二十七届悉尼奥运会女子 78 公斤级冠军。退役后入读中国人民大学公共管理学院，毕业后任职四川省体育局。

158. 陶璐娜(1974—)，上海人。著名射击女子运动员，大满贯获得者，2000 年第二十七届悉尼奥运会首金获得者。13 岁开始射击启蒙训练，1995 年加入国家队，师从奥运冠军许海峰教练。1997 年获世界杯总决赛运动手枪冠军，2000 年获第二十七届悉尼奥运会女子 10 米手气枪冠军、25 米气手枪亚军，2001 年获世界杯射击赛汉城(首尔)站女子 25 米运动手枪冠军并打破世界纪录，同年获世界杯射击赛亚特兰大站女子 10 米气手枪冠军、世界杯射击总决赛 25 米运动手枪冠军，

2002 年获世界杯射击总决赛女子 10 米气手枪冠军、25 米运动手枪冠军并打破世界纪录，第十四届亚运会女子 10 米气手枪个人和团体、女子运动手枪团体 3 项冠军，2006 年获第十五届多哈亚运会女子气手枪个人及团体金牌。2000、2001 年连续两年当选国际射击联合会世界最佳女射手，2000 年和 2002 年被评为全国"十佳运动员"。

159. 田佳（1981— ），天津人，著名女子沙滩排球运动员。1992 年开始练习排球，16 岁开始专注于沙滩排球项目，1998 年进入八一沙滩排球队，2003 年入选国家队。2000 年获首届全国沙滩排球锦标赛冠军，2001 年获第九届全国运动会沙滩排球赛冠军，2002 年获第十四届釜山亚运会沙滩排球赛冠军、全国沙滩排球锦标赛冠军，2003 年获世界女子沙滩排球巡回赛印度尼西亚站及意大利站冠军，2006 年获世界女子沙滩排球巡回赛奥地利站、波兰站冠军，中国站、泰国站亚军，意大利站、瑞士站、葡萄牙站、加拿大站季军，并在年终排名世界第二，2007 年获世界沙滩排球巡回赛上海站冠军，2008 年第二十九届北京奥运会上获得银牌，2009 年第十一届全运会夺得冠军。

160. 田卿（1986— ），湖南安化人，著名女子羽毛球运动员。1993 年开始练习羽毛球，1998 年进入湖南省体校，2004 年进入国家二队，专攻女子双打，2006 年进入国家一队。2009 年获中国公开赛女双冠军，2011 年获世界羽毛球巡回赛马来西亚站女双冠军，2012 年获第三十届伦敦奥运会羽毛球女双冠军，同年获全英羽毛球公开赛女双冠军、韩国羽毛球公开赛女双冠军，2014 年获世界羽毛球锦标赛女双冠军，赢得了职业生涯的"全满贯"。2015 年获世锦赛女双冠军。

161. 佟文（1983— ），天津人，著名女子柔道运动员。1996 年进入天津女子柔道队，2000 年入选国家队。2000 年获亚洲柔道锦标赛女子 78 公斤级冠军，2001 年获世界柔道锦标赛女子无差别级季军、第九届全国运动会 78 公斤级亚军，2002 年获第十四届亚洲运动会女子无差别级冠军、全国女子柔道锦标赛 78 公斤以上级与无差别级亚军，2003 年获大阪世锦赛女子无差别级冠军，2004 年因伤缺席奥运会。2005 年获埃及世锦赛女子 78 公斤以上级冠军、十运会女子无差别级季军，2006 年获全国女子柔道锦标赛 78 公斤以上级和无差别级冠军、女团冠军，第十五届亚运会 78 公斤以上级冠军，2007 年获巴西世锦赛 78 公斤以上级冠军，2008 年第二十九届北京奥运会力挫群雄，夺得 78 公斤以上级冠军，2009 年获荷兰世锦赛女子 78 公斤以上级冠军，2011 年巴黎世锦赛蝉联女子 78 公斤以上级金牌、世界柔道无差别级锦标赛冠军、世界柔道大奖赛中国站 78 公斤以上级冠军，2012 年获第三十届伦敦奥运会女子柔道 78 公斤以上级铜牌。先后荣获"全国三八红旗手”、全国青年“五四奖章”、“全国五一劳动奖章”等荣誉。2014 年退役后作为教练仍活跃在柔道界。

162. 童玲（1962— ），四川自贡人，著名女子乒乓球运动员。1971 年进入自贡市业余体校进行乒乓球训练，1975 年入选北京部队乒乓球队，1977 年入选国家集训队。擅长横拍削球，以守为主，攻守结合。1978 年获纳维亚乒乓球锦标赛女子单打和混合双打冠军、女子双打亚军。世界乒乓球锦标赛上，1979 年获第三十五届女子单打季军，1981 年获第三十六届女子团体冠军、女子单打冠军、女子双打和混合双打亚军，1983 年获第三十七届女子团体冠军，混合双打亚军、女子双打季军。亚洲赛事上，1980 年获亚洲乒乓球锦标赛单打和双打第三名，1982 年获亚锦赛混合双打冠军、单打和双打亚军，1983 年获亚洲杯单打亚军，1984 年获亚洲杯单打冠军，1982 年获第九届新德里亚运会女子单打、双打和混合双打 3 项亚军。1980 年荣获国家“运动健将”称号，1981 年被评为全国十佳“最佳运动员”，1985 年荣获国际级“运动健将”称号，曾 4 次获得国家体委颁发的“体育运动荣誉奖章”。1981 年退役后前往澳大利亚打球，1998 年先后在四川和北京创办了自己的乒乓球俱乐部，致力于普及乒乓球运动和培养人才。

163. 汪皓（1992— ），天津人，著名女子跳水运动员。5 岁进入体操运动学校练习体操，2002 年因其体操功底和突出的身体条件被挑入天津跳水队，2005 年在第十届全国运动会上崭露头角。2006 年获全国跳水锦标赛女子 10 米台冠军，2008 年获奥运选拔 10 米台单人冠军，2009 年获东亚运动会 10 米台单人冠军，2010 年获第十六届广州亚运会 10 米台单人亚军，2011 年获上海世界游泳锦标赛 10 米台双人冠军，2012 年获第三十届伦敦奥运会十米台双人冠军。

164. 王北星（1985— ），黑龙江齐齐哈尔人，著名女子速度滑冰运动员。2003 年获速度滑冰世界杯埃尔福特站女子 1000 米冠军，2005 年获世界杯密尔沃基站 500 米冠军，2006—2007 年赛季获世界杯海伦芬站女子 500 米冠军，2007—2008 年赛季获世界杯盐湖城站女子 500 米冠军、1000 米冠军，2009 年获短距离速滑世界锦标赛 500 米冠军，2010 年获第二十一届温哥华冬奥会速度滑冰女子 500 米铜牌，创造了个人在冬奥会速度滑冰项目上的历史最好成绩。2014 年攻读中国人民大学 MBA 工商管理硕士研究生。

165. 王冰玉（1984— ），黑龙江哈尔滨人，著名女子冰壶运动员，中国女子冰壶队队长。头脑冷静，心理素质过硬，善于在比赛中统一全队思想。2009 年世界女子冰壶锦标赛上，带领队友在决赛中战胜经验丰富的瑞典队夺得冠军，实现了中国在冰雪项目上的重大突破。2004 年获世界冰壶青年锦标赛（B 组）第五名、泛太平洋地区冰壶锦标赛第二名,之后在2005年、2006年蝉联该项赛事冠军,2008年获世锦赛第二名,2009年获世锦赛冠军,2010年获第二十一届温哥华冬奥会铜牌。2009年荣获安踏CCTV体坛风云人物年度最佳团队提名奖,2010年荣获安踏CCTV体坛风云人物年度最佳团队奖,同年在第二十一届温哥华冬奥会总结表彰大会上荣获体育运动一级奖章。2013年离开赛场,2016年第十三届冬运会以哈尔滨队替补队员身份复出冰壶赛场。

166. 王春露(1978—),吉林长春人,著名女子短道速滑运动员,与大杨扬、小杨阳、孙丹丹并称中国短道速滑“四朵金花”。1995年初出茅庐便在全国冬季运动会上获女子1000米、1500米、3000米和女子3000米接力冠军,同年在世界短道速滑锦标赛上连夺500米、1000米和3000米接力三项冠军和个人全能亚军。1998年获第十八届长野冬奥会女子3000米接力银牌,同年获世锦赛500米金牌、1500米和个人全能银牌,意大利世界团体锦标赛3000米接力金牌。1999年获全国冬运会女子四圈追逐和3000米接力两枚金牌、500米超亚洲纪录,同年获世界短道系列赛500米第一名,世界团体锦标赛女子团体冠军,世锦赛3000米接力冠军。2002年获第十九届盐湖城冬奥会500米铜牌、3000米接力银牌。2008年荣获“中国短道速滑杰出贡献奖”,2010年当选中央国家机关青年“五四奖章标兵”,2011年所在团队荣获安踏2010年度CCTV体坛风云人物年度最佳团队奖,2006年都灵冬奥会后退役,担任中国短道速滑队副领队。2008年当选北京奥运会长春站最后一棒火炬手。

167. 王会凤(1968—),天津汉沽人,著名女子花剑运动员。13岁开始击剑训练。1987年获世界大学生运动会女子花剑团体银牌,1990年获世锦赛女子花剑团体铜牌,1991年获大运会女子花剑团体银牌、亚洲击剑锦标赛女子花剑团体金牌,1992年获第二十五届巴塞罗那奥运会女子花剑团体第六名、中国击剑锦标赛女子花剑个人和团体两枚金牌,1993年获第七届全国运动会女子花剑个人金牌、团体银牌,1995年获中国击剑锦标赛女子花剑个人银牌,1998年获第十三届亚运会女子花剑团体银牌。退役后先后任教于中国天津女子花剑队、洛杉矶(美国)国际击剑中心以及红岩击剑中心,任美国内华达州拉斯维加斯red rock击剑俱乐部教练。

168. 王娇(1988—),辽宁沈阳人,著名女子摔跤运动员。13岁进入苏家屯区体校练习柔道,后转至摔跤队,2007年进入国家队。2004年获全国摔跤锦标赛女子自由式72公斤级冠军,2005年获亚洲摔跤锦标赛女子自由式72公斤级冠军,同年获第十届全国运动会女子自由式72公斤级冠军,2007年获世界青年摔跤锦标赛女子自由式72公斤级冠军,2008年获摔跤世界杯女子自由式72公斤级冠军,2008年获第二十九届北京奥运会自由式摔跤女子72公斤级冠军。

169. 王洁(1985—),新疆奎屯人,著名女子沙滩排球运动员。1997年进入新疆奎屯体育运动学校学习排球,后转入新疆体工大队,2006年入选国家队。2003年获世界女子沙滩排球巡回赛印度尼西亚站及意大利站冠军,2005年第十届全运会上代表新疆队获得季军,2006年获世界女子沙滩排球巡回赛奥地利站、波兰站冠军,中国站、泰国站亚军,意大利站、瑞士站、葡萄牙站、加拿大站季军,并在年终排名世界第二,2007年获世界沙滩排球巡回赛上海站冠军,2008年获第二十九届北京奥运会银牌。2008年荣获新疆维吾尔自治区"三八红旗手""优秀共产党员"称号。

170. 王军霞(1973—),辽宁大连人。著名女子田径运动员,是中国首位获得奥运会长跑金牌的运动员,世界田径史上第一位突破女子万米跑30分钟大关的运动员。1991年进入辽宁省队。1992年获第三届世界青年田径锦标赛10000米金牌,1993年获第四届世界田径锦标赛10000米金牌并打破世锦赛纪录、第五届世界杯马拉松赛团体和个人两枚金牌、第七届全国运动会上3次改写世界纪录。1994年获第十二届亚运会、北京国际马拉松赛10000米金牌,1995年获第十一届亚洲田径锦标赛5000米和10000米冠军,1996年获第二十六届亚特兰大奥运会5000米金牌、10000米银牌。1993年被评为全国"十佳运动员"之首,荣获英国环球电视台环球体育"最佳运动员"、世界"十佳运动员"称号。1994年荣获第十四届"杰西·欧文斯国际奖",成为获此殊荣的首位亚洲运动员,同年被评为建国45周年"体坛英杰",1999年被评为建国50年"体育明星"。2012年入选国际田联名人堂,是中国乃至亚洲首位入选的田径运动员。1997年当选中华全国体育总会委员。

171. 王丽娜(1978—),辽宁营口人。著名女子排球运动员,中国女排主攻手,曾三次夺得女排联赛"最佳发球奖"。1990年进入八一女排队,1996年入选国家队。弹跳出色,滞空能力突出,擅长发球。2001—2002年赛季获全国女排联赛冠军,2001年获世界女排大奖赛总决赛冠军,2002—2003年赛季获全国女排联赛亚军,2003年获第八届女排世界杯冠军、亚洲女排锦标赛冠军,2004年获第二十八届雅典奥运会冠军。荣获全国女排联赛"最受欢迎运动员""最佳发球员"称号。2005年退役,2011年复出加盟广东恒大女排,凭借过往经验帮助所在球队夺取女排联赛冠军。

172. 王丽萍(1976—),辽宁凤城人,著名女子田径运动员,竞走项目领军人物,2000 年悉尼奥运会获 20 公里竞走冠军。1990 年进入辽宁队,开启了运动生涯。1996 年亚特兰大奥运会前夕,遭遇严重膝伤困扰,遗憾错过比赛。凭借着对梦想的执着信念,顽强地从伤病中恢复,取得了一系列优异成绩。1998 年获全国田径锦标赛 20 公里竞走第三名,2000 年获全国田径锦标赛冠军,同年第二十七届悉尼奥运会勇夺 20 公里竞走冠军,进入运动生涯的巅峰时刻。短暂退役后于 2004 年重新复出,成为雅典奥运赛场少见的妈妈级选手,取得了 20 公里竞走第八名的优异成绩。正式退役后从事与竞走相关的工作,任北京体育大学田径队教练,全国徒步协会副会长,并作为中央电视台田径比赛解说嘉宾活跃在公众视野中。

173. 王丽萍(1976—),河北保定人,著名女子足球运动员,奥运会和女足世界杯亚军,女足黄金一代成员。13 岁开始接触足球,进行专业训练,1987 年入选河北队,1990 年入选国家队。多变灵活,反应灵敏、转身快,助攻能力强。1993 年、1995 年、1997 年代表国家队连续三届获得亚洲杯冠军,1994 年获第十二届广岛亚运会冠军,1995 年获第二届世界杯第四名,1996 年获第二十六届亚特兰大奥运会银牌,1998 年第十三届曼谷亚运会蝉联冠军,1999 年获第三届世界杯亚军。1999 年入选第三届世界杯世界明星队,2003 年入选第四届女足世界杯全明星阵容。退役后于 2008 年担任国家女足助理教练,继续足球生涯。

174. 王琳(1989—),浙江杭州人,著名女子羽毛球运动员。11 岁正式成为羽毛球运动员,2004 年进入国家羽毛球青年队,2006 年入选国家一队。2006 年获中国羽毛球大师赛女单冠军,2007 年获世界青年羽毛球锦标赛女单冠军、混合团体冠军,2008 年连夺丹麦、法国公开赛冠军,2009 年获苏迪曼杯世界混合团体锦标赛冠军、第十届全国运动会女单冠军,2010 年获第十八届世界羽毛球锦标赛女单冠军。2008 年荣获浙江“十佳运动员”称号、年度羽坛最佳女新人奖,2009 年荣获全运会最佳道德风尚奖,被授予浙江青年“五四奖章”、浙江省“三八红旗手”、浙江“十佳运动员”荣誉称号。2013 年因重伤选择退役,成为浙江省羽毛球队教练。

175. 王琳娜(1980—),黑龙江绥化人,著名女子象棋选手,夺得世界、亚洲、全国锦标赛所有冠军头衔的女棋手。1991 年开始专攻棋道,1993 年起参加全国比赛,1994 年成为专业运动员。1997 年获全国个人赛女子组冠军,1998 年获亚洲杯赛女子个人冠军,2000 年再获全国个人赛女子组冠军,2001 年获世界象棋锦标赛女子个人冠军,2000 年、2003 年与队友合作两夺全国团体赛女子组冠军,2003 年、2004 年两获“银荔杯”赛冠军,2010 年获“杨官璘杯”全国象棋公开赛专业女子组冠军、“藏谷私藏杯”全国象棋个人锦标赛女子组季军,并获在马来西亚举办的“拿督斯里刘为强太平局绅杯”第十六届亚洲象棋锦标赛女子个人冠军,2011 年获“重庆黔江杯”第一届全国象棋冠军争霸赛女子组冠军。2010 年成为教练兼运动员，继续为我国象棋事业发展做贡献。

176. 王曼丽(1973—)，黑龙江牡丹江人，著名女子速度滑冰运动员。2003 至 2006 年间，获得了 22 个世界冠军头衔，两次获得国际滑联颁发的“金冰刀奖”。1988 年进入牡丹江体校。1996 年获亚洲冬季运动会 500 米冠军，2001 年获第九届全国运动会短距离全能冠军，2003 年获全国冬季运动会 500 米、1000 米冠军、短距离全能冠军，2004 年获世界速滑单项锦标赛 500 米冠军、世界短距离速滑锦标赛 500 米冠军，2005 年获速滑世界杯意大利站、美国康斯威星站、盐湖城站 500 米冠军，2006 年获第二十届都灵冬奥会 500 米亚军。2008 年荣获国家体育总局颁发的“中国速滑杰出贡献奖”。2008 年退役后从事教练工作。

177. 王濛(1985—)，黑龙江七台河人，著名女子短道速滑运动员，获得冬奥会金牌最多的中国运动员，是继李宁、邹凯之后在一届奥运会上独得三枚金牌的中国运动员。1995 年开始速滑训练，1998 年进入黑龙江省体校，2001 年入选国家队。2005 年获第十届全国运动会短道速滑 500 米、3000 米接力及个人全能冠军，并包揽了世界杯荷兰站、意大利站、韩国站、杭州站 500 米冠军，2006 年获第二十届冬奥会女子 500 米冠军、1000 米亚军、1500 米季军，2007 年获世界杯荷兰站、都灵站、哈尔滨站 500 米冠军，2008 年获世界短道速滑锦标赛 500 米、1000 米、1500 米及全能冠军，3000 米接力季军，全国冬运会女子 500 米、1000 米、1500 米、3000 米、七圈追逐赛及个人全能 6 项冠军，世界杯中国站、美国站、韩国站女子 500 米及 1000 米 6 项冠军，2009 年获世界杯奥地利站女子 500 米、1000 米女子接力及个人全能冠军，2010 年获第二十一届温哥华冬奥会短道速滑女子 500 米、1000 米及 3000 米接力冠军，成为中国短道历史上第一个“三冠王”，同年还获世锦赛 500 米、1000 米及个人全能冠军，2013 年获世锦赛 500 米、1000 米、3000 米及个人全能冠军。荣获 2006 年黑龙江省特等“劳动模范”、中国青年“五四奖章”、中国“五一劳动奖章”、“体育运动荣誉奖章”，2010 年度 CCTV 体坛风云人物年度“最佳女运动员奖”。

178. 王明娟(1985—)，瑶族，湖南永州人，著名女子举重运动员。1997 年进入江永体校开始练习举重，1999 年进入湖南省队，2001 年进入国家队。2001 年获第九届全国运动会女子举重 48 公斤级冠军并打破全国纪录，2002 年一举夺得世界举重锦标赛抓举、挺举和总成绩三块金牌，并打破三项世界纪录，2006 年获第十五届多哈亚运会女子举重 48 公斤级抓举、挺举和总成绩冠军，2010 年第十六届广州亚运会卫冕女子举重 48 公斤级冠军，2012 年获第三十届伦敦奥运会女子举重

48 公斤级冠军,实现了举重"大满贯"。2013 年退役。

179. 王楠(1978—),辽宁抚顺人,著名女子乒乓球运动员,夺得三枚奥运金牌和 24 个世界冠军,中国乒坛领军人物。1985 年开始接触乒乓球,1989 年进入抚顺市体校,1992 年进入辽宁省队,1993 年入选国家队。1994 年获瑞典公开赛女子单打冠军,1995 年中国公开赛中再夺女子单打冠军,1998 年第十三届曼谷亚运会包揽乒乓球项目的四枚金牌,其后在世界杯中赢得女单冠军及世界职业巡回赛女单冠军,年底世界排名跃居世界第一。2000 年获第二十七届悉尼奥运会女单和女双两项冠军,成为该届奥运会上中国运动员中唯一赢得两面金牌的选手,1999 年、2001 年、2003 年实现世界乒乓球锦标赛女单三连冠,2004 年获第二十八届雅典奥运会女双冠军。2006 年不来梅世乒赛夺得女团冠军后,以 19 个冠军头衔超越邓亚萍,成为中国夺得世界冠军最多的乒乓球选手。2007 年实现世乒赛女双五连冠,2008 年获第二十九届北京奥运会女单亚军、女团冠军。2002 年、2007 年当选中国共产党第十六次、第十七次代表大会代表,2008 年退役,2009 年进入共青团中央统战部工作,为团中央宣传部文体处处长。

180. 王晓红(1968—),江苏常州人,著名女子游泳运动员,20 世纪 90 年代中国泳坛的"五朵金花"之一。1982 年进入江苏省游泳队。1987 年获亚洲游泳锦标赛 50 米、100 米、200 米蝶泳冠军,1988 年获第二十四届汉城奥运会 100 米蝶泳第八名、200 米蝶泳第七名,1990 年获第十一届北京亚运会 100 米、200 米蝶泳、4×100 米自由泳接力、4×100 米混合泳接力 4 枚金牌、100 米自由泳银牌,1991 年获第六届世界游泳锦标赛 100 米蝶泳亚军,1992 年获第二十五届巴塞罗那奥运会 200 米蝶泳亚军、100 米蝶泳第四名,世界短池游泳锦标赛 100 米、200 米蝶泳冠军。1992 年退役后赴美国读书,2003 年重操旧业在美国开办游泳学校,后在常州开办游泳俱乐部,培养游泳人才。

181. 王鑫(1992—),湖北武汉人,著名女子跳水运动员。2000 年练习跳水,2003 年进入天津跳水队。2006 年全国青年跳水锦标赛上凭借高难度动作赢得女子 10 米跳台冠军,进入国家队,2007 年与陈若琳组成搭档,2008 年获跳水世界杯女子双人 10 米台冠军、第二十九届北京奥运会女子双人 10 米台冠军,2009 年获世界游泳锦标赛女子双人 10 米台冠军,2011 年获第二十五届世界大学生运动会女子双人 10 米台冠军,实现了在该项目中世界杯、世锦赛、奥运会的大满贯。2013 年搭档汪皓摘得东亚运动会女子双人 3 米板的金牌。单人项目的成绩有:2008 年跳水世界杯女子单人 10 米台亚军、北京奥运会女子单人 10 米台季军,2011 年第二十五届世界大学生运动会女子单人 10 米台季军。

182. 王旭(1985—),北京人,著名女子摔跤运动员。8 岁开始在北京月坛体校接受柔道训练,1998 年进入北京摔跤队,1999 年在北京体育大学竞技体校接受专业训练,2001 年首次入选国家队。2004 年第二十八届雅典奥运会上力挫强手,获得奥运会 72 公斤级摔跤金牌,实现了中国摔跤奥运会金牌零的突破。2006 年勇夺第十五届多哈亚运会金牌,打破了日本女子摔跤项目长期领先的"神话"。2007 年先后获得摔跤世界杯季军、亚洲摔跤锦标赛季军及世界摔跤锦标赛第五名的优异成绩。退役后作为北体大研究生冠军班的学生赴美国印第安纳大学深造。

183. 王妍(1971—),满族,辽宁本溪人,著名女子竞走运动员。1986 年打破三千米、五千米、一万米成年组世界纪录,成为我国最年轻的竞走世界纪录创造者,被收录于吉尼斯世界纪录大全。1983 年入选辽宁省竞走队,1986 年获首届世界青年田径锦标赛竞走冠军,1992 年再创亚洲女子 10 公里竞走纪录,1993 年夺得第十六届世界杯竞走冠军,1995 年、1999 年两次获世界杯竞走团体冠军,1996 年获第二十六届亚特兰大奥运会女子 10 公里竞走铜牌,1999 年获第七届世界田径锦标赛女子 20 公里竞走银牌,2001 年获第九届全国运动会 20 公里竞走冠军,同时再创亚洲纪录。2002 年当选美国盐湖城冬奥会火炬接力手。荣获 1993 年全国田径"十佳运动员",1994 年中华人民共和国"体育运动荣誉奖章",1996 年辽宁省"三八红旗手"称号和"五一劳动奖章"。

184. 王仪涵(1988—),上海人,著名女子羽毛球运动员。9 岁开始练习羽毛球,2002 年进入上海队,2005 年入选国家二队,2006 年入选国家一队。身体素质好,进攻积极,杀球凶狠。在多项羽毛球赛事上获得女子单打好成绩:2004 年获亚洲青年羽毛球锦标赛亚军、全国羽毛球锦标赛季军,2006 年首度获世界杯邀请赛冠军,2008 年获日本公开赛冠军,2009 年获全英羽毛球锦标赛冠军,2010 年获法国羽毛球超级赛冠军,2011 年获世界羽联超级系列赛韩国公开赛冠军、第十九届世界羽毛球锦标赛冠军,2012 年获第三十届伦敦奥运会亚军,2013 年获新加坡超级赛冠军、香港公开赛冠军、丹麦顶级赛冠军,2014 年获瑞士公开赛冠军、第十七届仁川亚运会冠军。

185. 温丽蓉(1969—),四川成都人,著名女子足球运动员。13 岁进入四川队试训,1986 年入选国家队,1994 年赴日本普利玛队踢球。善于动脑子,场上抢位补位及时。代表国家队参加 1991、1995 年世界杯赛,获 1986 年、1989 年、1991 年、1993 年、1995 年、1997 年亚洲杯冠军,获 1994 年第十二届广岛亚运会、1998 年第十三届曼谷亚运会冠军,1996 年获第二十六届亚特兰大奥运会亚军,1999 年获第三届世界杯亚军。1996 年荣获国家体委颁发的体育运动一级奖章。退役后于

2016 年出任中国足球女子部副主任,全面主持部门工作。

186. 巫兰英(1955—),河南滑县人,著名女子飞碟射击运动员,中国第一位射击世界冠军,中国飞碟射击项目第一枚国际赛事奖牌获得者,第一个在全国男子射击比赛中夺冠的女运动员。1973 年入选河南省飞碟射击队。5 次荣获世界飞碟射击锦标赛团体冠军,1 次个人世界冠军,3 次蝉联亚洲个人冠军,16 次夺得全国个人冠军,其中 5 次打破世界纪录,11 次打破全国纪录,曾两次参加奥运会男子项目比赛。1978 年在全国射击分区赛中,获女子组比赛冠军,同年在第八届亚洲运动会上,与男队员一起夺得男子双向飞碟射击团体第三名。1979 年在第四届全国运动会上再夺男子双向飞碟冠军,并以 194 中的成绩破女子双向飞碟世界纪录。1981 年在阿根廷图库曼举行的世界飞碟射击锦标赛上,获双向飞碟女子团体冠军、双向飞碟女单冠军,成为中国第一位获得射击世界冠军的运动员。1984 年第二十三届洛杉矶奥运会参加双向飞碟比赛,成为唯一的女运动员,在 80 名参赛者中获得第十一名的好成绩。退役后回到河南,担任郑州大学体育学院领导职务,实现了从世界冠军到高校管理者的转身。

187. 吴静钰(1987—),江西景德镇人,著名女子跆拳道运动员,2008 年和 2012 年蝉联奥运会冠军。1999 年开始练习跆拳道,2001 年进入江西省跆拳道队,2004 年进入国家青年队,2005 年入选国家队。2006 年获第十五届多哈亚运会 47 公斤级冠军,2007 年获世界跆拳道锦标赛 47 公斤级冠军,2008 年获第二十九届北京奥运会 49 公斤以下级冠军,2012 年第三十届伦敦奥运会蝉联 49 公斤以下级冠军,2014 年获世界跆拳道大奖赛 49 公斤级冠军,2015 年获世界跆拳道大奖赛总决赛 49 公斤级冠军,是中国运动员首次在该项赛事获得冠军。2014 年担任中国体育文化推广大使。

188. 吴敏霞(1985—),上海人,中国女子跳水队领军人物,获得奥运金牌最多的中国跳水运动员,与伏明霞、郭晶晶并列跳水大满贯获得者。1991 年进入上海市少年体校练习跳水,1995 年进入上海市队,1998 年入选国家队。训练刻苦,身材修长,空中姿态优美,很快便在国际赛场崭露头角。迄今获得 4 枚奥运金牌,8 枚世界游泳锦标赛金牌,其中单人两次夺冠,双人 6 次夺冠,18 枚跳水世界杯金牌,其中单人 3 次夺冠,双人 6 次夺冠,团体 9 个冠军,共计 30 个世界冠军。2001 年首次参加世锦赛便与郭晶晶合作获得双人 3 米板冠军,随后在东亚运动会上勇夺单人 3 米板冠军,2004 年获第二十八届雅典奥运会双人 3 米板冠军,2006 年包揽亚洲运动会单人和双人 3 米板冠军,2008 年第二十九届北京奥运会蝉联双人 3 米板冠军,2012 年第三十届伦敦奥运会包揽单人、双人 3 米板冠军。比赛之余不忘参加社会公益活动,在众多慈善项目和跑步活动中都有她的身影。

189. 吴小璇(1958—),浙江杭州人。著名女子射击运动员,中国首位获得奥运会金牌的女运动员。1973 年进入杭州市业余体校进行射击训练,1974 年进入浙江省队,1981 年入选国家队。1974 年第四届亚洲射击锦标赛斩获男子气步枪冠军(该届锦标赛允许女选手参加),1979 年获第四届全国运动会女子气步枪 40 发立射冠军并打破全国纪录,1982 年获第九届亚洲运动会女子气步枪冠军并打破亚洲纪录,1984 年获第二十三届洛杉矶奥运会女子小口径步枪 3×20 项目金牌、女子 50 米气步枪铜牌,1988 年追平女子小口径步枪 60 发卧射世界纪录。荣获 1984 年国家体委颁发的“体育运动荣誉奖章”,全国十名“最佳运动员”、新中国成立 35 年杰出运动员称号。

190. 吴优(1984—),辽宁锦州人,著名女子赛艇运动员。1998 年进入江西省水上运动中心,2001 年入选国家队。2003 年获全国赛艇锦标赛女子单人双桨冠军,2004 年获赛艇世界杯女子八人单桨亚军,2005 年获第十届全国运动会女子四人双桨冠军、东亚运动会女子四人双桨冠军,2008 年获德国慕尼黑赛艇世界杯女子双人单桨冠军、第二十九届北京奥运会上女子双人单桨银牌。荣获江西省一等功运动员称号。

191. 武柳希(1984—),陕西渭南人,著名女子射击运动员。1994 年进入火车头射击队,1998 年进入陕西省队,2002 年入选国家队。头脑冷静,心理调控能力好。2003 年在长沙城市运动会上以 400 环平世界纪录的成绩勇夺金牌,2004 年获亚洲射击锦标赛气步枪第三名、第二十八届雅典奥运会 10 米气步枪第九名,2005 年获世界杯总决赛步枪 3×20 冠军、10 米气步枪第三名、世界杯德国站 10 米气步枪冠军,2006 年获第十五届多哈亚运会女子 10 米气步枪团体冠军、50 米步枪 3×20 团体冠军,2007 年获亚锦赛女子 10 米气步枪团体冠军,并打破团体世界纪录,2009 年获第十一届全国运动会 50 米步枪三姿冠军,2010 年获国际射联世界杯澳大利亚站女子 50 米步枪三姿冠军、第十六届中国广州亚运会女子 50 米步枪三姿团体冠军、10 米气步枪个人亚军、50 米步枪三姿个人第三名,2013 年获第十二届全运会 10 米气步枪冠军,2014 年获第十七届仁川亚运会女子 10 米气步枪团体冠军。

192. 奚爱华(1982—),山东寿光人,著名女子赛艇运动员。15 岁开始练铅球,一个学期后因个头高、双臂长转练赛艇,1997 年进入山东女子赛艇队,2005 年进入国家队。2002 年获全国赛艇锦标赛女子双人双桨冠军、四人双桨冠军,2005 年获第十届全运会女子单人双桨第二名,2006 年获赛艇世界杯女子四人双桨第二名、世锦赛女子四人双桨第四名,2007 年获世界杯女子四人双桨冠军、世锦赛女子四人双桨第三名,2008 年获第二十九届北京奥运会赛艇女子四人双桨冠军,这是中国参加奥运会以来在赛艇项目上获得的第一枚金牌。

193. 冼东妹(1975—),广东四会人,著名女子柔道运动员,中国第一个两夺奥运柔道冠军的运动员,2008 年北京奥运夺冠后成为第一个妈妈级冠军选手。1998 年进入广东四会业余体校,1990 年进入广东省体校练习柔道,1993 年入选国家集训队。获得多项国际赛事冠军:2004 年获第二十八届雅典奥运会 52 公斤级冠军,2008 年第二十九届北京奥运会卫冕 52 公斤级冠军,2004 年和 2008 年获柔道世界杯冠军,2001 年获世界大学生运动会冠军,2007 年获世界柔道团体锦标赛冠军。国内和亚洲比赛也取得了好成绩:1997 年、2001 年、2009 年先后三次获全国运动会柔道冠军,1993 年和 2005 年全运会分别获得季军和亚军,2002 年获得亚洲运动会亚军。荣获 2004 年“全国劳动模范”、2008 年“全国三八红旗手”、2009 年中国“十大女杰”、2010 年广东杰出女性人物等称号。退役后继续从事与柔道有关的工作,任广东省重竞技体育训练中心党委书记,致力于柔道人才的培养和柔道运动的推广。

194. 晓敏(1956—),蒙古族。国家体育总局党组成员,国家体育总局局长助理。北京体育大学运动系本科毕业。曾任国家体育总局群体司副司长,国家体育总局巡视员,陕西省体育局党组书记,中国毽球协会主席,2014 年 6 月至 2017 年 6 月,任全国政协民族和宗教委员会副主任。

195. 谢军(1970—),河北保定人,著名女子国际象棋运动员,中国第一个女子国际象棋世界冠军,也是第一位欧洲以外的国际象棋女子世界冠军。6 岁开始学习中国象棋,1980 年获北京市儿童中国象棋冠军,同年入北京棋院改学国际象棋,1984 年获国家大师称号。以棋风稳重见长,攻守兼备,心理素质良好,善打硬仗。1984 年获国际象棋全国赛少年冠军和成年组第六名,1988 年晋升为女子国际象棋国际大师,同年获澳大利亚悉尼国际象棋公开赛男女混合赛第六名,居女子首位。1989 年获波兰女子国际象棋邀请赛亚军,1990 年获国际象棋女子世界冠军赛分区赛第一名、区际赛第二名和候选人赛第一名。1991 年战胜保持世界冠军头衔达 13 年之久的格鲁吉亚棋手,1993 年卫冕成功后,成为中国乃至亚洲第一位获男子国际特级大师称号的女运动员。1994 年获马来西亚国际象棋赛季军、第十六届女子国际象棋奥林匹克团体赛季军,1995 年参加在布拉格举行的世界女星与男子元老国际象棋赛,女星队获胜。1998 年代表中国队参加国际象棋奥林匹克团体赛,获女子组冠军,为中国首次夺得“国际维拉明契克流动奖杯”。1999 年在女子世界冠军赛中击败对手,再夺世界冠军。三度荣获"全国"十佳运动员"称号",1991 年荣获"全国三八红旗手"、全国"新长征突击手"、北京市"劳动模范"称号,1994 年 4 月被评为"建国 45 周年体坛 45 英杰",当选"中国十大杰出青年"、"北京市十大杰出青年"。先后担任北京棋院院长、北京西城区教委副主任、首都体育学院副院长。

196. 谢淑薇(1986—),台湾台北人,著名女子网球运动员。5 岁开始学习网球,2001 年转入职业比赛。1997 年参加 14 岁级东亚巡回赛,获得单打与双打两项冠军,2008 年澳大利亚网球公开赛单打进入第 4 轮,创下台湾选手在四大满贯赛事中单打的最佳成绩,2009 年夺得中国网球公开赛女双冠军,2012 年获国际女子职业网联(WTA)巡回赛马来西亚站和广州网球公开赛单打冠军,2013 年获温布尔登网球公开赛女双冠军,赢得职业生涯首个大满贯冠军,同年搭档彭帅获 WTA 年终总决赛女子双打冠军,2014 年搭档彭帅获法网女双冠军,同年获 WTA 女子双打世界排名第一。

197. 谢杏芳(1981—),广东广州人,著名女子羽毛球队运动员,曾在国际羽联的公开赛中创造六连冠纪录。1995 年入选广州羽毛球队,1997 年被选入国家青年队,1998 年进入中国二队,2004 年入选国家队。1998 年与张洁雯搭档夺得墨尔本世界青年羽毛球锦标赛女子双打冠军,1999 年获香港羽毛球公开赛女单冠军,2001 年获亚洲羽毛球锦标赛女单冠军,2003 年获印度尼西亚羽毛球公开赛女单冠军、尤伯杯冠军成员,2005 年连夺全英羽毛球公开赛女单冠军、世界羽毛球锦标赛女单冠军、世界杯羽毛球赛女单冠军,2006 年帮助中国队实现尤伯杯五连冠,同年蝉联世锦赛女单冠军,获第十五届多哈亚运会女团冠军。2007 年共拿到 7 个公开赛冠军,世界排名也牢牢占据第一的宝座。2008 年帮助中国队实现尤伯杯六连冠,获第二十九届北京奥运会女单亚军,泰国羽毛球公开赛女单冠军。

198. 邢慧娜(1984—),山东潍坊人,著名女子中长跑运动员。1995 年进入潍坊市体育学校,开始接受正规的中长跑训练,1999 年进入山东体育运动技术学院,2003 年入选国家集训队。2002 年夺得全国田径冠军赛暨大奖赛总决赛 5000 米和 10000 米两枚金牌,并在巴黎世界田径锦标赛上打破 10000 米世界青年纪录。2004 年获第二十八届雅典奥运会女子 10000 米金牌,2005 年获第十届全国运动会 5000 米、10000 米金牌,同年获世界田径锦标赛 10000 米第四名,在女子 5000 米决赛中刷新了个人纪录。2006 年获全国田径冠军赛女子 5000 米冠军。2007 年因伤势过重暂停高强度训练,痛失北京奥运会参赛资格。其后淡出赛场专注学业,先后在北京体育大学研修硕士学业、在美国威斯康辛大学进行学术交流。

199. 徐东香(1983—),浙江绍兴人,著名女子赛艇运动员。1998 年进入绍兴少年体校,1999 年进入浙江省队,2001 年入选国家队。2001 年获第九届全国运动会赛艇女子轻量级四人双桨亚军。2002 年获全国春季赛艇锦标赛轻量级三项全能、500 米单人双桨、2000 米单人双桨三项冠军、6000 米单人双桨亚军,全国赛艇锦标赛轻量级 2000 米单人双桨冠军,第十四届釜山亚运会女子轻量级双人双桨冠军。2003 年获世界锦标赛轻量级女子双人双桨 C 组第一,全国赛艇锦标赛轻量级 2000 米单人双桨金牌、2000 米双人双桨银牌。2004 年获第二十八届雅典奥运会女子轻量级双人双桨第五名。2012 年获第三十届伦敦奥运会女子轻量级双人双桨银牌。荣获国家体育总局授予的"运动健将"称号、浙江青年"五四奖章"。

200. 徐莉佳(1987—),上海人,著名女子帆船运动员,奥运会帆船项目首位镭迪尔级金牌获得者。运动生涯坎坷,一只眼睛几近失明,一只耳朵几乎失聪,又因为偶然发现的恶性肿瘤错过雅典奥运会,坚持不懈与勤奋训练造就了不断进步和成功。1999 年获亚洲帆船锦标赛女子 OP 级冠军,2001、2002 年蝉联世界帆船锦标赛 OP 级冠军,2002 年获第十四届釜山亚运会 OP 级冠军,2006 年获世锦赛雷迪尔级冠军、第十五届多哈亚运会激光雷迪尔公开级冠军,2008 年获第二十九届北京奥运会激光雷迪尔级第三名,2009 年获第十一届全国运动会激光雷迪尔级冠军,2012 年获第三十届伦敦奥运会激光雷迪尔级冠军。当选 2012 年伦敦奥运会闭幕式中国代表团旗手,同年荣获国际帆联"最佳女运动员"、CCTV 体坛风云人物评选特别贡献奖。

201. 徐梦桃(1990—),辽宁鞍山人,著名女子自由式滑雪空中技巧运动员。中国第一个世青赛冠军,首位蝉联世界杯总冠军运动员。4 岁开始练习体操,1998 年进入辽宁省体操队,2002 年省九运会上取得 3 金 2 银 1 铜的好成绩,同年开始从事自由式滑雪项目训练,2007 年进入国家队。2005 年收获了第一个全国冠军赛冠军,2006 年获得亚洲冬运会亚军,2007 年收获个人首个世界新人奖杯和中国第一个自由式滑雪世界青年锦标赛冠军,2009 年获第一个世界杯冠军,2010 年获第二十一届温哥华冬奥会第六名,2011—2012 赛季和 2012—2013 赛季连续夺得两个世界杯总冠军头衔,成功取得两赛季 6 站比赛中的 5 站冠军。自由式滑雪世界锦标赛上,2009 年、2011 年收获两枚银牌,2013 年获得第一枚金牌。2014 年第二十二届索契冬奥会自由式滑雪项目比赛中,获得个人首个冬奥会亚军。

202. 徐囡囡(1979—),辽宁本溪人,著名女子自由式滑雪空中技巧运动员,1998 年冬奥会上为中国夺得第一枚雪上项目银牌,实现了中国雪上项目奖牌零的突破。1993 年开始练习自由滑雪空中技巧项目,成为练习该项目的第一批专业运动员。从1996年参赛以来，三次出征冬奥会，在多次获得世界杯冠军、夺取第十届全国冬季运动会女子自选动作金牌后，拿下了国内所有比赛冠军。冬奥会上，获得该项目1998年亚军，2002年第2名，2006年殿军。世界杯比赛中，获得2002年第7名，2003年美国站冠军及殿军、捷克站第9名、澳大利亚站冠军和第三，2004年加拿大站第9名、美国站第12名，2005年澳大利亚站亚军、中国站冠军。自由式滑雪世界锦标赛上，获得1997年第9名、1999年第8名、2001年第7名、2003年第18名，并获得1996年亚洲冬季运动会银牌。荣获沈阳市“优秀共青团员”、沈阳市“十大新闻人物”、沈阳市“巾帼建功标兵”、沈阳市“三八红旗手”等称号。2006年都灵冬奥会后退役，任沈阳体育学院竞技体校教师。

203. 徐翾(1985—)，上海人，著名女子射击运动员，主项10米移动靶。11岁开始射击训练，1998年入选上海市射击队二线运动队，1999年入选上海市射击队。1999全国移动靶系列赛第一、二、三站比赛中，在女子10米移动靶20加20项目上三次超过世界纪录，同年在第十一届城市运动会上，又打破该项目世界纪录，一年间在同一项目中连续四次超过世界纪录。2002年世界射击锦标赛上大幅度打破10米移动靶原世界纪录，获得团体冠军，同年获第十四届釜山亚运会射击女子10米移动靶个人冠军、团体冠军。2006年获世锦赛移动靶团体冠军，并在第十五届多哈亚运会射击女子移动靶标准速比赛中获得金牌，成功卫冕。2007年城运会上在男女同场竞技的决赛中上演巾帼不让须眉的好戏，以领先亚军4环的优势夺得冠军。

204. 徐莹(1972—)，北京人，著名女子围棋选手，世界围棋女子冠军。13岁入段，1987年升为三段。1990年获中国女子名人赛冠军，1993年、1995年、1997年、2001年、2004年五次获得中国女子团体锦标赛冠军，1997年、2000年、2004年三次获得中国女子个人锦标赛冠军，1999年获中国职业混双赛冠军，2000年获“东方航空杯”世界女子职业赛亚军，2001年获“山水黔城杯”世界女子职业赛冠军，2005年获中国职业混双赛冠军、第三届“正官庄杯”世界团体赛冠军，2006年第四届“正官庄杯”上蝉联团体赛冠军。退役后于2004年创办“徐莹围棋俱乐部”，2011年在深圳大学任副教授，教授围棋，为中国围棋培养优秀棋手。

205. 许安琪(1992—)，江苏南京人，著名女子重剑运动员。出身体育世家，父亲打篮球，母亲练过田径。2009年被国家女子重剑队破格选入。2006年获江苏省第十六届运动会女子重剑少儿组个人首枚金牌，2007年国际剑联女子重剑世界杯大赛，淘汰了两届奥运会女子重剑团队冠军成员，2012年获第三十届伦敦奥运会女子重剑团体冠军，2013年获女子重剑世界杯卡塔尔站个人冠军，2015年获女子重剑世界杯个人赛冠军,连续三个赛季在世界杯分站上获得个人冠军,2016 年获国际剑联重剑大赛布达佩斯站女子个人赛冠军。

206. 许冕(1987—),江苏扬州人,著名女子跳水运动员。1994 年年仅 7 岁即获江苏省运动会跳板第五名、单人 10 米跳台第五名,破格入选省体校,1999 年入选国家队,主攻 10 米跳台。2000 获德国罗斯托克国际跳水日邀请赛女子单人 10 米跳台冠军,2000 年获西安城市运动会女子单人 10 米跳台亚军,2000 年获墨西哥大奖赛女子单人 10 米跳台冠军,2001 年获第九届世界游泳锦标赛女子单人 10 米跳台冠军,2001 年获第九届全国运动会女子 10 米跳台第四名。荣获 2001 年中国电视体育奖,2002 年国家体育总局授予的"体育运动荣誉奖章"。

207. 许艳梅(1971—),江西南康人。著名女了跳水队运动员。1979 年进入南昌市业余体校学习体操,后改学跳水,1981 年入选江西省队,1985 年进入国家队。1985 年获世界分龄跳水锦标赛女子 B 组 3 米跳板冠军,1986 年获第十届亚运会女子 10 米跳台银牌,1987 年获第五届世界杯女子 10 米跳台冠军、女团冠军,同年获第六届全国运动会女子 10 米跳台冠军,1988 年获第二十四届汉城奥运会女子 10 米跳台金牌,1989 年获第六届世界杯女团冠军、混合团体冠军。1984 年荣获国家级"运动健将"称号,1987 年被美国《游泳世界》杂志评选为年度世界"最佳跳水运动员",1988 年荣获全国"十佳运动员"、"业余体育基金世界杯"奖杯,1989 年被评为建国 40 年杰出运动员,2000 年被国际游泳"名人堂"收录为"荣誉运动员"。1992 年退役后任职于海南省文体厅。

208. 许昱华(1976—),浙江金华人,著名女子国际象棋特级大师。6 岁学棋,12 岁进入浙江省队,1989 年进入国家集训队。1992 年获国家大师称号,1993 年获国际大师称号。1995 年、1996 年蝉联全国女子青年赛冠军,1998 年获"皇庄杯"女子明星赛冠军决赛冠军,2000 年、2002 年、2004 年和队友蝉联奥林匹克团体赛冠军奖杯,2000 年、2002 年连获世界杯冠军,2006 年成为第 11 位女子国际象棋世界冠军,也是继谢军和诸宸后中国的第三位世界棋后。2008 年作为主力率中国女队获得首届世界智力运动会 25 分钟快棋团体冠军,超快棋女团亚军。2009 年获国际棋联南京站冠军、首届全国智力运动会女子超快棋冠军。2007 年荣获中国十佳劳伦斯冠军赛最佳非奥项目运动员奖、国家体育总局体育荣誉奖、浙江省"十佳运动员"称号。

209. 薛晨(1989—),福建福州人,著名女子沙滩排球运动员。1999 年开始在福建少年体校练习室内排球,2000 年进入福州市体校,2002 年进入福建省体育技术学院,改练沙滩排球项目,同年入选国家队。2006 年世界沙滩排球巡回赛上获得两站冠军,2008 年获世界沙滩排球巡回赛汉城(首尔)公开赛和莫斯科公开赛冠军,上海金山站、格斯塔德公开赛和大阪公开赛季军,2008 年获第二十九届北京奥运会沙滩排球铜牌,2010 年获国际排联沙滩排球大满贯赛俄罗斯站女子组冠军。2011 年获世界沙滩排球赛瑞士站亚军,2012 年获世界沙滩排球巡回赛三亚站季军,2013 年获世界沙滩排球锦标赛冠军,2016 年获亚洲沙滩排球锦标赛冠军。荣获福建省“三八红旗手”等荣誉称号。

210. 晏紫(1984—),四川成都人,著名女子网球运动员,大满贯双打冠军获得者。1990 年开始接受网球训练,1998 年进入四川省队,1999 年赴美训练 6 个月,2001 年进入国家集训队。技术全面,心理素质好,敢于发起进攻,场上移动灵活。1999 年获全国青少年巡回赛年终排名单打亚军,2000 年获全国青少年巡回赛分站赛单打冠军和全国女子团体锦标赛第二名,年终排名全国第五,2002 年连夺 7 站国际网球联合会(ITF)双打冠军,2005 年获得广州公开赛冠军,2006 年获得澳网女双冠军,2007 年杀入国际职业女子网联(WTA)一级赛罗杰斯杯女单四强、获 WTA 三级赛斯特拉斯堡站女双冠军,2008 年获 WTA 三级撒黄金海岸公开赛女双亚军,在第二十九届北京奥运会上获得女双铜牌,2009 年杀入澳大利亚网球公开赛女双 16 强。荣获成都市“三八红旗手”等荣誉称号。

211. 杨昊(1980—),辽宁大连人,著名女子排球运动员,中国女排主力主攻手。力量大,弹跳好,心理素质过硬,关键时刻敢于出手,大力的跳发球也很有特点。10 岁开始练习排球,12 岁进入大连体校排球队,14 岁进入辽宁省队,17 岁入选国家青年队,20 岁入选国家队后很快成为主力队员。2001 年获世界大冠军杯冠军,2002 年获第十四届釜山亚运会冠军,2003 年获第八届女排世界杯赛、世界女排大奖赛、瑞士女排精英赛、亚洲女排锦标赛冠军,2004 年获第二十八届雅典奥运会女排冠军,2005 年获亚锦赛冠军、瑞士女排精英赛亚军,2006 年获俄罗斯总统杯、第十五届多哈亚运会女排冠军,2007 年获瑞士女排精英赛、俄罗斯总统杯冠军,2008 年获第二十九届北京奥运会铜牌、女排亚洲杯冠军。荣获 2001 年世界女排大奖赛总决赛最受欢迎球员、世界女排大冠军杯赛最有价值球员,2002 年世界女排大奖赛总决赛最佳发球,2003 年世界女排大奖赛总决赛最佳发球,2005 年瑞士女排精英赛最佳扣球、世界女排大奖赛总决赛最佳发球,2007 年世界女排大奖赛总决赛最佳发球等荣誉称号。

212. 杨瑞雪(1922—1983),辽宁沈阳人,中国体育界知名团体操专家。多年从事舞蹈、艺术体操和团体操的教学、训练和研究工作。在团体操创编上技巧纯熟,能力突出,曾任第一届至第四届全运会和亚非拉乒乓球邀请赛团体操创编负责人。创编的三种艺术体操,在全国比赛中获一次冠军、两次亚军。主编的大型团体操《全民同庆》《革命赞歌》《红旗颂》《新的长征》《银球传友谊》等,主题鲜明、结构严谨、形式新颖、气势磅搏,富有感染力,受到国内外专家好评,两次获得国家体委颁发的国家体育荣誉奖。曾两次出访朝鲜,在伊拉克讲学,巴格达体育学院1980年曾出版其编著的《伊拉克团体操学习班教材》。曾任东北师范大学体育系副主任、主任,吉林省体操协会副主席,中国体操协会副主席,全国第五届政协委员,日汉体育辞典编译,国务院学位评审委员会委员。

213. 杨维(1979—),湖北武汉人,著名羽毛球女子双打运动员。基础扎实、进攻迅猛、攻守结合,擅长快攻。1999年获新加坡公开赛女双冠军,2000年获日本公开赛女双冠军、第二十九届悉尼奥运会女双银牌,2001年获韩国公开赛女双冠军、国际羽毛球超级大奖赛总决赛女双冠军,2002年摘得新加坡、马来西亚公开赛女双桂冠,2003年连夺瑞士、新加坡、马来西亚、丹麦公开赛女双冠军,2004年夺得尤伯杯冠军、第二十八届雅典奥运会女双金牌,2005年获世界羽毛球锦标赛女双冠军,2006年在中国、韩国、德国、新加坡羽毛球公开赛上获得一系列女双冠军,2008年再获尤伯杯冠军。2008年北京奥运会后退役。

214. 杨霞(1977—),土家族,湖南保靖人。著名女子举重运动员,中国第一位女子举重奥运会冠军,也是中国奥运历史上第一个少数民族奥运冠军、大满贯获得者。1989年进入湖南省队。1995年获全国女子举重冠军赛59公斤级总成绩冠军,1997年获第十届亚洲女子举重锦标赛54公斤级抓举、总成绩2枚金牌,挺举银牌,4次打破3项世界纪录,1998年获第十三届亚洲运动会53公斤级总成绩金牌,3次打破2项世界纪录,2000年获第二十七届悉尼奥运会53公斤级金牌,打破3项世界纪录,2001年获全国第九届运动会女子举重53公斤级金牌。2000年被授予"全国三八红旗手""青年五四杰出贡献奖章""五一劳动奖章"等荣誉称号。2003年退役后在湖南省举重运动管理中心工作。

215. 杨秀丽(1983—),辽宁阜新人,著名女子柔道运动员。1997年进入阜新市体校接受柔道训练,1998年转入辽宁省体校,2002年进入辽宁省女子柔道专业队。1999年在辽宁省少年比赛中取得了63公斤级季军的佳绩,2000年获全国青年锦标赛63公斤级冠军,2001年和2002年连夺两次辽宁省运动会63公斤级柔道冠军,2006年获全国锦标赛63公斤级冠军、全国冠军赛冠军,2007年获北京世界柔道团体锦标赛冠军,2008年第二十九届北京奥运会女子柔道78公斤级决赛中力挫群雄,夺得该项目金牌,2011年获世界柔道大奖赛中国站78公斤级亚军。2008年荣获"全国三八红旗手"荣誉称号。

216. 杨秀琼(1918—1982),广东东莞人,民国时期著名女子游泳运动员。爆发力强,动作准确,轻快敏捷,被时人誉为“南国美人鱼”,为当时“中国游泳四女杰”之一。早年就读香港尊德女子学校,同时在南华体育会游泳场接受正规游泳训练。12 岁时在香港游泳公开赛中获得 50 米和 100 米自由泳两项冠军。1931 年参加香港至九龙渡海比赛夺冠,1932 年再度获得全港游泳比赛 50 米和 100 米自由泳两项冠军。1933—1936 年 4 年间,参加了民国时期第五、第六届全国运动会、第十届远东运动会、第十一届奥运会,在游泳比赛中获得优良成绩。第五届全国运动会,获 50 米自由泳、100 米自由泳、100 米仰泳、200 米俯泳 4 项个人冠军,200 米接力赛冠军,第十届远东运动会,获 50 米自由泳、100 米自由泳、100 米仰泳、200 米接力赛 4 项冠军。

217. 杨阳(1977—),回族,吉林省吉林市人,著名女子短道速滑运动员,被誉为短道速滑“四朵金花”之一,中国获得奥运会银牌最多的运动员,共计 4 银 1 铜。6 岁开始练习花样滑冰,9 岁改练短道速滑。1997 年获世界短道速滑锦标赛个人 1500 米季军,1998 年获第十八届长野冬奥会 500 米、1500 米及 3000 米接力亚军,获世锦赛 2 金 2 银 1 铜,获世界团体锦标赛团体冠军,获世界杯 3000 米接力冠军、1000 米冠军、500 米亚军及 1500 米季军,同年还获得亚洲冬季运动会女子个人 1500 米铜牌,1999 年蝉联世界团体锦标赛团体冠军,并获世锦赛 3000 米接力冠军、500 米、1000 米亚军、女子全能赛季军,同年获世界杯女子个人 500 米及接力赛冠军,2002 年获第十九届盐湖城冬季奥运 3000 米接力银牌、个人 1000 米铜牌。2008 年荣获“短道速滑杰出贡献奖”,2009 年被授予“建国 50 年体育功勋”称号。2005 年正式退役,2006 年成为腾讯体育主持人。

218. 杨扬(1975—),黑龙江汤原人,著名女子短道速滑运动员,冬奥会首金获得者。1984 年开始接受滑冰训练,1988 年进入哈尔滨体育运动学校练习短道速滑,1995 年入选国家队。共获得 59 个世界冠军,是获世界冠军最多的中国运动员。2002 年获第十九届盐湖城冬奥会女子短道速滑 500 米金牌,同年获世锦赛 500 米、1000 米、1500 米以及个人全能四枚金牌,实现了 1997—2002 年个人全能项目上的六连冠。1997 年、1999 年、2002 年、2003 年、2005 年获世锦赛 500 米冠军,1997—2002 年连续六年蝉联世锦赛 1000 米冠军。1998 年、2000 年、2001 年、2002 年世锦赛 1500 米冠军,连续 4 年 1500 米世界排名第一。1999 年、2000 年、2001 年连续三年世锦赛 3000 米冠军,1998 年、1999 年、2003 年及 2005 年世锦赛 3000 接力冠军。荣获 1997 全国冰雪“十佳运动员”,1998 年度和 2001 年度全国“十佳运动员”,全国体育系统“先进工作者”,2002 年“体育运动荣誉奖章”,2011

年 CCTV 体坛风云人物年度体坛特别贡献奖。2006 年退役,2010 年成为中国第一位以退役运动员身份当选的国际奥委会委员。

219. 杨伊琳(1992—),广东广州人,著名女子体操运动员。5 岁开始练习体操,1999 年进入广州伟伦体校,2003 年进入广东省队,2007 年入选国家队。2005 年获全国青少年体操锦标赛跳马冠军、高低杠冠军,2006 年获全国体操锦标赛女子团体冠军,2007 年获德国斯图加特世界体操锦标赛女子团体亚军、高低杠季军,2008 年获世锦赛个人全能冠军、高低杠冠军、平衡木冠军,体操世界杯天津站高低杠冠军、自由体操亚军,第二十九届北京奥运会体操女子团体冠军、个人全能季军、高低杠季军,全国体操冠军赛个人全能冠军、高低杠季军,2009 年获第十一届全国运动会女子团体、个人全能及高低杠银牌,2010 年获全国锦标赛女子团体冠军,世锦赛女子团体季军及第十六届广州亚洲运动会女子团体冠军。2013 年退役后进入北京体育大学学习。

220. 姚楠(1981—),黑龙江哈尔滨人,中国女子特奥会滑冰队教练,荣获中央电视台 2011 年度安踏体坛风云人物未名体育人士精神奖。曾为中国女子速度滑冰队运动员,退役后分配到哈尔滨市燎原学校。2000 年利用课余时间组建了一支由智障儿童组成的滑冰队。在 2006 年第四届全国特奥会上,从采集特奥圣火的运动员到开幕式上运动员宣誓代表,都由她的学生担任。曾率队代表中国参加了第七、第八、第九届国际特殊奥林匹克冬季运动会的速度滑冰比赛,第十一、第十二、第十三届国际特殊奥林匹克夏季运动会的轮滑比赛,在速滑和轮滑项目上共获得 106 枚奖牌,是国内培养特奥会世界冠军最多、取得奖牌最多的特奥教练员。2005 年第八届世界冬季特奥会上,带领 16 名速滑运动员共获得 22 枚金牌,占中国代表团金牌总数的 60%。2011 年世界夏季特奥会上获得 13 枚金牌。

221. 叶乔波(1964—),客家人,吉林长春人,著名女子速度滑冰运动员。10 岁进入长春市业余体校速滑班,12 岁入选八一速滑队,1977 年成为中国人民解放军冰上训练基地速滑运动员,1985 年入选国家集训队。1979—1994 年间,共参加国内外速度滑冰比赛 34 次,获金牌 52 枚、银牌 36 枚、铜牌 12 枚。1990 年在第七届全国冬季运动会上获 4 枚金牌,1991 年获世界速度滑冰锦标赛 500 米冠军、短距离速滑 5 项亚军,速度滑冰世界杯 500 米冠军、1000 米亚军,1992 年获第十六届冬季奥运会 1000 米和 500 米 2 枚银牌,实现中国冬奥会奖牌零的突破,同年世界短距离速度滑冰锦标赛上,连获 3 枚金牌,夺得女子全能世界冠军,成为中国和亚洲第一个短距离速滑世界冠军。1992—1993 年先后参加世界杯系列赛、世锦赛和世界短距离锦标赛,夺得女子 500 米项目的全部冠军、女子短距离全能冠军和世界杯总决赛女子 500 米冠军,共获金牌 14 枚,1993 年获第七届全运会女子短距离全能冠军,1994 年第十七冬奥会带伤出战夺取女子 1000 米速滑铜牌。荣获 1991 年原沈阳军区“勇攀高峰”运动员、1992 年中央军委“体坛尖兵”荣誉称号,多次被评为全国冰雪“十佳运动员”、全国体育“十佳运动员”、全国“新长征突击手”和全军“优秀共产党员”。1994 年冬奥会后攻读清华大学 MBA 课程、中央党校经济学博士学位,任军队专职干部,致力于推广冬季运动。

222. 叶诗文(1996—),浙江杭州人,著名女子游泳运动员。中国游泳第一个大满贯得主、世界泳坛最年轻的奥运“双冠王”。6 岁进入体校学习游泳,2008 年进入浙江省队,2010 年入选国家队。2010 年参加第十六届广州亚运会,夺得女子 200 米、400 米个人混合泳冠军,2011 年获第十四届上海世界游泳锦标赛 200 米个人混合泳冠军,2012 年获第三十届伦敦奥运会女子 400 米个人混合泳冠军并打破世界纪录、200 米混合泳冠军,创造了中国游泳个人单届获得两项奥运冠军的历史,同年获土耳其伊斯坦布尔世界短池游泳锦标赛 200 米个人混合泳冠军,成为中国泳坛第一个“大满贯”得主。2013 年第十二届全国运动会 200 米个人混合泳夺冠后,包揽全运会、亚运会、游泳世界杯、长池世锦赛、短池世锦赛、奥运会在内的所有国内外重大比赛的金牌,成为中国泳坛首个“金满贯”获得者。2012 年荣获 CCTV 体坛风云人物年度“最佳女运动员”,2013 年荣获劳伦斯体育奖提名。2014 年进入清华大学法学院学习。

223. 叶钊颖(1974—),浙江杭州人,著名女子羽毛球运动员。1985 年进入浙江省队,1989 年入选国家队。在长达十余年的国家队中,大部分时间处于女单一号的位置。1995 年、1996 年、1997 年、1998 年先后 8 次位列国际羽联女子单打世界排名第一。1990 年获世界青少年羽毛球赛女子单打冠军,1992 年获亚洲羽毛球锦标赛女单冠军、印尼公开赛女单冠军,1993 年获日本、法国、印尼、丹麦公开赛女单冠军,世界羽毛球锦标赛女单第三名,1994 年获得亚锦赛、亚洲杯女单冠军,1995 年获世锦赛、世界杯赛、世界羽联总决赛、亚锦赛女单冠军、苏迪曼杯冠军,1997 年蝉联世锦赛女单冠军、苏迪曼杯冠军,世界羽联总决赛、韩国公开赛、全英公开赛、第八届全国运动会女单冠军,1998 年获第十三届曼谷亚运会女子团体冠军、尤伯杯冠军,全英公开赛、新加坡公开赛、亚锦赛女单冠军,2000 年获第二十七届悉尼奥运会女单铜牌、泰国公开赛冠军。荣获 1992 年、1996 年全国羽毛球“十佳运动员”、1993 年浙江“十佳运动员”、1996 年全国“十佳运动员”称号。

224. 易思玲(1989—),湖南桂阳人,著名女子射击运动员,2012 年伦敦奥运会女子 10 米气步枪冠军即中国首金获得者。2002 年进入湖南省郴州市体校,学习田径和舞蹈,后改学射击,2002 年进入湖南省队,2004 年调入广东队,2008 年进入国家队。2006 年、2008 年获全国射击锦标赛 10 米气步枪冠军,2009 年获世界杯分站赛 10 米气步枪北京站亚军、美国站冠军,2010 年获世界射击锦标赛女子 10 米气步枪冠军,并刷新了该项目世界纪录,同年获第十六届广州亚运会女子 10 米气步枪个人金牌,2011 年获射击世界杯总决赛女子 10 米气步枪冠军,2012 年获第三十届伦敦奥运会女子 10 米气步枪冠军,2013 年获射击世界杯西班牙站女子 10 米气步枪冠军,2014 年获第十七届仁川亚运会女子 10 米气步枪团体金牌,2015 年获射击世界杯慕尼黑站女子 10 米气步枪冠军,2016 年获中国射击队里约奥运选拔赛预选赛第一。2011 年进入清华大学经济管理学院本科学习,2012 年获"全国三八红旗手"荣誉称号。

225. 殷剑(1978—),四川西昌人,著名女子帆船帆板运动员,北京奥运会女子帆板比赛冠军。1993 年开始入读四川邛海水校,1995 年进入四川队,2001 年入选国家队。2000 年获全国帆船锦标赛女子帆板场地赛、长距离赛第一名,2001 年获全国帆板冠军赛女子帆板场地赛第一名,2002 年获全国锦标赛、亚洲锦标赛女子帆板场地赛第一名、第十四届釜山亚运会帆板亚军,2003 年获全锦赛女子帆板场地赛第一名,2004 年获第二十八届雅典奥运会女子帆板第二名,2005 年获全锦赛女子帆板场地赛第一名,2006 年获全锦赛女子 RS-X 场地赛第二名,2007 年获首届全国水上运动大会女子 RS-X 场地赛第一名,2008 年获第二十九届北京奥运会女子 RS-X 级帆船(板)金牌。

226. 尹卫萍(1965—),辽宁大连人,著名女子飞碟射击运动员。1979 年被选入常德市业余体校,练习小口径步枪射击,1981 年入选湖南省队。职业生涯共获世界冠军 4 个、亚洲冠军 2 个、全国冠军 14 个。1984 年夺得首枚女子飞碟多向全国冠军后,又多次夺得该项目的全国冠军。1987 年获亚洲射击锦标赛女子飞碟多向个人冠军、世界飞碟射击锦标赛女子飞碟多向个人和团体两项冠军,1990 年获第十一届北京亚运会女子飞碟多向团体冠军,1991 年、1993 年蝉联世锦赛女子飞碟多向团体冠军。荣获湖南省"新长征突击手""三八红旗手"称号、国际级"运动健将"和"体育运动荣誉奖章",当选第七届全国人大代表。

227. 于洋(1986—),辽宁鞍山人,著名羽毛球女子双打运动员。10 岁进入鞍山体校,1998 年进入辽宁体校,2001 年进入辽宁省队,同年进入国家集训队。职业生涯中共获 9 项世界冠军头衔。2006 年、2012 年获尤伯杯团体冠军,2008 年获第二十九届北京奥运会羽毛球混双季军,2009 年获苏迪曼杯羽毛球混合团体赛冠军,2010 年获第十六届广州亚运会羽毛球女子团体冠军、世界羽毛球锦标赛女双冠军,2011 年、2013 年获苏迪曼杯团体冠军,2013 年获中国羽毛球大师赛女双冠军、亚洲羽毛球锦标赛女双冠军,2014 年获中国羽毛球公开赛女双冠军、全英羽毛球公开赛女双冠军。

228. 袁华(1974—),辽宁沈阳人,著名女子柔道运动员。1988 年进入辽阳体校开始柔道训练,1989 年进入辽宁省队,1996 年进入国家队。1997 年获第二届东亚运动会女子无差别级冠军、第八届全国运动会女子 72 公斤以上级冠军、国际女子柔道锦标赛女子 78 公斤以上级冠军,1998 年获全国女子柔道锦标赛女子 78 公斤以上级冠军、第十三届亚洲运动会女子 78 公斤以上级冠军,1999 年获第二十届世界大学生运动会女子 78 公斤以上级和无差别级冠军,2000 年获第二十七届悉尼奥运会女子 78 公斤以上级冠军,2001 年获第二十一届大运会、第二十九届柔道世界锦标赛女子 78 公斤以上级冠军。2001 年当选全国“十佳运动员”,并被评为“全国劳动模范”“新长征突击手”,辽宁省“劳动模范”,获“五一劳动奖章”。

229. 岳清爽(1985—),黑龙江哈尔滨人,著名女子冰壶运动员。少年时进入哈尔滨体育专科学校,2000 年从速滑队改行进入冰壶队,2003 年进入国家队。作为中国女子冰壶队的二垒手,以出色的技术担起重任。2003 年获第十届全国冬季运动会冠军,2007 年获亚洲冬季运动会女子冰壶项目第三名,2008 年在世界冰壶锦标赛中一鸣惊人,一路过关斩将,获得亚军,2009 年在世界大学生冬季运动会和世界锦标赛中斩获桂冠,登上了女子世界冰壶运动的最高点,2010 年获第二十一届温哥华冬奥会季军。

230. 张爱玲(1957—),上海人,著名女子羽毛球运动员。1972 年入选上海市羽毛球队少年班进行正规训练。身体素质好,打球作风泼辣,扣杀凶狠,进攻速度快,反手击球能力强,并善于在跑动中突然袭击。1978 年获第一届世界羽毛球锦标赛女单和女双桂冠、第八届亚洲运动会混双冠军,1981 年获全英羽毛球精英赛女单和女双冠军,1982 年、1983 年连续两次夺得全英锦标赛女单冠军,1978 年第八届亚运会、1982 年第九届亚运会、1984 年尤伯杯羽毛球赛女子团体冠军主力队员。五次荣获国家“体育运动荣誉奖章”。退役后曾赴马来西亚国家队执教,后定居澳大利亚珀斯并开设羽毛球俱乐部。

231. 张彩珍(1930—),浙江宁波人。曾任国家体委副主任,是中华人民共和国第一位在国家体委担任副主任的女性,第一位获得奥林匹克勋章的中国女性。1946 年进入同济大学德语系学习,1948 年 3 月加入中国共产党,1948 年夏秘密离开上海来到大别山革命根据地,在皖西军区学习后,先后任十一纵队、第二野战军三兵团文工团员、戏剧队长。1954 年经国家体委主任贺龙元帅点将进入国家体委工作，历任国家体委办公厅副主任、政策研究室主任、国家体委副主任兼任国家教委委员、中国奥委会副主席、中华全国体育总会副主席。曾任中国体育科学学会副理事长、中国体育发展战略研究会会长、第八届全国人大教育科学文化卫生委员会顾问和《体育科学》杂志、《体育年鉴》主编等职。

232. 张丹（1985— ），黑龙江哈尔滨人，著名女子花样滑冰双人滑运动员。1998 年开始与张昊配对参加双人滑比赛，同年获得在北京举行的世界青少年大奖赛冠军。2006 年都灵冬奥会上，在完成高难度动作"后内接环四周抛跳"时失败受伤，但她选择重回赛场完成比赛并夺得银牌。在冬奥会中，先后获得 2002 年第 11 名、2006 年亚军、2010 年第五名，在世界花样滑冰锦标赛中，先后获 2006、2008 及 2009 年度亚军，在花样滑冰世界杯中，先后获 1998 年北京站，2000 年英国站、罗威站、日本站及总决赛冠军，2001 年、2003 年冠军，在世界花样滑冰大奖赛中，先后获得 2005 年度总决赛亚军、日本站、加拿大站冠军，2007 年年度加拿大站冠军、总决赛第三名，2008 年度中国站、俄罗斯站冠军、总决赛亚军。还获 2007 年度及 2009 年度世界大学生冬季运动会冠军，2010 年四大洲花样滑冰锦标赛双人滑冠军。2012 年选择退役，成为一名花样滑冰教练，继续为中国花样滑冰事业做出自己的贡献。

233. 张虹（1988— ），黑龙江哈尔滨人，著名女子速度滑冰运动员，中国冬奥会首位速度滑冰金牌获得者。7 岁开始接触滑冰项目，12 岁进入哈尔滨市队，练习短道速滑，2008 年改练速度滑冰。2011 年获世界速度滑冰锦标赛 3000 米接力冠军，2012 年获全国冬季运动会短距离全能冠军，世锦赛 100 米亚军，1500 米、3000 米接力及总成绩三项冠军，2013 年获世界杯荷兰站 1000 米亚军、哈尔滨站 1000 米冠军、集体滑冠军，2014 年获第二十二届索契冬奥会速滑女子 1000 米冠军，2016 年获全国冬季运动会速度滑冰 500 米、1000 米及 1500 米冠军。2014 年荣获"全国五一劳动奖章"、黑龙江省青年"五四奖章"、CCTV 体坛风云人物年度最大突破奖，并出任黑龙江体育彩票形象大使、哈尔滨市形象大使及黑龙江省环保形象大使。荣获 2014、2015 年中华人民共和国"体育运动荣誉奖章"。2015 年接受北京冬奥申委颁发的聘书，成为北京申办冬奥会形象大使。

234. 张会（1988— ），黑龙江宾县人，著名女子短道速滑运动员。1999 年开始练习滑冰，2008 年进入国家队。2009 年获世界杯盐湖城站女子 3000 米接力冠军，温哥华站女子 1000 米、3000 米接力冠军，北京站女子 3000 米接力冠军，长野站女子 3000 米接力冠军，世界短道速滑锦标赛、第十一届全国运动会女子 3000 米接力冠军。2010 年获世界杯首尔站、加拿大站、美国站及总决赛女子 3000 米接力冠军,第二十一届温哥华冬奥会女子3000米接力冠军,2011年获世界杯蒙特利尔站、魁北克站、莫斯科站女子3000米接力冠军,亚洲冬季运动会短道速滑女子3000米接力冠军,世锦赛3000米接力冠军。2010年荣获第二十一届温哥华冬奥会总结表彰大会"体育运动荣誉奖章",安踏2010年度CCTV体坛风云人物年度最佳组合提名奖,所在团队中国短道速滑队荣获安踏2010年度CCTV体坛风云人物年度最佳团队奖。

235. 张洁雯(1981—),广东广州人,著名羽毛球女子双打运动员。1987年开始练习羽毛球,1994年进入广州市队,1997年入选国家集训队。1997年在亚洲青年锦标赛上夺得女双冠军,并获女单金牌,1998年再次夺得澳大利亚世界羽毛球锦标赛女双冠军,1999年获新加坡公开赛女双冠军。2000年获全国双打冠军赛女双冠军、尤伯杯冠军队主力队员、日本公开赛女双冠军。2001年获第九届全国运动会女双冠军、国际羽毛球超级大奖赛总决赛女双冠军。2002年获新加坡、马来西亚公开赛女双冠军,亚锦赛女双冠军。2003年获瑞士、新加坡、马来西亚、丹麦公开赛女双冠军,双打世界排名升至第一。2004年获第二十八届雅典奥运会女双金牌,韩国、马来西亚、中国、新加坡、印度尼西亚公开赛女双冠军,世界排名继续保持第一。2005年获世锦赛冠军和世界杯冠军,并获日本站、马来西亚站、中国站、中国香港公开赛女双冠军。2006年获德国、新加坡、韩国、中国香港、中国公开赛女双冠军。2008年获马来西亚公开赛、瑞士公开赛、泰国公开赛以及亚锦赛冠军。2009年退役后,致力于羽毛球推广工作,经常和广州队教练到中小学去讲授羽毛球基本知识。

236. 张娟娟(1981—),山东青岛人,著名女子射箭队运动员,首位奥运射箭项目冠军获得者。1995年在青岛市体校开始接触射箭,1996年进入山东省队,2001年入选国家队。2001年获亚洲射箭锦标赛个人淘汰赛冠军、第四十一届世界射箭锦标赛团体冠军,2004年获第二十八届雅典奥运会团体亚军,2006年获射箭世界杯总决赛个人冠军,2007年获世界杯英国站个人亚军,2008年获第二十九届北京奥运会射箭女团银牌、个人金牌。2009年荣获安踏2008年度CCTV体坛风云人物"最佳女运动员"提名奖。2008年任青岛体育训练基地副主任。

237. 张娜(1980—),天津人,著名女子排球运动员。1995年进入天津队,1999年入选国家青年队,2001年入选国家队。在2000年全国联赛期间,天津女排教练大胆将其场上位置由副攻改为自由人,从此迈上通往世界一流高手的道路。2001年获世界女排大奖赛总决赛冠军,2003年获女排亚锦赛冠军、第八届女排世界杯赛冠军,2004年获第二十八届雅典奥运会女排冠军,2005年获女排亚锦赛冠军,2006年获第十五届亚洲运动会女排冠军,2008年获第二十九届北京奥运会女排季军。荣获2000年国际联赛“最佳一传”、2003年世界“最佳自由人”称号,第28届奥运会获“最佳一传奖”。退役后被聘为南开中学校长助理,后为南开中学副校长。

238. **张宁**(1975—),辽宁锦州人,著名女子单打羽毛球运动员,2004年雅典奥运会和2008年北京奥运会蝉联羽毛球女单冠军。1985年进入辽宁锦州市体校,1989年进入辽宁省队,1991年进入国家队。1994年获法国公开赛冠军,1996年获瑞士公开赛冠军,1998年获第十三届亚洲运动会上团体冠军、马来西亚公开赛、丹麦精英赛、羽毛球大奖赛总决赛冠军。2001年获亚洲羽毛球锦标赛冠军,2003年获第十三届羽毛球世锦赛冠军,同年登上女单世界第一宝座。2004年获第二十八届雅典奥运会冠军,2006年获第十五届多哈亚运会女团冠军,2008获第二十九届北京奥运会冠军。2008年退役后担任国家队女单教练,2014年退居二线,担任新教练的助手。

239. **张萍**(1982—),天津人,著名女子排球运动员,主力副攻手,是国内少有的力量型副攻。1998年进入天津队,2002年入选国家队。雅典奥运会代替受伤主力参赛,顶住压力,用出色表现证明了自己的实力。2002年获世界女排锦标赛第四名,2003年获世界女排大奖赛冠军、亚洲女排锦标赛冠军、第八届世界杯冠军,2004年获第二十八届雅典奥运会冠军,2005年获瑞士女排精英赛亚军、世界女排大奖赛总决赛季军、国际排联大冠军杯季军。2004年荣获奥运会最佳扣球奖。退役后赴香港中文大学学习并顺利完成本科学业。2012年曾客串出演香港导演执导的电影《盲山》。2013年担任中国女子水球队副领队,辅佐管理工作。

240. **张蓉芳**(1957—),四川成都人,杰出女子排球运动员,主攻手,中国女子排球队队长及主教练。1970年进入四川队,1976年入选国家队。技术全面,擅长“双快一跑动”,扣球变化大,作风顽强,在比赛中发挥稳定。1978年获第八届亚洲运动会女排银牌,1979年获第二届亚洲女排锦标赛冠军,1981年获女排世界杯冠军,1982年获第九届世界女排锦标赛冠军、第九届亚洲运动会女排金牌,1983年获世界超级女排赛冠军,1984年获第二十三届奥运会女排金牌,帮助实现了中国女排“三连冠”。1980年荣获国家级“运动健将”称号,1981年、1983年、1984年三次荣获国家体委颁发的“体育运动荣誉奖章”,1984年荣获全国“十佳运动员”、建国35年杰出运动员称号,1989年荣获建国40年杰出运动员、“全国三八红旗手”称号。1986年任中国女排主教练,率领中国女排在第十届世锦赛中夺冠,并获得本届赛事最佳教练员。1983年当选全国政协委员,1984年任四川省体委副主任、党组成员。1987 年调任国家体委训练局副局长,1998 年任排球运动管理中心第一副主任。

241. 张山(1968—),四川南充人,杰出女子射击运动员,在奥运会上创造双向飞碟 200 发子弹无一脱靶的好成绩,战胜多位选手,成为首位在奥运会男女混合项目中击败男对手的女将。1985 年获第一届全国青年运动会女子双向飞碟亚军,1986 年两次获西南协作区射击赛冠军,1989 年获世界飞碟锦标赛冠军、团体冠军并创该项目世界纪录,1990 年第四十五届世界射击锦标赛打破双向飞碟团体世界纪录、亚洲飞碟射击锦标赛创双向飞碟团体世界纪录,同年获第十一届亚洲运动会团体、个人两块金牌,1992 年获第二十五届巴塞罗那奥运会金牌,并打破该项世界纪录,1998 年在射击世界杯赛上打破女子飞碟双向决赛、女子飞碟双向资格赛世界纪录,2005 年获第十届全国运动会金牌,平全国纪录。2011 年飞碟世锦赛中,和队友一起以破世界纪录的成绩获得团体冠军,2012 年获第十二届届亚洲射击锦标赛团体金牌和个人金牌。1988 年荣获国家级"运动健将"称号,1992 年被评为全国"十佳运动员",1993 年当选全国青年十大杰出人物,1999 年被评为建国 50 年体育明星。2010 年担任国家双向飞碟队主教练,并以教练兼运动员的身份出征各类比赛。

242. 张文秀(1986—),辽宁大连人,著名女子链球运动员。1994 年进入普兰店体校接受篮球训练,1996 年改练链球,2000 年入选八一田径队,2001 年入选国家队。2001 年全国田径大奖赛上打破女子链球项目亚洲纪录,2002 年获亚洲青年田径锦标赛冠军,2003 年获世界军人运动会女子链球金牌,2004 年获全国田径大奖赛冠军、第二十八届雅典奥运会第七名,2005 年获全国田径锦标赛冠军、澳门东亚运动会金牌,2006 年获全国锦标赛金牌,2007 年夺得世界田径锦标赛铜牌,2008 年获第二十九届北京奥运会铜牌,2009 年获第十一届全国运动会冠军、世锦赛铜牌,2012 年获国际田联世界挑战赛捷克俄斯特拉发站亚军并打破亚洲纪录,2013 年获第十二届全运会冠军,2014 年获第十七届仁川亚运会冠军,2015 年获世锦赛亚军。荣获辽宁省"五一奖章""五四青年奖章""三八红旗手"称号。

243. 张希(1985—),江苏南通人,著名女子沙滩排球运动员。1998 年入选江苏省少年体校,2000 年入选江苏省女子排球队,后转入江苏省沙滩排球队,2002 年入选国家队。协调性、柔韧性和爆发力过人,更加上惯用左手的先天优势,对手很难抵挡其攻势。2006 年获世界沙滩排球巡回赛中国站、泰国站冠军,俄罗斯站、波兰站亚军,年终排名世界第三,2007 年获瑞士站第四名,2008 年获世界沙滩排球巡回赛上海金山站、格斯塔德公开赛和大阪公开赛季军,汉城(首尔)公开赛、莫斯科公开赛冠军,第二十九届北京奥运会铜牌,2010 年获国际排联沙滩排球大满贯赛俄罗斯站、三亚站冠军,2011 年获世界沙滩排球赛瑞士站亚军,芬兰站冠军,2012 年获世界排联沙滩排球巡回赛三亚站季军,2013 年获世界沙滩排球锦标赛冠军。荣获 2008 年国际排联沙滩排球巡回赛最佳球员称号,2010 年国际排联沙滩排球巡回赛最佳防守奖。

244. 张秀云(1976—),湖北武汉人,著名女子赛艇运动员。少年时在武汉市蔡甸区业余体校开始田径训练,1990 年进入武汉市水上运动站,1993 年入选国家队。1993 年获世锦赛四人双桨冠军,1996 年获第二十六届亚特兰大奥运会双人双桨亚军,1998 年第十三届、2002 年第十四届亚运会蝉联单人双桨冠军,1999 年获世锦赛双人双桨亚军,2000 年获世界杯单人双桨冠军,成为中国第一个获取世界杯冠军的赛艇选手。因身体原因错过 2000 年悉尼和 2004 年雅典奥运会,为奥运梦想选择复出,在 2008 年和 2012 年奥运会上获得了第四名、第六名的好成绩。曾获五枚全国运动会金牌。1996 年被国家体委授予体育运动一级奖章,荣获 1997 年湖北"十佳运动员"称号,2014 年、2015 年荣获国际赛艇界最高奖项托马斯·凯勒奖提名。2013 年退役后,任北京体育大学教师、高级教练员,继续从事赛艇相关事业。

245. 张璇(1968—),福建人,著名女子围棋选手。14 岁时定为四段,1997 年升为八段。1987 年、1988 年进入"新体育杯"循环圈,1989 年获"五牛杯"赛冠军,1990 年获全国个人赛女子冠军,1998 获全国个人赛女子亚军、宝海杯世界女子赛冠军,2000 年获日立杯混双赛冠军、全国体育大会围棋赛女子第三名,同年进入兴仓杯世界女子赛四强、东航杯世界女子赛八强,2001 年获浪潮杯女子名人战冠军,2002 年获中国职业围棋混双赛冠军,2003 年至 2011 年的 9 年间,夺得五届建桥杯女子冠军。

246. 张艳梅(1970—),吉林舒兰人,著名女子短道速滑运动员、教练员。中国第一位短道速滑世界冠军。1984 年进入吉林省体校,1986 年在全国短道速滑冠军赛上打破 1000 米全国纪录,入选国家队。1989 年获全国短道速滑冠军赛 3000 米接力金牌,1990 年获亚洲冬运会 3000 米、3000 米接力两枚金牌,500 米、1500 米两枚银牌,同年获亚洲杯 1000 米金牌并打破世界纪录、3000 米接力金牌,1991 年获世界短道速滑锦标赛 500 米金牌并打破世界纪录、世界短道速滑团体锦标赛亚军,1993 年获世锦赛 500 米金牌并打破自己保持的世界纪录,1994 年获第十七届冬奥会 500 米银牌,1995 年获世锦赛 3000 米接力金牌、团体锦标赛亚军。2008 年荣获"短道速滑杰出贡献奖"。任沈阳八一速滑队教练。

247. 张杨杨(1989—),吉林双辽人,著名女子赛艇运动员。2004 年进入辽宁省航海运动学校练习赛艇,2006 年进入国家队。2006 年获全国锦标赛女子单人单桨第三名,2007 年获全国赛艇春季锦标赛女子单人单桨 8 公里第三名、世界赛艇青年锦标赛女子双人双桨冠军、奥地利赛艇世界杯女子四人双桨第四名,2008 年获第二十九届北京奥运会女子四人双桨冠军,实现了中国奥运会历史上赛艇项目金牌零的突破。

248. 张怡宁(1981—),北京人,中国杰出女子乒乓球运动员。1987 年开始接触乒乓球,1991 年进入北京队,1993 年入选国家队。右手横握球拍,两面反胶,弧圈结合快攻打法。2000 年获第四十五届世界乒乓球锦标赛女团冠军、女单亚军,2001 年获第四十六届世乒赛女团冠军,2002 年获世界杯女单冠军,国际乒联总决赛女单冠军、女双亚军,第十四届釜山亚运会女单冠军,2004 年获世乒赛女团冠军,第二十八届雅典奥运会女单、女双冠军,世界杯女单冠军,2005 年获上海世乒赛女单、女双冠军,世界杯女单冠军,实现了世锦赛、奥运会和世界杯的“大满贯”。2006 年获世乒赛女团冠军,2008 年第二十九届北京奥运会上蝉联单打冠军,成为奥运会双冠王。2009 年世乒赛成功卫冕女单冠军,同年在全国运动会中帮助北京队获得女团冠军,并卫冕女单冠军。自 2001 年在世界杯首夺三大赛女单冠军以来,在三大赛中共获 19 个世界冠军。荣获 2003 年全国“十佳运动员”,2004、2008 两次年度劳伦斯冠军奖“十佳运动员”,2005 年中国十大杰出青年,2009 年 CCTV 体坛风云人物“最佳女运动员”、2011 年北京体育“世纪十佳”女运动员等荣誉称号。退役后担任上海体育学院乒乓球学院院长助理。

249. 张越红(1975—),辽宁沈阳人,著名女子排球运动员。1990 年进入辽宁省体校,2000 年入选国家队。弹跳好,进攻点高。1999 年获世界女排大奖赛总决赛季军,2001 年、2002 年连续获得世界女排大奖赛亚军,2003 年获第九届世界杯冠军,2004 年获第二十八届雅典奥运会冠军。2008 年北京奥运会沈阳站火炬手。2010 年出任辽宁省体育局排管中心副主任,2011 年任辽宁女排主教练。

250. 赵利红(1972—),广东英德人,著名女子足球运动员。1992 年首次入选国家女子足球队,曾代表国家队参赛 100 场以上。善于从左路突破传中,速度快,奔跑能力强,属于攻守全面型中场运动员。代表国家队夺得 1993 年、1995 年、1997 年亚洲杯冠军,1994 年获得第十二届广岛亚运会冠军,1998 年第十三届曼谷亚运会蝉联冠军,1995 年获第二届世界杯第四名,1996 年获第二十六届亚特兰大奥运会银牌,1999 年获第三届世界杯亚军。1993 年和 1995 年曾两度被评为女足联赛最佳球员。2004 年退役进入广州市足协,当选 2008 北京奥运会深圳站火炬手。

251. **赵蕊蕊**(1981—),江苏南京人,著名女子排球运动员,雅典奥运会女排冠军主力队员。父母均为排球运动员,自小受父母启蒙,对排球有相当的天赋,1994 年入选八一青年女排,2001 年加入国家队。1999 年获世界女排大奖赛总决赛第三名、亚洲排球锦标赛冠军,2001 年获世界女排大奖赛总决赛亚军、第九届全国运动会冠军,2002 年获第十四届釜山亚运会冠军,2003 年获世界女排大奖赛、亚锦赛、第八届女排世界杯冠军,2004 年获第二十八届雅典奥运会冠军,2008 年获第二十九届北京奥运会季军、亚洲女排杯冠军、瑞士女排精英赛亚军。2003 年被评为第八届世界杯最佳扣球手。退役后投身写作,第一本动漫小说《末世唤醒》已出版,第二本小说《彩羽侠》获得第四届全球华语科幻星云奖最佳长篇科幻小说银奖。

252. **赵颖慧**(1981—),河北石家庄人,著名女子射击运动员,主项 10 米气步枪。1994 年进入石家庄市体校练射击,1996 年进入河北省队,1997 年入选国家队。1997 年、2001 年蝉联第八、第九届全国运动会 10 米气步枪个人冠军,1998 年获世界杯总决赛个人冠军,1999 年在汉城(首尔)世界杯和米兰世界杯赛上两次打出资格赛平世界纪录的好成绩,同年在南京和上海全国射击系列赛上,两次打出 40 发子弹 400 环满环的优异成绩。2002 年获世界射击锦标赛团体冠军,同年获第十四届釜山亚运会个人、团体冠军并打破团体世界纪录,2004 年获第二十八届雅典奥运会 10 米气步枪第四名,2006 年获第十五届多哈亚运会亚军,2007 年获亚洲射击锦标赛团体金牌,并与队友打出破世界纪录的好成绩,2009 年获第十一届全运会团体冠军。多次获得射击世界杯分站赛冠军。退役后担任河北省步枪射击总教练,同时以教练身份参加比赛。

253. **赵云蕾**(1986—),湖北宜昌人,著名女双、混双羽毛球运动员,中国第一个羽毛球双满贯运动员。出身于体育世家,10 岁开始羽毛球训练,1997 年选送湖北省羽毛球集训队,2000 年进入湖北省队,2003 年进入国家队。2012 年获第三十届伦敦奥运会女双、混双冠军,2014 获世界羽毛球锦标赛女双、混双冠军,2014 年获第十七届仁川亚运会混双冠军,成为女双项目集奥运会、世锦赛、全英羽毛球公开赛和亚运会冠军于一身的全满贯得主。2015 年蝉联世锦赛女双、混双冠军。2014 年荣获国际羽联年度"最佳女运动员奖"。

254. **郑凤荣**(1937—),山东济南人。著名女子跳高运动员。1953 年入选国家田径集训队。1954 年全国十三城市田径运动会上打破女子跳高全国纪录,在中央体育学院学习期间成为中国第一个跳高"运动健将"。1957 年在柏林举行的国际田径比赛中，以 1.72 米的成绩获得冠军，跻身世界女子跳高先进行列。同年在北京的田径比赛中，以 1.77 米的成绩打破美国运动员麦克丹尼尔保持的 1.76 米的世界纪录，成为中国第一个打破世界纪录的女子运动员。1959 年荣获国家体委颁发的“体育运动荣誉奖章”，1964 年当选第三届全国人大代表，1965 年周恩来总理亲自授予“体育运动荣誉奖章”，1984 年被评为建国 35 年杰出运动员，1987 年荣获国际田联颁发的“国际田联 75 周年金质纪念章”。退役后于 1979 年担任中国田径协会副主席。

255. 郑海霞（1967— ），河南商丘人，杰出女子篮球运动员。20 世纪 90 年代国家队主力中锋、得分手，1992 年巴塞罗那奥运会中国女篮亚军核心成员。第一个赴美国参加女子篮球职业联赛的著名球星，效力于洛杉矶火花队，在国际篮坛有广泛影响力。身高体壮，能攻善守，手感柔和，投篮精准，参加过 4 届奥运会、4 届世锦赛、4 届亚运会和 8 届亚锦赛，为中国女篮写下一个辉煌的“郑海霞时代”。1980 年进入武汉部队女篮，1983 年进入国家队。1984 年获第二十三届洛杉矶奥运会季军，1992 年获第二十五届巴塞罗那奥运会亚军，1994 年获第十二届世锦赛亚军，1986 年获第十届亚运会冠军。1984 年在奥运会预选赛中被评为最佳青年选手，1985 年第六届“波罗的海杯”国际女篮选拔赛中荣获“最佳得分手奖”和“最佳篮板球奖”，1986 年在第十届世界女篮锦标赛预赛中荣获“最佳中锋奖”、在决赛中荣获“最佳得分手”称号，1994 年荣获世锦赛“最佳运动员”、入选最佳阵容，1999 年荣获中国篮球五十杰，曾当选“全国三八红旗手”和“新长征突击手”。退役之后，曾任重庆、空军、八一女篮主教练，为八一女篮领队。

256. 郑洁（1983— ），四川成都人，著名女子网球运动员。1990 年开始练习网球，1999 年进入四川省网球一队，2001 年入选国家集训队。2000 年参加全国青少年巡回赛，连夺两站分站赛单打冠军，最终获得总决赛单、双打冠军，青少年组排名第一。2001 年正式进入职业网坛，获得国际网球联合会（ITF）国际女子巡回赛单、双打亚军，ITF 女子双打冠军。2002 年在 ITF 比赛中获得两项单打冠军、八个双打冠军，2003 年单打排名首次进入世界前 100 位，2004 年成为中国首位杀入大满贯 16 强的运动员，2005 年获第十届全国运动会网球女单、女双两项冠军。2006 年与晏紫搭档连夺澳网和温网女双冠军，成为第一对杀入国际职业女子网联（WTA）总决赛的中国组合。2008 年获第二十九届北京奥运会女双铜牌，2009 年世界排名升至第 15 位，打破此前中国选手排名纪录，同年在中国网球公开赛上杀入女双四强，并在第十一届全运会中搭档晏紫获得银牌，2010 年获斯坦福站女单亚军，2011 年获芭堤娜公开赛女双亚军。2014 年任四川省网球运动管理中心副主任,创办“郑洁杯”青少年网球赛以带动中国网球事业发展。

257. 周春秀(1978—),河南南阳人,著名女子长跑运动员。1989 年进入社旗县体委体育队,1994 年进入南阳体校训练,1996 年进入河南省体工队,2001 年进入江苏省田径队并转攻马拉松项目,后加入国家队。2003 年开始连续夺得三届厦门国际马拉松赛冠军,2005 年首尔国际马拉松赛摘得桂冠,同年获北京国际马拉松赛暨第十届全国运动会女子马拉松比赛亚军、第十届全运会万米亚军,2006 年首尔国际马拉松赛蝉联冠军、获第十五届亚运会女子马拉松冠军,2007 年获伦敦国际马拉松赛冠军,2008 年获全国首届半程马拉松锦标赛冠军、第二十九届北京奥运会女子马拉松第三名,2010 年获首尔国际马拉松赛亚军、第十六届广州亚运会女子马拉松冠军。2013 年后淡出体坛。

258. 周继红(1965—),湖北武汉人。著名跳水运动员、教练员,中国首位奥运会跳水冠军。1977 年进入湖北省队,1982 年进入国家队。1981 年夺得全国跳水锦标赛冠军,1982 年获第三届世界杯跳水赛女子跳台、男女混合团体和女子团体三项冠军,1984 年获第二十三届洛杉矶奥运会女子 10 米跳台金牌。1986 年退役之后进入北京大学学习英语,1990 年毕业后担任中国国家跳水队教练。2011 年第十四届上海世界游泳锦标赛上,带领中国跳水队囊括所有 10 枚金牌,成为世锦赛历史上首支“大满贯”代表队。2012 年带领中国跳水队在伦敦奥运会上斩获 6 金 3 银 1 铜,延续了跳水“梦之队”的美誉。迄今为止带领中国跳水队共获 24 个奥运冠军。1984 年荣获《游泳世界》杂志女子跳台跳水年度“最佳运动员”。1994 年入选国际水上名人堂,成为进入该名人堂的第一位中国运动员。为中国跳水队领队。

259. 周菊芳(1985—),上海人,著名女子自行车运动员,雅典残奥会冠军,北京残奥会季军。曾为田径运动员,主攻中长跑,后改练自行车。在一次训练中不慎将左手摔断,变为残疾人。凭着对自行车运动的热爱,改练残疾人自行车。2003 年在捷克欧洲自行车公开赛上获得 3 枚银牌,同年获第六届全国残疾人运动会自行车场地 3 公里、公路 5 公里 2 枚金牌、1 枚银牌。2004 年获雅典残奥会自行车女子 1 公里场地计时赛冠军,并打破世界纪录,这是中国运动员在残奥会上夺得的第 1 枚自行车比赛金牌。2005 年获英国曼彻斯特残奥世界杯女子 LC1 级 500 米场地计时赛和 2000 米场地争先赛 2 枚金牌,2008 年获北京残奥会计时赛铜牌。

260. 周玲美(1968—),江苏如皋人,著名女子自行车运动员,第一位打破自行车世界纪录的亚洲人。1987 年获全国赛车场自行车冠军赛 1000 米计时赛冠军,1988 年、1989 年蝉联全国赛车场自行车锦标赛争先赛和 1000 米计时赛两项冠军,1989 年获亚洲自行车锦标赛 1000 米计时赛冠军并打破亚锦赛纪录、3000 米计时赛团体冠军、1000 米争先赛第三名,1990 年第十一届北京亚运会打破由苏联运动员保持 6 年之久的女子 1000 米计时赛世界纪录,这是中国自行车运动首次进入世界纪录,1991 年获亚洲自行车锦标赛 1000 米计时赛冠军、争先赛亚军。1987 年荣获国家"运动健将"称号,1990 年、1991 年两次荣获全国"十佳运动员"称号,1990 年荣获"全国三八红旗手"、全国"新长征突击手"称号,1991 年当选第七届全国"飞龙奖""最佳运动员"。任江苏省花样游泳队领队。

261. 周璐璐(1988—),山东烟台人,著名女子举重运动员,大满贯获得者。13 岁入选烟台市体校,15 岁入选山东省队。2009 年获第十一届全国运动会 75 公斤以上级亚军,并打破全国纪录和世界纪录,2010 年获全国女子锦标赛 75 公斤以上级总成绩冠军,2011 年获亚洲举重锦标赛 75 公斤以上级冠军,并刷新亚洲纪录,获世界举重锦标赛 75 公斤以上级挺举和总成绩两项冠军,并打破总成绩世界纪录,2012 年获全国女子举重锦标赛 75 公斤以上级冠军,第三十届伦敦奥运会女子 75 公斤以上级冠军,并打破世界纪录,成为奥运会、世锦赛、世界纪录的大满贯选手,2013 年获世锦赛女子 75 公斤以上级抓举冠军,2014 年获第十七届亚洲运动会 75 公斤以上级冠军。

262. 周苏红(1979—),浙江湖州人,著名女子排球运动员。1990 年在浙江省长兴县少体校进行排球训练,1994 年进入浙江省队,1996 年入选国家青年队,1998 年进入到国家沙滩排球队,1999 年进入国家排球队。技术全面,出色的接应二传。1999 年获亚洲女排锦标赛冠军、世界女排大奖赛总决赛第三名,2001 年获世界女排大奖赛总决赛冠军、亚锦赛冠军,2002 年获世界女排大奖赛总决赛亚军,2003 年获第八届女排世界杯冠军、世界女排大奖赛冠军、亚锦赛冠军,2004 年获第二十八届雅典奥运会冠军,2005 年获瑞士女排精英赛亚军、世界女排大奖赛总决赛季军、国际排联大冠军杯季军,2006 年获第十五届多哈亚运会冠军,2008 年获第二十九届北京奥运会季军、女排亚洲杯冠军,2010 年获第十六届广州亚运会冠军。2007 年当选为"浙江骄傲——2007 年度最具影响力十大人物",2008 年荣获"浙江省二等功运动员",退役后致力于体育管理工作,任浙江体育职业技术学院竞技体育五系副主任。

263. 周妍(1982—),黑龙江哈尔滨人,著名女子冰壶运动员,中国女子冰壶国家队一垒。和队友合作,2004 年夺得泛太平洋地区冰壶锦标赛亚军,2005 年获泛太平洋地区冰壶青年锦标赛冠军、泛太平洋地区冰壶锦标赛亚军,2006 年获泛太平洋地区冰壶锦标赛冠军,2007 年获亚洲冬运会女子冰壶季军,2008 年获世界冰壶锦标赛亚军,2009 年获世锦赛冠军、哈尔滨世界大学生冬季运动会冠军、太平洋青年冰壶锦标赛亚军,2010 年获第二十一届温哥华冬奥会季军,2011 年获丹麦世锦赛季军,2012 年获第十二届全国冬季运动会冠军。

264. 周洋(1991—),吉林长春人,著名女子短道速滑运动员。1999 年开始短道速滑训练,2004 年进入长春市冬季管理中心一线队集训,2007 年入选国家队。2006—2007 赛季获全国短道速度滑冰联赛长春站女子 1000 米冠军,2007 年获长春亚洲冬季运动会短道速滑女子 3000 米接力冠军,2008 年获国际滑联短道速滑世锦赛单项赛女子 3000 米接力冠军、1000 米亚军、3000 米接力季军、女子全能亚军、团体赛冠军,2008—2009 赛季获国际滑联短道速滑哈尔滨站、日本站、荷兰站、加拿大站、意大利站女子 3000 米接力冠军,加拿大站女子 1000 米冠军,美国站女子 1500 米冠军并打破世界纪录,2009 年获世锦赛单项赛女子超级 3000 米、3000 米接力两项金牌及全能季军、团体冠军,第二十四届大冬会女子 1500 米冠军,2010 年获第二十一届温哥华冬奥会女子 1500 米、3000 米接力冠军,并打破 1500 米世界纪录,成为中国最年轻的冬奥会冠军。2010—2011 年赛季获短道速滑世界杯加拿大站女子 1000 米、1500 米及 3000 米接力冠军,2011 年获哈萨克斯坦亚冬会女子 3000 米接力冠军,2014 年索契第二十二届冬奥会上成功卫冕 1500 米冠军,2016 年获第十三届全国冬季运动会女子 1000 米金牌并刷新世界纪录。2010 年荣获"中国青年五四奖章""全国五一劳动奖章""全国劳动模范""全国三八红旗手"等荣誉称号,第二十一届温哥华冬奥会总结表彰大会"体育运动荣誉奖章",2014 年荣获影响世界华人盛典"影响世界华人大奖"。

265. 朱琳(1984—),上海人,著名女子羽毛球运动员。8 岁开始打羽毛球,1998 年进入上海市体工大队,2002 年进入国家二队,2004 年入选国家一队。2000 年获世界羽毛球青年锦标赛团体冠军,2001 年获全国冠军赛女单季军,2002 年获亚青赛女单冠军、全国羽毛球青年锦标赛女单冠军,2004 年获波兰公开赛女单亚军,法国、德国公开赛女单季军,2005 年获马来西亚公开赛女单亚军,2006 年获印尼羽毛球超级赛女单冠军、瑞士公开赛女单亚军,2007 年夺得马来西亚超级赛的女单冠军、香港公开赛女单亚军,同年在世界羽毛球锦标赛上一举夺冠,成为年轻选手中第一个拿到单打世界冠军的选手,2008 年获印尼羽毛球超级赛女单冠军、马来西亚公开赛女单亚军,2009 年获亚洲羽毛球锦标赛女单冠军,2010 年获美国公开赛、加拿大公开赛女单冠军。

266. 朱玲(1957—),山东莱芜人,著名女子排球运动员。1970 年开始在重庆接受排球训练,1975 年进入四川省队,1979 年入选国家排球集训队。扣杀凌厉,弹跳出众,拦网精准,防守严密。1981 年获第三届世界杯女子排球赛冠军,1983 年获第三届亚洲女子排球锦标赛亚军,1984 年获中国、日本、美国、苏联四国女子排球邀请赛冠军、第二十三届洛杉矶奥运会女排金牌,实现了中国女排三连冠。1980 年荣获国家级“运动健将”称号,1981 年、1984 年两次荣获国家体委颁发的“体育运动荣誉奖章”。1984 年开始转入体育管理工作,1988 年成为当时最年轻的省体委副主任,2004 年升任四川省体育局局长。

267. 庄晓岩(1969—),辽宁沈阳人。著名女子柔道运动员,中国第一位奥运柔道冠军。15 岁进入辽宁省队,17 岁进入国家队。爆发力足、柔韧性强。1985 年起在全国比赛中先后为辽宁队夺得 10 余枚金牌,5 次参加福冈国际柔道比赛,4 次夺魁。1989 年、1990 年获亚太地区和亚运会柔道金牌,1991 年获世界女子柔道锦标赛无差别级冠军、日本福冈国际女子柔道大赛 72 公斤以上级和无差别级 2 枚金牌,1992 年获第二十五届巴塞罗那奥运会 72 公斤以上级金牌。1987 年荣获国家级“运动健将”称号,1999 年当选建国 50 年体育明星。1995 年退役后,在辽宁省体育运动技术学院训练处工作,分管柔道的训练指导工作。

附　录

（267人）

本卷收录体育领域内的杰出女性或优秀女性。依据中国近百年体育事业发展所取得的丰硕成果，入选人物分为三种类型：

一是夏季、冬季奥运会杰出人物，包括在传统优势项目取得金牌的个人及团体成员，在奥运会非传统优势项目取得突破性成绩的个人及团体成员。

二是世界杯、世锦赛杰出人物，包括在所有奥运会体育项目的世界杯、世锦赛获得金牌及历史性突破的运动员和教练员，在非奥项目中取得重大赛事金牌或具有广泛国际影响、取得国际或国内体育大奖的杰出人物。

三是体育专业杰出人士，包括民国时期在远东运动会、全国运动会、华北运动会上取得突破性成绩的运动员和教练员，自民国时期以来在政府体育部门、国际奥委会及国际性体育组织中担任主要职务并对体育事业做出贡献的领导管理者。

本附录以女性体育人物从业领域分类，类别内按出生年份排序，一是便于按从业类别查询，二是清晰展示不同历史时期活跃在体育界的女性人物成长轨迹。

一、夏季、冬季奥运会杰出人物（180人）

1. 陈招娣（1955—2013）
2. 张蓉芳（1957—　）
3. 朱　玲（1957—　）
4. 姜翠华（1957—　）
5. 吴小璇（1958—　）
6. 李梅素（1959—　）
7. 郎　平（1960—　）
8. 梁　艳（1961—　）
9. 马燕红（1963—　）
10. 姜　英（1963—　）
11. 侯玉珠（1963—　）
12. 李延军（1963—　）

13. 叶乔波(1964—)
14. 周继红(1965—)
15. 隋新梅(1965—)
16. 黄志红(1965—)
17. 李 琰(1966—)
18. 李玲娟(1966—)
19. 曹棉英(1967—)
20. 郑海霞(1967—)
21. 陈 静(1968—)
22. 乔 红(1968—)
23. 张 山(1968—)
24. 王晓红(1968—)
25. 王会凤(1968—)
26. 庄晓岩(1969—)
27. 李对红(1970—)
28. 张艳梅(1970—)
29. 许艳梅(1971—)
30. 钱 红(1971—)
31. 王 妍(1971—)
32. 顾晓黎(1971—)
33. 庞 清(1972—)
34. 王北星(1972—)
35. 路华利(1972—)
36. 邓亚萍(1973—)
37. 王军霞(1973—)
38. 王曼丽(1973—)
39. 江永华(1973—)
40. 孙福明(1974—)
41. 陶璐娜(1974—)
42. 袁 华(1974—)
43. 乐靖宜(1975—)
44. 葛 菲(1975—)
45. 顾 俊(1975—)
46. 冼东妹(1975—)
47. 张 宁(1975—)
48. 张越红(1975—)
49. 陈 静(1975—)
50. 杨 扬(1975—)
51. 唐 琳(1976—)
52. 李 菊(1976—)
53. 王丽萍(1976—)
54. 陈 露(1976—)
55. 张秀云(1976—)
56. 唐春玲(1976—)
57. 杨 霞(1977—)
58. 陈晓敏(1977—)
59. 陈 颖(1977—)
60. 杨 阳(1977—)
61. 何 影(1977—)
62. 伏明霞(1978—)
63. 王 楠(1978—)
64. 殷 剑(1978—)
65. 冯 坤(1978—)
66. 王丽娜(1978—)
67. 申 雪(1978—)
68. 王春露(1978—)
69. 林伟宁(1979—)
70. 丁美媛(1979—)
71. 刘 璇(1979—)
72. 陈艳青(1979—)
73. 杨 维(1979—)
74. 唐功红(1979—)
75. 周苏红(1979—)
76. 徐囡囡(1979—)

77. 李艳凤(1979—)
78. 高　峻(1980—)
79. 李　婷(1980—)
80. 杨　昊(1980—)
81. 刘亚男(1980—)
82. 李　珊(1980—)
83. 宋妮娜(1980—)
84. 张　娜(1980—)
85. 马弋博(1980—)
86. 郭晶晶(1981—)
87. 张怡宁(1981—)
88. 张洁雯(1981—)
89. 孙甜甜(1981—)
90. 张娟娟(1981—)
91. 李　娜(1981—)
92. 赵蕊蕊(1981—)
93. 柳　荫(1981—)
94. 田　佳(1981—)
95. 陈　中(1982—)
96. 杜　丽(1982—)
97. 奚爱华(1982—)
98. 张　萍(1982—)
99. 周　妍(1982—)
100. 高玉兰(1982—)
101. 罗　薇(1983—)
102. 杨秀丽(1983—)
103. 佟　文(1983—)
104. 任　慧(1983—)
105. 郭心心(1983—)
106. 包盈盈(1983—)
107. 王　洁(1983—)
108. 郑　洁(1983—)
109. 徐东香(1983—)
110. 李　娜(1984—)
111. 桑　雪(1984—)
112. 罗雪娟(1984—)
113. 邢慧娜(1984—)
114. 郭文珺(1984—)
115. 杜　婧(1984—)
116. 骆晓娟(1984—)
117. 李妮娜(1984—)
118. 王冰玉(1984—)
119. 谭　雪(1984—)
120. 吴　优(1984—)
121. 晏　紫(1984—)
122. 吴敏霞(1985—)
123. 王　旭(1985—)
124. 金紫薇(1985—)
125. 王明娟(1985—)
126. 王　濛(1985—)
127. 张　丹(1985—)
128. 岳清爽(1985—)
129. 郭　丹(1985—)
130. 黄海洋(1985—)
131. 张　希(1985—)
132. 于　洋(1986—)
133. 唐　宾(1986—)
134. 赵芸蕾(1986—)
135. 田　卿(1986—)
136. 李坚柔(1986—)
137. 黄珊汕(1986—)
138. 陈　玲(1986—)
139. 倪　红(1986—)
140. 郭　爽(1986—)

141. 张文秀(1986—)
142. 劳丽诗(1987—)
143. 李 婷(1987—)
144. 吴静钰(1987—)
145. 徐莉佳(1987—)
146. 王 娇(1988—)
147. 郭 跃(1988—)
148. 李晓霞(1988—)
149. 周璐璐(1988—)
150. 程 菲(1988—)
151. 孙琳琳(1988—)
152. 张 会(1988—)
153. 张 虹(1988—)
154. 刘子歌(1989—)
155. 张杨杨(1989—)
156. 何雯娜(1989—)
157. 易思玲(1989—)
158. 薛 晨(1989—)
159. 巩立姣(1989—)
160. 何 姿(1990—)
161. 李雪英(1990—)
162. 焦刘洋(1990—)
163. 丁 宁(1990—)
164. 徐梦桃(1990—)
165. 切阳什姐(1990—)
166. 李雪芮(1991—)
167. 江钰源(1991—)
168. 周 洋(1991—)
169. 黄文仪(1991—)
170. 王 鑫(1992—)
171. 陈若琳(1992—)
172. 何可欣(1992—)
173. 汪 皓(1992—)
174. 孙玉洁(1992—)
175. 许安琪(1992—)
176. 邓琳琳(1992—)
177. 杨伊琳(1992—)
178. 李珊珊(1992—)
179. 范可新(1993—)
180. 叶诗文(1996—)

二、世界杯、世锦赛杰出人物(77 人)

1. 郑凤荣(1937—)
2. 林慧卿(1941—)
3. 胡玉兰(1945—)
4. 葛新爱(1953—)
5. 巫兰英(1955—)
6. 张爱玲(1957—)
7. 曹燕华(1962—)
8. 韩爱萍(1962—)
9. 高 娥(1962—)
10. 童 玲(1963—)
11. 芮乃伟(1963—)
12. 李玲蔚(1964—)
13. 尹卫萍(1965—)
14. 丰 云(1966—)
15. 刘爱玲(1967—)
16. 张 璇(1968—)
17. 周玲美(1968—)
18. 温丽蓉(1969—)

19. 唐九红(1969—)
20. 陈　琳(1970—)
21. 谢　军(1970—)
22. 蔡烨清(1971—)
23. 刚秋英(1971—)
24. 赵利红(1972—)
25. 范运杰(1972—)
26. 王丽萍(1972—)
27. 欧阳琦琳(1972—)
28. 徐　莹(1972—)
29. 孙　雯(1973—)
30. 樊　迪(1973—)
31. 刘　英(1974—)
32. 叶钊颖(1974—)
33. 黎德玲(1974—)
34. 贺慈红(1975—)
35. 刘宏宇(1975—)
36. 刘黎敏(1976—)
37. 许昱华(1976—)
38. 谈舒萍(1977—)
39. 吕　彬(1977—)
40. 戴国宏(1977—)
41. 周春秀(1978—)
42. 龚睿娜(1979—)
43. 浦　玮(1980—)
44. 莫慧兰(1980—)
45. 任　洁(1980—)
46. 王琳娜(1980—)
47. 谢杏芳(1981—)
48. 陈　妍(1981—)
49. 奎媛媛(1981—)
50. 苗立杰(1981—)
51. 赵颖慧(1981—)
52. 姚　楠(1981—)
53. 凌　洁(1982—)
54. 潘晓婷(1982—)
55. 李　娜(1982—)
56. 韩　端(1983—)
57. 朱　琳(1984—)
58. 武柳希(1984—)
59. 徐　翾(1985—)
60. 周菊芳(1985—)
61. 彭　帅(1986—)
62. 谢淑薇(1986—)
63. 卢　兰(1987—)
64. 许　冕(1987—)
65. 刘　虹(1987—)
66. 付小芳(1987—)
67. 王仪涵(1988—)
68. 白　雪(1988—)
69. 范　晔(1988—)
70. 马晓旭(1988—)
71. 王　琳(1989—)
72. 冯珊珊(1989—)
73. 李　赫(1992—)
74. 宋容慧(1992—)
75. 陈思明(1993—)
76. 刘莎莎(1993—)
77. 侯逸凡(1994—)

三、体育专业领域人士(10人)

1. 孙桂云(1913—?)
2. 杨秀琼(1918—1982)
3. 焦玉莲(1919—)
4. 沈正德(1921—2008)
5. 杨瑞雪(1922—1983)
6. 张彩珍(1930—)
7. 吕圣荣(1940—)
8. 何慧娴(1943—)
9. 胡家燕(1945—)
10. 晓 敏(1956—)

总条目索引

(按姓氏笔画为序,条目后面括号内数字表示条目所在的卷数)

五　画

六　画

七　画

八　画

九　画

十　画

十一画

十二画

编后记

党的十八大以来，以习近平同志为核心的党中央高度重视妇女事业和妇女发展，习近平总书记多次发表重要讲话，指明我们党始终坚持实现妇女解放和发展，实现男女平等，坚持发挥妇女在社会主义革命、建设、改革中的重要作用，保障她们的权益，实现她们的人生理想，在新时代建功立业。

在新文化运动以来的一百多年历程中，各行各业的妇女利用自己的专业知识和技能，在各自的岗位上，做出了很多可贵的贡献，取得了很多可喜的成就，对我国的经济、科技、文化、教育、医学、体育等方面的发展起到了重要推动作用。其中一些做出突出贡献，取得重要成就的女性人物，在历史上书写了浓墨重彩的篇章，获得了国家和人民给予的崇高荣誉。本辞典即是从这些女性人物中选择有代表性的一千余位，按学科和专业进行分类，介绍她们的生平事迹、主要业绩、重要贡献，以点带面，提纲挈领，为读者全面了解百年来中国妇女的发展与成就，提供一部权威可靠的索引。与以往几部人物辞典类图书不同，本辞典以新文化运动以来至 21 世纪前 20 年一百余年间的中国女性人物为传主，并不涉及此前近代乃至古代的女性人物。由此可见，本辞典涉及的女性人物及其事迹，与中国近现代、当代革命、建设、改革发展的历程紧密结合。在这一百多年里，中国共产党领导中国人民推翻三座“大山”，实现民族独立和人民解放，建立新中国、完成社会主义改造、进行社会主义建设和改革开放，宣告并带领中国人民进入中国特色社会主义新时代。通过本辞典，读者可以更加“近距离”地看到，在这一历程中，中国妇女发挥了巨大作用，中华民族产生了天翻地覆的变化。

也许有的读者会说，在现在网络时代，一个人特别是一些知名人士的生平事迹并不是很难查询的资料，这样一部以百年来现当代女性人物为传主的辞典，能够提供比网络的更丰富、更有价值的资料吗？编辑这样一部百年女性人物辞典，有必要吗？答案是肯定的。网络上的资料有其优势，查阅更加方便快捷，但也存在内容零散、信息过时、诸多记载有误的问题。因此本辞典从资料搜集开始，就确定了一些原则，组织相关专家对女性人物的生平事迹进行专门编写，确保其全面、权威、准确。辞典主创专家组成员及各分册主编均由相关领域专家学者担任，编写团队均由各高校和研究机构专业人员组成。主创人员和编写团队均在女性问题研究方面有所建树并正在承担相关课题，为编纂辞典，他们充分利用已有的研究成果，而且把若干尘封已久、逸散各处的资料，进行甄选汇集，不断交流、探讨，精心撰写词条，使辞典内容更加权威、可靠。

辞典按学科和专业领域设立分册，共有科学技术、教育、医学、人文、艺术、新闻传播、出版、经济管理、体育等9个分册。各分册根据不同领域贡献和成就的特点确定女性人物的入选标准。每个分册都设有附录，按该领域女性人物的从业、贡献划分类别。各个类别内以女性人物的出生年份排序，既便于读者按从业、贡献类别查询，又可清晰展示出不同历史时期女性人物的历史轨迹和发展规律。以教育分册为例，分为大学从教者、中学从教者、小学与幼教从教者、教育管理与领导者等四个类别，涵盖了从1864年到1984年间出生的教育界的杰出人物。这种安排更为系统、科学，便于读者按领域查找相关女性人物，可以全面了解该领域女性人物的整体情况。

编纂这样一部以女性人物为主的辞典，其作用不仅在于记录中国妇女解放和发展的重要成就，还可以为今后的学术研究和妇女工作提供多方面的参考。首先，本辞典收录了各行各业的女性人物一千余人，其专业和学科分布也一定程度上显示了百年以来中国妇女教育发展的特点，可以为教育研究者提供相关数据参考。其次，本辞典收录了一千余名女性人物，她们从事着各种各样的职业，从时间上看，可以使我们了解百年来中国妇女职业变化趋势，从地域上看，可以关注全国各地妇女职业的差异。这些趋势和差异，既可以成为相关学科研究的重要课题，也可以为妇女工作提供决策和管理建议参考。最后，本辞典收录的一千余名女性人物，是百余年来亿万中国妇女的重要代表。谨以此书的出版为契机，进一步建立和完善中国女性人物数据库，对于中国妇女发扬爱国奉献精神，更加自信自力自强，实现人生价值，建功新时代，将起到积极的作用。

编　者

2019年9月

责任编辑:翟金明
封面设计:石笑梦

图书在版编目(CIP)数据

中国百年女性人物辞典/《中国百年女性人物辞典》编委会 编. —北京:人民出版社,2020.6
ISBN 978-7-01-021429-0

Ⅰ.①中… Ⅱ.①中… Ⅲ.①女性-人物-生平事迹-中国-现代-词典
Ⅳ.①K828.5-61

中国版本图书馆 CIP 数据核字(2019)第 231595 号

中国百年女性人物辞典

ZHONGGUO BAINIAN NÜXING RENWU CIDIAN

本书编委会 编

人民出版社 出版发行
(100706 北京市东城区隆福寺街 99 号)

中煤(北京)印务有限公司印刷 新华书店经销

2020 年 6 月第 1 版 2020 年 6 月北京第 1 次印刷
开本:710 毫米×1000 毫米 1/16 印张:41.25
字数:753 千字

ISBN 978-7-01-021429-0 定价:198.00 元

邮购地址 100706 北京市东城区隆福寺街 99 号
人民东方图书销售中心 电话 (010)65250042 65289539